CATALOGUE

DE LA

BIBLIOTHÈQUE

DE

FEU M. LE COMTE RIANT

de l'Institut,
Membre de l'Académie royale des Belles-Lettres de Suède,
de l'Académie des Sciences de Turin, de l'Académie de Barcelone, etc., etc.,
décoré des ordres du Danebrog, de Saint-Olaf et de l'Étoile polaire.

RÉDIGÉ PAR

L. DE GERMON ET L. POLAIN

DEUXIÈME PARTIE

I

Nos 1 — 1850 *bis*.

PARIS
ALPHONSE PICARD ET FILS, ÉDITEURS
82, RUE BONAPARTE, 82
—
1899

CATALOGUE
DE LA
BIBLIOTHÈQUE
DE FEU M. LE COMTE RIANT

DEUXIÈME PARTIE

I

Nos 1 — 1850 *bis*.

MACON, PROTAT FRÈRES, IMPRIMEURS

CATALOGUE

DE LA

BIBLIOTHÈQUE

DE

FEU M. LE COMTE RIANT

de l'Institut,
Membre de l'Académie royale des Belles-Lettres de Suède,
de l'Académie des Sciences de Turin, de l'Académie de Barcelone, etc., etc.,
décoré des ordres du Danebrog, de Saint-Olaf et de l'Étoile polaire.

RÉDIGÉ PAR

L. DE GERMON ET L. POLAIN

DEUXIÈME PARTIE

I

N°s 1 — 1850 *bis*.

PARIS
ALPHONSE PICARD ET FILS, ÉDITEURS
82, RUE BONAPARTE, 82
—
1899

TABLE

DES

DIVISIONS DU CATALOGUE

AVERTISSEMENT, pp. XV-XVIII.
BIBLIOGRAPHIE DES ÉCRITS DU COMTE RIANT, pp. XIX-XLV.
MANUSCRITS, pp. XLVI-LXVIII, n°s 1-117.
ERRATA DES DEUX VOLUMES, pp. LXIX-LXXII.

I. INCUNABLES, n°s 1-99 et 1831-1832.
II. THÉOLOGIE. — LA BIBLE ET N.-S. JÉSUS-CHRIST, 100-236.
    1. Ancien et Nouveau Testament, 100-114.
    2. Vie de Notre-Seigneur Jésus-Christ, 115-137.
    3. Reliques de N.-S. J.-C., 137-163 et 1833.
        Le Saint sang, 137-144.
        Saint sang de Bruges, 145-147.
        Saintes larmes et divers, 148-153.
        La Sainte face. — Croix miraculeuses, 154-163.
    4. Reliques de la Passion, 164-204.
        Ouvrages généraux. — Divers, 164-172.
        Les saints suaires, 173-186.
        La sainte tunique, 187-192.
        Les saints clous, 193-198.
        La vraie croix, 199-204.
    5. Le culte de la croix, 205-213.
    6. Reliques de la Sainte-Chapelle, 214-219.
    7. Littérature de la Passion. Prose, vers et représentations théâtrales, 220-231.
        La passion à Oberrammergau, 232-236.
III. THÉOLOGIE. — LA SAINTE VIERGE, 237-305 et 1834-1835.
    1. Ouvrages généraux, 237-254.

2. Reliques de la Sainte Vierge, 255-262.
3. Culte de la Vierge. — Images miraculeuses et pèlerinages.
   Italie, 263-287.
   Pays divers, 288-298.
   La Madone de Saint-Luc, 299-304.
4. Lettre de la Vierge aux habitants de Messine, 305.

IV. Théologie, 306-420.
   1. Mystique, 306-330.
   2. Apologétique, dogme, morale chrétienne, 331-358.
   3. Droit Canon, 359-372.
   4. Controverse, 373-382.
   5. Liturgie et Hymnologie, 383-398.
   6. Prophéties, 399-420.

V. Hagiographie, 421-625.
   1. Culte et canonisation des saints, 421-449.
      La dévotion des pèlerinages, 442-449.
   2. Ouvrages généraux, 450-485.
   3. Monographies, 486-577.
   4. Archéologie chrétienne. Trésors et reliques, 578-625; 1836-1840.
      Italie, 582-611.
      France, 612-619.
      Divers, 620-625.

VI. Histoire ecclésiastique, 626-1016 et 1841.
   1. Traités généraux, 626-663.
      Géographie ecclésiastique, 640-655.
      Premiers temps de l'Église. — Origines de l'église d'Afrique, 656-663.
   2. Histoire des Papes, 664-731.
      Sources. — Ouvrages généraux, 664-693.
      Monographies, 694-731.
   3. Ordres religieux, 732-822.
      Ouvrages généraux, 732-744.
      Bénédictins, 745-763
      Carmes, 764-778.
      Chanoines du S. Sépulcre, 779-786.
      Franciscains, 787-797
      Jésuites, 798-806.
      Divers, 807-822.
   4. Allemagne, France, etc., 823-872.
      Allemagne, 823-839 et 1842-1844.
      France, 840-860 et 1845.
      Angleterre, Belgique. — Divers, 861-872.
   5. Italie, 873-928.
      Monographies, 885-928.

6. Les Églises Orientales et l'Église latine d'Orient, 929-987.
7. Hérésies. — Pamphlets protestants, 988-1004.
8. Mythologie. — Superstitions, 1005-1016.

VII. DROIT. — ECONOMIE POLITIQUE, 1017-1030.
VIII. GÉOGRAPHIE, 1031-1327.
 1. Ouvrages généraux. — Recueils de voyages, 1031-1089.
  Ouvrages généraux, 1031-1078.
  Recueils de voyages, 1079-1089.
 2. Cartographie 1090-1095 et 1846-1847.
 3. Traité des voyages, 1096-1100.
 4. Géographie et voyages. — Antiquité.—Moyen-Age, 1101-1149.
  Antiquité, 1101-1121 et 1850.
  Moyen-Age, 1122-1149 et 1848-1849.
 5. Voyages en différentes parties du monde (sauf le voyage en Terre-Sainte), 1150-1161.
 6. Géographie et voyages. — Europe, 1162-1229.
  Russie, 1162-1168.
  Constantinople. — Turquie d'Europe, 1169-1182.
  Grèce. — Iles grecques. — Rhodes. — Chypre. — Candie, 1183-1209.
  Europe, divers, 1210-1229.
 7. Afrique, 1230-1240.
 8. Asie (sauf les voyages en Terre-Sainte). — Océanie, 1241-1274.
  Turquie d'Asie. — Perse. — Asie centrale, 1241-1251.
  Extrême-Orient. — Océanie, 1252-1274.
 9. Amérique, 1275-1295.
  Christophe Colomb, 1292-1295.
 10. Légendes géographiques, 1296-1314.
  L'Atlantide, 1296-1304.
  Le Paradis Terrestre, 1305-1308.
  Les Amazones, 1309-1314.
 11. Voyages imaginaires, 1315-1327.

IX. GÉOGRAPHIE DE LA TERRE-SAINTE, 1328-1830.
 1. Ouvrages généraux. — Recueils. — Revues, 1328-1364.
 2. Auteurs et voyageurs jusqu'en l'an 1000, 1365-1379.
 3. Du XIe au XVe siècle, 1380-1413.
 4. XVe siècle, 1414-1453.
 5. XVIe siècle, 1454-1524.
 6. XVIIe siècle, 1525-1593.
 7. XVIIIe siècle, 1594-1642.
 8. XIXe siècle, 1643-1751 et 1850 *bis*.
  Ouvrages publiés en langue française, 1643-1689.
  Ouvrages en langue allemande, 1690-1718.

Ouvrages en langue anglaise, 1719-1727.
Ouvrages espagnols et italiens, 1728-1736.
Ouvrages en langues diverses, 1737-1751.
9. Monographies. 1752-1780.
Le Temple, 1752-1763.
Le Liban, 1764-1771.
Le Mont Sinaï, 1772-1777.
Le Saint Sépulcre. 1778-1779.
Sainte Anne de Jérusalem, 1780.
10. Les Missions franciscaines en Terre-Sainte, 1781-1801.
11. Géographie de la Terre-Sainte. — Livres illustrés. — Atlas, 1802-1820.
12. Pèlerinages mystiques en Terre-Sainte, 1821-1831.

X. Supplément. — Articles omis, 1831-1850 bis.
Table des noms d'auteurs du premier volume, pp. 365-394.

XI. Histoire, nos 1851-2852.
1. Sources, 1851-1931.
Bullaires et Cartulaires, 1921-1931.
2. Collections de chroniques, 1932-2019.
3. Chroniques occidentales, 2020-2153.
4. Chroniques byzantines, 2154-2173.
5. Chroniques musulmanes, juives et orientales, 2174-2205
6. Ouvrages généraux. — Polygraphes, 2206-2272.
7. Biographies générales, 2273-2284.
8. Histoire. — Temps primitifs, 2285-2297.
9. Histoire du peuple juif, 2298-2329.
10. Histoire ancienne. — Orient. Grèce. Rome, 2330-2351.
Histoire ancienne de l'Orient, 2330-2339.
Grèce. — Rome, 2340-2351.
11. Histoire du Bas-Empire, 2352-2382.
Archéologie, 2383-2395.
12. Histoire de France, 2396-2553.
Généralités, 2396-2413.
Mérovingiens. Carolingiens. Capétiens directs, 2414-2435.
Croisade contre les Albigeois, 2436-2439.
Valois, 2440-2454.
Bourbons, 2455-2474.
Histoire contemporaine, 2475-2482.
Histoire de France. — Provinces, 2483-2527.
Lyonnais, 2528-2540.
Picardie, 2541-2553.

13. Histoire d'Allemagne, 2554-2597.
    Ouvrages généraux, 2554-2573.
    Les empereurs. — La noblesse et les villes, 2574-2597.
14. Histoire d'Angleterre, d'Écosse et d'Irlande. — Histoire de Belgique et de Hollande. — Histoire d'Espagne et de Portugal, 2598-2636.
    Angleterre, 2598-2607.
    Écosse, Irlande, 2608-2615.
    Pays-Bas et Belgique, 2616-2629.
    Espagne. — Portugal, 2630-2636.
15. Histoire d'Italie, 2637-2763.
    Généralités, 2637-2673.
    Villes, 2673-2731.
    Venise, 2732-2763.
16. Suisse, 2764-2803.
    Valais, 2781-2803.
17. Hongrie. — Russie. — Pays slaves, 2804-2852.
    Hongrie, 2804-2807.
    Russie, 2808-2838.
    Pays slaves, 2839-2852.

XII. NUMISMATIQUE. — HÉRALDIQUE. — ARCHÉOLOGIE, 2853-2957.
  1. Numismatique et Sigillographie (sauf celles des Croisades), 2853-2885.
     Numismatique et Sigillographie byzantines, 2886-2891.
     Numismatique musulmane, 2892-2905.
  2. Héraldique, histoire nobiliaire, 2906-2934.
  3. Archéologie, 2935-2957.

XIII. LES CROISADES, 2958-3433.
  1. L'Orient et le moyen-âge, 2958-3003.
     Ouvrages généraux, 2958-2964.
     Histoire des Arabes, 2965-2981.
     Les Arabes en Europe, 2982-2995.
     Histoire de l'Orient. — Tartares, Mongols, etc., 2996-3003.
  2. Histoire des Croisades, 3004-3006.
     Ouvrages généraux, 3004-3086.
  3. La première croisade, 3088-3106.
  4. Deuxième et troisième croisades, 3107-3120.
  5. Quatrième croisade, 3121.
     La conquête de Constantinople, 3121-3130.
     Suites de la quatrième croisade, 3131-3161.
     Les îles grecques, 3162-3175.
  6. La cinquième croisade, 3176-3181.
  7. Frédéric II, 3182-3187.

8. Saint-Louis, 3188-3206.
9. Le royaume latin de Jérusalem. — Les principautés franques de Syrie, 3207-3222.
10. Histoire de Chypre, 3223-2243.
11. Histoire d'Arménie, 3244-3254.
12. Les arrière-croisades, 3255-3279.
   Guerres des XIV° et XV° siècles, 3255-3264.
   Scanderberg. — Saint-Jean de Capistran, 3265-3279.
13. La chute de Constantinople. — La fin des maisons impériales, 3280-3299.
14. *Excitatoria*, 3300-3410.
15. Bulles de la croisade, 3411-3427.
16. Numismatique des croisades, 3428-3433.

XIV. LA LUTTE CONTRE L'ISLAM DEPUIS LA CHUTE DE CONSTANTINOPLE JUSQU'A NOS JOURS, 3434-3455.
   Pièces allemandes sur les Turcs, XVI° siècle (1501-1600). 3434-3446; XVII° siècle, 3447.
   Pièces italiennes. Prose, XVI° siècle, 3448; XVII° et XVIII° siècles, 3449.
   Pièces italiennes. Poésie, XVI° siècle, 3450-3451; XVII° et XVIII° siècles, 3452.
   Pièces latines. Prose et poésie, XVI° et XVII° siècle, 3453-3454.
   Pièces portugaises, XVII° siècle, 3455.

XV. LA LUTTE CONTRE L'ISLAM DEPUIS LES CROISADES, 3456-3752.
1. Histoire de l'empire ottoman depuis la conquête de Constantinople. — Lutte des états chrétiens entre l'Islam, 3456-3523.
2. Les Turcs (XVI°-XVII° siècles), 3524-3568.
   Mœurs et religion. — Condition des chrétiens sous la domination des Turcs, 3524-3568.
3. Lutte contre l'Islam, XVI° siècle, 3569-3646.
   Expéditions en Afrique, XVI° siècle, 3593-3612.
   La guerre de Chypre. — Lépante, 3613-3646.
4. Guerres du XVII° siècle, 3647-3717.
   La prise de Candie par les Turcs, 3662-3679.
   Le second siège de Vienne, 3680-3689.
   La Sainte-Ligue (1683-1699), 3690-3717.
5. Guerres entre les Turcs et les chrétiens, XVIII° siècle, 3718-3732.
6. Alliances des états occidentaux avec les Turcs, 3733-3743.
7. La question d'Orient, XIX° siècle, 3744-3752.

XVI. ORDRES RELIGIEUX ET MILITAIRES, 3753-3976.
1. Ouvrages généraux, 3753-3766.
2. Les Templiers, 3767-3787.

Le Temple moderne, 3788-3797.
3. Les Hospitaliers ou chevaliers de Malte, 3798-3903.
Le second siège de Rhodes, 3861-3870.
Le siège de Malte, 3871-3892.
Règles et statuts de l'Ordre de Malte, 3893-3903.
4. L'Ordre teutonique, 3904-3934.
5. L'Ordre de Saint-Étienne de Toscane, 3935-3944.
6. Saint-Sépulcre. — Saints Maurice et Lazare. — Saint Lazare et Mont-Carmel, 3945-3957.
7. Saint-Georges et divers, 3958-3976.
XVII. HISTOIRE DU COMMERCE, 3977-4049.
XVIII. LITTÉRATURE, 4050-4371.
1. Littérature grecque, 4050-4057.
Littérature grecque moderne, 4058-4064.
2. Littérature latine, 4065-4085.
Littérature latine moderne, 4072-4085.
3. Littérature provençale, 4086-4095.
4. Littérature française, 4096-4169.
Moyen-âge, 4096-4121.
Le cycle de Charlemagne, 4122-4148.
Littérature française moderne, 4149-4169.
5. Littérature allemande, 4170-4184.
6. Littérature anglaise, 4185-4193.
7. Littérature italienne, 4194-4205.
8. Divers, 4206-4211.
9. Littérature des croisades. — Torquato Tasso, 4212-4330.
Moyen-âge, 4212-4231.
Modernes, 4232-4257.
Torquato Tasso, 4258-4311.
Ouvrages concernant la *Jérusalem délivrée*, 4312-4325.
Tasso, imitations et dérivés, 4326-4330.
10. Littérature de la quatrième croisade, 4331-4339.
11. Les guerres contre l'Islam après les croisades ; littérature, poésie, 4340-4371.
XIX. PHILOLOGIE, 4372-4431.
Linguistique. Grammaire. Dictionnaires, 4372-4426.
Onomastique, 4427-4431.
XX. HISTOIRE LITTÉRAIRE, 4432-4557.
1. Histoire littéraire, 4432-4550.
Ouvrages généraux, 4432-4457.
Voyages littéraires, 4458-4467.
Antiquité. — Littérature néo-hellénique, 4468-4479.
Auteurs ecclésiastiques, 4480-4488.

Moyen-âge, 4489-4499.
Allemagne, 4500-4510.
Angleterre, 4511-4513.
France, 4514-4527.
Espagne, Portugal, 4528-4530.
Italie, 4531-4539.
Belgique et Hollande, 4540-4542.
Pays divers, 4543-4550.
2. Universités et Écoles, 4551-4557.
XXI. BIBLIOGRAPHIE, 4558-5065.
1. Bibliophilie et histoire du livre, 4558-4563.
Livres imaginaires, 4562-4563.
2. Ouvrages auxiliaires, 4564-4577.
Anonymes et pseudonymes, 4578-4589.
3. Histoire de l'imprimerie et de la librairie. Catalogues d'incunables, 4590-4641.
4. Répertoires bibliographiques, 4642-4836.
Ouvrages généraux, 4642-4674.
Littérature classique grecque et latine. — Littérature néohellénique, 4675-4680.
Pères de l'Église. — Histoire ecclésiastique, 4681-4686.
Ordres religieux, 4687-4695.
Moyen-âge, 4696-4706.
Allemagne, 4707-4712.
Angleterre, 4713-4715.
Belgique. Pays-Bas, 4716-4719.
Espagne, Portugal, 4720-4729.
France, 4730-4747.
Italie. Généralités, 4748-4758.
— Bibliographies particulières des états, provinces et villes, 4759-4789.
— Divers, 4790-4792.
Autres pays de l'Europe. — Orient. — Afrique, 4793-4809.
Bibliographies spéciales diverses, 4810-4836.
Tables de diverses revues et collections, 4837-4854.
5. Bibliothèques, 4855-5020.
Bibliothèques publiques; histoire et catalogues; généralités. — Bibliothéconomie, 4855-4869.
Bibliothèques de France, 4870-4900.
Bibliothèque d'Angleterre, 4901-4918.
Bibliothèques allemandes, 4919-4944.
Bibliothèques d'Italie, 4945-4793.
Divers, 4974-4995.

Bibliothèques et collections particulières, 4996-5020.
  6. Revues, 5021-5053.
  7. Paléographie et diplomatique, 5054-5065.
XXII. Divers.
  1. Philosophie, 5066-5077.
  2. Beaux-arts, 5078-5105.
      Architecture, 5078-5089.
      Faïences, 5090.
      Peinture et sculpture, 5091-5096.
      Divers, 5097-5105.
  3. Sciences, 5106-5158.
  4. Articles omis, 5159-5192.
      Table des noms du second volume, pp. 605-645.

Nota. — Les ouvrages précédés d'un *, compris dans le catalogue suivant la volonté de M. le comte Riant, ne seront pas livrés aux enchères.

AVERTISSEMENT

Les deux volumes que nous présentons au public forment la seconde et dernière partie de la Bibliothèque du comte Riant. La description d'une collection si importante était un travail compliqué et difficile ; nous n'osons pas espérer l'avoir accompli sans mériter des critiques, mais nous voulons au moins expliquer comment nous avions compris notre tâche et comment aussi des circonstances matérielles ne nous ont pas permis de l'exécuter sur le plan exact que nous nous étions tracé. Nous eussions désiré que ce catalogue fût quelque chose de plus qu'un inventaire de livres intéressants et rares, et qu'il formât une sorte de Bibliographie de l'histoire des Croisades et de l'Orient Latin. Le temps que le comte Riant avait consacré à former sa Bibliothèque, la haute compétence qui guidait tous ses choix, sa persévérance singulière et les ressources particulières dont il disposait rendaient cet espoir possible. Obligés malheureusement de nous conformer dans une certaine mesure aux nécessités d'un catalogue de vente, le temps nous a manqué pour donner la description bibliographique d'un bon nombre d'ouvrages mal connus, nos corrections d'épreuves ont presque toujours été faites sur nos fiches sans avoir les volumes sous la main pour tout contrôler, d'où naturellement des imperfections et des lacunes que nous ne voulons point atténuer, mais dont nous tenions à faire connaître les causes.

La classification que nous avons adoptée n'est pas celle admise généralement depuis Brunet, par les rédacteurs de catalogues. Nous avons cru mieux interpréter les intentions du comte Riant en groupant les ouvrages conformément à l'idée qui avait déterminé leur entrée dans la collection. Nombre de livres, que l'on sera étonné de voir figurer dans une des subdivisions de l'histoire des Reliques ou de l'Orient Latin, n'ont dû, en effet, l'honneur de faire partie de cette Bibliothèque qu'à quelques renseignements utiles aux études spéciales du comte Riant. Des subdivisions logiques mais inusitées, nous ont été également imposées par l'extrême richesse de certaines parties en général pauvrement représentées dans les autres collections particulières. Enfin, que l'on ne s'étonne pas de voir décrites dans ce catalogue les plus humbles plaquettes, une disposition testamentaire ne nous laissait libres de faire aucun choix.

Avant d'exposer sommairement la manière dont nous avons conçu et exécuté les diverses parties de notre tâche, nous devons adresser nos remerciements à l'ancien collaborateur du comte Riant, au distingué secrétaire de la *Revue de l'Orient latin*, M. Ch. Kohler, qui a bien voulu, pour la description de certains manuscrits, d'une lecture particulièrement difficile, nous faire profiter de ses connaissances historiques et paléographiques. S'il y a, dans ce chapitre, quelque partie qui puisse éviter la critique, à M. Kohler en revient tout le mérite.

Nous devons au contraire revendiquer entièrement la responsabilité des autres chapitres. Nous avons appliqué aux incunables la méthode de minutieuse description généralement employée aujourd'hui dans les Catalogues des livres de ce genre. Beaucoup de ceux que possédait le comte Riant sont fort rares, un grand nombre n'existent pas dans la plupart des Bibliothèques publiques de France, quelques-uns même sont décrits ici, croyons-nous, pour la première fois [1].

1. On trouvera à la suite de cet Avertissement un certain nombre de corrections

Sans donner des autres ouvrages une description aussi minutieuse, nous avons cependant apporté tous nos soins à ceux qui se recommandent par quelque mérite à l'attention des bibliophiles. Nous citerons entre autres les traités curieux et généralement peu communs par lesquels les derniers partisans des croisades ont cherché à ranimer l'ardeur de l'Europe chrétienne en lui signalant le péril turc et les moyens, souvent chimériques, de l'écarter, nous signalerons aussi une importante collection de plaquettes des xvi° et xvii° siècles, sorte de journaux de l'époque, criés dans les rues des villes d'Italie ou d'Allemagne, et jetés au feu ou au ruisseau aussitôt lus, ce qui en explique l'extrême rareté.

Ces numéros d'un intérêt particulier ont été décrits d'une façon aussi complète que possible au point de vue bibliographique, à défaut des commentaires d'histoire littéraire que le manque de temps ne nous a pas permis d'ajouter [1].

Les notes que nous avons jointes à un moins grand nombre de numéros que nous l'aurions voulu, sont toujours puisées aux meilleures sources et permettent de rectifier des assertions erronées, ou de préciser certains points d'histoire littéraire et de l'histoire de l'imprimerie.

Nous avons pensé qu'une Bibliographie des ouvrages du comte Riant, était l'introduction nécessaire et le complément naturel de notre catalogue. Mieux encore qu'une biographie, cette liste rappellera les titres que cet éminent érudit s'est acquis à la reconnaissance des travailleurs dans le cours de sa laborieuse et trop brève carrière. Nous avons voulu donner de ses différents écrits des descriptions exactes, complètes, conformes aux exigences de la bibliographie. Là encore le temps nous a fait défaut pour perfectionner notre œuvre et l'on

---

qu'il est indispensable de faire pour pouvoir se servir utilement des descriptions des incunables.

1. Nous avons pu pour cette partie (nos 3255-4050) corriger les épreuves d'après les ouvrages eux-mêmes.

pourra après nous, en dépouillant les recueils périodiques de France et de l'étranger, indiquer les comptes rendus ou notes, et aussi compléter les descriptions des numéros (en très petit nombre) que nous n'avons pu examiner nous-mêmes. Nous serons très heureux de toutes les additions et corrections que l'on pourra apporter à notre travail, et si nous n'avons pas élevé au savant regretté que fut le comte Riant un monument bibliographique digne de lui, la faute, nous l'avons dit en commençant et nous le répétons encore, en est aux circonstances plus fortes que toute volonté humaine.

BIBLIOGRAPHIE

DES TRAVAUX DU COMTE RIANT

1860

Voyage dans les états scandinaves, par M. Paul Riant. I. Le Télémark et l'évêché de Bergen. 1858. — Inédit.

: *Le Tour du Monde* (Paris, Hachette, gr. in-8), t. II, 1860 (2º semestre), pp. 65-80 et 81-96. Avec nombreuses gravures sur bois, dont plusieurs par Gust. Doré, d'après les dessins de M. Riant, et 2 cartes (dans le texte).

La partie relative à l'évêché de Bergen est aux pp. 85-96.   (1)

1865-1869

Expéditions et pèlerinages des Scandinaves en Terre-Sainte.

Cet ouvrage est la thèse présentée par M. Riant à la Faculté des lettres de Paris pour l'obtention du grade de docteur. Il en existe quatre tirages différents.
Le chapitre d'introduction et les cinq chapitres suivants ont été imprimés à l'Imprimerie Impériale en 1864. Ce tirage, demeuré incomplet, forme un volume pet. in-4 de 280 pp., sign. 35.
Nous ignorons les causes qui ont interrompu cette première impression. (2)

Expéditions et pèlerinages.|| des || Scandinaves en Terre Sainte || au temps des croisades || Thèse présentée à la Faculté des Lettres de Paris || par || Paul Riant || Paris || MDCCCLXV. *Au verso du faux-titre* : Paris. — Imprimerie de Ad. Laîné et J. Havard, rue des Saints-Pères, 19.

In-8, xv(i) pp. (faux-titre, titre, dédicace, table des chapitres et avertissement) + 448 pp.; couverture imprimée (bleue) avec le même titre entouré de filets typographiques. A la p. v (non chiffrée) se trouve la dédicace : A ma mère, et à la p. vj (non chiffrée) la mention : Vu et lu A Paris, en Sorbonne, le 31 mai 1864, Par le doyen de la Faculté des lettres de Paris. J. Vict. Le Clerc. Permis d'imprimer. Le Vice-Recteur A. Mourier.

> Nous n'avons vu que des exemplaires en papier ordinaire. (3)

Expéditions et pèlerinages || ..... [Même titre que le tirage précédent, et même imprimerie.]
In-8, 1 fnc. blanc, xiij (1) + 448 pp.

> Cette édition diffère de la précédente en ce qu'elle contient en tête 1 fnc. blanc, et qu'on n'y trouve plus la dédicace ni le visa de la Faculté des lettres. Le texte même de l'ouvrage (448 pp.) est semblable dans les deux éditions.
> Nous n'en avons vu que des exemplaires sur papier vergé. (4)

Expéditions et pèlerinages || des || Scandinaves en Terre Sainte || au temps des croisades || par le comte || Paul Riant || « Fram, fram! kristmenn, krossmenn, konungsmenn! || « (Sus, sus! chrétiens, croisés, gens du roi!) » || Olafs Saga Helga, ch. CCXXIV.) || Paris || MDCCCLXV. || Tous droits réservés. [Même imprimerie que pour les précédents tirages.]
In-8, 1 fnc., xiij (1) + 448 pp., couvert. impr. (bleue) avec le même titre entouré de fil. typ.

> Sauf le titre, ce tirage ne diffère pas du précédent. Exemplaires sur papier ordinaire sur papier vergé. (5)

Expéditions et pèlerinages || des || Scandinaves en Terre Sainte || au temps des croisades || par || le comte Riant || Membre résidant de la Société des Antiquaires de France || Membre correspondant de l'Académie Royale des Belles-Lettres de Suède || Tables. || Paris. || MDCCCLXIX. [Au v° du titre : Paris. — Typographie Adolphe Lainé, rue des Saints-Pères, 19].
In-8, LXXVj pp.

> Ce volume, qui se trouve difficilement, est un complément à l'ouvrage du comte Riant et renferme un index général et une table des ouvrages cités. Exemplaires sur papier ordinaire et sur papier vergé. (6)

Skandinavernes || Korstog og Andagtsreiser || til || Palæstina || (1000-1350) || ved || gref Paul Riant, || Ph. Doctor, K. Sv. Vitterhets och antiq. Akad. corr. ledamot., || K. D. Oldnord. Selskabs Best. Medlem. || Kjøbenhavn. || Forlagt af J. H. Schubothes Boghandel. || 1868. [Au v° du titre : G. S. Wibes Bogtrykkeri.
In-8, xv (1) pp. (titre, dédicace, avant-propos et table des chapitres), 656 pp. (texte et index ; celui-ci commence à la p. 625). Couv. impr., avec le même titre, portant en plus l'adresse du typographe : G. S. Wibes Bogtrykkeri, au-dessous du nom du libraire, et encadrement en filets typ. autour du titre.

> Traduction suédoise de l'ouvrage ci-dessus. La préface n'est pas celle qui se trouve dans les éditions françaises. Cette traduction est dédiée à la mémoire de l'historien Pierre André Munch. (7)

1865

De ‖ Haymaro monacho ‖ archiepiscopo Cæsariensi et postea Hierosolymitano Patriarcha ‖ Disquisitionem criticam ‖ Facultati litterarum Parisiensi ‖ proponebat ‖ P. E. D. Riant. ‖ Accedit ejusdem ‖ Haymari monachi ‖ de expugnata A. D. MCXCI Accone ‖ liber tetrastichus ‖ ad fidem codicum manuscriptorum ‖ Bibl. reg. Babenbergensis et Bibl. Coll. Oriel. Oxoniensis ‖ recognitus et emendatus ‖ MDCCCLXV. [Au v° du faux-titre : Parisiis, typis D. Jouaust.]

In-8, 4 ffnc. (faux-titre, titre, dédicace, visa de la faculté, et table) + 127 (1) pp. (texte) + 2 ffnc. (le 1er pour l'errata, le 2e blanc). + 3 planches (fac-similé). La couverture n'a pas de titre sur le plat, mais porte un titre en long, sur le dos, impr. en rouge.

Cette thèse a été rééditée l'année suivante avec des changements considérables.

(8)

1866

Haymari Monachi ‖ Archiepiscopi Cæsariensis ‖ & postea Hierosolymitani patriarchæ ‖ De expugnata Accone ‖ Liber tetrastichus ‖ seu ‖ Rithmus de Expeditione Ierosolimitana ‖ quem ‖ ad fidem codicum manuscriptorum ‖ Bibl. Reg. Babenbergensis et Bibl. Coll. Oriel. Oxoniensis ‖ recognovit, præviaq; disquisitione ornavit ‖ P. E. D. Riant ‖ in Paris. Litterarum Facult. doctor ‖ unusq; ex Acad. reg. Hum. Litter. Sueciæ sociis externis. ‖ accedunt simulacra iij lapide incisa. ‖ [*Fleuron typogr.*] ‖ Lugduni ‖ Excudebat Ludov. Perrin ‖ A. D. cıɔ. ıɔ. ccclxvj ‖ mense junio.

In-8, 3 ffnc., (titres et table), + lxxiv pp. (Introduction) + 123(1) pp. (texte et index) + 1 fnc., avec la marque typogr. de Perrin au recto, + 3 pl. (fac-similé, les mêmes que dans l'édition ci-dessus). Titre rouge et noir. Cartonnage éditeur en toile bleue.

Cette édition a été tirée à 200 exemplaires.

(9)

1870

Petri Casinensis ‖ Dyaconi ‖ Liber de Locis Sanctis ‖ seu ‖ Descriptio Terre sancte ‖ et ‖ totius terre repromissionis itinerarium ‖ Neapoli ‖ MDCCCLXX. [P. 48 : Naples. De l'imprimerie de l'Union, 1870.

Pet. in-8, 26 pp. (numérotées xxiij (1) pour le titre et l'introduction) + 48 pp. (texte et index).

Les exemplaires sont numérotés ; nous ignorons le chiffre du tirage. (10)

Li estoires de || chiaux qui conquisent || Coustantinoble, de Robert || de Clari en Aminois, || chevalier || 💰. || *Encadrement gravé sur bois, signé* : Le Maire. *Sans indications typographiques*. [Paris, Damascène Jouaust, 1869-70].

In-4, 87(1) pp.

Cette édition, sans indications typographiques, a été imprimée à Paris chez Jouaust en 1869-70. C'est la première édition d'une très intéressante chronique, l'une des principales sources de l'histoire de la 4e croisade, dont le manuscrit se trouve à la bibliothèque royale de Copenhague. Il appartint auparavant et successivement à Claude Fauchet, à Paul et à Alexandre Petau. Les numéros de renvois qui se lisent à chaque page de l'imprimé se rapportent à des notes que le comte Riant se proposait de publier à la fin du volume et qui n'ont jamais paru. Ayant communiqué un exemplaire de ce qui était imprimé de cette édition à une personne profondément versée dans les langues romanes, M. Riant reconnut que l'essai qu'il avait fait de corriger le manuscrit et d'en ramener le texte à l'unité du dialecte picard était manqué. Édité d'après une copie défectueuse, le texte renferme, en effet, de nombreuses erreurs de paléographie et de linguistique. M. Riant résolut alors de détruire son édition déjà prête, et n'en conserva qu'une cinquantaine d'exemplaires qu'il distribua à ses amis. Le reste fut vendu *en feuilles* pour être mis au pilon, mais l'acquéreur, malgré la volonté expresse de M. Riant en fit brocher plusieurs exemplaires qui passèrent dans le commerce. Aussitôt qu'il en eût connaissance, M. Riant les fit rechercher pour les détruire, mais il ne put les avoir tous. Il se proposait de donner de Robert de Clari une nouvelle édition annotée, dans le même format que le Villehardouin de M. Natalis de Wailly, mais ce projet n'eut aucune suite.

(11)

Le saint suaire de Cadouin à propos d'un livre de M. le vicomte de Gourgues.

: *Revue des questions historiques* (Paris, Palmé, in-8), tome VIII, 1870 (1er janvier), sous la rubrique : Mélanges, I. Pp. 230-237. Signé : Comte Riant.

Et à part :

Le saint suaire de Cadouin par le comte Riant. Paris, V. Palmé, 1870. In-8, 12 pp.

Tiré à 50 exemplaires. (12)

1873

Magistri Thadei || Neapolitani, Hystoria De || Desolacione Et Conculcacione || Civitatis Acconensis || et tocius terre sancte, in A. D. M. CC.XCI, || opus annis abhinc quingentis nonaginta duo || conscriptum nuncque primum ad fidem || codicum manuscriptorum Musæi || Britannici, Taurinensisque || Athenæi, in lucem || editum || [*Marque typogr. de l'imprimeur*] || Genevae || Excudebat J. G. Fick. [P. 71 : Impressum Genevae, cura Julij Guillelmi Fick, || anno Domini M.D.CCC.LXX.IIII, || die vero viij januarij. || Laus Deo.

In-8, xxiij(1) pp. (titre, épître dédicatoire, et préface) + 71 (1) pp. (texte et index).

Tiré à 300 exemplaires numérotés (1 sur peau de vélin, 99 sur papier de Rives à la cuve, 200 sur papier fort). L'épître dédicatoire, imprimée en caractères de civilité, est signée du comte Riant, est adressée à M. Émile Egger, et datée du 1er novembre 1873.

(13)

1875

Guntheri || Alemanni, Scholastici, || monachi et prioris Parisiensis, || De expugnatione urbis Constanti-||nopolitane, unde, inter alias re-||liquias, magna pars sancte || crucis in Aleman-||niam est allata || seu || Historia || Constantinopolitana || ad fidem codicum manuscriptorum biblioth. || univ. & palat. Monac., & biblioth. || publicæ Colmariensis || recognita||[*Petit fleuron typ.*] || [*Dans le bas de l'encadrement* :] Genevae || MDCCCLXXV || mense jan. || [P. 100, colophon : Impressum Genevæ, cura Julij Guillelmi Fick, || anno Domini M.D.CCC.LXX.V, || die vero xxix ianuarij. || Laus Deo.
In-8, xxiij (1) pp. (faux-titre, titre et préface) + 100 pp. (texte suivi des notes et de l'index) + 1 fnc. (emendanda au recto, et marque du typographe au verso). Titre rouge et noir dans un encadrement gravé sur bois dans le style italien des xve-xvie s. signé GT et LM.

<small>Tiré à 150 exemplaires numérotés (1 sur peau de vélin, 50 sur papier de Rives à la cuve, 99 sur papier fort). La préface est signée : Comte Riant.
Ce texte de Gunther a été réimprimé par le comte Riant, dans ses Exuviae. (V. infrà, n° 17 et 25), tome I, pp. LXXV-XCIV pour la préface et les notes, et pp. 57-126 pour le texte.) Cette nouvelle édition ne dispense pas de celle-ci, parce que certaines parties de la préface et certaines notes n'y ont pas été reproduites ou ont été remaniées, par exemple ce qui est dit ici, pp. vj et vij, sur les discussions relatives à l'authenticité du *Ligurinus*.</small>

(14)

Des dépouilles religieuses enlevées à Constantinople au xiiie siècle par les Latins, et des documents historiques nés de leur transport en Occident. Par le comte Riant, membre résidant. Lu dans les séances du 14 et 21 octobre, 4, 11 et 18 novembre, 9 et 18 décembre 1874, 17 mars et 14 avril 1875.
: *Mémoires de la Société des Antiquaires de France.* Tome 36 de la collection, 1875 (4e série, t. 6), pp. 1-214.

Et à part :

Des || dépouilles religieuses || enlevées à Constantinople || au xiiie siècle par les Latins,|| et des || documents historiques || nés de leur transport en Occident,|| par || le Comte Riant || Extrait des *Mémoires de la Société nationale des Antiquaires* || *de France*, tome XXXVI. || Paris || 1875. [P. 216 : Imprimerie Gouverneur, G. Daupeley à Nogent-le-Rotrou.]
In-8, 2 ffnc., +216 pp. Couvert. impr. avec le même titre.

<small>Ce tirage à part contient de plus, une table des divisions de ce travail. Au verso du titre de la couverture imprimée se trouve l'avis suivant du comte Riant :
« L'auteur du travail qui suit, se proposant d'en développer la première partie
« et l'appendice, dans un ouvrage plus étendu qui portera pour titre : *Histoire*
« *des dépouilles religieuses enlevées à Constantinople au XIIIe siècle par les*</small>

« *Latins, et description de ceux de ces objets sacrés qui sont parvenus jusqu'à*
« *nous*, serait très reconnaissant aux érudits sous les yeux desquels tombera le
présent mémoire de vouloir bien lui en signaler les erreurs ou les lacunes. M. Riant
n'a pas écrit cet ouvrage, au moins sous ce titre, mais il a donné suite à son
projet dans ses *Exuviae* (V. infra, nos 18 et 25).

(15)

Innocent III, Philippe de Souabe et Boniface de Montferrat. Examen des
causes qui modifièrent, au détriment de l'empire grec, le plan primitif de la
quatrième croisade.

⁝ *Revue des questions historiques*, 1875 (tome XVII, 1er avril), pp. 321-374,
et (tome XVIII, 1er juillet), pp. 5-75. Signé : comte Riant.

Et à part :

Innocent III || Philippe de Souabe || et Boniface de Montferrat || Examen
des causes qui modifièrent, au détriment de l'empire grec, || le plan primitif
de la quatrième croisade || par || Le Comte Riant || (Extrait de la *Revue des questions historiques*.) || Paris || Librairie de Victor Palmé, éditeur || Rue de Grenelle-Saint-Germain, 25 || 1875 [P. II : Typographie Edmond Monnoyer
[*marque typ.*] Au Mans (Sarthe).

In-8, 130 pp., chiffrées en chiffres romains pour les 6 premières. Couvert.
impr. avec le même titre.

Tiré à 50 exemplaires.

(16)

1876

Lettre au directeur de la revue.

⁝ *Revue des questions historiques*, 1876 (tome XIX, 1er janvier). Correspondance, pp. 300 et 301. Signé : comte Riant, et daté de Monthey (Valais),
16 décembre 1875.

Cette lettre est une réponse à la Note de M. Natalis de Wailly : *Revue des
questions historiques*, 1875 (T. XVIII, 1er juillet), pp. 578-579, publiée par ce
dernier à l'occasion du précédent travail de M. Riant. (17)

EXUVIAE SACRAE CONSTANTINOPOLITANAE.

Tome I : Exuviæ || sacræ constantinopolitanæ || Fasciculus || documentorum
minorum, ad exu-||vias sacras constantinopolitanas || in occidentem sæc. XIII ||
translatas, spec-||tantium, || & || historiam quarti belli sacri || imperijq;
gallo-græci || illustrantium. || I || [*Dans le bas de l'encadrement* :] Genevæ ||
M.CCC.LXXVI || mense febr.

In-8, 3 ffnc., + 196 pp., + 1 fnc. blanc. Titre rouge et noir, dans l'encadrement de Fick déjà indiqué.

Tome II : Exuviæ..... || Fasciculus || documentorum ecclesiasticorum.....||
II || [*Dans le bas de l'encadrement :*] Genevæ || M.D.CCC.LXXVI || mense febr.

In-8, 2 ffnc., + 200 pp. Titre rouge et noir dans l'encadrement de Fick.

Première édition, dont il n'a été distribué qu'un très petit nombre d'exemplaires, le reste du tirage a été détruit.

Le comte Riant donna de ce travail, en 1877-78, une seconde édition plus complète (voir infra, n° 25), contenant une remarquable préface et un index qui ne se trouvent pas dans celle-ci. Le nombre des documents publiés est également plus considérable dans la seconde édition.

(18)

1877

Société pour la publication de textes relatifs à l'histoire & à la géographie de l'Orient latin. Rapport du secrétaire-trésorier (15 mai 1876) [*Marque de la Société de l'Orient latin*]. Genève, Imprimerie Jules-Guillaume Fick, 1877. In-8. 14 pp., 1 fnc.

Le rapport du secrétaire-trésorier occupe les pp. 3-14.
C'est en 1875 que fut fondée cette société plus connue sous le nom de société de *l'Orient latin*. Le comte Riant, qui en était le fondateur, en fut véritablement l'âme jusqu'à sa mort. S'il n'avait pris que le titre de secrétaire-trésorier, il était en réalité le directeur des travaux de cette société et aussi le banquier, faisant face à toutes les dépenses auxquelles le budget de l'association ne pouvait suffire. Aussi ne put-elle subsister après sa mort. Le but de la société ressort de son nom. M. Riant apporta à ses diverses publications une collaboration active. Nous indiquons à leur place les travaux de lui qu'elles contiennent.

(19)

Note || sur || les œuvres || de Gui de Bazoches || par || le Comte Riant || [*Marque du libraire Menu*] || Paris || Henri Menu, libraire-éditeur || Quai Malaquais, 7. || 1877. || *Sans nom de typogr.*
In-8, 11(1) pp. Couvert. impr. avec le même titre.

(20)

La charte du maïs.
: *Revue des questions hist.*, 1877 (T. XXI, 1er janvier), Mélanges, II. Pp. 157-173. Signé : Comte Riant.

Et à part :

La || charte du maïs || par le || Comte Riant. || Extrait de la *Revue des questions historiques*. || Paris || Librairie de Victor Palmé, éditeur || Rue de Grenelle-Saint-Germain, || 25 || 1877. [P. 2 : Typographie Edmond Monnoyer au Mans (Sarthe).
In-8, 20 pp. Couvert. impr. avec le même titre.
Tiré à 50 exemplaires.

(21)

Charte de la Grande-Commanderie de l'Ordre Teutonique, publiée et commentée par M. le comte Riant, membre résidant.
: *Bulletin de la Soc. nat. des Antiquaires de France*, 1877, pp. 61-69, avec fig. de sceaux dans le texte. Sans titre, le titre ci-dessus est emprunté à la table du *Bulletin*. Lu à la séance du 7 février 1877.

Et à part :

Une charte ‖ provenant des archives ‖ de la ‖ grande commanderie de l'ordre teutonique ‖ (Terre Sainte) ‖ Par le Comte Riant, ‖ Membre résidant. ‖ Extrait du *Bulletin de la Société nationale des Antiquaires* ‖ *de France*, séance du 7 février 1877. [P. 8, imprimerie Gouverneur, G. Daupeley à Nogent-le-Rotrou.]

In-8, 8 pp. avec fig. de sceaux dans le texte. Sans titre séparé. (22)

Société pour la publication de textes relatifs..... à l'Orient Latin. Notice sur Titus Tobler. Rapport du secrétaire-trésorier (9 mai 1877). Genève, Imprimerie J.-G. Fick, 1877. In-8, 34 pp., 1 fnc.

Le rapport occupe les pp. 9-32. La notice, non signée, occupe les pp. 3-8 ; elle est ornée d'un portrait de T. Tobler et l'on y a ajouté une bibliographie sommaire de ses diverses publications.

(23)

Alexii I Comneni ‖ ad ‖ Robertum Flandrensem ‖ epistola spuria ‖ (MXCII)‖ *Fleuron typ.*] [*Dans le bas de l'encadrement* : Genevae ‖ 1877‖ *S. ind. typ.* [*Genève, Jules-Guillaume Fick.*]

In-4, 10 pp., 1 fnc.; titre rouge et noir dans l'encadrement gr. sur bois employé par Fick et déjà indiqué. Le fnc. porte au recto la justification du tirage et au verso la marque de Fick.

Tiré à 24 exemplaires, sur papier vergé.
Cette édition ne contient que le texte de l'*Epistola*, avec les variantes, précédé d'un index sommaire des manuscrits et des éditions. Ce travail a été réédité. (V. infra, n° 32.)

(24)

1877-1878

Exuviæ sacræ Constantinopolitanæ (2ᵉ édition).

Tome I : Exuviæ ‖ sacræ constantinopolitanæ ‖ [*fleuron typ.*] ‖ Fasciculus ‖ documentorum minorum, ab by-‖zantina lipsana in Occidentem ‖ sæculo XIII° translata,‖ spectantium, ‖ & ‖ Historiam quarti belli sacri ‖ imperiiq; gallograeci ‖ illustrantium ‖ I ‖ [*Dans le bas de l'encadrement* :] Genevae ‖ M.D.CCC.LXXVII ‖ mense sept. *Sans nom de typographe.* [Genève, Jules-Guillaume Fick]. Au verso du titre (p. iv) : Paris, Ernest Leroux, 18, rue Bonaparte. Londres : Bernard Quaritch, 15, Piccadilly. Leipzig : Otto Harassowitz.

In-8, ccxxiv pp., dont les 11 premières chiffrées en chiffres arabes (Fauxtitre, titre, épître dédicatoire, table de division et préface) + 196 pp. (texte) + 1 fnc., portant au verso la marque de Fick. Titre rouge et noir dans l'encadrement de Fick déjà signalé.

L'épître dédicatoire (impr. en caractères de civilité) est adressée à M. Natalis de Wailly; elle est signée : Comte Riant, et datée de Monthey, Valais, 20 février 1876.

Tome II : Exuviæ || ..... Fasciculus || documentorum ecclesiasticorum, ad || byzantina lipsana.. || ... illustrantium. || II || [*Dans l'encadrement* :] Genevæ || M.D.CCC.LXXVIII || mense maij. || [Pnch., après la p. 399, colophon : impressvm feliciter Genevæ || Typis I. G. Fick || Anno Domini || M.D.CCC.LXX.VIII. Lavs Deo. P. ij : Paris : Ernest Leroux, 18, rue Bonaparte. Leipzig : Otto Harassowitz.

In-8, xx pp., (faux-titre, titre, table des divisions) + 399 (1) pp. (texte, errata et index) + 1 fnc. (recto, liste des précédents écrits du comte Riant, verso, marque de Fick).

Tiré à 421 exemplaires (1 sur peau de vélin, 80 sur papier de Rives à la cuve, 340 sur papier de Pegli Ligure).
Cet important ouvrage est le remaniement du Mémoire indiqué ci-dessus, n° 15, et la seconde édition augmentée du n° 18.

(25)

1878

Société pour la publication de textes relatifs à..... l'Orient latin IIIe rapport du secrétaire-trésorier (20 mai 1878)..... Genève, Fick, 1878. In-8, 21(1) pp., 1 fnc.

Le rapport occupe les pp. 3-21. (26)

Le changement de direction de la quatrième croisade d'après quelques travaux récents.

: *Revue des questions historiques*, 1878 (tome XXIII, 1er janvier), [pp. 71-114]. Signé : comte Riant.

Et à part :

Le changement de direction || de || la quatrième croisade || d'après quelques travaux récents || par || Le Comte Riant || Extrait de la *Revue des questions historiques*. — Janvier 1878.) || Paris || Librairie de Victor Palmé, éditeur || Rue de Grenelle-Saint-Germain, 25 || 1878. [P. 2 : Typographie Edmond Monnoyer au Mans (Sarthe)].

In-8, 48 pp. Couvert. impr., avec le même titre.

Tiré à 50 exemplaires.

Ce travail a été également publié avec le même titre, et en français.
: *Giornale Ligustico di archeologia storia e belle arti* (Gênes, in-8), 1878 (5e année), pp. 443-498.

Et à part :

Avec le même titre, sauf l'adresse typographique qui est : **Gênes, Imprimerie du R. Institut Sourds-muets, 1879.**

In-8, 62 pp., + 1 fnc. blanc.

Cette nouvelle édition ne présente, avec la précédente, que des différences de détail insignifiantes.

Ce travail est une suite de l'étude intitulée : *Innocent III, Philippe de Souabe..* (V. supra, n° 16). Le comte Riant y examine les écrits suivants :
THOMAS. Der Doge H. Dandolo und der Lateinerzug gegen Konstantinopel....
: *Allgemeine Zeitung*, 1875 (n° 356, 22 décembre, Beilage).
STREIT (L.). Venedig und die Wendung Kreuzzuges gegen K. P. Anklam, Krüger, 1877, in-4, 50 pp.
HOPF (K.). Bonifaz von Montferrat und der Troubadour Rambaud von Vaqueiras, hrsgg. von L. Streit. Berlin, Habel, 1877, in-8, 40 pp.
KLIMKE. Die Quellen zur Geschichte der IV Kreuzzuges. Breslau, Aderholz, 1875, in-8, 106 pp., et HANOTAUX (Gabriel). Les Vénitiens ont-ils trahi la chrétienté en 1202 : *Revue historique* (de Monod), 1877 (mai-juin), pp. 73-102.
En passant, il répond aux objections soulevées par quelques-uns d'entre eux, contre les conclusions de son travail sur Innocent III, Philippe de Souabe,...

(27)

[Communication sans titre, sur des manuscrits relatifs à la bibliographie de Louis de Varthema.]
: *Giornale Ligustico*, 1878 (5ᵉ année), p. 499, sous la rubrique : Bibliographie. Cette note est présentée par la rédaction de la part du comte Riant.

(28)

1879

Société pour la publication de textes relatifs... à l'Orient latin... IVᵉ Rapport du secrétaire-trésorier, 25 mai 1879. Genève, Fick, 1879. In-8, 16 pp.

(29)

Note sur *Robertus Parisiensis*, par M. le comte Riant, membre résidant.
: *Bull. de la Soc. nat. des Antiquaires de France*, 1879, pp. 58-60. Sans titre, le titre ci-dessus est donné d'après la table du *Bulletin*.
Lu à la séance du 8 janvier 1879.
Cette note a été reproduite sous le titre :

Note sur Robert de Paris, chevalier croisé.
: *Bulletin de la Soc. de l'Hist. de Paris et de l'Île de France* (Paris, in-8), 1879 (6ᵉ année, 5ᵉ livraison : septembre-octobre). pp. 130-132. Signé : comte Riant.

(30)

Reliquaire sous forme de capsule, avec inscription grecque, du trésor de Montiérender; communication de M. le comte Riant, membre résidant.
: *Bull. de la Soc. nat. des Antiquaires de France*, 1879, pp. 109-111, avec fig., p. 109. Sans titre ; le titre ci-dessus est emprunté à la table.
Lu à la séance du 12 février 1879.

(31)

Alexii I Comneni || Romanorum imperatoris || ad Robertum I || Flandriæ comitem || Epistola spuria || [*Fleuron typ.* : *tête d'ange ailé*] [*Dans le bas de l'encadrement* :] Genevae || M.DCCC.LXX.IX || mense junij || [P. 66, *colophon* : Impressum feliciter Genevæ || Typis I. G. Fick || Anno Domini || M.D.CCC.LXX.IX. || Lavs Deo [P. ii : Paris : Ernest Leroux, 18, rue Bonaparte. Leipzig : Otto Harassowitz.

In-8, lxxix(1) pp. (faux-titre, titre, justification du tirage, table des divisions et préface. A la p. (1), fig. de sceaux) + 66 pp. (Index bibliographique, texte et index général) + 1 fnc. (Au recto, liste des précédents travaux de M. Riant, au verso la marque de Fick.) Titre rouge et noir dans l'encadrement employé par Fick et déjà indiqué.

Tiré à 351 exemplaires numérotés (1 sur peau de vélin, 50 sur papier de Rives à la cuve, 300 sur papier vélin).
Seconde édition de ce texte. (V. supra, 1re édition, n° 24.)
La préface signée : Comte Riant, et les index sont nouveaux. (32)

1879-1881

Trois inscriptions relatives à des reliques rapportées de Constantinople par des croisés allemands. Par le comte Riant, membre résidant. Lu dans la séance du 7 avril 1879.

Mémoires de la Soc. nat. des Antiquaires de France, tome XL de la collection, 1879 (4e série, t. V). Pp. 128-145, avec fig. dans le texte et 2 planches : Reliquaire du trésor de la cathédrale de Munster (pl. double gr. sur cuivre par Dardel, impr. D. Vorzet); Reliquaire de Chalandon (pl. se dépl., gr. sur cuivre, impr. Buttner-Thierry, Paris).

Et à part :

Trois inscriptions || relatives à des reliques || rapportées de Constantinople || par des croisés allemands || par || le Comte Riant || Membre résidant de la Société nationale || des Antiquaires de France. || Extrait des *Mémoires de la Société nationale des Antiquaires* || *de France*, tome XL. || Paris || 1880 || [P. 22 : Imprimerie Daupeley-Gouverneur, à Nogent-le-Rotrou.]

In-8, 22 pp., 1 fnc. blanc, fig. dans le texte et les 2 pl. indiquées ci-dessus. Couvert. impr., avec le même titre.

Ce mémoire, traduit en italien, a paru : *Berico*. [Journal quotidien publié à Monte Berico près de Vicence], 1881(?). Nous avons cherché vainement ce journal dans plusieurs bibliothèques. (33)

Et à part :

Della inscrizione HER. MINNE incisa nella reliquia della Santa Croce donata dal Vescovo Pietro Dandolo ala chiesa cattedrale di Vicenza. Memoria del conte Riant, pubblicata negli Atti della Società Nazionale degli Antiquari di Francia (tom. XL) e tradotta dal Francese. [Au verso du titre : tip. Staider. P. 16, in fine : (Estratto dal *Berico*, anno 1881.) In-8, 16 pp. (34)

1880

Société pour la publication de textes relatifs... à l'Orient latin. VIe séance générale. Ve rapport du secrétaire-trésorier (31 mai 1880)... Genève, imprimerie Jules-Guillaume Fick, 1880. In-8, 21 (1) pp. 1 fnc.

Le rapport occupe les pp. 7-21. (35)

Inventaire critique || des || lettres historiques || des croisades || par le || comte Riant || I-II. || 768-1100 || [*Marque de la Société de l'Orient latin, tirée en rouge*] || Paris || Ernest Leroux || 28, rue Bonaparte || 1880. [Fnc. v° : Gênes. — Imprimerie de l'Institut Royal des Sourds-Muets. M.DCCC.LXXX.

In-8, xj (1) pp. (faux-titre, titre et table) + 234 pp. (texte), +1 fnc. (errata au r°) + un carton destiné à remplacer le fnc. d'errata, composé de 6 pp. chiffrées 235-240, et 1 fnc. blanc. Couvert. impr. avec le même titre, tiré tout en noir, encadré de filets typog. rouges.

Tirage à part anticipé à 120 exemplaires, du n° 38 ci-après. (36)

1881

Société pour la publication de textes relatifs à... l'Orient latin. VII° séance générale. VI° rapport du secrétaire-trésorier (16 mai 1881)... Genève, Fick, 1881. In-8, 16 pp. (37)

Archives || de || l'Orient latin || publiées || sous le patronage || de la || Société de l'Orient latin || Tome I [II] || [*Marque de la Société*] || Paris, Ernest Leroux || 28, rue Bonaparte || [*date de l'année*] [Gênes, imprimerie de l'Institut royal des sourds-muets... In-8.

Il n'a paru de ce recueil que les tomes I, 1881, et 2, 1882-1884.
Les avant propos de ces deux tomes sont signés : comte Riant, membre de l'Institut.
Ils se trouvent : tome 1, 1881, pp. v-x ; tome II, 1882-84, pp. v et vi.
Les divers travaux publiés dans ces *Archives*, par le comte Riant, suivent.

Inventaire critique des lettres historiques des croisades.
: *Archives de l'Orient latin*, I, 1881. Sous la rubrique : A. Critique des sources, I, pp. 1-89 et 91-224. Additions et corrections, pp. 710-716, signées R.

Ce travail comprend : des préliminaires, pp. 1-8 ; première partie. Avant les croisades 768-1093. Pp. 9-89 ; deuxième partie. Première croisade 1094-1100. Pp. 91-219. Appendice, pp. 220-224. Les additions et corrections.

(38)

Et à part :

Voyez supra, n° 36.

Inventaire sommaire des manuscrits de l'*Eracles*.
: *Archives de l'Orient latin*, I, 1881, pp. 247-256, signé R.[iant] sous la rubrique : B. Inventaires et descriptions de manuscrits. — Bibliographie, I et additions et corrections, pp. 716-718. Signé R.[iant].

Et à part :

Inventaire sommaire || des || manuscrits de l'Eracles || par le || comte Riant || membre de l'Institut || [*Marque typ.*] || Gênes || Impr. de l'Inst.-Royal des Sourds-Muets || 1881 ||.

Gr. in-8, 19 pp. De plus, l'ancienne pagination est conservée entre crochets.

Tiré à 100 exemplaires. (39)

Dépouillement des tomes XXI-XXII de l'*Orbis Christianus* de Henri de Suarez (Paris, Bibl. Nat. lat. 8983-8985). — Patriarcats de Constantinople et de Jérusalem.

: *Archives de l'Orient latin*, I, 1881, pp. 257-287. Sous la rubrique : B. Inventaires de manuscrits-bibliographie, II. Signé R.[iant].

Et à part :

Dépouillement || des tomes XXI-XXII || de l'Orbis christianus || de || Henri de Suarez || par le || comte Riant || membre de l'Institut || [*Marque de l'impr.*] || Gênes || de l'inst. Royal des sourds-muets || 1881.

In-8, 1 fnc. blanc, 33 (1) pp.; l'ancienne pagination est conservée entre crochets. Couvert. impr. avec le même titre entouré de fil. rouges.

Tiré à 60 exemplaires. (40)

Description du *liber bellorum Domini* [Rome, Vatican, *Reg. Christ.*, 547]
: *Archives de l'Orient latin*, I, 1881, pp. 289-322, sous la rubrique : B. Inventaires de manuscrits-bibliographie, III. Signé p. 322 : Ignazio Giorgi, et additions et corrections, pp. 718. Signées R.[iant].

Cette description, due à Giorgi, est précédée d'une notice qui occupe les pp. 289-293 et signée R[iant]. (41)

Lettre du clerc Nicétas à Constantin VII Porphyrogénète sur le feu sacré (avril 947).
: *Archives de l'Orient latin*, I, 1881, pp. 375-382, sous la rubrique : C. Documents I, lettres I. Signé : R.[iant], p. 376 et additions et corrections, pp. 719 et 720.

Et à part, avec le travail suivant :

Six lettres relatives aux croisades.
: *Archives de l'Orient latin*, I, 1881, pp. 383-392, C. Documents I, lettres 2. Signé, p. 385 : R.[iant].

Et à part, avec le travail précédent :

Même titre, s. ind. typ. [Gênes, impr. des sourds-muets].
In-8, 1 fnc., 20 pp. chiffrés 375-394 et 1 fnc. blanc, s. tit. sép.

Ce tiré à part à pagination continue, contient, outre les deux opuscules ci-dessus, la charte relative à Pierre l'Hermite, publiée par Léon Viellard (*Archives de l'Orient latin*, I, 1881, 393-394). (42)

Indulgences octroyées par Galerand, évêque de Béryte, ambassadeur de Terre-Sainte, en Angleterre.

: *Archives de l'Orient latin*, I, 1881, pp. 404-405. C. Documents II, chartes 4. Signé, p. 404 : R.[iant].

Et à part :

[*Extrait à pagination continue, s. ind. typ.*]

In-8, 7 (1) pp. chiffrées 402-408, s. tit. sép. et comprenant, outre l'opuscule de M. Riant (pp. 404-405), deux autres opuscules publiés, l'un par M. Röhricht, l'autre par M. de Mas Latrie. (43)

Privilèges octroyés à l'ordre Teutonique.
: *Archives de l'Orient latin*, I, 1881, pp. 416-422. C. Documents II, Chartes 7. Signé, p. 517 : R.[iant].

Et à part :

Privilèges octroyés || à l'ordre Teutonique. *S. ind. typ.* [Gênes, impr. de l'Inst. Royal des sourds-muets, 1881].

In-8, 7 (1) pp. s. tit. sép. Signé p. 2 : R.[iant]. La pagination primitive est conservée en outre entre crochets. (44)

Les archives des établissements latins d'Orient, à propos d'une publication de l'école française de Rome.
: *Bibliothèque de l'École des Chartes*, t. XLII, 1881, pp. 12-18. Signé R.[iant].

Et à part :

Les archives || des établissements latins d'Orient || à propos d'une || publication de l'école française de Rome. [P. finale nch.] : Nogent-le-Rotrou, imprimerie Daupeley-Gouverneur.

In-8, 7 (1) pp., s. tit. séparé. Signé : comte Riant.

Publié ensuite :

Les archives des établissements latins d'Orient à propos d'une publication récente de l'école française de Rome.
: *Archives de l'Orient latin*, I, 1881, pp. 705-710. D. Mélanges historiques et archéologiques, VI. Signé R.[iant].

Et à part :

Avec le même titre, extrait à pagination continue. s. ind. typ. [Gênes, impr. des sourds-muets, 1881].

In-8, 6 pp. chiffrées 705-710 et 1 fnc. blanc, s. tit. sép. Signé : R.[iant].

Ce travail est relatif aux *Chartes de Terre-Sainte provenant de l'abbaye de Notre-Dame de Josaphat*, publiées par M. *François Delaborde*, XIXe fascicule de la *Bibliothèque des écoles françaises d'Athènes et de Rome*, in-8.

(45)

Bibliographie de l'Orient latin, I, 1878, 1879, 1880 [*Marque de la Soc. de l'Orient latin*]. Paris, Ernest Leroux, 28, rue Bonaparte, 1881. *S. ind. typ.* [Gênes, impr. des sourds-muets]. In-8, 75 (1) pp.

> Bien que non signé, nous pensons que l'avant-propos de cet ouvrage est du comte Riant qui y a certainement collaboré.

(46)

Préface aux Itinéraires à Jérusalem, publiés par Michelant et Raynaud.

> Voir infra ; Publications de la Société de l'Orient latin, série géographique.

(47)

1882-1883

Lettre de 1704, relative à une relique de la Sainte-Épine et à un récit de la 5ᵉ croisade.

: *Bull. de la Soc. nat. des Antiquaires de France*, 1882, pp. 204-207, sans titre, le titre fautif ci-dessus est emprunté à la table du *Bulletin*. Lecture faite le 19 avril 1882.

> *Et à part* :

Un récit perdu || de || la première croisade || Extrait du *Bulletin de la Société nationale des Antiquaires* || *de France*. Séance du 19 avril 1882. [P. 4 : Nogent-le-Rotrou, imprimerie Daupeley-Gouverneur.

In-8, 44 pp., s. tit. sép.

> Paru également sous ce même titre :

Un récit perdu de la première croisade.
: *Bibliothèque de l'École des chartes*, XLVI, 1883, pp. 259-262. Non signé.

> Reproduit plus ou moins intégralement.

: *Semaine religieuse de Limoges*. 1883, 24 mai.
: *Messager de l'Allier*. 1883, 25 mai.
: *Semaine religieuse de Périgueux*. 1883, 28 mai.
: *Courrier de la Dordogne*, 1883, 28 mai.
: *L'Univers*. 1883. 13 juin.
: *Courrier de la Haute-Vienne*. 1883, 13 juin.
: *Semaine religieuse du Puy*. 1883, 13 juin.
: *Semaine religieuse de Clermont*. 1883, 30 juin.
: *La Haute-Loire*. 1883, 5 juillet.
: *Revue de l'Art chrétien*. 1883, octobre.

(48)

Peinture sur toile de la fin du xivᵉ siècle relative à sainte Brigitte.
: *Bull. de la Soc. nat. des Antiquaires de France*, 1882, pp. 208-212, avec une gravure à la p. 210. Sans titre ; le titre ci-dessus est emprunté à la table du *Bulletin*. Lu à la séance du 19 avril 1882.

Et à part :

Un prétendu ǁ portrait de Ste Brigitte de Suède ǁ et de Ste Catherine, sa fille ǁ Extrait du *Bulletin de la Société nationale des Antiquaires* ǁ *de France*. Séance du 19 avril 1882. [P. 6 : imprimerie Daupeley-Gouverneur à Nogent-le-Rotrou.

In-8, 6 pp., 1 fnc., gravure p. 3. Sans tit. sép. (49)

Traduit partiellement en suédois.

S. Birgittas porträtt, samt några nya upplysningar om hommes hospital i Rom.
: *Historisk Tidskrift* (Stockholm, in-8), Signé : Hd.
Le traducteur est Hans Hildebrand.

Et à part, avec le même titre :

Stockholm, 1883. Kongl. Bocktryckeriet. In-8, 8 pp. (50)

Inventaire des matériaux rassemblés par les Bénédictins au xviiie siècle ǁ pour la publication des *Historiens des croisades*. (Collection dite de Dom Berthereau. Paris, bibl. nat., fr. 9050-9080).
: *Archives de l'Orient latin*, II, 1882, pp. 105-130. B. inventaires et descriptions de manuscrits, I. Signé : R.[iant].

Et à part :

Inventaire ǁ des ǁ matériaux rassemblés ǁ par les ǁ Bénédictins au xviiie siècle ǁ pour la publication ǁ des ǁ historiens des croisades ǁ (Collection dite de Dom Berthereau. Paris, Bibl. nat., fr. 9050-9080) ǁ [*Marque typogr.*] Gênes ǁ Imprimerie de l'Institut Royal des sourds-muets ǁ 1882.

In-8, 28 pp. La pagination primitive a été conservée entre crochets. Signé : R.[iant].

Tiré à 100 exemplaires. (51)

Inventaire sommaire des manuscrits relatifs à l'histoire et à la géographie de l'Orient latin. I, France, A Paris.
: *Archives de l'Orient latin*, II¹ 1882, pp. 131-204. B. Inventaire et descriptions de manuscrits. II et pp. 510-511. Additions et corrections. Non signé.

Et à part :

Inventaire sommaire ǁ des ǁ manuscrits relatifs ǁ à ǁ l'histoire et à la géographie ǁ de ǁ l'Orient latin ǁ I, France, — A. Paris ǁ [*Marque typóg.*] Gênes ǁ Imprimerie de l'Institut royal des sourds-muets ǁ 1882.

In-8, 81 (1) pp., 1 fnc. blanc. La pagination primitive est conservée entre crochets. Couvert. impr., avec le même titre entouré de filets typ. rouges.

Tiré à 150 exemplaires. Sans nom d'auteur. (52)

Société... [de l'Orient latin] VIIIᵉ séance générale. VIIᵉ rapport du secré-taire-trésorier (28 mai 1883)... Genève, Fick, 1883.

In-8, 27 (1) pp. et portrait de M. Paulin Paris (héliogr. Dujardin, Paris).

Le rapport est aux pp. 7-27. (53)

Un documento lucchese riguardanti la prima crociata (2-11 ottobre 1.098
: *Atti della reale Accademia Lucchese di scienze, lettere et arti.* T. XXII, 1883. Pp. 583-593.

> Reproduction, précédée d'une courte notice en langue italienne, du n° cxvi de l'inventaire des lettres historiques des croisades (n° 61 supra). Cf. *Archives de l'Orient latin*, I, pp. 184-185, 223-224; et tiré à part (n° supra), pp. 184-185 et 224-225.

(54)

Invention de la sépulture des patriarches Abraham, Isaac et Jacob à Hébron, le 25 juin 1119.

: *Comptes-rendus de l'Académie des inscr. et belles-lettres*, 1883 (4ᵉ série, t. XI), communications. I, Pp. 26-35. Signé : Cᵗᵉ Riant. Lu le 26 janvier 1883.

Ce travail a été développé plus tard. (V. n° 58). (55)

Quatre pièces relatives à l'ordre teutonique en Orient.
: *Archives de l'Orient latin*, II², 1883. Documents I, chartes 4. Pp. 164-169.

Et à part :

Quatre pièces relatives à l'ordre teutonique en Orient. [Fnc. final, v°] : Gênes, imp. de l'Inst. Royal des sourds-muets.

In-8, 6 pp., dont la 6ᵉ est par erreur chiffrée 7, et 1 fnc. S. tit. sép. La pagination primitive est conservée entre crochets. Signé, p. 2 : R.[iant].

(56)

Pièces relatives au passage à Venise de pèlerins de Terre-Sainte.
: *Archives de l'Orient latin*, II², (1883). Documents I. Chartes 11, pp. 237-249. Signé, p. 238 : R.[iant], et pp. 512, additions et corrections.

Et à part :

Pièces relatives ‖ au ‖ passage à Venise ‖ de pèlerins de Terre Sainte. ‖ [*Marque typ.*] ‖ Gênes ‖ Imprimerie de l'Institut Royal des sourds-muets ‖ 1883.

In-8, 15 (1) pp. La pagination primitive est conservée entre crochets. Couv. impr. avec le même titre, encadré de fil. typ. rouges.

Tiré à 60 exemplaires. (57)

Invention de la sépulture des patriarches Abraham, Isaac et Jacob à Hébron, le 25 juin 1119.

⁝ *Archives de l'Orient latin*, II². G. mélanges historiques et archéologiques, V. pp. 411-421 et additions et corrections, p. 512 et 513. Signé : R.[iant].

Et à part :

Invention ‖ de la ‖ sépulture des patriarches ‖ Abraham, Isaac et Jacob à Hébron ‖ le 25 juin 1119 ‖ par ‖ le comte Riant ‖ membre de l'Institut. ‖ [*Marque typ.*] ‖ Gênes ‖ Imprimerie de l'Institut Royal des sourds-muets ‖ 1883.

In-8, 1 fnc., blanc, + 13 (1) pp. La pagination primitive est conservée entre crochets. Couvert. impr., avec le même titre encadré de fil. typ. rouges.

Tiré à 200 exemplaires.
Ce travail est le développement de la communication faite à l'Institut le 26 janvier 1883. (V. supra, n° 55.)　　　　　　　　　　　　　　　　　　　(58)

Une lettre de l'impératrice Marie de Constantinople.
⁝ *Archives de l'Orient latin*, II², Documents II, Lettres 2. Pp. 256 et 257 + 1 pl. en héliogravure (fac-sim.)　　　　　　　　　　　　　　　　　　(59)

Un dernier triomphe d'Urbain II.
⁝ *Revue des questions historiques*, 1883 (tome XXXIV, 1er juillet), pp. 247-255. Signé, p. 252 : Comte Riant.

Et à part :

Un dernier ‖ triomphe d'Urbain II ‖ par ‖ le comte Riant ‖ membre de l'Institut. ‖ Paris ‖ Librairie de Victor Palmé, éditeur ‖ 76, rue des Saints-Pères, 76 ‖ 1883 [Pnch. finale : Bruxelles. — Imprimerie A. Vromant.

In-8, 11 (1) pp., et une pl., en héliogr. Dujardin (portrait d'Urbain II). Cette planche n'existe que dans le tirage à part. Couvert. impr. avec le même titre.　　　　　　　　　　　　　　　　　　　　　　　　　　　(60)

Le vrai et le faux ‖ sur ‖ Pierre l'Hermite ‖ analyse critique ‖ des témoignages historiques relatifs à ce personnage et des légendes ‖ auxquelles il a donné lieu ‖ par ‖ Henri Hagenmeyer ‖ Traduit avec l'autorisation de l'auteur ‖ par ‖ Furcy Raynaud ‖ [*Marque de la Société bibliographique*] ‖ Paris‖ Librairie de la société bibliographique ‖ boulevard Saint-Germain, 195 ‖ 1883 [Fnc. 2, v° : Luxembourg. — Imprimerie J. Hary ‖ 10, avenue Monterey, 10.
In-8, 2 ffnc., + VII (1) + 362 pp. Couvert. impr. avec le même titre.

L'avant-propos (pp. i et ii) de cette traduction est signé : comte Riant, et daté de : Rapallo-Ligure, 22 mars 1883.　　　　　　　　　　　　　　　　(61)

1884

1282. Déposition de Charles d'Anjou pour la canonisation de saint Louis publiée par M. le comte Riant. ⁝ *Notices et documents publiés pour la société de l'histoire de France, à l'occasion du cinquantième anniversaire de sa fondation......* Paris, librairie Renouard..., 1884. (Imprimerie Daupeley-Gouverneur à Nogent-le-Rotrou.) In-8, 1 vol. Voir n° X, pp. 155-176.

Et à part :

Extrait à pagination continue (pp. 155-176) *s. ind. typ.* [Nogent-le-Rotrou, imp. Daupeley-Gouverneur]. Sans titre séparé. (62)

Une lettre historique de la première croisade, communiquée par M. Riant.
: *Comptes-rendus de l'Acad. des inscr. et belles-lettres*, 1884 (4ᵉ série, t. XII). Communications, n° 11. Pp. 211-214. Séance du 9 avril 1884.

Ce document est la lettre adressée par le cardinal Raimbert de Pise, patriarche latin de Jérusalem, au clergé et aux fidèles d'Allemagne. (63)

Société... de l'Orient latin. IXᵉ séance générale. VIIIᵉ rapport du secrétaire-trésorier (11 juin 1884). Genève, Fick, 1884.
In-8, 20 pp.

Le rapport est aux pp. 7-20. (64)

La donation de Hugues, marquis de Toscane, au Saint-Sépulcre et les établissements latins de Jérusalem au xᵉ siècle, par M. Riant.
: *Mémoires de l'Institut de France, Acad. des inscr. et belles lettres.* (Paris, imp. nat. in-4.) Tome XXXI², 1884, pp. 151-195 avec une pl. (fac-sim.) entre les pp. 160 et 161.

Et à part :

La donation de Hugues, || marquis de Toscane, || au Saint-Sépulcre || et || les établissements latins de Jérusalem au xᵉ siècle, || par || le comte Riant. || Extrait des Mémoires de l'Académie des inscriptions et belles-lettres, || tome XXXI, 2ᵉ partie || (p. 151-195). || (*Marque de l'impr. nat.*] || Paris.|| Imprimerie nationale. ||MDCCCLXXXIV.
In-4. 49 (1) pp., et 1 planche double entre les pp. 14 et 15.

Ce travail est celui que le comte Riant avait lu le 11 mai 1883, à l'Académie des Inscriptions, puis, le 22 juin 1883, à la séance trimestrielle de l'Institut, sous le titre : La donation d'Orvieto et Aquapendente au Saint-Sépulcre, et les établissements latins de Jérusalem au xᵉ siècle. (*Cf. Comptes-rendus de l'Acad. des Inscr. et B. L.*, 1883 (4ᵉ série, t. XI), pp. 165-166 et 176. (65)

Voyage en Terre-Sainte d'un maire de Bordeaux au xivᵉ siècle.
: *Archives de l'Orient latin*, II². Documents III. Voyages 3. Pp. 378-388.
Signé, p. 379 : R.[iant].

Et à part :

Voyage || en || Terre-Sainte || d'un maire de Bordeaux || au xiv⁰ siècle || [*marque de l'impr.*] || Gênes || Imprimerie de l'institut royal des sourds-muets || 1884.

In-8, 2 ffnc., le premier blanc] + 11 (1) pp. La pagination primitive est conservée entre crochets.

<blockquote>
Tiré à 100 exemplaires.

L'auteur est Thomas Brygg, qui raconte le voyage très rapide fait en Terre-Sainte en 1392, par un chevalier anglais, Thomas de Swinburne, alors châtelain de Guines, et qui devint plus tard maire de Bordeaux et châtelain de Fronsac. Thomas Brygg était, suppose-t-on, écuyer ou chapelain de Thomas de Swinburne.

Cette édition a été donnée par le comte Riant, qui a signé : R., l'avant-propos qui se trouve aux pp. 1 et 2.
</blockquote>
(66)

Lettre sur la date exacte de l'arrivée à Gênes des reliques de saint Jean-Baptiste, 6 mai 1098

: *Giornale Ligustico di archeologia, storia et belle arti*, 1884, (XI⁰ année), pp. 132-138. Signée : Comte Riant, et datée : Rapallo : 13 février 1884.

Et à part :

La date exacte || de l'arrivée à Gênes || des reliques de saint-Jean-Baptiste || 6 mai 1098 || Lettre au directeur du *Giornale Ligustico* || [*Marque typogr.*] || Gênes || imprimerie de l'I. R. des sourds-muets || 1884.

In-8, 9 (1) pp., + 1 fnc., blanc. Couvert. impr. avec le même titre, Signé et daté p. 9, comme ci-dessus.

<blockquote>
Dans cette lettre, le comte Riant fixe au 6 mai 1098, la date exacte de l'arrivée à Gênes de ces reliques, contre le Père Vigna, qui donnait le 20 mai 1099 (cf. *Atti della Soc. Ligur. di stor. patria*, 1876 (T. X), pp. 486, et contre le Père Persoglio qui proposait la fin de juin 1098. (Cf. *S. Giovanni Battista e i Genovesi*, 1879, in-12, p. 153).
</blockquote>
(67)

1885

La part de l'évêque de Bethléem dans le butin de Constantinople en 1204. Par M. le comte Riant, membre résidant. Lu dans la séance du 16 décembre 1885.

: *Mémoire de la Soc. nat. des Antiquaires de France*, t. XLVI de la collection 1885 (5ᵉ série, t. V). Pp. 225-237.

Et à part :

La part || de || l'évêque de Bethléem || dans le butin de Constantinople || en 1204 || par || le comte Riant || Membre résidant de la Société nationale || des Antiquaires || de France. || Extrait des *Mémoires de la Société Nationale des Antiquaires* || *de France*, t. XLVI (pp. 225-237). || Paris || 1886. [P. 16 : Imprimerie Daupeley-Gouverneur, à Nogent-le-Rotrou.

In-8, 16 pp. Couvert. impr. avec le même titre. (68)

L'Église de Bethléem et Varazze en Ligurie, par le comte Riant.

⁞ *Atti della società Ligure di storia patria*, 1885 (t. XVII, 2ᵉ série, t. I), pp. 543-785, plus 2 planches, la première (entre les pp. 640 et 641) se dépliant, intitulée : Tableau des séries épiscopales latines de Bethléem Ascalon; la seconde (pl. fac-sim., entre les pp. 662-663). Aux pp. 643-704 se trouve un appendice très copieux. Le titre de départ de ce mémoire, est : Une dépendance italienne de l'église de Bethléem, Varazze en Ligurie (1139-1124).

Ce mémoire est le premier jet de travail que le comte Riant a consacré ensuite à l'église de Bethléem. (V. infrà, nº 76).

(69)

1885-1886

Société..... de l'Orient latin..... IXᵉ rapport du secrétaire-trésorier, 18 juin 1885)..... Genève, Fick, 1885. — Xᵉ rapport (septembre 1886). Genève, Fick, 1886. In-8, 18 pp. + 1 fnc. et 24 pp.

Les deux rapports de 1885 et de 1886 ont été imprimés chacun avec une pagination séparée mais ont été brochés ensemble et la couverture a comme titre : Société..... de l'Orient latin. Xᵉ séance générale IXᵉ Rapport..... Avis du comité de direction. Xᵉ rapport du secrétaire trésorier..... Genève, Fick, 1886.

(70)

1886

La légende du martyre en Orient de Thiémon, archevêque de Salzbourg, 28 septembre 1102.

⁞ *Revue des questions historiques*, 1886 (t. XXXIX, 1ᵉʳ janvier). Mélanges I. Pp. 218-237. Signé : Comte Riant.

Et à part :

Le ‖ martyre de Thiémon ‖ de Salzbourg ‖ (28 septembre 1102) ‖ par ‖ le comte Riant ‖ membre de l'Institut ‖ Extrait de la Revue des questions historiques, janvier 1886. ‖ T. XXXIX, p. 218-237. ‖ Paris ‖ librairie de Victor Palmé..... ‖ 1886. [P. 24 : Bruxelles, imp. Vromant.

In-8, 24 pp.

Tiré sur grand papier. (71)

Communication sur une découverte de documents grecs anciens faite à Bari (Italie méridionale).

⁞ *Comptes-rendus de l'Acad. des Inscr. et Belles-Lettres*, 1886 (4ᵒ série, t, XIV), p. 163. Sans titre. Le titre ci-dessus est donné d'après la table. (72)

Lettre relative à la communication de M. Ledoulx sur le Haram d'Hébron.

⁞ *Comptes rendus de l'Acad. des Inscr. et Belles-Lettres*, 1886 (4ᵉ série, t. XIV), pp. 57-63. Sans titre; le titre ci-dessus est donné à la table. (73)

Et à part :

Lettre à M. Wallon ‖ sur ‖ un plan du Haram el-Khalil ‖ (mosquée d'Hébron), ‖ envoyé ‖ par M. Ledoulx. ‖ Extrait des comptes-rendus ‖ des séances de l'Académie des Inscriptions et Belles-lettres. [1886, XIV, pp. 57-63.] P. 4 : Imprimerie nationale. — Juillet 1886.

In-8, 8 ffnc., et 1 plan se dépl., p. 54 (celui signalé ci-dessous et qui accompagnait la communication de M. Ledoulx).

> Cette lettre datée de : Rapallo-Ligure. 7 avril 1886, est adressée au secrétaire perpétuel, M. Wallon, à l'occasion de l'article intitulé : Note explicative d'un plan de la mosquée d'Hébron, adressée au président du Conseil, ministre des affaires étrangères, par M. Ledoulx, consul de France à Jérusalem. (: *Ibidem*, pp. 54-56), avec un plan se dépl., en face de la p. 54, et suivi d'un rapport de M. Schefer (pp. 56-57). (74)

1887

Les possessions de l'église de Bethléem en Gascogne.
: *Revue de Gascogne. Bulletin mensuel de la Soc. hist. de Gascogne* (Auch, imp. Foix, in-8). T. XXVIII, 1887, pp. 97-118. Signé, p. 116 : Riant.

Et à part :

Les possessions ‖ de ‖ l'église de Bethléem ‖ en Gascogne ‖ par ‖ le comte Riant ‖ membre de l'Institut ‖ [*Fleuron typogr.*] ‖ Auch ‖ Imprimerie G. Foix ‖ MDCCCLXXXVII.

In-8, 2 ffnc., + 25 (1) pp., + 1 fnc., blanc. Couvert. imp. avec le même titre entouré de filets typ. (75)

1889-1896

Tome I : Études ‖ sur l'histoire de ‖ l'église de Bethléem ‖ par ‖ le comte Riant ‖ membre de l'Institut ‖ I ‖ [*Étoile de Bethléem*, tirée en rouge et bleu.] ‖ Gênes ‖ Imprimerie de l'Institut royal des sourds-muets ‖ M.D.CCC.LXXX.IX.

In-8, xiv pp. (faux-titre, titre, dédicace, avant-propos et table des matières) + 258 pp. (texte et index). Couvert. imp., avec le même titre, entouré de filets typ. en rouge.

> Cet ouvrage est dédié à Mgr Étienne II Bagnoud, comte-abbé de S. Maurice d'Agaune, et 55e évêque de Bethléem, en l'honneur de son jubilé pontifical.
> Ce travail est pour la plus grande partie (pp. 1-109, 129-194), le remaniement du mémoire sur l'église de Bethléem et Varazze en Ligurie. (V. supra, n° 69.)
> L'avant-propos est daté de S. Maurice, Valais, février 1888.
> Le comte Riant n'a pu faire paraître que ce premier volume. Il comptait cependant voir la publication de la seconde partie dont il a indiqué la composition dans son avant-propos. Ayant offert la dédicace de cet ouvrage à Mgr Bagnoud, alors très âgé, il ne crut pas pouvoir attendre, pour commencer l'impression, que le texte du second fascicule fût entièrement prêt. La mort du comte Riant, arrivée le 17 décembre 1888, ne lui permit pas de publier lui-même cette seconde partie.

Les notes qu'il avait laissées, coordonnées et complétées par M. Charles Kohler ont paru par les soins de ce dernier, d'abord : *Revue de l'Orient latin*, t. I, 1893, pp. 140-160, 381-412, 475-525, et t. II, 1894, pp. 35-72. M. Kohler a signalé dans la *Revue de l'Orient latin*, une curiosité bibliographique relative au titre et à la dédicace de ce volume.

Il existe du tome I des exemplaires en grand papier.

Tome II : Comte Riant || membre de l'Institut || Études || sur l'histoire de || l'église de Bethléem || Tome II || publié d'après les notes de l'auteur || par || Ch. Kohler || Paris || Ernest Leroux, éditeur || 28, rue Bonaparte, 28 || M.DCCC.XCVI || [P. 156 : Le Puy-en-Velay. Imprimerie R. Marchessou, boulevard Carnot, 23.

In-8, 3 ffnc., (le 1ᵉʳ blanc, faux-titre) + II pp., (avertissement signé : Ch. Kohler) + 156 pp., (Texte, index et table des chapitres) + 1 fnc., blanc, Couvert. impr. avec le même titre encadré de filets typ. rouge. (76)

Vne pierre tom=||bale & un tableau de|| l'église de Vieure || (Allier) || Geneve || M.DCC.LXXXIX.

In-8, 20 pp., fig. dans le texte + 3 planches en photogravure, titre rouge et noir, avec l'encadrement précité de J.-G. Fick ; couvert. avec titre impr. en noir, encadré de filets typographiques. Le texte est également encadré de filets typographiques noirs.

Ce travail avait fait d'abord l'objet d'une communication à la Société des Antiquaires de France, lue dans une des séances par le comte de Marsy, mais n'a pas paru dans les mémoires de cette Société. Il a été publié à Genève, chez J. G. Fick, par les soins du fils de l'auteur, le comte Denis Riant.

(77)

1895

Recueil || des || historiens || des || croisades || publié par les soins || de l'Académie des inscriptions et belles-lettres || Historiens occidentaux || Tome cinquième || [*Marque de l'imprimerie nationale*] || Paris, imprimerie nationale M.DCCC.XCV.

In-fol., 2 ffnc., (faux-titre et titre) + CLII pp. (Préface avec avant-propos signé L. M. L. [Louis de Mas-Latrie]) + 2 ffnc., et 523 pp. chiffrées 341-923 (1) pp. (texte).

Ce volume a été recueilli et préparé par le comte Riant, et tous les morceaux qui le composent ont été choisis et déterminés par lui. La préface qui contient surtout des notices sur les auteurs publiés dans ce volume, lui appartient pour le fond ; la forme est de M. Charles Kohler.

(78)

NOTICES ET ARTICLES BIOGRAPHIQUES

[MOLINIER (Auguste)] : *Revue historique* (Monod), 1889[1] (mars-avril, t. XXXIX). Bulletin historique. France. Nécrologie. Pp. 349-351. Signé : A. M.

BELGRANO : *Giornale Ligustico.* 1889 (Année XVIe fascic. III-IV). Pp. Signé L. T. Belgrano.

Et à part :

Il conte Paolo Riant (P. 2 : Genova. — Tipogr. Sordo-Muti]. *S. d.* In-8, 7 (1) pp.

Anonyme : *Polybiblion.* Partie littéraire, 1889. Pp. 82 et 178-180.

RÖHRICHT (Reinhold). Graf Paul Riant. Von Reinhold Röhricht in Berlin : *Zeitschrft d. deutsch. Palaestina-Vereins* (Lpzg, 8°), 1889. Pp. 73-80.

Et à part :

Graf Paul Riant. Von Reinhold Röhricht in Berlin. *S. ind. typ.* Extrait à pagination continue. In-8, 8 pp. chiffrées [73-80].

LEDOS (Eugène) et SEPET (Marius) : *Revue des questions historiques*, 1889 (t. XLV de la Collection). Chronique. Signée : Marius Sepet. — Eugène Ledos. Voir p. 655.

HERVEY DE SAINT-DENIS. Institut de France. Académie des Inscriptions et Belles-Lettres. Discours de M. le Mis d'Hervey de Saint-Denys président de l'Académie. Lu à la séance du vendredi 28 décembre 1888. [P. 5 : Paris. — Typographie de Firmin-Didot et Cie, imp. de l'Institut, rue Jacob, 56.

In-4, 5 (1) pp., 1 fnc. blanc.

VOGUÉ (Mis Charles-Jean-Melchior de) : *Revue de l'Orient latin*, t. I, pp. 1-15.

Et à part :

Mis de Vogué || Le comte Riant || (Extrait de la *Revue de l'Orient latin*, t. I.) || Paris || Ernest Leroux, éditeur || 28, rue Bonaparte 28 || 1893. *S. ind. typ.*

In-8, 15 (1) pp., et un portr. en héliogravure Dujardin. La couverture imprimée sert de titre.

Ce travail contient (pp. 10-15) la liste des travaux manuscrits rédigés ou ébauchés du comte Riant.

PUBLICATIONS DE LA SOCIÉTÉ DE L'ORIENT LATIN[1]

SÉRIE HISTORIQUE

I. — La prise d'Alexandrie ou Chronique du roi Pierre Ier de Lusignan par Guillaume de Machaut, publiée pour la première fois pour la Société de l'Orient Latin, par M. L. de Mas-Latrie. Genève, Imprimerie Fick, 1877.

II. — Quinti Belli sacri scriptores minores sumptibus Societatis illustrandis Orientis Latini monumentis edidit Reinholdus Röhricht Ph. Doctor. Genevae, Typis J. G. Fick, 1879.

III. — Testimonia minora de quinto bello sacro e chronicis occidentalibus excerpit et sumptibus Societatis illustrandis Orientis Latini monumentis edidit Reinholdus Röhricht Ph. Doctor. Genevae, Typis J. G. Fick, 1882.

IV. — Libro de los fechos et conquistas del principado de la Morea Compilado por comandamiento de Don Fray Johan Fernandez de Heredia maestro del Hospital de S. Johan de Jerusalem. Chronique de Morée aux XIIIe et XIVe siècles, publiée et traduite pour la première fois pour la Société de l'Orient Latin par Alfred Morel-Fatio. Genève, Imprimerie J. G. Fick, 1885.

V. — Les gestes des Chiprois. Recueil de chroniques françaises écrites en Orient aux XIIIe et XIVe siècles (Philippe de Navarre et Gérard de Montréal) publié pour la première fois pour la Société de l'Orient Latin, par Gaston Raynaud. Genève, Imprimerie J. G. Fick, 1887.

SÉRIE GÉOGRAPHIQUE

I-II. — Itinera Hierosolymitana et descriptiones Terrae Sanctae bellis sacris anteriora et latina lingua exarata sumptibus Societatis illustrandis Orientis Latini monumentis ediderunt Titus Tobler et Augustus Molinier. I. Genevae, Typis J. G. Fick, 1879.

III. — Itinéraires à Jérusalem et descriptions de la Terre Sainte rédigés en français aux XIe, XIIe et XIIIe siècles publiés par Henri Michelant et Gaston Raynaud. Genève, Imprimerie J. G. Fick, 1882.

La préface de cet ouvrage (pp. ix-xxxiij) est due au comte Riant.

---

[1]. Tous ces ouvrages ont été tirés dans le format in-8 à 500 exemplaires numérotés, dont 50 sur grand papier, 50 sur papier vélin, 400 sur papier ordinaire.

IV. — Itinera Hierosolymitana..... bellis sacris anteriora et lingua latina exarata..... ediderunt Augustus Molinier et Carolus Kohler. II. Itinerum bellis sacris anteriorum series chronologica occidentalibus illustrata testimoniis. I. 30-600. Genevae, Typis J.-G. Fick, 1885.

Ouvrage inachevé. La couverture sert de titre.

V. — Itinéraires russes en Orient traduits pour la Société de l'Orient Latin, par Mme B. de Khitrovo. I, 1. Genève, Imprimerie J.-G. Fick, 1889.

Ouvrage inachevé. La couverture sert de titre.

RÉIMPRESSIONS PHOTOTYPOGRAPHIQUES [1]

I. — Anonymi lubicensis ut videtur Hermanni Sinæ, Ordinis prædicatorum Prologus Arminensis in mappam terræ sanctæ. Lubicæ ante annum MCDLXXX impressus quem sumptibus Societatis illustrandis Orientis Latini monumentis Viduæ Gillot arte heliographica redditum R. P. Guillelmus. Antonius Neumann, Ord. Cist., S, Theologiæ doctor, ejusdemque in Cæsarea Vindobonensi Universitate professor, Præfatione ornabat. Genevæ, Typis J.-G. Fick, MDCCCLXXXV.

II. — Le Sainct Voyage de Hierusalem ou petit traicté du voyage de Hierusalem de Rome et de Sainct Nicolas du Bar en Pouille de Jehan de Cucharmoys natif de Lyon. Reproduit par le procédé Pilinski d'après l'édition de Lyon (Olivier Arnoullet, 1530, ff. 101-106) pour la Société de l'Orient Latin et précédé d'une introduction par le comte de Marsy. Genève, Imprimerie J.-G. Fick, MDCCCLXXXIX.

PUBLICATIONS

PATRONÉES PAR LA SOCIÉTÉ DE L'ORIENT LATIN

I. — Numismatique de l'Orient Latin par G. Schlumberger, membre de la Société des Antiquaires de France, lauréat de l'Institut. Avec 19 planches gravées par L. Dardel. Publié sous le patronage de la Société de l'Orient Latin. Paris, Ernest Leroux, éditeur... rue Bonaparte, 23. MDCCCLXXVIII.

On joint à cet ouvrage :

Numismatique de l'Orient Latin par G. Schlumberger, membre résidant de la Société des Antiquaires de France. Supplément et Index alphabétique.

---

1. Tirées à 90 exemplaires dont 50 sur peau de vélin.

Avec deux planches gravées par L. Dardel et une carte des ateliers monétaires. Publié sous le Patronage de la Société de l'Orient Latin. Paris, E. Leroux..., MDCCCLXXXII.

II. — Archives de l'Orient Latin publiées sous le patronage de la Société de l'Orient Latin. Tome I. Paris, Ernest Leroux, 28, rue Bonaparte, 1881. *Au verso du titre* : Gênes, Imprimerie de l'Institut royal des Sourds-Muets. MDCCC.LXXXI. *A la suite* : Bibliographie de l'Orient Latin. I. 1878, 1879, 1880. Paris, Leroux, 1881 (avec titres et pagination séparés).

Archives... Tome II. Paris, Ernest Leroux... 1884. *Au verso du titre* : Gênes, Imprimerie... des Sourds-Muets, MDCCCLXXXII-MDCCCLXXXIV. *A la suite*: Bibliographie de l'Orient Latin. II. 1881, 1882, 1883. Paris, Leroux, 1884.

Les tomes I et II ont chacun un tirage en papier ordinaire et un en grand papier.

III. — De Passagiis in Terram Sanctam. Excerpta ex Chronologia Magna Codicis latini CCCXCIX Bibliothecæ ad S. Marci Venetiarum auspice Societatis illustrandis Orientis Latini monumentis Edidit Georgius Martinus Thomas Onoldinus. (*Marque typ.*) MDCCCLXXXIV. In commissis habet Ferd. Ongania. Venetiis. *Au verso du faux-titre* : Venetiis ex Typographia Æmiliana.

Ouvrage in-fol. tiré à 160 exemplaires numérotés. Il se compose de 5 ffnc pour les titres et la préface et de 8 ffnc contenant la reproduction du manuscrit de Venise, héliotypies par G. Jacobi.

IV. — Histoire du commerce du Levant au Moyen-Age par W. Heyd, bibliothécaire en chef à la Bibliothèque royale de Stuttgart. Édition française refondue et considérablement augmentée par l'auteur : publiée sous le patronage de la Société de l'Orient Latin par Furcy Raynaud. Leipzig, Otto Harrassowitz, libraire-éditeur. Paris, Émile Lechevalier, 39, quai des Grands-Augustins. [*Tome I*] : 1885. [*Tome II*] : 1886. *P. 554 du tome I et dernier ffnc. du tome II* : Imprimerie de L. Reiter, Dessau.

2 vol. in-8. Tirage sur papier de Hollande à **cinq exemplaires**.

MANUSCRITS

1. ALGER (Pièces littéraires sur). Relacion del Bey de Argel. *Fnc. 2 recto incipit* : Relacion que haze el Bey de Argel Alicuustapha del Ricero de Argel. *A la suite le texte d'une pièce de vers qui occupe les ff. 2 à 6 recto. Fnc. 7 recto* : Comedia de la conquista de Argel. Cette comédie occupe les ffnc. 8 et 9.

Manuscrit du xviie siècle.

2. Aretin. Benedicti Aretini De bello Hierosolymitano Libri Quatuor. Petit in-4, rel. bas. est.

Manuscrit du commencement du siècle.

3. Barth. Adversarior. Commentariorvm Libri CLXV ad CLXXX. 378 ff. petit in-fol., rel. vél. (moderne).

Manuscrit original d'une œuvre inédite du savant philologue allemand *Gaspard de Barth* ou *Barthius* (1587-1658) ; ce manuscrit, considéré longtemps comme perdu, a été retrouvé en 1817 par F. A. W. Spohn ; celui-ci en avait préparé une édition, mais il ne put terminer son travail ; ce manuscrit a ensuite appartenu au marquis de Morante. Cf. infrà, n° 1852.

4. Bernard (Saint). F° *1* : Incipit liber beati Bernardi de laude nove miliae ad milites Templi (20 ff.). — Eiusdem liber ad abbatem Columbensem super libro de precepto et dispensatione (16 ff.) — Eiusdem liber de colloquio Symonis et Ihesu ad Gaufridum (23 ff.). — Eiusdem liber de diligendo Deo (18 ff.). — Eiusdem liber de gratia et libero arbitrio (19 ff.). Manuscrit du xve siècle de 97 ff. pap. sauf 4 ff. vél. interc., rel. bois couvert de cuir.

Manuscrit fort intéressant au point de vue historique et mystique, mais remarquable surtout au point de vue paléographique, car il est *daté et signé* ; on lit, en effet, f° 97 : Explicit liber..... de diligendo Deo finitus per Quirinum Duel 1436 in vigilia Penthecostes. [*26 mai.*]

5. Besold (Christ.). Catalogus bibliothecae Christophori Besoldi. 422 ffnc. form. in-fol., rel. parch.

Manuscrit du xviie siècle (1631). Au fnc. 2 se trouve la liste des ouvrages contenus dans ce catalogue: « Libri Philosophici & Philologici. Medici. Historici. Hispanici, Italici, Gallici. Catholici Theologi. Theologi Lutherani, Calvinistæ, etc. Hebraici. Juridici. Politici. »

6. Biancho (Fra Noé). Viaggio da Venetia al S^{to} Sepolcro et al Monte Sinai. Col Disegno delle Citta, Castelli, Ville, Chiese, Monasterij, Isole, porti et fiumi che sin la si ritrouano; et una breue regola di quanto si deue osseruare nel detto uiaggio....... Con la naratione delle sette Chiese di Roma, et il uiaggio di S. Giacomo di Galitia. Mss. du xvie siècle de 142 pp. [numér. 6-152(1)], form. petit in-4, rel. vél.

Ce manuscrit du voyage en Terre-Sainte du franciscain Noé Bianco a été copié sur une des nombreuses éditions qui en ont été faites ; il ne répond exactement à aucune de celles qui ont été décrites dans le catalogue (cf. n°s 1415 1427); le ms. est signé page 151 recto : « In milano Gio Batta Bergamo. Opera scritta vale » ; le copiste a imité et enluminé assez grossièrement les principales figures de l'édition imprimée qu'il avait sous les yeux, mais celle-ci ne contenait probablement pas plusieurs figures du type n° 1416. Le titre annonce un voyage à Saint-Jacques-de-Compostelle qui ne se trouve pas dans le manuscrit; à sa place, on trouve une liste des paroisses de Venise qui n'est pas empruntée au voyage de N. Bianco.

7. Bittelschies von Ehingen (Johann). Türcken Biechlin.

Fnc. 1 r° titre : Türcken biechlin vormals nie also gesehen sampt ainer addition, vss denn waurhaffter Chronicis gezogt durch mich Johann Bittelschies von Ehingen. *D'une main postérieure* : m° v° xxix. *Fnc. 2, recto incipit* : Hienach volget des Türckischen kaysers kriegs stant. Erstlict achtet der türckisch kayser es mög kain monarchia oder regierung by vns tödtlichen lang besteen..... *Fnc. 24, verso, l. 23* : ..... Hiemit sey uff disz mal gnůg von den gotlosen türcke gesagt, vnd Jrem valschen propheten.

Manuscrit du xve siècle, 24 ffnc., form. pet. in-4.

8. Borrély (Le P. Dominique). Voyage de la Terre Saincte, faict par le Pere Dominique Borrely de l'Ordre des Freres Prescheurs en L'année mille Six cens soixante huict. Viue Jesus. Ms. du xviie siècle, form. in-4, 6 ffnc., 279(1) pp., rel. vél. blanc moderne.

Dédié à François de Bosquet, évêque de Montpellier. Parti de Montpellier le 16 février 1668, Borrély s'embarqua le 21 mai à Marseille et était de retour dans cette ville le 16 décembre de la même année. Il existe un autre manuscrit de ce voyage à Aix.

9. Bréviaire romain, comprenant les offices des fêtes du temps, du propre des saints et du commun, xiiie-xive siècle ; sur parchemin ; 167 sur 100 ^{mm}. Petites peintures et lettres ornées ; reliure moderne en maroquin plein.

10. Carmen de Primo Bello Sacro. 105 ff. marqués de deux en deux 58 et montés sur onglet, form. in-8 obl., rel. veau marb., au chiffre du comte Riant.

Copie faite sur le ms. 267 de la Bibliothèque de l'abbaye d'Admunt, en juin 1868, par le R. P. Dom G. A. Neumann. On y a joint plusieurs lettres, une planche fac-similé et 2 planches de photographies du ms.

11. Charcon (Antoine). De statu Turkeïe. Version allemande. Manuscrit du xve siècle. 8 ffnc. in-fol., d.-rel. bas. n.

Fnc. 1, recto, incipit : De statu atq3 Regīe Turgkeye || Anno Tusent vierhündert vnd lxviij jar hat brůder || Anthoni Charrcon zu Rodis in wålscher sprach geschribn̄ || Dem Edeln̄ Claudio von Montſerier Bilgrin yetz || gen Jrlm, Den statt des grossen Turgken, Diss hat || der hochgelert Petrus Mitte p̄ceptor zu Mēmīgen || ze latin gemacht, vnd ich Vlrich Ellenbog vō feldkirch || zů schlechtem tůtsch meiner husfrauwen zelieb ge || macht.....

12. Chronica Venetiana. *Incipit* : Noi, vedemo, come Attila flagellum Dei pagan crudelis = || simo..... *Fnc. 202, recto* : Coniuratio D. Beomontis Theupoli si = || muł cum D. Marco Quirino, & coniuratis || contra Ducale Dominium M CCC X. Die || xv Iunij Venet. || La Congiura delli Nobili Querini della Casa Mazor da S. Mat _ || tio in Rialto..... Manuscrit du commencement du xvie siècle, in-fol. de 214 ffnc. Rel. mar. rouge, riches orn. dor. sur le dos et les plats, tr. dor. (Remarquable reliure italienne du commencement du xvie siècle, en assez bon état.)

La *Chronique vénitienne*, inédite et d'auteur inconnu, va de la fondation de Venise à l'année 1432. L'*Histoire de la conjuration de B. Thiepolo* est, malgré son titre latin, écrite en italien. Les deux chroniques ne sont pas écrites de la même main.

13. Chronicon Monasteriense vetustissimum ab anonymo conscriptum et ab Arnoldo de Bevergern in vernacula lingua, scilicet germanica translatum. xviiie siècle, sur papier, 280 sur 190 ^{mm}. Reliure moderne, en parchemin.

14. Com̄ent fist Charles III Duc de Sabuoye, son voyaige en ses estats du Paÿs de Vaulx en lan de grace ⁊ misericorde M.CCCC.XXX.II. Manuscrit moderne ; dans une ancienne reliure en vélin.

Copie fac-similé, exécutée en 1885, par H.-D. Faure, sur l'original qui se trouve à Vevey (Suisse).

15. Commission pour Bernard Moresini « conseglier in Cypro » donnée au nom de la république de Venise par le doge Lorenzo Priolo (4 juillet 1559). 36 ffnc. form. pet. in-4. Rel. mar. rouge, plats ornés, avec d'un côté le nom de BERNARDO MORESINI, et, de l'autre, la date M.D.LVIIII.

Original sur vélin. Cette commission comprend un grand nombre d'articles déterminant les lois et règlements à appliquer dans l'île de Chypre.

16. Description de Constantinople, des îles de l'Archipel et de la Terre Sainte, en allemand, incomplète du début et de la fin. xve siècle, sur papier, 288 sur 210 ^{mm}. Initiales et titres rubriqués. Non relié.

17. Doinel (Jules-Stanislas). Essai sur la vie et les principales œuvres de Pierre de la Palu, ordinis prædicatorum, patriarche de Jérusalem, 1275 ou 1280-1342. Ms. moderne, in-fol. rel. toile.

18. En quel estat la citez de Jrlm et li S. lieu estoient a ce jour..... 12 ffnc, form. in-fol., d.-rel. chag. v.

Copie moderne du ms. fonds Sorbonne 387; fr. 24209, fol. 304-?; provenant de la vente Saulcy, 1881.

19. Epitome rerum naturalium tractum ex variis autoribus. Manuscrit du xive siècle, sur parchemin, 200 sur 145^{mm}. Initiales et titres rubriqués, rel. du xviie siècle, en chag. vert. *Incipit* : « Sermo generalis de septem regionibus ; Et primo dicendum est de septem regionibus terre et earum humoribus. Septem sunt regiones aeris..... »

20. ÉVANGILES (Les SS.) avec l'épitre dédicatoire de S. Jerôme au pape Damase, table de concordance et prologues. Manuscrit sur vélin du xiiie siècle. 179 ffnc., form. in-18, rel. mar. noir, dent. int. (Dupré).

Fnc. 1 recto, incipit : Incipit prologvs sancti hieronimi presbyteri in libris quattvor evangeliorvm. Beato pape damaso hieronimus. Novum opus facere me cogis ex vetere..... *Fnc. 2 verso à Fnc. 11 verso* : Table de concordance. Suit le texte latin des quatre évangiles.

21. ÉVANGILES (Les SS.). Passio Domini nostri Jesu Christi secundum Matheum. Idem secundum Marcum. Idem secundum Lucam..... *In fine* : Les VII oraisons Sainct Gregoire (*le titre en français, le texte en latin*). Manuscrit du xive ou xve siècle, 16 ff. pet. in-8 sur vélin. En très bon état.

22. SAINT FACIUS (Vie et miracles de). 23 ffnc. et un dernier fnc. renfermant diverses mentions écrites au xvie siècle. Manuscrit sur vélin, fin du xiie siècle. Form. pet. in-fol., rel. veau est. (anc. rel.), fermoirs, reliure restaurée.

F^o 1, recto, incipit : Incipit uita beatissimi facij cuius corpus iacet in ecclesia maiori cremone, q. dicitur Ecclesia sancte marie 7c. Ad hoc quod posset dici sanctus debetis scire quod duplex est ecclesia..... *Au-bas de la page, une note d'une main plus moderne* : Ista vita beati facij cum miraculis eius est hospitalis grandis cremone et de ea factor dicti hospitalis curâ solet habere. 1508. *F^o 23 verso, l. 20* : 7 in precedenti septimana sanata est, ibi testibus blancha de tharenghis......... Jacomina domina de maiamotis et antoniola de tharengis........... dicentibus 7 videntibus ita esse verum. *A la suite, d'une main plus moderne* : Explicit vita beati facij de Cremona..... vite 7 obitus ibidem cum miraculis suis in vita et post transitum scriptis per don. patrem joannem ex commissione domini Joannis belli archipresbyteri ecclesie maioris in qua quiescit sacrum corpus ipsius beati.

23. FLORES TEMPORUM, auctore fratre ordinis Minorum, ab. O. C. ad an. 1292. Ms. du xve siècle, sur papier, 270 sur 198^{mm}. Initiales et titres rubriqués. Reliure moderne en parchemin.

Cette chronique a été attribuée dans quelques manuscrits à *Martinus Minorita*.

24. Gatto (Agnolo). Assedio et arresa di Famagosta. Petit in-4 recouv. en parchemin.

<small>Manuscrit du xviie siècle provenant de la « Casa Minutoli Tegrimi. »
Le premier fnc., contient le long titre suivant : « Narratione del cap^o Agnolo Gatto da oruieto..... dell' assedio di famagosta con tutte le scaramuccie inboscate incamiciate col il numero difamterie cau^{rie} posti cavalieri artig^{ria} cannonate tirate da luna et laltra parte con mine assalti, et l'arresa di famagosta, con la rotta fede di mustafa bascia generale da sultan Salin ottomano imperator di turchi, con la morte del cl^{mo} marcantonio Bragadino cap^o generale del regno di Cipro, con la morte dell' Illmo Sor Ettore Baglione gouernator gr̃ale del regno di Cipro, con la morte d'altri Sⁱ con li nomi de capⁱ morti et feriti, con il uiaggio di mustafa dall' Isola di Cipro à Costátinopoli con il presidio di famagosta, con l'acerbissemo carcere della torre del Mar Negro con li nomi di chi in essa furno posti. » Voir un autre ms., de la même provenance, n° 49, infra.</small>

25. Georges le Syncelle. Recueil de documens chronographiques depuis Adam jusqu'à Dioclétien, arrangé par le moine Georges, jadis Syncelle de Taraise, patriarche de Constantinople. 18 cahiers de 12 ffnc., form. pet. infol., d. rel. chag., coins.

<small>Manuscrit du xviiie siècle. Traduction de la Chronographie du chroniqueur byzantin Georges, surnommé le Syncelle, c'est-à-dire *le Secrétaire*, pour avoir rempli cette charge auprès du patriarche Taraise (mort en 806).</small>

26. Geystliche Bilgerfardt in d. H. Landt. Ms. du xve siècle, écrit en rouge et noir, encadr. rouge à chaque page.

<small>*Fnc. 1, recto, incipit* : Hernoch volgt Eÿn geÿstliche bil ‖ gerfardt In dz .h. Landt gon Ierv : ‖ salem vnd andtere .h. stedt alldo vnss ‖ er Heÿlandt Jhs Xp̄s gewondt : ..... ‖ Genŭmen vnd mitt fleyss zŭsamen ‖ geordtnett vss Eÿnem getrŭckten bil = ‖ ger biechlin vnd von Eÿner Lieben ‖ schwester vnsser Cõuendt : ....

Suit un opuscule écrit par la même main et portant le titre suivant : « Volgen hernoch die 60 stundten in denen unser liebe Frau verweyst was ihres lieben Kindtes und was unsser lieber her in diesen stundten gethon und gelytten, eynem geystlichen menschen ser nitzlich zu betrachten. »</small>

27. Ghinucci (Hieronim. de), episcopus Wigorniensis. Vidimatio (1532, 15 ap.) privilegii a Clemente VII (1523, 2 jan.) Hospitalariis concessi. 10 ffnc. parchemin (le premier blanc), form. pet. in-4, rel. mar. rouge, fil. à compart. sur les plats, sur le plat antérieur, dans un cercle, les mots : Confir. privil. religi Hierosol. (Ancienne reliure.)

<small>Manuscrit du xvie siècle. *Hieronimus de Ghinutus* [*Ghinucci*] fut pourvu, en 1522, de l'évêché de Worcester dont il fut chassé en 1535.</small>

28. Giannotti. Parere di Gasparo Giannotti sopra un Ristretto delle riuolutioni del Reame di Cipri, e delle ragioni, che ui hà La Ser^{ma} Casa di Savoia, & sopra un' altro Trattato del Titolo Regale douuto à S. A. serenissima. In-4, rel. vél.

<small>Manuscrit du xviie siècle.
Cette réponse à un ouvrage anonyme paru en 1620 a été imprimée à Francfort en 1633. Cf. n° 3238.</small>

29. Giudice (Michele del). Dissertazione Istorica sopra del Titolo di Ré di Gerusalemme, che conuiene agli Ré di Sicilia, e con eguale ragione agli Duchi di Sauoia, come Reggi di Cipro : per l'ereditario diritto, che li Primi, vi hanno. Consecrata alla Maesta' di Vittorio Amadeo,... Ré di Sicilia, di Gerusalemme e di Cipro. 24 ffnc., pet. in-fol., avec 2 planches généal. Rel. vél. ital., orn. s. l. plats.

Manuscrit du commencement du xviiie siècle, provenant de la vente Sunderland, 1882.
Michel del Giudice était abbé du Mont-Cassin, il a écrit cet ouvrage entre les années 1713 et 1718.

30. Godefroy (Pierre). Inventaire des layettes, coffres, sacs et registres qui sont au trésor des chartes du Roy, à la Sainte-Chapelle. 9 vol. pet. in-4 parchemin.

Copie manuscrite fort lisible, faite en 1709. Ce catalogue est fort utile pour l'étude de l'histoire de France. Il est divisé par province et chaque volume est précédé d'une table.
Exemplaire provenant des bibliothèques d'*Adr. Maillart*, avocat au parlement de Paris (1741) et de *Friedr. von Mülinen*.

31. Guérin (V.). Essai sur la ville de Gath. Paris, ce 2 septembre 1855. Mss. de 1 fnc., 41(1) pp., 10 ffnc., d.-rel. chag.

Provient de la vente Saulcy, 1881.

32. Henri de Hassia. Incipit Omelia de lancea passionis christi et clauorum facta per magistrum Hinricum de hassia wormacie qui est doctor sacre theologie parisiensis..... *Page 30 verso* : ℭ Explicit omelia..... *Fnc. 1, r°* : Historia de lancea domini. In-8 obl. de 30 pp., 1 fnc., 18 pp., lett. init. ornées; fac-sim. en rouge, rel. toile.

Copie moderne (xixe siècle) d'un manuscrit de la bibliothèque de Kiel; avec la photographie de la page 10 de ce manuscrit.
L' « Historia de lancea domini » contient de la musique notée en neumes.

33. Histoire des croisades (en vers). 3 vol. in-12, d.-rel. chag. vert, non rogné.

Manuscrit moderne (1856-1857) copié sur ceux de la Bibl. nationale, indiqués par une note dont nous n'avons pu contrôler l'exactitude, 7192 et 7628.

34. Histoire du sac de la ville de Jérusalem et de la prise de Constantinople, capitale de l'Empire grec. Manuscrit *russe* de la fin du xviiie siècle, de 226 pp. In-4, rel. v. br. gaufré, fermoirs.

35. Jacques de Vitry. Recueil de sermons. 1 f. de garde et 123 ffnc., texte sur deux colonnes. Rel. veau gaufré, ais de bois, anc. rel. restaurée.

Manuscrit sur vélin du xiiie siècle.

Fnc. 1 recto, col. 1, incipit : [*en rouge* :] Incipit prologus in sermonibus vulgaribus O [*en noir*] peramini cibum qui non perit sicut qui permanet in vitam eternam..... *Fnc. 123, recto, col. 1, incipit* : ad corpus redire ut confessionem faceret ⁊ de peccato penitentiam ageret. Maxime igitur debetis confessionem diligere. amplecti. ꝛ frequentare. ut si vestimenta vestra amisistis..... confessionis ea recuperare possetis auxiliante domino nostro..... Amen. *A la suite, d'une autre main, plus moderne* : Liber monasterii Sancti Jacobi in Insula Leodiensi quem acquisivit prior de communi bursa ecclesie in anno domino M° cccc xxvj° pro tribus griffonibus.

36. Jérôme (Saint). Opuscula varia, 116 ffnc. form. in-8, rel. dos chag., plats veau (reliure moderne, d'origine anglaise).

Manuscrit sur vélin de la fin du xiie siècle (d'après une note manuscrite au f° de garde) écrit de diverses mains.

Fnc. 1 (f° de garde). *Fnc. 2 verso, col. 1, incipit* : Beatissimo pape damaso ieronimus. Gloriam sanctitatis tuæ nostra humilitas deprecatur & secundum apostolice sedis auctoritatem quam cognovimus gubernari per tuam sanctitatem..... *Fnc. 5 blanc. Fnc. 6 recto, incipit* : de assumptione sancte marie sermo beati Jeronimi confessoris. ad paulam ꝛ eustochium. Cogitis me o paula ꝛ eustochium. immo karitas christi me compellit. qui vobis dudum tractatibus loqui consueveram.....

37. Jove (Paul). Chronica der Graifen von Gleichen und Honstein, conscripta a domino M. Paulo Giovio. Version allemande. Manuscrit du xviie-xviiie siècle; sur papier; 335 sur 200 millim. Demi-reliure moderne, en veau. *Incipit* : Die uralte löbliche Grafen von und zu Gleichen, haben ihre.....

38. Grand Livre de Simon Köferl. In-fol., rel. peau de truie gaufrée sur ais de bois, portant la date de 1574, fermoirs en cuivre.

Fnc. 1, recto blanc. Verso incipit : Simon Köferl vonn Kembnath Burger und Rechenmaister zu Nurmberg Wunsch Mark Augspürger von Speir Gluckh vnd Heyl..... Mein lieber Mark Augspůrger hiemit schick Ich euch das Buch, vnnd Ihr wollets mit vleiss dursuch.....

Ce manuscrit daté au second feuillet de 1574 est un modèle de Grand Livre écrit par un professeur de calligraphie et de comptabilité. Il paraît fort utile pour l'étude du commerce et du change en Allemagne dans la seconde moitié du xvie siècle La moitié du livre environ se compose de feuillets blancs.

39. La Cavalaria (Pierre de). Traité théologique contre les Juifs et les Sarrasins intitulé « Zelus Christi ». Manuscrit du xve siècle, in-12 de 114 ff. à colonnes sur vélin, rel. bas.

Ce manuscrit, d'une très jolie écriture, renferme au dernier f. une note très intéressante que nous transcrivons ici : « Explicit libellus qui zelus christi nuncupatur compilatus per egregium virum dominum Petrum de la cavalaria legum doctorem in lingua latina caldaca arabica et hebrea eruditissimum de civitate Cesaraugusta in quo Judeo et Sarraceno fidem Jesu Christi probat esse veram quem ego frater Jacobus de Vratislavia teutonus scripsi pro meo preceptore egregio magistro Nicolao de Monte Murro verum ex quodam exemplari incorrectissimo, anno ab incarnatione Jesu Christi dei et domini nostri nonagesimo secundo supra M et cccc : Neapoli. » Bartolocci (*Bibliotheca magna Rabbinica, pars IV*, p. 394), cite un traité intitulé *Zelus Christi*, mais nous n'avons pas eu le loisir de vérifier s'il diffère de celui-ci. Nous n'avons pu non plus examiner si ce livre figure dans les traités indiqués par Hain, 14260 et suivants.

40. Langlois (V.). Manuscrits sur l'Orient, renfermés dans un cartonnage, d.-rel. chag. vert; sur les plats, armes de M. C. de Mandre. Comprenant : 1° Voyage en Cilicie. Deuxième partie. Exploration géographique et archéologique de la Cilicie et du Taurus (340 ff.); 2° Un chapitre inédit de la question des Lieux Saints. Que le tombeau de Jésus-Christ n'est pas dans l'église du Saint-Sepulchre, mais dans la mosquée d'Omar à Jérusalem.

Ce second travail a été publié à Paris, en 1863, chez Poulet-Malassis, Cf. infra, n° 1778.

41. Lépante (Chansons et poésies relatives à la victoire de). 6 pièces manuscrites in-4, cartonnées.

Sonnet : Statue, colossi, altar, manti, e corone..... 1 fnc. —. Ad Sebastianum Venerium, Venetæ classis Ducem, Joannes Baptista Amalthæus. 4 ffnc. Ode latine. —. Canzon à Selin. 4 ffnc. *Cette chanson est en dialecte vénitien.* —. Per l'Ottomana classe naufragata Tersimandro sublimipetra Animi Causa. 4 ffnc. —. Di M. Gio. Batista Caro. 5 ffnc. —. Di M..... Cuzoni. 4 ffnc.

Ces pièces contemporaines de l'événement auxquel elles se rapportent sont, croyons-nous, inédites.

Elles proviennent de la bibliothèque Bottigella de Rome.

42. Lescut. Les droys feodaulx extraictz et reduictz dallement en langue romayne ou francoyse par moy soubscript. Lan 1532. De Lescut. *Incipit* : La premiere partie des drois feodaulx. Qui peult bailler fief ou non et comment iceulx seront acquis gardez et retenuz. Premier peullent bailler fiefz les archevesque, evesque.. .. » Ms. du xvie siècle. Rel. vél. (moderne).

43. L'Espine (Hubert de). Description des admirables et merueilleuses Regions loingtaines, & estranges nations payennes de Tartarie, & de la principaulté de leur souuerain seigneur. Auec le voyage & peregrination de la fontaine de vie (autremēt nommée Iouuence). In-8, d.-rel. chag. r., tête lim.; au dos, chiffre du comte Riant.

Manuscrit moderne. Copie faite page pour page et ligne pour ligne, en 1882, sur l'exemplaire unique de Ternaux-Compans, faisant partie aujourd'hui de la Bibliothèque d'Amiens, fonds Lescalopier. L'original imprimé portait la mention : « A Paris, Pour Barbe Regnault demourant à la rue sainct Iacques à l'enseigne de l'Elephant, 1558. » Au fnc. 2, titre en fac-simile.

44. Liber Processionum conventus Augustinianarum S^{ti} Sebastiani Genovensis. Manuscrit du xvie siècle, 24 ffnc., sur parchemin, form. pet. in-4, musique notée en plain-chant, init. ornées, rel. mar. brun.

Fnc. 1, recto, incipit : Benedictioē ɔpleta aspergūt̃ candele aqua benedicta..... *Fnc. 2, recto incipit* : In noīe dn̄i nr̄i iesu x̄ ei9dēqʒ geītricis uīginis marie τ bt̄i pr̄is nr̄i Augustini. Incipit liber ꝑcessionū ꝑ ɔuētu sct̄i Sebastiani. Anno dn̄i. 1504...... A la suite des ff. sur vélin on a inséré quelques ff. de papier contenant un office de Noël (xvi-xviie siècle).

45. Libri (Ippolito). Notizie di Mercatura. Manuscrit du xvie siècle. 53 ff.

chif. à la suite desquels se trouvent de nomb. feuillets blancs, form. pet. in-4, rel. parch. en forme de portefeuille.

Fnc. 1, r°, incipit : Questo libro é di me Hipolito de libri nel qual saranno notate varie cose ma tutte appartenenti a negotij di mercantie come li pregi dele monete di ciaschuno luoco il modo di cambiare di tutte le parte e per doue si cambia et simile altre cose.

Libri a commencé, en 1538, la rédaction de ces notes et l'a continuée jusqu'au 23 mai 1549.

46. Lieutaud. La Terre Saincte Chorographique, Topographique et Historique. Dediée à son Eminence Monseigneur Le Cardinal Jean François Albani. Par Louis Lieutaud. Manuscrit du xviiie siècle. Form. in-8 carré, 4 ffnc., 235(1) pp., 7 ffnc. (les deux derniers blancs); rel. veau, dos orné.

Lieutaud ne dit nulle part et rien ne permet d'assurer qu'il ait visité la Terre-Sainte; il compte les Druses comme peuple chrétien, tout en faisant remarquer que leur christianisme ne consiste qu'à manger du porc et boire du vin, mais il fait de leur mœurs, notamment de leur horreur de l'usure, un curieux tableau. L'Inventaire des Man. rel. à l'Or. lat. (Archives de l'Orient latin, II) indique ce manuscrit comme étant du xviie siècle, mais il est dédié au cardinal Jean-François Albani, né en 1720 et cardinal en 1747.

47. Livre d'heures, écrit probablement en Allemagne, et précédé d'un calendrier. Ms. du xve siècle (1471); sur papier; 150 sur 105 millim. Initiales et titres rubriqués. Reliure en parchemin, moderne.

48. Löwenstein (Albert de). Billgerfarth Gehn Jehrusalem Allkayren Inn Egipten, vnnd Auf den Berg Sinay : durch mich Albrechten Grauen zue Löewenstain, vnnd Herrn zue Scharpffen..... 2 ffnc.. 200 ff. chif. Petit in-4, rel. vél.

Manuscrit du xvie siècle.
Ce voyage effectué en 1561 a été édité dès le xvie siècle par Feyerabend. Cf. n° 1341. Les derniers ff., contiennent les « Literæ testimoniales D^i Alberti Comitis de Lewenstain datæ in Jehrusalem », une traduction en latin du certificat donné au Mont Sinaï, par Joachim, patriarche d'Alexandrie, et des notices (en latin) sur les indulgences que l'on peut gagner.

49. Lucca. Ristretto delle Historie di Lvcca. Manuscrit du xviie siècle provenant de la « Casa Minutoli Tegrimi. ». Pet. in-4, rel. vél. ital.

F° 1, recto, incipit : Libbro E^{mo} di Note cauate da Diuerse historie e croniche della città di Lucca.....

C'est une compilation sur l'histoire de Lucques qui occupe les ff. 1-197; après quelques feuillets blancs, commence, avec une pagination particulière (40 ff.), le « Ragguaglio della guerra fatta pro Garfagnana tra la rep^{ca} di Lucca e il Duca di Modena l'anno 1613 ». On a relié, en tête de ce manuscrit, une gravure sur cuivre de la Sainte Face de Lucques.

50. Mandeville. Cyt commence le liure de Messire Jehan de Mande ‖ uille cheualier lequel fu dengleterre..... Manuscrit du xve siècle, 245 ffnc. in-4 sur papier, en très bon état de conservation.

Les deux feuillets de garde sont couverts de pieuses réflexions et de maximes écrites vraisemblablement par des religieux. Les dernières sont datées de 1601. On sait, depuis l'étude de Bovenschen (n° 1402), que Mandeville n'a pas exécuté le voyage qui porte son nom.

51. Marcaldi (Francesco). Narratione dell' Imperio e stato della Casa Ottomana. 50 ffnc. (form. in-8). Rel. vélin (moderne).

Manuscrit du xvie siècle; le petit ouvrage sur les Ottomans occupe les 26 premiers ffnc., à la suite se trouve une étude du même auteur sur l'Espagne, elle est dédiée à Andrea Moneta; les dédicaces de l'un et de l'autre opuscule sont également datées : « In Fiorenza dell' anno MDL XXX viiij. »

52. Marino Angeli. Il disingano del Mondo... consacrato all' Illmo... Francesco Vldarico della Torre, Co. del S. R. I. e Valsapina..... Marescial hereditario in Friuli, Cameriere e Consigliere di stato di sua Maestà Cesarea, e suo Ambasciatore Appresso la Ser^ma Republica di Venetia. 1 fnc., 53 ff. chif. form. in-4, rel. vél. ital.

Manuscrit du xviie siècle. Généalogie de la famille Comnène.

53. MISCELLANEA DI CANDIA (1523-1680). 552 pp., pet. in-fol., d.-rel. veau marbr., coins; au dos, chiffre du comte Riant.

Importante collection de documents des xvie et xviie siècles relatifs à l'administration de Candie par les Vénitiens, elle comprend des copies de divers registres de la chancellerie vénitienne et de nombreux originaux, dont trois en grec et un sur vélin.

* **54.** MISSEL A L'USAGE DE SION (VALAIS). Missale ad usum ecclesiæ de Valeria Sedunensis. [Cf. f° 5 verso, ad diem xx octobris : Dedicatio ecce seduñ. » & ad diem 27 eiusdem mensis : « Dedicatio ecce de valeria. »] Manuscrit du xve siècle. 111 ff. in-f°, rel. veau estamp. (légèr. restaur.).

Fol. 6. verso, l. 26 : Credo in unum deum patrem omnipotentem.....
l. 34 : ..... Et expecto resurrectionem mortuorum et vitam venturi seculi. Amen. Anno M.CCCC.XXIV.

55. Mülich (Georges). [Voyage en Terre Sainte, en 1449.] Manuscrit du xve siècle, 10 ffnc. écrits sur 2 colonnes, form. pet. in-fol. Rel. vélin (moderne).

Fnc. 1, recto, col. 1, incipit : Ich jorg mülich von augspurg czoch aus || zu meinem herren her hansen trukchsättz zu || walpurg vnd hettn syn zu varen vber mer || do chomen zusamen iiij herrñ vnd. v. chne || cht Es was hans truckchsäss zu waltpurg || selbdritt vnd hans stauffe zu ernfels selb an || der vnd martein satelpoger zu liechtenechk || vnd jorg võ seybelstorf vnd zugen aus võ || lantsperg do man tzelt võ xp̄i gepurd..... || 1449 Jar. An dem andern tag des monats || april....

L'auteur de cette relation accompagnait quatre seigneurs allemands : Hans Truchsess von Waldburg, Hans Stauffe von Ehrenfels, Martin Sattelbog zu Lichtenberg et Georg von Seiboltsdorf. Ils sont ainsi nommés au commencement du voyage. Les cinq pèlerins partis de Landsberg arrivèrent le 31 avril à Venise, d'où ils partirent le 27 juin pour y être de retour le 24 novembre de l'année 1449.

56. Navagero (Bernard). Relationi di Constantinopoli. 34 ffnc. pet. in-fol., rel. vélin moderne. Manuscrit du xvie siècle. *Fnc. 2, recto, incipit* : Piacque a V. Ser^{ta} di elegermi del 49 adi 21 Settembre per Bailo suo à Constantinopoli, et espedir insieme col Clr^{mo} Orator Zeno…..

Le vénitien Bernard Navagero successivement syndic en Dalmatie, baile à Constantinople, puis ambassadeur à Rome, en France et à la Cour de l'Empereur, avait épousé Istriana Lando, petite-fille d'un doge. Devenu veuf, il fut successivement évêque de Vérone et cardinal (1561) et mourut, en 1565, à l'âge de 58 ans.

57. ORATIONES CONTRA TURCAS. Fr. di Assisio. Stephanus Teglatius. 10 ffnc., format in-4, car. goth., 42 ll. ll. Rel. vélin.

Manuscrit du xve siècle. *Fnc. 1, recto, incipit.* Oratio fratris francisci de Asisio ex ordine mino℔ sacre theologie ‖ pfessoris puincialis puincie romane. socij R̃^{di} p̃ris g̃nalis eiusdē ordinis….. ‖ ….. habita corā pont. ‖ maximo. et xpianorum 𝔢uentu grauissimo. p defensione fidei xpiane ‖ M.cccc.lxxx die decima decemb℔ ‖….. *Fnc. 5, verso, incipit* : Stephani Archiepī Antibareñ sermo habit𝔢 in maͭia fidei 𝔰t ‖ Turco℔ psecuͭo𝔷 ex solennitate glosi apli et euāte Johannis ‖ ….. *Fnc. 9, recto, l. 5* : Habita fuit hec oro Rome in ecclia Latraneñ. p R̃. p Dñm Stephanū Thegliariū archiepm Anthibareñ vt moris ē in ‖ celebratione misse pontifiū in Die solempnitats gloriosi apli. … ‖ ….. Johañis. Anno Dñi. M.cccc.lxxxi Pontificat𝔢 ve-‖ro. S. D. n. D. Sixti pape iiij° Anno decimo.

Étienne *Teglatius* ou *de Taleazis* ou *Tegleacio*, archevêque d'Antivari de 1473 à 1485 fut transféré à cette date sur le siège d'Altino-Torcello où il mourut en 1514. Son sermon contre les Turcs a été imprimé peu de temps après qu'il avait été prononcé. Cf. n° 92 (Incunables).

58. O' Kelly de Galway. Notes sur les croisés belges. In-8 obl., rel. toile.

Manuscrit moderne. Recueil de feuilles volantes réunies en un album.

59. [ORDRE DE MALTE.] Trattato dell' Officio del Riceuitore. 5 ffnc. 134 ff. chif., in-4, d.-rel. toile. Manuscrit du xviie siècle.

60. — . Notizie Dell' Isola di Malta E del sacro ordine Di Sant. Giovanni Gerosolimitano. Manuscrit du xviie siècle. 51(1) pp., form. in-4. Rel. vélin (moderne). *P. 1, incipit* : Malta Isola nel Mare Mediterranea per la sua vicinanza alle Coste dell' Africa,… *P. 43, incipit* : L'Ordine di Sant Giovanni Gerosolimitano, osia di Malta é famosissimo…

61. — . Recueils de pièces relatives à des procès soutenus par l'Ordre de Malte contre divers particuliers. (Imprimés et manuscrits.) In-fol. d.-rel. toile.

Un certain nombre de ces pièces sont imprimées à Rome, chez Bernabò, imprimeur de la *Revera Cam. Apostolica*, et portent la date de 1754; les pièces manuscrites sont de la même époque.

62. —. Recueil factice de jurisprudence de l'Ordre de Malte (1733-1734). Pièces latines et italiennes. 1 fort vol. in-fol., d.-rel. toile, non rogn.

Manuscrit du xviii⁰ siècle.
Ce recueil comprend entre autres causes de nombreux appels au pape et des procès du chevalier baron Remching et du chapelain Farrugia. Vers le milieu de ce recueil se trouvent insérées quelques pièces de la fin du xvi⁰ siècle.

63. —. Privileggi concessi da Sommi Pontefici, et altri Potentati del Christianesimo alla Sacra Religione Hierosolymitana. 245(1) pp., 6 ffnc. (3 blancs et 3 pour la table du 1ᵉʳ livre), 166 pp., 2 ffnc., d.-rel. toile.

Manuscrit du xvii⁰ siècle.
Compilation divisée en deux livres : le premier comprend les privilèges des Souverains Pontifes jusqu'à Urbain VIII (1642), le second les actes d'autres princes ou souverains.

64. —. **Michallet.** Summa Jurium Hierosolimitanorum Equitum ; hoc est opus legale morale Continens per Alphabeticam seriem Jura omnia, et morales resolutiones ad Equites Hierosolimitanos spectantia ; quæ penes Auctores dispersa in unum colliguntur resolutoriaque metodo disponuntur, ad intellectum presertim Statutorum et Privilegiorum Equitum eorumdem elaboratum calamo... Auctore Fratre Carolo Michallet, I. V. D. 2 tomes en 1 vol. in-fol., d.-rel. toile, non rogn.

Manuscrit du xvii⁰ siècle (fin), de plusieurs mains,
Cet ouvrage a été divisé par l'auteur en deux tomes : le premier va jusqu'au mot « Ludus », le second commence au mot « Magnus magister ».

65. —. **Caravita** (Jean-Baptiste). Compendio d'un lungo trattato sopra le' Costituzioni, edi Privilegij della Sacra Religione Gerosolimitana, Tomo secondo. Pet. in-fol., d.-rel. toile.

Manuscrit du xvii⁰ siècle (fin).
Commençant au *Titolo settimo* « Del Consiglio, e de Giudicj » et finissant au *Tit. XXIII* (fin de l'ouvrage) « Delle significazione delle Parole ».

66. —. **Caravita** (J.-B.), prieur de Lombardie. Abregé d'un traitté sur les Constitutions et privilèges de l'ordre de Malte consistant en vingt trois titres, composé en Italien, adressé a Messieurs les Chevalliers de cet Ordre. Manuscrit du xviii⁰ siècle réglé en 2 vol. in-fol., rel. v. (728 pp., et 654 cotées 729-1381(1).

Traduction française de l'ouvrage précédent.

67. —. Ouvrage anonyme sur l'Ordre de Malte. Manuscrit du xvii⁰ siècle, 191 ff., form. in-4, rel. parch., quelques piq. de vers.

F⁰ 1 *recto, incipit* : La sacra Religione di san Giouanni hà pigliato il suo Origine, e principio nella santa Città di Gerusalemme per mezzo di certi mercadanti Malfetani [*Amalfetani*] li quali l'anno 1048. con permissione del Califa d'Egitto vi fabritorno un Palazzo... F⁰ 180 à 185 : table. F⁰ 186 *blanc.* F⁰ˢ *187-191* : (un petit abrégé d'une écriture différente mais contemporaine.)

68. Ordre du temple. Om Tempel Herrerne og Dennes Ordens Ophævelse. Uddraget af Litteraturens Paket-Baad 1779. 3de Aargang. N° 11, 12, 15, 16, 17, 18, 19 & 20. Manuscrit du xviiie siècle de 27 ff., form. petit in-4, rel. vél. moderne.

69. Ordre du temple (moderne). Recueil factice de 13 pièces manuscrites (Rituel. Installation d'une maison d'Initiation. Installation d'une postulance. Réception des novices servants d'armes et des chevaliers-profès. Inauguration d'un convent et installation d'un prieur. Cérémonie de la Cène après une séance conventuelle. Charte de Transmission. Rituel Lévitique de l'Ordre du Temple) et de 34 pièces imprimées ou manuscrites (Allocutions du Lieutenant Magistral et Prince Apostolique. Brevet de Coadjuteur général, de Grand Sénéchal, de Bailli de l'Ordre. Correspondances diverses entre les dignitaires de l'Ordre au sujet de nomination de nouveaux membres. Convocations aux séances de l'Ordre. Enquête sur la conduite de certains membres. Convocation pour l'élection d'un Grand Maître. N^{os} du Bulletin de l'Ordre du Temple) en 1 vol. in-fol., d.-rel. veau racine.

70. —. Registre destiné à la transcription des Procès verbaux des séances et actes de la Cour Apostolique Patriarchale [1822-1835]. In-fol., rel. vél.

Ce registre de 1 fnc., 97 ff. chif., contient les signatures des principaux dignitaires de l'Ordre du Temple.

71. Ordre teutonique. Mergentheimer Teutsch-Ordens-Statutenbuch de Anno 1606. 1 fnc. (titre), 102 pp., 2 ffnc. (table), form. petit in-4, ms. du xviie siècle, rel. mar. noir.

72. — Töppen (Dr M.). L'origine de l'Ordre Teutonique. Ms. moderne. In-8, rel. toile.

73. — Vom Ursprung Auffnemen ünd bestättigung des Ordens der Brüder Von dem Teütschen Hauss Unser Lieben Frauen zu Jerusalem. 133(1) pp., 5 ffnc., dont 3 planches coloriées, form. petit in-4, rel. mar. rouge, fil. sur les plats, tr. dor.

Manuscrit du xviie siècle.
Les planches en couleurs représentent un chevalier et un prêtre de l'Ordre teutonique, ainsi que les croix de commandeur et de chevalier de l'Ordre, le tout d'une assez grossière exécution.

74. — Vom Ursprung, Aufnehmen vnd Bestettigung dess Ordens der Brüeder von dem teutschen Hauss, Vnser Lieben Frauen von Jerusalem. 80 ff., form. in-8, rel. vél.

Manuscrit du xviie siècle.

75. Origine et cause des merveilles arrivées au village de Vilsnak. Manuscrit du xve siècle. 14 ffnc., form. in-8, dans un étui de maroquin, estamp. à froid.

Fnc. 1 recto, *incipit* : In nomine Domini. Amen. Cum multiplicata fuissent mala in terra, multis solo nomine titulum christianitatis pretendentibus..... *Fnc.* 9 *verso*, *l.* 1 : Saluus peruenit ad portum hic fuit cum testibus ueri dicis et littera instrumentali gratias deo agens.

Sur le feuillet de garde antérieur se trouvent, de plusieurs écritures du xviie siècle, les mentions suivantes : « De l'origine et cause des Merueils aduenus au village de Vilsnak au Diocese d'Hauelberge. » « Appartenant a la Confrairie du T. S. Sacrement, dit de Vilsnak, en l'église des Carmes de Valenciennes ». Cette confrérie avait été instituée à Valenciennes en 1464 à la poursuite d'un de Lalaing, prévôt du comté. Au-dessous de l'explicit (fnc. 9) se trouvent, d'une écriture du xve siècle, plusieurs attestations de miracles, et (ffnc. 10 verso et 11 recto), d'une écriture un peu postérieure, une attestation du notaire pontifical Martin Henriart, scellée de son sceau manuel.

76. OTRANTE. Istoria della Fedeliss:^{ma} Città d'Otranto, come fú presa da Turchi, e martirizzati i suoi Cittadi, e come fú ricuperata dal Re' Alfonzo d'Aragona nell' anno del Signore 1480. 1 fnc., 170 pp., petit in-4, rel. vél.

Manuscrit du xviie siècle. *Page* 1, *incipit* : Proemio. E cosa ueramente degna di lode, ed anco addinata dalla Madre natura sforsarsi l'huomo sempre di giouare altrui;....... *P.* 15, *incipit* : L'anno della salute del mondo per Giesù-Christo nostro Signore 1480 regnando nel Regno di Napoli il Serenis^{mo} Rè Ferdinando primo d'Aragona..... Fece Sultan Maumeht Imperadore de Turchi l'impresa della Città d'Otranto..... *P.* 170, *l.* 15 : quale haueuano occupato netta l'Impigia, la puglia, Daunia, e Lucania, mantue, che uene bellisavio, ecl Ausere capitani dell' Imperatore con l'armata, ed esercito, quali cauorno detti Gothi dall' Italia, liberandola da que= || *Le texte s'arrête ici, la fin de l'ouvrage manque.*

77. Pelgrinaggie naer get H. Landt (1644-1647); anonyme. xviiie siècle; sur papier; 195 sur 155 à 210 sur 160 millim. Reliure moderne en parchemin.

78. Porta (Nicolas de). Stella (Georges). Incipit historia translationis reliquiarum Beati Johannis Baptistæ ad civitatem Janue compilata per Nicolaum quondam Matthei de Porta notarium quartum clericum Januensem anno Domini nativitatis 1410 et scripta per me Philippum di semino et Orlandi. — *De la même écriture, à la fin* : Brevi hoc annotabuntur compendio Genuensium rerum gestarum capita ex cronica seu historia Georgii Stelle ab urbe Genua condita..... *A la suite, d'une autre écriture* : Historia de Genova de Troilo de Negrone. 48 ff., rel. parch.

Manuscrit du xviie siècle (1604).

79. Postel (Guillaume). L'Histoire mémorable des expéditions depuis le Deluge, faittes par les Gaulois ou Francois, depuis la France jusques en Asie ou en Thrace et en l'Orientale partie de l'Europe. Petit in-8, rel. mar. rouge, fil. sur les plats, tr. dor. (aux armes).

Manuscrit du xviie siècle. Copie de l'édition publiée à Paris, chez Sébastien Nivelle en 1552.

80. Recueil de divers opuscules d'édification & autres. Manuscrit du xve siècle. 288 ff. dont 284 chif. texte sur 2 col., 1 f. lim. pour la table,

1 blanc à la fin et 2 ff. de garde en vélin. Rel. ais de bois recouv. parch. (rel. originale), fermoirs brisés.

Fol. 1 *recto, incipit, en rouge* : Hierammianus. *Col.* 1, *incipit* : ℭ Iohannis Andree vtriusque juris doctoris eximij folio primo. ℭ Liber eximij doctoris beati jeronimi de ortu et obitu eorum qui nos precesserunt. *Folio* 83° : ℭ Liber eiusdem ieronimi de viris illustribus..... *Col.* 2 :........ ℭ Dicta circa infirmos magistri Johannis Gerson sacre scripture doctoris eximij necnon cancellarii parisiensis. *Folio* 154 : ..... ℭ Gesta regum qui regnaverunt *Verso, col.* 1 : post Alexandrum magnum per syriam et egiptum usque ad herodem et incarnacionem Jhesu Christi et primo de Alexandro qui ubique regnavit..... *Folio* 196 : ℭ Tractatus venerabilis patris fratris Humberti quondam magistri ordinis predicatorum generalis, de predicatione crucis divisus in 45 capitula. Incipit : Ea que infra scripta sunt de pertinentibus ad crucis predicationem, etc.

Humbertus ou Humbert II, dauphin de Viennois, né en 1313, donna ses états en 1343 au roi de France Philippe de Valois, puis entra dans l'Ordre des Dominicains. Il se croisa en 1345, et c'est sans doute à la suite de cela qu'il écrivit le traité ci-dessus. Il mourut à Clermont-Ferrand le 22 mars 1355.

Folio 201 : ℭ Libellus introductorius ad figurandas locutiones divinarum scripturarum..... *Folio* 228 : Finis contentorum in hoc libro. *F°* 201 *recto, col.* 1, *incipit* : Ea que infra scripta sunt de pertinentibus ad crucis predicationem contra sarathenos ad hoc valere possunt..... *F°* 227 *verso, col.* 1, *ligne av. dern.* :.....De iis que sunt facienda a fidelibus congressuris. *Col.* 2, *l.* 1 : cum infidelibus. Notandum vero quod fideles congressuri cum infidelibus non debent confidentiam ponere in viribus suis..... *l.* 44, *explicit* : ......et gloria permanet sine fine ipsi laus et magnificentia in eternum. Amen.

Sur le feuillet se trouve la mention contemporaine suivante : Liber Cartusiensium in Buchshaim prope Meiningen proveniens a Confratre nostro domino Hilprando Brandenburg de Bibraco / donato sacerdote / ..... Oretur pro eo ʒ pro quibus desideravit. La chartreuse de Buxheim près de Meiningen fut supprimée à la fin du xviii° siècle. Sa bibliothèque, riche en manuscrits et en imprimés précieux, était restée intacte malgré la suppression du couvent, et n'a été dispersée que récemment. On trouvera plus loin (n° 88) un autre manuscrit en provenant.

81. Recueil comprenant un calendrier (ff. 1 à 6), un recueil de prières (ff. 7-24), un petit traité de médecine (ff. 25-36), un calendrier ecclésiastique perpétuel (ff. 37-45), avec 3 cadrans. 45 ff., form. in-4, rel. bas. estamp. (moderne). Manuscrit des premières années du xv° siècle.

F° 1 *recto, incipit* : Annus habet menses xij septimanas lij..... dies ccclxv et v horas. *F°* 7 *recto, incipit* : In Xp̄i Nomine amen. Prologus et Titulus presentis libri   E   terna et ineffabilis providentia recto ordine cuncta disponit..... *F°* 25 *recto, incipit* : Sequitur de Remediis multarum infirmitatum humani corporis extractus de libris diuersorum excelentissimorum medicorum prout infra.

82. Recueil de relations italiennes sur la Sainte Ligue et les suites de la victoire de Lépante. 212 ff., form. in-8, rel. vél. blanc (moderne).

Manuscrit du XVIe siècle, contenant des opuscules de Sforza Pallavicino, Marcantonio Colonna, G. Selvaggio, mons^{gr} Capilupo,.....

F° 1, *recto* : Difesa è Narratiua del sig^r Sforza Pallavicino sopra tutti i Progressi dell' Armata Venetiana contro Turchi l'Anno 1570. F° 35 *recto*, *incipit* : Annotatione fatta dal s^r M. A. Colonna sopra alcuni accidenti occorsi nel trattar la Lega..... F° 73-74 *blancs*. F° 75 *recto* : Discorso di Gabriel seluaggio al Cardinal di Correggio in materia della Lega. F° 88 *blanc*. F° 89 *recto*, *incipit* : Tre sone le cause per lequali si può far giudicio che la Rep^{ca} venetiana habbia conclusa la pace col Turco..... F° 95 *recto* : Discorso di Monsig^r Capilupo circa il modo di conseruar la Lega fatta trà N. S. Pio V. Il Rè Catt^{co}, et Venetiani contro al Turco; scritto al Ecc^{mo} s^r duca d'Vrbino. F° 111 *recto* : Discorso à fauori della Pace fatta con Turchi dalla sig^{ia} di Vinetia l'Anno 1572. F° 142 *recto* : Discorso in Defentione de Venetiani partiti dalla Lega l'Anno 1573. F° 212 *blanc*.

83. Recueils de sermons. Manuscrit du XVe siècle. 144 ff. chiff., form. in-4, d.-rel. veau.

[*Incipit en rouge*] : In die pasche. Sermo de epistola. P [*en noir*] : ascha nostrum immolatus est christus itaque epulemur. P° Cor. V°. In verbis istis facit apostolus duo. Primo reducit nobis ad memoriam christi passionem. 2° hortatur nos ad corporis christi perceptionem...... F° Cxliiij *recto*, *l.* 33:..... Quare autem hec dies sit timenda sunt mul- F° Cxliiij *verso* : te cause. R̃e. dominica prima adventus domini.

84. Relation de quelques circonstances de la vie d'un pieux hermite. *A la suite* : Relation d'un voyage à Jerusalem L'an 1774, pour la gloire de Dieu. Manuscrit du XVIIIe siècle, form. |in-8, d.-rel. chag. r., tête lim., non rogn.; au dos, chiffre du comte Riaut.

L'auteur de ce voyage en Terre Sainte est l'ermite H.-Fr. Bertrand, né en 1742, au village de Bussy, diocèse de Soissons ; après son pèlerinage, il prit, le 3 juin 1776, l'habit de Saint-François. Cette relation de voyage est précédée d'une vie anonyme du saint ermite.

85. Recueil de 10 fabliaux. 32 ff., form. in-4, rel. vél, moderne.

Manuscrit moderne sur vélin en écriture gothique de divers corps ; avec quelques esquisses des miniatures de l'original. Quelques-uns de ces fabliaux ont été publiés par Méon, 1338, 1286, 3215,...; les titres de quelques autres sont : *La femme qui fit trois ternes*, *La saineresse*, *Du prêtre crucifié*.

** **86.** Recueil manuscrits contenant 25 petits traités, notamment le premier livre de l'IMITATION DE JÉSUS-CHRIST. *Fnc.* 1 *r°* : ☾ Tabula tractatuum infrascriptorum || ☾ Quedam similitudines. ma. Ja. de vitriaco. 1. || Item quedam exempla eiusdem ma. 13. || Item quidam tractatus de sequela X̄p̄i, et de || quibusdam virtutibus valde bonus. 32. || Item de modo cognoscendi

seipsum. 44. ‖ .... ‖ Verte ‖ *Verso* : Item epistola leuiathan ad pseudo prelatos ecclesie pro scismate confirmando. 151. ‖ ...... ‖ Item floretus, liber valde utilis. 161. *F° 32 recto, d'une autre écriture (gothique) et d'une encre différente de celle du recueil* : Tractatus fratris Thome Kempis canonici regularis. *A la suite l'incipit du premier livre de l'Imitation* : Qui sequitur me non ambulat in tenebris, dicit Dominus....... *F°* 183,*l.* 16 : Explicit Floretus script⁹ an..... ‖ m̄.c̄c̄c̄c̄.xvi̇ in nocte s....... ‖ p man⁹...... *Ce dernier fol. est déchiré*. Manuscrit du commencement du xv⁰ siècle, écriture de plusieurs mains, 1 fnc., 183 ff. chiffrés sur pap. avec quelques feuilles sur parch. intercalées. Rel. à plats de bois exécutée en 1500 ou 1503, si l'on s'en rapporte à un ancien catalogue de la bibliothèque de Rougeval. Ce volume est enfermé dans un étui en chagrin grenat.

> Une mention ancienne, écrite sur le feuillet de garde, indique l'origine de notre manuscrit : « Liber cenobij s̄c̄i pauli at Rubeuatt. in zonia ordīs canonico⁊ reglariū s̄c̄i aug¹ ppe bruxellā. » Il vient donc du monastère de Saint-Paul de Rougeval ou Rougecloître établi près de Bruxelles par les chanoines réguliers de Windesheim.
> Dès 1713 ce manuscrit a été signalé par Dom Martène et Dom Durand (*Voyage littéraire*, t. I, part. II, p. 205). Il a passé depuis dans la bibliothèque de M. Léopold Van Alstein (Catalogue, n° 769). M. Loth lui a consacré une étude (L'auteur de l'Imitation, nouvelles conclusions tirées d'un nouveau manuscrit : *Revue des questions hist.*, 1877, 1ᵉʳ octobre, pp. 485-501) et il conclut que la date de 1416 ne permet pas plus d'attribuer cet ouvrage à Thomas à Kempis qu'à Gerson.
> Ces assertions n'ont pas été acceptées par d'autres érudits, notamment M. C. Ruelens qui les a combattues dans la préface de son édition du manuscrit autographe de Thomas à Kempis (Leipzig, Harassowitz, 1879 ; cf. infrà n° 326). Il a montré que notre manuscrit est composé de parties d'origines différentes, réunies seulement par la reliure. La date de 1416 ne s'applique d'une façon certaine qu'au Floretus. Quoi qu'il en soit, ce manuscrit est d'une grande valeur.

87. Recueil copié, semble-t-il, par un nommé Laurent du Mont-Cassin, et contenant : 1. « Chronicha fratris Martini Poloni (fol. 1); *l'auteur était dominicain et vivait au XIII° siècle, et dès le XV° siècle, on a imprimé sa chronique avec une continuation comprenant les pontificats de Grégoire IX et de Grégoire X* (fol. 63). — 2. De signis planetarum (fol. 75). *Incipit* : « Celum rotundum et volubile esse... » — 3. « Incipit... Cronicha beati Ysidori episcopi Spalensis describentis Ystoriarum breviarium ab exordio usque ad tempus Herodii » (fol. 79). *C'est le* Chronicon minus *d'Isidore de Séville*. — 4. Theodoro da Perusio, La Chaccia, poème italien (fol. 85). — 5. Deux sonnets, en italien, d' « Antonio da Forracina(?) » (fol. 88 v°). — 6. Histoire de Jules César, en 4 livres, en italien (fol. 89). *Incipit* : Narrase nelle vere antiche chroniche come uno grande e possente signore... incomplet de la fin. Ms. du xv⁰ siècle (1408); sur papier; 285 sur 205 millim. Initiales et titres rubriqués. Reliure moderne.

88. Recueil copié probablement en Allemagne, et contenant les pièces suivantes : 1. « Epistola prespiteri Johannis » ad Manuelem imperatorem Grecorum. — 2. « Gesta trium regum magorum. » *Incipit* : Cum reverendissimorum trium magorum ymo virtus trium regum..... — 3. Sermons ou petits traités sur divers passages des Saintes Écritures. *Incipit du premier* : « Elegi et sanctificavi locum istum Paralipp. VII. Hec verba fuerunt a Deo dicta ad Salomonem regem...... » — 4. Conseils à l'usage des prédicateurs. Vers mnémotechniques. Petites pièces de vers sur les Évangélistes et quelques Pères de l'Église. Pièce de vers attribuée à saint Bernard. Bernardus mellifluus doctor. *Voici l'incipit* : « O frater, quam velox ad mensam..... » Cette pièce est datée, à la fin : 1471. — 5. « De diversis motibus nature et gratie. » *Incipit* : « Fili, diligenter attende et adverte motui nature et gratie..... » *Datée, à la fin* : 1473. — 6. « De septem temporibus Ecclesie usque ad finem mundi. » *Incipit* : « Nota quod septem sunt tempora Ecclesie usque ad finem mundi que signantur..... » Manuscrit du xve siècle (c. 1473); sur papier; 220 sur 140 millim. Initiales et titres rubriqués. Reliure ancienne en peau sur ais de bois, avec fermoir.

Provient, comme le manuscrit décrit plus haut, n° 80, de la chartreuse de Buxheim, c'est ce que prouve l'inscription : Cartusianorum in Buxheim, qui se lit au r° du 1er feuillet. Le ms. qui commence ce recueil et qui contient la fameuse lettre apocryphe du prêtre Jean est resté inconnu à M. Zarncke. D'après l'examen rapide que nous en avons fait, il ne parait pas présenter des variantes importantes avec le texte publié par le savant professeur.

Les Gesta trium Regum qui suivent ont pour auteur Jean de Hildesheim et ont des rapports avec la légende du prêtre Jean. On en a plusieurs éditions (cf. n°s 134, 136, 136, et Zarncke, n° 3003 infra).

89. Recueil contenant les pièces suivantes : 1. (fol. 1). « Iste est liber de rerum proprietatibus et auctoritates sanctorum. » *Incipit* : « Cum proprietates rerum sequantur substantiam secundum distinctionem... » *Cet ouvrage a pour auteur Bartholomacus Anglicus. Il a été imprimé dès 1475, et a eu depuis de nombreuses éditions.* — 2. (fol. 25). « Hic sequitur compilatio alia de proprietatibus rerum. » *Incipit* : « Cerebrum ut dicitur Impategni (?), libro I, cap. XI, corpus est album... » — 3. (fol. 143). S. Jérôme : « Contra Jovinianum hereticum. » — 4. (fol. 161). Extraits de lettres et de traités divers de S. Jérôme. — 5. (fol. 189). S. Jérôme : « De viris illustribus. » — 6. (fol. 202 v°). S. Jérôme : « Liber de membris Domini. » — 7. (fol. 204 v°). « Exameron Basilii », *version latine*. — 8. (fol. 234). Extraits des Pères sur diverses matières morales et religieuses. *Incipit* : « De fide Crisostomus. Fides est religionis sanctissime fundamentum..... » — 9. (fol. 256). « Arnoldus, De moralibus. » Man. du xiiie-xive siècle; sur parchemin; 200 sur 145 millim. — Initiales en couleur; titres rubriqués. — Reliure ancienne en peau sur ais de bois, avec fermoir.

90. Recueil contenant : 1. (fol. 1). Gebeni, prioris in Eberbach Pentachordum sive Speculum futurorum temporum S. Hildegardis. — 2. (fol. 62). Johannis presbyteri Historia Indiae regionis. — 3 (fol. 66 v°). Oderici de Pordenone Tractatulus de mirabilibus transmarinis que sunt in mundo occulta. (V. infrà, n°s 1328, 1340-40 *bis*, 1405.) — 4. (fol. 68). Prophetia venerabilis Arnoldi de Ville nova de regnis totius mundi. — 5. (fol. 69). Ex qui-

busdam Cronicis : [Courts extraits relatifs à l'histoire de Rome.]—6.(fol. 71). Missa a Jesu Christo in celo decantata cuidam virgini adhuc existenti in corpore, nomine Trutha. Sequuntur libri 4^{tus} et 5^{tus} venerabilis et Deo dilecte Truthe, cum materiarum tabula. — 7. (fol. 189). Epistola venerabilis patris, fratris Johannis de Indagine, scripta pro quodam in celebratione misse singulariter se habenti. Ms. du xve siècle; sur papier; 212 sur 135 millim. Initiales rubriquées. Reliure moderne en peau de truie.

Gebenon, bénédictin, prieur d'Eberbach, vivait vers 1220.
Jean de Hagen, ou Hayn, ou de Indagine, de l'ordre des chartreux à Erfurt (1415-1475), a écrit un grand nombre d'ouvrages qui n'ont pas été tous imprimés.

91. Recueil d'exercices de piété et de traités théologiques; le tout en flamand : 1. Office de la Passion; suivi d'une invocation à la Vierge. — 2. Traité des Sacrements : « Dit siin XII vrochten die ons comen van den weerden heileghen sacramente. » — 3. Sermons, dont l'un attribué à Frère Jan Tauwel. — 4. Dit siin die XIJ raden der heileger Ewangielien die woerden Ihesu Christi. — 5. Autres Sermons. — 6. « Hier beghint enen toe pat biden wellren men mach comen tot enen scouwenden levene... » *Incipit* : Een mensche die naeder oef... » — 7. « Hier beghint een tractaet di Sancte Benardinus... hoe hen die prelate regeren solen. » : *Incipit* « Oonse lieve here sprect in sinte Matheus Ewangielie uit... » — 8. « Dit es sinte Bernaerdus Spiegelken. » *Incipit* : « Die ghene die gheraket wort van binnen... » — 9. « Sinte Bernardus des heilighen leeraers derde sermoen van der Kercwiitighen. » *Incipit* : « Brueders dit huys es een stat des oversten... » Ms. du xve siècle; sur papier; 140 sur 190 millim. Initiales et titres rubriqués. Reliure ancienne en peau sur ais de bois, avec restes de fermoirs.

92. Recueil de prières pour une neuvaine, suivie de divers autres exercices de piété; le tout en italien. Manuscrit du xviie siècle; sur papier; 150 sur 65 millim. — Inséré dans une reliure en cuir, avec gaufrures dorées ayant appartenu probablement à un autre volume, et portant des armoiries sur les plats.

93. Recueil manuscrit du xve siècle, contenant les pièces suivantes copiées par diverses mains : 1. De officio abbatis. *Incipit* : « Abbas primum in dextero choro tenens locum... » — 2. Explication symbolique et mnémotechnique des Saintes Écritures. *Incipit* : « Primus liber veteris Testamenti est Genesis, in quo agitur de mundo... » — 3. Résumé des Évangiles en vers latins. *Incipit* : « Sancte Pater, genitor (?) pie, spiritus utrius alme... » — 4. Sermons sur la conception de la Vierge. — 5. Regimen pestilencie. *Incipit* : « Ad laudem et honorem sancte Trinitatis et virginis gloriose et ad rei publice utilitatem... » *Ce traité de regimine pestilentiae est de Canut, évêque de Westerås*, cf. infrà, n°s 24, 1831-1832. — 6. Recueil de sermons anonymes. *Incipit du premier sermon* : « Respice in faciem Christi tui. In verbis propositis spiritus invitat quamlibet animam... » — 7. Formulaire épistolaire, contenant des exemples de lettres familières, politiques, ecclésiastiques. — 8. Autre recueil de sermons anonymes. *Incipit du premier sermon* : « Sermo de nativitate beate Marie. Liber generationis Ihesu Christi Matheus in sui Evangelii texuit principio... »; Ms. sur papier; 140 sur 60 millim. — Reliure ancienne en parchemin sur ais de bois, avec fermoirs.

94. Recueil de pièces sur la Passion. Heures de la Vierge. Prières à divers saints. Manuscrit du xve siècle, sur vélin, lettres ornées, dans sa reliure primitive, en veau brun gaufré, un peu fatiguée.

95. Recueil de sermons. Manuscrit de la seconde moitié du xive siècle. 180 ffnc., petit in-4 (rel. vél. moderne).

Fnc. 1 *recto*, *incipit en rouge* : Incipiunt sermones de sanctis incipientibus a nativitate domini sermo primus [*en noir* :] Christus natus est nobis venite adoremus.....

96. Regestum Hugolini (postea Gregorii IX). Paris, Bibl. Nat., Latin 5152 A, copié en 1878 par M. Ant. Thomas, in-fol., 116 ff., d.-rel. mar. rouge.

97. Relations d'ambassadeurs vénitiens au xvie siècle. In-4, rel. parch.

Manuscrit du xviie siècle provenant de la vente Calore, 1880. Deux des relations qu'il contient, celle de Emiliano Manolesso, envoyé à Ferrare (1575), et celle d'Antonio Tiepolo, ambassadeur en Angleterre (1569), ont été publiées par Alberi d'après les originaux conservés à Venise. Mais il en est une qui est inédite : « Sumario esposto in uoce et relatione dal Cl^{mo} Zane ritornato Baiolo da Costátinopoli : 46 ff. » Suivant une note de M. Calore, ce Zane serait très probablement Girolamo Zane, envoyé à Constantinople par la république de Venise en 1567; suivant cette même note, il n'a pas été possible de retrouver dans les archives de Venise l'original de cette relation.

Une dernière pièce composant ce recueil a pour titre : Sumario di tutte le spese che fa la Ser^{ma} Sig^{ria} de Venetia nel suo statto cusi di terra come di mare. 28 ff.

98. Richard de Saint-Victor. Versus ex libro Magistri Ricardi Canonici Sancti Victoris Parisiensis. 28 pp., in-fol., cart.

Copie du ms. 11340 (fonds latin) de la Bibl. Nationale, exécutée en 1863 par M. Mabille.

99. Richardson (J.). Procès et polémique. — Documents sur le choléra à Naples. Form. in-4, 198 ffnc., d.-rel. veau.

Fnc. 1-4 *blancs*. Introductory Remarks to the Trial of Mr J. Richardson. 5 ffnc. — The Trial of Mr Ja^s Richardson. Royal Criminal Court of the Island of Malta and its dependencies. Epiphany Session [1839]. 70 ffnc. — Prosecution for Libel under the existing law : in a letter address'd to His Excellency Sir H. J. Bouverie... by the Editor of the Malta Times. 22 ffnc. — La Beata Vergine del Carmelo e il Malta Times, con alcune riflessioni intorno ai progressi della religione cattolica in Inghilterra [G. Mitrovich]. 23 ffnc.— Reply to a pamplet entitled la Beata Vergine del Carmeli e il Malta

Times... By Mr James Richardson. Malta 1840. 44 ffnc., 1 fnc.. — Report on the Cholera at Malta. 24 ffnc., 6 ffnc. blancs.

<small>Richardson avait été condamné à 6 mois de prison pour un libelle contre la religion catholique, publié en italien et en anglais sous ce titre : « La Beata Vergine del Carmelo. » — Ce manuscrit provient de la vente Neligan.</small>

100. Robertus Monachus. Altdeutsche Uebersetzung der Historia Hierosolymitana, sowie der Epistola Alexii ad Robertum I Flandriae principem. 1 fnc., 432 pp., form. in-8 carré, d.-rel. mar. rouge, coins, tr. dor.; au dos, chiffre du comte Riant (Dupré).

<small>Copie moderne (1881) du ms. 1 de la fürstl. Löwenstein-Rogenbergischen-Hofbibliothek zu Neubach, ff. 75-174. *Incipit* : « Dem fürsichtigen herren grave Rüpprechten ze Flandern und allen fursten Cristenlichs gloubens und liebhabern... » Cette copie est accompagnée de notes de M. Hagenmeyer ; le comte Riant n'avait pas eu connaissance de ce ms. lorsqu'en 1879 il avait donné son édition de la lettre de l'empereur Alexis au comte de Flandre.</small>

101. Rocher. Notes sur Adhémar de Monteil et sur le saint suaire de Cadouin. 11(1) pp., in-fol., rel. toile (manuscrit moderne).

102. Savorgnano (A.). Cipro, e svo Regno, Descritta dal N. H. E. Ascanio Sauorgnano con le osseruaz^{ni} per fortificare e assicurare il Regno tutto : Scrittura data al Ser^{mo} Senato Veneto l'Anno = i57i =. 2 ffnc., 28 ff. chif., 22 fnc., form. petit in-4, rel. mar. rouge, fil. à compart. sur les plats (ancienne reliure).

<small>Manuscrit du xvie siècle. Au *fnc.* 2 *recto* se trouve un second titre : « I57I. Copiosa discrittione delle cose di Cipro con le ragioni in fauore, ò contra diuerse openioni, et delle prouisioni necessarie per quel Regno. Fatta per lo Sig^r Ascanio Sauorgnano gentilhuomo vinitiano che fu eletto dall' Illma Sig^{ria} di Venetia come huomo sufficientiss^o e mandato nel Regno di Cipro per hauer la sottoscritta informatione innanti la guerra di esso Regno. »</small>

103. Statvta Generalia recentiora Sacri Militaris Ordinis Crvcigerorvm cvm Rvbea Stella A. Fel. Recordat. Clemente X. Anno Dñi M DC LXXV die XXVI Octobris Apostolica Avtho = Confirmata. 21 ffnc., form. in-4, rel. vél. bl. (moderne).

104. Statvta Sacri Imperialis Ordinis Equestris, et inclytæ Religionis Militaris Angelicæ Aureatæ, Constantinianæ S. Georgij sub Regula Sancti Basilij. Iussu Serenissimæ Celsitudinis Francisci Farnesij, Parmæ, Placentiæ & Ducis S. R. E. Vexilliferi Perpetui Religiosissimi Principis Magni Magistri Instaurata Anno Salutis MDCCV. 18 ffnc., 115 ff. chif., 16 ffnc., form. petit in-fol., rel. vél.

<small>Manuscrit du xviiie siècle. Les premiers ffnc. contiennent le titre, la dédicace et la table des chapitres, les 15 derniers ffnc. un « Elenchus rerum et verborum notabilium ».</small>

105. Statuti della sacra Religione de Santi Maurizio e Lazaro. 9 ffnc., 93 ff. chif., form. in-fol., cart.

<small>Manuscrit du xviie siècle. Les 9 premiers ffncs., contenant les titres, la table des chapitres et un « Proemio » sont d'une écriture plus moderne. Le texte</small>

même est de deux écritures, la seconde partie, beaucoup moins bien écrite, commence au f° 41 recto, avec le « titolo X. Degli vfficij principali et dignita de Cauaglier Gran Croce Consiglieri della Religione..... »

106. Statuti Regole e Constituzione della Sagra Religione e Milizia de SS. Maurizio e Lazaro fondata ristorita e riordinata da Sermo Emanuel Filiberto.... 113(1) pp., form. in-4, d.-rel. veau marb.; au dos, chiffre du comte Riant.

> Manuscrit du xviie siècle. *Page* 103, *l.* 25 : Ego Francesco Tomaso Gariglio Archivista della Sacra Religione e milizia ho estratto la presente copia di statuti... dal libro esistente in Archivio della medesima...
> A la suite se trouve l'Index.
> Le texte est le même que dans la copie précédente ; le titre est également d'une main plus moderne.

107. Stingoli. Actii Annaei Stingoli, Neapolitani, e Soc. Jesu, Saberidos, pars prior, sive India, continens libros XII. Poème en vers latins, avec des cartes, au trait, de diverses parties du monde. Ms. du xviie siècle [1675]; sur papier; 135 sur 170 millim. Reliure moderne en maroquin plein, avec fers dorés.

108. Stuchen beroerende de saecken van Cyprús... 1613-1615. 8 ffnc., form, in-fol., d.-rel. bas n.

> Manuscrit du xviie siècle contenant des documents intéressants pour l'histoire du commerce des Hollandais dans le Levant ; à la fin se trouve un résumé du contenu, il est écrit de la main de Haga, envoyé des Provinces-Unies à Constantinople. Les deux derniers ffnc. contiennent la copie en italien et la traduction en hollandais d'une lettre adressée aux États-Généraux et signée : « il povero Haly Bassa Beglerbey di Cipro. »

109. Suarez (Copies modernes de). [Paris, Bibl. nat., fonds latin, ms. 8984.] 52 ff., in-fol., d.-rel. bas. n.

110. Taare-offer. Hvori en andæctig siæll kand see paa den grædende, torrende, kyssende og sælvende synderinde hvad bod-taarene förmaar; mest sanched aff tröst og taare kilden kort og enfoldig udsat paa vers för en liebhaber aff poësi og kommen fra ii sörgende gemyt der lengis effter himmelen fra verden. In-12, rel. velours rouge, tr. dor.

> Manuscrit du xviiie siècle, dont l'auteur est Dorothée, fille d'Engelbrecht Jörgenson, damprost de Bergen, et d'Anna Wrangel ; née en 1635, elle épousa, en 1652, Ambrosius Hardenbeck, successeur d'Engelbrecht. Elle devint veuve en 1683 et mourut en 1716. « J'ignore », dit une note du comte Riant, « si le poème ci-après est le même qui a été souvent imprimé à Copenhague sous le titre *Taareoffer for bodfærdige syndere.* »
> Ce poème est dédié à Charlotte-Amélie, reine de Danemarck et Norwège.
> Cet exemplaire porte l'ex-libris du comte C. F. de Wartensleben.

111. Traité de chimie et de sciences naturelles, en suédois. xviiie-xixe siècle ; sur papier ; 210 sur 160 millim. Cartonnage ancien.

112. Vita del serenissimo Sultan Jacchia secondogenito di Sultan Mahemet terzo, imperatore de' Turchi, scritta in brevissimo compendio. *Incipit* : Nell' anno 1567, regnando Amorat III, imperator de' Turchi, dopo haver.

Manuscrit du xvi⁰ siècle sur papier; 270 sur 200 millim. Reliure moderne en parchemin.

113. Theodericus. [Description des Lieux Saints.] In-4 de 20 ffnc., d.-rel. bas.

Copie moderne (xix⁰ siècle) du *Codex Guelferbytan.* (30. 5. Aug. fol.) membr., fol. 139; s. xiii; ff. 128-133.

114. Torkyngton (Sir Richard). Pilgrimage to the Holy Land. 52 ffnc., form. in-4, d.-rel. chag. rouge; au dos, chiffre du comte Riant.

Manuscrit moderne (xix⁰ siècle). Les trois premiers ffnc. donnent la copie en fac-simile du manuscrit original appartenant à R. B. Wheler of Stratford upon Avon. Les ff. suivants contiennent la copie du texte et les notes de M. *E. J. Wilson* (de Lincoln), puis trois feuillets de deux écritures différentes.

115. Viazemski. Les pèlerins scandinaves traversaient-ils la Russie en allant en terre Sainte? Mss. moderne. D.-rel. mar. r., coins, tête dorée.

Traduction d'un article russe paru, en 1877, dans les *Mémoires philologiques de Voronège.*

116. Viseur (R.). Recueil de la vie, mort, invention et miracles de S. Iean Baptiste. Ms. moderne. In-8, rel. toile.

Copie moderne de l'édition parue à Amiens, chez Robert Hubault, 1649; cet ouvrage est fort rare et du plus haut intérêt pour l'histoire des reliques rapportées de Constantinople. A la suite de cette copie se trouve un extrait également moderne de l'Histoire ecclésiastique d'Abbeville (Paris, Pelican, 1647) du P. *Ignace de Jesu Maria* : « Narration historique où il est traité comme la precieuse face de S. Jean Baptiste fut apportée de Constantinople en notre Diocèse... d'Amiens; » et une copie (page pour page) de l'Histoire de la Sainte Larme de Saint-Pierre-lès-Selincourt, par le P. *Le Mercier*, imprimée à Amiens en 1707.

*117. Voyage des Echelles du Levant et de la Terre-Sainte en L'annee 1685. 1 fnc., 265(1) pp., form. in-4, rel. veau marb., fil. sur les plats, tr. rouges; au dos, chiffre du comte Riant.

Manuscrit du xvii⁰ siècle.
L'auteur de ce voyage accompagnait, en 1685, comme secrétaire-interprète, M. d'Ortière, contrôleur général des Galères de France, envoyé extraordinaire pour aller visiter les Echelles du Levant; il l'accompagna également dans un second voyage effectué en 1687; ce ne fut pas sans difficulté qu'à son retour il put obtenir d'être réintégré dans son ancienne place d' « Ecrivain du Roy des Galères ». Il a ajouté au texte de son voyage six planches représentant le plan et la coupe du puits de Salomon, la façade et la coupe des sépulcres des rois d'Israël, la vue et la coupe de la Grande Pyramide.

ERRATA

N° 2, l. 6,	*au lieu de* :	Cardinalis	*lire* :	cardinalis
— l. 11,	—	Anthonij	—	anthonij
N° 3, l. 6,	—	proficicsi	—	proficisci
N° 4, l. 11,	—	nonis Mccclxii	—	nonis Iunii Mccclxii
N° 6, l. 9,	—	venerādo	—	uenerādo
N° 8, l. 8,	—	clara	—	claro
— l. 11,	—	M.cccc lxxx.xxxi	—	M.cccc lxxx.die.xxxi
N° 9, l. 4,	—	de	—	De
N° 11, l. 6,	—	venerabilis ‖ fratris	—	venerabilis ‖ viri fratris
N° 13, l. 10,	—	pauper	—	pauperis
N° 14, l. 7,	—	Thebani Aritotelis	—	thebani Aristotelis
N° 15, l. 6,	—	obpvādissimo	—	obpuādissimo
N° 17, l. 9,	—	Syroɳ	—	Syroɳ
— l. 12,	—	Martiis	—	Marciis
N° 20, l. 11,	—	Compositio	—	Composicio
N° 21, l. 8,	—	laudate	—	laudare
— l. 10,	—	Oratione	—	Orationes
— l. 11,	—	Epigrāmatū	—	Epigrāmatū
— l. 23,	—	Nubila dum fului rapiebant......		
	lisez :	Nubila dum rumpere posse puto. ‖ Me miseram fului rapiebant frustra metalli		
— l. 43,	*au lieu de* :	Sanctorum	*lire* :	Sanctorum omnium
N° 24, l. 10,	—	canōis q̄ illi ᵽ	—	canōis ᵽ illi q̄
— l. 12,	—	secul℞	—	seculo℞
N° 25, l. 10,	—	cōmentatium	—	cōmentarium
N° 28, l. 11,	—	p̄spera	—	p̱spera
N° 29, l. 7,	—	sancti ad	—	sancti Petri ad
— l. 7,	—	Innocentis	—	Innocentio
— l. 19,	—	Eipiscopū	—	Episcopū
N° 30, l. 7,	—	Theodorico	—	Theoderico
— l. 10,	—	narrant	—	narrant
— l. 11,	—	ecclessia	—	ecclesia
— l. 15,	—	Theodosij	—	theodosij

ERRATA

N° 30, l. 27,	au lieu de :	capitulo cum	lire :	capitulo‖rum
— l. 30,	—	Hegenaw	—	Hagenaw
— l. 31,	—	Grau‖inibi	—	Gran‖inibi
N° 31, l. 6,	—	occultissimi	—	occullentissimi
— l. 13,	—	Guillermum	—	guillermum
N° 34, l. 4,	—	subuersionesqʒ	—	subuersioneqʒ
— l. 16,	—	magno	—	ma=‖gno
N° 35, l. 5,	—	victorias	—	victoriaʒ
— l. 6,	—	et sacra	—	ex sacra
— l. 9,	—	dialogus	—	dialogi
N° 36, l. 9,	—	visionem	—	vltionem
N° 37, l. 7,	—	habitalilis	—	habitabilis
— l. 8,	—	Hieromymū	—	Hieronymū
— l. 13,	—	Langencen	—	Lan-‖gencen
N° 38, l. 6,	—	Dionisii	—	Dyonisii
N° 39, l. 15,	—	eximū	—	eximiū
N° 40, l. 7.	—	Cardinalium	—	cardinalium
N° 43, l. 14,	—	Chronica♃	—	Chronicha♃
N° 44, l. 10,	—	oppido	—	oppido♃
N° 45, l. 14,	—	reparatoris	—	repatoris
N° 47, l. 4,	—	patris e	—	patris‖et
— l. 5,	—	dñi Wilhelmi	—	dñi dñi Wilhelmi
N° 48, l. 17,	—	prīcipio	—	pñcipio.
N° 49, l. 10,	—	secundam	—	secundum
— l. 15,	—	Nec non‖rerum	—	Nec non de‖rerum
N° 51, l. 17,	—	sup	—	sp̄
N° 52, l. 11,	—	biuis	—	biuio
N° 53, l. 10,	—	imprimis	—	inprimis
N° 54, l. 11,	—	illumīā‖re	—	illumīa‖re
N° 55, l. 11,	—	remus	—	ramus
N° 56, l. 4,	—	epigrama	—	epigrāma
— l. 5,	—	victoriis	—	victoris
— l. 6,	—	Iouis.‖Ritus	—	Iouis.‖Perlege Maxenti sacrorū deinde profanos‖Ritus
— l. 13,	—	Schronenstain	—	Schrouenstain
— l. 15,	—	fine picridem	—	sine pieridem
N° 57, l. 14,	—	Grüninger	—	Grüninger
N° 58, l. 8,	—	aq̃♃ añ se per-	—	aq̃♃ q̄s añ se por-
— l. 10,	—	ecclic	—	ecclie
N° 60, l. 7,	—	TOLA	—	TOLAE
N° 66, l. 5,	—	sancti Methodij	—	sancti‖Methodij
— l. 10,	—	eodem	—	eodē
N° 66, l. 13,	—	beati	—	bea‖ti
— l. 15,	—	Vindelicorū	—	vindelicorū
— l. 17,	—	nostre	—	no‖stre
N° 67, l. 12,	—	corū	—	eorū

ERRATA

Nº 70, l. 7, *au lieu de* : Habitu — *lire* : Habita
— — — M cccc lxxxxiii — M cccc || lxxxxiii
— ll. 12-14, *supprimer la note.*
Nº 72, l. 8, *au lieu de* : Fnc. 9 — Fnc. 16
— — — priaȝ — p̄riaȝ
— l. 11, — mundi — mundo
Nº 73, l. 7, — NOSTRIs VTILITATI — NOSTRIS VTI||LITATI
Nº 74, l. 4, — viri — viro
Nº 75, l. 7, — etiam iniustu — eciam iniustū
— l. 11, — ꝑ — ꝓ
Nº 77, l. 9, — principiis — principio
— l. 10, — ciuitate mogūtineñ — ciuitate || mogūtineñ
— l. 11, — crouenberg — cronenberg
— — — mogūtiū — mogūtiñ
Nº 78, l. 21, — Couserans — Conserans
Nº 79, l. 9, — Romani — Romano
Nº 80, l. 9, — Ardakaneñ — Ardakadeñ
— l. 15, — clementissimo. Finit — clementissimo || Finit
Nº 81, l. 7, — Adiabenus — Adiabenicus
Nº 87, l. 10, — Impressum est — Impressum
Nº 88, l. 8, — limire — linire
Nº 89, l. 8, — Iesu Christi — Iesu || Christi
— l. 14, — sancti Iacobi — sancti || Iacobi.
Nº 90, l. 2, — CCCxvii ff. et 15 ffnc. — CCCxviij ff. et 14 ffnc.
— l. 9, — CCCxvii — CCCxiij
— ll. 14-15, — Fnc. (118º.... manque — Fnc. 1-11 *table.* Fnc. 12 et 13 : *Carte de l'Allemagne avec texte au recto du fnc.* 12. Fnc. 14 *blanc ? manque.*

Nº 91, l. 5, — sāctissimī — Sāctissimi
— l. 32, — Innocentiȷ9 — Innocenti9
Nº 94, l. 9, — imponuntur — imponitur
Nº 98, l. 17, — Wekes — Welkes
— l. 19, — De stant — Bestant
Nº 360, l. 3, — In-4 — In-fol.
Nº 846, l. 4, — in-8 — in-fol.
Nº 969, l. 2, — in-4 — in-fol.
Nº 1022, Les Epistolæ *sont réservées.*
Nº 1032, l. 2, *au lieu de* : in-8 — in-fol.
Nº 1059, l. 4, — 5 vol. — 6 vol.
Nº 1158, l. 5, — in-4 — in-fol.
Nº 1217, *Réservé.*
Nº 1318, —
Nº 1324, *ajouter* : figures avant la lettre.
Nº 1325, *Réservé.*
Nº 1360, *ajouter* : avec les atlas in-fol. de 1880 et 1884
Nº 1758, *au lieu de* : Leonitius (Jacobus), *lire* : Jehuda Leon (Jacob)

ERRATA

N° 1896, ll. 3 et 4, *au lieu de* : Tomes 1 à 17, 1868-1886, *lire* : Tomes 1 à 18,
N° 1905, *Réservé*. 1868-1887
N° 1935, *supprimer la note*.
N° 1959, *au lieu de* : 1828-1855, 45 vol., *lire* : 1828-1878, 49 tomes en 45 vol.
N° 1974, l. 5, *au lieu de* : 2 tomes en 1 vol. in-fol., *lire* : tome I, rel. mar. rouge, au chiffre de l'Électeur palatin, tome II, rel. veau
N° 1975, *ajouter* : 2 tomes en 1 volume
N° 1991, l. 5, *au lieu de* : 6 vol. in-4   *lire* : 10 tomes en 5 vol. in-4.
N° 2013, l. 3, —   in-4   — in-fol.
N° 2242, l. 3, —   in-4   — in-fol.
N° 2306, *Réservé*.
N° 2357, l. 3, *au lieu de* : 10 vol.   *lire* : 8 tomes en 11 vol.
N° 2395, l. 10, —   Texte seul   — Texte et Atlas in-fol.
N° 2585, l. 4, *ajouter* : Avec une grande planche généalogique dans un étui
N° 2892, l. 2, *au lieu de* : 1782, 1 vol.   *lire* : 1782-1792, 2 vol.
N° 3072, *Réservé*.
N° 3488, *au lieu de* : in-4   *lire* : in-fol.
N° 3506, —   in-12   — in-8
N° 3758, *ajouter* : 1 vol. in-8, rel. vél. ital.
N° 3914, *au lieu de* : 3 vol. in-4   *lire* : 3 vol. in-4 et supplément
N° 3997, *Réservé*.
N° 4656, —
N° 4151, *ajouter* : Rel. vél.
N° 4162, *Réservé*.
N° 4711, *ajouter* : Avec un supplément broché
N° 4773,   *au lieu de* : 7 vol.   *lire* : 9 vol.
N° 4805, l. 1, —   Rosset   — Brosset
N° 4904, l. 2, —   39 fasc.   — 42 fasc. *et supprimer la note*.
N° 4970, —   2 vol.   — 6 tomes en 2 vol.
N° 5033, l. 2, —   1884 (*origine*)-1884   — 1884 (*origine*)-1888
N° 5093, *ajouter* : avec album grand in-fol. Leipzig, 1859

Tome 2, p. 124, l. 29, *au lieu de* : ITALIE *lire* : **15. Italie.**
— 368, l. 33, — **Guerres du XVII**e **s.**, : *lire* : **4. Guerres**...
— 370, l. 2, — 34   *lire* : 24.
— 390, l. 1, — XVII — XVI.
— 434, l. 1, — XVIII — XVII.
— 447, l. 1, — XIX — XVIII.
— 450, l. 14, — littérature latine du moyen âge *lire* : littérature latine moderne.
— 487, l. 6, *au lieu de* : **12** *lire* : **10.**
— 488, l. 24, — **13** — **11.**
— 495, l. 1, — XX — XIX.
— 503, l. 1, — XXI — XX.
— 520, l. 1, — XXII — XXI.

CATALOGUE
DE LA
BIBLIOTHÈQUE
DE FEU M. LE COMTE RIANT

DEUXIÈME PARTIE

I

INCUNABLES

1. AENEAS SYLVIUS PICCOLOMINI (Pie II). Epistola ad Mahumetem. — Trévise, Gérard de Lisa de Flandre, 1475. 12 août. Pet. in-4, LVI ff.; car. semi-goth.; 25 ll. ll; sans récl. ni signatures; 7 cahiers de 8 ff., sauf le 1er qui en a 10 et le 5e qui en a 6. Cartonné.

 F. .I. r°, *incipit* : .I. PII SECVNDI PONTIFICIS MAXI-||MI : AD ILLVSTREM MAHVME-||TEM TVRCORū IMPERATOREM || :: EPISTOLA :: ||p Ius episcopus Seruus fuorū dei : || Illustri Mahumeti... F. .XI. r°, *incipit* : accepunt : que neqʒ sunt ī ptāte nostra : neqʒ pos-||sessori felicitatē p̄stant. Sʒ... F. .LVI. v°, *l.* 5, *explicit* : seculorum. Data Senis kalendis Quintilibus. || Millesimo quadringentesimo sexagesimo. || :: .FINIS. :: || :: LAVS :: DEO :: || :: M :: CCCC :: LXXV :: || :: XII :: AVGVSTI :: || :: G :: F :: || :: TARVISII ::. — Hain *177.

 Bel exemplaire.

2. — —. Epistolæ familiares. — Nuremberg, Ant. Koberger, 1486 kal. d'août (17 juillet). Petit in-4, 244 ffnc.; car. goth., 2 gr.; 52 ll. ll.; signat. a-z, aa-hh par 8 ff., sauf a qui en a 6 et b qui en a 7. Rel. vél. blanc.

 Fnc. 1, *signé* a, *recto, incipit* : Numerus ⁊ ordo epistolarū in hoc ope||re contentarum. *Fnc.* 7, *signé* bij, *recto, incipit* : Cōgratulat̄ amico de psperitate successus. Epistola prima. ‖ [I] Vlianus Cardinalis sancti ‖ angeli apostolice sedis legatus. Doctissimo viro do‖mino Enee siluio de senis amico... *Fnc.* 244 *recto*, *l.* 44 : Pij. ij. pontificis maximi cui..... ‖ .... Eneas siluius nomen‖erat : familiares epistole ad diuersos in quadruplici vite ei⁹ statu trāsmisse : Im-‖pensis Anthonij koberger nuremberge impresse. finiūt. xvj. kĪs augusti. Anno sa‖lutis christiane ττ̃. M. ccccixxxvj. — Hain *154.

3. — —. Epistola ad Mahumetem. — *S. ind̃. typ.* [Rome, Et. Planck]. Petit in-4, 48 ffnc.; car. rom.; 31 ll ll.; signat. 'a-g, par 8 ff. pour abc, par 6 ff. pour defg. Rel. vél. blanc.

Fnc. 1 *blanc. Fnc.* 2, *signé* a, *recto incipit* : ℭ Pius Papa Secundus eloquentissimus : qui ‖ obiit Anno .M.CCCC.LXIIII. in Ancho‖na dum proficicsi proposuerit contra Turcos : ‖ composuit. ττ̃. ‖ p Ius Episcopus Seruus seruorum dei : Illustri ‖ Machumeti principi Turcorum... *Fnc.* 9, *signé* b, *recto incipit* : piarum duces alienabuntur : imperio deiiciar : sed al= ‖ to animo... *Fnc.* 47 *recto* : ℭ Incipit Epistpla Morbisani magni Turci ‖ missa ad Pium Papam secundum. *Fnc.* 48 *recto*, *l.* 23, *explicit* : ...Datum anno Machumeti septingentesimo ‖ quadragesimoquinto in introitu mensis Hasten. ‖ Registrum A.b.c quaterni. d.e.f.g. triterni. *Fnc.* 48 *verso blanc.* — Hain *173.

4. — —. Epistolæ. — *S. l. n. d. n. typ.* (Édition italienne). In-4, 110 ffnc.; car. rom.; 34-35 ll. ll.; signature a-q par 8 ff., sauf d, e, h et n qui n'en ont que 4; sans réclames; avec titre cour. Rel. vél. blanc.

Fnc. 1 *blanc ?* manque. *Fnc.* 2, *signé* a 2, *recto incipit* : EPISTOLA SIVE ORATIO PII IN CONVENtu Mantuano. ‖ PII SECVNDI PONT. MAX. DE CONVENTV MANTVA ‖ NO EPISTOLA SIVE ORATIO PRIMA. ‖ [P] Ius episcopus seruus seruorum dei uniuersis & ‖ singulis Christi... *Fnc.* 9, *signé* b, *recto incipit* : huius uirginis abstinentia fuit : & mirabilis uitæ austeritas : Nam ‖ cum uini & carnium... *Fnc.* 110 [q 6] *verso*, *l.* 33, *explicit* : ... & dulcedinē suggerunt incredibilem. ‖ Datū Viterbii nonis Mccccixii. Pōtificat⁹ nostri āno quarto. *Les deux derniers ff. du cahier* q *manquent.*

Édition rare.

5. — —. De situ, ritu moribus... Teutoniæ. — Leipzig, Wolfgang Stöckel, 1496, 9 avril. Petit in-4 de 50 ff. dont les 7 premiers non chiffrés, les 42 suivants chiffrés vij-xxxxix, le dernier n. c. blanc (?) (manque à notre ex.); car. goth., 2 gr.; 38-40 ll. ll.; signat. Aa-H par 6 ff., sauf H qui en a 8; manchettes. Rel. vél. bl.

Fnc. 1 *recto*, *titre* : Enee Siluij de Ritu. Si ‖ tu. Moribus. et Condici ‖ one theutonie descriptio. ‖   Ad Lectorem. ‖ Germanos mores vrbes et religionem || Climata theutonici et flumina cuncta soli || Nomina que gentis q̃z clara alemana potestas || Hic legis Eneas quod pius ipse dedit || *Fnc.* 7, *signé* Bb j, *recto incipit* : vite singularem. ad quem cū friderico cesare manentem||legati ex... *Fnc.* xxxxix *verso*, *l.* 15, *explicit* : ...probent. Uale Ex roma || Kaleñ. februarij. M.cccc.lviij. || ☾ Finit Enee siluij seu Pape Pij. de Ritu. Situ || Moribus. ac Conditione almanie opus celeber= || rimum. ac lectu iocundissimū. Accuratissimeq3 per || Baccalariū wolfgangum Stockel de Monaco. || Opidanū liptzensem Lyptzick impressum. et bene || emendatum. Anno a natiuitate cristi Millesimo || quadringētesimononogesimosexto. Die vero nona || Mensis aprilis. *Fnc.* 50 *blanc manque.* — Hain *249.

Très rare.

6. **AMADEUS DERTHONENSIS** (*Amédée de Plaisance*). Ratio dierum, calendarum, nonarum, iduum, mensiumque. — *S. l. n. d. n. typ.* [Rome?, c. 1475 selon Hain]. Petit in-4, 32 ffnc.; car. rom.; 26 ll. ll.; sans signat., 4 cahiers de 8 ff.   Broché.

Fnc. 1 *recto, incipit* : Praefatio siue epistola ī dierum calendarū || nonaɤ iduum mensiumq3 rationem. || f RATER Amadeus Derthonen || sis : ordinis fratrū Eremitarū Di||ui Augustini obseruātiū : fratri || Paulo Bergomati Vicario gene||raľ Congregationis Lombardiae iρoɤ obseruā||tiū : ordinis eiusdē patri venerādo suo pacem||atq3 salutē ī dño. Nosti mi pater a qbus bñfi-||ciū... *Fnc.* 9 *recto, incipit* : et si agatˇ : aliquādo tamē id ita positum repitˇ : || ut cui numero... *Fnc.* 32 *verso*, *l.* 21, *explicit* : bataq3. Oratorū praesertim debemus & iube-||mur imitari. || .FINIS. || DEO GRATIAS AMEN. — Hain 893.

Très rare.

7. **ANDRÉ DE ESCOBAR.** Modus confitendi. — *S. l. n. d. n. typ.* [Rome, Planck]. Très petit in-4, 12 ffnc.; car. goth.; 23 ll. ll.; sans signat.; ni récl.; avec init. gr.

Fnc. 1 *recto, incipit* : ☾ Modus confitendi compositus per || Reuerendū Epm Andream hispanū : || saucte Romane ecclesie penitētiariū. *Fnc.* 11 *verso*, *l.* 22 : pūti ⁊ vite eterne in futuro seculo. Amen. || ☾ Finis. *Non indiqué par Hain.*

A la suite, Du même. Modus interrogandi confitentes. — *S. l. n. d. n. typ.* Très petit in-4, 10 ffnc.; car. goth.; 26 ll. ll.; sans signat.

Fnc. 1 *recto, incipit* : Interrogationes ⁊ doctrine quibus quilibʒ || sacerdos debet interrogare suū confitentem. *Fnc.* 9 *verso*, *l.* 9 : ui per superiorem cum poterit 2c. || Finis. *Fnc.* 10 *blanc. Non indiqué par Hain.*

A la suite : Conjuratio malignorum spirituum... — *S. l. n. d. n. typ.* Très petit in-4, 8 ffnc.; car. rom.; 24 ll. ll.; sans signat.; init. gr.

Fnc. 1 *recto, incipit* : COnjuratio malignorū spirituū in || corporibus hoīum existētiū put || in sancto Petro... *Fnc.* 8 *verso, l.* 23 : cula seculorū. Amen. || FINIS. *Non indiqué par Hain.*

A la suite : Sᵉ **BRIGITTE** : Quindecim Collectæ seu Orationes. — *S. l. n. d. n. typ.* Très petit in-4, 8 ffnc.; car. goth.; 29 ll. ll.; sans signat.; ni récl.; init. et figg. gr. sur bois.

Fnc. 1 *recto, titre* : Oratio sancte Brigitte vna cū || oratione sancti Augustini. *Verso fig. sur bois : sainte Brigitte priant devant un crucifix. Fnc.* 2 *recto, incipit* : ¶ Hec sunt quindecim collecte siue oratio||nes illius preclarissime virginis beate Bri||gitte quas ante ymaginem dñi nostri Iesu || xp̄i crucifixi in dies deuotissime dicebat. *Fnc.* 8 *verso, l.* 18 : ⁊ regnas in secula seculo⁊ : Amen || Deo gr̄as. — Ensemble 1 vol. petit in-4, rel. veau brun, filets, dent. intér., tr. dor. (Thouvenin). — Hain *1007.

8. **ANNIUS DE VITERBE** (*Jean Nanni*). Glossa super Apocalypsim... — Leipzig, s. typ., 1481, in profesto Michaelis (28 septembre). Petit in-4, 48 ffnc.; car. goth.; 33 ll. ll.; 6 cahiers de 8 ff.; sans signat., sauf les 2 premiers signés a et b. Rel. mar. grenat, dos et plats ornés, fers à froid, tr. dor. (Chambolle-Duru).

Fnc. 1, *signé* a i, *recto incipit* : Glosa sup̄ Apocalipsim ⁊ statu ecclie Ab āno salu||tis pn̄ti sc; M cccc lxxxi vsq; ad fine mūdi Et de p̄ || clara ⁊ glosissīo triūpho xp̄iāo⁊ ī Turcos ⁊ Mau || methos... *Fnc.* 9, *signé* b.i, *recto, incipit* : omniū. ⁊ ibat ad adorans deū in irl̄m Tp̄e passiōis || cristi totius... *Fnc.* 48 *verso, l.* 20 : Ex genua M.cccc lxxx.xxxi martij in sa-||bato scō cōpletum. Impressum lipczk anno sequēte scilc; M.cccc.lxxxi in pfesto michahelis || Explicit opus. Magistri. Iohannis nannis de fu-||turis christiano⁊ triumphis in thurcos et sarace-||nos Ad beatissimū pōtificem maximū. sixtū quartū || Et reges principes ac senatus christianos. — Hain *1127.

9. — —. Glossa super Apocalypsim sive de futuris triumphis christianorum. — *S. l. n. d. n. typ.* [Nuremberg, Conrad Zeninger, *selon Hain*]. Petit in-4, 48 ffnc.; car. goth.; 32 ll. ll.; signat. a-f par 8 ff.

Fnc. 1 *recto, titre* : Tractatus de futuris christianorū || triumphis in saracenos. Magistri || Iohannis viterbiensis. *Verso blanc. Fnc.* 8

recto, incipit : [I]Nhac questione quicquid dixero. emēdationi vel ‖ comendacoi sedis... Fnc. 9, signé bj, recto, incipit : principio apochalipsis. Greci aūt sicut et latini litteras p nu‖meris ponunt. sicut... Fnc. 47 verso, l. 17, explicit : Ex genua .M.cccc.lxxx. die xxxj. Marcij in sabbato ‖ sancto completum. ‖ Explicit opus Magistri Iohannis ‖ Nannis de futuris christianorū tri=‖umphis in turchos et saracenos. Ad ‖ beatissimū pontificē maximū Sixtum ‖ quartū. Et reges. principes. ac sena=‖tus christianos. Fnc. 48 blanc. — Hain *1123.

Notre exemplaire est incomplet des ff. 2 à 7 (cahier a).

10. **ANTONIN DE FORCIGLIONE** (S.). Chronica, sive opus historiarum. — Nuremberg, Ant. Koberger, 1484, 31 juillet. 3 vol. in-fol.; car. goth.; 2 gr.; 2 col., 69 ll.; sans récl. ni signatures; avec tit. cour. T. I : 12 ffnc., ccxv ff. et 6 ffnc. T. II : 10 ffnc., ccxli ff. et 5 ffnc. T. III : 12 ffnc., cclvi ff. et 4 ffnc. Rel. veau brun (aux armes).

T. I : Fnc. 1 recto, incipit : Summarium primi voluminis par-‖tis hystorialis domini Antonini archi ‖ episcopi Florentini. ‖ ...col. 1 : Primus titulus. de prima ‖ τ secunda mundi etate. F. ccxv verso, col. 2, l. 54 : Prima pars hystorialis dñi Antonini archiepī florenti-‖ni ordinis predicato℞ finit feliciter. Laus deo. Suivent les 5 ff. de table et 1 f. blanc. — T. II : Fnc. 1 recto, incipit : Summarium secundi voluminis ‖ partis historialis domini Antonini ‖ Archiepiscopi florentini. ‖ ... F. ccxli recto, col. 2, l. 65 : Finit feliciter secūda pars hystorialis ‖ dñi Anthonini archiepī florentini. Verso blanc; 5 ffnc. de table. — T. III : Fnc. 1 recto, incipit : Summarium Tercii voluminis ‖ partis hystorialis... F. cclvi recto, col. 2, l. 51 colophon : Perfectū atq3 finitum est opus excellentissimum trium ‖ partium historialium seu Cronice domini Antonini ar-‖chiepiscopi florentini cum suis registris. In Nurember‖ga nominatissima ciuitate germanie. Anno incarnate dei ‖ tatis M.cccc lxxxiiij. die vltima Iulij per Antoniu3 ko-‖berger ciuem Nurembergensem. Ad laudem summi opi‖ficis gloriosissimeq3 semper virginis Marie gerule hiesu ‖ christi. Deo gratias. Verso blanc, 4 ffnc. pour la table. — Hain *1159.

11. **AQUILANUS** (Joh.). Sermones quadragesimales. — Venise, Pierre de Quarengis, 1499, 21 octobre. Petit in-8, 330 ffnc.; car. goth.; 2 gr.; 2 col., 36 ll.; signatures : a, a-z, τ, ϙ, ℞, A-P, par 8 ff., sauf le premier a qui en a 4, et P qui en a 6; avec fig. et init. gr.; tit. cour. Rel. vél. bl., tr. rouge.

Fnc. 1 recto, titre : Sermones Quadragesimales venerabilis ‖ fratris Ioānis Aquilani Ordinis ‖ predicatorum de obseruantia : ‖ merito vitiorum lima || nuncupati. || *Fig. sur bois au trait: un ange. Verso blanc. Fnc.* 13, *signé* b, *recto, tit. cour.* De lege naturali. Sermo secundus. *Col.* 1, *incipit* : conclusio vel fundamentū legis || naturalis est... *Fnc.* 329 *verso, col.* 2, *l.* 30, *explicit* : ... in futuro glo-||riā assequi mereamur. Amen. || FINIS || ℭ Venetijs per Petruʒ Ber|| gomensem de q̄rengijs. Anno || dñi. M.ccccxcix.die.xxi. Octob̄. *Fnc.* 330 *blanc.* — Hain *1327.

12. ARNOLD (Henri). Letania contra Turcos (*ou* Teucros). — *S. l. n. d. n. typ.* Petit in-4, 4 ffnc.; car. goth.; 2 gr.; 35 ll. ll.; sans signatures ni réclames. Rel. maroquin grenat, dos et plats ornés, dent. à froid, dent. intér., tr. dorée.

Fnc. 1 *recto, incipit* : Cōtra Teucros specialis letania ᛍ pre-||ces flexis genibus dicende. ||[K] Yrieleyson. Christeleyson. Kyrieleyson. Xp̄e || ihesu deus ᛍ homo audi nos quo p̄cioso san||guine redemisti. *Fnc.* 4 *verso, l.* 22, *explicit* : Istam letaniā magne efficacie cōposuit venerabi-||lis ac multus deuotus pater. dn̄s Heinricus arnoldi || prior Cartusiēn. in Basilea. Cōtra teucros pessimos || christiani nomīs inimicos. Anno dñi. M.cccc.lxxvi.|| Oretur pro eo. — Hain *1799.

13. ARRIGO DE SETTIMELLO (*Henricus Pauper*). Elegiorum liber. — Cologne, Retro Minores, 1497, 31 juillet. Petit in-4, 20 ffnc.; car. goth.; 2 gr.; 27 ll. ll.; signat. a-d. Rel. vél. blanc.

Fnc. 1 *recto, titre* : Liber Elegioɤ Hērici Samariē||sis : alias septimolensis (qui vulgo || Pauper Hēricus inscribit˜ Ad ep̄m || Florentinū) Doctoris q̄ppe celeberrimi De misero||rū atqʒ desolatoɤ philosophica saluberrima ᴘso || latōe Cōtinēs quattuor libros partiales ᛍc̄. *Fnc.* 7, *signé* bj, *recto, incipit* : Sors mala prior sors pessima sorsqʒ maliğ || Facturam turpi... *Fnc.* 20 *verso, l.* 10 : Explicit liber elegioɤ pauper Hen||rici mille versus complectēs Impressus || Colonie retro minores Anno dominice || geniture. M·cccc.xcvij. Vltimo Iulij. — Hain *8431.

Bel exemplaire à toutes marges.

14. ATHENAGORAS. De resurrectione ; Xenocratis de morte ; Cebetis Thebani tabula. — Paris, Guy Marchand, 1498, 18 août. Petit in-4, 14 ffnc.; car. goth.; 2 gr.; 39-40 ll. ll.; signat. a b, par 8 et 6 ff.; manchettes. Rel. vél. blanc.

Fnc. 1 *recto, titre* : In hoc libello cōtinētur || Athenagoras de resurrectione.|| Xenocrates platonis auditor de morte.|| Cebetis Thebani Aritotelis || auditoris tabula : miro artifi||cio vite instituta con||tinens. *Au-dessous, marque de Guy Marchant. Fnc.* 8 *recto, l.* 25 : vnde huc ad te deductus sum. || ℭ Xenocratis de morte finis. *Fnc.* 9, *signé* bi, *recto, incipit* : ℭ Cebetis Thebani ‖ Tabula : e greco in latinum conuersa per Ludouicum ‖ Odaxium Patauinum. *Fnc.* 14 *verso, l.* 20 : ℭ Finis tabula Cebetis Thebani. Impressa Parisij a ma=‖gistro Guidone Mercatore Anno dñi .M.CCCC.xcviij.‖ Die .xviij. Augusti. — Hain 1907.

<small>Cette édition latine du *De resurrectione* d'Athénagoras, et du *De morte* de Xénocrate, a été donnée par *Marsilio Ficino* qui a dédié le premier de ces traités à *Germain de Ganay*, et le second à *Pierre de Médicis*. Cebès de Thèbes a eu pour éditeur *Lodovico degli Odassi*, humaniste Padouan qui fut conseiller du duc d'Urbin.</small>

15. AUBUSSON (Pierre d'). Relatio obsidionis Rhodie. — *S. l. n. d. n. typ.* Petit in-4, 6 ffnc.; car. goth.; 30 ll. ll.; sans signat., 1 cahier de 6 ff.; gr. init. gr. I. Rel. vél. blanc.

Fnc. 1 *recto, incipit* : Serenissimo ac inuictissimo ‖ principi ac domino nostro. ‖ domino friderico Roñorū ‖ Impatori semper augusto ‖ domino nobis obβvādissimo ‖ I nuictissime ac serenis‖sime prīceps Que in‖obsidione Rohdie vr=‖bis a thurcis expug=‖nādo z a nobis tutādo ‖ gesta sunt... *Fnc.* 5 *verso, l.* 19, *explicit* : 7m. ma. feli. ƽseruet ad vota. Datū Rhodi. ‖ die decima tercia mensis septembris. Anno ‖ redemptoris nostri incarnatōnis Millesimo ‖ quadringentesimo octogesimo. ‖ .E.V. Imperi. M. ‖ Humiles seruitores Petrus ‖ Daubussen. Mayster hospita‖lis Hierosolomitani et cōsulū. *Fnc.* 6 *blanc*. — Hain *5922.

<small>Bel ex. de cet opuscule très rare, qui contient la relation du siége que Rhodes soutint victorieusement en 1480 ; son auteur, Pierre d'Aubusson, qui avait défendu cette place à la tête des chevaliers de Saint-Jean-de-Jérusalem, l'adressa, le 13 octobre 1480, à l'empereur d'Occident. Ce récit a été réimprimé plusieurs fois, et une traduction française assez libre en a été donnée par M. de *Villeneuve-Bargemont* (Monuments des grands-maîtres de l'ordre de Saint-Jean-de-Jérusalem, 1829, t. I, pp. 306-313).</small>

16. BERNARD (Saint). Epistolæ, Tractatus de miseria et brevitate vitæ, & alia opuscula. — *S. l. n. d. n. typ.* [Strasbourg, Henri Eggesteyn, *selon Hain*]. In-folio, 90 ffnc.; car. goth.; 2 col. de 60 ll.; sans signatures, 10 cahiers, les 5ᵉ et 8ᵉ par 8 ff., le 10ᵉ par 4 ff., les autres par 10 ff. Rel. vél. blanc.

Fnc. 1 *recto, col.* 1, *incipit* : [F]rater robertus sancti viri ber=‖nardi monachus et βm carnem ‖ propinquus.in adolescencia sua ‖ quorundam... *l.* 22 : Incipit .Epistola.Sancti bernardi. Abbatis cla=‖reuallensis. Ad robertum nepotem suū qui de or=‖dine... *Fnc.* 11 *recto, col.* 1, *incipit* : [P] Aupi episcopo. Paup abbas. pauptatis ‖ consequi. premiū..... *Fnc.* 76 *verso, col.* 2, *l.* 10 : a mortis compede qua teneris zč ‖ Expliciūt. Eple. Beati. Bern‖ardi. Abbatis. Clareuallen. *Fnc.* 77 *recto, col.* 1, *incipit* : Tractatus Beati Bernardi zč de miseria et breui‖tate huiᵖ vite. et de vera scīa Incipit feliciter. *Fnc.* 86 *verso, col.* 2, *l.* 33 : oīno p̄cor et supplico.' ‖ Apologia Beati Bernardi Abbatis Clareuallen̄ ‖ Ad Cluniacen̄ de Concordia ordinum siue excu= ‖ satio eius ad eosdē ‖ Finit feliciter. *Ffnc.* 87 *recto*-89 *verso, table. Fnc.* 90 *blanc ? manque.* — Hain *2870.

17. **BRANT** (Sébastien). De origine et conversatione bonorum regum et laude civitatis Hierosolymæ. — Bâle, Jean Bergman de Olpe, 1495. Petit in-4, 160 ffnc.; car. rom.; 28 ll. ll.; signat. A-V, par 8 ff.; sans récl.; avec manchettes; fig. s. bois. Rel. vél. blanc.

Fnc. 1 *recto, titre* : De origine et coñersa‖tione bonorū Regum : & laude Ciuitatis ‖ Hierosolymæ : cum exhortatiōe eiusdem ‖ recuperandę. Sebastianus Brant. *Au-dessous, fig. sur bois : l'empereur Maximilien. Fnc.* 9, *signé* B, *recto, incipit* : patris eius oblitus. Ideo misit deus Azahel Syrorụ ‖ regem / in eius... *Fnc.* 160 *recto, l.* 5, *colophon* : Epitoma vrbis Hierosolymæ p Sebastianū Brant ‖ vtriusq3 iuris doctorē subito collectū : Basileę ope= ‖ ra & impensa Iohannis Bergman de Olpe anno ‖ .j.4.9.5. Kalendis Martiis / in honorē sacrosan= ‖ ctę regię maiestatis impressum : finit fœliciter. ‖ *Marque de Bergman de Olpe. Fnc.* 160 *verso, blanc.* — Hain *3735.

18. — —. Turcorum terror et potentia. — Bâle, Jean Bergman de Olpe, s. d. [c. 1498 ?]. Petit in-4, 4 ffnc.; car. rom. et goth.; 36 ll. ll.; sans signat. ni récl.; fig. sur bois. Rel. vél. bl.

Fnc. 1 *recto, titre* : Thurcorum terror et potentia ‖ Anno incarnationis Millesimoquadrin. nona. octauo. *Fig. sur bois : cavalier turc; au-dessous* : Ad cuiusdā Leonhardi Clemē= ‖ tis in Thurcū inuectiuam : Sultat Othomanidę respon= ‖ sio : per Sebastianum Brant in honorem / exhortationem= ‖ q3 Serenissime regię maiestatis diui Maximiliani &c. con‖ficta. Anno 98, kł : septembribus. *Fnc.* 4 *recto, fig. sur bois; au-dessous* : Sebastianus Brant Ad Le= ‖ ctorem carminum suorum... *l.* 13 : Respue cuncta velim quę non Basilea reuisit : ‖ Queq3 carent Olpes noīe ‖ nullus emat. Vale lector. *Fnc.* 4, *verso blanc.* — *Non cité par Hain.*

19. **BREYDENBACH** (Bernard de). Peregrinationes in Terram Sanctam. — Mayence, Erhard Reuwich d'Utrecht [Pierre Schoeffer], 1486, 11 février. Petit in-fol., 134 ffnc., et 7 doubles planches, vues de Venise, Paros, Corfou, Modon, Candie, Rhodes, et vue de Jérusalem à vol d'oiseau; car. goth.; 2 gr.; 42-44 ll. ll.; sans signatures ni récl.; fig. et init. gr. sur bois. Rel. vél. blanc.

Fnc. 1 *recto blanc; verso, fig. sur bois. Fnc.* 2 *recto, incipit* : [R] Euerendissimo in xp̄o patri et dn̄o dn̄o ‖ Bertholdo sancte Magūtiñ. sedis... *Fnc.* 8 *recto, incipit* : Sequitur inicium huius peregrinationis a solo ‖ natali vsq₃ venecias. *Fnc.* 133 *verso, l.* 25 : Sanctarū peregrinationū in montem Syon ad venerandū xp̄i se‖pulcrū in Ierusalem. atq₃ in monte Synai ad diuā virginē et matirē ‖ Katherinā opusculum hoc cōtentiuū p̄ Erhardū reūwich de Traiecto ‖ inferiori impressum In ciuitate Moguntina Anno salutis. M.cccc.‖ lxxxvj. die.xj.Februarij Finit feliter. *Au-dessous, marque du typographe. Fnc.* 134 *blanc.* — Hain *3956.

Une partie de la 7ᵉ planche est refaite en fac-similé héliographique dans notre exemplaire, qui est d'ailleurs complet ; les fig. sont coloriées.
Première édition latine de cette relation connue sous le nom de Breydenbach. Cependant, on peut croire qu'il n'en fut que l'inspirateur, et que le véritable auteur est le dominicain *Martin Röth*, qui accompagna Bernard de Breydenbach, avec Johann von Solms & Philipp von Bicken et d'autres.
Panzer (Annalen d. ält. Deutsch. Litt., I, pp. 162-63) s'est attaché à prouver que ce livre sortait des presses de Pierre Schœffer, et que Reuwich n'avait été que le dessinateur et graveur des planches. Reuwich avait accompagné Bernard de Breydenbach en qualité de dessinateur, et il a reproduit avec habileté les types d'hommes, les costumes et les animaux qu'il avait vus en Orient. Comme on ne cite pas d'autre ouvrage que ce voyage imprimé par lui, on peut admettre, comme le dit Panzer, que Reuwich ne fut pas imprimeur. Il est très possible que cette édition ait été faite par Schœffer.

20. BURCHARD DE BIBERACH. Historia Friderici Imperatoris primi huius nominis. — *S. l. n. d. n. typ.* [Augsbourg, dans le monastère des SS. Ulrich et Afra]. In-fol. 46 ffnc.; car. rom.; 38 ll. ll.; sans signat. ni récl.; 4 cahiers de 10 ff. et 1 cahier de 6 ff.; manquent le 1ᵉʳ et le dernier ff. blancs. Rel. vél. bl.

Fnc. 1 *blanc ? manque. Fnc.* 2 *recto, incipit* : Hystoria Friderici imperatoris magni. hui⁹ nomĩs primi ‖ ducis sueuorum et parētele sue : ‖ [F] Vit in partibus sueuie parentela nobilium. primo ‖ quidem militarium... *Fnc.* 11 *recto, incipit* : quod plerumq₃ nulla accedente auctoritate romane ecclesie fa-‖ctum est. sicut... *Fnc.* 45 *verso, l.* 31, *explicit* : alamannia. Sane hec compositio cum non posset perfici eo anno ‖ dilata est vsq₃ in annum sequentem. *Fnc.* 46 *blanc ? manque.* — Hain *8718.

Ex. très grand de marge.

21. CAMPANI (Jean-Antoine). Opera omnia. — Rome, Eucharius Silber, alias Franck, 1495, Pridie Kal. Nouemb. (31 octobre). Petit in-fol., 304 ffnc.; car. rom.; 56 ll. ll.; avec signatures; tit. cour.; figg. et init. grav.; sans réclames. Rel. vél., tr. rouge.

Fnc. 1 *recto, titre* : .:. Plus in alieno .:. ‖ .:. DE TE .:. MOX .:. DE ME .:. ‖ Ne precor quid prius dato Lector uitio q̄ omnia intueare Nam spero fore ‖ ut nisi cuncta abiicias cogaris singula laudate. ‖ .:. CONTINENTVR .:. ‖

Tractatus .v.	Vita Pii
Oratione .xv.	Historia Brachii
Epistolaȳ .ix. libri	Epigramātū .viii. l.
CAR	MEN
Nubila pellit	Gloria nunq̃
Grandine fœta	Desinet axis
Aere sonoro	Dū uehet orbē
Turribus altis	Libera tristi
Edita tandem	Facta timore
Machina tanto	Sæcula uiuens
Fusa decore.	Cuncta loquet˜.

    Pulsabar solida & toti notissima mundo
    Per cœlum & terras fama uagata mea est.
    Turbida tempestas rupit me sola Tyferni
    Nubila dum fului rapiebant frustra metalli.
      Et qui curaret reddere nemo fuit.
    Sed me iterum Fernus uigili sudore Michael
      Iam tandem fudit præ pietate meus.
    SINT ·:· GRATIAE ·:· DOMINO ·:·

Dans l'espace laissé en blanc se trouve le dessin d'une grosse cloche, armes parlantes de Campani; sur les anses sont inscrites les premières lettres du titre des diverses parties du livre. Au haut du cerveau se trouve un monogramme ÆE *renfermant les lettres E A H* : « *Eucharius Argenteus Herbipolensis.* » *Sur le milieu, le mot : Disciplinae. Sur la patte : Ad ioditiom litterati. Sur le bord : Eloquentia. Sur le battant : pulsat, et sur une banderole qui traverse le battant : Caritas et beneficentia. Fnc.* 302 *verso, figure allégorique sur bois; au-dessous,* 8 *vers latins. Fnc.* 303 *recto, incipit :* VIS EX STVLTO DEMENS : IDEMQVE EX DEMENTE INSANVS || FIERI LIBROS PRIMVS ROMAE IMPRIME. || ·:· CORRVPTORVM ·:· RECOGNITIO ·:· || ... *Fnc.* 304 *verso, l.* 48, *colophon* : Characteribus Venetis impressum Romæ per Eucharium Silber alias Franck || Vnius ipsius Michaelis Ferni Mediolanñ. cura correctione & impensa. || Anno christianæ salutis .M.cccc.xcv. Pridie Klas Nouēbris. || Omen accipite uiri litterati quoniam in Vigilia Sanctorum expunctum. || Sint gratiæ dño. — Hain 4286.

    Edition très rare et que les bibliographes qui en parlent n'ont décrite que d'une façon insuffisante. *Hain* la mentionne, mais il ne l'a pas vue. *Clément* la regarde comme la première édition des œuvres complètes de Campani. *Michel Ferno* en a été l'éditeur et y a ajouté une vie de Campani, évêque de Crotone, puis de Teramo dans les Abruzzes ; cette vie a servi de base aux biographies qu'on a données depuis. *Ferno* s'est plaint amèrement de la négligence des correcteurs dans le long erratum qui occupe les 2 derniers ff. Le relieur a par inadvertance mal placé quelques feuillets.

    22. — —. Oratio in conventu Ratisponensis dicta ad exhort. principes German. contra Turcas. — *S. l. n. d. n. typ.* [Rome, *Et. Planck.*] Petit in-4,

12 ffnc.; car. goth.; 34 ll. ll.; sans signat. (2 cahiers de 6 ff.) ni récl.   Rel. vél. blanc.

Fnc. recto 1, *incipit* : ❡ Oratio dñi Io. Ant. Cāpani epī Aprut. in coüetū Ratispoñ. ‖ ad exhortādos p̄ncipes Germano⁊ s̄ Turcos : ⁊ de laudib⁹ eo ‖ rū Legato existeñ Ŗ̃mo dño Car. Seneñ. M.cccc.lxxi. ‖ QUe res cesar per tot iam annos frequētissimis Germa-‖nie conuentibus... *Fnc.* 7 *recto, incipit* : mere imperatores Romani veteres illud certatim oēs enixissi‖meq; cōtenderint. vt... *Fnc.* 12 *verso*, *l.* 10, *explicit* : ... ⁊ in quo filios vestros re-‖licturi. Dixi. ‖ ❡ Finis. — Hain *4289.

Campani avait été envoyé, accompagné de François Piccolomini, par le pape Paul II, à Ratisbonne, pour décider les princes allemands à faire la guerre aux Turcs. Campani échoua dans sa mission. Il revint très mécontent et le témoigna d'une façon irrévérencieuse.

23. — —. Oratio habita in Conventu Ratisponensis. — *S. l. n. d. n. typ.* [Rome, Planck]. Petit in-4, 12 ffnc.; car. goth.; 34-35 ll. ll.; sans signat. ni récl.   Rel. vél.

Fnc. recto, incipit : Oratio dñi Io. Ant : Cāpani Epī Aprut. in ꝯuentu Ratispo. ‖ ad exhortandas principes Germano⁊ contra Turcos et de ‖ laudibus eorum. Legato existeñ. Ŗ̃mo. domino Car. Seneñ. ‖ M.cccc.lxxj.   ‖   [Q]Ue res Cesar p̄ tot iam ānos frequētissimis Germa-‖nie cōuentibus... *Fnc.* 9 *recto, incipit* : dimicare pro vita. Q si pro gloria certari oport; : paratissima ‖ est materia... *Fnc.* 12 *verso*, *l.* 20, *explicit* : ipsi. et in quo filios vestros relicturi. Dixi.   ‖ Finis. — Hain *4290.

24. **CANUT**, évêque de Westerås. Regimen contra pestilentiam et regimen sanitatis. — *S. l. n. d. n. typ.* (Leipzig, Arnoldus de Colonia). Petit in-4, 6 ffnc.; car. goth., 2 gr.; 32-36 ll. ll.; signat. a; sans récl.   Rel. vél. blanc.

Fnc. 1 *recto, titre* : Regimen cōtra pestilen-‖tiam siue Epidimiam Reuerendissimi domini Ka‖minti Episcopi Arusiensis Ciuitatis regni dacie ‖ artis medicine expertissimi professoris.   ‖   Regimen sanitatis per circulum anni valde vtile. *Fnc.* 1 *verso* : ❡ Ad honorem sancte ⁊ indiuidue trinitat; glorioseq; v̄ginis ‖ Marie ⁊ ad vtilitatem reipublice p ꝯfirmatione sano⁊... *Fnc.* 3, *signé* a 3, *recto, incipit* : Uñ dicit Auicēna quarto canoīs q̃ illi ꝙ repletionē sp curan ‖ periodū ⁊ fine... *Fnc.* 4 *verso*, *l.* 32, *explicit* : dict⁹ cum intemerata v̄gine Maria matre sua in secula secul⁊ ‖ AMEN ‖ Tractatus ꞏ regimine pestilētie dñi kaminti ep̄iarusieuß ciuita‖tis regni dacie artis medicine exp̄tissimumi p̄fessoris finem h; : *Fnc.* 5 *recto* : Incipit regimen sanitatis p circulum anni valdevtile. *Fnc.* 6 *recto, explicit* : Fundamēta ruunt modicū tūc durat idipsu;. *Fnc.* 6 *verso blanc*. — Hain *9755.

Livre très rare.

25. CAOURSIN (Guillaume). Obsidionis Rhodiæ urbis descriptio. — *S. l. n. d. n. typ.* [Rome, Silber]. In-8 carré de 18 ffnc.; 26 ll.; sign. a-b (le 1er cahier à 10 ff.); car. rom. Prép. p. rel.

Fnc. 1, *signé* a, *recto, incipit* : Gulielmi Caorsin Rhodiorū uicecancel-||larij : obsidionis Rhodię urbis descriptio. || [R]Hodie urbis obsidionē descripturus. || causas in primis narrare institui... *Fnc.* 11, *signé* b, *recto, incipit* : pręlium ad nostros defecerunt edocent exercitum || magnā cladem accepisse... *Fnc.* 18 *verso, l.* 24 : ... ad laudem || dei : christianę religionis exaltationē : & Rhodiorū || gloriam : rerum gestarum cōmentatium edidit. || Laus Deo. — Hain *4356.

26. — —. Oratio ad Innocentium VIII. — *S. l. n. d. n. typ.* [Rome, Étienne Planck]. Petit in-4, 2 ffnc.; car. goth.; 33 ll. ll.; sans signat. ni réclames. Rel. vél. bl. remonté.

Fnc. 1 *recto, incipit* : Guilelmi Caoursin Rhodioɤ Uicecancellarij oratoris pręcel-||lentissimi magistri Rhodi : ad Sūmū Pontīficem Innocentiū || papam Octauū : oratio. || c Hristiana sanxit religio : pater beatissime : ut qui catholi || co charactere est insignitus : Romanū... *Fnc.* 2 *verso, l.* 31, *explicit* : beatitudinē seruet incolumem. Dixi. || Habita in cōsistorio publico : quinta calendas Februarias An-||no .M.cccc.lxxxv. a natiuitate. — Hain *4367.

27. CAPTIVIS CHRISTIANIS (DE). — *S. l. n. typ.* [Augsbourg, Jean Froschauer], 1498. Petit in-4, 10 ffnc.; car. goth., 2 gr.; 31 ll. ll.; signat. a b, respectivem. de 4 et 6 ff.; fig. sur bois. Rel. vél.

Fnc. 1 *recto, titre* : De captiuis christianis. Au-dessous, *fig. sur bois qui se trouve également au* n° 34 (*v. infrà*). *Fnc.* 2, *signé* aij, *recto incipit* : ☽ In huius presentis libelli || editionem Prefatio. || l Vgubrissima psecutionū genera non tm̄ || humana sed ʒ diabolica... *Fnc.* 5, *signé* b, *recto, incipit* : ʒ semotam ʒ exclusam ac omni malo expositam. Et || cum sibi dn̄ari videt... *Fnc.* 9 *verso, l.* 11 : ☽ Anno salutifere melliflueqʒ ac felicissime natiuitatis || dn̄i nr̄i ihesu xp̄i .M. cccc.ʒ lxxxxviij. ... *l.* 20... id opu=||sculi magno cum studio ʒ fideli diligentia ac mira arte || impressum est... *l.* 27 *explicit* : patria donet vitam. Amen. *Fnc.* 10 *blanc ? manque.* — Hain *4984.

28. CARA (Petrus). Oratio ad Alexandrum VI nomine, ducis Sabaudiæ habita. — *S. l. n. d. n. typ.* [Rome, Eucharius Silber, alias Franck, c. 1493]. Petit in-4 de 10 ffnc.; car. rom.; 27 et 28 ll. ll.; signat. a, b, par 6 et 4 ff.; init. grav. Rel. toile.

Fnc. 1, *signé* a, *recto, incipit* : Petri Carę Iurisconsulti & Comitis Ducalis Sabau||diæ Senatoris & Legati ad Alexandrū. vi. Pont.

Ma‖ximū Oratio : Romæ in publico Consistorio habita ‖ Anno Salutis. M.cccc.xciii. ‖ ETsi omnes Italiæ Principes : ac Respubli‖cæ : . . Fnc. 7, signé b, recto, incipit : gione : qua pietate : qua constātia Principes & popu‖li xp̄i fidem... Fnc. 10 verso, l. 26, explicit : ‖ catu, p̄spera sibi cuncta : lætaq; & iucunda futura cō‖fidunt Dixi : ‖ Viuat Alexander. ‖ — Hain *4413.

29. CARVAJAL (Bernardino). Oratio de eligendo summo pontifice. — S. l. n. d.n. typ. [Rome, Étienne Planck]. Petit in-4, 10 ffnc.; car. goth.; 32 ll. ll.; sans signatures, 1 cahier de 6 et un cahier de 4 ff. Rel. vél. blanc.

Fnc. 1 recto blanc ; verso, incipit : ℂ Didaco de Muros archidiacono Carmoneñ Reuerendissimi ‖ D. Cardinalis... Fnc. 2 recto, incipit : ℂ Oratio de eligendo Summo Pontifice : habita Rome in eccle ‖ sia sancti ad Sacratissimum Senatum Cardinalium In-‖nocentis Octauo de mortuo : per R. in xp̄o patrem Bernardinū ‖ Caruaial Paceñ Ep̄m : ... Fnc. 7 recto, incipit : vrbis z curie nostre excessus : ac deformia membratim distingue‖re : ne... Fnc. 10 recto, l. 20, explicit : ... Quem nobis con-‖cedat Christus dominus in secula benedictus. Amen. — Hain *4543.

A la suite est relié : **PIERRE DE VICENCE**. Oratio pro capessenda expeditione contra infideles. — S. l. n. d. n. typ. [Rome, Jean Besicken.] Petit in-4, 12 ffnc.; car. rom.; 27 ll. ll.; sans signatures, 2 cahiers de 6 ff.

Fnc. 1 recto, incipit : Oratio pro capessenda expeditione contra infi‖deles : habita iussu Sanctissimi in Christo patris ‖ & domini nostri dn̄i Innocentii diuina proui‖dētia papæ .VIII. per Reuerendū patrem domi‖num Petrum de Vicentia Eipiscopū Cæsenaten-‖sem Cameræ Apostolicæ... Fnc. 7 recto, incipit : titudinem iniquitatis tuæ. Et in Leuitico : Si nō ‖ feceritis... Fnc. 12 verso, l. 21, explicit : nūs & unus per infinita secula seculoɤ. Amen. ‖ LAVS.DEO. — Hain 12860.

A la suite est relié : **CHIEREGATO** (Leonello). Oratio coram Alexandro VI habita. — S. l. n. d. n. typ. [Rome, Jean Besicken]. Petit in-4, 6 ffnc.; car. rom.; 28 ll. ll.; sans signat.; avec init. grav.

Fnc. 1 recto, incipit : ℂ Sermo habitus Romæ ī ecclesia sancti Petri in ‖ die Palmaɤ Anno dn̄i M.cccc.xcv. corā sanctissi‖mo... l. 7 : per Reuereñ. dn̄m Leonellū de Chieregatis... Fnc. 6 recto, l. 5 : Amen. ‖ Finis. ‖ Fnc. 6 verso incipit : ALEXANDER Ep̄us seruus seruo-‖rum dei... l. 27 : ... Datū Rome apud sanctū Pe=‖trum Anno incarnationis dn̄ice. M.cccc.xcv.viii. ‖ Idus Aprilis Anno tertio. — Hain *4963.

30. CASSIODORE. Historia ecclesiastica tripartita.—*S. l. n. d. n. typ.* [Strasbourg, Martin Flach, suivant Hain]. In-fol., xcvj ffch., 4 ffnc.; car. goth.; 2 gr.; 2 col., 53 ll.; signat. A-P, par 6 ff., sauf A, N, P qui en ont 8, les 4 ffnc. signés i-iij[4].

F. I nc. recto, titre : Ecclesiastice ɀ Tripartite hy= ‖ storie : Insignia primitiue eccle‖sie virorum gesta feliciter ‖ complectentis : li= ‖ bri duode= ‖ cim. ‖ Auctoribus grecis Sozomeno. Theodorico. Socrate. ‖ Traductore. Latino Epiphanio. ‖ Auspicante. Cassiodoro Senatore. *Verso blanc. F. ij, signé* Aij, *recto, col.* 1, *incipit* : ⁋ Ecclesiastice triparti= ‖ te hystorie cunctis christianis valde necessa‖rie : in qua narrant gesta ɀ dicta deuotorū vi‖roɤ qui floruerūt in primitiua ecclessia ɀ his ‖ contrariorū vsqɜ ad tēpora Theodosij iunio‖ris liber primus incipit feliciter. *F.* IX, *signé* B, *recto, col.* 1, *incipit* : Se exercere fingat. Qʚ autē veɤ est abripere. ‖ quosdā eoɤ... *Fo* xcvj *recto, col.* 2, *l.* 32, *explicit* : te olimpiadis consulatu septies decies impe͟ ‖ ratoris Theodosij. ‖ ⁋ Explicit liber duodecimus ec= ‖ clesiastice tripartite hystorie. ‖ Gloria deo. *Fo.* xcvj *verso blanc,* 4 *ffnc. contenant la table. Fnc.* 4 *verso, col.* 2, *l.* 47, *explicit* : ritate sua cesarie cappadocie fecit episcopū ‖ Cap̄. xvj, folio .xcvj. ‖ Laus deo. — Hain *4572.

Avec cet ouvrage on a relié : **PIERRE COMESTOR** : Historia scholastica ‖ Magistri Petri Comestoris sa= ‖ cre scriptūre seriem breuem ni= ‖ mis ɀ obscuram elucidans. *Fnc.* 207 *verso, col.* 2, *l.* 12, *explicit* : Scholastica historia magistri Petri co= ‖mestoris. Imp̄ssa argētine finit feliciter. An‖no salutɜ nostre Millesimo quingentesimo ‖ tertio Kalendas vero .xvj. decembris. *Fnc.* 208 *et dernier blanc.*

On a également relié : **EUSÈBE ET BÈDE LE VÉNÉRABLE** : Ecclesiastica Historia diui Euse= ‖ bii et Ecclesiastica Historia gen‖tis Anglorū venerabilis Bede : ‖ cum vtrarūqɜ historiarū per sin‖gulos libros recollecta capitulo cum annotatione. *Fnc.* 153 *verso, col.* 2, *l.* 17 : Libri Ecclesiastice historie gentis An= ‖ gloɤ venerabilis Bede : Impēsis ac sum= ‖ptibs circūspecti viri Ioannis Rynman : ‖ accurate reuisi Imp̄ssiqɜ in Imp̄iali oppi‖do Hegenaw p industriū Henricū Grau‖inibi incolā Finiūt feliciter Anno salutis ‖ nostre Millesimo q̄ngētesimo sexto ip̄a vi‖gilia Conceptionis gloriose ẏginis Ma-‖rie. *Fnc.* 154 *et dernier blanc.* Ensemble 1 vol. in-fol. Rel. veau sur ais de bois (rel. du commencement du xvi⁰ siècle, en mauvais état).

Quelques piqûres de vers.

31. CHAMPIER (Symphorien). Dialogus in magicarum artium destructionem. — Lyon, Guill. Balsarin, *s. d.* [1500, *selon Brunet*], 28 août. Petit in-4, 20 ffnc.; car. goth.; 24-28 ll. ll.; signat. a-c, par 8 ff. pour a, 6 ff. pour bc; fig. et init. gr. sur bois. Rel. vél. blanc.

Fnc. 1 *recto, titre* : Dyalogus singularissimus ⁊ peruti= ‖ lis viri occultissimi dñi simpho‖riani lugduneñ. in magicaȝ artiũ ‖ destructionem cũ suis anexis, de fa‖scinatoribꝰ de incubis ⁊ succubis, ⁊ de demonia-‖cis, p̄ fratr̄e Symonem de vlmo sacre pagine ‖ doctorem ⁊ ordinis minoȝ fideliter correctꝰ Est ‖ qȝ dyalogus liber In quo aliq̄ simul de aliqua‖re cōferētes differentesqȝ introducuntur. *Au verso, fig. sur bois. Fnc.* 9, *signé* b, *recto incipit* : secundũ q̇ est p motũ spũs ad intus vel ad extra vel ‖ ad determinatũ... *Fnc.* 19 *verso, l.* 13 : ⁌ Impressum Lugduni per magistrũ Guillermum ‖ Balsarin. xxviij. die mensis augusti. *Fnc.* 20 *recto, marque de Balsarin, verso blanc.* — *Non cité par Hain,* cf. Brunet, I, 1766.

Bel exemplaire de cet opuscule rare.

32. **CHIEREGATO** (Leonello). Oratio coram Alexandro VI habita in publicatione confœderationis initæ inter ipsum et Romanorum et Hispaniæ regis. — *S. l. n. d. n. typ.* [*Leipzig, Martin Landsperg de Würtzbourg*]. Petit in-4, 6 ffnc.; car. goth.; 34 ll. ll.; signat. A. Rel. vél.

Fnc. 1 *recto, titre* : Oratio sup federe inter sum= ‖ mos Pontifices. reges Hys‖paniarũ. Ducem Mediolanẽ. Senatũqȝ Vene= ‖ torum icto Rome habita Anno .M.cccc.xcv. *Verso blanc. Fnc.* 2, *signé* A ij, *recto, incipit* : ⁌ Sermo habitus Rome in ecclesia sancti Petri in die ‖ Palmarum Anno dñi. M.cccc.xcv. coram sanctissi=‖mo in christo patre et dño nostro dño Alexandro diuina ‖ puidencia papa sexto... *l.* 6... per Reuereñ. dũm ‖ Leonellũ de Chieregatis decretoȝ doctor̄e epũm Con‖cordieñ, ac sanctitatis sue Referendariũ domesticum. ‖ [D] Ata est mihi omnis potestas in celo et in ‖ terra. Transiturus ex hoc mundo ad pa-‖trem saluator... *Fnc.* 5 *verso, l.* 19, *explicit* : nedictus in secula seculorum. Amen. ‖ Finis. ‖ *Au-dessous, marque de l'imprimeur, Martin Landsperg, de Würtzbourg. Fnc.* 6 *recto, déclaration d'Alexandre VI, datée de Rome, 8 des ides d'avril 1495. Verso blanc.* — Hain *4964.

Édition très rare.

33. — —. Chronica sclavica. — *S. l. n. d. n. typ.* Petit in-fol., 38 ffnc.; car. goth., 2 gr.; 2 col. de 42 ll.; sans signat., 3 cahiers de 10 ff. et 1 de 8 ff.; sans réclames. Rel. mar. grenat, jans., dent. intér., tr. dor. (Chambolle, Duru).

Fnc. 1 *recto, col.* 1, *en gr. car., incipit* : Cronica sclauica Inci‖pit Capitulũ primũ. ‖ *Car. moyen* : [T]Este bīo gregorio ma‖gno : qui obijt circa an‖nos dm̄ sexentossex. in ‖ plogo... *Fnc.* 11 *recto, col.* 1, *incipit* : dm̄ 1z3ᴀ (1237) papa gregorius ix predicari ‖ mādauit crucez... *Fnc.* 38 *verso, col.* 2, *l.* 31... : Sanā em̄ nō susti‖nebũt doctrinam :

ad fabulas quidem || cōuertent". || ℭ Finis est cronice sclauice / de lubeck || hāburg. luneburg. wismaria. rostok || Sundis / ꝫ ceteris ciuitatibus. — Hain *4995 (c. 1490).

Bel exemplaire de ce livre très rare qui provient de la bibliothèque de *Joh. Marth. Lappenberg.*
On ne connaît pas l'auteur de cette chronique qui s'étend jusqu'à l'année 1485. *Lindenborg* l'a reproduite dans ses Scriptores rerum Germanicarum septentrionalium. Hamburg, Liebezeit, 1706, pp. 189-247.

34. **DESTRUCTIO TURCIÆ**. — Augsbourg, Jean Froschauer, 1498. Petit in-4, 12 ffnc.; car. goth., 2 gr.; 31 ll. ll.; signat. a b, par 6 ff.; fig. sur bois. Rel. parchem.

Fnc. 1 *recto, titre* : De thurcie destructione sub||uersionesqꝫ ac euulsione libellulus fatidicus || mirabilisqꝫ ac admirandus Sumptus ꝫ ex||cerptus ex quodā mirabili tractatu quē qui=||dam doctissimus virorū ac theologie doctor || ꝫ edidit atqꝫ composuit. || *Au-dessous, fig. sur bois, la même que celle indiquée ci-dessus, n°* 27. *Fnc*. 1 *verso, préface, incipit* : ℭ In huius presentis libelluli editione quicquid dixero || vel emendationi... *Fnc*. 2, *signé* a ij, *recto, incipit* : ℭ In nomine dn̄i nostri ihesu xp̄i. || p Ro clariori subsequentium intelligentia || sciendū est primo... *Fnc*. 7, *signé* b, *recto, incipit* : tormento%¼ eius flentes ac lugentes ꝫ dicentes. ve ve ci=|| uitas illa magna... *Fnc*. 11 *verso, incipit* : ℭ Anno salutifere melliflueqꝫ ac felicissime natiuitatis || p̄clarissimi... *l.* 3, ... hoc est dn̄i nostri ihesu || xp̄i. M.cccc.lxxxx viij... *l.* 12 : ... id opusculi magno cum studio et fideli diligentia. ac mira arte per Io||hannem Froschauer in famosa impialiqꝫ ciuitate Au=|| gusta impressum est... *l.* 22, *explicit* : et indeficientem in celesti patria donet vitam amen. *Fnc*. 12 *blanc*. — Hain *6100.

Très rare.

35. **DIALOGUS**. inter discipulum et magistrum de ruina populi christiani et victoria Turcorum. — Memmingen, Albert Kunne, 1494, 5 mars. Petit in-fol., 4 ffnc.; car. goth.; 47 ll. ll.; sans signat. ni récl. Rel. vél. bl.

Fnc. 1 *recto incipit* : ℭ Dialogus inter discipulum deplorantem Ruinam populi || christiani / et victorias Thurco%¼ in eos : Atqꝫ magistrum || et sacra eum scriptura consolantem. || DIscipulus inchoando / Mirat" satis querens illudꝙ Victorinus partim || querit in quadā epistola... *Fnc*. 4, *verso, l.* 6 : ℭ Finit tractatulus p modum dialogus consolans pusillamines || non ppter stragem per Thurcos factam credunt se adeo de||relictos / Et quomodo cōtra eosdem perfidos Thurcos pu=||gnandum sit ꝫc. Impressus Mēmingen per Albertum kūne||de Duderstat Maguntinensis dioc / Anno domini millesi=|| mo quadringentesimononagesimo quarto / quarta feria an||te Letare in jeiunio. — Hain *6138.

Très rare.

36. DIO CHRYSOSTOMUS. De Troja non capta. — Paris, F. Baligault, 1494. Petit in-4, 18 ffnc.; car. goth.; 41 ll. ll.; signat. a-c (a par 8 ff., b par 6 ff., c par 4 ff.); sans récl. Rel. vél. blanc.

Fnc. 1, *recto, titre* : Dion de troia non capta. *Au-dessous, marque de Baligault, verso blanc. Fnc.* 2, *signé* a 2, *recto, incipit* : Franciscus Philelphus viro clarissimo. Leonardo Aretino. Salu‖tem plurimam dicit. [C] Um nuper ex noua Roma italiam repetiturus nauiga‖rem cepit me desiderium. vt longo... *Fnc.* 9, *signé* b, *recto, incipit* : um belli facturos : sed visionem de inchoantibus suscepturos subdide‖re. Qua... *Fnc.* 17 *verso, l.* 29, *explicit* : simum : nos ama : lucubratumculisq3 nostris te defensorē para, *au-dessous* : ☾ Petri marie camarini Papiensis Decasticon. Ad Lectorē. ‖ Noscere qui phrygias vero cupis ordine pugnas : ... *Fnc.* 18 *recto, incipit* (10ᵉ *vers de la pièce ci-dessus*) : Tale sibi Dion mendicat iste decus. ‖ ☾ Dion crisostomus prusensis philosophus de troia nō capta a feli‖ce baligault parisijs Impressus anno a cristiano natali .M. quadrin‖gentesimo nonagisimo quarto. *Fnc.* 19 *verso blanc.* — Édition rare que Hain n'a pas connue.

37. DIONYSIUS AFER. De sītu orbis c. comment. Anton. Becharia. — Venise, Bernardus Pictor, Erhard Ratdolt et Pierre Löslein, 1477. Petit in-4, 42 ffnc.; car. rom.; 24-25 ll. ll.; signat. a-e par 8 ff., sauf e qui en a 10; encadr. et init. gr. sur bois; manchettes. Rel. vél. bl.

Fnc. 1, *signé* a, *recto, encadr. gr. sur bois, incipit* : Eloquentissimi uiri domini Antonij ‖ Becharię ueronensis proœmium in ‖ Dyonisij traductionem de situ orbis ‖ habitalilis ad clarissimum physicum ‖ magistrū Hieromymū de leonardis. DIonisij alexandrini phi-‖losophi cū nup ī... *Fnc.* 9, *signé* b, *recto, incipit* : posita sit : ęthiopes partim quidē : partim ‖ & Erembos parit... *Fnc.* 39 *verso, l.* 20, *explicit* : labore meo aliquam retribuat in posterū ‖ .gratiam. ‖ Impressum est hoc opusculum Venetijs ‖ per Bernardū pictorē & Erhardū ratdolt ‖ de Augusta una cū Petro loslein de Langencen eoɤ correctore ac socio. Laus deo ‖ .M.CCCC.LXXVII. *Ffnc.* 40-41, *table. Fnc.* 42 *blanc ? manque.* — Hain *6226.

Jolie édition.

38. — —. De situ orbis, interprete Ant. Becharia. — Venise, Christophe de Pensis, 1498. Petit in-4, 32 ffnc.; car. rom.; 29 ll. ll.; signat. a-h par 4 ff ; manchettes. Rel. vél. bl.

Fnc. 1 *recto, titre* : Dionisius de situ orbis, *verso blanc. Fnc.* 2, *signé* aii, *incipit* : Eloquētissimi uiri domini Antonii Bechariæ ue-‖ronensis proœmium in Dionisii traductionem de ‖ situ orbis... *Fnc.* 5, *signé* b, *recto incipit* : uero qui reliqui sunt : ambo ab austro dilabentes. || qui superior est... *Fnc.* 29, *signé* h, *verso incipit* : Impressum est hoc opusculum Venetiis p Chri||stoferum de pensis dictū Mandello .M.CCCC.||LXXXXVIII. || FINIS. Laus Deo. || *Suit la table. Fnc.* 31 *verso, registrum. Fnc.* 32 *blanc? manque.* — Hain *6229.

Rare.

39. **EYB** (Albert de). Margarita poetica. — *S. l. n. typ.*, 1487, Kalen. Février. Petit in-fol., 232 ffnc.; car. rom., 2 gr.; 53-54 ll. ll.; signat. a, b, AI-L-Z, AA-FF par 8 ff., sauf a, b, EE, FF qui en ont 6; manchettes. Rel. vél. blanc.

Fnc. 1 *blanc. Fnc.* 2, *signé* a ii, *recto, col.* 1, *incipit* : Tabula seu registrū huius operis. || p Ro ordinatiōe pñtis opis & || tabulæ siue.... *Fnc.* 11 *verso, et Fnc.* 12 *blancs. Fnc.* 13, *signé* A i, *recto incipit* : Oratorum omnium Poetarum : Hystoricorum : ac Philosophoɤ eleganter || dicta : per Clarissimum uirum Albertum de Eiib in unum collecta fælici||ter incipiunt. *Fnc.* 20, *signé* B i, *recto, incipit* : uerbiis exempla in fine ornāde oratiōis collocatis. Et prīo de aduerbio tēporis. Scio||te mihi... *Fnc.* 231 *verso, l.* 47 : Sūma Oratoɤ oīum : Poetarum : Hystoricorum : ac Philosophorū || Auctoritates in unū collectæ p clarissimum uirum Albertū de Eyb || Vtriusq; iuris doctorē eximū : quæ Margarita poætica dicitur : fæli||citer finē adepta est .M.CCCC.LXXXVII. Kaleñ. Februarii. *Fnc.* 232 *recto, registrum, verso blanc.* — Hain *6823.

40. **FERNANDEZ DE SANTAELLA** (Rodrigue). Oratio in Parasceve a. 1477 coram Sixto IV habita. — *S. l. n. d. n. typ.* Petit in-4, 8 ffnc.; car. goth.; 36 ll. ll.; sans signat. ni récl. Rel. vél.

Fnc. 1 *recto, incipit* : Elegantissima oratio habita per excellentissimū artium || et sacre theologie magistrum dominum Rhodoricum de || sancta Ella hispanum. coram Sixto .iiii. pon. maximo. || In magna Cardinalium prelatorumq; frequentia in die || parasceue. A. d. M cccc. septuagesimo septīo. fœliciter || *Fnc.* 8 *recto, l.* 33, *explicit* : et conregnemus per infinita seculorum secula. Amen. || Finit saluberrime. *Fnc.* 8 *verso blanc.* — Hain *13932.

41. **FLAVIO** (Biondo). Historiarum romanarum decades tres. — Venise, Octavien Scot, 1483, 17 kal. d'août (16 juillet). In-fol. 372 ffnc.; car. rom.; 42 ll. ll.; signatures a-z, A-S par 8 ff. pour a-l, D, E, N-S, et par 10 ff. pour les autres cahiers; tit. cour. et manchettes. Rel. veau fauve.

Fnc. 1 *blanc? manque. Fnc.* 2, *signé* a 2, *recto, tit. cour.* : DECA-DIS PRIMAE LIBER PRIMVS || *texte* : Blondi Flauii Forliuiēsis historiarū ab inclinatiōe Romanorū Imperii liber primus. || [R]OMANORVM IMPERII ORIGINEM INCRE || mentaque cognoscere : facillimum facit scriptorum copia : quam il||lius ad sūmum... *Fnc.* 9, *signé* b, *recto, texte, incipit* : scribit romæ ante currum duxit in triumphum : & postea manu mutilatum : uitæ lōgio||ris ludibrio : apud... *Fnc.* 371 *recto, l.* 37 : Finis historiaɤ Blōdi quas morte præuētus nō cōplevit : cū tamē iterim Romā istau||ratam tribus libris. Italiā illustratā libris .viii. Et romam triūphātē libris .x. absoluerit. || Impressaɤ Venetiis p Octauianū Scotum Modoeticēsem Anno salutis .M.CCCC.||LXXXIII. XVII. Kalēdas augusti Ioāne Mocenico Inclyto Venetiaɤ Duce. *Fnc.* 372 *recto, registrum, verso blanc.*— Hain *3248.

42. **FLISCUS** (Georges). Euboydos libri duo. — *S. l. n. d. n. typ.* Petit in-4, 19 (20?) ffnc.; car. rom.; 20 ll. ll.; sans signat. ni récl. Rel. vél. blanc.

Fnc. 1. *Manque. Fnc.* 2 *recto* : Georgii flisci genuensis ad inuictissimū Ferdi||nandum Sicilię Regem Poema. || [S] Aepe licet nr̄os tentarint carmina sēsus || Visaq; sint nobis... *Fnc.* 8 *recto, incipit* : I pete turbatam dixit formidine gentem. || Conare insanam... *Fnc.* 9 *recto, incipit* : Cum q; suo fracta est utinā mahometus et ipē || Frangatur. nostris... *Fnc.* 19 *recto, l.* 20, *explicit* : Quam cepit gazam : cunctos et munere donat. || FINIS. || *Fnc.* 19 *verso blanc. F.* 20 *blanc. Manque.* — Hain *7132.

Livre rare.

43. **FORESTI DE BERGAME** (Jacques-Philippe). Supplementum Chronicorum. — Venise, Bernardino Riccio da Novarra, 1492, 15 février. In-fol., 2 ffnc., ff. chiffrés i à 256 = 270 ff., et 12 ffnc.; car. goth.; 2 gr. (*v. Ongania, t. I, p. 71, réduits*); 60 ll. ll.; signatures a-z, ꝫ, ꝑ, ꝓ, A-F, A, B; manchettes; tit. cour.; init.; figg. et encadrem. gr. sur bois. Rel. vél. blanc.

Fnc. 1, *titre* : Supplementum Chronicharum, *manque. Fnc.* 2, *signé a* 2, *recto, dans un encadrement gr. sur bois, incipit* : Opus preclarum Supplementum chro-||nicharum vulgo appellatum : in omnimoda historia nouissime congesta fratris Iaco||bi philippi Bergomensis religionis heremitarum diui Augustini decoris : q̄ faustissime || inchoat... *F. ch.* 9, *signé* b, *recto incipit* : Iouis : huius vel secundi vel tertij non satis cōstat. huius tn̄ Iouis. i;. filios z filias fuisse inuenimus || quorū... *F. chiffré* 256, *verso, l.* 31 : ☙ Ac sic demū deo auxiliante z fauēte supplemēti Chronicaɤ iam tertio terminu; ponā : ... *l.* 37, *colophon* : ☙ Impressum autem Uenetijs per magistrum Bernardinu; riçium de Nouaria : anno a natiuita||te dn̄i. M.cccc.lxxxxij. die decimo quinto Februarij :

regnante inclyto duce Augustino barbadico. *Au-dessous, le registre, puis la marque de Ricci (v. Kristeller, 269).* 12 *ffnc. pour la table.* — Hain *2809.

<small>Le premier et le dernier feuillet manquent. Les figures qui se trouvent dans cette édition sont les mêmes que celles de l'édition donnée par Bernardino Benali à Venise, en 1486, 15 décembre.</small>

44. GARCIA DE MENEZÈZ. Oratio Romæ habita, pridie kal. septembris 1481. — Rome, *s. typ.*, *s. d.* (1481). Petit in-4, 10 ffnc.; car. rom.; 26-27 ll. ll.; sans signat., 1 cahier. Rel. vél. blanc.

Fnc. 1 *recto, incipit* : Garsias Menesius eborensis presul quem lusy ‖ taniæ regis īclyti legatus & regiæ classis aduer‖sus turcos idruntē in apullia presidio tenentes ‖ p̄fectus ad urbem accederet in tēplo diui pauli ‖ publice exceptus apud Xystū. iiii pont. maxi. ‖ & apud sacrum cardinalium senatum huiusce‖modi orationem habuit. *Fnc.* 3 *recto, incipit* : Constantinopolitani imperii totq3 & tātoɤ̄ nō ‖ dico oppido... *Fnc.* 10 *verso, l.* 7 : Habita hec est oratio pridie Kalendas septem‖bris salutis. Anno Millesimoquadringentesi‖mo octuagesimoprimo : pōtificatus uero Xysti ‖ .iiii. anno .xi. & eodem Rome impressa. — Hain 7493.

<small>Garcia de Menezès, né à Santarem, suivit d'abord la carrière militaire. Il embrassa ensuite la vie religieuse et devint évêque d'Evora. Il vint à Naples avec la flotte envoyée par Ferdinand V *le Catholique*, au secours d'Otrante, occupée par les Turcs. Après la prise de cette ville, il se rendit à Rome, et y prononça le discours ci-dessus, où il exprime le désir de voir les Turcs chassés de l'Italie. Cet opuscule est rare, et *Hain*, qui le mentionne, ne l'a pas vu.</small>

45. GARLANDE (Jean de). Synonyma et equivoca, *avec commentaire.* — Cologne, Henri Quentell, 1500, 24 décembre. In-8, 110 ffnc.; car. goth.; 3 gr.; 34-45 ll. ll.; signat. a-t par 6 ff., sauf 8 et 9 qui n'en ont que 4; tit. cour.; fig. sur bois. Dérelié.

Fnc. 1 *recto, titre* : Synonoma et ‖ Equiuoca magistri Ioannis ‖ de garlandia, *au-dessous, fig. sur bois* : *professeur et trois élèves. Fnc.* 1 *verso incipit* : Synonoma. ‖ [V]Enite filie syon audite‖me. timorē dn̄i docebo vos. ... *Fnc.* 7, *signé* b i, *recto, tit. cour.*, Joannis de Garlandia, *texte, incipit* : In ista p̄te autor ponit ꝫsynonoma hui9 nominis aula. Et vult talem ‖ sententiā. q̄ illa noīa... *Fnc.* 109 *verso, l.* 34, *colophon* : ¶ Explicīut equiuocationes cum notabili expositione caracte= ‖ risate p p̄uidum virū Henricū Quentell inclite Colonie impres=‖sorē famatum. Anno dn̄i. M.ccccc. In sacratissima vigilia ineffa‖bilis incarnatiōis reparatoris. *Fnc.* 110 *bladc.* — Hain *7476.

46. GIUSTINIANI (Bernardo). Oratio apud Sixtum IV. Pont. habita. — *S. l. n. d. n. typ.* [Rome, Étienne Planck]. Petit in-4, 8 ffnc.; car. goth.; 33 ll. ll. Rel. vél. blanc.

Fnc. 1 *recto, incipit* : Bernardi iustiniani Leonardi oratoris filij legati Ueneti oratio || habita apud Sixtum .iiij. Pont. maximū. || [S] Iunq̃ӡ antea Sanctissime ac Beatissime Pater diuine || prouidentie lumen humanis... *Fnc.* 7 *verso, explicit* : ... semper erunt. re. atq̃ӡ opere q̃ӡ verbo : et oratio-||ne veriores. || Acta Rome .iiij. Nonas decembris .Mcccc lxxj. Seden||te Sixto .iiij. Pont. maximo in consistorio publico. *Fnc.* 8 *blanc? manque.* — Hain *9644.

47. GUILLAUME DE PARIS ou D'AUVERGNE. De fide et legibus. — *S. l. n. d. n. typ.* [Augsbourg, G. Zainer]. In-fol., 140 ffnc.; car. semi-goth.; 2 gr.; 43 ll. ll.; sans signatures, 14 cahiers alternant par 8 et 12 ff.; avec titre courant.

Fnc. 1 *recto* : ☙ Incipit ḁlogus libri Reuerendi In xp̄o patris e dn̄i Wilhelmi Ep̄i lugdunensis eximijqӡ || sacre pagine doctoris parisiensis : de fide et legibɔ. || [I] N ordine sapientialiū dominaliunqӡ scientiarū A Istam || diuini cultus... *Fnc.* 9 *recto, incipit* : muniendum : armandum : ƺ defendendum & propter hoc dicit || dominus... *Fnc.* 132 *recto, l.* 21 : Liber Wilhelmi parisiensis de fide. legibɔ. ac fidei sacramentis || tractans. docensqӡ. qualiter ad bene. religiose perfecteqӡ viuen || dum continuis etiam semper agendum profectibɔ. Vnde ad || latissimamqӡ potissime pars est glorie... *l.* 26... Pro cui⁹ || termino sit laus & gloria Xp̄o in secula seculorum benedicto || AMEN. F*fnc.* 132 *verso à* 139 *recto, table. Fnc.* 140 *blanc? manque.* — Hain *8317.

Rare.

48. HENRI DE RIMINI. De quatuor virtutibus cardinalibus. — Strasbourg, *s. d. n. typ.* In-fol., 148 ffnc.; car. goth.; 34 ll. ll.; sans signatures, 18 cahiers, dont le 1ᵉʳ et le 18ᵉ par 10 ff., les 16 autres par 8 ff.

Fnc. 1 *recto incipit* : [A] D summe et indiuidue trinitatis patris et filij et || spirirus sancti. ac... *Fnc.* 11 *recto en rouge* : Incipit tractatus de quatuor virtutibus cardinalibus / edi||tus et exposit⁹ ad ciues venetos / per fratrē heinricum ari||minensem. *Fnc.* 147 *recto, l.* 14 : Tractatus pulcherrimus de quatuor virtutibus cardinali||bus. per fratrem Heinricum ariminensem ad venetos edit⁹. || totam vere philosophiam moralem complectens... *l.* 19... arte impressoria Argentine ar||tificiose effigiatus / feliciter explicit. *Fnc.* 147 *verso blanc. Fnc.* 148 *blanc? manque.* — Hain *1649.

A la suite : *S. l. n. d. n. typ.* [Strasbourg, *même officine que l'ouvrage précédent.*] In-fol., 82 ffnc.; car. goth.; 34 ll. ll.; sans signature.

Fnc. 1 *recto, incipit* : [F] Lecto genua mea ad patrem domini no-|| stri ihesu xp̄i. Ex quo omnis p̄rnitas in || celo... *Fnc.* 9 *recto, incipit* : [I]N p̄ricipio intelligendū est q̇ sacra doctrina scӡ || theologia que...

Fnc. 82 *recto, l.* 14, *explicit* : mei. qui est trinus et vnus deus benedictus in secula se= ‖culo⅞. Amen. *.Fnc.* 82 *verso blanc.—* Non Hain? Ensemble 1 vol. in-fol. Rel. vél. bl.

<small>Exemplaire en excellent état de conservation.</small>

49. HESE (Jean de). Itinerarius. — Tractatus de X nationibus. — Epistolæ Soldani et Pij papæ ij. — Epistola Presbyteri Joannis. — Tractatus de Situ Indie. — *S. l. n. d. n. typ.* [xvᵉ s.?]. Petit in-4, 22 ffnc.; car. goth., 3 gr.; 36 ll. ll.; signat. a-d par 6 ff., sauf b qui en a 4. D.-rel. chag. rouge, tr. dorée.

Fnc. 1 *recto, titre* : İTinerarius İoannis de ‖ Hese presbiteri a Iherulē describens dispositōes ‖ terrarū insularum. montiū et aquarum. ac etiam ‖ quedā mirabilia et pericula per diuersas ptes mū ‖ di contingentia lucidissime enarrans ‖ Tractatus de .x. natiōibus et sectis christiano⅞ ‖ Epla Ioannis soldani ad piū papam secundam ‖ Epla responsoria pij pape ad soldanum ‖ Ioannis presbiteri maxi ‖ mi Indo⅞ et ethiopū xp̄iano⅞ Ipatoris et ‖ patriarche Epla ad E manuelem Rhome guber ‖ natorem de ritu et moribus indorum. deq; eius potentia diuicijs et excellentia ‖ Tractatus pulcherrimus de situ et dispositione ‖ regionum et insularum totius indie Nec non ‖ rerum mirabilium ac gentium diuersitate. *Fnc.* 7, *signé* b i, *recto, incipit* : posteriori. τ ibi aer est nimis calidus et terra mōtuosa Ulterius ‖ aūt... *Fnc.* 21 *verso, l.* 22 : Expliciunt duo tractatuli de mirabi ‖ libus rerum totius Indie ac principe ‖ eorum presbitero Iohanne. *Fnc.* 22 *blanc? manque. — Édition non citée par Hain.*

50. HONORIUS D'AUTUN. Imago mundi. — *S. l. n. d. n. typ.* [Nuremberg, Ant. Koberger, *selon Hain.*] In-fol., 46 ffnc., car. goth., 30 ll. ll., sans signatures, 4 cahiers de 10 ff. et 1 cahier de 6 ff., rel. veau brun, fil., tr. dor.

Fnc. 1, *incipit* : ·Cristianus ad solitariū quendam de ymagi=‖ ne mundi. Honorio :· ‖ [S] Eptiformi spiritu. in trina fi‖de illustrato : ac septenis ri=‖uis... *Fnc.* 11 *recto, incipit* : dicta a paro iasonis nepote constructa. Hec gig ‖ nit... *Fnc.* 46 *recto, l.* 9, *explicit* : xvii. annos regnauit. Lotharius regnauit ānos-‖ xii. Conradus regnauit ānos. xiiii :· *Fnc.* 46 *verso blanc.* — Hain *8800.

<small>Exemplaire en magnifique état de cette rare édition.</small>

51. Imitatio christi. — Joh. Gerson : De meditatione cordis. — *S. l. n. d. n. typ.* [Ulm, Zainer], 1487. Petit in-8, 8 ffnc., Clxxxii ff. et 2 ffnc.; car. goth., 4 gr.; 22 ll. ll.; signat. a-z par 8 ff. Les 8 ffnc. n'ont pas de signatures; les signatures sont placées au milieu du haut des pages; sans récl., avec tit cour. Rel. mar. rouge, tr. dor., aux armes du comte Riant (Hardy).

Fnc. 1 *recto, titre en gros caract.* : Tractatus de ‖ ymitatione crist? ‖ Cum tractatulo ‖ de meditatione ‖ cordis ‖ *verso blanc*

Fnc. 8 *blanc. F. chiffré* i *recto, signé* a, *tit. cour.* : Liber i a. *Texte* : Tractatus aureus et peruti || lis de perfecta ymitatione xp̄i || et vero mundi contemptu. || Capitulum .j. || [Q]Vi Sequitur || me non ambulat in tene-||bris. Sed habebit lumen vi || te dicit dn̄s. Hec sunt verba... *Fc.* ix, *signé* b, *recto, incipit* : subijciant. Curre hic vel ibi : non in-||ueniesquietem... *Fc.* Clxxi *verso, l.* 18, *explicit* : mirabilia nec ineffabilia dicendo. || Explicit liber Quartus || de sacramento altaris. || Incipit tractatus de me-||ditatione cordis. *Fc.* Clxxii *recto* : Incipit tractatus de medita||tōne cordis Iohannis Gerson || Capitulum primum || [M]editatio cor || dis mei in ɔspectu tuo sup̄ || Felix certe... *Fc.* Clxxxii *recto, l.* 9, *explicit* : Quales egent amplius fomento sa || cratis q̄ȝ monitione sapientis. || Tractatus aureus et peruti-||lis de perfecta ymitatione || xp̄i et vero mundi contemp || tu Cum tractatulo de medi || tatione cordis finiunt felici || ter Anno. M.cccc.lxxxvii. *F.* C lxxx ii *verso et* 2 *ffnc. blancs.* — Hain *9091.

52. **Laus caritatis** ; Substantia dilectionis ; Quot vicibus et a quibus regibus capta fuerit Ierusalem. — *S. l. n. d. n. typ.* Petit in-4, 8 ffnc.; car. goth.; 31 ll. ll.; sign. A. Rel. vél.

Fnc. 1, *signé* A i, *recto* : Incipit prologus de laude caritatis. || [S]Eruo christi petro. h. gustare ɀ videre qm̄ suauis est || dn̄s. Cogitāti michi... *Fnc.* 5 *recto, l.* 19 : Explicit de laude caritatis. || Incipit de substātia dilectionis. || [Q]uotidianū de dilectione sermonē scrimus. ne forte || scītillet in cordibȝnr̄ıs ɀ exardescat... *Fnc.* 6 *verso, l.* 31 : ordinata cupiditas. Explicit de substātia dilectionis. *Fnc.* 7 *recto, incipit* : Quot vicibus ɀ a quibus regibus capta fuerit hierusalem || [R]ex babilonis stetit in biuis in capite dua♃ via♃ di= || uinationē querēs... *Fnc.* 8 *verso, l.* 28, *explicit* : hierlm cū populus fidelium moraretur in obsidione da||miace. || Finis. || *— Ne se trouve pas dans Hain.*

Rare.

53. **LÉOPOLD DE BEBENBURG**. Germanorum veterum principum zelus et fervor in christianam religionem. — Bâle, Jean Bergmann de Olpe, 1497, 15 mai. In-fol., xxvii ffch., et 1 fnc.; car. goth. et rom.; 42 ll. ll.; signat. a-d, par 8 ff. pour a d, et 6 ff. pour b c; manchettes. Rel. vél. bl.

F. I nc. recto, titre : Germano♃ veterum principū ze= || lus et feruor in christianam religi= || onem deiqȝ ministros. || Hexastichon in Lupoldum Bebenburgium : || Sebastiani Brant. || Relligiosa ducum / regum quoqȝ catholicorum : || Noscere si zelum vis fideiqȝ sacrę : | Seu q̄ chara illis fuerit respublica christi. || Ecclesięqȝ salus : & decus imperii : || Theutona tu imprimis gens, / & Germana propago : || Perlege Lupoldi dignum epitoma tui. || .1497. || Nihil sine causa.

|| I.B. *F. I nc. verso, poésie latine adressée par Sébast. Brant à Ioh. Dalburg. Fc.* IX, *signé* b.j., *recto, incipit* : c Vm sacrosanctę Romanę ecclesię pōtifex : sit in terris vicarius iesu || christi : vt patet... *Fnc.* 28 *recto, l.* 7 : Finit libellus Nobilissimus. Lupoldi Bebenburgeñ. De || veterum principum Germanorū Fide / religione / & fer=||uore in christum ecclesiam & sacerdotes : opera & impē||sis domini Iohannis Bergmañ de olpe ad laudem & ho||norem christi : perpetuamq3 famam germanici nominis || Basileę Impressus. Anno salutis christianę. Millesimo. || quatercentesimo. Nonagesimo septimo. Idibus Maii. || 1.4.9.7. || Nihil sine causa. ||.I.B. *Verso blanc.* — Hain *2725.

Léopold III de Bebenburg, était évêque de Bamberg.

54. **Liber super tractatu coronæ** misticæ Virginis Mariæ. — *S. l. n. d. n. typ.* [France ?]. Petit in-4, 34 ffnc.; car. goth.; 2 gr.; 29 ll. ll.; signat. a-e (a et c, par 8 ff., b, d, e par 6 ff.). Rel. vél. bl., piqûres de vers dans la marge inférieure.

Fnc. 1 *recto, titre* : Liber super deuotissimo tracta= || tu corone mistice dei genetricis || semper virginis marie. *Fnc.* 1 *verso, fig. sur bois. Fnc.* 2, *signé* a.ii. *recto* : Incipit prologus super deuotissimo tractatu corone || mistice dei genitricis semper virginis marie. || c Orona aurea super caput eius expressa || signo sanctitatis... *Fnc.* 9, *signé* b.i., *recto, incipit* : virgo lactare fulgorem virtutum mundum illumīā-||re luce iusticie... *Fnc.* 33 *verso, l.* 10, *explicit* : nita secula seculorum Amen || Explicit corona mistica beate || virginis marie ad laudem ei9 || *Fnc.* 34 *blanc ? manque.* — *Non cité par Hain.*

Rare.

55. **LILIO** (Zacharie). Orbis breviarium. — Naples, Ayolphus de Cantono, 1496, 5 Id. Nov. (9 novembre). In-8, 112 ffnc.; car. rom.; 28 ll. ll. (table sur 2 col.); signat. a-o par 8 ff., sauf n et o qui en ont 6, plus 4 ff. non signés; encadrem. gr. sur bois; figg. géogr.; manchettes. D.-rel. veau brun, tr. jaspée.

Fnc. 1 *recto incipit* : ZACHARIE LILII VICENTINI CA || NONICI REGVLARIS AD PRESTA || NTISSIMVM DEI PRECONEM MA || THEVM BOSSVM VERONENSEM || CANON . REGV . DE SITV ORBIS || PROOEMIVM FOELICITER Incipit. || [E]Tsi complures excellenti īgenio || uiri... *Fnc.* 13, *signé* b, *recto, incipit* : Illud adoremus. Deus spūs & meus est. ideo nil || aliud... *Fnc.* 112 *verso, col.* 2, *l.* 5 : Zachariæ lilii Vicentini Ca || nonici regularis : de Situ or-||bis liber explicit. quē exactis || sima īpressit diligentia Ayol||phus Cantonus Mediolanē || sis. Neapoli Anno Salutis. || M.cccc.lxxxxyi.y.

idus No ‖ uember. *Au-dessous, la marque de Cantono*. — Hain *10102.

Édition très rare.

56. **LOCHER** (Jacques). Carmen de Sancta Catharina. — Bâle, Jean Bergman de Olpe, 1496. Petit in-4, 6 ffnc.; car. rom. et goth.; 30 ll. ll.; signat. a, 1 cahier, fig. sur bois. Rel. vél. blanc.

Fnc. 1 recto, incipit : Ad lectorem epigrama ‖ de diua Katherina.‖ Costidis insignes laudes hic candide lector ‖ Perlege : victoriis et monumēta Iouis. ‖ Ritus : & gentis dedecus atq3 nephas ‖ Parua legis / veneranda tamē / doctisq3 probata : ‖ Proderit & multis hoc pietatis opus. ‖ *Fig. sur bois : sainte Catherine; au-dessous* : Caesare deuicto nacta es Katherina triumphū : ‖ Laureolam martyr : doctaq3 virgo geris. ‖ Iure ideo ornata es triplici virgo corona. ‖ Teq3 ego dum vita est Bergmanus Olpe colā. ‖   .I. .B. ‖ *Fnc. 1 verso, incipit* : Epistola Iacobi Locher philomusi Ad clarissi-‖mū virÿ Christoferÿ de Schronenstain : Augu=‖steñ : ... *l*. 5 : NIsi tua splendidissima virtutū comitas iā=‖dudū mihi... *Fnc. 6 verso, l. 17, explicit* : Hanc decimā genitam se fine picridem. ‖   1496   ‖   Nihil sine causa. I B   . — Hain *10164.

57. — —. Panegyricus ad Maximilianum imperatorem. — Strasbourg, Jean Grüninger, 1497. Petit in-4, 62 ffnc.; car. goth., et rom.; signat. A-L, par 6 ff. pour A, B, E, F, K, 8 ff. pour C, H, et 4 ff. pour D, G, I, L; titre cour.; manch.; figg. sur bois. Rel. vél.

Fnc. 1 recto, titre : Libri philomusi. Pane=‖gyrici ad Regē Tragediā ‖ de Thurcis et Suldano ‖ Dyalog9 de heresiarchis. *Au verso, fig. sur bois employé dans la Nef des fous. Fnc. 2, signé A ij, recto, incipit* : Ad lectorem epigramma ‖ Hec continentur ‖ Panegyrici Ad Augustissimū ‖ Principem Maximilianum Romanū Regem Inuictissi‖mum... *Fnc. 7, signé B, recto, incipit* : Quem hedera coronat ‖ Fronde virere noua Ceruix philomuse discrta. ‖ Debet & auricomis vsq3... *Fnc. 62 recto, l. 29, explicit* : rius. snīarū vbertate nobili9 fruge laboris vtilius. Vale ‖ Actum Argentine per Magistrum Iohannē ‖ Grüninger. Anno Christo salutifero. 1497. *Fnc. 62 verso blanc*. — Hain *10153.

58. **LUDOLPHE DE SUCHEN** *ou* **DE SUDHEIM**. Itinerarium Terræ sanctæ.— *S. l. n. d. n. typ*. Petit in-4, 54 ffnc.; car. goth.; 33 ll. ll.; signat. aa-ff par 8 ff., et hh par 6 ff.   Relié maroquin grenat, dos et plats ornés, dent. intér., tr. dor. (*Chambolle-Duru.*)

Fnc. 1, signé aa i, recto, incipit : Registrū in librum ludolphi de itinere ad t~ram sanctam ‖ ... *Fnc. 3, signé aa 3, recto, incipit* : Prolo-

gus in lib♃ dñi ludolphi de suchen de tˇra sācta et ǁ itinere iheroso-
limitano... *Fnc.* 9, *signé* bb i, *recto incipit* : mo īpetu aq̃♃ añ se per-
tauit et aqua redeūte ī sicco r̄mā ǁ sit et oms... *Fnc.* 54 *verso, l.* 6,
explicit : infinita secula seculo♃ Amen ǁ Domini ludolphi eccl̄ic
prochialis in Suchen pastoris ǁ libellus de itinere ad terram sāctā
Finit feliciter ǁ — Hain * 10309.

59. MAHOMET II. Epistolæ interprete Laudivii. — Rome, Jean de Ligna-
mine, 1473, 27 novembre. Petit in-4, 30 ffnc.; car. rom.; 20-22 ll. ll.; sans
signatures, 4 cahiers respectivement de 10, 6, 8 et 6 ff. Relié mar. vert, tr.
dorée.

Fnc. 1 *blanc. Fnc.* 2 *recto, incipit* : LAVDIVII eqtis hierosolymitani
ǁ ad Francinū Beltrādū in epistolas ǁ magni Turci prefatio. ǁ [E]Pis-
tolas a me nup in lucem ǁ editas : ad que potius mitte ǁ rem...
Fnc. 11 *recto incipit* : GENVENSES ǁ TVRCO. ǁ [N]Ec patrū auctoritate mene-ǁdorus : ... *Fnc.* 30 *recto, l.* 5, *explicit* : ab incendio belli
seruasse. ǁ FINIS. ǁ Epistole magni Turci finiūt : a Lauǁdiuio eqte
hierosolimitano edite : ǁ ac Rome impresse in domo No-ǁbilis uiri
Iohannis Philippi de lig-ǁnamīe Messañ. S.D.N.P. familia ǁ ris.
Anno dñi. M.CCCC.Lxxiii. ǁ die uero. xxvii. mēsis Nouēbris.
Fnc. 30 *verso blanc.* — Hain 10506.

Première et fort rare édition de ce recueil, qui a eu le plus grand succès pendant tous les xv° et xvi° siècles, et qui a été fabriqué de toutes pièces par un
faussaire effronté, *Zachia Laudinio* ou *Laudivio* ; il n'a d'autres sources que
l'imagination d'un rhéteur ignorant.

60. — — Brescia, Bernardino de Misintis, *s. d.* Petit in-4, 10 ffnc.;
car. rom.: 35-36 ll. ll.; signat. a b par 4 ff., c par 2 ff. Rel. vél. bl.

Fnc. 1, *signé* a, *recto, incipit* : ❡ ARGVMENTVM EPISTOLA-
RVM. ǁ MAumetes Turcorum Imperator : cui postea ex magnitu ǁ
dine rerum gestarū magnus Turcus... *Fnc.* 5, *signé* b, *recto, incipit* :
ipse nemini unquam antea præstitisti. *Fnc.* 9 *verso* : ❡ EPIS-
TOLA MAGNI TVRCI FINIVNT : A LAVDINO ǁ EQVITE HIEROSO
LIMITANO EDITAE. *Fnc.* 10 *recto, incipit* : De Hermofrodito per d.
An. Panormitanum. ǁ CARMEN DECASTICON. ǁ ... *l.* 13 : FINIS. ǁ
G. .F. .T. ǁ Impressum Brixę per Bernardinū de misintis. *Fnc.* 10
verso blanc. — Hain * 10503.

Édition rare.

61. — —. Epistolæ. — *S. l. n. d. n. typ.* Petit in-4, 16 ffnc., car. goth.,
29-31 ll. ll., signat. a, b par 8 ff. Rel. vél. bl.

Fnc. 1, *recto, titre* : Epistole Magni Turci. *Fnc.* 1 *verso, incipit* :
Honorabili et humano viro dño Iohanni ǁ Hauck Ecclesie beate

Marie virgīs in Rom ‖ hilt... *Fnc.* 2, *signé* a ij, *recto, incipit* : Laudinij equitis hierosolimitani : Ad ‖ francinuʒ Beltrādū Comitē in epi ‖ stolas Magni Turci. prefatio.   ‖ [E] Pistolas a me nup in lucem editas : ad queʒ ‖ potius... *Fnc.* 9, *signé* b i, *recto, incipit* : Turcus Nauplensibus. ‖   Non cessabitis ab iniuria... *Fnc.* 16 *recto*, *l.* 26, *explicit* : Epistolae Magni Turci finiunt : a Laudino equi= ‖te hierosolimitano edite. *Fnc.* 16 *verso* : Iohannes Maius Ad lectorem. 8 *vers.* — *Non cité par Hain.*

62. **MANCINI** (Domenico). De passione Domini nostri Jesu Christi liber. — Deventer, Richard Paffroet, *s. d.* (c. 1492 selon Campbell). Petit in-4, 20 ffnc.; car. goth., 2 gr.; 31 ll. ll.; signat. A-C par 8 ff. pour A, C et 4 ff. pour B. Rel. veau vert, dos et plats ornés.

Fnc. 1 *recto, incipit* : Quē iuuat : horrēdos Chrī meminisse dolores ‖ Paucis : hunc paruo compare ęre sibi. *Fnc.* 1 *verso blanc. Fnc.* 2, *signé* A ij, *recto, incipit* : Dominici Mancini de passione domini ‖ nostri Jesu Christi Liber incipit. *Fnc.* 9, *signé* B, *recto, incipit* : Sic etiam calicem sumpsit cęnatus : ⁊ inquit ‖ Distribuens illis : ... *Fnc.* 20 *verso*, *l.* 11 : ☞ Finis. ‖ Exaratum Dauentrie p Richardum Paffraed ‖ Quod magis recognitum ceteris iampridē impressis. — Hain 10638, Campbell *1193.

Ex. de la bibliothèque de *Borluut de Noortdonck.*

63. **MARSO** (Paul). De crudeli Eurapontinæ urbis Excidio sacrosanctæ religionis lamentatio. — *S. l. n. d. n. typ.* [Rome?]. Petit in-4, 10 ffnc.; car. rom.; 20 ll. ll.; sans signat. ni récl.   Dérelié.

Fnc. 1 *recto, incipit* : [c]ANDIDA qvæ totvm fverā celebrata porbē ‖ Pvlla pexigvā spreta vagabor hvmvm ‖ Parvit impivm... *Fnc.* 3 *recto, incipit* : Hic claras struxere domos urbemqʒ potentem ‖ Odecus o fidei... *Fnc.* 10 *recto*, *l.* 11, *explicit* : inter quos humilē si fas est dicere Marsvm ‖ Iam tibi commendo maxime pontificum ‖ Ex AeGeo Pelago vll kAL Septembris ‖   Mccclxx p   P Marsvm ‖   Mittimvs ægeis querulū quod carmen abundis ‖ Siuetus... *l.* 20 : Deleat & priscamseru & amicitiam. *Fnc.* 10 *verso* : HERMOLAVS | BaRbArVS MARSO:S: ‖ Qvid facies latiū... *l.* 15 : Vena Mei : & Docti Pectoris eLoqvivm.

Cette poésie est la seule qui ait été publiée de Marso, humaniste italien, de la fin du xvᵉ siècle. Édition très rare, non citée par Hain.

64. **MARSO** (Pierre). Oratio in die S. Stephani dicta. — Rome, Eucharius Silber *alius* Franck, *s. d.* Petit in-4, 10 ffnc.; car. rom.; 27 ll. ll.; sans signat; 2 cahiers, l'un de 6, l'autre de 4 ff.

Fnc. 1 *recto, incipit* : ORATIO DICTA A PETRO MAR= ‖ so in die Sancti Stephani primi martyris. ‖ Venient hæc omnia super genera-

tiōem istam || Math. xxiii.c. & in euāgelio pñtis solēnitatis. || Horrendus ille tenebrarū princeps priusq̃ dei || omnipotentis... *Fnc.* 7 *recto*, *incipit* : industria deploro Aegiptū. ubi tot milia san= || ctorū patrum : ubi... *Fnc.* 10 *verso, l.* 22, *explicit* : lectare possit & docere. Vale. ||
Argirios opus hoc Eucharius arte magistra || Impressit : summa perlege lector ope. — Hain 10786.

65. **Martyrologium**, seu Viola sanctorum. — *S. l. n. d. n. typ.* In-8, cxxiii ff., et 1 fnc.; car. goth., 3 gr.; 35 ll. ll.; signat. a-x; tit. cour.; manchettes. D.-rel. peau de truie (rel. du xve s.).

Fnc. 1, *titre* : MArtyrilogiū || Viola Sanctorum || *Au-dessous, fig. sur bois, verso fig. sur bois : martyre de saint Étienne.* Ffnc. 2 *recto à* 10 *verso, table onomastique des saints. Fc.* I, *signé* a, *recto* : Prologus in violam san || ctorū. seu Martilogium || SI cuncta corporis mei membra verterentur in || linguas. et omnes artus mei humana voce so= || narent. nihil dignius sanctis... *F.* ix, *signé* b, *recto, incipit* : personante vniuerso populo eiusdeȝ verbis vrgeretur ad || negandum xp̄m... *F.* cxxiii *recto, l.* 21 : est in cimiterio pristille ⁊c. || Uiola sanctoɮ finit feliciter. Anno dn̄i. || M.cccc.xcix. die .viij. mensis Februarij. *F.* cxxiii *verso blanc, et* 1 *fnc. blanc.* — Hain *10873.

66. **METHODIUS** (S.). Opusculum divinarum revelationum. — Augsbourg, Jean Froschauer, 1496, kal. Sept. Petit in-4, 46 ffnc.; car. goth., 3 gr.; 30-38 ll. ll.; signat., a-h par 6 ff., sauf h qui en a 4; manchettes et lettrines. Rel. vél.

Fnc. 1 *recto, titre* : Titulus in libelluȝ sancti Methodij martyris ⁊ epi || scopi Partinēsis ecclesie || prouincie grecoɮ continēs in se reuelatio || nes diuinas a sanctis angelis factas de || principio mundi... *Fnc.* 2 *verso* : ⁋ Incipit libellus diuinaɮ reuelationum || sancti Methodij... *Fnc.* 7, *signé* b, *recto, incipit* : reedificare templum dei quod destructuȝ || erat ab eodem Nabuchodonosor... *Fnc.* 45, *signé* th iij [*pour* hiij], *verso, l.* 14, *explicit* : ⁋ Tractat⁹ continēs in se quinqȝ capitula de fine quin || ti flagelli ecclesie super textū diuinarū reuelationū beati Methodij martyris... *l.* 18... Hic complet̃ laboriosa cura ⁊ ingenio Wolf || gangi Aytinger clerici ac incole Augusteñ. Vindelico || rū Artium magistri necnon Iuris vtriusqȝ promotū ||... *l.* 28... Impressum per sagacem virū Iohannem || Froschaucr conciuem vrbis prefate. Anno Salutis nostre. Mcccc.xcvj. kalendas Septembris. *Fnc.* 46 *blanc.* — Hain *11120.

Édition rare.
Le relieur a maladroitement divisé cet opuscule, reliant d'une part les 18 premiers ff. et d'autre part les 28 autres.

67. — —. Opusculum divinarum revelationum. — Bâle, Michel Furter, 1498, 5 janvier. Petit in-4, 68 ffnc.; car. goth., 3 gr.; 37 ll. ll.; signat. a-i par 8 ff., sauf h et i qui en ont 6; init. et figg. gr. sur bois; manchettes. Rel. vél. bl.

Fnc. recto, titre : Methodius primū olimpiade || et postea Tyri ciuitatum episcop⁹ . sub diocleciano Im-||peratore In Calcide ciuitate (que nigropontum appel-||latur vt diuus scribit hieronimus martyrio coronatur : || qui cū eruditissimus esser vir multa edidit documenta || et presertim de mundi creatione eidem in carcere reuela || ta. passus fuit quarta decima Kalendas octobris. || De reuelatione facta Ab angelo || beato Methodio in carcere detēto ||. *Au-dessous, fig. sur bois : l'ange parlant à S. Méthode. Fnc.* 9 *recto, incipit* : stris corū. Erāt aūt q̄si locuste ꝫ incedebāt nudo corpo-||re. ꝫ edebāt carnes... *Fnc.* 68 *recto, l.* 3 : Tractatus continens in se quinq; capitula de fine quinti || flagelli ecclesie... *l.* 6... hic cōpletur || laboriosa cura et ingenio Wolffgangi Aytinger clerici ac īco-||le Augusteñ. vindeli-co⁊... *l.* 20 : Finit Basilee per Michahelem Furter || opera et vigilantia Sebastiani. Brant || Anno .1.ҍ.9.8. Nonis Ianuarijs. *Verso blanc.* — Hain *11121.

68. **Modus legendi** abbreviaturas in utroque iure cum aliis tractatibus iuridicis. — Strasbourg, *s. typ.*, 1490, veille de la saint Laurent (9 août). Petit in-fol., 126 ffnc.; car. goth., 2 gr.; 2 col., 52 ll.; signatures a-v par 6 ff., sauf a, c, e qui en ont 8 tit. cour. Rel. vél., avec fermoir (rel. anc.).

Fnc. 1 *recto, titre* : Modus legendi abbreuiaturas in || utroq; iure siue processus iuris ||, *verso blanc. Fnc.* 2, *signé* a 2, *recto, tit. cour.* : De modo procedendi *col.* 1 : Incipit libell⁹ dans || modū legēdi abbreuiaturas in vtroq; iure. *Fnc.* 9, *signé* b, *recto, col.* 1, *incipit* : Exceptionibus. li .ij. t. xxv. *F.* 125 *verso, col.* 2, *l.* 48 : Finit liber plurimo⁊ tractatuū iurꝫ im-||pressus Argentine Anno dñi. M.ccccxc. || Finitus in vigilia Laurentij. *Fnc.* 126 *blanc.* — Hain 11485.

Outre le « Modus legendi abbreviaturas », ce recueil contient : Le Processus iuris de *Jean d'Urbach*. — Le tractatus presumptionum. — La Somme de *Dominique de Vicence*. — Epistolæ super gratias faciendis. — Le tractatus notarius, etc.

69. **MOMBRIZIO** (Bonino). Sanctuarium seu vitæ sanctorum. — *S. l. n. d. n. typ.* [Milan, c. 1479, selon Hain.] In-fol., 2 vol.; t. I, 344 ffnc.; t. II, 366 ffnc.; car. rom.; 2 col. de 48-49 ll.; sans récl.; avec signatures. D.-rel. parchemin.

Tome I : *Fnc.* 1 *blanc? manque. Fnc.* 2 *recto, l.* 1, *incipit* : Tabula in sequens sanctuarium. || Abundius confessor... *Fnc.* 5 *blanc. Fnc.* 6, *signé* a i, *recto, col.* 1, *incipit* : Boninus mōbritius mediolanensis magni ‖ fico uiro splendidissimoq; equiti aurato. d. ‖ Cicho Simonetæ Illustrissimorū & excellē ‖ tissimorum Ducum Mediolani secretario ‖. s. d. p.   ‖... *Fnc.* 16, *signé* aa i, *recto, col.* 1, *incipit* : sit autem cum eis in carcere diebus septē ‖ curans... *Fnc.* 343 *verso, col.* 2, *l.* 48 :... trigīta aureis : ‖ & cōditū sepeliuit .ix. Calendas Ianuarii. *Fnc.* 344 *blanc? manque*. — Tome II : *Fnc.* 1 *recto blanc. Fnc.* 1 *verso, col.* 1, *incipit* : TABVLA SECVNDI VOLVMINIS ‖ Hermes martyr fo. i ‖... *Fnc.* 3 *blanc. Fnc.* 4, *signé* h i, *recto, col.* 1, *incipit* : Passio sancti Hermetis martyris. ‖ b Eatissimū Hermetem ‖ martyrē... *Fnc.* 365 *recto, col.* 2, *l.* 43, *explicit* :... diligenter inq-‖renti expssit. *Fnc.* 365 *verso blanc. Fnc.* 366 *blanc? manque.* — Hain *11544.

70. **MONTANUS** (Marcus). Oratio pro Rhodiorum obedientia ad Alexandrum VI. — *S. l. n. d. n. typ.* [Rome, E. Planck, suivant *Hain.*] Petit in-4 de 4 ffnc.; car. rom. et goth.; 34 ll. ll.; sans sign. ni récl.   Rel. vél.

Fnc. 1 *recto* : Oratio Rhodiorum, *verso blanc. Fnc.* 2 *recto, incipit* : Marci Montani Rhodii Archiepiscopi & Oratoris ‖ ad Alexandrum. vi. Pont. Max. pro Rhodiorum obe ‖ dientia Oratio. ‖... *Fnc.* 4 *recto*, *l.* 27 : Habitu Rome .x. Martii. Anno uerbi incarnati. Mcccc lxxxxiii. assistentibus. R. dominis ordinis Hierosoly-‖mitani. F. Petro Stolz Magno Germaniæ Bailiuo & ‖ F. Berēgario Santii de Barospe Priore Nauarræ Rho ‖ diis etiam Oratoribus. ‖ *Fnc.* 4 *verso* : Obedientia Rhodiorum. — Hain *11572.

A la suite de cette édition on en a relié une autre identique à la suivante, sauf que celle-là n'a pas de réclame ni de signature. Hain ne cite pas cette édition, non plus que la suivante ; elles ont été probablement imprimées à Rome.

71. — —. Oratio pro Rhodiorum obedientia ad Alexandrum VI. — *S. l. n. d. n. typ.* [Rome ?]. Petit in-4, 4 ffnc., car. rom., 31 ll. ll., signat. a, broché.

Fnc. 1 *recto, titre* : M.MONTANI RHODII ‖ Archiepiscopi ad Alexandrū. vi. ‖ Pont. Max. Oratio pro Rho-‖diorum obediētia, Anno. ‖ M.cccc.xciii. mēse ‖ Martio. *Verso blanc. Fnc.* 2, *signé* a ii, *recto, incipit* : MARCI MONTANI RHODII ‖ Archiepiscopi... ‖ ... Oratio ‖ pro Rhodioɤ obediētia. ‖ s Olet uis naturæ præsaga, Beatissime Pater, cum ‖ res aliqua magna... *Fnc.* 4 *recto*, *l.* 24, *explicit* : ... in minoribus, eosdem semper tutari, ‖ defendere, protegere, dignata est. ‖ DIXI. *Verso blanc.*— Édition rare que Hain ne cite pas

72. **Moribus**, conditionibus et nequicia Turcorum (De). — *S. l. n. d. n. typ.* Petit in-4, 36 ffnc.; car. goth.; 36 ll. ll.; sans signatures, 4 cahiers de 8 ff. et 1 cahier de 4 ff.   Rel. vél. On a, par erreur, relié le 4e cahier entre le 1er et le 3e.

Fnc. 1 *recto* : Incipit prohemium in tractatum de moribus condictionibus ‖ et nequicia Turcorum. ‖ [Quia I] Nmanissima persecutionum genera non tam humana quam || diabolica tribulationes ꝭ angustias ꝭ terrores... *Fnc.* 9 *recto, incipit* : mi ad priā₃ r̄uertunt̄ q₂ tam ibi familiaritatē contraxerūt ul etiā ppter dif || ficultatē r̄cede-di ut s̄ diximus. ꝭc̄. ||... *Fnc.* 35 *recto, l.* 33, *explicit* : rum nomina et merita toti mundi erunt manifesta et cognita. || *Fnc.* 35 *verso, incipit* : Hec est opinio abbatis Ioachim de secta mechometi. || ... *Fnc.* 36 *recto* : Registrum. *Verso blanc.* — Hain *15673.

Nous n'avons pu découvrir de qui est ce traité. L'auteur y raconte qu'il fut fait prisonnier à l'âge de 15 ou 16 ans, lorsque les troupes d'Amurat II envahirent, en 1436, la province hongroise de Siebenburgen. Il se trouvait alors dans la ville de *Schebesch* (Schebeschitz?). Il fut vendu à un Turc qui l'emmena à Andrinople, et il resta en captivité jusqu'en 1458. Il fit pendant ce temps, sur les mœurs et la religion des Mahométans, un grand nombre d'observations qu'il consigna dans ce traité, divisé en 23 chapitres, à la suite desquels l'auteur a ajouté une *Oratio testimonialis eorum quæ dicta sunt*, et deux pièces en turc (écrites en caract. romains) avec la traduction latine. On a ajouté à ce traité une prédiction intitulée *Opinio abbatis Ioachim de Secta Mechometi.* Ce Ioachim est sans doute *Ioachim de Flore* dont les prophéties ont eu beaucoup de vogue pendant la fin du moyen âge.
Ce traité anonyme se retrouve mêlé à d'autres dans le recueil intitulé Turchicæ spurcitiæ et perfidiæ Suggillatio, imprimé à Paris pour les frères de Marnef, s. d. (c. 1514), et souvent réimprimé et traduit.

73. **Natali** (Pierre). Catalogus Sanctorum. — Vicence, Henri de Sancto Urso, 1493, 12 décembre. Petit in-fol., 332 ffnc.; car. rom.; 2 col. de 32 ll.; signatures a-z, &, ꝯ ꝗ, A-S par 8 ff., sauf a, x, ꝗ, C, E, G, I, L, N, S qui en ont 6; tit. cour. et init. grav. Rel. vél. blanc, tr. jasp.

Fnc. 1 *recto, titre* : OMNIPOTENTI DEO : IMMACVLATAE SEM-||PER VIRGINI MARIAE : VNIVER || SAEQVE CAELESTI CVRIAE || SPLENDORI : ET ANIMA-||BVS NOSTRIs VTILITATI. *En rouge* : CATALOGVS SANCTORVM ET GE-||STORVM EORVM EX DIVERSIS VO || LVMINIBVS COLLECTVS EDITVS A || REVE-RENDISSIMO IN CHRISTO PA || TRE DOMINO PETRO DE NATALI-||BVS DE VENETIIS DEI GRATIA EPI-||SCOPO EQ VILINO.||... *Fnc.* 7, *signé* b, *recto, col.* 1, *incipit* : damnatoꝝ : ut ut ampliꝰ crucient̄ : & totū splē-||dorem... *Fnc.* 326 *verso, col.* 1, *l.* 29 : Catalogi sanctoꝝ per reuerredissimu₃ || dominum petrum de natalibus uenetū || episcopu₃ equilinū editi opus finit : Vi-||centiæ per henricū de sancto ursio li-||brariū solerti cura īpressu₃ : Augusti || no Barbadico īclyto uenetiaru̅ Duce. || Anno salutis .M.CCCCLXXXXIII. p̄-||die idꝰ decēbris. LAVS DEO. || *Au-dessous, le registrum et la marque de l'imprimeur. Ff.* 337 *recto*-331 *recto les additions.* F*fnc.* 332 *blanc? manque.* — Hain *11676.

74. **NIAVIS** (Paul). Epistolæ breves. — *S. l. n. d. n. typ.* Petit in-4, 24 ffnc., car. goth., 2 gr.; 33 ll. ll.; signat. A-C par 8 ff.; init. gr. Rel. vél. blanc.

Fnc. 1 *recto, titre* : Epistole breues Ma || gistri pauli Niauis, *verso blanc. Fnc.* 2, *signé* Aij, *recto, incipit* : [V]Enerabili viri Andree keesler com= || mendatori archidiaconoq3 in plau= || en Domino suo plurimum colendo || Magnam solet vim... *Fnc.* 9, *signé* bj, *recto*, *incipit* : De vngarorum ruina a turcis ppessa || ... *Fnc.* 24 *recto*, *l.* 33, *explicit* : ueris esse vellis memor fratris tui. quod rurs⁹ efficiam libens. *Fnc.* 24 *verso blanc.* — Hain *11727.

Très rare.

75. **NIDER** (Jean). Tractatus de Contractibus mercatorum. — *S. l. n. d. n. typ.* [Essling, Conrad Fyner]. In-fol., 16 ffnc.; car. goth.; 37 ll. ll.; sans signat., 2 cahiers de 8 ff.   Rel. vél.

Fnc. 1 *recto* : Incipit tractatus de ꝯtractibus Mercatorum Reuerendi p̄ris fratris || Iohānis Nider sacre theologie pfessoris ordinis p̄dicatoꝝ || [C]VM mercatoꝝ officiū tot suspectis ꝯtractibus circum|| uolutū agnoscatur... *Fnc.* 9 *recto, incipit* : Sic etiam iniustu nō est festinare in vendendo quando quis habet res q̃s || timet min⁹... *Fnc.* 15 *verso, l.* 9 : Explicit tractat⁹. de ꝯtractibꝰ mercatoꝝ. Reuerendi p̄ris fris. || Iohānis nider sacre theologie pfessoris ordinis predicatorum. || [S] Ciendū p mḡr Iohānes de nigro mōte ordinis p̄dicatoꝝ ī tracta || tu. ab eo... *Fnc.* 16 *verso, l.* 36 : ex. eo. || Et sic Est finis Hui⁹ opis. — Hain *11823.

Très bel exemplaire.

76. **NOVOLONUS** (Philippus). Oratio ad Regem Christianum. *Fragment.* — — *S. l. n. d. n. typ.* Petit in-4, 9 ffnc.; car. rom.; 23 ll. ll.; sans signat. ni réclame.

Fnc. 1 *recto, incipit* : Oratio Domini Philippi Nuuoloni Ad || Serenissimum Dominum Christiernum || Datiae : Noruegiae : Suetiae : Gothoꝝ : || Slauorum q3 Rogem.||c   um ab Incunabulis primordiis q3 || Rex serenissime hanc mundi ma || chinam natura ipsa digerendo p- || ficeret : nil... *Fnc.* 9 *verso, l.* 23 : datissime queam. Hoc si feceris : & me || *Le reste manque.*

Nous supposons que cette harangue fut adressée à Christian Iᵉʳ, roi de Danemarck, lorsque ce prince, pour accomplir le vœu qu'il avait fait d'aller à Jérusalem en pèlerinage, passa, en 1474, par Rome où il fut reçu avec magnificence par le Pape.

Cet opuscule n'est pas cité par Hain ni par d'autres. Nous le croyons fort rare.

77. **PALEONIDORE** (Jean). Liber trimerestus de principio et processu ordinis Carmelitici. — Mayence, Pierre de Friedberg, 1497. Petit in-4, 74 ffnc.; car. goth.; 2 gr.; 33-35 ll. ll.; signat. a-i par 8 ff., sauf i qui en a 10.

Fnc. 1 *recto, titre* : Joannis paleonydori || bactaui. Carmelitani liber trimerestus. || anaphoricus penagyricus. de prin || cipio et processu car= || melitici. q̃3 laboriose nup || in lucem editus. *Verso blanc.* *Fnc.* 9, *signé* B, *recto, incipit* : cetu cardinaliū. in conceptione virginis gloriose : in con=‖uentu... *Fnc.* 73 *verso*, *l.* 27 : Explicit liber trimcrestus de principiis ⁊ pcessu ‖ ordinis carmelitici. Impressum in alma ciuitate mogūtiueñ. impensis venerabilis patris Joan=‖nis de crouenberg prioris cōuentus mogūtiū. ‖ ordinis carmelitarū. arte magistri petri de fried‖berg. Anno salutis christiane .M.cccc.xcvij. ‖ *Fnc.* 74 *recto* : ☙ Rutgeri sycambri... car‖men heroicum... *Fnc.* 74 *verso blanc.* — Hain *12270.

78. **PALU** (Pierre de la) (*Palude* (*Petrus de*).) Sermones Thesauri novi. — Strasbourg, Martin Flach, 1493. In-fol., 356 ffnc.; car. goth., 2 grand.; 2 col., de 53 ll.; signatures a-z, A-P; sans réclames, tit. cour. Rel. vél. blanc.

Fnc. 1 *recto, titre* : Sermones Thesau ‖ ri noui de sanctis *verso blanc. Ffnc.* 2 *recto, signé* a 2, à 11 *verso, table. Fnc.* 12 *blanc. Fnc.* 13, *signé* c, *recto* : Sermo I *col.* 1 : Incipiunt sermo‖nes notabiles atq; putiles de sanctis per cir ‖ culū anni q̃bs ab editore suo doctore et p̄di-‖catore famosissimo nomen vt Thesaur⁹ no ‖ uus intitulent˙ indĩtū est. ‖ ... *Fnc.* 21, *signé* d, *recto, col.* 1, *incipit* : Dum venter nō restrīgitur cuncte virtutes ‖ obruuntur. Nō solū est... *Fnc.* 355 *recto, col.* 2, *l.* 38, *explicit* : ....Oratio ‖ est deo obsequium. animabɔ refrigeriu⁊. ⁊ dia ‖ bolo supplicium. ‖ Opus perutile sermonum de sanctis p cir ‖ culum anni Thesaurus nouus nūcupatu⁊ ‖ impressum Argentine per Martinum flach ‖ Anno dn̄i. M.cccc.xciij. finit feliciter. *Verso blanc. Fnc.* 356 *blanc ? manque.*

Bel exemplaire, malgré quelques piqûres de vers aux derniers feuillets.
Edition non citée par Hain, et fort rare.
Pierre de *la Palu* ou Paludanus, né à Varambon, 1275-80, entra dans l'ordre des Dominicains et enseigna à l'Université de Paris avec succès. Le pape Jean XXII l'employa à diverses missions, et le nomma patriarche de Jérusalem, puis évêque de Couserans. Il est mort à Paris, le 31 janvier 1342.

79. **Patriarchatus**, Archiepiscopatus et Episcopatus omnes totius ecclesiæ catholicæ. — Augsbourg, Jean Schaur, 1494. Petit in-4, 8 ffnc.; car. goth.; 31 ll. ll.; sans sign. ni réclames. Rel. vél. bl., n. r., piqûres de vers dans la marge des premiers feuillets.

Fnc. 1 *recto, titre* : Hic continent˙ om̄s Patriarchatus Archie=‖ piscopatus et Episcopatus totius ‖ ecclesie katholice siue omni=‖um puinciarū tā Orien= ‖ talium q̃⁊ Occi=‖ dentalium ‖ natio=‖ num ‖ ·. *Fnc.* 1 *verso, blanc. Fnc.* 2 *recto, incipit* : ☙ Isti sunt Episcopi sub Romani Ponti=‖fice et nō in alterius... *Fnc.* 8 *recto, l.* 29 : Auguste impressum p Johannē Schaur. XCiiij. *Fnc.* 8 *verso blanc.* — Hain *12466.

Très rare.

80. **PAULI** (Jérôme). Practica Cancellariæ apostolicæ. — Rome, Jean Besicken et Sigismond Mayer de Marchsam. 1493. Petit in-4, 144 ffnc.; car. goth., 2 grand.; 37 ll. ll. ou par col.; signat. a-s par 8 ff.; manchettes. Rel. vél. bl.

Fnc. 1 *blanc. Fnc.* 2, *signé* a ij *recto, col.* 1, *incipit* : ☙ Prouinciale oīum ecclesia ‖ ruz exēplatū a libro cāzellarie ‖ apostolice. ‖ i N ciuitate ro= ‖ mana sunt quin ‖ q3 ecclesie pa= ‖ triarchales z sūt‖hee. ‖ In primis ec= ‖ ciesia sācti... *Fnc.* 9, *signé* bi, *recto, col.* 1, *incipit* : Cluane n̄. ‖ Ardakanen̄. ‖ ...*Fnc.* 140 *recto, l.* 22, *explicit* : potestatem. Et insuper prefato zc̄. *Verso blanc. Fnc.* 141 *recto, incipit* : Sequūtur defectus precedentis practice in curia imprimen ‖ tiū interpositi suis q3 in locis luculentissime correcti .*Se termine sur le recto du fnc.* 144. *Fnc.* 144 *recto, l.* 16, *explicit de l'erratum et colophon* : Et per ista cū laude dei expediti sint defectus cū suis corre ‖ ctionibus. Laus deo clementissimo. Finit practica Cancellarie aplice Inuenta inter fracmenta ‖ quedā composita per R. p. d. Hieronymū pau. Cathalanū ‖ Canonicū Barcinonen̄ iuris vtriusq3 doctorē ac sanctissimi ‖ in xp̄o patris z dn̄i dn̄i. diuina puidentia Alexandri .vi. pō‖tificis maximi Cubiculariū Cura. R. p. d. Frācisci de bor ‖ gia Canonici Ualentin̄ Iuris pontificij doctoris sedis apo ‖ ce de numero septenario pthonotarij ac eiusdem sedis the ‖ saurarij generalis predicti dn̄i Hieronimi familiarissimi im ‖ pressa Rome per magistros Iohannē de Besicken z Si= ‖ gismūdū de Marchsaz ac diligētissime emēdata per venera ‖ bilem z prouidū virū dn̄m Anthoniū Arnaldū pla. in vtro ‖ q3 iure baccalariū dignissimū clericū Barchinonen̄. Anno salutis xp̄iane. M.cccc.xciij. Pontificatus eiusdem Ale ‖ xandri. vi. pont. Max. Anno secundo. *Fnc.* 144 *verso blanc.* — Hain 12524.

Très rare.

L'auteur de ce livre est Jérôme Pauli de Barcelone, chanoine de Vich, camérier du pape Alexandre VI, et bibliothécaire de la Vaticane, qui a écrit, outre cet ouvrage, un traité de Hispaniæ fluminibus, et une sorte d'histoire de Barcelone

81. **PLATINA**. Vitæ pontificum. — *S. l.* [Trévise], Joannes Rubeus Vercellensis, 1485, 10 février. In-fol., 136 ffnc.; car. rom.; 51-52 ll. ll.; signat. a-r par 8 ff., sauf a qui en a 10, et r qui en a 6.

Fnc. 1 *recto blanc, verso, incipit* : PROEMIVM PLATYNAE IN VITAS PONTIFICVM AD SIXTVM .IIII. PON- ‖ TIFICEM MAXIMVM. *Fnc.* 11 *signé* b, *recto, incipit* : adhuc apparet : Parthicus : Arabicus : Adiabenus cognominatur. Aedificiis præterea ‖ publicis... *Fnc.* 135 *verso, l.* 50 : FINIS ‖ Excellētissimi historici Platinæ ī uitas sūmoɤ pōtificū ad Sixtū .iiii. pōtifice maximū ‖ præclaɤ opus fœliciter explicit : accurate castigatū ac īpensa magistri Ioānis uercelen ‖ sis. M.cccc.lxxxv.die.x.februarii. *Fnc.* 136 *blanc manque.* — Hain *13048.

Rare. — Notre exemplaire est incomplet du cahier q.

82. Prologus Arminensis in mappam Terræ Sanctæ. — *S. l. n. d. n. typ.* [Lubeck, Mathieu Brandis, c. 1476]. Grand in-fol., car. goth.; 30 ffnc.; 2 col. de 56-58 ll.; sans sign. Cart.

Fnc. 1 *recto blanc. Fnc.* 1 *verso, incipit* : Scema templi ‖ salemonis in mō‖te moria ymagi‖nariū Et est mōs ‖ moria quāuis al‖tus... *Fnc.* 2 *recto, col.* 1 : Incipit prologus Arminensis in map‖pam Terresancte. templi domini. Ac san‖cte ciuitatis Hierusalem ‖ xquo sensus literalis... *Fnc.* 7 *recto, l.* 1 : Incipit descriptio Hierusalem... *Fnc.* 30 *verso, col.* 2 *l.* 25 : Et sic finit tractatulus totius sacre historie elucidatiuus... ‖ ... p ꝗ ipē sūm⁹ laudeī ceptri= ‖ ger nunc et in euum. — Hain *1798.

Cet ouvrage, d'une insigne rareté, a été reproduit en 1885, en fac-similé héliographique, par les soins de la Société de l'Orient Latin, et précédé d'une préface due au *P. Neumann*. Celui-ci attribue cette précieuse description de la Terre Sainte à un dominicain du nom d'*Hermann Sina*. Le P. Neumann ne signalait, en 1885, que 10 exemplaires connus du « Prologus », dont 3 dans des bibliothèques de Lübeck, 3 autres dans l'Europe septentrionale, 1 à Münich, d'après lequel a été faite la réimpression en fac-similé ; les autres, dont un avait appartenu à *La Serna-Santander*, étaient considérés comme disparus. Le Prologus a dû être imprimé entre les années 1460 et 1481, probablement vers 1476, à Lubeck, chez M. Brand ; outre d'importants renseignements géographiques, il contient des détails historiques sur les Hébreux, les Sarrasins et les Turcs.

83. Propositio per oratores Innocentij VIII, Carolo VIII facta. — *S. l. n. d. n. typ.* [*Rome, Étienne Planck.*] Petit in-4, 6 ffnc.; car. goth.; 33 ll. ll.; signature a. Rel. mar. brun jans., dent. int., tr. dor. (Capé).

Fnc. 1 *signé* a, *recto, incipit* : ❡ Propositio facta p̄ oratores. S.D.N. Inno. pape. viij. corā xp̄i ‖ anissimo dño Carolo. viij. Frācoꝛ rege : ⁊ cius ꝓsilio pponente ‖ Ŗ̃do p̄re dño Leonello ep̄o Tragurien̄. vno ex eisdē oratorib⁹ : ‖ Parisius in palacio regio. die. xx. Ianuarij .M.cccc.lxxxviij. ‖ ROmani pontifices xp̄ianissime rex : quib⁹ a saluatore nr̄o ‖ in persona bt̄i Petri aplōꝛ principis : vt... *Fnc.* 5 *verso, l.* 16, *explicit*.... : Ex quo ⁊ im-‖mortalē laudē ⁊ sempiternū apud deū ⁊ aplicam sedem meritū ‖ consequeris. ‖ Finis. *Fnc.* 6 *blanc.* — Hain *13412.

84. Rebus gerendis (de) in Ildrimium Ottomanum ordo. — *S. l. n. d. n. typ.* [Italie?]. Petit in-4, 4 ffnc.; car. goth.; impression rouge et noire; 39 ll. ll.; sans signatures. Rel. mar. olive, plats ornés, dent. intér., tr. dor. (Chambolle-Duru).

Fnc. 1 *recto, incipit, en rouge* : Magistri ⁊ Consilii hospitalis Hierosolymitani rerum loco ‖ ⁊ tempore gerendaꝛ in Ildrimiū Ottomanū ad fratres Renieꝛ ‖ post cōmēdatorē de chalon : ⁊ Dalmanū de Maia cōmendatorem ‖ de bagolles : ⁊ ad quēlibet vestꝛ ordo monimētum ⁊ instructio. ‖ [*en noir*] : Q magni ponderis quantiq̄ꝫ momenti pariter ac difficulta-||tis negocium... *Fnc. 4 verso, l.* 35, *explicit* : voluerit. Quid sibi in hoc velit : deus optimꝰ intelligit : hominūqʒ || iactura plurimū fallitur. Exitus vero bona malaue approbabit. || Ex Rhodo die quinto Augusti natalis dominici Mil||lesimo Quadringentesimo octuagesimosecundo. — *Non cité par Hain?*

85. ROBERTUS MONACHUS. Historia hierosolymitana s. Iter contra Turcos. — *S. l. n. d. n. typ.* [Cologne, Arnold Ther Hœrnen.] Petit in-4, 126 ffnc.; car. goth.; 27 ll. ll.; sans signatures, 16 cahiers de 8 ff., sauf le 10° qui n'en a que 6. Rel. chag. brun, dent. intér., tr. dor.; au dos, le chiffre du comte Riant.

Fnc. 1 *recto, incipit* : [H]Oc exemplar epistole quarto || āno ante gloriosū iherosolimi || tanū iter a Cōstātinopolitano || Imperatore... *Fnc.* 4 *recto, incipit* : [V] Niuersos qui hanc hystoriam legerint || siue legere audierint... *Fnc.* 9 *recto, incipit* : illis ne transirent illud vicini equoris spacium || quod appellatur... *Fnc.* 126 *verso, l.* 14, *explicit* : btōqʒ Blasio militibꝫ xp̄i vere nos ꝫmittimꝰ || Explicit hystoria de Itinere ꝫtra turchos. — *Non cité par Hain.*

Brunet (Manuel IV, 1334-35) l'indique, mais il dit, par erreur, que le texte se termine au *recto* du f. 126.
Édition princeps, très rare, de la chronique de Robert, moine bénédictin, abbé de Saint-Rémy, à Reims, au XII° siècle. C'est à tort que l'auteur de la notice consacrée à Robert le moine, dans l'Hist. littér. de la France (tome X, pp. 323-331), a cru que cette édition avait été exécutée à Paris, par Gering, Crantz et Friburger. Les caractères sont ceux de Ther Hœrnen, de Cologne.
Cette édition est, paraît-il, remplie de fautes de typographie.

86. — —. Historia Hierosolimitana, germanice. — Augsbourg, Jean Baemler. 1482, 22 avril. In-fol., 94 ffnc.; car. goth.; impr. r. et n.; 28 ll. ll.; sans signat.; fig. sur bois. Rel. parchem.

Fnc. 1 *recto, incipit, en rouge* : Hienach volgt ein warhaft vnd bewerte histori || wie du türckē vn̄ andre geschlecht der vngleû-|| bigen... *Fnc.* 9 *recto, incipit* : verbieten. Aber für war der herr wirt auffsteigen über || daʒ volck... *Fnc.* 94 *recto, l.* 6 : ⁋ Dise warhaftige hijstorij hat gedruckt || Hanns Bämler zů Augspurg vnd volenn-||det An māntag vor Georij. Anno ꝛc̄ Im || lxxxij jare. ꝛc̄. *Fnc.* 94 *verso blanc.* — Hain *8753.

Piqûres de vers.
Version allemande, fort rare, de l'ouvrage de Robertus Monachus.

87. SABELLICUS (M. Antonius Coccus). Rerum Venetarum decades. — Venise, André Torresanus de Asula, 1487, 21 mai. In-fol., 240 ffnc.; car. rom.; car. goth.; 48 ll. ll., ou 2 col. 57 ll.; signatures : 1-[6], a-y, A-O par 6 ff., sauf a, i, K-M qui en ont 8, N qui en a 10 et O qui en a 4, plus les 2 dern. ff. non signés; tit. cour.; récl. et manchettes. Rel. vél. blanc.

Fnc. recto blanc; verso, incipit : M. Antonii Sabellici in tris & triginta suos rerý Venetarý Libros Epitoma || EX PRIMO LIBRO || Priscorum origo... *Fnc.* 15, *signé* b, *recto, incipit* : perspicue suo loco dicetur. Nunc ad ea redeo de quibus nihil inter scripto-||res ambigitur... *Fnc.* 238 *recto, l.* 17 : Hoc opus Impressum est Venetiis Arte & industria optimi || uiri Andreæ de Toresanis de Asula Anno || M.CCCCLXXXVII. Die XXI. || Madii. Augustino Bar || badico Inclyto || principe. *Fnc.* 238 *verso blanc. Fnc.* 239 *recto, col.* 1, *incipit* : Recognitio ex collatione Archetypi ꝫ impressionis. *Fnc.* 240 *verso, col.* 2, *l.* 50 : a tergo in prima linea quae domi pro aeque domi. — Hain * 14053.

Très bel exemplaire.

88. **SANCHEZ DE AREVALO** (Rodrigue). Epistola lugubris de expugnatione Insulæ Negropontis. — *S. l. n. d. n. typ.* [Cologne, Ulric Zell.] Petit in-fol., 10 ffnc.; car. goth.; 2 col. de 37 ll.; sans signatures (1 seul cahier) ni réclames. Rel. mar. rouge, tr. dor. [rel. anc.].

Fnc. 1 *recto, col.* 1 : Incipit Epistola lugubris || ꝫ mesta simul ꝫ cōsolatoria de || infelice expugnacōne ac miseá || irrupcōne ꝫ inuasione Insule || Euboye dicte Nigropontis a || pfido crucis christi hoste... *Fnc.* 3 *recto, col.* 1, *incipit* : ꝫ potes aliena limire. facile enī || sibi medetur... *Fnc.* 10 *verso, col.* 2, *l.* 12, *explicit* : tuum. Amen. || Explicit Epistola lugubris || ꝫ lacrimabilis piter ꝫ ꝰsolato || ria ad cūctos fideles de expug || natione ꝫ amissione Insule Ni||gropontis..:......:. — Hain * 13957.

L'île de Négrepont, prise le 12 juillet 1470, avait longuement résisté à Mahomet II, qui, pour venger la mort de ses soldats, ordonna le supplice des vaincus, qui s'étaient rendus sous la condition d'avoir la vie sauve. C'est le récit de la prise de cette île et des atrocités commises par les Turcs que Sanchez fit dans cette lettre écrite vers la fin de 1470 et adressée au cardinal Bessarion.

Cet exemplaire a fait partie de la bibliothèque du cardinal *de Loménie de Brienne*, et a appartenu à M. *Montherot* de Dijon.

89. **SAVONAROLE** (Jérôme). Revelatio de Tribulationibus. — Paris, Gui Marchand, 1496. In-4, 38 ffnc.; car. goth., 3 gr.; 38 ll. ll.; signat. a-e par 8 ff., sauf e qui en a 6; fig. sur bois et manchettes. Rel. vél. bl.

Fnc. 1 *recto, titre* : Reuelatio de Tribulatio || nibus nostrorum temporū : de reformatione || vniuerse dei ecclesie autore deo et de conuer||sione Turcorū et infideliū ad fidem nostrā || cito et velociter : ostensa Florētie hieronymo || de ferraria : hoc tempore viuēti Seruo Iesu Christi minimo. *Au-dessous, la marque de Guy Marchand. Fnc.* 9, *signé* b.i, *recto, incipit* : a quibus quando et quomodo. Nullumqꝫ remediū presulibus || ecclesie... *Fnc.* 37 *verso, l.* 32 : Impressum Parisij per Guidonem mercatoris || In officina sua retro collegium Nauerre In de || scēsu ad collegiū Attrabatēse Anno dñi. 1496 || Die. vi. Augusti. Et inueniūtur hi libri vena || les in intersignio Leonis argentei in vico sancti Iacobi prope Maturinos. *Fnc.* 38 *blanc.* — Hain 14337.

90. **SCHEDEL** (Hartmann). Chroniken. — Augsbourg, Jean Schoensperger, 1500. Petit in-fol. CCCxvii ff. et 15 ffnc.=332; car. goth., 2 gr.; 2 col., 51-52 ll.; avec signatures a-z, A-Z, AA-KK, a, b; titre cour.; titres et figg. gr. sur bois. Rel. vélin.

F. I nc. recto, titre gravé (endommagé, la 1re ligne manque) : Das buch der || Croniken vnnd ge= || schichten mit figu= || ren vnd pildnuβ || sen von Anbeginn || der welt biβ auff || dise vnsere Zeijt. || *F.* II *verso, fig. sur bois. F.* iij, *col.* 1, *fig. sur bois, au-dessous, incipit* : IN dem anfange hat got beschaffenn || hymel vñ erden. *F.* CCC.xvii *verso, col.* 2, *l.* 24 : ℭ Hie endet sich das būch der Cronick vñ || geschichtē mit figurē vñ pildnissen võ anbegiñ || ʓ welt biβ auf dise vnser zeit. gedruckt vñ volēt || in ʓ kayserlichen statt Auspurg durch Hañsen || Schŏnsperger Im iar nach Christi geburt vn || sers herren. M.cccc. *Fnc.* 1 (118e) *manque. Fnc.* 2 *et* 3 *carte de l'Allemagne. Ffnc.* 4-14, *table. Fnc.* 15 *blanc? manque.* — Hain *14512.

Troisième édition de la *Chronica Mundi* de Schedel. Les figures sur bois dont elle est ornée sont l'œuvre des deux graveurs Michel Wolgemuth et Hans Pleydenwurff. Parmi ces gravures se trouvent un grand nombre de vues de villes, qui ont été faites d'après nature et qui sont assez exactes.
Cet exemplaire est incomplet du 318e et du 332e ff. Le haut du titre et plusieurs autres feuillets ont été raccommodés. Les figures ne sont pas coloriées.

91. **SIXTE IV**. Regulæ, ordinationes et constitutiones Cancellariæ apostolicæ. — *S. l. n. d. n. typ.* Petit in-4, 22 ffnc.; car. rom.; 27-58 ll. ll.; sans signat., 2 cahiers de 8 ff. et de 6 ff.

Fnc. 1 *blanc. Fnc.* 2 *recto* : Regule Ordinatiões et Constitutiões Can || cellarie sāctissimī domini nostri domini Six || ti diuina puidentia pape .iiii. scripte et corre || cte in Cancellaria apostolica. *Fnc.* 9 *recto, incipit* : generali in corpe iuris clausa reseruata fuerit || se nō intruserint... *Fnc.* 16 *verso, l.* 12 : Lecte et publicate fuerūt suprascripte regu || le Rome in Cancellaria apostolica die martis xxvii. mēsis augusti Anno domini .M.cccc. || lxxi. Indictione quarta Pontificatus. s.d.n. || do. Sixti Pape .iiii. anno primo. G. de puteo. || Et in audientia Contradictaʒ die mercurii || secda octobris anno et pontificatu ut supra || Or. de Vrsinīs locumtenen. *Fnc.* 17 *recto, incipit* : Sanctissimus in Christo pater et dñs noster || dominus Sixtus diuina puidentia Papa .iiii. || Cupiens... *Fnc.* 22 *verso, l.* 16 : Lecte et publicate fuerunt supradicte regu || le Ro. in cancellaria apostolica die iouis deci || manona mensis decembris Anno incarnacõis || dominice Mille-

simoquadringentesimoseptu || agesimoprimo Indictione quarta põtificato || prefati Sāctissimi in Cristo patris et domini || nostri domini Sixti diuina prouidentia pape || Quarti Anno Primo. G. de Puteo.
— *Édition non citée, imprimée sans soin avec des caractères usés.*

INNOCENT VIII : Regulæ, ordinationes... — *S. l. n. d. n. typ.* [Rome, selon Hain.] Petit in-4, 12 ffnc.; car. goth.; 33-34 ll. ll.; sans signat. (1 cahier de 4 ff., 1 cahier de 8 ff.).

Fnc. 1 *incipit* : ❡ Regule Ordinationes et cōstitutiones Cancellarie Sanctis=||simi dñi nostri dñi Innocentij diuina prouidentia pape .viii. scri=||pte et correcte in Cancellaria apostolica. *Fnc.* 10 *verso, l.* 29 : Lecte ᛫ publicate fuerunt suprascripte Regule Rome in Can=|| cellaria apostolica die Iouis .xxiij. mensis Septembris Anno || domini .M.cccc.lxxxiiij. pont. prefati Sanctissimi dñi nr̄i domi||ni Innocentij diuina prouidentia pape .viij. anno primo. *Fnc.* 11 *recto, incipit* : Sanctissimus in xp̄o pr̄ ᛫ dñs nr̄ dñs Innocentij⁹ papa octa|| u⁹ Cōstitutionē suā reuocatoriā spāliū... *Fnc.* 12 *verso, l.* 5 : Lecte ᛫ publicate fuerunt supradicte regule in cancellaria a=||postolica die martis prima mensis martii. Anno a natiuitate || domini .Mcccclxxxv. Pont. pf̄ati Innocētii anno primo.||... *l.* 31 : Lecta ᛫ publicata prima mensis martii ut supra. — *Hain* *9218, *qui paraît avoir vu un ex. un peu différent et incomplet.*

INNOCENT VIII. Constitutio. — *S. l. n. d. n. typ.* In-4, 1 fnc.; car. rom., impr. au recto seulement; 22 ll. ll.

Incipit : Sanctissimus in xp̄o pr̄ & dñs nr̄ dñs Innocētius || diuia puidētia papa viii. qui ī crastinū assump=|| tiōn sue ad... *l.* 20 : Placet & publicet" & describatur in Cācellaria I. || Lecta & publicata est in Cancellaria apostolica || quinta mensis Iulii anno domini M.cccclxxv. Verso blanc. — *Non cité.*

Ensemble 1 plaq. petit in-4. Rel. vél.

92. **TEGLEACIO** (Étienne). Sermo contra Turcas. — *S. l. n. d. n. typ.* Petit in-4, 6 ffnc.; car. goth.; 33 ll. ll.; sans signat. ni récl. Rel. vél. bl.

Fnc. 1 *recto, incipit* : Stephani archiep̄i Antibareñ. sermo habitus in materia fi||dei contra Turco⁊ persecutionē ex solennitate gloriosi apo||stoli ᛫ euāgeliste Iohānis. *Fnc.* 6 *recto, l.* 12 : Habita fuit hec oratio Rome in ecclesia Lateraneñ. per. R̄. p. do || minum Stephanum Thegliatium archiepiscopum Antibareñ. || vt moris est in celebratōne misse pontifici in die solennitatis glo||riosi apostoli ᛫ euangeliste Iohannis. Anno domini. Mcccclxxxi || Pontificatus vero. S. d. n. d. Sixti pape .iiij. anno decimo. || Finis. *Fnc.* 6 *verso blanc.* — Hain *15461.

Édition rare.

93. **Tractatus** quidam de Turcis prout ad presens ecclesia sancta ab eis afflicta. — Nuremberg, Conrad Zeninger, 1481. Petit in-4, 24 ffnc.; car. goth.; 32 ll. ll.; signat. a-c par 8 ff.; manchettes. Rel. vél. bl.

Fnc. 1 *blanc? manque. Fnc.* 2, *signé* a.j., *recto* : Incipit tractatus quidā de Turcis put ad p̄sens || ecclesia sancta ab eis affligit˜ collectus diligēti dis || cussione scripturarū a q̄busdā fratrib⁹ ordinis p̄di || catorum q̄ etiā ꝫ tribo p̄ucipalit˜ tractat. Primo de || autenticatōne scripturaȥ loquētiū de p̄nti afflictōe || ecclesie. ScꝪo de culpis... *Fnc.* 9, *signé* b.j, *recto, incipit* : Scriptura veteri aut nouo testamēto aliq̄d esset in= || sertū de p̄nti... *Fnc.* 23 *verso, l.* 17, *explicit* : ..... di||gnet˜ ipse amator pacis iesus christ⁹ dn̄s nr̄. Amen || Explicit tractat⁹ collect⁹ año dn̄i. M.cccc.lxxiiij. || a quibusdā fratribus ordinis p̄dicatoȥ : de presenti || afflictione ecclesie... *l.* 24 : ..... Impressus āno dn̄i. M.cccc.lxxxj. nurē= || berge per conradum zeninger. — Hain *15681.

94. **TRITTENHEIM** (Jean de). De laude scriptorum. — Mayence, Pierre de Friedberg, 1494. Petit in-4, 20 ffnc.; car. goth., 2 gr.; 36 ll. ll.; signat. a-c par 6 ff. Rel. vél. bl.

Fnc. 1 *recto, titre* : De laude scriptoȥ pulcher= || rimus tractatus dn̄i Johā= || nis tritemij abbatis Spanhemensis ordinis sancti || benedicti de obseruātia burßfeldeñ. ad Gerlacū ab= || batem tuiciensem. *Fnc.* 9, *signé* bj *recto, incipit* : [M]Agna est itaq; huius sacratissime artis vtili= || tas : que nō... *Fnc.* 20 *recto, l.* 20 : Desideratus finis huic p q̃ꝫ eleganti opusculo fauste || imponuntur p Petrū Friedbergeñ. impressorem Ma || guntinū Anno virginei partus. M.cccc.xciiij. *Fnc.* 20 *verso blanc.* — Hain *15617.

95. — —. De scriptoribus ecclesiasticis. — Bâle, s. *typ.* [Jean de Amerbach], 1494. In-fol., 6 ffnc.; j40 ff. chiff.; car. rom.; 51 ll. ll.; signat. A, a-u par cahiers alternés de 8 et 6 ff.; sans récl.; avec tit. cour. Rel. veau f.

Fnc. 1 *recto, titre* : Liber de Scriptori-||bus Ecclesiasticis. F. I, *signé* a, *recto, tit. cour.* : LIBER DE SCRIPTORIBVS ECCLESIASTICIS. *Texte, incipit* : Disertissimi uiri Reuerēdiq; in christo patris : dn̄i Iohānis de Trittenhem abbatis || Spanhemensis : ad... *Fnc.* j40 *verso, l.* 20 : Explicitus est liber de Scriptoribus ecclesiasticis disertissimi patris domini Io-||hānis de Trittēhem abbatis Spanhemēsis : Basileæ : Anno domini Millesimo qua-||dringentesimo nonagesimo quarto. 1 *fnc. contenant une lettre de Jean de Trittenheim à Albert Morderer, et une pièce de* 18 *vers latins, de Sébast. Brant.* — Hain *15613.

96. **Triumphi** futuri christianorum in Turcos.—Augsbourg, Jean Froschauer, 1499. Petit in-4, 22 ffnc.; car. goth., 2 gr.; 31 ll. ll.; signat. a b c par 8 ff., sauf c qui en a 6; fig. sur bois. Rel. vél. bl.

Fnc. 1 recto, titre : De futuris christiano𝑦 trium‖phis in thurcos ℸ sarracenos ‖ ☙ Egregius fatidicus mirabilisq₃ ac admi‖randus libellulus de duobus proxime futu=‖ris xp̄iano𝑦 triumphis in thurcos ℸ sarra=‖cenos. quo𝑦 primus principaliter erit super ‖ thurcos qui in Constantinopolitano sunt ‖ impio ℸ grecia. Et sup sarracenos qui sunt ‖ in hierusale₃ ℸ terra sancta. Secundus v̄o ‖ principaliter super regem erit soldanū. super ‖ egyptū ℸ arabes. ℸ sup cunctos sarra‑cenos. ‖ Et iste presens codiculus ex quodā mirabi=‖li tractatū. quē quidā doctissimus virorum ‖ ℸ theologie doctor edidit. mira breuitate ℸ ‖ sumptus ℸ excerptus est. *Fnc. 1 verso, occupant la place de la lettre A, initiale du premier mot, la fig. sur bois employée par Froschaue' sur le titre des n*ᵒˢ *26 et 33 ci-dessus; texte* : [A]Dmirabilis iste ℸ admirand⁹ ma‖gno𝑦 futuro𝑦... *Fnc. 9, signé b, recto, incipit* : ☙ Hic notandum q̄ tota thurcia ℸ omnis saracenica ‖ plebs. hoc est... *Fnc. 21 verso, l. 23* : ☙ Anno salutifere melliflueq₃ ac felicissime natiuitatis... *l. 3*... dn̄i nostri ihesu ‖ xp̄i. M.cccc.xcix... *Fnc. 22 recto, l. 7*... id opusculi magno ‖ cum studio et fideli diligentia ac mira arte per Johan=‖nem Froschauer in famosa imperialiq₃ ciuitate Augu‖sta impressum est... *l. 17, explicit* : deficientem in celesti patria donet vitam. Amen. *Fnc. 22 verso blanc*. — Hain 15643 n'a pas vu cette rare plaquette.

97. **TZEWERS** (Guillaume). De passione christi sermo. — *S. l. n. d. n. typ.* [Cologne ou Strasbourg, c. 1485/87.] Petit in-4, 104 ffnc.; car. goth., 2 gr.; 32-33 ll. ll.; signat. a-n par 8 ff. Broché.

Fnc. 1 recto, titre : De passione christi sermo ‖ eximij sacre theo‑logie do-‖ctoris Guilermi de Aquis ‖ grano. *Fnc. 1 verso blanc. Fnc. 2 signé a2, recto, incipit* : Sermo deuotissim⁹ ℸ mḡralis de passione dn̄i edit⁹ p eximiū ‖ sacre theologie doctore₃ Guilermū textoris de Aquisgrano. tunc ‖ predicantē in Basilea. verū quidē morib⁹ . rerū expientia. ac con=‖templatiōe maximū ℸ ad instantiā excellētissimi doctoris Guiler‖mi de Ruperforti Cancellarij regis francie ingenij ℸ sctīmonie ‖ non minoris impressus vt versus docent subscripti... *Fnc. 9, signé b, recto, incipit* : precedere omne₃ actum liberum voluntatis' verum illa tristicia ‖ sic in voluntate... *Fnc. 104 recto, l. 27, explicit* : ... easdem aquas degu=‖stando compatiamur. q̄ vt fieri facilius possit. Primo ℸc̄. *Fnc. 104 verso blanc*.

Guillaume Tzewers ou Textor, chanoine de la cathédrale d'Aix-la-Chapelle, enseigna la théologie à Erfurt, et fut enfin prédicateur à Bâle. Il vivait encore en 1485.

Édition très rare, non citée par Hain. Holtrop, Cat. Bibl. Hagan., le mentionne, p. 381, n° 342.

98. WENZELAY. Practica [astronomica]. — [Lubeck, Barthélemy Gothan, c. 1492].

Fragments trouvés dans la reliure d'un exemplaire des *Revelationes* de sainte Brigitte, édition de Lubeck, Barth. Gothan, 1492. (Cf. Cat. scandinave, n° 85.) Ils proviennent des 4 premiers feuillets d'un traité d'astrologie. Le premier feuillet est complet; les 6 dernières lignes du second manquent. Il manque au troisième les 6 dernières lignes, ainsi que la marge extérieure, et une partie du texte sur la hauteur extérieure. Il manque au quatrième une bande perpendiculaire comprenant la marge extérieure et une partie du texte.

L'ouvrage dont ces fragments proviennent est petit in-4, ffnc.; car. goth., 2 gr.; 31 ll. ll.; sans signature ni récl.

Fnc. 1 *recto, incipit* : Practica des meysters wenzelay. ‖ M.cccc.xcij. Saturnus vñ Uenus regerer dysses yares. ‖ ☾ De ghebuete ♂ vnderstē werlde vndergeworpē synt der ‖ krafft... *Fnc.* 2 *recto, incipit* : nicht erkennen. de welke orsprūklik genamē wert vā ♂ mē ‖ nichuoldighen werdicheyt... *Fnc.* 3 *recto, incipit* : dyt iaer bewiset vñ gevundē wert gās sl [*lacune*] *l.* 2 : kentekē. Wekes alzo... *Fnc.* 4 *recto, incipit* : ☾ Dat. vij. capittel. van den forster [*lacune*] *l.* 2 : ☾ De stant des alder... — Non cité par Hain.

Très rare.
Panzer ne le mentionne pas dans la liste des éditions incunables faites à Lübeck, qu'il donne dans ses Annales, I, pp. 524-528. Les caractères sont identiquement semblables à ceux employés dans l'édition des *Revelationes Sanctæ Birgittæ*, imprimée à Lübeck, en 1492, par Barthélemy Gothan, et c'est indubitablement de son imprimerie qu'est sorti cet ouvrage-ci. Nous n'avons pu découvrir aucun renseignement sur son auteur.

99. WIMPHELING (Jacques). Philippica. — Strasbourg, Martin Schott, 1498, 13 kal. Decembre. Petit in-4, 14 ffnc.; car. rom. et goth.; 34 ll. ll.; signat. A (par 6 ff.), B, C (par 4 ff.); fig. sur bois. Rel. vél.

Fnc. 1 *recto, titre* : Philippica ‖ Iacobi Vuimpfelingi Sletstatini : In laudem & ‖ defensionem Philippi Comitis Rheni Pala=‖tini Bauarię Ducis &c̃. ‖ Sempiterna salus Domui Bauarice. ‖ *Audessous, fig. sur bois* : armes de Bavière. *Fnc.* 1 *verso blanc. Fnc.* 7 *signé* B, *recto, incipit* : quidē suffecerint quæ recensuisti : non poteras paucis ‖ plura... *Fnc.* 14 *recto, l.* 19 : Impressum a Martino Schotto Ciue Argeñ. ‖ xiij. kl. Decembris. Anno Christi. xcviij. ‖ *Audessous, marque de Schott. Verso blanc.* — Hain *16186.

Très rare.
Ces Discours sont intitulés *Philippica*, en l'honneur du duc de Bavière, Philippe, devant qui ils furent prononcés, le 7 des ides d'octobre (9 octobre) 1498, par des élèves de Wimpheling. Les noms de ces élèves sont donnés au recto du dernier feuillet.

II

THÉOLOGIE — LA BIBLE ET N.-S. JÉSUS-CHRIST

1. Ancien et Nouveau Testament.

100. Biblia sacra ad optima quæque veteris, vt vocant, tralationis exemplaria summa diligentia, pariq; fide castigata ✱ Cum Indicibus copiosissimis. Lvgdvni, apvd Ioan. Tornaesivm, M.D.LVIII. (Titre encadré.) Pet. in-8 de 8 ffnc., 1152 pp., 38 ffnc., rel. vél., n. r.

Jolie édition ornée d'un grand nombre de figures sur bois.

101. Biblia sacra vulgatæ editionis Sixti V. Pontif. Max. jussu recognita et Clementis VIII auctoritate edita. Vesuntione, apud Boillot, 1829. In-8, avec 2 cartes, rel. romant. veau vert, tr. dor. à la cathédrale.

102. Novum Testamentum graece et latine. Textus latinus ex vulgata versione Sixti V. P. M. jussu recognita et Clementis VIII P.M. auctoritate edita repetitus. Lipsiae, Bern. Tauchnitz, 1880. Petit in-8, d.-rel. chag. r.

103. Le Nouveau Testament en latin et en français traduit par *Sacy*, Édition ornée de figures gravées sur les dessins de *Moreau le jeune*. Paris, Didot, 1793-1798. 5 vol. in-8, rel. veau.

104. Concordantiæ Bibliorum Sacrorum vulgatæ editionis ad recognitionem jussu Sixti V. Pont. Max. bibliis adhibitam, recensitæ et emendatæ ad textum *F. P. Dutripon*, cura et studio R. P. F. *Gabrielis Tonini*. Prati, Ex off. Giachetti, 1861. 1 vol. in-4, d.-rel. veau gris, tête marbr., non rogn.

105. **Raze** (de), **Lachaud** (de), **Flandrin** (P. P.). Concordantiarum SS. Scripturæ manuale, editio in commodissimum ordinem disposita et cum ipso textu sacro de verbo ad verbum sexies collata... nova editio. Parisiis, apud Lecoffre filium et socios, 1868. In-8, d.-rel. chag. n.

106. Fragmenta latina evangelii S. Lucae, Parvae Genesis et Assumptionis Mosis..... versionis Syriacae Pauli Telensis cum notis..... edidit *Antonius Maria Ceriani*. Mediolani, typ. et impensis Bibl. Ambrosianae, 1861. In-8, rel. toile. [Fasc. I du tome Ier des *Monumenta ex codicibus praesertim Bibl. Ambrosianae*.] — **Molini** (Aug. Mar.). De vita et lipsanis S. Marci evangelistae..... edebat *Sanctes Pieralisi*. Romae, typ. coll. Urbani, 1864. In-4, rel. toile, couv.

107. Veteris Antehieronymianæ Versionis libri II Regum sive Samuelis, cap. X.18-XI.17, et cap. XIV.17-30 ; fragmenta vindobonensia, princeps editio. Vindobonæ, Geroldi filius, 1877. Grand in-4, avec 2 pl. facsim. héliog., rel. toile.

Tiré à 120 exemplaires.

108. Berger (Samuel). De l'histoire de la Vulgate en France. Paris, Fischbacher, 1887. In-8, br. — Notice sur un manuscrit de Lyon renfermant une ancienne version latine inédite de trois livres du Pentateuque. Imp. Gouverneur-Daupeley, à Nogent-le-Rotrou. Plaq. in-fol. cart., avec 2 fac-similés héliog. — **Omont** (H.). Fragments d'une « versio antiqua » de l'Apocalypse. [Extr. de la Bibl. de l'École des Chartes, t. XLIV, 1883.] In-8, cart.

109. Sanson (Nicolas). Geographia sacra ex veteri et novo Testamento desumta et in tabulas quatuor concinnata, Quarum I. Totius Orbis in Bibliis sacris cogniti, partes continet. II. Terram Promissam..... III & IV. Jesu Christi, & Apostolorum Petri & Pauli Patriam..... & Itinera..... accesserunt in Indicem geographicum Notæ Johannis Clerici. Amstelaedami, Exc. Fr. Halma, MDCCIV. 1 vol. in-fol., rel. veau, 4 cartes géog. et 1 front.

On a relié cet ouvrage avec mention du tome II, le tome I étant la « Geographia sacra » de Charles de Saint-Paul.

110. Smith (William). A Dictionary of the Bible, comprising its antiquities, biography, geography, and natural history. London, Murray, 1863. 3 forts vol. in-8, rel. toile, non rogn. (édit.).

111. Barbié du Bocage (A.-F.). Dictionnaire géographique de la Bible. Paris, Crapelet, 1834. 1 vol. in-8, rel. toile. — **Marracci** (Lodovico). Onomasticon Urbium, ac Locorum Sacræ Scripturæ ex D. Hieronimo, Eusebio, Adrichomio, ac Jacobo Bonfrerio è S. J..... juxta Vulgatam Lectionem Alphabeticè redactum..... Lucæ, Typis Nicolai Mencacci, 1705. In-12, rel. vél. — **Spol** (E.). Dictionnaire de la Bible. Paris, Gaume, 1876. In-12, rel. toile, édit.

112. Postilla || euangeliorũ et epi-||stolarũ dñicalium ; necnon de || sanctis per circulũ totius an-||ni de nouo correcta et emenda||ta : cum passione christi : et etiã || tabula. (*Titre encadré.*) Fo. xci, v°, col. 2, *incipit* : Postilla epistolarũ et euangelistarũ || dñicalium : necnon de Sanctis...||... expliciut feliciter. Impressa. Lugd. || per Claudium Mourryt. Anno Domini || M CCCCC .x. die .xi. mēsis. Julij. ||..... In-8 de 103 ff. chif., 1 fnc., car. goth., 2 colonnes, cart.

113. Vitry (Jacques de). Sermones in Epistolas & Evangelia Dominicalia totius anni, ab ipso Authore à trecentis quinquaginta & amplius annis, conscripti nunc autem primùm summa diligentia in lucem editi. Antverpiæ in Ædibus Viduæ & Hæredum Ioannis Stelsij 1575. 1 vol. in-fol., rel. veau.

114. — Sermones in epistolas, et evangelia dominicalia totius anni..... Denuo in lucem editi, et exactissima cura emendati. Quibus accessit locupletissimus Index rerum omnium memorabilium, à concionatoribus prius admodum desideratus. Venetiis, apud Giordanum Zilettum, MDLXXVIII. in-4, 30 ffnc., 1405 pp.; 1 fnc., rel. parchemin en mauvais état.

2. Vie de Notre-Seigneur Jésus-Christ.

115. **Agricola** (George). Itinerarivm Beatissimæ Virginis Mariæ, qvando cum Puero Iesu, sæuitiem Herodis metuens, fugit in Aegyptum : hactenus per tot secula, nempe post Christum natum, à nemine tentatum neq3 descriptum... Authore ingenuo adolescente, Georgio Agricola Hammonio, Ingolstatadiensi..... Excvsvm Ingolstadii apvd Alexandrum & Samuelem Vueissenhornios fratres Germanos, à Virgineo partu, M.D.LX. In-4 de 8 ffnc., rel. vél.

> Ouvrage peu commun. On ne sait sur son auteur que ce qu'il nous apprend lui-même. Il naquit à Ingolstadt et fit ses études au collège que possédaient les Jésuites en cette ville. L'idée de l'ouvrage ci-dessus, qu'il composa étant encore jeune, lui vint à la suite de la représentation d'une pièce jouée chez les jésuites, et où il remplissait un rôle. Cette pièce avait pour sujet l'épisode de Lazare et du Mauvais Riche. L'*Itinerarium Mariæ* est donc une sorte de mystère, mais où l'auteur, à côté du texte, a mis des notes explicatives des noms de lieux, de personnes, des objets, des usages, etc., bref, un commentaire perpétuel qui montre l'élève désireux de donner un aperçu de ses connaissances.

116. **André de Solre**. Sancta Familia, seu Chronicum 1690. Anagrammatum, super lij Salvator, Genitrix, Josephus, vel Joseph. concinnè fabricatum, & in tres libros divisum genita in terris hujus Triadis, Turcarum victricis, acta heroica... comprehendens. Antverpiæ, Typis Henrici van Dunwalt, 1686. Petit in-8, rel. veau, au chiffre du comte Riant.

> Ouvrage bizarre d'André de Solre, dominicain du couvent de Bruxelles, qui s'est livré à une série de tours de force, soi-disant littéraires, en l'honneur de la Sainte Famille, à l'occasion des victoires remportées sur les Turcs à la fin du xviie siècle.

117. **Annuleru** (B.). Viaggiu dulurusu di Maria Santissima e di lu Patriarca San Giuseppi in Betlemi, Cansunetti Siciliani di Binidittu Annuleru, di la Città di Murriali. Divisu in novi jorna pr la Nuvena dilu Santu Natali di Gesú Bambinu. In Palermu, Si vendono nella Libreria di D. Giuseppe Graffeo, s. d. Plaq. in-12 de 24 pp., rel. vél.

> Curieux Noëls en patois sicilien, impression populaire. Le premier débute ainsi :
>
> PRIMU JORNU
> San Giuseppi un jornu stannu
> Ntra la chiazza in Nazaretti
> Pri soj affari caminannu.
> ....

118. Auto al nacimiento del hijo de Dios, los mejores peregrinos, y Jerusalem sitiada... Salamanca, Imprenta de D. Francisco de Toxar, s. d. (xviie ou xviiie siècle). Petit in-4, 28 pp., rel. vél.

119. La grande Bible renouvellée, ou Noels nouveaux où tous les Mysteres de la Naissance & de l'Enfance de Jésus-Christ sont expliqués. A Troyes, chez J.-A. Garnier, imprimeur-libraire, rue du Temple, avec permission. *S. d.* [1739]. — La grande Bible renouvellée, de Noels nouveaux, où tous les mystères de la Naissance & de l'Enfance de Jésus-Christ sont expliqués. A Troyes, chez F^me Garnier, imprimeur-libraire, rue du Temple, s. d., 64 pp. — La grande Bible..... (*même titre que celui ci-dessus*), 62 pp., 1 fnc. Ensemble 2 vol. petit in-8, d.-rel. bas., rac., tr. limaç. et rel. vél. blanc.

120. **Boudinius** (Joannes). De Iesv Christi Domini Nostri Rervm gestarvm, quum in terris versaretur, claritate et gloria... Antverpiæ, Ex officina Plantiniana, apud Viduam, & Ioannem Moretum, M.D.XCI. 1 vol. petit in-8 de 215(1) pp., 6 ffnc., rel. vél. Au dos du titre, un médaillon finement gravé représente le profil de N.-S.

121. **Camerarius** (Joachim), senior. Historiæ Iesu Christi filii Dei nati in Terra Matre Sanctiss. Semperuirgine Maria summatim relata expositio : Itemque eorum quæ de Apostolis Iesu Christi singilatim commemorari posse recte & viriliter visa sunt... additis aliis quibusdam non indignis pietatis religiosæ studio. *A la fin :* Lipsiæ, Imprimebat Ioannes Steinman, anno M.D.LXXXI. 1 vol. in-8 de 11 ffnc., 214 pp., 2 ffnc., rel. vél.

Une première édition de ce livre a paru, sans date, chez Vœgeli, à Constance. *Camerarius* a été, avec son ami Melanchthon, l'un des principaux auteurs de la célèbre *Confession d'Augsbourg*.

122. [**Cancellieri** (Fr.-Jérôme)]. Notizie intorno alla novena vigilia notte e festa di Natale, con una biblioteca d'autori che trattano delle questioni spettanti alla nascita del Redentore. Roma, Nella Stamp. Vaticana, 1788. 1 vol. in-12, d.-rel. chag.

123. **Fouard** (L'abbé C.). La Vie de N.-S. Jésus-Christ. Paris, Lecoffre, 1880. 2 tomes en 1 vol. in 8, avec carte, d.-rel. chag. rouge, tête limaç., non rogn.

124. **Mastaï-Ferretti** (Mgr André). Les évangélistes unis. Paris, Lecoffre, 1866. 2 tomes en 1 vol., d.-rel. chag. — **Picard de S. Adon**. Histoire suivie des voyages de Jésus-Christ, avec des Remarques pour en faciliter l'intelligence. Paris, J.-J. de la Roche fils, 1740. In-12, rel. veau, frontisp. gr. par Galloys. — **Sepp**. La Vie de N.-S. Jésus-Christ, traduite de l'allemand par M. *Charles Sainte-Foi*, 2e édition. Paris, Poussielgue, 1861. 3 tomes en 1 vol. in-12, d.-rel. chag. vert, tr. peigne.

125. **Rohault de Fleury**. L'Évangile. Études iconographiques et archéologiques. Tours, Mame, 1874. 2 vol. grand in-4, rel. toile (édit.), avec 100 planches.

126. **Veuillot** (Louis). Jésus-Christ. Avec une étude sur l'art chrétien, par *E. Cartier*. 2e édition. Paris, Didot, 1875. 1 vol. grand in-8, avec fig. et planches en chromolith., d.-rel. chag. r., coins, tête dorée, non rogn.

127. Veneus (Joannes). Orationes dvæ, ad-||modvm ervditæ, qua-||rum prior de sacrosancta domini || cœna, ac Synaxi disserit, altera || vero de Sanctorum, eorumq; || Reliquiarum immarcesci-||bili gloria : Vtraq; a F. Io-||anne Veneo Carme-||lita Antuerpiano || & nuper dicta, || & nūc primū || ædita. || ..... || Apud Hieronymum Gormuntium sub || tribus coronis in via Iacobæa. || 1537. Petit in-8 de 34 ffnc., rel. veau fauve, fil. sur les plats, dos orné, tr. dor. (Petit).

128. Albers (Christ. Henr.). De momento et veritate historiae Iesv. Gottingae, Dieterich, (1795). In-4, cart. — **Fleck** (F. F.). De imagine Christi Joannea et synoptica. Commentatio. Lipsiae, Lit. A. Festii, 1831. In-8, br. — **Hackspan** (Theod.). Assertio Passionis Dominicæ adversus Judæos & Turcas. AltdorphI, typ. ac., M.DC.XLII. In-4, rel. vél. — **Huydecoper** (Theod. Corn. Regnier). De solenni Jesu Christi in Urbem Hierosolymorum introitu. Trajecti ad Rhenum, Paddenburg, 1829. 1 vol. in-8, br. Ex. en papier vergé. — **Meelführer** (Rod. Martin), **Franck** (J. A.) et **Buchta** (J. Leonh.). Jesus in Talmude sive Dissertatio... de iis locis, in quibus per Talmudicas Pandectas Jesu cujusdam mentio injicitur. (*Diss. ac.*) Altdorff, ap. J. W. Kohlesium typis M. Hagenii, 1699. 2 plaq. in-4, dérel.—**Ritter** (Alex. Fr. Iul.). Dissertatio de geographia Christum tentantis diaboli. Ienæ, Heller, 1737. Plaq. petit in-4, d.-rel. chag. — Iesv Christi in vitam revocati memoriam... indicit Academia Ienensis. Ienae, Goepferdt, 1808-1811. In-8 br., non rogn. Ensemble 8 vol. ou plaq.

129. LETTRE DE N.-S. A ABGAR : **Cureton** (W.). Ancient Syriac documents relative to the earliest establishment of christianity in Edessa and the neighbouring countries, from the year after Our Lord's Ascension to the beginning of the fourth Century... London, Williams & Norgate, 1864. In-4, rel. toile.

130. — **Laboubnia.** Lettre d'Abgar ou Histoire de la Conversion, par Laboubnia, écrivain contemporain des Apôtres, traduite sur la version arménienne du ve siècle. Venise, impr. Mekhit. de Saint-Lazare, 1868. 58 pp. 1 fnc. Plaq. in-8, rel. toile. — **Lipsius** (Richard Adelbert). Die Edessenische Abgar-Sage. Braunschweig, Schwetschke, 1880. In-8, rel. toile, couv. On a joint à cet exemplaire une étude de l'abbé *M. Daniel.* (Feuilleton de l'*Univers* du 20 mars 1883.) — **Matthes** (K. C. A.). Die Edessenische Abgarsage, auf ihre Fortbildung untersucht. Leipzig, Hinrich, 1882. In-8, rel. toile, couv. — **Tixeront** (L. J.). Les origines de l'Église d'Édesse et la légende d'Abgar. Paris, Maisonneuve et Leclerc, 1888. In-8, br.

131. LES ÉVANGILES APOCRYPHES : **Tischendorf** (Constantin von). Evangelia apocrypha adhibitis plurimis codicibus græcis et latinis maximam partem nunc primum consultis atque ineditorum copia insignibus collecta. [2e édition.] Lipsiæ, Mendelsohn, 1876. 1 vol. in-8, d.-rel. chag. r., tr. marbr.

132. — Il Passio o Vangelo di Nicodemo... [*publ. par* Cesare Guasti *dans le* Scelta di curiosità letterare]. Bologna, G. Romagnoli, 1862. In-12, br. [Tiré à 202 ex., n° 170.] — Liber de infantia Mariae et Christi Salvatoris... enarravit *Oscar Schade*. Halis Saxonum, in libraria Orphanotrophei, 1869. In-4, rel. toile. — **Sartorius** (J.). Metelematum historico-ecclesiasticorum decas. Thorunii, ap. J. B. Breslerum, 1697. [*comprenant*] : **Glasenap** (Fr. de). De Scriptis Christi et Apostolorum merito suspectis. — **Deutchmann** (Adamus). De scriptis Apostolorum falso suspectis. — **Meisner** (Jac.). De cereis ad sacram Eucharistiam accendi solitis. — **Hagymasi** (Andr.). De calice baptismali. — **Czimmermann** (Johannes). De Baptismo fluminis. — **Popradius** (Ephraïm). De Philippi arabis fide in Christum sublesta. 6 plaq. en 1 vol. in-4, rel. toile.

133. Les Rois Mages : **Crombach** (Le P. Hermann). Primitiarvm Gentivm Sev Historiæ SS. Trivm Regvm Magorvm Evangelicorvm. Coloniæ Agripp. Apud Ioann. Kinchivm, 1654. 2 tomes en 1 vol. in-fol., rel. vél., avec frontisp.

Exemplaire provenant du monastère de la Vierge de Sion, à Cologne.

134. — [**Jean de Hildesheim**]. Historia glori‖osissimo♃ triũ regum integra. ‖ syncera et pre multis mundi historijs lectu iucun‖dissima. tripliceq3 ac plane miraculosam eorundē ‖ translatōem véluti in choro maioris ecclie Colo-‖niesis sp est habita cũ admirãdis oriētaliũ gentiũ ‖ rerũq3 nobis ignotarũ antiquitatibus..... ‖ ¶ Sequit` sup Matthæi Euãgeliũ de festo Ephyphanie.exquisi-‖ta Alberti magni elucidatio. ‖ ¶ Adijciunt ꝫ beatissimi Augustini cũ aliis q̃busdã anno-‖tamētis pulcherrimi sermones tres. ‖ ¶ Lege tabulã ꝫ miranda inuenies. *Fnc. 46, in fine :* ¶ Impressa est hec triũ regũ historia Colonie in officina lr̃aria ‖ ingenuo♃ libero♃ Quētell. Anno M ccccc xiiij, ad Aprilem. In-4 de 46 ffnc., (le dernier remonté), d.-rel. vél. bl., coins.

Le recto du dernier fnc. est occupé par une poésie de *Sébastien Brant* en l'honneur des Rois Mages.

135. — Die legende von drei heiligen Königen... bearbeitet und mit zwölf Romanzen begleitet von *Gustav Schwab*. Stuttgart und Tübingen, J. G. Cotta, 1822. In-8, rel. toile. — Mittheilungen aus den Handschriften der Ritter-Akademie zu Brandenburg. I. Johannes von Hildesheim vom... *Ernst Köpke* Brandenburg A. D. Havel, A. Müller, 1878. In-4, rel. toile.

136. — Kölnisches Literaturleben im ersten Viertel des sechszehnten Jahrhunderts von *P. Norrenberg*... mit Beilagen, enthaltend : Die hystorie von den hylgen dry konyngen. Sent Columben Legendt. Die historie van Lanslot vnd van die schone Sandrijn. Viersen, F. Fluss, 1873. In-8, rel. toile, couv. — **Röhricht** (R) und **Meisner**. Anhang zu der Dreikönigslegende des Johannes von Hildesheim. Aus d. *Zeitschr. f. deutsche Philologie*, XIX. In-8, d.-rel. veau, tête lim., au chiffre du comte Riant. — Zeno oder die Legende von dem heiligen drei Königen. Ancelmus, vom Leiden Christi... herausg... von *August Lübben*. Bremen, Kühtmann, 1869. In-8, rel. toile, couv. — *Le*

même. Zweite Ausgabe. Bremen, 1876. Pet. in-8, rel. toile, couv. — Von den heyligen drey künigen. . Herausg. von *Ignaz Vincenz Zingerle*. Innsbruck, F. Rauch, 1855. In-8, cart. Ens. 5 vol. ou pl.

3. Reliques de N.-S. J.-C.

LE SAINT SANG

137. **Collius** (Fr.). De sangvine Christi, libri Quinque. In qvibvs de illivs natvra effusionibus, ac miraculis copiosè disseritur. Tùm Sacræ Scripturæ loci, Sanctorum Patrum, ac Theologorum sententiæ variis disputationibus illustrantur... Mediolani, Ex Coll. Ambrosiani Typ., M.DC.XVII. In-4, rel. vél., tr. r.

> François *Collius*, prêtre de Milan, grand-pénitencier du diocèse, a discuté dans son copieux ouvrage un certain nombre de questions plutôt bizarres et scabreuses, toutes relatives au Saint Sang de N.-S. Son livre était autrefois recherché.

138. **Cyprianus** (Ernest-Salomo). Dissertationum ecclesiasticarum pentas. I. De sudore Christi sanguineo. II. De sudariis Christi. III. De fasciis Christi. IV. De mortibus Socinianorum. V. De pictura teste veritatis sub papatu. Ienae svmtv Bielckiano, *s. d.* Petit in-4, d.-rel. veau, découpure au titre.

> La partie la plus intéressante de cet ouvrage de Cyprian, théologien luthérien (né à Ostheim en 1673, mort le 19 septembre 1745 à Gotha), est celle où il parle de la mort de plusieurs sociniens parmi lesquels il place Louis Hetzer, Michel Servet, Franç. Lisman, Bernard Ochin, Georges Blandrata, Franç. David, Jean-Paul Alciat, Adam Neuser et Jean Sylvanus. — Ce livre contient, on s'en doute, des attaques contre l'Eglise de Rome, et entre autres choses Cyprian défend l'authenticité de la légende de la papesse Jeanne. D'autres exemplaires de cet ouvrage portent le nom de *Beyerus* à Iéna.

139. **Domenechi** (Domenico). De sangvine Christi tractatvs Reveren. D. D. Dominici de Dominicis Veneti......... Accessit Tractatus eiusdem de Filiatione Ioannis Euangelistæ ad B. Virginem pulcherrimus... (*Marque typ.*). Venetiis, apud Petrum de Fine, MDLVII. Vol. in-8 (form. in-16) de 4 ffnc., 130 ff., rel. parch. (Titre raccom.)

> Domenico de Domenechi (1416-1478) fut successivement évêque de Torcello (1448), puis de Brescia (1464) où il mourut. Cet ouvrage a été édité par *Jacobus Gambacurta*.

140. **Quiroga** (Emmanuel Perez de). Bellum de sanguine Christi. Impresso en Valladolid, Año de 1721. In-4, rel. vél.

> Bizarre traité dans lequel l'auteur, franciscain de l'observance, examine les questions suivantes : « Quomodo Verbum Divinum assumpserit Sanguinem? An aliquæ reliquiæ..... Sanguinis Christi in terra remanserint post eius Resurrectionem?..... An totus Sanguis Christi fuerit in Passione effusus? », et plusieurs autres du même genre.

141. **Rossi** (Bonaventura de). Teatro dell' vmana redenzione aperto a fedeli. Relazione istorica del sacro sangve di N.-S. Giesv Christo, insignis-

sima reliqvia, che si conserva nel Dvomo della citta di Sarzana. Massa, Girolamo de Marini, M D CC VIII. Petit in-4°, d.-rel. bas. n.

142. Officivm de Inventione Sangvinis D. N. Jesv Christi, Quod Mantuæ in Festo eius celebratur, in eademq. Ciuitate hactenus pluries impressum..... Venetiis, Apud Antonium Pinellum, M DC XVII. In-4 de 4 ffnc. (le dernier blanc manque), rel. vél. bl.

> Avec l' « Officium » on a relié un curieux opuscule de *Thiepolo* (*Gio.*) :
> « Trattato delle santissime reliqvie vltimamente ritrovate nel Santvario della Chiesa di San Marco..... Venetia, Antonio Pinelli, 1617 ».

143. Aquilini (Hier.). De pretiosissimo Jesu Christi sanguine Mantuæ asservato. Venetiis, ap. Simonem Occhi, 1782. In-4, rel. toile. — **Cimatti** (Eugenio). Cenni storici intorno al sangue miracoloso che si venera nella parrocchiale basilica di S. Maria del Vado in Ferrara. Ferrara, Taddei, 1857. In-8, br.— **Rota** (Simon Antonio). La verita trionfante a gloria della fede. In una breve Narrazione delle Reliquie del Sangue Prezioso di Gesù Cristo, e del Sangue Miracoloso, uscito dal Crocifisso di Nicodemo in Berito... che tutte si conservano nella Metropoli di Venezia... Venezia, G. Tagier, 1763. In-8, cart., 1 pl. — **Vergaro** (Givlio Cesare). Racconto dell' Apparato, et solennità fatta nella dvcali Chiesa de San Marco di Venetia. Con l' occasione dell' Inuentione, & espositione del Sangue Pretiosissimo del Costato di Christo, del Latte della Beata Vergine con altre santissime Reliquie. Li 28 Maggio, 1617. In Venetia, Antonio Pinelli, 1617. In-4, rel. vél. Ensemble 4 vol. ou plaq.

144. Brouillet (Amédée). Description des reliquaires trouvés dans l'ancienne abbaye de Charroux le 9 août 1856, avec 5 planches à l'eau-forte. Poitiers, Dupré, 1856. 1 plaq. in-8, cart., couvert. (vue de l'abbaye sur la couverture), deux lettres intéressantes de M. *Julien Durand* au comte Riant. — **Haigneré** (D.). Notre-Dame du Saint-Sang. Deuxième édition, revue. Paris, Palmé, 1884. In-12, rel. toile. — Histoire du Précieux-Sang de N.-S. Jésus-Christ conservé en l'Abbaye de la Sainte-Trinité à Fécamp. Chez Vaudry,... à Fécamp, 1874. In-12, cart., couv., 1 pl. — **Michel** (Joachim). Causeries sur Fécamp, Yport... et autres lieux. Fécamp, chez la dem. Picard, libraire,... 1858. In-12, d.-rel. chag., tr. jasp. — Messe du Précieux-Sang de N.-S. J.-C... suivie de l'Histoire de la relique du Précieux-Sang que possède l'Église de la Sainte-Trinité de Fécamp. Fécamp, Durand, 1874. Plaq. in-12, cart., fig. Ensemble 5 vol. ou plaq.

SAINT SANG DE BRUGES

145. Goethals (Arn.). Chronica monasterii Sancti Andreæ ivxta Brvgas ordinis Sancti Benedicti..... nvnc primvm accvrate e codice bibliothecæ Brvgensis ervta, edidit *W. H. Iacobvs Weale*. Brvgis, Apud Edw. Gailliard et Socivm, 1868. In-4, d.-rel. bas. (deux planches d'armoiries).

146. [—] Chronique de l'Abbaye de Saint-André, trad. pour la première fois d'après un ms. de la Bibl. de Bruges; suivie de Mélanges historiques et littéraires par *Octave Delepierre*. Bruges, Vandecasteele-Werbrouck, 1839. In-8, d.-rel. bas.

147. Recueil historique du grand & inestimable Trésor du Tres-Saint et precieux sang de Notre Seigneur Jesus-Christ, qui se conserve en la ville de Bruges en Flandre, par la donation de Thierry d'Alsace, seizième comte de Flandre. Bruges, chez Jean-Baptiste Macqué, dans la Breydel-Straet, à l'Epée couronnée, *s. d.* (*L'imprimatur est de* 1761.) Petit in-8, rel. vél., planche avec légende en flamand. — Description de la relique inestimable du precieux sang de Notre Seigneur Jesus-Christ que l'on conserve dans la chapelle de S. Basile à Bruges. A Bruges, chez Jean-Baptiste Macqué, Libraire Imprimeur, à l'Epée couronnée, *s. d.* (1782?). Petit in-8, rel. vél., planche av. lég. flamand.

SAINTES LARMES & DIVERS

148. **Thiers** (J.-B.). Dissertation sur la Sainte Larme de Vendôme. Falsitas tolerari non debet sub velamine pietatis. Innocent III. 1. 3, Regest. 15..... Par Mr J.-B. Thiers, Docteur en Théologie, et Curé de Vibraye. Avec la Réponse à la Lettre du P. Mabillon touchant la prétendue Sainte Larme, Par le même auteur. Amsterdam, M. D CC LI. (*Titre gravé et encadré.*) 2 parties en 1 vol. in-12, rel. veau.

Jolie édition, peu commune, imprimée à Paris. L'auteur, J.-B. Thiers (1636-1703), est demeuré fameux pour les démêlés que ses ouvrages lui valurent et dont il ne put sortir que par la protection de l'évèque du Mans, de la Vergne-Tressan, auquel ce traité est dédié.

149. [**Mabillon** (Dom Jean)]. Lettre d'un bénédictin à Monseigneur l'évesque de Blois touchant le discernement des anciennes Reliques, au sujet d'une dissertation de Mr Thiers, contre la Sainte Larme de Vendôme. Paris, de Bats, 1700. Br. in-8 (les planches manquent). — **Thiers** (J.-B.). Reponse a la lettre du Pere Mabillon touchant la pretendue Sainte Larme de Vendome... A Cologne, chez les Heritiers de Corneille d'Egmond, M D CC. Petit in-8, rel. veau.

150. **Rochambeau** (Achille de). Voyage à la Sainte-Larme de Vendôme. Étude historique et critique sur cet antique pélerinage. Vendôme, typ. Lemercier et fils, 1874. In-8, cart. perc., couverture. (Envoi d'auteur et lettre de l'auteur reliée en tête du livre.) — **Métais** (abbé Ch.). Les processions de la Sainte Larme à Vendôme. Orléans, Herluison, 1887. Br. in-8, fig. et musique notée. — **Plique** (l'abbé). Allouagne et son pèlerinage en l'honneur d'une Sainte Larme de N.-S. Jésus-Christ..... Béthune, H. Galand, *s. d.* (1868). In-12, rel. toile, couv. — La Sainte Larme de Selincourt. Notice

historique et bibliographique, par *un bibliophile Picard*. Amiens, Douillet, 1876. 1 plaq. in-8, rel. toile, couvert. Ensemble 4 vol. ou plaq.

151. Costa (Andrea). Rammemorazione istorica dell' Effigie di Santa Maria di Casaluce e delle due Idrie, in cui fù fatto il primo Miracolo dal Nostro Salvatore in Cana Galilea. Napoli, Novello de Bonis, 1709. Vol. in-4, rel. toile.

152. Gaetano da Sta **Teresa** (Le P.). Il Catino di Smeraldo, orientale gemma consagrata da N. S. Gesú-Cristo nell' ultima cena degli azimi e custodita con religiosa pietá dalla ser^{ma} Repub^{ca} di Genova..... glorioso trofeo riportato nella conquista di Terra Santa..... Genova, Franchelli, 1726. 1 vol. in-4, rel. parch., 1 pl. — **Bossi** (le Ch^{er}). Observations sur le vase que l'on conservait à Gênes sous le nom de Sacro Catino. Turin, Giossi, 1807. 1 vol. in-8, rel. toile, non rogn.

153. Liverani (Francesco). Del nome di Santa Maria ad Praesepe che la Basilica Liberiana porta e delle Reliquie della Natività ed Infanzia del Salvatore. Roma, Morini, 1854. In-4, dérel., 2 pl. lith. — Les Croques reliques. Poème burlesque inédit composé au sujet de la relique dite du Saint-Nombril, à Châlons-sur-Marne, en 1707 et publié d'après le seul manuscrit connu. Paris, Menu, 1876. 1 plaq. in-12, cart. (Tiré à cinquante exemplaires.) — Breve racconto della reliquia del Santissimo Prepuzio di Nostro Signore Gesu' Cristo..... in occasione della..... Consacrazione della nuova Chiesa delli SS. Cornelio, e Cipriano nella Terra di Calcata in cui la medesima si venera. Roma, Nella Stamperia della R. C. A., 1728. Plaq. in-12, rel. parch.

LA SAINTE FACE — CROIX MIRACULEUSES

154. Heaphy (Thomas). The Likeness of Christ, being an inquiry into the veresimilitude of the received Likeness of Our Blessed Lord..... edited by *Wyke Bayliss*. London, D. Bogue, 1880. In-fol., rel. toile (édit.), tr. dor., avec 13 pl. photog. et color. (12 seulement sont annoncées à la table) et nomb. fig.

155. Reiskius (M. Joh.). De imaginibus Jesu Christi, quotquot vulgo circumferuntur revisæ, interpolatæ, figuris æneis et multis accessionibus auctæ, quibus exercitatio philologica de lingua vernacula Jesu Christi emendatior et locupletata sub finem adjungitur... Iena, Jo. Christ. Wohlfartii, MDCLXXXV. In-4, d.-rel. b. n.

156. SAINTE FACE DE LUCQUES : Historia || del Santissimo || volto || di S. Croce di Lucca, || Tradotta || di Latino in Toscano da I. C. Nobile || Lucchese. || (*Image de la S*^{te} *Face*) || In Lvcca. || Appresso Vincenzo Busdraghi. || 1582. Plaq. in-4 de 26 ffnc., rel. vél.

Opuscule traduit par *Iacopo Ciuffarini*, d'après un texte latin conservé dans la chancellerie de l'œuvre de Sainte-Croix de Lucques.

157. — **Tofanelli** (Sebastiano). Il primo ritratto del crocifisso cioè historia della miracolosa Scultura, Inuentione, Traslatione... & Miracoli del Santiss. Crocifisso, detto comunemente il Volto Santo, ò vero, Santa Croce di Lucca. Con la vita del Glorioso Prencipe San Nicodemo... primo Scultor delle..... Sacre Imagini... Napoli, Francesco Sauio, M. DC. XLIV, 1 planche, petit in-4, rel. parch.

158. — **Serantoni** (Giuseppe Mª). Apologia del volto santo di Lucca ovvero Difesa, che sia un vero Ritratto di Gesù Cristo penante in Croce, scolpito da S. Nicodemo ne' primi tempi della Chiesa, e venuto miracolosamente a Lucca l' anno DCCLXXXII. Lucca, Rocchi, 1765. vii(1)-125(1) pp., 1 fnc. bl. — Risposta..... all'... autore delle novelle letterarie di Firenze. Lucca, 1766. xvi pp. — Risposta..... alla seconda replica dell' autore delle novelle Letter. di Firenze. Lucca, Venturini, 1767. xv(1) pp. Ensemble 1 vol. in-8, cart.

159. — **Cardella** (Leonardo M.). Divoto esercizio da praticarsi nel corso dell' anno davanti alla sacra effigie del Volto Santo. Lucca, Ferrara e Landi, 1854. Br. in-32. — **Conti** (Gio Batt.). Dell' origine, invenzione e traslazione del prezioso simulacro di Gesu' Crocifisso detto comunemente Volto Santo...... Lucca, Baroni, 1816. Plaq. in-8, cart. — *Le même*. Nuova edizione arrichita di molti autentici documenti. Lucca, Rocchi, 1834. Vol. in-8, rel. toile. — **Guerra** (Almerico). Storia del Volto Santo di Lucca. Lucca, Tip. Arciv. S. Paolino, 1881. Vol. in-8, br. (1 planche). — **N. N.** Illustrazione del santissimo crocifisso di Lucca detto volgarmente il volto Santo. Lucca, Francesco Bonsignori, 1783. In-8, br. — **Pera** (Pietro). Della lampada d'oro offerta dai Lucchesi al Volto Santo il M D CCC XXXVI. Lucca, Giusti, 1836. In-8, br. Ensemble 6 vol. ou plaq.

160. **Cyprianus** (Ernest Salomo). Fascias Christi. (*Diss. Ac.*). Helmestadl. Typis G. W. Hammii (*1698*). In-4, rel. vél. — **Janvier** (Abbé). Le culte de la Sainte Face à Saint Pierre du Vatican et en d'autres lieux célèbres. Tours, 1883. In-12, cart. — **Lecomte** (Abbé A.). La Sainte-Face de la cathédrale de Laon. Laon, Cortilliot, 1885. (Une photogravure. On y joint une photographie et une impression sur soie de la Sainte Face.) In-8, br. — Sacro pellerinaggio al Monte Sano per adorar il Volto Santissimo del Saluator del Mondo. Cvstodito nella chiesa di S. Bartolomeo da PP. Chierici regolati di S. Paolo, della Città di Genova. Genoua, Per Francesco Meschini, 1660. In-8, d.-rel. bas., titre remonté. Ensemble 4 vol. ou plaq.

161. **Calà** (Carlo). Memorie historiche dell' apparitione delle croci prodigiose, compendiate dal presidente Carlo Calà, duca di Diano e marchese di Ramonte. Napoli, Nouello de Bonis, M DC LXI. 1 vol. in-4, rel. toile, non rogn. — **Kircher, S. J.** (Athanase). Diatribe de prodigiosis Crucibus, quæ tam supra vestes hominum, quam res alias, non pridem post vltimum incendium Vesuuij Montis Neapoli comparuerunt. Romæ, Sumptibus Blasij Deuersin, M.DC.LXI. In-8, rel. veau. — Apparizione del Santo Volto di

N. S. J. C. relazione tratta da deposizione autentica. Napoli, dalla tipog. arcivescovile, 1849. In-8, cart.

162. **Marangoni** (Giovanni). Istoria dell' antichissimo oratorio o capella di San Lorenzo nel patriarchio lateranense comunemente appellato Sancta Sanctorum e della celebre Immagine del SS. Salvatore detta Acheropita, che ivi conservasi; colle notizie del culto, e varii riti praticati anticamente verso la medesima : come anche dell' origine, ed uso di tal sorta d' immagini venerate nella cattolica chiesa raccolte da monumenti antichi, e specialmente dall' Archivio della nobile Compagnia, che ne hā la Custodia..... In Roma, per Ottavio Puccinelli, MDCCXLVII. In-4, titre r. et n., d.-rel. parch. — **Mencacci** (Paolo). Alcune memorie sull' imagine Acheropita del S. S. Salvatore di Sancta Sanctorum. Roma, Monaldi, 1863. Une gravure. — Notizie storiche intorno al S.S. Crocifisso che si venera nella chiesa parrocchiale e monastero di S. Cecilia in Trastevere. Edizione decima. Roma, Mordacchini, 1819. — Breve notizia della chiesa di S. Egidio abate nel Borgo Angelico. Roma, Casaletti, 1790. Ensemble 1 vol. in-12, cart. — **Soresinus** (Iosephus Maria). De imagine SS^{mi} Salvatoris in basilica ad Sancta Sanctorum custodita opusculum..... Romæ, apud Lazzarum Varesium, 1675. In-12, rel. vél. bl. Ensemble 3 vol. ou plaq.

163. **Angelis** (Luigi de). Osservazioni critiche..... sopra una Croce di rame intagliata a bulino nel 1129 che si conserva nella stanze della biblioteca di Siena. Siena, Porri, 1814. 1 vol. in-8, rel. toile (av. 3 planches). — [**Bini** (Telesforo)]. Storia della Sacra Effigie Chiesa e Compagnia del S. S. Crocifisso de' Bianchi. Lucca, Giusti, 1855. 1 plaq. in-8, cart., couvert. — **Bordiga** (G.). Storia e guida del Sacro Monte di Varallo. Varallo, Caligaris, 1830. 1 vol. in-8, rel. toile, couvert. — Direttorio per ben visitare la nova Gierusalemme o sia il S. Sepolcro di Varallo..... Varallo, Gio : Giacomo de Giulij, 1715. In-16, d.-rel. bas. n. — **R. G.** Memorie istoriche delle grazie pubbliche e dei prodigi del Miracoloso Crocifisso che si venera nella insigne Collegiata di S. Giovanni Battista in Chiavari desunte dagli Annali del fu Magnifico *Carlo Garibaldi*. Chiavari, Angelo Argiroffo, 1856. In-12, cart. — **Michele** (Ignazio de). Sopra un' antica croce nel Duomo di Termini-Imerese. Palermo, Lao, 1859. In-8, cart. 2 pl. — Notizie Storiche intorno al S. S. Crocifisso che si venera nella chiesa parrocchiale e monastero di S. Cecilia in Trastevere. Ed. nona. Roma, Contedini, 1801. Plaq. in-12, rel. toile. — Esercizii divoti..... alla Miracolosa Immagine di Gesu' Nazareno..... il di cui Originale si venera nella Chiesa dei RR. Padri Trinitarii Scalzi del Riscatto della Corte di Spagna; e lui copia si venera nella Chiesa di S. Carlo... in Roma. Con l'Immagine incisa in rame. Venezia, Cordella, 1867. In-12, cart. — **Valentini** (Andrea). Le santissime croci di Brescia. Brescia, Pavoni, 1882. In-8, avec planches, rel. toile, couv. Ensemble 9 vol. ou plaq.

4. Reliques de la Passion.

OUVRAGES GÉNÉRAUX — DIVERS

164. Anguissola (Gio : Battista). Gli stromenti che servirono alla passione di Nostro Signore Gesù Cristo. Piacenza, Tedeschi, 1812-1814. 3 tomes en 1 vol. in-12, d.-rel. veau marbr., tête lim., non rogn.; au dos, chiffre du comte Riant.

> « De beaucoup le meilleur ouvrage qui ait été fait sur ce sujet » (Note de M. le comte Riant).

165. Corrieris (Léander de). De Sessorianis præcipuis passionis D.N.I.C. reliquiis commentarius. Romæ, apud Franciscum Bourliaeum, 1830. 1 vol. in-8, d.-rel. bas. noire, non rogn., avec planches.

166. Curtius. F. Corneli Curti augustiniani De Clavis Dominicis liber. Curæ secundæ. Editio novissima... figuris æneis exornata. Antverpiæ, Sumptibus Andreæ Frisii, M.DC.LXX. — **Bartholinus.** Thomæ Bartholini Casp. F. Christi Hypomnemata IV. I. De Sedili Medio. II. De Vino Myrrhato. III. De Corona Spinea. IV. De sudore Sanguineo. Amstelodami, sumpt. A. Frisii, M DC LXX. Ensemble 2 tomes en 1 vol. in-12, rel. vél. pl. — **Nicquet S. J.** (Honorat). Titvlvs sanctæ Crvcis sev Historia et mysterivm titvli sanctæ Crvcis Domini nostri Iesu Christi. Libri Dvo. Antverpiæ, Sumpt. A. Frisii, M DC LXX. In-12, rel. vél. 2 pl.

> A la page 197 du traité de *Bartholinus*, relié à la suite du *Curtius*, se trouve « *Bartoldi Nihvsii* de Cruce epistola ad Thomam Bartholinvm » et à la page 263 « *Nicolai Fontani* responsvm ad propositam sibi quæstionem, an manus, clavis transfixæ, pares ferendo corpori, inde pendulo ». De même que le Bartholinus, l'ouvrage du jésuite *Nicquet* est relié à la suite d'un exemplaire du traité « de Clavis » de *Curtius*. Chacun de ces volumes est orné de belles et intéressantes gravures sur cuivre.

167. ❡ Ista sunt quedã notabilia de passione chri‖sti, extracta de biblia hebreorum : que non ‖ sunt in nostra : Et uocatur Thesaurus passi ‖ onis Domini nostri Jesu Christi. ‖ n Ota ꝗ lapis ĩ quo ‖ fuit cõfixus..... *Fnc. 16, verso, l. 9 :* Uenetijs per Simonem ‖ de Luere In con‖tracta Sancti ‖ Cassiani ‖ III. Au‖gusti ‖ M.CCCCVI. Très petit in-4 (format in-16) de 16 ffnc., signé a-d, car. goth. prép. p. la rel.

> Il est question dans ce rarissime opuscule des instruments de la Passion de N.-S.; l'auteur invoque à plusieurs reprises l'autorité de sermons prononcés à Montpellier par un certain docteur : « Magister Isaac hebreus, vir christianissimus », qui serait également l'auteur de la « Biblia Hebreorum ».

168. Jacutius (Math.). Syntagma quo adparentis Magno Constantino crucis Historia complexa est universa ac suis ita ab omnibus non priscis modo, quam nuperrimis osoribus vindicata... Roma, sumtibus Venantii Monaldini, 1755. In-4, avec fig., rel. parchem.

169. Rohault de Fleury. Mémoire sur les instruments de la Passion de N. S. J. C. Paris, Lesort, 1870. 1 vol. grand in-4, rel. toile (édit.), non rogn., avec 23 planches.

170. Vigerius. Controversia ‖ de excellentia ‖ instrvmento-‖rvm dominicae ‖ passionis ‖ per Marcvm ‖ Vigerivm Epis-‖copvm Praene‖stinvm cardi-‖ nalem Senogal‖liensem dis‖cvssa. (*Titre encadré*). Fnc. 44, r°, l. 25 : Romæ in ędibus Marcelli Silber aĩs ‖ Franck, Mense Nouembri. M.D.xii. Sed; Iulio. II. Pont. Max. In-4 de 44 ffnc. prép. p. rel.

> Curieuse dissertation du cardinal M. Vigerius (de Savone, mort en 1516), dans laquelle il traite de deux reliques de la Passion, la Sainte Tunique et la Sainte Lance, ayant appartenu toutes deux à Bajazet, et dont l'une, la lance de Longin, avait été offerte par ce sultan au pape Innocent VIII. Cf. n° 181.

171. Bortolan (Domenico). S. Spina di Vicenza. Traduzione della prima parte del Monumenta Reliquiarum. Vicenza, Rumor, 1887. In-32, br. — **Mazzucconi** (Leonardo Can.). Memorie storiche della Scala Santa e dell' insigne santuario di Sancta Sanctorum... Roma, tipogr. Ferretti, 1840, in-8, frontisp. cart. pap. — **Naudet**. Études d'histoire romaine. Sont-ce des soldats qui ont crucifié Jésus-Christ? Paris, imp. impériale, 1870. In-4, rel. toile. — **Soresinus** (Joseph-Maria). De Scala Sancta ante Sancta Sanctorum in Laterano culta... Roma, ex typographia Varesii, MDCLXXII. In-8, rel. parch., filets or et armes sur les plats extérieurs. Ensemble 4 vol. ou plaq.

172. Gœzius (Geo. Henr.). Dissertatio... de Centvrione sub Crvce Christi. Lipsiæ, typis Viduæ J. Reinholdi, (1698). In-4, dérel. — **Lange** (Philippus) et **Sagittarius** (Caspar). De Lancea qua perfossvm latvs Jesv Christi [*Dissert. acad.*]. Jenae, Stanno Bavhoferiano, (1673). In-4, rel. toile. — **Majus** (Geor. Ephraim). De manuum pedumque Messiæ in ejusdem Crucifixione perforatione. Jenæ, typis S. Krebsii, 1663. In-4, dérel. — **Pipping** (Henr.) et **Vögel** (Immanuel). De potu supplicii et puniendis et patienti Christo prodromo (Leipzig), typ. Gœzii, (1688) (*Diss. Ac.*). In-4, dérel. — **Schreck** (Jo. Abel). D.D. Jesu regis patientis Coronam spineam. Lipsiæ, typ. Baueri, 1661. In-4, rel. vél. — **Seelen** (Io. Henr. von). De festo Lanceæ et Clavorvm qvibvs Christi corpvs fvit perfossvm in dvcatv Bremensi olim celebrato... Flensbvrgi, Typ. Ch. Vogelii, 1715. In-4, cart. Ensemble 6 plaq.

LES SAINTS SUAIRES

173. Gourgues (Vᵗᵉ de). Le Saint Suaire. Périgueux, Bonnet, 1868. 1 vol. in-8, d.-rel. chag. r., tête dorée, non rogn., au chiffre du comte Riant.

> A cet exemplaire sont jointes 4 lettres de M. de Gourgues à M. le comte Riant. Quelques notes manuscrites de la main de M. le comte Riant. On trouve à la suite de cet ouvrage l' « Essai sur les pèlerinages à Jérusalem » de M. *Martial Delpit*.

174. SAINT SUAIRE DE BESANÇON : Chifflet (Jean-Jacques). De linteis sepulchralibus Cristi Servatoris crisis historica. Antverpiæ, Ex officina

Plantiniana, Apud Balthasarem Moretum, & Viduam Ioannis Moreti, & Io. Meursium, 1624. 1 vol. in-4, rel. vél.

Chifflet (1588-1660), né à Besançon, a écrit cet ouvrage en grande partie pour soutenir l'authenticité d'un saint suaire conservé à Besançon. On y retrouve trop souvent ses habitudes de pamphlétaire qui le portent à peu se préoccuper de la valeur des preuves invoquées.

175. — [**Eberlé** (L.)]. La Confrérie du Saint Suaire et de la Croix pour la sépulture des pauvres à l'hôpital Saint-Jacques de Besançon. Besançon, Paul Jacquin, 1886. Petit in-8, front. [*Dédicace de l'auteur et lettre dans le volume.*] — **Gauthier** (Jules). Notes iconographiques sur le Saint Suaire de Besançon. Besançon, Dodivers, 1884. Plaq. in-8, rel. toile, couvert. (avec 4 planches).

176. SAINT SUAIRE DE CADOUIN : **Audierne** (L'abbé). Notice sur l'abbaye de Cadouin, son église et ses cloîtres. Périgueux, Dupont, 1840. In-8, br. — **Carles** (Alcide). Histoire du Saint Suaire de Cadouin. Périgueux, Boucharie, 1868. 1 vol. in-8, rel. toile. — *Du même.* Histoire du Saint Suaire de Notre-Seigneur Jésus-Christ, conservé dans l'ancienne église abbatiale de Cadouin, en Périgord, et de tous les autres linges funèbres du Sauveur. Paris, Poussielgue, 1875. 1 vol. in-8, rel. toile, couvert. — Pratique pour honorer le Saint Suaire de N.-S. Jésus-Christ... Caen, Chalopin, s. d. (xixe s.). Très petit in-12, de 22 pp., 1 fnc., cart. Ens. 4 vol. ou plaq.

177. SAINT SUAIRE D'ÉDESSE (A GÊNES) : **Baffico** (Gio : Francesco). Istoria del Santo Svdario mandato da Christo N. S. ad Abagaro, che si conserua nella Chiesa di S. Bartolomeo detta delli Armeni... Genova, Scionici, s. d. (vers 1694). In-16, rel. vél. (rel. très fatiguée). — **Calcagnino** (Agostino). Dell' imagine Edessena libri ave, Con Osseruationi Historiche... Genova, Farroni, 1639. In-4, rel. vél., tit. remonté.

Cf. n°s 129-130.

178. SAINT-SUAIRE DE TURIN : **Balliani** (Fra Camillo). Ragionamenti della Sacra Sindone di N. S. Giesv Christo... Torino, Aluigi Pizzamiglio, 1610. 1 vol. petit in-4, rel. vél.

Balliani, dominicain, ne publia, en 1610, que la première partie de son livre; une deuxième, puis une troisième partie parurent en 1618 et en 1624; l'ouvrage complet ne vit le jour qu'en 1627.

179. — **Paleotti** (Alfonso). Esplicatione del sacro lenzvolo ove fu involto il Signore e delle Piaghe in esso impresse col suo pretioso sangue... In Bologna, Presso gli Heredi di Gio Rossi, 1599. In-4 de 16 ffnc., 144 pp., 20 ffnc., non compris le titre gravé, rel. vél., 2 planches, dont une représente les traces sanglantes du Saint-Suaire.

180. —. — Tableav de mortification. Tiré sur l'histoire miraculevse des Stigmates de Iesvs Christ marquez au S. Suaire. Descrite par Alphôse Paleot, Archeu. de Bologne. Et depuis enrichie par F. D. Maillon, de belles explications... de la Passion... Et finalement traduicte & amplifiée... par

N. I. S. Destiolles Parisien. Chez Eustache Foucault, rue Sainct Iacques a la Coquille, 1609. (Titre gravé.) In-12, rel. vél., pl. et fig.

181. — **Paleotti** (A.). Historia admiranda de Iesv Christi Stigmatibvs... figvris æneis, qvæstionibvs... à R. P. F. Daniele Mallonio illustrata... Accessit Tomvs II de Incarnati Verbi mysteriis, deq̄ȝ Instrumentis Dominicæ Passionis M. Vigerii S. R. Ecclesiæ Cardinalis. Adiectis plerisque per R. P. Richardvm Gibbonvm, S. J... Antverpiae, Apud Ioannem Keerbergivm, M DC XVI, *Le tome II qui a un titre particulier, porte* : Dvaci, Ex officina Baltazaris Belleri... Anno 1616. 2 tomes en 1 vol. in-4, rel. veau endommagé, sur les plats monog. du Christ, planches.

> Alphonse Paleotti, nommé en 1591 coadjuteur de son oncle le cardinal Gabriel, arch. de Bologne, lui succéda en 1597, et mourut en 1610.

182. — **Piano** (Lazzaro Giuseppe). Comentarii critico-archeologici sopra la SS. Sindone di N. S. Gesù Cristo venerata in Torino. Torino, per gli eredi Bianco e Comp., 1833. 2 vol. in-4, dem.-rel. parch., coins.

> Exemplaire en grand papier. Le tome I contient 2 planches lithog. et les portraits également lithog. de Filiberto Pingone et de J. J. Chifflet ; le tome II, 3 planches lithog.

183. — **Pingone.** Philiberti Pingonii Sabavdi Cvsiacen. Baronis. Sindon evangelica. Accesserunt Hymni aliquot, Insignis Bulla Pontificia. Elegans Epist. Francisci Adorni Ies. de Peregrinatione memorabili. Avgvstæ Tavrinorvm, Apud hæredes Nicolai Beuilaquæ, 1581. In-4 de 4 ffnc., 85(1) pp., 1 fnc., rel. vél., une planche double grav. sur cuivre, et fig. (mouillures).

> Emanuel-Filiberto Pingone (1525-1582), conseiller d'État du duc de Savoie Charles-Emmanuel.

184. — **Solaro** (A.). Sindone Evangelica historica, e theologica di Monsig. D. Agaffino Solaro de Conti di Moretta... Vescouo di Fossano... In Torino, Appresso li Caualleris, M. DC. XXVII. In-4, rel. vél.

> Ouvrage posthume d'A. Solaro, mort en 1625, étant évêque de Fossano ; publié par son neveu Gio Battista di Moretta & Ozagna.

185. — **Vigus** (Johannes Bernardus). Ad Carolum Emmanuelem Sardiniæ, Hierusalem, et Cypri Regem De Sindone Taurinensi libri duo. Augustæ Taurinorum, ex Typographia Regia, 1768. In-4, rel. parch.

> Poème en deux chants de Vigus ou Vigo, originaire de Turin, où il fit ses études et devint professeur de rhétorique. Ce poème est suivi de sonnets italiens en l'honneur du Saint-Suaire et d'un discours prononcé dans la cathédrale de Turin, le 17 mars 1761.

186. — **Berta** (Giuseppe). Della Sacra Sindone di Notro Signor Gesù Christo. Relazione Storica. Torino, Reycend, (1842). 1 plaq. in-8, cart., couvert., 1 planche lithog. — **Buonafede** (P. Giuseppe). Regalo di Dio alla Real Corona di Sauoia. Panegirici sacri a i Misterij della S. Sindone di N. Sig. Giesv Cristo. Asti, Per il Giangrandi..., 1654. Petit in-4, rel. vél. bl. — **Di Pietro** (Salvatore). La Santa Sindone. Sermone recitato nella metropolitana di

Torino. Torino, tip. Salesiana, 1884. In-8, br. — **Fabre** (Adolphe). Trésor de la Sainte-Chapelle des ducs de Savoie au château de Chambéry, d'après des inventaires inédits des xv⁰ et xvi⁰ siècles. 2ᵉ édit. Lyon, Scheuring, 1875. In-8, rel. toile, non rogn., couvert., avec 1 pl. — **Jussieu** (A. de). La Sainte-Chapelle du château de Chambéry. Chambéry, Perrin, 1868. In-8, rel. toile, couvert., planches. — **Pellegrini** (Cesare). Sermone sulla SS. Sindone di Torino... Torino, G. Marietti, 1844. In-8, br. — **Vassalli** (Michelangelo). Discorso sopra la Sacra Sindone di Gesù Christo venerata in Torino recitato... l'anno M DCC IIC. Parmo, Co' tipi Bodoniani. In-4, cart. Ensemble 7 vol. ou plaq.

Le Saint-Suaire de Turin a été conservé pendant quelques années par les ducs de Savoie à Chambéry.

LA SAINTE TUNIQUE

187. SAINTE TUNIQUE D'ARGENTEUIL : **Gerberon** (Dom Gabriel). L'Histoire de la robe sans couture de Nostre Seigneur Jesus-Christ, Qui est reverée dans l'Eglise du Monastere des Religieux Benedictins d'Argenteüil. Avec un abregé de l'Histoire de ce Monastere. Par Dom Gabriel Gerberon R. B. de la Congregation de Saint Maur. (Marque typ.) A Paris, chez Helie Josset..... M. DC. LXXVII. Petit in-8, rel., 1 planche.

Les premières éditions de cet ouvrage sont devenues fort rares. Il a été fait, en 1838, une réimpression de l'édition de 1703 (la quatrième).

188. [— —] Histoire de la robe sans couture de N. S. Jésus-Christ, Révérée dans l'Église du Monastère des Religieux Bénédictins d'Argenteuil, Avec un abrégé de l'Histoire de ce monastère, par un Religieux Bénédictin de la Congrégation de Saint-Maur. Quatrième édition. Paris, Germain Mathiot, Libraire,.... 1838. 1 vol. petit in-8, d.-rel. veau blanc, non rogn.

Un des 17 ex. sur papier vélin avec frontispice avant et avec la lettre.

189. — **Davin** (L'abbé V.). La sainte tunique. Discours prononcé à Argenteuil le 5 juin 1865. Paris. Plaq. in-8, cart., non rogn., couvert. — **Guérin** (L.-F.). Notice abrégée sur la sainte tunique. Paris, Vrayet de Surcy, 1864. Vol. in-12, rel. toile, couvert.

190. SAINTE TUNIQUE DE TRÈVES : Anno dñi .M. ccccc. xij. || Reliquie plurimorū sctō||rū ⁊ sctā⩽ nouissime repte : || p reuerē || dissimū ī xp̄o patrē ⁊ dñm : dñm Ri||chardū electū et ɔfirmatū archip̄su||lem Treuerensem : unacū venerabilibus dñis cano||nicis capitularibus eiusdē ecclesie. Ad instantiam in-||uictissimi Illustrissimi quoqʒ principis Maximilia-||ni Romanorū Imperatoris semper augusti.|| (*Gravure sur bois, coloriée représentant la* Sainte Tunique *de Trèves*, un couteau et un dé.) || *S. l. n. d. n. typ.* Petit in-4 (?) de 6 ffnc. sans signatures, rel. vél.

191. — **Hammer** (J. von). Geschichte des heiligen Rockes unseres Heilands welcher in der Domkirche zu Trier aufbewahrt... Neuer Abdruck. Mit einer

Abbildung. Bonn, Habicht, 1844. — **Moritz** (Mauritius). Offenes Schreiben an Johannes Ronge in Laurahütte den in Trier ausgestellten heiligen Rock betreffend. Abgedruckt aus der Rhein- und Mozelzeitung. — **Gildemeister** (J.). und **Sybel** (H. von). Der heilige Rock zu Trier und zwanzig andern heiligen ungenähten Röcke..... Nachträge der zweiten Ausgabe. Düsseldorf, Buddeus, 1844. — *Le même*. Mit einer lith. Abbildung. Düsseldorf, Buddeus, 1844. [*Première édition.*] — *Des mêmes*. Der heilige Rock..... zweiter Theil. Die Advocaten des Trierer Rockes. Düsseldorf, J. Buddeus, 1845. Ensemble 1 vol. in-8, rel. toile.

192. — **Gildemeister** (J.) und **Sybel** (H. von). Der heilige Rock zu Trier... mit einer Abbildung. Dritte Auflage. Düsseldorf, J. Buddeus, 1845. In-8, rel. toile, couv. — **Görres** (Joseph. v.). Die Wallfahrt zu Trier. Regensburg, Manz, 1845. In-8, rel. toile, non rogn. — **Marx** (J.). Das Wallfahrten in der katholischen Kirche. Trier, Lintz, 1842. In-8, rel. toile. — *Du même*. Die Austellung des h. Rockes in der Domkirche zu Trier im Herbe des Jahres 1844. Mit einem Titelkupfer. Trier, Lintz, 1845. In-8, rel. toile. — **Wilmowsky** (J. N. von). Der heil. Rock. Eine... Prüfung des zur Verhüllung der Reliquie der Tunica der Erlösers verwendeten... in Dome zu Trier, nebst einem Berichte über die Sandalen des Erlösers in der Salvatorkirche zu Prüm... Trier, Lintz, 1876. In-8, cart., couv. — **Sagittarius** (Caspar) et **Lindovius** (Joh.). Rvbram Jesv Christi chlamydem... exponent... Jenæ, Bavhofer, 1672. In-4, rel. vél. Ensemble 6 vol. ou plaq.

LES SAINTS CLOUS

193. **Fontanini** (Just.). Dissertatio de corona ferrea Langobardorum. Romæ, Apud Franciscum Gonzagam, 1718. In-4, rel. parch.

Bonne dissertation de J. Fontanini (1666-1738), originaire du Frioul, dont le nom fait autorité en archéologie. Il fut le défenseur ardent des droits temporels du Saint-Siège et fut nommé en récompense archevêque d'Ancyre.

194. **Muratori** (Lud. Ant.). Anecdota quæ ex Ambrosianæ bibliothecæ codicibus nunc primum eruit... L. A. Muratorius... Tomus prior. Quatuor S. Paulini Episcopi Nolani Poema complectens. Tomus secundus præter veterum monimenta commentarium continens, De Corona Ferrea... Mediolani. Typis Iosephi Pandulfi Malatestæ, 1697-1698. 2 tomes en 1 vol. in-4, rel. vél.

195. — De Corona Ferrea qua Romanorum Imperatores in Insubribus coronari solent, commentarius. Mediolani, Malatesta; Lipsiæ, Weidmann, 1719. In-8, d.-rel. bas., non rogn. ni coupé.

196. **Zucchi** (Bartolomeo). Historia della corona ferrea che si conserva nell' insigne Basilica di S. Gio. Battista di Monza... [*Nouv. éd. par Francesco Andrea Lesmi.*] Milano, Vigone, 1707. In-4, rel. toile, fig. (On y a ajouté une planche en couleur).

197. Bacci (Giovanni). La Corona di ferro. Paginete di storia patria. Ferrara, Typog. Sociale, 1884. 1 plaq. in-12, cart., couvert. — **Bellani** (Angelo). La Corona ferrea del regno d' Italia considerata I° come monumento d' arte, II° come monumento storico, III° come monumento sacro. Milano, Sartori, 1819. 1 vol. grand in-8, une planche, rel. toile, couvert., non rogn. — Articolo sulla corona ferrea con note critiche. [Article extrait du *Giornale dell' italiana letteratura*. Padova, sept. et oct. 1819, avec un appendice imprimé à Milan, Ferrario, 1819, et contenant la critique de l'ouvrage de *Bellani*.] Venezia, 1819. Grand in-8, rel. toile. — **Bianconi** (A.). Memoria intorno la corona di ferro longobarda. Milano, Vallardi, 1860. 1 plaq. in-8, d.-rel. chag. — **Bombelli** (Rocco). Storia della corona ferrea dei Re d' Italia. Firenze, Tipog. Cavour, 1870. 1 vol. in-8, rel. toile, couvert., avec 1 planche gravée. — **Zerbi** (Luigi). La Corona ferrea ai funebri nazionali di Vittorio Emanuele II, re d' Italia. Considerazioni storiche documentati. Monza, Ghezzi, 1878. Plaq. in-8, cart. — Cathalogus authorum qui de Corona Ferrea continente unum ex Clavis, quibus Cruci confixus fuit Dominus Noster Jèsus Christus, verba faciunt. Romæ, Ex typographia Bernabò, anno 1715. Plaq. in-4, 19(1) pp., rel. toile. Ensemble 7 vol. ou plaq.

198. Barbier de Montault (X.). Le Saint Clou à la cathédrale de Toul. Nancy, Crépin-Leblond, 1885. In-8, br. — **Buonafede** (Giuseppe). Il sacro Chiodo del redentore del Mondo,... detta da lui in Colle di Val d' Elsa, per accrescere la deuotione verso quello, che nella Catedrale di d. Città con gran venerat. si costudisce. Siena, Bonetti, 1653. 1 vol. petit in-4, rel. vél., estamp. et fil. dor. — **Cateni** (Pier. Francesco). Notizie della reliquia insigne del sacro Chiodo... che se venera nella cattedrale di Colle in Toscana. Colle, Pacini, 1821 (fig.). Vol. in-8, rel. toile. — **Kraus** (Franz Xaver). Der heilige Nagel in der Domkirche zu Trier, zugleich ein Beitrag zur Archeologie der Kreuzigung Christi. Trier, Lintz, 1868. Vol. in-8, rel. toile, couvert. — **Terris** (L'abbé). Le Saint Mors de Carpentras et son reliquaire. (Feuilleton de l'*Univers* des 22, 23 et 25 Avril 18?) In-4, rel. toile. — *Du même*. Le Saint Mors de Carpentras et son reliquaire. Carpentras, P. Prière, 1874. In-8, rel. toile, 1 pl. — *Une collection de pièces sur le* St-Clou *vénéré à* Torno (lac de Côme) *comprenant* 4 *placards*, 1 *pl. lithog., et plusieurs lettres du* marquis A. Lalatta *au* comte Riant. 1 plaq. in-4, rel. toile. Ensemble 7 vol. ou plaq.

LA VRAIE CROIX

199. Borgia (Stefano, card.). De Cruce vaticana ex dono Iustini Augusti commentarius, cui accedit ritus salutationis Crucis in Ecclesia Antiochena Syrorum servatus, nunc primum syriace, & latine editus. Romæ, Ex Typog. Sacræ Congreg. de propag. fide, 1779. 1 vol. in-4, avec 3 planches, rel. veau tacheté, fil., dos et plat ornés du chiffre du comte Riant. — De Cruce veliterna commentarius. Romæ, typ. Sac. Cong. de propag. fide, 1780. 1 vol.

in-4, av. 2 planches, rel. veau tacheté, dos et plat ornés du chiffre du comte Riant.

> Les deux ouvrages du savant cardinal Borgia (1731-1804) sont particulièrement recherchés.

200. Rocca Camers (Angelo). De particula ex pretioso et vivifico ligno Sacratissimæ Crucis Salvatoris Iesu Christi desumpta sacris imaginibus et elogiis eodem Ligno incisis insignita, et in apostolico sacrario asservata, Commentarius. Romæ, Ap. Guil. Facciottum, 1609. 1 vol. in-4, rel. vél., avec 5 gravures sur bois. — [**Venutis** (Philippus de)]. De Cruce Cortonensi dissertatio. Florentiae, Typis Allegrini ad Crucem Rubram, 1781. In-4, d.-rel. bas.

> Une première édition a été imprimée à Livourne en 1751. L'auteur a ajouté à celle de 1781, un traité : « De Inventione et cultu Verae Crucis diatriba adversus H. Kippingium et alios ».

201. Van de Putte. Collégiale de Sainte-Walburge à Furnes. Relique de la Sainte Croix. Bruges, Vandecasteele-Werbrouck, 1864. — **Van de Velde**. Inscriptions murales concernant les reliques de sainte Walburge et de ses frères, et le bois de la Sainte Croix, à l'Église Collégiale de Ste-Walburge à Furnes. Ensemble 1 vol. in-4, d.-rel. mar. rouge, tr. limace. *Tiré à 12 exemplaires sur ce papier*. — Triumphe van det heilig kruise Christi Jesu, dat is de geschiedenis van de Vier Kruisreliquien die vereerd worden... te Dordrecht in Holland, te Middelburg in Vlaanderen, in Onze Lieve Vrouwe te Brugge, ende te Sinte-Kruis, nevens Brugge. Brugge, Modest Delplace, 1871. In-8, rel. toile, couv.

202. Brunati (Giuseppe). Di un' antica Stauroteca istoriata che si conserva nella vecchia cattedrale di Brescia. Roma, 1839. Plaq. in-8, cart., avec 2 pl. — **Magrini** (Antonio). Sopra la insigne reliquia della Santa Croce che si venera nella chiesa cattedrale di Vicenza. Thiene, G. Staider, 1860. In-8, rel. toile, couv. — **Taglialatela** (Gioacch.). La Stauroteca di S. Leonzio nella cattedrale di Napoli. Napoli, 1877. In-8, rel. toile, 1 pl. — Notizia storica sulla croce del Carroccio e quella posta sulla tomba d' Ariberto in Duomo. Milano, 1870. In-8, cart., 1 pl. photog. Ensemble 4 vol. ou plaq.

203. Barbier de Montault (Mgr X.). Le Trésor de l'abbaye de Sainte-Croix de Poitiers avant la Révolution, d'après les inventaires, les chartes et les monuments. Poitiers, Tolmer, 1883. 1 vol. in-8, avec 7 planches. (*Lettre d'envoi de Mgr B. de M. au comte Riant.*) In-8, rel. toile. — Croix-Reliquaire de l'abbaye de l'église de Saint-Florent-lès-Saumur. Extr. de la *Revue de l'Anjou et du Maine*, tome VI. Angers, s. d. In-8, cart. — Lettres testimoniales d'un évêque de Marseille portant donation d'un morceau de la vraie Croix à l'église de Sainte-Croix d'Angers. Tours (1876). In-8, rel. toile. — **Barrau** (Abbé J.-B.). Notice historique sur la vraie Croix de Baugé. Angers, Briand et Hervé, 1874. 1 vol. in-8, av. planche, rel. toile, couvert. — La sainte vraie

Croix de Douchy; avant-propos par *M. Cellier*. Extr. de la *Revue de Valenciennes*, 1863. In-8, br. — **Kohler** (C.). Un réfugié à Jérusalem au vi[e] siècle de notre ère. Extr. de la *Bibl. de l'Éc. des Chartes*, t. XLV, 1884. In-8, rel. toile. — **Reinartz** (J.-L.). Notice sur le reliquaire de la vraie Croix conservé à Tongres. *S. l. n. d. n. typ*. In-8, cart., 2 planches. — **Sévérac** (G.). Notice sur la vraie Croix de Saint-Guilhem-du-Désert. Lodève, Grillières, 1861. Br. in-8. — **Van Bastelaer** (D. A.). Étude sur un... reliquaire phylactère du xiie siècle. Anvers, J. Plasky, 1880. In-8, rel. toile. 2 pl. chrom. Ensemble 9 vol. ou plaq.

204. **Drach**. L'inscription hébraïque du titre de la Sainte Croix restituée et l'heure du crucifiement de N. S. J. C. déterminée... par M. P.-L.-B. Drach, rabbin converti. Seconde édition. Rome, F. Bourlié, 1831. Plaq. in-8, rel. toile, couvert., planche. — **Sionnet** (A.). Lettre à M. l'abbé Piolin, sur la légende hébraïque du titre de la vraie Croix. Extr. de l'*Auxiliaire catholique*, 15 août 1845. In-8, cart. — [**Rioja** (Francisco de)]. Del Titvlo de la Crvz de Christo Señor nuestro. *S. l. n. d. n. typ*. In-4 de 4 ffnc., 40 ff. chif., rel. parch.

L'ouvrage de Rioja débute par un avis au lecteur d'*Antonio de Laredo Salazar*.

5. Culte de la Croix.

205. **Bosio** (Iacomo). La trionfante e gloriosa croce. Trattato di Iacomo Bosio. Lettione varia, e diuota; Ad ogni buon Christiano vtile e gioconda. In Roma, nella Stamperia del Sor Alfonso Ciacone... 1610. (Titre gravé et encadré.) In-fol. de 8 ffnc., 774 pp., 34 ffnc., rel. vél., fig.

Ouvrage très rare. David Clément dit que « cet ouvrage est un éfet de la « superstition de *Jacques Bosius*, qui succeda à son ambition, lorsqu'il vit toutes « ses esperances aler en fumée ». Il paraît qu'il avait espéré la pourpre cardinalice et, voyant l'impossibilité de l'obtenir, il se donna tout entier à la dévotion.

206. — Crvx trivmphans et gloriosa a Iacobo Bosio descripta libris sex; ad sacræ et profanæ historiæ lucem et christianæ pietatis augmentum vtilissimis. Antverpiae, ex officina Plantiniana, Apud B. et I. Moretos, M DC XVII. (Titre front. dessiné par *Pierre-Paul Rubens* et gravé par *Corn. Galleus*.) Petit in-fol., rel. veau (aux armes).

207. **Gretser** (Jacques). De crvce Christi. Ingolstadii, Ex typ. Adami Sartorii, 1600-1605. 3 vol. in-4, reliés : les tomes I et II en peau de truie estampée aux armes d'un évêque de Bamberg; le tome III en veau fauve portant sur un des plats les lettres F. A. A., la date 1608 et les armes d'un archiduc d'Autriche.

Intéressant recueil des auteurs grecs qui ont écrit sur la Croix, et de dissertations sur le même sujet.

208. **Lipsius** (Justus). De Cruce libri tres ad sacram profanámque historiam utiles. Vnà cum notis. Antverpiae, ex officina Plantiniana, apud Viduam

et Ioannem Moretum .M D XC.III. Petit in-4 de 8 ffnc., 120 pp., 4 ffnc., fig. rel. parch. — **Fulda** (Hermann). Das Kreuz und die Kreuzigung. Eine antiquarische Untersuchung nebst Nachweiss der vielen seit Lipsius verbreiteten Irrthümer. . mit 7 lithog. Tafeln. Breslau, Koebner. 1878. In-8, rel. toile, couv.

> Ouvrages intéressants par leurs gravures. Avec le premier, on en a relié un autre du même auteur : « Admiranda, siue de magnitudine romana libri quatuor. Antverpiae, M.D.XCVII. » L'un et l'autre sont en première édition.

209. Opera||noua laqual tratta || La dechiaratione de la || santa Croce che trat-||ta delli errori che || regnano nele per||sone di questo mondo, || Con el Pater nostro ℈ l'aue Ma-||ria disposta. Con alcuni bel-||lissimi sonetti morali. Et || li nomi delle Citta || Famose. (*Titre encadré.*) *S. l. n. d. n. typ.* (XVIe siècle). Petit in-4 (form. in-16) de 4 ffnc., dérel.

> Rarissime opuscule. Le texte de la poésie sur la Sainte Croix commence au verso du fnc. 1. Fnc. 2 v°, l. 17, commence le Pater versifié. Fnc. 3 r°, l. 1, l'Ave Maria également versifié, que suivent les Sonetti. Fnc. 4 r°, l. 11 : « Li Nomi delle Citte Famose. | La prima Citta del Mondo sie Hierusaleȝ | ... » et le morceau finit, fnc. 4 v° : « Di gente di guerra e Perugini | Dun possente vino e Beletro | Di mangiar buone tripe e Triuiso. | Il Fine. »

210. **Pic de la Mirandole** (Jean-François). Stavrostichon || hoc est carmen de mysteriis dominicæ crucis nuper in || germaniam delapsis Iohannis Francisci Pici Mi || randulæ domini & concordiæ comitis ad || Maximilianvm Avgvst. || Cum Iacobi Spiegel Selestani enarratione..... || *Fnc.* 80, *r°, l.* 18 : Tubingæ, in ædibus Thomæ Anselmi || Badensis .M.D.XII. mense Iulio. || *Marque de l'imprimeur.* In-4 de 80 ff., dérel.

> Jean-François Pic, seigneur de la Mirandole (1469-1533), était neveu du célèbre Jean Pic, et s'occupa comme lui de philosophie religieuse. Il avait succédé à son père dans la principauté de la Mirandole, mais en fut plusieurs fois chassé et périt assassiné par son neveu Galeotti.

211. **Raban Maur.** De lavdibvs Sanctæ Crvcis opvs, ervditione versv proseq̨; mirificum. Cvm antiqvitate avctoris... tum nouitate scriptionis memorabile. Qvo figvris sive imaginibvs XXVIII. multa fidei christianæ misteria... in formam crvcis redacta... explicantvr. (Marque typ.) Avgvstæ Vindelicorvm. È typographeo Prætoriano. Anno M.DC.V. Petit in-fol., fig., titre et texte rouge et noir, d.-rel. bas.

212. **Stockbauer** (J.). Kunstgeschichte des Kreuzes. Die bildliche Darstellung des Erlösungstodes Christi im Monogramm, Kreuz & Crucifix... mit erläuternden Holzschnitten und einer Vorrede von Dr *J. A. Messmer.* Schaffhausen, Hurter, 1870. In-8, rel. toile, couv. — **Zöckler** (O.). Das Kreuz Christi. Religionshistorische und kirchlich-archäologische Untersuchungen. Gütersloh, Bertelsmann. 1875. In-8, rel. toile.

213. **Ciampini** (Joan.). De Cruce Stationali Investigatio historica. Romæ, J. F. Buagni, M DCXCIV. In-4, rel. vél., fig. sur bois. — Dichiarazione di tre antiche Stauroteche che si conservano l' una nella cattedrale di Modena

e l' altre due nell' abbaziale di Nonantola. Modena, Soliani, 1847. Plaq. in-8, cart., fig. et pl. — **Piper** (F.). Der Baum des Lebens. [Extrait factice des *Evangelische Jahrb.*, 1863]. In-8, cart., 2 pl. lith. — **Sorio** (Bartolomeo). Sunto storico della Croce e del Crocifisso nel svo svolgimento artistico e nel suo culto. [Extr. de l'*Arch. dell' Eccl.*, VIII, 1867.] In-8, cart. Ensemble 4 vol. ou plaq.

6. Reliques de la Sainte-Chapelle.

214. **Decloux** et **Doury**. Histoire de la Sainte-Chapelle du Palais. Paris, Morel, 1865. In-fol., d.-rel. chag. rouge, tête dor., non rogn., coins, 25 pl. dont 20 en chromolith.

215. **Du Peyrat** (Guillaume). Histoire ecclesiastiqve de la Covr ou les Antiqvitez et recherches de la Chapelle, et Oratoire dv Roy de France, depuis Clouis I iusques à nostre temps, diuisée en trois liures..... Paris, Henri Sara, M.DC.XLV. In-fol., d.-rel. toile.

> Guillaume Du Peyrat, né à Lyon, substitut du procureur général au Parlement de Paris, embrassa l'état ecclésiastique, fut aumônier des Rois Henri IV et Louis XIII et trésorier de la Sainte-Chapelle de Vincennes. La biographie générale d'Hœfer le fait mourir en 1643; ce doit être 1644 au plus tôt, car le 19 février 1644, il cédait son privilège au libraire Sara.

216. **Morand** (Sauveur-Jérôme). Histoire de la Sainte-Chapelle royale du Palais. Paris, Clousier et Prault, 1790. 1 vol. in-4, d.-rel. bas., avec planches.

> Une des planches est remontée. Ouvrage estimé.

217. [**Rouilliard** (Sébastien)]. Traicté, de l'antiqvité, veneration et privileges de la Saincte Chappelle, du Palais Royal de Paris. Par M. Seb. R. Aduocat en Parlement. A Paris, chez Thomas de la Ruelle, au Palais sur le perron deuant la Saincte Chappelle. M.DC.VI. In-4 (form. in-12) de 68 pp., d.-rel. veau fauve.

> Opuscule fort rare; c'est une consultation en faveur de Me Jacques Guillemin, chanoine de la Sainte-Chapelle et de l'église de Chartres, contre le chapitre de cette dernière église. L'avocat Rouilliard a été amené à étudier les privilèges de la Sainte-Chapelle et spécialement celui de l'Exemption de Résidence.

218. Récit du treizième siècle sur les translations faites en 1239 et en 1241 des saintes reliques de la Passion [publié par *N. de Wailly*]. (Extrait de la *Bibliothèque de l'École des Chartes*, t. XXXIX.) Nogent-le-Rotrou, Daupeley-Gouverneur. In-8, d.-rel. chag., tête lim., non rogn., couv.; au dos, chiffre du comte Riant.

> Le texte du récit a été collationné avec le ms. 275 de la Bibl. de Charleville. Notes marginales manuscrites.

219. **Desmaze** (Ch.). La Sainte-Chapelle du palais de justice de Paris. Paris, Dentu, s. d. Vol. in-12, rel. toile. — **Douët-d'Arcq** (L.). Inventaire des

reliques de la Sainte-Chapelle. Extr. de la *Rev. arch.* Paris, Leleux, 1848. In-8, rel. toile. — [**Gosselin** (Abbé J.-E.-A.)]. Notice historique et critique sur la sainte Couronne d'Épines de Notre-Seigneur Jésus-Christ et sur les autres instrumens de sa Passion qui se conservent dans l'église métropolitaine de Paris. Paris, Le Clerc, 1828, avec 5 planches. In-8, rel. toile. — Notice historique et descriptive de la Sainte-Chapelle. Paris, Garnier, s. d. In-8, cart., couv. — **Troche** (N.-M.). La Sainte-Chapelle de Paris. Paris, Boucquin, 1853. In-12, d.-rel. chag. — *Le même*, 1855. In-12, rel. toile, couv., non rogn. Ensemble 6 vol. ou plaq.

7. Littérature de la Passion. — Prose, vers et représentations théâtrales.

220. Gregorio Angelerio. Il pretioso tesoro del sangve di Cristo raccolto dalla Sacra Scrittura, & da' Sacri Dottori in quaranta Prediche, dal Reverendo Padre Gregorio Angelerio da Panagia... Neapoli, Exc. F. Savius, M DCLI. In-fol., rel. parch.

Ouvrage sur la Passion de N.-S., du capucin Gregorio Angelerio, né en Calabre à Panagia, et qui vivait au milieu du xvɪᵉ siècle.

221. Jules III. De Christi passione. Oratio Io. Mariae. Archiepisc. Sipontini Habita in Sacello Pontificio ad Hadrianum VI. Pont. Max..... cɪɔ ɪɔ xxɪɪɪ. ɪɪɪ. Non. Apr. Romae, Ex Typographia Antonij Zannetti, cɪɔ ɪɔ xcvɪɪ. In-4 de 21(1) pp., rel. vél.

L'archevêque de Siponto, en 1523, était Joan. Maria del Monte S. Savino (1487-1555), créé cardinal en 1536 et pape en 1549 sous le nom de Jules III.

222. Lorich (G.). Monotessaron passionis Christi Iesu, cum expositione omnigenæ orthodoxæ doctrinæ fœcunda, qua tam veritas historica, quàm religionis synceritas declaratur : ex patrum catholicorum sententiis accuratè corrosa, authore Gerhardo Lorichio Hadamario. Cum Indice copiosissimo. Parisiis, Apud Viuantium Gaultherot, sub insigni D. Martini, uia Iacobæa, 1549. (*Titre encadré.*) Vol. in-8 de 80 ff. ch., 5 ffnc., rel. vél.

Gerhard Lorich, d'abord pasteur à Hadamar, abjura le protestantisme et publia de nombreux ouvrages pour défendre la religion catholique.

223. Calixte & Georges de Mitylène. Callisti patriarchæ Constantinopolitani Homilia in exaltationem Sanctæ Crucis. Georgii Mitylenæi Homilia in sacrosanctam Christi Domini nostri passionem, Ex Cæsarea Bibl. Viennensi nunc primum græce et latine evvulgata a Iacobo Gretsero. S. J. *S. l. n. d. n. typ.* (Ingolstadt, A. Sartorius, 1608.) 1 plaq. in-4, rel. toile. — **Manescal** (D. Honofre). Apologetica disputa, donde se prveva que la llaga del costado de Christo N. Señor fue obra de nuestra redencion... Van anadidos tantos discursos en esta segunda impression, que parescera otro libro. . En Barcelo, Acosta de Miguel Manescal, año 1611. Petit in-8, rel. vél. — **De Wael** à

Vronesteyn (P. Guilielmus). Corona sacratissimorum Iesu Christi vulnerum XXXV considerationibus ex sacra scriptura, sanctis patribus, historia ecclesiastica... editio tertia, auctior et emendatior. Antuerpiæ, apud Cornelium Woons, 1654. In-12, rel. parch., titre gravé.

224. **Botero** (Giovanni). La primavera, Il monte Calvario e le Feste. Poesie piene di rarissimi concetti, e d' infinite curiosità, di nuovo corrette, & accresciute dall' Autore. Milano, Girolamo Bordoni, 1610. 1 vol. petit in-8, rel. vélin, titre raccommodé.

225. *Le même*, édition de 1611, avec titre joliment encadré. 1 vol. in-8, rel. veau fil.

> *Botero* (1540-1617) est surtout connu pour les voyages qu'il fit, sur l'invitation de la Propagande, pour recueillir des notes sur l'état de la religion chrétienne. Il avait passé préalablement dans l'Ordre des Jésuites et fut quelque temps ministre de Savoie à Paris.

226. **Greban** (Arnoul). Le mystère de la Passion, d'Arnoul Gréban, publié d'après les mss. de Paris avec une introd. & un glossaire par *Gaston Paris* & *Gaston Raynaud*. Paris, Vieweg, 1878. 1 vol. grand in-8, d.-rel. chag. r., tête dor., non rogn.

227. **Godran** (Charles). Encomivm Crvcis Dominicæ, D. Ioan. XVIII. XIX. ac. XX. Capit. Heroicis Versibvs Expressvm. Carolo Godranio Canonico Divionensi Avthore. (*Marque typ.*) Divione, Ex Praelo Ioan. Desplanches, 1566. Cvm privilegio regio ac qvinqvennivm. In-4 de 18 ffnc., d.-rel. v. f. Ex-libris du marquis de Morante.

> Une première édition de l' « Encomium » du chanoine Godran († 1577) avait paru en 1565 sous le titre « Historia Crucis dominicæ, quam Passionem vocant », mais le poème contenait 500 vers de moins.

228. ἹΣΤΟΡΙΑ ΤΟΥ ΠΑΘΟΥΣ ‖ ΚΑΙ ΑΝΑΣΤΑΣΕΩΣ ΙΗΣΟΥ ΚΡΙΣΤΟΥ ΣΩΤΗΡΟΣ ‖ ὑιοῦ Θεοῦ ἐξαμέτροις περιειλημενη ὑπὸ ‖ Ιωάννου τοῦ ο/ελαμηροῦ. ‖ [*Fleuron typ.*] ‖ Wittebergæ ‖ Excudebat Iohannes Lufft. *S. d.* Petit in-4, 8 ffnc., cartonné.

229. Legends of the Holy Rood; Symbols of the Passion and Cross-Poems in old English of the eleventh, fourteenth and fifteenth Centuries. Edited from mss. in the British Museum and Bodleian librairies; with introduction, translations and glossarial index by *Richard Morris*. London, Trübner, 1871. In-8, front., cart. perc.

> Fait partie de la collection l'« Early english text Society... »

230. **Zarate** (Francisco Lopez de). Poema heroico de la Invencion de la Cruz por el Emperador Costantino magno. En Madrid, Año 1648. In-4 de 2 ffnc., 268 ff. chif., rel. parch. bl.

> Fr. Lopez de Zarate (1590-1658) suivit d'abord la carrière des armes et devint ensuite le secrétaire et l'ami de Calderon. Son œuvre principale, « La invencion de la Cruz, » est composée de 22 chants en strophes de 8 pieds; il a eu une grande réputation.

231. **Glielmo** (Antonio). Il Calvario lavreato. Poema Sacro. Napoli, Roberto Mollo, 1636. Plaq. in-4, rel. vél. — **Graf** (A.). Un testo provenzale della Leggenda della Croce. [Extr. du *Giorn. di fil. romanza*, n° 8.] In-8, cart. — **Helbig** (Jules). La légende de l'arbre de la Croix. Extrait de la *Revue générale*, XVII, 1881. In-8, cart. — Leggenda della invenzione della Croce tratta da un Codice Senese... pubblicata da *Michele Dello Russo*. Napoli, F. Ferrante, 1866. In-8, cart., couv. (*Tiré à 210 exempl.*) — **Meyer** (Wilhelm). Die Geschichte des Kreuzholzes vor Christus. München, Straub, 1881. In-4, cart. **Mussafia** (Adolfo). Sulla leggenda del legno della Croce. [Extrait des *Sitzh. der Kais. Akad. des Wiss.*, LXIII, 1869.] In-8, cart. — Van deme Holte des hilligen Cruzes. Mittelniederdeutsches Gedicht... herausgegeben von Dr *Carl Schröder*. Erlangen, E. Besold, 1869. In-8, rel. toile, couv. — **Salviati** (Duca Jacopo). Fiori dell' orto di Gessemani e del Calvario. Sonetti... alla Santita Di N. S. Clemente IX. Pont. O. M. In Firenze, all' insegna della Stella, MDCLXVII. Grand in-4, rel. parch. Ensemble 8 vol. ou plaq.

LA PASSION A OBERAMMERGAU

232. **Daisenberger** (Jos. Al.). Beschreibung der Pfarrei Oberammergau. Oberammergau, J. S. Gastl und S. Lang, 1880. In-8, rel. toile, port. — **Seguin** (L. G.). The country of the Passion-Play. London, Strahan, *s. d.* In-8, rel. toile (édit.)., pl., gr. s. bois.

233. **Deutinger** (Mart. von). Das Passionspiel in Oberammergau. Berichte und Urtheile über dasselbe nebst geschichtlichen Notizen über die Passionspiele in Bayern überhaupt, mit zwey lithog. Beylagen. München, Lindau, 1851. Vol. in-8. cart. (édit.). — **Devrient** (E.). Das Passionsschauspiel in Oberammergau und eine Bedeutung für die neue Zeit... mit Illustrationen von *F. Pecht.* Leipzig, Weber, 1851. — *Le même.* Mit 6 in dem Text gedrukten Illustrationen und einem Titelbild von *F. Pecht.* Dritte, unveränderte Auflage. Leipzig, Weber, 1880. 2 plaq. in-4, cart. et rel. toile. — **Lampert** (Fr.). Oberammergau und sein Passionsspiel, 1880. Nebst Führer in die nächste Umgebung. 2e unveränderte Auflage. München, G. Franz, 1880. 3 cartes et pl. h.-t., cart. Ensemble 4 vol. ou plaq.

234. **Mac Coll.** (Malcolm). The Ober-Ammergau passion play. Fourth Edition. London, Rivingtons, 1871. In-12, rel. toile (édit.). — *Le même.* Sixth edition, revised. London, Rivingtons, 1880. In-12, rel. toile (édit.). — The Passion Play of Ober-Ammergau. The complete text translated for the first time from the German by *Mary Frances Drew.* London, Burns, 1881. Petit in-8, rel. toile (édit.).

235. **Müller** (J. A.). Die Kreuzigungsgruppe in Oberammergau und die Enthüllungs-und Einweihungs-Feier..... Mit Titelbid. Oberammergau, J. S. Gastl und Seb. Lang, 1875. Plaq. in-12, cart., couv. — **Scheffer** (R.).

Ein Besuch im Oberammergau. Beschauliches und Erbauliches von den dortigen Passionspielen. Essen, Bädeker, 1880. In-12, cart. couv. — **Wyl** (W.). Maitage in Oberammergau. Eine artistische Pilgerfahrt. 3ᵉ Auflage. Zurich, 1880. In-8, pl. h.-t. 2 tomes en 1 vol., d.-rel. perc. v. — Das grosse Versöhnungsopfer auf Golgotha oder die Leidens- und Todesgeschichte Jesu... zu Oberammergau in Oberbayern... Sechste Auflage. München, J. Georg Weiss, 1850. In-4, cart. — Das Oberammergauer Passionspiel in seiner ältesten Gestalt, zum ersten Male herausgegeben von *August Hartmann*. Leipzig, Breitkopf und Härtel, 1880. In-8, cart. perc. Ensemble 5 vol. ou plaq.

236. Heidelberger Passionsspiel, herausgegeben von *Gustav Milchsack*. Gedruckt für den litter. Verein in Stuttgart. Tübingen, 1880. In-8, d.-rel. chag. bleu, tête lim., non rogn.; au dos, chiffre du comte Riant.

III

THÉOLOGIE — LA SAINTE VIERGE

1. Ouvrages généraux.

237. Astolfi (Don Felice). Historia vniversale delle imagini miracolose della gran Madre di Dio riuerite in tutte le parti del Mondo : et delle cose maravigliose, operate da Dio Signor Nostro in gratia di lei... Nellaquale si narrano le Origini, & i Progressi delle principali Diuotioni d'Italia, Francia,... & dell' Indie orientali, & occidentali ancora... Venetia, Sessa, 1623. Vol. in-8, rel. vél., titre gravé.

238. Bustis (Bernard de). ℭ Mariale Busti. || (*Gravure sur bois représentant un moine écrivant*) || ℭ Mariale eximij viri Ber-||nardini de Busti ordinis seraphici Frā-||cisci : de singulis festiuitatibus beate virginis per modum sermonū trac-|| tans : omni theologia copiosum || deniq; vtriusq; iuris authori-||tatibus applicatis : et arte || humanitatis refertū : in || omnibus allegatio-||nibus promptis-||simum. || *Titre imprimé rouge et noir et encadré. Au verso du f° cccxliij, col. 2, ligne 5 :* ... Impressum Lu||gduni opera probi viri Antonij du Ry. Ac im||pensis honesti viri Jacobi q. Frācisci de Giū||ta Florentini : ac sociorum. Anno Domini. M.||ccccc xxv die vero x. mensis nouembris. || Registrum... In-8 de 12 ffnc., cccxliij ff. chiff., imp. sur 2 col., rel. parch.

239. Clichtove (Josse). ℭ In hoc opere contenta. || De puritate conceptionis beatæ Mariæ virginis : li||bri duo. || De dolore eiusdē sacræ virginis in passione filij sui : || liber vnus. || De eiusdem iuxta crucem filij sui statione : homelia. || De assumptione ipsius gloriosæ virginis : liber vnus. || (*Grav. s. bois.*) || ℭ Venale habetur in officina Hērici Stephani cal-||cographi e regione scholarum Decretorum. *In fine* : ℭ Completum est hoc opusculum ...||... : anno domini omnium sāctificatoris et glo||rificatoris. 1513. die vero Nouēbris vicesimanona... Vol. in-4 de 105 ff. chiff., 1 fnc., rel. vél.

Judocus Clichtoveus ou *Josse Clichtove*, né à Nieuport (Flandre), mort en 1543 à Chartres où il était chanoine, a été un constant adversaire de Luther et a montré dans ses ouvrages une grande érudition. Ses opuscules sur la Sainte Vierge ont été réédités à Cologne en 1635, in-f°, mais l'édition d'Henri Estienne est de beaucoup la plus estimée.

240. Escobar y Mendoza, S. J. (Antonio de). Nveva Gervsalen Maria, Poema Heroyco, por el P. Antonio de Escobar y Mendoza, de la Compania de Iesvs.

Fundase en los doze preciosos cimientos de la mystica Ciudad, la vida, y excellencias de la Uirgen Madre de Dios. (*fig. gravée sur cuivre*). Por Domingos Carneiro, *s. l. n. d.* (Lisbonne, 1660). In-12, rel. veau éc.; sur le plat, fil. et chiffre du comte Riant.

> Ce poème eu l'honneur de la Sainte Vierge, du fameux Escobar (1589-1669), parut en 1615, à Valladolid, sous le titre d'« Historia de la Virgen Madre de Dios Maria » et a été réimprimé sous le titre de « Nueva Jerusalem », en 1623, également à Valladolid, chez Varesio. Ce poème de 12.000 vers est divisé en douze parties, d'après le nombre des pierres précieuses qui forment, dans l'Apocalypse, les fondements de la Cité mystique, la Jérusalem nouvelle.

241. **Gumppenberg**, S. J. (Guillaume). Atlas Marianus sive de imaginibus Deiparae per Orbem Christianum miracvlosis... *A la fin de la première partie* : Ingolstadii typis Georgii Hænlini... 1657. 4 parties en 2 vol. in-12, rel. parch., avec nombr. fig. gr. sur cuivre.

242. **Hansen** (Der Bruder). Marienlieder aus dem vierzehnten Jahrhundert nach einer bisher unbekannt gebliebenen Handschrift der Kaiserl. Offentl.-Bibliothek zu St Petersburg, hrsgg. von *Rudolf Minzloff*. Hannover, Hahn, 1863. 1 vol. in-8, avec frontisp. en couleur, d.-rel. chag. r., tr. limaç.

243. **Jean l'Apostole**. De transitu beatae Mariae Virginis liber, ex recens. & cum interpret. *Maxim. Engeri*. Elberfeld, Friederich, 1854. In-8, rel. toile.

> Texte arabe.

244. **Marchetti** (Dr Jean). Miracles arrivés à Rome, en 1796, prouvés authentiques; ou extrait raisonné des procès-verbaux authentiques, des Prodiges qui ont eu lieu à Rome, sur un grand nombre de Saintes Images, spécialement de Notre-Dame... Ouvrage traduit de l'italien, d'après l'édition de Rome, chez Zempel. A Paris, Jacot, Belin, an X-1801. Petit in-8, rel. bas. rac.

245. **Marracci** (Ippolito). Principes Mariani, sev, de præcipuis Christianorvm principvm infra Cæsares Regesquè, in Mariam Deiparam Virginem, Obsequijs, Liber vnvs. Romae, Typis Ignatij de Lazaris, M.DC.LX. In-12, rel. parch., plats ornés.

246. **Mutius** (Hieron.). La Beata Vergine incoronata... in qvesto volvme si contiene la vita della gloriosa Vergine Madre del Signore insieme con la Historia di dodici altre beate Vergini... (*Marque typ.*). In Pesaro, Apresso Girolamo Concordia, M.D LXVII. In-4 de 230 pp., 1 fnc., rel. parch.

> Mutius Justinopolitanus, originaire de Capo d'Istria, s'adonna au droit et à la littérature et mourut à Sienne en 1556, dans sa 81e année. Outre la vie de la Sainte Vierge, cet ouvrage contient la vie de plusieurs autres saintes.

247. **Oraison** de saint Casimir à la Très Sainte Vierge, retrouvée dans un manuscrit de la bibliothèque du Vatican, et expliquée par des manuscrits du XIIe, du XIVe et du XVe siècle, par le *comte Alexandre Przezdziecki*. Cracovie, imprim. de l'Université des Jagellons, 1866. In-8, portr. de saint Casimir en chrom., fac-similés de manuscrits, cart. perc.

248. **Pasconi** (P. F. Cl.). Triumphus coronatæ reginæ tersactensis, signis, prodigiis ubique nitentis in duodecim Capita distributus... in lucem editus studio, et opera P. F. Clari Pasconi... Venetiis, apud Jo. Baptistam Recurti, (1731). In-4, rel. bas. rac.

La date est indiquée dans un chronogramme au titre.

249. **Roberti** (Bernardo). Itinerarivm animæ ad palmam virgineam siue Palma Virginea 72 Ramusculorum iuxtà numerum Annorum Virginis, diuisa in quinque Palmis, litteris quinque nominis eiusdē tesseratis. Quarum quælibet vestita folijs, virens frondescit sacræ scripturæ auctoritate, et Sanctorum Patrum sententijs coronata floribus... Neapoli, apud Octauium Beltranum, M.DC.XXXXVII. In-fol., rel. parch., titre gravé et encadré.

250. **Rohault de Fleury**. La Sainte Vierge. Études archéologiques et iconographiques. Paris, Poussielgue, 1878. 2 vol. grand in-4, d.-rel. mar. rouge, coins, tête dorée, ébarb.; au chiffre du comte Riant.

Ouvrage orné de 157 planches, dont deux en chromolithographie; l'une d'elles est faite d'après un dessin de M. le comte Riant.

251. **Sabbas** (S.). Pietas Mariana Græcorum : pleramque partem, ante annos plus mille, in Divinis Græcorum Officiis, jam tum quotidie usurpari consueta : et post tot demum sæcula, nunc primùm ex antiquissimis, ac latine nunquam excusis, Divinorum Græciæ Officiorum codicibus, quos primus collegit S. Sabbas..... interprete Simone Wangnereckio, S. J. Monachii, sumptibus Joannis Wagneri, typ. Lucæ Straub, M.DC.XLVII. Petit in-12, rel. parch., fermoirs.

Note manuscrite à la fin.

252. **Stengel** (Dom Charles). Hoedeporicum Mariana Benedictinum, seu Historia de Imaginibus B. M. V. miraculis et peregrinationibus apud P.P. ordinis S. Benedicti per Orbem celebratis. *S. l. n. typ.* (*Augsbourg*), 1659. Titre-frontispice, signé *S. A. Wolfouno*; portraits du cardinal Flavio Chigi et du pape Alexandre VII, grav. sur cuivre, nomb. planches. Petit in-8, rel. parch.

253. Coronella in onore di Maria Santissima vera Madre di Dio da recitarsi nella chiesa di Santa Maria Maggiore... Napoli, de Bonis, 1843. Plaq. in-12, cart., couv. (gravure). — **Frassinetti** (Giuseppe). Avviamento dei Giovanetti nella divozione di Maria Santissima. Torino, 1873. Plaq. in-32, cart. — [**Paolini** (Apollonio)]. Stanze poetiche per la Festa della Immacolata Concezione di Maria Vergine celebrata... nella chiesa... de'... RR. PP. Min. Osservanti della Città di Livorno. Livorno, Anton Santini, *s. d.* (*1756*). In-8, cart. — **Romano** (Matteo). La Incoronata, Poema sacro dato di nuouo alle stampe. In Napoli, Appresso Nouello de Bonis, 1688. Plaq. in-12, cart., 1 front. — La vie de Notre-Dame, par *saint François de Sales*. Tirée des Œuvres du Bienheureux, par le P. *Ch. Clair, S. J.* Paris et Bruxelles, *s. d.*

In-32, d.-rel. chag., tête dor.; au dos, chiffre du comte Riant. — **Zapata** (Francesco). Il prodigio panegirico Sacro dell' abito de dolori di Maria detto nella Chiesa della santissima Nunziata di Firenze. Firenze, Bonardi, 1658. Plaq. in-4, cart. Ensemble 6 vol. ou plaq.

254. **Favilli** (Andrea). Relazione dell' origine, e di dove fù portato a Firenze el prodigioso bastone del santo patriarca Giuseppe, sposo... della gloriosa Vergine Maria... Lucca, per Domenico Ciuffetti, 1721. In-8, br. — **Nampon** (le P. Adrien). Saint Joseph. Ses grandeurs, ses vertus, ses bienfaits... 2° édition. Bordeaux, d'Alfonso et Gouin, 1868. In-12, cart. pap.

2. Reliques de la Sainte Vierge.

255. **Carafa** (Grégoire). In Opusculum de nouissima Vesuuij Conflagratione, Epistola Isagogica. Neap. Excud. Franciscus Sauius, 1632. Petit in-8, rel. parch.

> Curieux opuscule dont l'auteur, témoin oculaire, décrit l'éruption du Vésuve de décembre 1631, et les miracles accomplis par les reliques de saint Janvier et du lait de la sainte Vierge portées processionnellement au-devant du fléau.

256. **Cavallucci** (Vincenzio). Istoria critica del sacro anello col quale fu da San Gioseffo sposata Maria Vergine, e che religiosamente si conserva nel Duomo di Perugia. Perugia, Riginaldi, 1783. 1 vol. in-8, d.-rel. bas., non rogn.

257. **Lauro** (Io. Bapt.). De Annvlo pro nvbo Deiparæ Virginis Qui Perusiæ religiosissimè adseruatur... Commentarivs... Romæ, Typis Andreæ Phæi, 1622. (*Titre encadré.*) In-8, rel. vél.

> Première édition peu commune de cet intéressant traité. J.-B. Lauro, de Pérouse, fut camérier du pape Urbain VIII, et mourut en 1629.

258. *Le même.* Coloniæ Agrippinæ, Apud Ioannem Kinckivm... Anno M.DC.XXVI. In-8, rel. vél.

259. Le miracle de Sardenai, poème du xiii° siècle, publié par *Gaston Raynaud*. Extr. de la *Romania*, tiré à 50 ex. Paris, 1882. — Article complémentaire. Extr. de la *Romania*. Paris, 1885. Ensemble 1 plaq. in-8, rel. toile, couv.

260. Recueil ou abrégé historique tiré des plus anciens autheurs, pour faire voir, de quelle manière les saintes Reliques, que l'on montre publiquement tous les sept ans dans l'Eglise Royale de nôtre-Dame d'Aix la Chapelle, y ont été transportées par l'Empereur Charle Magne... avec un detail des principaux ornemens de la dite Eglise... A Aix chez Guillaume Houben libraire Proche des Peres Recollects... *S. d.* (1776). In-12, rel. vél.

> Édition populaire, ornée de deux gravures sur cuivre grossièrement gravées. La date du privilège impérial donné par Joseph II à G. Houben est du 24 mars 1776. Il est question dans cet ouvrage de la robe de la Sainte Vierge.

261. **Cerbelli** (Domenico). Opuscoletti varii ovvero monografia di Mottafollone. Storia della Sacra Cinta. e raccolta di massime morali. Napoli, 1857. Vol. in-8, rel. toile. — Compendio dell' origine, miracoli, indulgenze, indulti, et privilegi appostolici della Sacra Cintura. Verona, B. Merlo, 1642. In-12, rel. vél. — **Eufrasio di Dervio** (Fra). Memorie storico-critiche sulle prodigiose lagrime di Nostra Signora che si venera nella chiesa de' Francescati riformati di Dongo. Lugano, Presso Fr. Veladini, 1808. Vol. in-8, rel. toile. — **Bianchini** (Giuseppe). Notizie istoriche intorno alla Sacratissima Cintola di Maria Vergine, che si conserva nella Città di Prato in Toscana. In Prato, Nella Stamperia di Vincenzio Vestri, e Pellegrino Guasti, 1795. 1 vol. petit in-4, d.-rel. veau marb. — **Gervasi** (Francesco Antonio). La sorte invidiabile di Prato nel possesso della Sagra Cintola di Maria Vergine. Panegirico... detto nella cattedrale di Prato... Firenze, Stamp. Granducale, M DCC XLII. In-4, cart. — Storia della sacra cintola di Prato. Testo di lingua pubb. per cura e con note da *Michele dello Russo*. Napoli, Ferrante, 1858. In-8, cart., couv. Ensemble 6 vol. ou plaq.

262. **Bédouët** (abbé Zacharie). Pèlerinage de la Sainte Ceinture au Puy-Notre-Dame. Paris et Le Puy, s. d. 1 vol. in-12, cart., couvert. — **Mély** (F. de). Les Chemises de la Vierge. Chartres, Garnier, s. d. (1885). Plaq. grand in-8, grand pap., cart. pap., tiré à 100 exemplaires. N° 2. Envoi de l'auteur au comte Riant. — Notre-Dame de Délivrance et la Ceinture de la Sainte Vierge à la collégiale de Quintin en Bretagne. Quintin, Thierry et Rossignol, 1872. Plaq. in-32, cart., couvert. — **Cerf** (abbé). Notice sur la relique du Saint-Laict conservée autrefois dans la cathédrale de Reims. Extr. du *Bull. monumental*, t. XLIV, 1878. 1 pl., in-8, cart. — **Paris** (Louis). La chapelle du Saint-Laict dans la cathédrale de Reims. Épernay, Bonnedame, 1885. Planches. — *Du même*. Le jubé et le labyrinthe dans la cathédrale de Reims. Reims, Michaud, 1885, avec planches. Ensemble 1 vol. in-8, rel. toile, non rogn., couvert. — **Sigoni** (P. Iacopo). Relazione della venvta a Montevarchi del sacrosanto latte della gran Madre di Dio. Firenze, Bonardi, 1653. Plaq. in-4, rel. toile. Ensemble 6 vol. ou plaq.

Cf. n° 143.

3. Culte de la Vierge. — Images miraculeuses et pèlerinages.

ITALIE

263. ANCONE : Estratto di una lettera di Ancona de' 27. Giugno 1796. In cui si riferisce il Prodigio operato in detta Città il dì 25. del sudetto mese per mezzo di una S. Imagine di Maria santissima Dipinta in tela, ed esistente in quella Chiesa Cattedrale dedicata a S. Ciriaco. *S. l. n. d. n. typ.* Petit in-4, 4 pp. — Miracolo fatto da Maria santissima, che risiede nella cattedrale

d' Ancona. Placard in-fol. Ensemble 1 plaquette cart., non rogn. — Raccolta di varie lettere che descrivono i prodigiosi segni veduti in varj luoghi della Marca, in alcune sante Reliquie ed Immagini. E specialmente in quella della SS. Vergine Maria, posta nella Cattedrale di S. Ciriaco d' Ancona. Roma, 13 Luglio 1796. Petit in-8, cart., 1 pl. — Relaziones del prodigioso, e frequentissimo aprimento di Occhi di una Immagine di Maria santissima venerata nella Chiesa Cattedrale di Ancona... In Veneaia, da Simon Cordella, 1796. In-4, 4 pp., plaq. cart. pap.

264. BARI : **Gregorio**. Storia della traslazione dell' Immagine miracolosa di S. Maria di Costantinopoli nella città di Bari scritta da Gregorio sacerdote Barese... nell' anno 893. Traduzione dal Latino. Seconda Edizione... dal... *D. Oronzo de Donno*. Presso Salvatore Troise, s. l. n. d. In-12, rel. toile. — *Du même*. Istoria della traslazione della miracolosa immagine di Santa Maria di Costantinopoli nella città di Bari, scritta... nell' Idioma latino nell' anno 893, e tradotta in italiano nell' anno 1822 da un Barese divoto di Maria santissima. Seconda edizione. Napoli. Pasqu. Tizzano, 1824. Plaq. in-8, 54 pp., 1 fnc. cart. — **Garruba** (Michele). Eoniade della traslazione della miracolosa immagine di Maria SS. di Costantinopoli della città di Bari. Napoli, 1834. In-8, rel. toile, non rogn., couv.

265. CARAVAGGIO : Coronella in onore della G. Madre di Dio Che si venera col titolo di S. Maria di Caravaggio nella Chiesa de' PP. delle Scuole Pie fuori Porta Reale... Napoli, Giovanni di Simone, 1748. In-12, cart., front. — **Calvi** (Donato). Delle grandezze della Madonna Santissima di Caravaggio, libri tre. Napoli, Giuseppe de Bonis, 1749. 1 vol. in-12, rel. vél.

266. FLORENCE : **Adimari** (Alessandro). Nella traslazione della sacrata immagine di Maria Vergine dall' Impruneta a Firenze, fatta il dì 21. di Maggio 1633 per impetrar soccorso nel presente Contagio, Ode. Firenze, appresso Zanobi Pignoni, 1633. Plaq. petit in-4, cart. — **Teglia** (Francesco del). Per la gloriosissima Vergine dell' Impruneta nostra Signora, Canzone. Firenze, Manni, 1722. Plaq. de 11(1) pp., form. in-8, cart. — [**Ciabilli** (Giovacchino)]. Notizie risguardanti lo stato antico e moderno del sacro oratorio posto fuori della Porta S. Gallo... ove... si venera la miracolosa immagine di Maria Santissima detta della Tossa... In Firenze, 1802. Nella Stamperia Albizziniana da S. Maria in Campo. In-8, cart., 1 pl. — Memorie del ritrovamento della sacra immagine della Santissima Annunziata, che si venera nella compagnia detta la S.S. Annunziata de pellegrini situata fuori della Porta S. Gallo di Firenze... Firenze, Ambrogio Verdi, 1733. In-8, cart. Ensemble 4 plaq.

267. FOGGIA : **Guelfone** (Domenico Maria). Orazione... detta l' Anno M. DC. LXIX. nella Chiesa Maggiore della Città di Foggia, per la Festa dell' Icona vetera, cioè d'vna antichissima Immagine di N Signora Maria..., che si celebra, le 15. Agosto. In Foggia, Per Nouello de Bonis, M DC LXIX. Petit in-4, rel. parch. — **Spada** (G. Nic.). Saggio istorico e coroncina della...

immagine di Maria SS^a d'Iconavetere... Napoli, Azzolino, 1839. In-12, d.-rel. v. n. — J. M. J. Per la icona-vetere di Maria Santissima venerata in Foggia. Rimostranza divota di *D. M. C. P. P.* Napoli, Carluccio, 1850. In-8, cart.

268. GENNAZANO : **Ciappolini** (Dionigi). Divoto compendio della storia della... sagra immagine di Maria santissima del Buon Consiglio portata, secondo la pia antica Tradizione da Scutari... nella Chiesa di S. Agostino di Gennazano, Diocesi di Palestrina... Napoli, 1810. — **De Orgis**. (A. M^a). Istoriche notizie della... apparizione dell' Immagine di Maria Santissima del Buon Consiglio... terza edizione. Roma, Luigi Perego Salvioni, 1790. Petit in-4, rel. veau r., pl. orn., tr. dor., 1 pl. et fig. au titre.

Peu commun.

269. LIVOURNE : Relazione della solenne Coronazione della miracolosa imagine della S.S^ma Vergine di Monte Nero, fatta nella insigne Collegiata del Duomo della Città di Livorno l' anno 1690. In Pistoia, per Stefano Gatti, 1694. In-4, rel. toile. — **Oberhausen** (Giorgio). Istoria della miracolosa immagine di Nostra Signora di Montenero. Lucca, S. ed A. Cappuri, 1745. Petit in-4, d.-rel. v., front gravé par *Salv. Ettore Romano.* — **Andrea** (Giuseppe Aubert Q.). Breve istoria della miracolosa immagine di Maria Santissima detta di Montenero. Livorno, Per Tommaso Masi, 1774. Plaq. in-4, cart., avec planche.

270. NAPLES (ROYAUME DE) : **Montorio** (fra Serafino). Zodiaco di Maria, ovvero le dodici provincie del regno di Napoli, Come tanti Segni, illustrate da questo Sole per mezo delle sue prodigiosissime Immagini, che in esse quasi tante stelle risplendono. Napoli, per Paolo Severini, M.DCCXV. Petit in-4, rel. parch.

271. RAVENNE : **Bambacari** (Dom Cesare Nicolao). La citta' di refugio, panegirico recitato nella Chiesa de i Canonici Portuensi di Rauenna celebrādosi nella Domenica in Albis l' Anniuersario della prodigiosa venuta della Greca Imagine di Maria da Costantinopoli sopra il Mare à quei Lidi. In Forli, per li Dādi et Saporetti, 1678. 1 vol. in-12, rel. toile.

Opuscule très rare.

272. ROME : Historia breve della Miracolosa Imagine della Madre di Dio Portata per mano de gl' Angeli nella Città di Roma, detta volgarmente Santa Maria in Portico. Napoli, Francesco Sauio, M.DC.XXXVIII. In-4, rel. toile. — **Marracci** (Lodovico). Memorie di S. Maria in Portico di Roma, Dal giorno 17. di Luglio dell' Anno 524. nel quale apparue quella mirabile Imagine nel Palazzo di S. Galla... sino al presente Anno Santo 1675... seconda impressione... In Roma, Michele Ercole, 1675. In-12, rel. vél. — Compendio storico della miracolosa immagine di Santa Maria in Portico che si venera nella Chiesa di Campitelli in Roma... Roma, Boulzaler, 1831. In-12, cart., 1 pl. — **Erra** (Carlo Antonio). Storia dell' imagine, e chiesa di Santa Maria

in Portico di Campitelli... dedicata a... il sig. Cardinale duca di Yorch... Roma, Komarek, MDCCL. Petit in-4, rel. toile. — Notizie istoriche... della ven. Immagine del SS^mo Salvatore che si conserva nell' insigne cappella, ovvero Basilica detta di Sancta Sanctorum, e della prodigiosa Immagine di S. Maria in Portico di Campitelli... Roma, Puccinelli, 1798. In-4, rel. toile, 1 pl. — [Theodoro di S. Maria]. Memorie storiche della miracolosa Immagine della Madonna SSm̄a detta della Vittoria che si venera in Roma nella chiesa de' P.P. Carmelitani Scalzi. Roma, Damaso Petretti, 1796. Pl. gr. sur cuivre. Petit in-8, rel. toile. — Notizie istoriche dell' antichissima... immagine della Bm̄a Vergine che si venera nell' insigne Basilica di S. Maria in Cosmedin, detta la Bocca della verità... Terza editione. Roma, Michele Perego Salvioni, 1835. In-12, cart. Ensemble 7 vol. ou plaq.

273. SAVONE : **Zocca** (Ippolito Maria). Apparitione della Madonna santissima di Misericordia di Savoni. Modona, Cassiani, 1632. In-4 de 79(1) pp., rel. vél. — Storia dell' apparizione e de' miracoli di Nostra Signora di Misericordia di Savona. Divisa in tre Libri. Genova, Bernardo Tarigo, 1760. In-4, d.-rel. bas., 1 planche. — Storia dell' apparizione di N. S. della Misericordia in Savona... Napoli, 1838. Plaq. in-12, cart., couv., 1 grav.

Une dédicace de *Giacomo Picconi* prévient que la « Storia » éditée en 1760, est une seconde édition d'un ouvrage publié en 1737. L'Avertissement au lecteur contient une étude sur tous les ouvrages publiés antérieurement sur N.-D. de Savone, et sur les manuscrits qui ont servi au présent ouvrage.

274. VENISE : [**Cornaro** (Flaminio)]. Venezia favorita da Maria. Relazione delle imagini miracolose di Maria conservate in Venezia. Padova, Manfrè, 1758. Plaq. in-12, rel. vél., un frontispice et 12 gravures sur cuivre représentant les différentes images de la Vierge. — Apparitionum et celebriorum imaginum Deiparæ Virginis Mariæ in Civitate et Dominio Venetiarum enarrationes historicæ. Venetiis, ex typ. Remondiana, 1760. Vol. in-12, rel. parch., figg. Ex-libris de J. M. Parascandolo. — **Molin** (Monsr Agostino). Dell' antica immagine di Maria Santissima che si conserva nella basilica di S. Marco in Venezia. Dissertazione... In Venezia, Zerletti, 1821. In-8, pl. h. t., cart. perc.

275. VITERBE : **Nelli** (Athanasio). Origine della Madonna della Qvercia di Viterbo. Doue secōdo i tempi distintamēte si narra, come incominciasse la sua apparitione, & auuenimento, Con alcuni Miracoli, de quali essa Città di Viterbo ha maggior cognitione. Composta per il R. P. F. Athanasio Nelli, da Viterbo Dell' ordine de Predicatori. Riuista & ridotta alla lingua Toscana, per F. Aurelio Cosimi Senese, del medesimo ordine. (*Grav. s. bois.*) S. l. n. d. n. typ. (Vers 1571.) Petit in-4 de 32 ff., rel. vél. (Titre remonté.)

276. ITALIE SEPTENTRIONALE : Relazione del principio, e cause della venerazione dell' Immagine della Santissima Vergine detta delle Grazie della Terra di S. Giovanni... In Firenze, M D CC IV, Per Michele Nestenus. In-4, cart. — [**Sassi** (Giuseppe Antonio)]. Notizie istoriche intorno alla miracolosa

immagine ed insigne tempio della B. V. Maria presso S. Celso. In Milano, per Gio. Battista Bianchi, MDCCLXV. In-4, rel. parch., frontisp. et 1 pl. pliée. — Notizie istoriche intorno alla trasformazione di una immagine della B. V. Che si venera nella comune di Palazzolo... Brescia, Marzo 1805. In-12, cart. — Novena in preparazione alla Solenne Festa che si celebra in Rapallo... per l'apparizione di Nostra Signora sul Montallegro... Rapallo, Tipografia di Esposito Giuseppe, 1878. In-12, rel. toile, couv. — **G. B. F.** Notizie storiche intorno al santuario della Madonna della Croce di Varazze. Varazze, Botta, 1875. In-32, cart. — **Sangiovanni** (Vittorio). Storia della Madre di Dio Maria Vergine Santissima del Monte Berico, del suo Santo Tempio, e d' altro di Vicenza... Vicenza, Gio : Battista Vendramini Mosca, 1776. Plaq. in-12, cart., une pl. Ensemble 6 plaq.

277. ITALIE MÉRIDIONALE : **Lomonaco** (Vincenzo). Monografia sul santuario di Nostra Donna della Grotta nella Praja delli Schiavi e sul comune di Ajeta in provinzia di Cosenza. Terza Editione. Napoli, 1858. In-8, cart. — Saggio storico della portentosa immagine di Santa Maria di Campiglione, venerata nella terra di Cavaino. Napoli, Tip. di Criscuolo, 1848. In-8, cart., couv. — **Serafino de' Ruggieri.** Istoria dell' Immagine di S. Maria di Pozzano e Fondatione dell' antica e nuova Chiesa e Convento de' Fratri Minimi nella Città di Castellammare di Stabia. Napoli, Giuseppe Guarracino, 1743. Planche in-4, rel. toile. — Cenni storici della taumaturga effigie di Santa Maria di Monserrato... Napoli, V. Priggiobba, 1848. In-8. cart. — **Nocelli** (R. Can.). Cenno istorico sul Duomo e sagra Immagine di S. Maria principal padrona in Lucera. Napoli, Petrarca, 1843. In-8, cart. 1 pl. — **Mastelloni** (Andrea). Memorie istoriche della Madonna de' Bagni di Magliano, detta comunemente di Giuliano... In Napoli, per Nicolò Abri, 1711. In-12, rel. parch. (1 planche grav. sur cuivre.) — Cenno storico del culto di S. Maria dell' Abbondanza che si venera nella terra di Marzano, in diocesi di Nola... Napoli, Saverio Cirillo, 1855. Plaq. in-12, cart. (gravure). — **Partenico** (Eusebio). Cenno storico della taumaturga effigie di S. Maria dell' Arco che si venera nella chiesa dei PP. Minori Riformati in Miano. Napoli, G. Migliaccio, 1851. In-12, cart. — Cenno storico dell' insigne santuario di S. Maria a Parete, Regina della Vittoria in Liveri di Nola... Napoli, A. Festa, 1857. In-12, cart. — **Corvino** (Raffaele). Il tesoro nascosto manifestato per la miracolosa invenzione di S. Maria della Sanita' venerata nel soccorpo di sua Chiese in Napoli con la memoria de' SS. Martiri ivi esistente. Napoli, Dalla tip. Chianese, 1831. In-12, cart., non rogn. — Istoria della miracolosa immagine della Santissima Vergine Maria del Carmine detta Santa Maria della Bruna che si venera nella Regal Chiesa del Carmine Maggiore di Napoli. Napoli, Stamperia Simoniana, 1788. In-8, rel. toile. — Ossequj e preghiere onde meritarsi il patrocino di Maria Santissima della Providenza... Venerata in Napoli in S. Giuseppe a Pontecorvo de' P.P. Barnabiti. Napoli, P. Tizzano, 1839. Plaq. in-12, cart., 1 gravure. — Libretto che contiene l' istoria della miracolosa immagine di

S. Maria Materdomini che si venera nella sua Chiesa sita nelli confini città' di Nocera-Pagani... Accresciuto di altre notizie, dedotte dalle antiche Pergamene, e da una vetusta Cronica... che tutte riguardano l' Istoria del Santuario. In Napoli, nella Stamperia filantropica, 1834. In-8, d.-rel. veau. — **Ronzini** (Domenicantonio). Brevi notizie sul celebre Santuario di Maria SS^{ma} nel sacro monte di Novi. Diocesi di Capaccio, e Vallo. Napoli, Antimo de Cristofaro, 1853. Plaq. in-12, cart. — **Rienzo** (Giuseppe de). Notizie storiche sulla miracolosa effigie di Maria SS. della Consolazione che si venera nella chiesa parrocchiale di Paterno... Napoli, Criscuolo, 1829. In-8, cart. — **Fera** (Domenico). Sul Santuario di Polsi sito nella diocesi di Gerace. Napoli, Fibreno, 1851. Plaq. in-8, cart., couvert. — **Galizia** (Carlo Maria). Rapporto cronistorico della Formazione... e Prodigj del... Simolacro della Gran Vergine Maria di Trapani, che alla... Maestà dell'... invittissimo Carlo VI. Imperador de' Romani e III. Re delle Spagne,... In Palermo, Per il Felicella, M DCC XXXIII. In-8, cart., titre raccom. Ensemble 17 plaq.

278. NOTRE-DAME DE LORETTE. **Bartoli** (Baldassare). Le glorie maestose del santvario di Loreto co' i Tesori Celesti, e Venerati di Terra Santa, divis' in dve libri... In Macerata, Carlo Zenobj, 1673. 1 vol. petit in 8 (format in-12), rel. vél., avec frontispice et 1 planche aux armes du cardinal Altieri.

279. — — Le glorie maestose del santvario di Loreto... divisi in dve libri. Macerata, Pannelli, 1684. 1 vol. petit in-8, rel. toile.

> Cette édition, imprimée avec moins de soin que la précédente, n'a pas la planche aux armes du cardinal Altieri et le frontispice est beaucoup plus grossier

280. — **Bartolini** (Domenico). Sopra la Santa Casa di Loreto confrontata cogli accessori di essa che rimangono in Nazareth di Galilea... osservazioni. Roma, Tip. della S. C. de propaganda fide, 1861. 1 vol. in-8, rel. toile, couvert. — **Carroccio** (Gabriello). Breve historia dell' origine e traslatione della Sacrosanta Casa di Nazaret per dispositione Diuina di Galilea dagli Angeli trapassando la Siria... fù trasportata à Tersatto... e di là per l' Adriatico miglia 145. à Loreto... Venetia, Per li Conzatti, 1700. In-12, dérel.

281. — **Bouche** (Mre Honoré). La Saincte Vierge de Lavrette ov Histoire des divers transports de la Maison de la glorieuse Vierge Marie qui estoit en Nazareth... A Paris, chez Clavde le Beav... M DCXXXXVI (front.). 1 vol. in-12, rel. mar. rouge, tr. dor., plats et dos ornés d'un semis de fleurs de lis et de L couronnés. (Anc. reliure.)

282. — **Ferri** (Gaetano). La Santa Casa di Nazareth e la città di Loreto... Macerata, tipi di Gius. Cortesi, 1853. In-4, avec 18 pl. gr. sur cuivre, d.-rel. chagr.

283. — **Gaudenti** (Antonio). Storia della Santa Casa di Loreto. Loreto, Sartorj, 1786. In-8, cart., front. à la sanguine et 5 pl.

284. Notre-Dame de Lorette (*suite*). **Martorelli** (Pietro Valerio). Teatro istorico della Santa Casa Nazareña della B. Vergine Maria e sua ammirabile Traslazione in Loreto. Roma, A. de' Rossi, 1732-1733. 2 vol. grand in-4, rel. vél., front. et portrait du pape Clément XII.

285. — **Roest**, S. J. (Pierre). Apologiæ pro Deiparæ Virginis Mariæ Camera et Historia contra Matthiæ Berneggeri, Argentoratensium historici, Idolvm Lavretanvm, & Hypobolimæam Cameram, Libri duo. Avgvstæ Trevirorum, Sumptibus Ioannis Kinckii... Excudebat Ægidius Immendorf. Anno PerpetVæ RoManæ FIDeI, & VrbanI Papæ oCtaVI, qVI perennet. [1625.] Petit in-4, d.-rel. bas.

286. — **Tursellinus** (H.). Horatii Tvrsellini Romani E Societate Iesv Lauretanae Historiae Libri Qvinqve ad Illvstriss. D. Petrvm Aldobrandinvm S. R. E. Card. (*Monog. de la Cie de Jésus.*) Romæ, Apud Aloysium Zannettum, M D XCVII. In-4 de 6 ffnc., 275(1) pp.; 3 ffnc., rel. parch.

> Ce traité, en faveur de l'authenticité de la translation de la maison de Nazareth à Lorette, est un des plus importants sur cette matière. Notre exemplaire est de la première et fort rare édition, il a été depuis réimprimé à Mayence en 1598 et 1600, à Cologne en 1622, à Venise en 1715 et 1727. Il a été traduit en français dès l'année 1600.

287. — Abrejé historique qui continent le description de la sainte maison de Nazareth ou de la gloire et de la majesté du sanctuaire de Notre-Dame de Laurette. Traduit de l'Italien en Francois. Imprimé à Lyon, 1731, reimprimé en Macerata 1755. Plaq. in-12, d.-rel. bas. n. — **Marotti** (Georgius Franciscus Xaverius, Canonicus de). Dissertatio historica pro Deipara tersactana, qua ostenditur, Eam, quæ hodie Laurethi in Piceno colitur in Lyburnia olim substitisse. Romæ, P. Komarek, 1710. Petit in-4, rel. toile. — **Moulis** (X.). Le pèlerinage de Notre-Dame d'Arcachon et la Santa Casa. Bordeaux, Mme Crugy, 1857. In-12, rel. toile. — **Murri** (Don Vincenzo). Dissertazione critico-istorica sulla identità della Santa Casa di Nazarette ora venerata in Loreto. Loreto, Alessandro Carnevali, 1791. Front., petit in-4, d.-rel. bas. — **Vuillaume** (Jean-Baptiste). La Sainte-Maison de Lorette. Preuves authentiques du miracle de la translation. Rome, Befani, 1884. Petit in-8, cart. perc., non rogn., couv. Ensemble 5 vol. ou plaq.

PÈLERINAGES DE LA VIERGE — PAYS DIVERS

288. Arras : **Terninck** (Auguste). Notre-Dame du Joyel ou histoire légendaire et numismatique de la Chandelle d'Arras et des cierges qui en ont été tirés par les villes et villages de Lille, Desvres, Ruisseauville, Blandecques, Courtray, Flembay, Bruges, Oblinghem, Pecquencourt, Aire, Heuchin, Douai, Zeninghem, Fauquembergue, Thiennes, Marchiennes, Œuf, Wambercourt, etc., etc. Arras, typ. Alph. Brissy, 1853. In-4, frontisp. en couleur représentant la Sainte Chandelle d'après un manuscrit du xive siècle, et 8 pl. h.-t., cart. perc. ponc.

289. BOULOGNE : **Le Roy** (Antoine). Histoire de Nôtre Dame de Bovlogne par M. Antoine Le Roy Archidiacre & Chanoine de Boulogne. Troisieme edition Revüe & augmentée... A Boulogne, chez P. Battut Imprimeur de Monseigneur l'Evêque. M DCC IV. Petit in-8, rel. parch.

> Pierre Battut est le premier imprimeur qui se soit installé à Boulogne (vers 1673). Notre exemplaire est celui de l'abbé Haigneré qui y a mis cette mention : « Assez rare, surtout en cet état de conservation. »

— **Haigneré** (Abbé D.). Le couronnement de N. D. de Boulogne suivi d'une note sur la Couronne de Godefroi de Bouillon conservée avant la Révolution française dans le trésor de la cathédrale. Boulogne-sur-Mer, Vve Charles Aigre, 1885. Plaq. in-8, cart., couvert.

290. CAMBRAI : **Chifflet** (J.-J.). De sacris inscriptionibvs qvibvs tabella D. Virginis Cameracensis illvstratvr, lvcvbrativncvla... Antverpiæ, ex officina Plantiniana Balthasaris Moreti, M DC XLIX. In-4, rel. chag., plats ornés, dent. int.

291. CORTENBOSCH : **Lambert** (Robert). Diva Virgo de Cortenbosch, ejus miracula. Pauca de Imaginum & Divorum cultu ac invocatione, & peregrinationibus ad certa loca. Leodii, Typis Joann. Math. Hovii, 1856. In-12, rel. vél.

> L'auteur était prieur de l'abbaye d'Averboden, de l'ordre des Prémontrés.

292. HAL : **Lipsius** (Justus). I LipsI Diva Virgo Hallensis. Beneficia ejus et Miracula fide atque ordine descripta. Antverpiæ, ex officina Plantiniana, apud Joannem Moretum, M DC IIII. In-4, 6 ffnc., 36 pp., 5(?) ffnc., rel. parch.

293. Légende de l'image de la Vierge Marie Hodigitri, fac-simile d'un manuscrit appartenant au Père Viazemski, O. L. 1878. In-4, d.-rel., non rogn. (grav. col.), *en Russe*.

294. LIESSE : **Duployé**. Notre-Dame de Liesse. Légende et pèlerinage. Reims, Brissart-Binet, 1862. 2 vol. in-8, br., avec figg. et pl. — **Fleury** (Ed.). Le trésor de Notre-Dame-de-Liesse, ses richesses et ses inventaires de 1655 à 1790. Paris, Didron, 1854. Plaq. in-8, rel. toile, couvert.

295. — : **Villette**. Histoire de Nôtre-Dame de Liesse. Laon, François Meunier, s. d. (xviiie s.). In-8, rel. veau, 1 front. et 7 planches dessinées par *I. Stella*, gravées sur acier par *Thomassin*.

296. MONT-CARMEL (N.-D. du) : [**Artaud de Montor.**] Notice sur le temple et l'hospice du Mont-Carmel dediés à la Vierge Marie. Paris, Le Clere, 1843. In-8, cart., couv. — **Bagnari** (fra Pierluigi, Carmel.). Divozioni che si praticano nella Chiesa della Traspontina in onore di Nostra Signora del Carmine, ed altri Santi dello stess' Ordine,... Roma, 1728. Per il Zempel, e de Meij vicino a Monte Giordano. 1 vol. in-12, rel. toile. — **Blot** (Le P.). Notre-Dame du Mont-Carmel. Paris, Oudin, 1878. 1 vol. in-12, rel. toile,

couvert. — **Ricci** (Ange-Marie). Septenaire ou sept allégresses de Notre-Dame du Mont-Carmel. *S. l.* (Paris), Le Clere, 1839. In-8, cart., couv., 2 pl. gr. sur acier. — Officivm Commemorationis solemnis Beatæ Virginis Mariæ de Monte Carmelo. Concessum ab Innocentio XI Regno Portugalliæ... Ulyssipone, Dom. Carneyro, 1679. In-8, rel. vél., fig. bois au titre. Ensemble 5 vol. ou plaq.

297. DIVERS : **Aigurande** (C. d'). Cluis et ses souvenirs. La Châtre [et] Châteauroux, 1855. In-8, cart. — **Lasserre** (H.). Notre-Dame de Lourdes. Paris, Palmé, 1869. 1 vol. in-8, r. toile. — **Nampon**, S. J. (Ad.). Histoire de N.-D. de France. Le Puy, Mlle Audiard, 1868. 1 vol. in-8, rel. toile. — Notre-Dame de Myans (Diocèse de Chambéry). Chambéry, Puthod, 1856. In-8, rel. toile, 1 pl. — Le Puy et Rome. Souvenirs et monuments du 8 Décembre 1854. Paris, Plon, 1877. In-8, cart., couv. Ensemble 5 vol. ou plaq.

298. — **Pron** (L'abbé). Histoire des merveilles de Notre-Dame du Laus tirée des Archives du vénérable Sanctuaire... *troisième édition revue et augmentée.* Au Laus, à Gap, à Paris, 1875. Petit in-8, cart. perc. — **Toytot** (E. de). Voyage de Grenoble à la Salette... édition illustrée, gravée par *E. Dardelet.* Grenoble, Baratier, 1863. In-8, d.-rel. chag., tête dorée, ébarb.; au dos, chiffre du comte Riant. — **Vandel** (Le R. P.). Les impressions d'un pèlerin ou l'école de Marie à Pontmain en 1871. Issoudun, Alph. Gaignault, 1872. In-12, cart. perc. r. — **Da Bronte** (Gesualdo, Cappuccino). Il Santuario di Maria SS. di Gibilmanna Convento dei RR. P.P. Cappuccini in Territorio di Cefalù. Catania, Tip. del real. ospiz. di benef., 1856. 1 vol. in-12, cart. (édit.). — Relacion verdadera De la Imagen De la Immaculada Concepcion de la Virgen Maria, Madre de Dios, Que se halló en la Raiz ò Cebollita de una açucena de los Valles del Monte del Carrascal de la Villa de Alcoy, en el Reino de Valencia, &c... En Valencia,... Benito Mace. Año 1665. Y luego en Nap. por jacinto Pasaro. Del mismo año. In-4 de 4 ffnc., 8 pp.; au fnc. 2 se trouve une grav. sur bois : vue de l'ermitage de l'Immaculée Conception, cart. — Triduo in ossequio di Maria Santissima di Guadalupe nel Messico... con una breve relazione della di Lei prodigiosa Apparizione. Roma, Puccinelli, 1792. In-12, cart., pl. Ensemble 6 vol. ou plaq.

LA MADONE DE SAINT LUC

299. **Kiedrzynski** (Anastase). Mensa Nazaræa abunde specialibus indesinentium miraculorum & gratiarum dapibus, illiciisque referta et liberaliter cujuscunque conditionis hominibus aperta, seu Historia imaginis Divæ Claromontaneæ a S. Luca evangelista depictæ. Typis Claromontanis, 1763. In-4 de 2 ffnc., 386 pp., 5 ffnc. (titre imprimé en deux couleurs), d.-rel. toile.

300. *Le même...* Nunc verò in Honorem & Venerationem sponso Beatissimæ Mariæ... Divo Iosepho... accommodata & præparata. *Au verso du titre* : Ex

Officina Typographica Claromontana, M D CC LIX, Mense Martio. In-4 de 6 ffnc., 386 pp., 5 ffnc., rel. veau.

Le monastère de *Clarus Mons*, de l'ordre de Saint-Paul, ermite, dans lequel se trouvait le P. A. Kiedrzynski, était situé à peu de distance de la petite ville de *Czenstochau* (Cracovie). Il y eut à la fin du xviie siècle et pendant le xviiie une imprimerie établie dans ce couvent, mais on connaît très mal les ouvrages qui en sont sortis : le premier est indiqué comme étant de 1693 et certains bibliographes ont cru que l'un des derniers avait été imprimé en 1712.

301. **Kordecki** (Augustinus). Nova Gigantomachia contra Sacram Imaginem Deiparæ Virginis a Sancto Luca depictam Et in Monte Claro Czestochoviensi... collocatam. Per Svecos & alios Hæreticos excitata... nunc tertio Reimpressa. Typis Clari-Montis Czestochoviensis, *s. d.* (*vers 1744 ?*), titre encadré ; au verso, grande gravure sur bois représ. la Vierge. 2 curieux bois dans le texte (pp. 2 et 111). In-4 de 3 ffnc., 146 pp., rel. vél.

A la suite du Traité de *Kordecki* se trouvent des poésies de *St. Damalewicz* et de *Thomas A. Siemssycki*, ermites de Saint-Paul. L' « Approbatio » est datée de 1657, qui est probablement la date de la première édition.

302. **Nieszporkowitz** (Ambrosius). Analecta Mensæ reginalis seu historia Imaginis Odigitriæ Divæ Virginis Claromontanæ Mariæ a duvo Luca Evangelista in cupressina domûs Nazaræa mensa depictæ, origine, magnalijs, miraculis, gratijs admirabilis et amabilis... in XII partitiones distributa et in lucem publicam data... Cracoviæ, ex Officina Schedeliana, MDCLXXXI. In-4, rel. vél. — **Goldonowski** (Fr. A.). Historia d. B. V. Mariae Claromontanae S. imaginis origine Jerosolymis Constantinopolim ac tandem in Poloniam minorem ad fines Silesiae translatione... (*Le titre manque.*) In-8, cart., piqué et taché.

303. **Malvasia** (Deodata). La Venvta et il progressi miracolosi della S[ma] Madonna dipinta da S. Lvcca posta sul monte della Guardia dall' anno che ci uenne jj60. sin all' anno j6j7. dalla M. Reu[da] Madre Suor Diodata Maluasia dell' Ordine di S. Dom[co] in S. Mattia raccolti e distesi... In Bologna per gli Heredi di Gio Rossi. *S. d.* (1617). Titre gravé, orné et encadré. Petit in-4, d.-rel. bas.

304. **Crispi** (Luigi). Dissertazione... nella quale si esaminato alcuni argomenti... contro il sentimento di chi crede che S. Luca... fosse pittore. Faenza, Benedetti, 1776. In-4, br. — **Hilaire de Paris** (T. R. P.). La madone de saint Luc. Nouvelle édition. Paris, librairie de l'œuvre de Saint-Paul, 1886. Plaq. in-12, rel. toile. — Istoria della miracolosa immagine della Beata Vergine di S. Luca e serie cronologica di tutte le volte, che dal Monte della Guardia ella è stata trasferita in Bologna ; e delle chiese nelle quali è stata esposta. Bologna, Lelio dalla Volpe, 1783. Plaq. in-12, avec 2 pl., cart. (planche). — **Milochau** (Abbé Anselme). La vierge de Saint Luc à Sainte-Marie Majeure. Paris & Lyon, Perisse, 1862. In-8, rel. toile, pl. lith. — Prospetto storico dell' immagine di Maria Vergine dipinta dall' evangelista S. Luca... venerata sul Monte della Guardia posto nel comune di Casaglia Diocesi di Bologna...

Bologna, Franceschi alla Colomba, 1812. In-8, cart., 2 pl. — **Schlichter** (Chr. Lud.). Ecloga historica qva fabula pontificia de Luca pictore exploditur. Halae Magdeburgicae, ex of. Hendeliana, 1734. In-4, rel. toile (mouil.). Ensemble 6 vol. ou plaq.

4. Lettre de la Sainte Vierge aux habitants de Messine.

305. Cette lettre, dont le texte se trouve au dernier feuillet du sermon du P. *Balsamo* (n° 2), avait, suivant une antique légende, été écrite par la Sainte Vierge pour engager les habitants de Messine à croire en son divin fils. Tous les ans, le jour de la Pentecôte, on célébrait avec une grande solennité la commémoraison de l'envoi de cette lettre : de là de nombreux sermons, généralement prononcés par des PP. Jésuites. La bibliothèque de M. le comte Riant contient les ouvrages suivants, 15 plaq. Pet. in-4, rel. vél. :

1. **Cantelli**, S.-J. (Michele). La nutrice la vergine adottante di Messina nudrita col latte della deuotione di Maria, per la Mamella della sacra Lettera : oratione nella solennità della Lettera scritta a' Messinesi dalla gran Madre di Dio : recitata nel Duomo. Messina, per gli Her. di P. Brea, 1652.

2. **Balsamo, S. J.** (Ignatio). Oratione per la solennita della lettera incontratasi nella terza festa di Pentecoste detta nel Duomo di Messina. Messina, Per gli Heredi di Pietro Brea, 1653.

3. **Leone, S. J.** (Francesco Maria di). La carta di navigare. Discorso nella solenne festa della lettera scritta da Maria Vergine a Messinesi. Messina, Per gli Heredi di Pietro Brea, 1658.

4. **Dini** (Benedetto). L'esemplare della fede. Oratione panegirica per la lettera scritta da Maria vergine a' Messinesi. Cosenza, Gio. Batt. Rosso, 1671.

5. **Ascenso, S. J.** (Fabio). La Torre della Bolla d'Oro. Panegirico deela sacra lettera di Maria scritta à Messinesi, recitato nella Casa Professa della Compagnia di Giesù. Messina, Domenico Costa, 1692.

6. **Tramontana** (Francesco). La seconda Ambasceria spedita in cielo alla Gran Vergine Madre dalla Citta di Messina, in Ringraziamento, ed in Risposta del sacro Foglio scrittole di sua mano. Orazione panegirica recitata nel Duomo di Messina à 3. di Giugno nell' Anno 1696... In Messina, Vincenzo d'Amico, 1696.

7. **Vincenzo, S. J.** (Antonino di). Il ritratto del cvor di Maria Inuiato nella sacrata sua Lettera a' Messinesi. Panegirico sacro recitato... nel corso Quaresimale l'Anno 1697. In Messina, Per Michele d' Amico, M DC XCVII.

8. **Azzarelli, S. G.** (Saverio). Il nuovo nume della Fortuna colla vela della Sagra Lettera favorevole a' Messinesi. Diceria sagra della Santissima Vergine Maria della Lettera detta in Messina. Messina, Maffei, 1699.

9. **Pica, S. J.** (Carlo Maria). L'Apologia della Vergine per l' affetto più singolare mostrato a' soli Messinesi con la Sacrata sua Lettera... recitato nel corso Quaresimale dell' Anno 1700, nella Casa Professa di Messina... In Messina, nella Stamp. Camer. per Matteo la Rocca, s. d. (1700).

10. **Salamone S. J.** (Givseppe M.). La nvova Fata Morgana delle Gratie che tra l' avre Messinesi, nella Lettera di Maria ; Riflette tutte le bellezze dell' Empireo. Panegirico... recitato nel corso Quaresimale dell' Anno 1702... Messina, Vincenzo d' Amico, s. d. [1702].

11. Soffietti, S. J. (Antonio). L'orto della Sacra Sposa fiorito ne' caratteri verginali, e trapiantato in Messina nella Sacra Lettera di Maria. Panegirico sacro detto... nel... corso Quaresimale del 1703. in Messina. Messina, Vincenzo d'Amico, s. d. (1703).

12. Vincenzo, S. J. (Antonino di). Nuova Legge di grazie promulgata singolarmente a favor de' Messinesi. Panegirico in lode della Sacra Lettera scritta da Maria Vergine alla citta di Messina, recitato... nel secondo Corso delle Prediche Quaresimali dell' anno 1704. Messina, Vincenzo d' Amico, 1704.

13. Vulcano, S. J. (Nicolo). La mistica traslazione del Mariano Albergo da Gerosolima in Messina, overo il perpetuo soggiorno del Cuor Mariano nel sacro Tempio di Messina. Panegirico in lode della Sacra Lettera scritta da Maria Vergine alla medesima Città. Messina, Antonino Arena, 1707.

14. Anastasi (Giovanni). Le conquiste del merito. Discorso panegirico detto nella Protometropolitana di Messina de nel Giorno festivo della sacra Lettera... alli tre di Giugno del 1710... In Messina, nella Stampa di D. Vittorino Maffei, 1710.

15. Patè (Dom Flaminio). Censvra sopra di vn scritto promulgato dall' Abbate D. Rocco Pirro contro l'antica Traditione della Sacra Lettera scritta dalla SS. Vergine alla Citta di Messina conuertita alla Fede per mezo della Predicatione dell' Apostolo S. Paolo. Venetia, Francesco Barba, 1655.

IV

THÉOLOGIE

1. Mystique.

306. Saint Bonaventure : **Delaporte** (Le P. A.). Étude sur l'Itinéraire de l'âme à Dieu de saint Bonaventure. Paris, Douniol, 1863. Plaq. in-8, rel. toile, non rogn. — **Douais** (L'abbé). De l'auteur du *Stimulus amoris* publié parmi les opuscules de saint Bonaventure. Paris, Picard, 1885. Plaq. in-8, br. — **Miola** (A.). Codices mss. operum S. Thomae de Aquino, et S. Bonaventurae in regia Neapolitana Bibliotheca. Napoli, 1874. In-8, cart.

307. **Bonucci**, S. J. (Anton. Maria). La corona caduta overo Gesù nel sepolcro, oggetto di puro cordoglio alla solitudine di Maria Vergine. Roma, Bernabò, 1704. 1 vol. in-4, rel. vél.

308. **Bouelles** (Charles de). Caroli Bo-||villi Samarobri-||ni De Laude Hierusalem, || liber unus. || Eivsdem || De Laude gentium, Lib. I. || De Concertatione & area peccati, Li. I.|| De Septem uitijs. Lib. I. || (*Marque typographique*) || Seb. Gryphivs Lv- || gdvni Excvd. || Anno || M.D.XXXI. Petit in-8 de 233(1) pp., 1 fnc., rel. vél.

309. **Caponsacchi-Pantaneti** (Pierre). Petri Caponsacchi de Pantaneto, Arretini, in Iohannis apostoli Apocalypsim observatio. Ad Selimum II. Turcarum Imperatorem. Florentiae, MDLXXII. *In fine* : Florentiae, Apud Georgium Marescotum, III. Kalend. Sept. 1572. 1 vol. in-4 de 167(1) pp., 1 fnc., rel. anc. parch.

Ouvrage fort rare, plus bizarre qu'orthodoxe, dédié au sultan Sélim II. Une seconde édition a été donnée également à Florence en 1586.

310. **Drexel**, S. J. (Jérémie). Nicetas seu trivmphata Incontinentia, 1628. — Trimegistvs Christianvs, 1629. — Æternitatis Prodromus mortis nuntius, 1630. — Gymnasium patientiæ, 1630. — Tribunal Christi, 1632. — Zodiacus christianus, 1632. — De Æternitate, 1632. — Recta intentio, 1636. — Rhetorica cælestis, 1636. — Rosæ selectissimarum virtutum quas Dei mater exhibet, 1639. 2 vol. — Gazophylacium Christi, 1640. — Aloe amari sed salubris succi Jejunium, 1642. — Aurifodina artium et scientiarum..., 1642. Monachii, Formis Cornelii Leyserii, 14 vol. in-32, rel. veau (piqûres de vers

à plusieurs volumes).— *Du même.* Heliotropium... Coloniæ Agripp. sumpt. Cornelii ab Egmond et Soc., 1634. 1 vol. in-32, rel. veau. Ensemble, 15 vol.

Jérémie Drexel (1581-1638), jésuite, fut pendant 13 ans prédicateur de Maximilien, électeur de Bavière, et ses innombrables ouvrages ascétiques ont eu de très nombreuses éditions.

311. — Trismegistvs christianvs seu triplex cvltvs conscientiæ cælitvm corporis. Coloniæ Agrippinæ, apud Cornel. ab Egmond, Anno CIƆ IƆC XXXIV. In-16, rel. mar. rouge, dos orné.

312. **Driesche** (Jean van der). I. Drusii Tetragrammaton, sive de nomine Dei proprio, quod Tetragrammaton vocant. Accesserunt addimenta epistolarum aliquot & notæ. Item, Pauli Burgensis Episcopi, de nomine Tetragrammato, quæstiones duodecim : et I. Drusii in easdem Scholia. Franekerae, Excud. Aegidius Radaeus, 1604. — I. Drusii Elohim sive de nomine Dei אלהים Additę sunt ejusdem notæ, in quibus epistola Hieronymi 136. ad Marcellam explicatur, emendatur. Franekerae, Ex off. Ae. Radaei, 1604. — I. Drusii responsio ad quæstiones Anonymi Theologi è Germania. Jungi debet Libello de nomine Elohim. Franekerae, Apud Ae. Radacum, 1606. — Tabulae in Grammaticam Chaldaicam ad usum juventutis. Franekerae, apud Ae. Radaeum, 1612. Ensemble 1 vol. in-8, rel. vél.

Réunion de plusieurs rares opuscules de *Jean van der Driesche* ou *Drusius*, professeur d'hébreu à Franeker (Frise), en 1587, au moment de la fondation de cette université. L'année précédente, *Ægidius Radæus* avait commencé à travailler dans cette ville dont il fut le premier imprimeur. Le traité qui suit le Tetragrammaton, est de *Salomon Levi*, rabbin espagnol qui se convertit, prit le nom de *Paul de Sainte-Marie* et fut successivement évêque de Carthagène (1405) et de Burgos (1415), sa ville natale, où il mourut en 1435.

313. **Du Guet** (J. J.). I sepolcro di Gesu Cristo ossia spiegazione del misterio della sepoltura, opera... trasportata dal Francese... Brescia, Giammaria Rizzardi, 1766. 2 vol. in-8, rel. veau.

314. **Guevara** (Antonio de). La prima par-||te del libro llamado mon||te Caluario. Compuesto por el illustre señor don || Antonio de Gueuara, obispo de Mondoñedo, || predicador y chronista, y del consejo de su Ma-||gestad. || ¶ Trata el avtor eneste || libro todos los mysterios del monte caluario, des || de que Christo fue a muerte condennado por Pi-||lato, hasta que por Ioseph y Nicodemos fue me-||tido en el sepulchro. || ¶ Trae el avtor eneste || libro muchas prophecias, expone grandes figu-||ras, alegu muchas autoridades, pone muy deuo-||tas contemplaciones, y avn haze muy dolorosas || exclamaciones. || *Marque de Nuyts.* || ¶ Fue impreso en la villa de Enueres en casa || de Martin Nutio. || Con preuilegio Imperial. Petit in-8, 16 ffnc., et 272 ff. chiffrés, rel. bas. f.

Antonio n'a pas connu cette édition faite à Anvers. Il y a eu deux *Antonio Guevara*, tous deux religieux, et qu'on a parfois confondus. Celui-ci est le même qui a écrit l'Horloge des Princes, les Epîtres dorées et d'autres livres si connus.

315. — La Prima parte del Monte Calvario, nellaqvale si trattano tvtti i sacratissimi Misterij auenuti in questo Monte insino alla morte di Christo...

tradotto di lingva spagnvola nell' Italiana, dal S. Alfonso d' Vglioà... nvovamente rivedvto... dal R.P.F. Nicolo Aurifico Buonfigli... (*Marque typ.*) In Vinetia. Appresso Gabriel Giolito di Ferrarii. M D LXX. In-4 de 36 ffnc. 363(1) pp. — La Seconda parte... In-4 de 16 ffnc., 416 pp. Ensemble 1 vol. petit in-4, rel. veau.

316. — Libro llamado Mōte Caluario, Compuesto por... don Antonio de Gueuara, Obispo de Mondoñedo,... Nueuamente corrigedo y emendado por el R. Padre Fray Alonso de Horozco... En Salamanca, en casa de Pedro Lasso, 1582. Impresso por Diego del Pino y Juan Delgado. Petit in-8 de 16 ffnc., 358 ff. chiffrés, 2 ffnc. (le dern. blanc), rel. mar. cit., tr. dor., plats et dos ornés (vieille reliure assez endommagée).

317. **Hilaire** (Jacques d'). La Saincte Iervsalem vniqve espovse de l'Agneav, qui a esté faicte vne Bergerie & vn Pasteur. Distingvee en trois livres. Au 1. est monstré que l'Eglise Catholique... est la vraye Espouse de Iesus Christ. Au 2. Que la primauté du Pape est de droit diuin. Au 3. Quel sera l'Antechrist predit aux Escritures, ou les calomnies contre le Pape sont refutees... Par Iaqves d'Hilaire, Sr de Iouyac en Viuarez. Paris, P. Mettayer, M.DCX. In-8 de 32 ffnc., 1027(1) pp., 2 ffnc., rel. veau.

318. Ioannis Climaci abbatis Montis Synai, Scala Paradisi, item, Sophronii, patriarchæ Hierosolymitani, Pratum spirituale. Omnia ex Græco ab Ambrosio Camaldulensi monacho latina facta. Adiecimvs insvper Miracvla Venerab. P. Abbatis... Coloniae, Agrippinae, Sumptibus Bernardi Gualtheri, Anno M.DC.XXIV. In-12, rel. veau, tr. rouge; au dos, chiffre du comte Riant.

319. **Kitzscher** (Jean de). Tragicocomedia de iherosolimitana pfec‖tione Illustrissimi principis pomeriani ʓc. ‖ Faueant tibi sidera precor. ‖ *Gravure sur bois représentant les insignes héraldiques des ducs de Poméranie. Fnc.* 3, *recto*, *incipit* : Inclito ʓ p̄celso principi ʓ dn̄o dn̄o ‖ Georrio Stettinēsi. Pomeranie. Cassubie Slauorū ‖ q3 Duci Prīcipi Rugie ac Comiti Gurzconiēsi. Dn̄o ‖ et Patrono colēdissimo. Joh̄es de Kitzscher Utri-‖usqʒiuris Doctor. Prepositus Colbergēsis SPD. *Fnc.* 24 *v°*, *in fine* : Finis Tragicocomedie pfectiōis ihero ‖ solimitane Illustrissimi p̄ncipis Pome‖ranie. Liptzk p̄ Melchiar Lotter imp̄sse ‖ Anno xp̄i millesimo q̄ngētesimo q̄3 p̄mo. In-4 de 24 ffnc. par 4 cahiers (A-D) de 6 ff., car. goth., rel. mar. brun, dos et plats ornés, tr. dor., dent. int. (Chambolle-Duru).

Cf. Freytag, I, 456.

320. **Le Roux**. La Tovrterelle gemissante svr Hiervsalem. Par Clavde Le Rovx, Lyonnois. (*Marque typ.*) A Paris. Chez Regnavld Chavdiere, rue S. Iacques, à l'Escu de Florence. M.DC.XXXI. Petit in-8 de 8 ffnc., 108 pp., 1 fnc. (blanc), rel. mar. rouge, fil. sur les plats, tr. dor. (Dupré).

L'ouvrage est dédié à Ysabelle Angélique de Courtenay, religieuse de l'ordre de Saint-Dominique. La bizarrerie du style répond bien à ce que promet le titre. L'auteur, originaire de Lyon, commença par entrer dans l'ordre de Saint-Dominique et se fit ensuite bénédictin (après l'année 1637).

321. **Martin von Bracara.** De correctione rusticorum, zum ersten Male... herausgegeben... von *C. P. Caspari.* Christiania, Malling, 1883. In-8, rel. toile, couv.

322. **Pactis** (Antonio de). Viridarium concionatarum civitatis Ierusalem triumphantis. In quo de ejus magnificentia, partibus, divitiis, ædificiis, civium multitudine, vita, eorumque beatitudinibus agitur... Venetiis, apud Joannem Guerilium, MDCXVII. In-4, titre r. et n., rel. parch.

323. **Piconius** (Taddée). Taddaei || Piconii Collensis || De itinere Christiani sa ||crum opusculum. || Romæ, M.D.LIII. || *In fine* : Impressum Romæ apud Ioannem Mariam de || Viottis Parmensem in domo S. Birgittæ. || Anno Domini. M D L III. In-4 de 28 ffnc., dérel.

> Ouvrage posthume, publié par les soins du neveu de l'auteur : Ioannes David Thomagnus, avec une préface de Nicolas Beltraminus.

324. Preces Sancti Nersetis Clajensis Armeniorum Patriarchae viginti quatuor linguis editae. Venetiis, In Insula S. Lazari, 1837. In-12, rel. veau f., tr. dor., 1 pl.

325. **Suso** (Henri Berg, dit). Vita et opere spiritvali del beato Enrico Svsone religioso estatico, dell' ordine di S. Domenico... di nuouo fatte stampare da *F. Domenico Tattone...* In Roma, Nella Stamperia di Domenico Manelfi, 1651. In-4, rel. parch. — Œuvres du B. Henri Suso, de l'ordre des Frères prêcheurs, traduites et publiées par M. *E. Cartier.* Paris, Sagnier et Bray, 1852. In-12, d.-rel. veau. Ensemble 2 vol.

> Henri Suso, dominicain du xiv⁰ siècle, eut sur son époque une grande influence, non par sa vie, mais par ses ouvrages : l'Horologium sapientiæ eternæ, presque aussi répandu au moyen âge que l'Imitation de J.-C. ; le Traité de l'union de l'âme avec Dieu ; le Colloque des neuf rochers ; quelques discours et lettres spirituelles. En tête de ses œuvres, se trouve sa vie rédigée par *Élisabeth Staeglin,* religieuse dominicaine, la confidente et l'âme sœur de l'ascète.
> Le nombre des éditions des œuvres de Suso est considérable, et cette traduction italienne, réimprimée plusieurs fois, est estimée. Ajoutons qu'elle a échappé aux savantes recherches de Quétif et Echard.

326. **Thomas à Kempis.** De Imitatione Christi libri quatuor. Textum ex autographo Thomæ nunc primum accuratissime reddidit, distinxit, novo modo disposuit; capitulorum argumenta, locos parallelos adiecit *Carolus Hirsche.* Berolini, Lüderitz, 1874. — Tomáše Kempenského čtwero knĕh o Následowánj Krista. Z latinského přeložil a žiwotopisem opatřil *Frantisek Daucha.* W Lipstku, I. M. C. Armbrustera, 1843. — Imitation de Jésus-Christ... reproduction en fac-similé du ms. autographe de 1441, avec une introduction par *Charles Ruelens.* Leipzig, O. Harrassowitz, 1879. Ensemble 3 vol. in-12, rel. toile, d.-rel. chag. rouge et rel. mar. brun (imit. des rel. du xvi⁰ s.).

327. **Hirsche** (Karl). Prolegomena zu einer neuen Ausgabe der Imitatio Christi nach dem Autograph des Thomas von Kempen. Berlin, Carl Habel,

1875-1883. 2 vol. in-8, d.-rel. chag., tête lim.; au dos, chiffre du comte Riant.
— **Montaiglon** (Anatole de). L'Imitation de Jésus-Christ. Paris, Claye, 1876.
1 vol. in-4, rel. toile, 1 planche à l'eau-forte, gravures. — **Schmidt-Reder**
(Bergrath). Codex Roolf, Pergamenthandschrift des Traktats. De imitatione
Christi vom Jahre 1431. Dresden, Schönfeld, 1881. — **Wolfsgruber**
(D' Cölestin). Giovanni Gersen, sein Leben und sein Werk De Imitatione
Christi... mit facsimilés mehrerer wichtiger Codices manuscripti. Augsburg,
Huttler, 1880. In-8, d.-rel. chag. rouge, tr. lim., non rogn.; au dos, chiffre
du comte Riant. Ensemble 5 vol. ou plaq.

328. **Thomas de Cantimpré.** Thomæ Cantipratani... Bonum universale de
Apibus... coll. et notis ill. op. Georgii Colvenerii... Dvaci, Ex Typ. Baltazaris
Belleri, 1627. In-8, rel. vél.

*Thomas de Cantimpré vivait au xiiie siècle, et mourut vers 1280. L'édition
donnée par Colvenère, parue pour la première fois en 1597, chez Balthazar
Bellère, à Douai, a été réimprimée en 1605 et 1627. Cet ouvrage mystique, au
titre bizarre, est un traité de morale religieuse où l'auteur rapporte tous ses
enseignements aux propriétés des abeilles.*

329. **Barneval** (Aug.). Jerusalem re-ædificata sive Exægesis in canonicos
libros Esdræ cum Miscellaneis. Lovanii, typis G. Styckwant, 1716. In-12,
rel. toile. — **Lämmer** (Hugo). Cœlestis Urbs Ierusalem. Aphorismen nebst
einer Beilage. Freiburg i. Breisgau, Herder, 1866. Grand in-8, rel. toile,
non rogn.

330. **Grou** (Le P. Jean-Nicolas). L'École de Jésus-Christ, publiée pour la
première fois sur le manuscrit autographe, avec une introduction, par le
P. F. Doyotte. Paris, Plon, 1885. 2 vol. in-12, rel. toile et br. — **Lefebvre**
(Le R. P. Al.). De la folie en matière de religion. Paris, Putois-Cretté, 1866.
1 vol. in-8, rel. toile. — *Du même.* Consolations, 4e édition. Paris, Putois-
Cretté, 1868. In-12, frontisp. — Trattato della compagnia del Nostro Signore
Gesù Christo cioè povertà dispregio e dolore. Testo di lingua pubb. p. c. di
A. Miola. Napoli, Nobile, 1880. Petit in-16, rel. toile. Ens. 5 vol. ou plaq.

2. Apologétique, Dogme, Morale chrétienne.

331. **Azpicuelta** (Martin d'). Relectio cap. Ita || quorundam. de Iudæis, in
qua de re-||bus ad Sarracenos deferri prohibi-||tis, & censuris ob id latis
non segni-||ter disputatur, cōposita & pronūciata || in inclyta Conimbricēsi
Academia, || per Martinvm ab Azpicuelta iure-||consultum Nauarrum... ||
Conimbricæ. || M.D.L. || *A la suite*: Relectio .§. in Le||uitico sub cap. Quis
aliquando. de|| pœnit. dist. I. quæ de anno iobeleo,|| & iobelea indulgentia
principaliter || agens, totam indulgentiarum mate||riam exhaurit :...|| M.D.L.
vij. Id. Nouēbris. || *In fine*: Conimbrecæ || Ioannes Barrerius, & Ioannes
aluarus || typographi Regij excudebant. || Septimo Id. Nouēb. || M.D.L.

Ensemble, 2 parties de 3 ffnc., 239(1) pp., 8 ffnc. et 8 ffnc. 335(1) pp., 15 ffnc. en 1 vol. in-8, rel. vél.

L'université de Coïmbre fut fondée en 1516 et, la même année, le roi Joao III fit venir dans cette ville les imprimeurs J. Barreira et J. Alvarez, qui ont imprimé ces deux ouvrages de M. d'Azpicuelta (1493-1586), célèbre jurisconsulte navarrais, chanoine de la Congrégation de N.-D. de Roncevaux ; Azpicuelta professa pendant longtemps à Toulouse, à Salamanque, à Coïmbre, et devint comme l'oracle du droit qu'il avait appris à Cahors et à Toulouse. Étant allé à Rome défendre son ami Caranza, arch. de Tolède, le pape le nomma pénitencier. Le second des deux ouvrages est dédié à l'infante Maria de Portugal.

332. — Relectio cap. ita quorundam de Judæis, in qua de rebus ad Sarracenos deferri prohibitis, & censuris ob id latis non segniter disputatur composita... nunc autem Romæ recognita, emendata, & aucta... Romæ, Ex Officina Accoltiana, M D LXXX. In-4 de 6 ffnc., 43 ff. chif., 5 ffnc., rel. vél.

333. **Saint Bernard.** S. Bernardi abbatis Clarævallensis opvscvla qvatvor, nvnc primvm in lvcem prolata ex Bibl. RR. PP. Carthvsianorvm Ephortensium. Accessit vita V. Bertholdi, abbatis Garstensis in Avstria... Ingolstadii, ex typ. Ederiano apud Elisabetham Angermariam. M DC XVII. Petit in-4, rel. vél.

L'éditeur de ce recueil est le P. Gretser, jésuite. Les ouvrages de saint Bernard qu'il a publiés sont des traités pieux sur l'Enfant Prodigue, la Charité, la Passion de N.-S.

334. Bibliotheca ecclesiastica sive Nomenclatores VII. veteres. S. Hieronymvs... Gennadivs Massiliensis, S. Ildefonsvs, Sigebertvs Gemblacensis, S. Isidorvs, Honorivs Avgvstodvnensis, Henricvs Gandavensis. *Avbertvs Mirævs...* illustrabat. Antverpiæ, apvd Iacobvm Mesivm, M.DC.XXXIX. In-4, rel. vél., notes mss. en marge.

335. **Boileau** (abbé J.). De l'abus des nudités de gorge, attribué à l'abbé J. Boileau. Paris, Delahays, 1858. In-12, rel. peau de Suède, tr. dor. ; sur les plats, armes du comte Riant (Gruel).

Réimpression de la seconde édition de ce curieux volume, publiée « jouxte la Copie imprimée à Bruxelles », à Paris, chez J. de Laize-de-Bresche, en 1677.

336. **Bossuet.** Lettres spirituelles de Messire Jacque-Benigne Bossuet, Evêque de Meaux, a une de ses penitentes. Paris, Desaint et Saillant, M DCC XLVI In-12, rel. mar. tête de nègre, tr. dor., dent. int. (Dupré).

337. **Biel** (Gabriel).   Sermones domi   Hyemales
                          nicales Gabrielis
                          biel Spirensis   Estiuales
De Tempore. || Dominice singule habēt duos sermones || Sermones medicinales ꝗtra pestem epidi-||mie. Folio .Cxliiij. sequētibus. || Questio Ut⁊ regnante morbo epidimie : lice||at : psit : ⁊ expediat suspectas loca ⁊ psonas || fugiēdo vel repellēdo declinare. Folio. cl. || Tractatulꝰ Defensoriū obediētie apostolice || intitulatus, Folio. Cliij. *F. clxvi recto, col. 2, l. 21* : Finis

defensorij obedientie apo-‖stolice. *Au-dessous, à ll. ll.* : Sermones dominicales hyema‖les : Estiualesqʒ de Tpe | spectabilis viri magistri Gabrielis Spireñ. sacre pagine li-‖centiati : Impensis circūspecti viri Ioannis Rynman de Oringau archibibliopole : ‖ In officina industrij Henrici gran | in oppido impiali Hagenau ciuis Anno virgi-‖nei partu M d x. impressi : die octauo Iunij finiunt feliciter. *F. clxvi verso, blanc.* 1 vol. petit in-4, 10 ffnc., CLXVI ff. chif., car. goth., 3 gr., 2 col., 51 ll., signat. (1) 2, 3, 4, 5, 6 [-10] a-x par 8 ff., sauf v qui en a 6, tit. cour., sans réclames, rel. vélin blanc.

338. **Camerarius** (Joachim, senior). Capita pietatis et religionis Christianæ, versibvs graecis comprehensa ad institutionem puerilem, cum interpretatione latina. Veri episcopi solicitvdo et Presbyterorum cura indicata de Capite xx. Actor. Apost. ΥΠΟΘΗΚΑΙ Salomǫnis, vt vitentur consortia pravorum, de Teutonicis versibus translatæ in Græcos & Latinos a Ioachimo Camerario Pabepergensi. Preces Christianae expositæ versibus heroicis, a Ioanne Stigelio. Lipsiæ. *P. 78 v°, l. 16* : Lipsiæ, Imprimebat Ioannes Steinman. Anno M D LXXXII. Plaq. in-8 (in-16), de 78 pp. rel. vél.

Opuscule peu commun, demeuré inconnu à la plupart des bibliographes.

339. **Fabricius** (Jean Albert). Salutaris lux evangelii toti orbi per divinam gratiam exoriens... Hamburgi, sumtu Viduæ Felgineriæ, 1731, et table. 1 vol. in-4, rel. veau f., avec frontisp.

340. **Floretus cum Cōmento Jersonis.** ‖ Liber noīe floretus a sancto Bernar‖do clareuallis abbate metrice accumulatus cuʒ cōmento magistri Joannis ‖ Jersonis (additionibusqʒ nō spernēdis margini appositis ac repertorio sin-‖gularium materiaruʒ : indicibusqʒ qᵈ nemo antehac apposuerat) tractans de virtutibus ‖ ⁊ vitiis ɸm precepta dei ⁊ ecclesie ad fugā peccatorū ⁊ electionē illorū operum : que homi-‖nem perducūt ad deum finaliter cū maxima diligentia de nouo emēdatus ⁊ correctus. ‖ Tituli huius operis. ‖ De... (*Titre en rouge et noir, encadré*). *Au feuillet chiffré cxviij, col. 2, ligne 54* : ❡ Explicit Liber Floreti. Impressus ‖ Lugduni p̄ Joannem Marion. An-‖no dn̄i. M.ccccc.xx. die vero octaua ‖ mensis Januarij.‖ ❡ Registrum... Petit in-8 de 6 ffnc., cxviij ff. chif., imp. sur 2 colonnes, cart. Au verso du fnc. 6, gravure sur bois.

Le « Floretus » a été faussement attribué à saint Bernard, et l'on n'est pas d'accord sur le nom de l'auteur que quelques-uns croient être le pape Clément (III ?), d'autres Jean de Garlande. Une première édition, avec les commentaires de *Gerson*, a été donnée à Lyon, en 1494.

341. **Gunther de Pairis.** Opus pulcherrimū ‖ de tribus vsitatis christianorū ‖ actibus : oratione videlicet : ie-‖iunio ⁊ elemosyna : continens libros tre-‖decim : venerabilis p̄ris Guntheri ordi-‖nis diui Benedicti .p̄ sermonibꝰ ⁊ colla-‖tionibus publice faciendis : non tam ele-‖gantissimū et latinissimū qʒ vtilissimum : ‖ diu abscōditū sz nup̄ inuentū impressū.‖ *Marque de l'imprimeur.* ‖ *In fine* :... Impressum Basilee ‖ per Michaelem Furter : Anno

M.ccccc.vij. die vero || quintadecima mensis martij. Vol. in-8, imprimé sur deux colonnes, de 4 ffnc., 59 ff. chif. et un dernier fnc. qui porte la marque de M. Furter. Quelques pages raccommodées, rel. vél.

Ouvrage très rare. Il y a une première édition de 1504. Gunther de Pairis est l'auteur d'une intéressante chronique sur la quatrième croisade.

342. **La Cavalleria** (Petrus de). Tractatus Zelus Christi contra Iudæos, Sarracenos, & infideles... quem Martinus Alfonsus Vivaldus... maxime expurgatum, studiosissimè collatum, & glossis eruditissimis... illustrum edit... Accessit tractatus à Samuele Rabbi ad Isaach Rabbi conscriptus qui tenaces Iudæorum errores demonstrat... Venetijs, apud Baretium de Baretijs, M.D.XCII. 1 vol. petit in-4 de 68 ffnc., 156 ff. chif., 8 ffnc., 19 ff. chif., 1 fnc. (blanc qui manque), rel. vél.

Le traité du rabbin Samuel a un titre et une pagination particulière.

343. **Matignon** (Le R. P.). Conférences de N.-D. de Paris, Avent 1872, Jésus-Christ et la France. Paris, Jouby et Roger. 1 vol. in-8, rel. toile. — **Ravignan, S. J.** (Le Père de). Conférences et discours. Paris, Poussielgue-Rusand, 1860. 4 vol. in-8, avec 1 fac-sim., d.-rel. chag. brun, tr. rouge.

344. **Moigno** (L'abbé). Les splendeurs de la Foi. Paris, Bleriot, 1881-1885. 5 vol. in-8, d.-rel. chag.

345. **Morris** (Richard). Old English Homilies and Homiletic Treatises... of the Twelfth and Thirteenth Centuries edited from Mss. in the Bristish Museum, Lambeth, and Bodleian libraries, with Introduction, translation and notes. London, Trübner, 1868-73. 2 parties en 1 vol. In-8, d.-rel. mar. noir, coins, tête dor., non rogn., couvert., au chiffre du comte Riant.

Collection de la *Early english text Society*.

346. Orationes nonnvllorvm Graeciae patrvm e Bibliotheca Achillis Statii Lvsitani depromptae. Eodem interprete. *In fine* : Romae. Excvdebat. Franciscvs Zannettus. Anno cIꓷ.Iꓷ.lxxviii. Petit in-8 de 4 ffnc., 80 pp., rel. vél.

Discours de saint Jean Chrysostôme, saint Grégoire de Nysse, saint Grégoire d'Antioche, saint Athanase, saint Cyrille... traduits en latin par *Statio*, né en 1524, à Vidigueira (Portugal), mort à Rome, en 1581, avec la réputation d'un humaniste distingué.

347. Pandvlphi Volphgangi Remi Ger || mani oratio habita Patavii cvm || qvaestivncvla pvlcherrime dis || cvssa ab ipso an diebvs festis le || gere, studere, scribere liceat. || *In fine* : Impressit Venetiis Bernardinus Vitalis Vene-|| tus adhibita imprimis cura : & diligētia || impensissima. X. Cal. Februarii || M.D.VI. In-4 de 8 ffnc., br., mouillures.

348. **Pie IX**. Documenta fidei. 58 pl. chromo. montées sur onglet, d.-rel. mar. tête de nègre, coins, tête dorée, non rogn., au chiffre du comte Riant.

Magnifique publication comprenant le « Syllabus » et la « Constitutio dogmatica de fide catholica », exécutée à Bourges (1877), par l'imprimeur-chromolith. Pigelet, sur l'ordre de l'archevêque de Bourges, C. A. de La Tour d'Auvergne Lauraguais.

349. Samuel Iehudi. ☾ Tractatus cōtra iudeos a ‖ quodā iudeo noīe samuel edi-‖tus sermōe arabico : trāslat⁹ ‖ aūt ī latinuȝ a fratre alfontio.‖ [*Marque d'Eustace*] ‖ ☾ Uenūdantur Parisius in vi‖co Judaico sub signo duorum ‖ Sagittario♃ : aut in Palatio ‖ regio tertio Pilari. ‖ *S. d.* Petit in-8, 18 ffnc., car. goth. Plaq. rel. vélin blanc.

> Au verso du titre est une gravure sur bois, avec le monogramme d'Eustace : la gravure représente un auteur offrant son livre au pape entouré de ses cardinaux. Au verso du f. 10, la marque d'Eustace (n° 949 de Silvestre).
> Ce traité est plutôt une lettre que Rabbi Samuel Iehudi, Marocain de Fez, écrivit en arabe, en 1068, au président de la synagogue de Maroc, Rabbi Zag ou Isaac, surnommé Sujurmenza, et où il lui expose ses doutes sur l'accomplissement des Ecritures et la venue du Messie, telle que les Juifs l'expliquent. Il lui présente les arguments que les chrétiens opposent aux Juifs. Samuel se fit ensuite chrétien. *Steinschneider* n'a pas cité cette édition. Cf. n° 342.

350. Savonarole. Fratris Hieronymi. ‖ Sauonarolæ, Ferrariensis, ordinis prædicato-‖rum, Triumphus crucis, de fidei ueritate. ‖ Post nouissimā impressionem alias Ve‖netiis excussam. Denuo nunc pri‖mū a bene docto theologo ‖ adamussim recognitus, ‖ cunctisqȝ mendis ex ‖ purgatus. ‖ *Vign. sur bois au bas du titre. In fine* : ☾ Finit solennissimū opusculū : in quatuor libris di‖stinctū : de ueritate fidei catholicæ : æditū ab eximio ‖ theologo fratre Hieronymo sauonarola : ferrariēsi : ‖ Impressumqȝ Venetiis accurata diligentia per Lucā ‖ olchiensem artium & legum professorem. Anno dñi ‖ M CCCCC XVII. Die uero octauo mēsis Iunii. Petit in-8 carré de 112 ff., rel. parch. Titre raccommodé et mouillures.

> Cet ouvrage d'apologétique a eu un immense succès qui a continué même de nos jours. La première édition que l'on cite aurait été imprimée à Florence, par A. Miscominus, vers la fin du xv° siècle, et d'autres éditions suivirent rapidement, en 1497, 1504, 1517 (la nôtre), 1523..., cet ouvrage fut immédiatement traduit en plusieurs langues.

351. Sixtus Senensis, (Ord. præd.) Bibliotheca sancta ex præcipuis catholicæ ecclesiæ auctoribus collecta, & in octo libros digesta, quorum inscriptiones duodecima pagina indicabit... Lugduni, sumptibus Sib. a Porta, 1593. Vol. in-fol., d.-rel. bas. n., non rogn.

352. Saint Silvestre. Dispvta di Santo Selvestro. Nel presente Libretto si contengono le disputationi, fatte da. S. Seluestro per la fede Christiana contro dodeci Giudei, condotti di Gierusalemme a' Roma da Isacar Prencipe de sacerdoti. *In fine* : Stampato in Vinegia per Giouanni Padouano, del mese di Febraro. Ad instantia di Gulielmo di Monferato. (*Sine anno.*) In-16 de 16 ffnc., d.-rel. bas.

> Opuscule imprimé dans les premières années du xvi° siècle.

353. ☾ Tabula christiane religiōis ualde utilis & ne‖cessaria cuilibet christiano : quā omnes scire te‖nentur. *S. l. n. d. n. typ.* Plaq. petit in-8, 18 ffnc., car. rom., 23 ll., signat. A.B par 8 et 10 ff., init. grav., rel. vélin blanc.

> Cet opuscule est peut-être de la fin du xv° siècle. Hain, n°s *15213 et 15214, cite deux éditions incunables de cet opuscule, qui est un catéchisme contenant l'exposé de la doctrine chrétienne.

354. Textus sequē-||tiarum cum luculentis||sima tam sententiaⱴ q̃ȝ vocabu||loⱴ interpretatione scripture auctoritatibs aliorūqȝ exemplis creber||rimis roborata cum multis nouiter adiectis. *In fine* : ¶ Liber Sequentiarius cum notabili expositione litterali ʒ item am||pliori tam historiarum q̃ȝ exemploⱴ in textu tactoⱴ explanatione p his || qui volunt sequentiaⱴ funditus callere mysteria diligenter repressus est. || Coloniæ apud Liberos quondā Henrici Quentell. Anno post Iubile || um magnum quarto. ad medium Augusti. [*1504*]. In-8 de 126 ff. chif., 10 ffnc., rel. vél.

355. **Thornton** (Henry). Family Commentary on portions of the Pentateuch... with prayers adapted to the subjects. Second edition. London, J. Hatchard, 1843. In-8, cart., perc. — **Tscheggey** (S. G.). De vera, non adulterata Jesu Christi doctrina per Apostolos nobis tradita. [Diss. theol.] Glogoviae, in lib. nova Güntheriana, 1828. In-8, br.

356. **Totani** (Guillaume). F Ortalitium || fidei contra Iudeos : || Sarracenos : alios qȝ || christiane fidei inimicos. || ¶ Uenūdātur a Stephano guey || nard : prope sanctum Anthonium. || *Ce titre rouge et noir est entouré d'un encadrement gr. sur bois.* F. ccclxxi *verso, col. 1, l. 18* : Fortalicium fidei... *l. 21* : ..... Nūc vero ma|| [*col.* 2] gna cum diligentia castigatum : ʒ fi-||deliter emēdatum. Per venerabilē magistrum nostrum guillelmū tota-||ni : in sacra pagina professorem : ..... *l. 10* :.... Impssnȝ || lug8. Per Iohannē de romoys. Anno salutȝ n̄re. xi. supra millesimāq̄n-||gētesimū : impēsis spectabilis viri || mag͞i Stephani gueynart. Die .xxvi. mensis Nouembris. *Au-dessous le* registrum. In-8, 12 ffnc., ccclxxi ffc., et 1 fnc. blanc; car. goth., 3 gr.; 2 col., 41 ll.; signat. : ✠, ✠ ✠, a-z, A-Z, AA, par 8 ff., sauf ✠ ✠ & AA qui en ont 8; sans réclames; avec tit. cour., encadr. et init. gr. sur bois, rel. vélin.

Le relieur (Pierson) a maladroitement séparé la table en 2 parties, plaçant les 10 premiers ff. au commencement, et les 4 derniers à la fin du volume.
Première édition (croyons-nous) de cet ouvrage rare, dont peu de bibliographes ont parlé. On la chercherait vainement dans *Brunet* ou dans *Grässe*.

357. **Verpoorten** (Alb. Men.). Fasciculus dissertationum ad theologiam maxime exegeticam et philologiam sacram pertinentium... Coburgi, cura Rud. Fischeri, 1739. 1 vol. in-12, d.-rel. vél.

358. **Dupanloup** (Mgr, évêque d'Orléans). Opuscules : La brochure le Pape et le Congrès. Paris, 1859; L'athéisme et le péril social. Paris, 1866; Femmes savantes et femmes studieuses. Paris, 1867; La femme chrétienne et française. Paris, 1868; Sur les attaques contre la religion. Paris, 1863. Ensemble 1 vol. in-8, rel. toile, tr. peign. — Interrogationes de fide catholica. (Joca Monachorum.) [Pub. p. *H. Omont* dans la Bibl. de l'Éc. des Chartes, 1883.] In-8, cart. — **Olivaint**, S. J. (Le P.). Conseils... recueillis par le P. *Ch. Clair*, S. J. Paris, Palmé, 1880. In-8, rel. toile. — *Du même.* Journal des retraites annuelles, 1860-1870. Paris, Albanel, 1872. In-8, rel. toile. Ensemble 4 vol. ou plaq.

3. Droit canon.

359. Alphonsus (Petrus). Disciplina clericalis. Première partie : Discipline de Clergie. Seconde partie : Le Chastoiement d'un père à son fils, trad. en vers français de l'ouvrage de Pierre Alphonse. Paris, impr. Rignoux, 1824. 2 parties en 1 vol. in-12, d.-rel. chag. rouge, coins, tête dor., non rogn., au chiffre du comte Riant.

Édition de la Soc. des bibliophiles français.

360. Amort (Eusèbe). De origine, progressu, valore ac fructu Indulgentiarum..... Augustæ Vindelicorum & Græcii, Sumpt. Ph. ac M. Veith, & Joannis Fratis Hæredum, 1735. In-4, d.-rel. bas., n., front. et portrait du pape Clément XII.

361. Assemanus (Jos. Aloys.). Commentarius theologico-canonico-criticus de ecclesiis earumque reverentia, et asylo atque concordia Sacerdotii, et Imperii. Accesserunt tractatus cl. virorum D. Josephi de Bonis de Oratoriis publicis, ac R. P. Fortunati a Brixia de Oratoriis domesticis, in supplementum celeberrimi operis Ioan. Bapt. Gattico de Oratoriis domesticis et usu altaris portatilis. Romæ, sumpt. Venantii Monaldini, 1766. 1 vol. petit in-fol.; rel. vél. blanc.

362. Andreucci. Hierarchica ecclesiastica in varias suas partes distributa et canonico theologice exposita. — Moralia, sive de sanctissimæ Eucharistiæ et pœnitentiæ sacramento... continens opuscula sex... Romæ, Typis et sumptibus Generosi Salomonis, 1766. 3 vol. in-4, rel. vél.

André Jérôme Andreucci (1684-1771), jésuite, réunit, avant sa mort, en 3 volumes, dont le dernier porte un titre particulier, les nombreux opuscules de droit canon qu'il avait précédemment publiés, quelques-uns en langue italienne.

363. Azpicuelta (Martin d'). De anno Iobeleo et tota indulgentiarum materia commentarius quem Martinus Azpicuelta Navarrus conscripsit in § Levitico... Huic accessit brevis quædam ejus anni explicatio contexta a D. Stephano Nottio... Constitutiones etiam Summorum Pontificum. Index. Mediolani, ap. Pacificum Pontium, M D LXXIII. Petit in-8 de 8 ffnc., 261(1) pp., 9 ffnc., rel. vél.

Cf. n° 331, une édition de 1550, formant la seconde partie d'un ouvrage d'apologétique du même auteur.

364. Bignon (Jérôme), avocat général au Parlement de Paris. Traité de l'élection du Pape. Réimpression faite d'après l'édition de 1655. Nogent-le-Rotrou, Imp. de A. Gouverneur, 1874. 1 vol. in-8 carré, d.-rel. mar. rouge, coins, tête dorée, non rogné, dos orné du chiffre du comte Riant, avec 4 planches. Exemplaire sur grand papier. Tirage à petit nombre. — **Travers** (E.). Essai historique sur l'élection des papes. Paris et Caen, 1875. In-12, cart. Tiré à 250 exemplaires.

365. **Breitenbach** (Jean de). Repetitio elegantissima c. i. de sta. mo ‖ nacho. ꝛ cano. regula. cū. cōclusionibus ꝛ correlatiss. per ‖ spectabilē ꝛ egregium virū dūm Iohannem de breiten ‖ bach vtriusq; iuris doctorem. In florentissimo studio ‖ lipszensi. iura canonica ordinarie legente;. facta. in qua ‖ iura eppālia. que eppūs in ecclesias et clericos sue dyoce ‖ sis habet. Et an monachi ꝛ alij religiosi ad ea tenant. ‖ Ac iura parrochialia. que ad rectorem ecclesie parrochi ‖ alis spectāt. Necnon plura. de prelatis clericis monach. ‖ et ceteris religiosis notanda... *S. l. n. d. n. typ.* In-8 de 34 ffnc. (le dernier blanc), 33 ll., car. goth., dérel.

366. Corpus juris canonici. Editio Lipsiensis secunda post *Aemilii Ludouici Richteri* curas, instruxit *Ae. Friedberg.* Ex officina B. Tauchnitz. Lipsiae, 1879-1881. 2 vol. in-4, cart. (édit.). — **Friedberg** (Aemilius). Quinque compilationes antiquae nec non Collectio Canonum Lipsiensis ad libror. manu scriptor. fidem recognitae et adnotatione critica instructae. Lipsiae, Tauchnitz, 1882. 1 vol. grand in-8, rel. toile, non rogn.

367. **Deusdedit.** Collectio canonum e codice vaticano edita a *Pio Martinucci.* Venetiis, ex Typographia Æmiliana, 1869 (avec 1 fac-similé). Vol. in-8, rel. toile, couvert. — **Löwenfeld** (S.). Die Canonsammlung des Cardinals Deusdedit und das Register Gregors VII. [A. d. *Neues Archiv,* X.] In-8, cart.

368. Instruction familière et pastorale sur les motifs de l'obéissance dûe aux Puissances civiles et ecclésiastiques,... par M. l'abbé Melchisédech, curé de..., aux pieds des monts de Gelboé. Revue... par l'abbé Esdras, Prêtre Franc-Comtois. A Paris, de l'Imp. de l'Assemblée nationale, 1792. In-8, br.

369. **Marca** (Pierre de). Illustrissimi viri Petri de Marca, archiepiscopi Parisiensis, dissertationes tres. Stephanvs Balvzivs Tutelensis in unum collegit, emendavit, Notis illustravit... Parisiis, Fr. Muguet, MDCLXIX. Petit in-8, rel. vél.

> Ouvrage publié par *Baluze,* dédié au prince Emmanuel-Théodose de la Tour d'Auvergne, duc d'Albret; il contient entre autres matières une dissertation sur le « Decretum Concilii Claromontani sub Urbano II celebrati », p. 262.

370. — Dissertationum de concordia sacerdotii et imperii, seu de libertatibus ecclesiæ Gallicanæ libri octo, quibus accesserunt ejusdem auctoris dissertationes ecclesiasticæ varii argumenti. Roboreti, Sumptibus Societatis, 1742. 1 vol. in-fol., rel. vél.

> Édition estimée de cet ouvrage dans lequel Marca a défendu les fameuses « Libertés de l'Église gallicane ». Ses propositions ayant été condamnées à Rome, Marca se rétracta et promit de donner une édition corrigée du « De Concordia », mais son secrétaire Baluze hérita de ses papiers et ne tint pas compte des engagements pris par son maître.

371. **Pagani** (F. Antonio). Tractatvs de ordine, ivrisdictione, et residentia Episcoporvm... Præterea de necessaria Prælatorum præsentia, ac pastorali cura :... Venetijs, apud Bologninum Zalterium: MDLXX. 1 vol. petit in-4 de 14 ffnc., 266 pp., 1 fnc. ; cart. ancien.

372. **Quaranta.** Summa Bullarii seu Constitutionum quæ post juris canonici libros a Summis Pontificibus... emanarunt. A. D. Stephano Quaranta... composita & ab eodem, necnon à D. Prospero de Augustino... adnotationibus illustrata... Lugduni, Sumtibus Antonii Pillehotte, 1631. In-4, rel. parch.

4. Controverse.

373. **Eck.** Repvl || sio Articv-||lorum Zuuinglij Cęs. || Maiestati obla-|| torum. || Iohanne Eckio authore. || .... || 1530. *Sans nom d'imprimeur.* [Augsburg.] 1 vol. petit in-4 (format in-16) de 40 ffnc. (le dernier blanc); encadr. grav. sur bois au titre, portant la date de 1530, les initiales N. S. et la devise *Initium sapientiæ timor Domini*, rel. mar. viol.

    Ouvrage très rare de *Jean Eck* ou *Eckius* (1468-1543), né à Eck en Souabe, qui passa son existence à lutter contre les doctrines de Luther; il prit part aux conférences de Leipzig (1519) et aux diètes d'Augsbourg (1530), et de Ratisbonne (1541). Il a publié de nombreux ouvrages de controverse. Celui-ci est dédié à Erard de La Marck, cardinal-évêque de Liège.

374. **Eckbert.** Adver-||svs pestiferos fœdissimosqve|| Catharoȓ, (qui Manicheoȓ hęresim innouarunt)|| damnatos errores ac hæresens, Eckberti presbyte|| ri, primo ecclesiæ collegiatæ Bunnensis, Colonien-||sis diœceseos canonici, demum uero professi mo-||nachi Schonaugien. monasterij utilissimi Sermo-|| nes ex penetralibus euangelicis & aliaȓ diuinaȓ || scripturarum armario deprompti. Ex quibus || proculdubio fructum plurimum metet || diligens lector & candidus. || Breue ex Augustino de Manichæis exer-||ptum, per eundem Eckbertum. || In Lavdem Bvnnensis oppidi || Hexastichon uetus. || ..... *In fine* : Apud sanctam Coloniam, Anno à Christi natiui-||tate millesimoquingentesimotricesimo, nono ca-||lendas Ianuarij, Impensis Iohannis Soteris, || Cum gratia & priuilegio ad sexenniū. || Erratum... Petit in-8 de 80 ffnc., rel. vél.

    Eckbert ou *Egbert* mourut abbé du monastère de Saint-Florin de Schonaü (Trèves) en 1185.

375. **Isaac** (Saint). Sermones beati || Isaac de Syria. || *Fnc. 47 verso, col. 2 :* ☙ Celeberrini ac preclarissi-||mi viri beati Ysaac de Syria || abbatis. Sermones ad mona-||chos : vna cum ipsius sanctissi-||me gesta : ex 3º dialogoruȝ beati || Gregorii pape excerpta : expli-||ciūt. Impressuȝ venetijs. 1506. Petit in-8 de 48 ffnc. (le dernier blanc), imprimé sur 2 col., br.

    Saint Isaac vivait dans le IVe siècle de l'ère chrétienne, il embrassa fort jeune la vie monastique et combattit vivement l'arianisme.

376. **Magnus** (Matthias). ΤΕΣΣΑΡΑΔΕΚΑΣ Orationvm, quæ Lvndiæ olim in Synodis Anniuersariis inde ab Anno 1590 ad Annum usqȝ 1603 publicè sunt habitæ. Hafniæ, M DC IIII. In-4, rel. vél.

377. **Moyens Surs et Honnestes** pour la Conversion de tous les Heretiques Et Avis & Expediens Salutaires pour la Reformation de l'Eglise en deux

tomes. A Cologne, chez Pierre Marteau, 1681. 2 tomes en 1 vol. in-12, rel. vél.

<small>Ouvrage imprimé en Hollande. Il n'a pas été possible de connaître l'auteur de cet ouvrage, tout ce que l'on a pu affirmer c'est qu'il était catholique. Il y a une autre édition datée de 1683, mais qui ne diffère de celle-ci que par la date.</small>

378. **Polo** (Antonio). Lettera esortatoria di Antonio Polo Venetiano mandata con il Lucidario Papale à tutti li Principi, e Signori Christiani che sono fuor della Santa Chiesa Catolica Romana. *S. l. n. d.* Petit in-4, de 12 ffnc., cart. — **Reginald** (Guill.). Calvino-turcismus, id est Calvinisticæ perfidiæ, cum Mahumetana collatio, et dilucida utriusque sectæ confutatio, quatuor libris explicata. Ad stabiliendam S. Romanæ Ecclesiæ... fidem orthodoxam... Coloniæ Agrippinæ, apud A. Hierat, MDCIII. In-8, rel. parch.

379. **Schopp** (Gaspar). Classicvm Belli Sacri sive Heldvs redivivvs hoc est: Ad Carolum V. Imperatorem Augustum Svasoria De Christiani Cæsaris erga Principes Ecclesiæ rebelles officio, deq; veris compescendorum Hæreticorum, Ecclesiæq; in pace collocandæ rationibus. Ticini, Typis Petri Bartholi, Anno M.DC.XIX. In-8, rel. vél.

<small>G. Schopp ou Scioppius (1576-1649), abjura le protestantisme en 1598 à Rome; il écrivit avec une ardeur rare contre les protestants, puis contre les jésuites. Dans le « Classicum belli sacri » il conseille l'extermination complète des hérétiques; ses écrits sont fort nombreux, tous à la fois lourds et d'une violence qui ne recule pas devant l'obscénité.</small>

— **Kowallek** (H.). Ueber Gaspar Scioppius. [A. d. *Forsch. f. d. Gesch.*, Göttingen, XI, 1871.] In-8, cart.

380. **Stenon** (Nicolas). ..... Ad Virum Eruditum, cum quo in vnitate S. R. E. desiderat æternam Amicitiam inire, Epistola, detegens illorvm artes, qui suum de Interprete S. Scripturæ errorem Sanctorum Patrum testimonio confirmare nituntur. Florentiæ, Ex Typ. N. Nauesij. MDCLXXV. — Ad Virum Eruditum... Epistola Exponens methodum conuincendi Acatholicum iuxta D. Chrysostomvm ex eiusdem Hom. 33. in Act. Apost. Florentiæ, Ex Typ. Nauesij, MDCLXXV. — Ad novæ philosophiæ reformatorem de vera philosophia Epistola, Ex Typ. Nauesij. MDCLXXV. — Scrvtinivm reformatorvm ad demonstrandvm Reformatores morum in Ecclesia fuisse à Deo, Reformatores fidei non fuisse à Deo. Florentiæ, Ex Typ. Nauesij, MDCLXXVII. — ..... Ad Iohannem Sylvium Caluini dogmata Amstelodami docentem..... Florentiæ, Ex Typ. Ioannis Cugliantini, 1677. Ensemble 1 vol. in-4, rel. vél.

<small>Exemplaire de *Domenico Maria Manni* qui y a ajouté 7 feuillets manuscrits.</small>

— **Manni** (Domenico Maria). Vita del letteratissimo Mig. Niccolò Stenone di Danimarca, vescovo di Titopoli e vicario apostolico... In Firenze, Gius. Vanni, MDCCLXXV. In-8, d.-rel. v. rac.

381. Torres, S. J. (François). Aduersus Magdeburgenses Centuriatores pro Canonibus Apostolorum, & Epistolis Decretalibus Pontificum Apostolicorum. Libri Quinque... Florentiae, ex Officina Bartholomæi Sermartelli, M D LXXII. 1 vol. in-4 de 12 ffnc., 590 pp., rel. peau de truie estampée.

<small>Ancienne reliure du xvie siècle, aux armes de Stanislas Pawlowsky, évêque d'Olmutz (1579-1598).</small>

382. Zigler (Bernard). Oratio de coniunctione et vnitate Christianorvm, contra non necessarias separationes, & æmulationes peruersas, recitata in templo collegij Paulini... ferijs secundis paschalibus. Lipsiæ, apud Valentinum Papam, Anno M.D.XLIX. Plaq. petit in-8 de 24 ffnc. (le dernier blanc), rel. vél.

5. Liturgie et Hymnologie.

383. Baldassarri, S. J. (Antonio). La rosa d'oro, che si benedice nella quarta Domenica di Quaresima dal Sommo Pontifice. Venezia, Andrea Poletti, 1709. 1 vol. in-12, rel. vél. — **Cartari** (Carlo). La rosa d'oro pontificia. Racconto istorico... con gli opuscoli d'alcuni Autori, che di essa hanno scritto. Roma, Nella Stamp. della Reu. Camera Apostolica, 1681. 1 vol. in-4, rel. vél. — **Vespasianus** (Philippus). De Sacri Pallii origine... Romae, typis S. C. de propaganda fide, 1856. In-8, 1 pl.

384. Benoît XIV. De festis Domini Nostri Jesu Christi et Beatæ Mariæ Virginis, libri duo. Editio quinta latina post plurimas italas auctior, et emendatior. Parmæ, Borsi, 1768. 1 vol. in-4, cart.

<small>Michel-Ange Jacomelli a traduit en latin le livre du pape Benoît XIV, écrit en italien. C'est un des ouvrages les plus remarquables écrits sur ce sujet et qui emprunte à son auteur une autorité toute particulière.</small>

385. Bona (Le cardinal). De Sacrificio Missæ. Tractatus asceticus. Iuxta Exemplar Romæ editum. Coloniæ, Ap. Hermannum Demen. M DC XCVIII. In-12, rel. toile, non rogn.

<small>Jean Bona (1609-1674) entré dans l'ordre des Feuillants, en 1625, en devint général en 1651 et fut créé cardinal par Clément IX, en 1669. Il a écrit beaucoup de traités religieux. Son opinion sur l'Eucharistie a été combattue par *Mabillon*, dont certains partisans, entre autres le Portugais *Macedo*, allèrent jusqu'à accuser Bona d'hérésie, au point que Mabillon se vit obligé d'arrêter leur zèle.</small>

386. Durand (Guillaume). Rationale divinorum officiorum. Accedit aliud divinorum officiorum rationale a *Joanne Beletho*. Neapoli, Dura, 1850. Vol. in-4, d.-rel. bas.

<small>Guillaume Durand ou plutôt *Duranti* (1230-1296) fut évêque de Mende (1285) tout en résidant en Italie où les papes lui avaient confié le gouvernement de la Romagne. Son important ouvrage liturgique *Rationale div. off.* a été imprimé pour la première fois à Mayence, en 1459, par *Jean Fust* et *Pierre Schœffer de Gernsheim*, et souvent réimprimé depuis.</small>

387. Gretser (Jacques). Hortus S. Crucis... Accessit more lavandi pedes peregrinorum et hospitium, cum paralipomenis pro libris de sacris peregrinationibus & processionibus. Omnia nunc primum in lucem edita. Ingolstadt, Sartorius, 1610. — Catalogus librorum quos Iacobus Gretserus soc. Jesu evulgavit, usque ad octobrem 1610. Ingolstadt, Sartorius, 1611. 1 vol. in-4, rel. vél. Ensemble 1 vol. et 1 plaq. petit in-4, rel. vél.

388. — De festis christianorum libri duo adversus Danæum Dresserum, Ho. Spinianum, aliosque sectarios. Ingolstadii, Angermarius, 1612. 1 vol. in-4, rel. parch.

389. **Lee** (The Rev. Frederick George). A Glossary of liturgical and ecclesiastical terms. London, Quaritch, 1877. 1 vol. in-8, avec nombr. figg., d.-rel. toile, tête dor., non rogn.

390. **Scacchi** (Fortunato). Sacrorvm Elaeochrismatωn Myrothecia tria, in quibus exponuntur olea, atque vngventa Divinos in Codices relata : et Olim vel cunctis universim Gentibus, in vitæ quà quotidiano, quà molliore cultu... Adornatum Figuris elegantissimis. Amstelaedami, ap. Fr. Halmam, 1701. 1 vol. in-fol., rel. vél., front. et figg.

391. Rituale romanum Pauli V P. M. jussu editum, atque a Benedicto XIV auctum et castigatum. Parisiis, Le Clere, 1858. In-8, rel. toile, couv., non rogn. — **Ruys** (Pedro). Kalendarium romanvm perpetvvm in qvo ordo recitandi Officium Diuinum in perpetuum, accuratè proponitur, in brevissimam hanc formam redactum : secundum correctionem Kalendarij Gregoriani, vna cum festis nuper additis. Auctore F. Petro Ruyssio... Ingolstadii, Ex Officina Typographica Davidis Sartorii. Anno M. D. XCIV. Petit in-8 de 42 ffnc., rel. vél. — **Stendal** (J. Pr.). De Ritu veterum christianorum precandi versus orientem. [Leipzig], literis Chr. Michaelis (1670). In-4, br.

392. **Daniel** (Herm. Adalbert). Thesaurus hymnologicus, sive hymnorum, canticorum, sequentiarum, circa annum MD usitatarum, collectio amplissima. Lipsiæ, Lœschke, 1855-56. 5 tomes en 2 vol. in-8, d.-rel. bas. verte, aux armes du marquis de Morante. Un coin de la rel. est cassé.

Important recueil fort estimé.

393. Expositio || Pulcherrima hymnorum || per annum ſm Curiam || non amplius impressa. || (Gravure sur bois.) || Au verso du f. 56 : Venetijs per Simonem de Luere. In || contrata sancti Cassiani. 1513. Petit in-4 (form. in-16) de 56 ff., sign. a-o, rel. vél.

Cet ouvrage, dont l'auteur ne nous est pas connu, a été imprimé souvent dès le xvᵉ siècle. Hain en cite environ quinze éditions incunables.

394. **Fischer** (Albert-Friedrich-Wilhelm). Kirchenlieder-Lexicon. Hymnologisch-literarische Nachweisungen über ca. 4500 der wichtigsten und verbreitetsten Kirchenlieder aller Zeiten in alphabetischer Folge nebst einer Uebersicht der Liederdichter. Gotha, Perthes, 1878-79. 2 tomes en 1 vol. grand in-8, d.-rel. veau jaune, tête limaç., non rogn., couvert.

Excellent répertoire hymnologique allemand.

395. Hymni et Sequentiae cum compluribus aliis et latinis et gallicis necnon theotiscis carminibus medio ævo compositis, quæ ex libris impressis et ex codd. mss. sæculorum a IX usque ad XVI partim post *M. Flacii Illyrici* curas congessit variisque lectionibus illustravit et nunc primum in lucem prodidit *Gustavus Milchsack*. Halis Saxonum, Nœmeger, 1886. [1re partie seule.] 1 vol. in-8, br.

396. **Mone** (F. J.). Lateinische Hymnen des Mittelalters, aus Handschriften herausgegeben und erklärt. Freiburg i. Breisgau, Herder, 1853-55. 3 tomes en 1 vol. in-8, d.-rel. chag. r.

> Important ouvrage qui comprend : Lieder an Gott und die Engel; Marienlieder; Heiligenlieder.

397. **Morel** (P. Gall). Lateinische Hymnen des Mittelalters, grösstentheils aus Handschriften schweizerischer Klöster, als Nachtrag zu den Hymnensammlungen von *Mone*, *Daniel* und andern. Einsiedeln, Benziger, 1866. 1 vol. in-8, rel. toile, non rogn., couvert.

398. **Björn**. (C. A.). Hymni Veterum Pœtarum Christianorum Ecclesiæ Latinæ selecti... Hafniæ, Seidelin, 1818. In-8, rel. toile, non rogn. — **Chamard** (Dom François). L'hymne *Gloria laus*. Réponse à M. Célestin Port. Angers, 1879. In-8, cart. — L'auteur de l'hymne *Pange lingua*. Lille, Imp. de Saint-Augustin, 1882. In-8, br. — Lateinische Hymnen und Gesänge aus dem Mittelalter, deutsch, unter Beibehaltung der Versmasse. Mit beigedrucktem lateinischem Urtexte, von G. A. *Königsfeld*, nebst Einleitung... von *A. W. von Schlegel*. Bonn, Eduard Weber, 1847. In-12, cart. — Die Oster- und Passionsspiele... Untersuchungen ueber den Ursprung und die Entwickelung bis zum siebenzehnten Jahrhundert... I. Die lateinischer Osterfeiern... Wolfenbuettel, J. Zwissler, 1880. In-4, rel. toile, couv. — **Vilmar** (A. F. C.). Spicilegium hymnologicum. Marburgi Cattorum, N. G. Elwerti..., 1857. In-4, rel. toile. Ensemble 6 vol. ou plaq.

6. Prophéties[1].

399. Ain Prophecey vnd Weis-||sagung | von den Vier erben Hertzog Io-||hansen von Burgundi | der vonn dem Türcken gefangen des Iars || 1395. wie es in 8 zeit jrs regimēts ergeen solte biss auf Künig Karol || in Hyspanien | so nū regierender Römischer Kayser der fünfft ꝛc. wöl-||liche wunderliche Prophecey zum teyl geschen vnd noch geschehen || soll | ist kurzer zeyt zu Löuen in Brabant durchglaubhafftig per-||sonen in einer alten mauren erfunden | vnd durch ein heydni-||schē mayster | Astolgant genānt | welcher des grossen || Türcken Astronomus gewest | angezeygt vnd be || schriben worden | diss zu künfftig zeyt || berūrende ꝛc. || Hertzog Philips Hertzog

---

1. La plupart de ces ouvrages ont eu pour but de donner confiance aux chrétiens dans les luttes contre les Turcs et pourraient être rangés parmi les « Excitatoria ».

Karol Kũnig Philips Kayser Karol. *Ces noms se rapportent à quatre personnages figurés dans une gravure sur bois au-dessous du titre. S. l. n. d. n. typ.* (? après 1535). Plaq. petit in-4, 4 ffnc., rel. vél. bl.

400. [**Barret** (Jacques)]. Le chant || dv cocq || françois || au Roy || où sont rapportées les prophetics d'vn || Hermite Allemand de nation, lequel || viuoit il y a six vingts ans, dont aucu||nes ont desia esté accomplies au || royaume de Boheme, & Palatinat: || & les autres predisent que le Roy doit || reünir toutes les fausses religions à la || Catholique, & se rendre Empereur || de l'vniuers. || Ce qui est encores confirmé par plusieurs autres || predictions anciennes de Saincts || personnages bien approuuez. || A Paris || Imprimé par Denys Langlois, || Et se vend au Palais en la gallerie || des prisonniers. || 1621. 1 vol. petit in-8 de 4 ffnc., 221(1) pp., rel. veau anc., titre remonté et raccom.

> Curieux et rare ouvrage du Tourangeau Jacques Barret, avocat en la Cour de Parlement, qui engage Louis XIII à combattre les hérétiques « appellez basylics, lesquels procedent de l'œuf d'un cocq qui est Caluin », et les Turcs « appellez lyons ».

401. Engelbert. Engelberti Ab-||batis admontensis, || qui sub Rudolpho Habspurgio flo-||ruit, de Ortu & fine Romani || Imperij Liber. || Cum Gasparis Brvschii || Poetæ laureati Præfa-||tione. || Accessit eiusdem Bruschij Hodœporicon Bauaricum....... Basileae, per Io-||annem Oporinum. [P. 166 :] Basileæ..... Anno a Christo nato M.D.LIII. mense Iulio. Petit in-8, 165(1) pp. et 1 fnc., rel. vél.

> Première édition de ce traité d'Engelbert, abbé d'Admond (xvɪᵉ s.), dans lequel l'auteur, s'appuyant sur les prophéties de saint Méthode et de saint Jérôme, prétend que le règne de l'Antechrist et la fin du monde suivront la fin de l'Empire romain. Gaspard Brusch, poète et historien allemand du xvɪᵉ s., qui a donné cette édition, y a joint le récit en vers de son voyage en Bavière et la liste de ses ouvrages. On a relié à la suite : *Postelli* De originibus, sev, de varia et potissimum orbi Latino ad hanc diem incognita... Tartarorum, Persarum, Turcarum... origines. Basileæ, Oporinus, *s. d.* [1553]. 135(1) pp.

402. Enoch de Jérusalem. Vaticinia de Christianæ reip. afflictione, ac dein consolatione, turcici imperii incrementis, et denique excidio; hungarici Regni frequenti vastatione; tandemque Hierosolymæ recuperatione exarata in Vita S. Angeli Hierosolymitani, martyris, doctoris, virginis... Scriptā anno 1227 ab oculato teste Enoch Patriarchā Hierosolymitano; in capita digestā et editā an. 1527 per Thomam Bellorosium Canon... commentario prævio et notationibus illustratā studiō ac opere R. P. Danielis a Virgine Maria... Bruxellæ, typis Joan. Monmartii, 1665. In-8, front., rel. bas. f.

403. — Vita S. Angeli martyris Ord. Beat. Virg. Mariæ de Monte Carmelo anno 1227 conscripta, anno 1527 à Thomas Bellorosio œdita... Bononiæ, typis Petri Mariæ de Montibus, 1691. 1 vol. in-4, rel. vél.

404. Filippini (Gio. Antonio). La vita, e molti de i miracoli di S. Angelo Vergine, e Martire Gerosolimitano, Professore dell' antica regolar osseruanza de i Carmelitani, raccolta da gli scritti di molti Auttori... Roma, Andrea Fei, 1641. In-12, rel. vél., front. — **Sanderus** (Anton.). Elogivm S. Angeli martyris carmelitæ, cum pio ad eundem Martyrem pro salute Belgarum suspirio. (*Grav. sur cuivre.*) Brvxellæ, apud Lucam Meerbecium, 1633. In-4, dérel.

405. Eyn auszzug etlicher Practica || vnd Propheceyen auff vergangne vnd zuku̇nfftige Jar, || Sybille, Brigitte, Cirilli, Joachim des Abts, Methodij || vnd bruder Reinharts, wirt weren biss auff das || M. D. lxxxj. Jar. || (*Gravure sur bois représentant un prince chrétien à cheval qui perce de sa lance un cavalier oriental, tandis que sur une colline un astrologue interroge le ciel.*) || *Fnc. 10 r°, l. 43 :* ¶ Getruckt zu Nurmberg durch Hanss Hergot, || im jar M.D.XXv. ||. Petit in-4 de 10 ffnc., sign. A-C, par 4 ff., sauf B qui en a 2, rel. vél. estampée à froid.

406. **Heunisch** (Caspar). Haupt-Schlüssel über die Hohe Offenbahrung St. Johannis welcher durch Erklärung aller und jeder Zahlen, die darinnen vorkommen, und eine gewisse Zeit bedeuten, zu dem eigendlichen und richtigen Verstand Oeffnung thut,... Samt der Anno 1683. im Monat Julio gedruckten damaligen Türcken-Befahr und einer... Vorstellung der gantzen Zeit-Ordnung... verfertigt und an den Tag gegeben durch M. Casp. Heunisch... zum andern mahl... M. Joh. Frider. Heunisch. Franckfurt und Leipzig, Verlags Johann Bielcke, 1698. — *A la suite :* **Dögen** (Adam). Thesaurus Passionis Christi... Franckfurt und Leipzig, B. C. Wust für A. J. Beckern, M DC LXIIX. Ensemble 2 tomes en 1 vol. in-8, rel. vél. Au 1er, un portrait de Caspar Heunisch.

407. **Joachim de Flore**. Abbas Ioachim magnus Propheta. || [*Fig. sur bois : L'auteur écrivant.*] || Hec subilta in hoc continentur libello. || ℭ Expositio magni prophete Ioachim : in librum beati Cirilli de ma-||gnis tribulationibus & statu Sanctæ matris Ecclesie : ab hiis nostris || temporibus vsqȝ ad finem seculi : Vna cum compilatione ex diuersis || Prophetis noui ac veteris testamenti Theolosphori de Cusentia : || presbyteri & heremite. || ℭ Item explanatio figurata & pulchra in Apochalypsim de residuo sta||tu Ecclesie : & de tribus veh venturis debitis semper adiectis textibus || sacre scripture ac prophetarum. || ℭ Item tractatus de antichristo magistri Ioannis Parisiensis ordinis || predicatorum. || ℭ Item tractatus de septem statibus Ecclesie deuoti Doctoris fratris || Vbertini de Casali ordinis minorum. || ℭ Item tabula alphabetica principalium materiarum. || ℭ Item vita magni prophete Abbatis Ioachim. *F. chiffré* LXXVIII *recto, col.* 2, *l.* 43 : ℭ Venetiis per Bernardinum Benalium. *Verso blanc, sans date.* In-4 de LXXVIII ff. chif. & 2 ffnc. entre les ff. IV et V, car. rom., 2 col., 48 ll., signat. A-T par 4 ff., sauf A et T qui en ont 6, récl., tit. cour., manch., figg. et init. gr. sur bois.

> Joachim, né à Celico en Calabre, vers 1130, entré dans l'ordre de Citeaux et fondateur de la Congrégation de Flore, composa des prophéties qui eurent, même du vivant de leur auteur, une grande renommée qui se continua longtemps. On les a imprimées à plusieurs reprises soit seules, soit mêlées à celles de saint Méthode (Bemechobius), de sainte Brigitte, etc., etc.

408. — Eximij profundissimiqȝ sacroᴂ || eloquioᴂ perscrutatoris ac futuroᴂ prenuncia-||toris Abbatis Joachim florensis scriptuȝ || super Esaiam prophetam : plurimis || internis ac mysticis ītellectibus || sacras litteras penetrans. || Maximeqȝ partis orbis || terraruȝ ciuitatum va||ticinia. Reuisum ac || correctū : quota-||tionibusqȝ in || marginibᵖ || orna-||tū. || Cum gratia ut patet infra. *Fol. 59 v°, l. 36* : ⁅ Impressum Venetijs per Laçarum de Soardis. 1517. Die. 27. || Junij... In-4 de 8 ffnc., 59 ff. chiff., 1 fnc., cart., fig. sur bois.

Rare.

409. — ⁅ Interpretatio preclara Abbatis || Ioachim in Hieremiam Prophetam (sancto dictante || spiritu) ad hæc vsqȝ tempora minime prospecta || (nunc vero eius iam cœpta impletione : in || tellectumqȝ dante vexatione) in dies || magis perspicua fiet. || ✠ || *[Marque avec lettres* P. A.] *Encadrement au titre. F. 62 r°, col. 2, l. 17.* ⁅ Explicit liber Veñ. Abbatis Ioachim || super Hieremiam prophetam: quem scri-||psit ad Henricum. vi. Imperatorem. || *Au-dessous* : ⁅ Impressum Venetiis per Bernardinū Benalium. 1525. Die. 20. Nouembris. || Cui breue obtinuit a Summo Pontifice, vt necubi quis imprimere, seu impri||mi facere possit dicta opuscula sub pena excommunicationis late sententie : || quam contrafacientes eoipso incurrant : a qua absolui non possint, nisi satis || factione præmissa. || *Au-dessous, le registrum, puis* : ⁅ Excusatio Lazari. ||

> Si quid forte tuos | offendet lector ocellos,
> Quod mihi mendoso grammate | versis eat,
> Emendare velis : nam non me Lazarus istis
> Confecit mendis | Bibliopola tuus :
> Sed turbata magis pressoris inertia | quando
> Sera dedit lassat artubus hora manus.

In-4 de 20 ffnc., 62 ff. chiffrés, avec figg. sur bois, rel. vél. blanc

Le libraire qui se plaint si amèrement de l'imprimeur, et qui ne se nomme pas autrement ici que Lazarus, est, croyons-nous, Lazare de Soardis, chez qui avait déjà paru une édition en 1517.

410. — Expositio magni prophete Abba-||tis Joachim in Apocalipsim. || Opus illud celebre : Aurea : vȝ ac pre || çeteris longe alcior ⁊ profundior explanatio in || Apocalipsim Abbatis Joachim de statu vni-||uersali reipublicę christianę. Deqȝ ecclesia || carnali in proximo reformanda atqȝ in || primenam sui etatem redigenda : tri || plici prius in pcutienda flagello : || Moxqȝ omniuȝ infideliū (ad || Christi fidem conuersione) || iā multis sepulta sęculis : || sȝ ad implēdi tpe in || stāte)ad vtilita-||teȝ ⁊ ꝯsolationem fideliū) (nutu diuino detecta || atqȝ reserata) in lucem primo venit. || Cui adiecta sunt. || ⁅ Eiusdē psalteriū deceȝ cordaᴂ opus ppe diuinū. || ⁅ Lectura itē plucida in Apocalipsiȝ Reuerēdi ma || gistri Philippi de Mantua Augustinianę Ere || miticęqȝ familię Doctoris clarissimi. ||... (*Titre encadré.*) *In fine* :... Venetiis

in Cal || cogrophia Francisci Bindoni ⁊ Maphei Pasyni || sociorum impressum. Expensis vero heredum || q. D. Octauiani Scoti ciuis Modoetiē || sis : ac sociorum. Anno salutis ere in-||carnationis. M.D.xxvij. || Die vero. xvij. mensis || Aprilis.||... In-8 de 32 ffnc., 280 ff. chif.; 11 ffnc., rel. vél.

411. **Joachim de Flore.** Abbatis Ioachim diuina prorsus in Ieremiam prophetam interpretatio, plvrimis referta vaticiniis, qvorvm nonnvlla iam eventv comprobata, certam de reliquis in posterum fidem faciunt. (*Marque typ.*) Coloniae, apvd Lodovicvm Alectorium & heredes Iacobi Soteris. Anno M.D.LXXVII. In-8 de 16 ffnc., 386 pp., 39 ffnc.; rel. vél.

412. **Mirabilis liber** : qui Prophetias : Reuelatiōesqȝ nec || non res mirandas : preteritas : presentes : et futuras aper || te demonstrat. || .... || ☾ Breuis auctoris prefatio. || Ex his prophetiis ⁊ reuelationibus intimis ocel-||lis perlustratis facile cognosci poterit : pontificem maximum vite || sanctitate prefulgentem : breui ex religiosissimo Francorū regno || futurum : qui deo optimo maximo duce : pacem inter christicolas omes componere : statuqȝ hominum (⁊ sacris initiatorum maxime) iniuria || fortasse temporum deformatos : diligentissime reformare curabit : terras : pa||lestinorum..... Grecorū. Turcorum ⁊ alias || qȝ plurimas expediet : omnesqȝ a Christiana fide abhorrentes : veritatis lu-||mine illustrabit. || Venalis est Parrhisius in vico sancti Jacobi ad edē || diui Juonis ab Engleberto et Joāne de Marnef biblio || polis commorantibus apud pellicanum. || *In fine* : ☾ Icy est la fin de ce p̄sent || liure imprime a Paris. Lā || mil cinq cens vingts deux || le xxv. iour de May. Petit in-4 de lxxxvij ff. chif., 1 fnc., rel. mar. brun, tr. dor., dent. int.; au dos, chiffre du comte Riant (Dupré).

Ouvrage rare et recherché. Le texte est imprimé sur deux colonnes : la première partie, qui va jusqu'au feuillet lxviii inclus., contient les prédictions latines ; feuillet lxix, *incip.* : ☾ Sensuit la secunde partie de ce liure. » — Ce curieux recueil, où l'on a cru retrouver des prédictions applicables à la Révolution française, a eu de nombreuses éditions ; celle des de Marnef (1522), la nôtre, est une des plus estimées. Les de Marnef en ont donné une autre édition sans date, mais qui est peut-être de 1500.

Une édition, publiée à Paris chez Bessault, et dont le titre et le texte sont en français, donne comme auteur de ce recueil un « frere *Thelope*, hermitte ».

413. **Nostradamus.** Les propheties de M. Michel Nostradamvs. Dont il y en à trois cens qui n'ont encores iamais esté imprimees. Adioustees de nouueau par ledict Autheur. A Troyes, par Pierre Chevillot, *s. d.* — Les propheties de M. Michel Nostradamus. Centuries VIII.IX.X. Qui n'ont encores iamais esté imprimees. A Troyes, par Pierre Chevillot, *s. d.* — Recveil des propheties et revelations, tant anciennes qve modernes. Contenant vn sommaire des reuelations de Saincte Brigide, S. Cyrille, & plusieurs autres Saincts & religieux personnages : nouuellement reueuës & corrigees. Et de nouueau augmentees outre les precedentes impressions. A Troyes, par Pierre Chevillot, 1611. En 1 vol. in-8, rel. veau, fil.; sur le plat, chiffre du comte Riant.

Éditions populaires du célèbre Nostradamus et d'autres prophéties.

414. Practica von dem Entcrist vñ dem || jüngsten tag auch was geschehen sal vor dem Ende der || welt, Meister Hanssen Virdung von Hassfurt. Ge-|| macht zu eren..... || Ludwigen Pfaltzgrauen bey Rheyn || Hertzogen in Bayern..... || ....., genumen auss dem ge-||stirñ der himmel vñ dē prophe- cyen Sibille. Methodij || Joachim. Sophanie. Malachie. Ezechiels. Daniels || Johelis. Essdre. vnd andern mere ꝛc. || (*Gravure sur bois*.) || ¶ Durch Keyserlich mandat ist verbottē das nyemant || dise practica vnd was meister johans virdung von hass-||furt vnder seinem tittel aussgeen lest nach drucke inn vj. || jaren bey peen zehen marck lötigs golds. *S. l. n. d. n. typ.* [Augsbourg? 1523]. In-4 de 8 ffnc., car. goth. allem., 33 ll., rel. vél.

   Recueil de prophéties formé par J. Virdung, tirées des écrits de S. Méthode, de Joachim de Flore, du *Mirabilis liber*, etc... On a pu également y trouver, avec de la bonne volonté, des passages prédisant la Révolution française.

415. Pronostico || de vn Tvrco mvy sabio, || y grandissimo astrologo, || qve se llamava || Baba Vali, || de qve ay || mvchas opiniones que mvrio || Christiano; hallado en vn Libro, escrito en Lengua || Turca, ..., escrito el año | 1012 de la venida de Mahoma, que corresponde el de || 1604. de nuestra Redencion. || Tradvcido a la letra de la lengva || Tvrca en nuestro Idioma Castellano por Don Abel Messi, inter-||prete de Su Magestad (que Dios guarde) de las || Lenguas Orientales. || (*écu*⌊*typog.*) || Con licencia en Madrid. || Vendese en casa de Antonio de la Fuente..... || In-4 de 4 ffnc., le dernier bl., dérel.

416. Prophecies of Christopher Kotterus, Christiana Poniatovia, Nicolas Drabicius. Three Famous German Prophets, Foretelling Forty years agoe this present Invasion of the Turks into the Empire of Germany and the Events that will ensue. The miraculous Conversion of the Great Turk, and the translating of the Bible into the Turkish Language. Predictions concerning the Pope, Emperor, and King of France, with the sudden destruction of the Popish Religion in the year 1666....... Translated out of the Latine by R. C. gent. [*Robert Codrington*]..... Second Edition..... London, Robert Pawlet, 1664. Petit in-8 de 2 ffnc., 115(1) pp. — Monsieur Colbert's Ghost, or, France without Bounds. Being a Particular Account by what ways it has attain'd to that Supream Grandure, and relating the Secret Intreagues of the French Kings Ministers at the Courts of the Princes and States of Europe..... London, Edward Golden, 1684. Petit in-8 de 4 ffnc. (le faux titre manque), 99(1) pp. *Ensemble* 2 tomes en 1 vol. rel. toile.

   Suivant l'avis au lecteur, le second ouvrage est la traduction d'un pamphlet écrit par un Hollandais.

417. Reymundus Offenba-||rung. Ist gefunden wordē || in aynem alten Buch | Dor vil Jaren || geschriben. || Die Propheceyen vnnd || Weyssagun- gen | so inn vnsern || zeytten zum tayl erschynen | vnd noch ergehen || sollen | vonn Türckischen Kaysern | auch || sonst anderem gewalt | vor vil

Jaren || durch Cirillum | Joachim | Brigit || ten | Franciscum | Reinhart | vnnd Methodium etc || beschriben. || M.D.XXXII. Petit in-4 de 8 ffnc., rel. vél.

Cf. n° 405.

418. Vaticinivm Severi, et Leonis imperatorvm, in quo videtvr finis Tvrcarum in præsenti eorum Imperatore, vnà cum alijs nonnullis in hac re Vaticinijs. Profetia di Severo..... con alcune altre Profetie in questo proposito. (*Marque typ.*) In Brescia, Appresso Pietro Maria Marchetti, 1596. Petit in-8 de 106 pp., 3 ffnc. (blancs qui manquent); rel. vél.

> Curieux ouvrage écrit en latin et en italien, et contenant 15 figures prophétiques, gravées sur cuivre, dont l'explication annonce la ruine de l'Empire ottoman.

419. La vera, et famosa indovinatione della Sibilla Eritrea fatta ad instanza de' Principi di Greci, quando gli dimandaron consiglio intorno l' Impresa di Troia nella quale... moltre altre cose vi si dischiarano ancora appartenenti alla grandezza del Christianesmo... particolarmente del regno Turchesco suo principio, mezzo & fine :....... e cio' si conferma da un' altra famosa profetia in gran parte di già verificata del P. Martino Stridonio della Compagnia di Giesù, Morto in Bruna l' anno 1649... In Venetia, 1570. E Ristampata 1691, per Girolamo Albrizzi. Petit in-4, rel. veau (aux armes du comte de Wildenstein), figg.

420. **Lecanu** (L'abbé). Les Sibylles et les livres sibyllins. Étude historique et littéraire. Paris, Bailly, Divry et Cie, 1857. In-8, cart. — **Usinger** (K.). Zu Tacitus Germania cap. 2. — Noch einmal die Sibylle des Mittelalters. [Deux Extr. des *Forsch. z. deutsch. Gesch.*, XI, 1871.] In-8, cart. — **Martinengo** (F.). La gran bestia svelata ai Giovanni. Torino, 1873. In-32, cart., couv. — La résurrection de la France et le châtiment de la Prusse prédits par Marie en Alsace et à Fontet. Paris, Josse, 1874. In-12 cart., couv. Ensemble 4 vol. ou plaq.

V

HAGIOGRAPHIE

1. Culte et Canonisation des saints.

421. **Anfossi** (Domenico). De sacrarvm reliqviarivm Cultu, Veneratione, Translatione, atq; Identitate Breuis... opera .. Brixiæ, Ex Typographia Sabbij, MDCX. In-8 carré de 18 ffnc., 268 pp., 12 ffnc., rel. parch.

422. **Avila** (Sanchez d'). De la veneracion qve se deve a los coerpos de los Sanctos y a sus Reliquias y de la singular con que se a de adorar el cuerpo de Iesu Christo ñro señor en el sanctissimo Sacramento. En Madrid, Por Luis Sanchez, 1611. 1 vol. in-4, d.-rel. bas. noire, non rogn.

Mouillures.

423. **Benoît XIV.** Opus De Servorum Dei beatificatione et beatorum canonizatione, nunc primum in XVI volumina distributum. Editio novissima. Neapoli, Paci, 1773-1775. 16 tomes en 8 vol. in-4, rel. vél., au 1ᵉʳ vol. front., avec portr. de Benoît XIV.

Prosper Lambertini (1675-1758), d'une noble famille de Bologne, cardinal en 1728, fut élu pape le 17 août 1740. La première édition de son important ouvrage sur la béatification et la canonisation des saints est de format in-folio et datée de Padoue, 1743. C'est un travail fort estimé et dont l'auteur a complétement épuisé la matière.

424. **Bochart** (Matthieu). Traitté de l'origine dv service des reliqves, de l'Inuocation des Saints, des Images & du culte rendu aux images des Saints. Savmvr, Iean Lesnier, 1656. 1 vol. petit in-8, rel. vél. Ex-libris du cavalier Francesco Vargas Macciucca.

Matthieu Bochart était ministre protestant à Alençon; on trouve dans son traité tous les arguments des réformés contre le culte des saints.

425. **Calvin.** Traitté des reliques : ou advertissement tres utile du grand profit qui reuiendroit à la Chretienté, s'il se faisoit inuentaire de tous les Corps Saincts & Reliques, qui sont tant en Italie, qu'en France... par I. Caluin. Autre traitté des reliques contre le Decret du Concile de Trente, traduit du Latin de *M. Chemnicius*... A Geneve, par Pierre de la Rouiere, 1599. Réimprimé par les soins de *G. Revilliod* & *E. Fick.* Genève, Imp. de J.-G. Fick, 1863. 1 vol. in-8, d.-rel. chag., tête peigne, non rogn.; au dos, chiffre du comte Riant.

426. Camerarius (Ioachim, senior). Ioachi-||mi Camera-||rii Norica || sive de || Ostentis || libri || duo || Cum Præfatione || Phil. Melan. || *Titre encadré.* Fnc. 63 recto, *l.* 14 : Vitebergae apud Ge-||orgium Rhav || 1532. 1 vol. petit in-8 de 64 ffnc., le dern. blanc, cart.

Curieux et rare ouvrage, avec une préface de *Melanchton*, grand ami de Joachim Liebhard (1500-1574) dit *Camerarius*.

427. Cochlæus (Jean). DE SACRIS || Reliqviis Chri-||sti et sanctorvm eivs, || Breuis contra Iohannis Caluini || calumnias & blasphemias || Responsio, Per || Ioannem Cochlævm, || Canonicum Vratislauiensem. || Vexilla Regis prodeunt, || Fulget crucis mysterium, || Quo carne carnis Conditor || Suspensus est patibulo. || M. D. XLIX. *Au verso du* 31ᵉ *f.* : Moguntiæ apud S. Victorem, || per Franciscum Behem || Typographum. Petit in-8 de 32 ffnc., le dern. blanc, rel. vél.

Opuscule très rare contenant une réponse véhémente au *Traité des reliques* de Calvin. On sait que Cochlæus avait porté un défi à Luther pour une conférence publique, le vaincu devait être brûlé vif; bien qu'accepté par Luther, ce projet n'eut pas de suites.

— **Weldige-Cremer** (Urbanus de). De Ioannis Cochlaei vita et scriptis. Monasterii, typis I. Krick, 1865. In-8, cart.

428. Collin de Plancy (J.-A.-S.). Dictionnaire critique des reliques et des images miraculeuses. Paris, Guien, 1821-22. 3 vol. petit in-8, rel. bas. rac., tr. marbr. — **Lévidis** (Nicolas). Les saintes reliques, discours prononcé au syllogue littéraire Le Parnasse dans sa séance du huit mai 1871. Athènes, 1872. In-8, rel. toile. [En grec.] — Les Reliques. Paris, Delay, 1845. In-32, cart., couv.

429. Cordemoy (Abbé de). Traité des saintes images, prouvé par l'Écriture & par la Tradition. contre les nouveaux Iconoclastes. Paris, Babuty, 1715. Vol. in-12, d.-rel. veau (piqûres). — *Le même*. Paris, 1719. In-12, dérel.

430. Decreta authentica Sacrae Congregationis Indulgentiis sacrisque reliquiis praepositae ab anno 1668 ad annum 1882, edita jussu et auctoritate SS. D. N. Leonis PP. XIII. Ratisbonæ, Pustet, 1883. Vol. in-8, rel. toile, couvert. — Index processum authenticorum beatificationis et canonizationis qui asservantur in Bibliotheca nationali Parisiensi... edidit Amedeus comes de Bourmont. (Excerpt. ex *Analectis Bollandianis*). Bruxellis, 1886. In-8, br.

431. Diericx (François). Tractatus præuius de antiquissima sacrarum Reliquiarum Veneratione ab ipsis mundi exordiis, Per continuam in Ecclesia successionem usque ad nostra tempora... Antuerpiæ, Typis Marcelli Parys... 1674. 3 tomes in-2, rel. veau f., frontisp. et pl., portrait gr. par Neefs d'après *Ph. Fruytiers*.

Cet exemplaire porte un ex-libris gravé par L. Fruytiers.
Ouvrage intéressant qui contient beaucoup de renseignements sur plusieurs familles nobles flamandes.

432. **Ferrand** (Jean). Disquisitio reliquiaria : sive de suspicienda, et suspecta earumdem numero Reliquiarum, quæ in diversis Ecclesiis servantur, multitudine. Lugduni, Sumpt. Laurentii Anisson & Soc., 1647. Vol. in-4, rel. parch.

<small>Bon et sérieux ouvrage de critique hagiographique. L'auteur, Jean Ferrand, jésuite, né en 1586, mourut à Lyon en 1672.</small>

433. **Fontanini** (Just.). Codex Constitutionum quas Summi Pontifices ediderunt in solemni canonizatione sanctorum a Johanne XV. ad Benedictum XIII. sive ab A. D. 993. ad A. D. 1729. Romæ, Typ. Reverendæ Cameræ Apostol., 1729. 1 vol. in-fol., d.-rel. veau olive, ébarbé.

434. **Gamerius** (H.). Relliquiæ Sanctorum. Contra Hæreticos præsentis sæculi, pia & Catholica Patrum authoritate defensæ, & nunc primum in lucem editæ : avthore Hannardo Gamerio Mosæo, Græcarum literarum apud Ingolstadium Boioariæ Professore. Anno D.M.LXIIII. (1564). Petit in-4 de 8 ffnc., rel. vél.

435. — Tvrris Sacra Dilingana Reverendissimi atqve Illvstrissimi Principis ac Domini, D. Othonis Episcopi Cardinalis Albani & Augustani, Heroico Carmine descripta : in quo docetur, quæ & quales sint in ea turri Reliquiæ, quibusqʒ modis, quo in honore vel loco picturæ & Diuorum immortalium Reliquiæ colendæ & habendæ sint : omnibus eò redactis, nos non per opera nostra, sed per meritum Christi seruari posse. Avthore Hannardo Gamerio Mosæo Poëta Laureato... Additum est eiusdem Authoris... Carmen de Sanctorum Reliquijs. 1567. *In fine* : Dilingæ excudebat Sebaldus Mayër. In-4 de 8 ffnc., 71 ff. chif., 1 fnc., rel. veau, fil. dorés, tr. dorées, portrait de l'auteur au verso du titre. Léger raccom. au titre.

<small>Hannard Gamerius Mosæus, qui vivait dans la 2ᵉ partie du xvıᵉ siècle, était originaire de Maestricht (ce qui lui valut son surnom); il fut professeur de grec à Ingolstadt. Sur le titre de l'ouvrage, il prend le titre de poète lauréat et comte palatin impérial. — S. Mayer est le premier imprimeur de Dillingen, et l'on ne connaît point de livre imprimé en cet endroit avant 1555.</small>

436. **Iung** (Joh. Henr.). Disquisitio antiquaria de reliquiis et profanis et sacris earumque cultu. Accedit Lipsanographia sive Thesaurus reliquiarum electorialis Brunsvico-Leneburgicus. Hanoveræ, apud Joh. Wilh. Schmidium, 1783. In-4, cart., avec planches.

437. **Möller** (Henr. Adolph.). Examen conciliationis doctrinæ pontificiæ et lvtheranæ in articvlo de Cvltv Imaginvm et Reliqviarvm... ad diem XIV. Octobr. MDCCXIII... exponit... Rostochii, Typis Ioh. WepplingI... In-4, cart. — **Moretti** (Pietro). De ritu ostensionis sacrarum reliquiarum a nemine hactenus peculiari elucubratione illustrato Dissertatio historico-ritualis. Romæ, Ex Typ. Rocchi Bernabò, 1721. In-4, rel. parch.

438. **Molanus** (Jean). De Historia S.S. Imaginvm et pictvrarvm pro vero earvm vsv contra abvsvs. Libri IV. Auctore Ioanne Molano Regio Theologo &

Ciue Louaniensi. Lovanii, Apud Ioannem Bogardum... Anno cIɔ.Iɔ.xcIIII. In-8 de 8 ffnc., 202 ff. chif., d.-rel. veau.

439. Segni (Gio. Bat.). Reliqviarivm, sive de reliqviis, et venerat. sanctorvm Liber vnvs; in quo multa de necessitate, præstantia, vsu, ac fructib. Reliquiarum pertractantur Autore D. Io. Baptista Signio... Bonon. apud Hær. Io. Rossij 1600. In-4 de 8 ffnc., 155(1) pp., 8 ffnc., rel. vél. Titre gravé et encadré.

Mouillures.

440. Trombelli (Gian Chrisostomo). De cultu Sanctorum Dissertationes decem, quibus accessit Appendix de Cruce. Bononiæ, Ex Typographia Laurentii Martelli, 1740-1743. 2 tomes en 5 vol. in-8, rel. parch.

> Trombelli (1697-1784) entra dans la congrégation des chanoines réguliers de Saint-Sauveur; fut élu, en 1737, abbé du couvent de Bologne et, en 1760, général de son ordre. Son ouvrage « De Cultu Sanctorum » fut attaqué vivement, en 1751, par Kiesling; mais la polémique qui s'engagea tourna entièrement en faveur de Trombelli, à cause de la modération que celui-ci mit dans sa réplique.

441. Victon (R. P. François). Traicté ov Recveils de l'ancien et moderne vsage des Canonizations des Saincts. Dans leqvel il y a plusieurs belles recherches, & vn très-ample Catalogue des Saincts qui ont esté Canonizez du Sainct Siege. Paris, Cramoisy, 1633. — *Du même*. Histoire ou Bref traité dv S. Svaire de N. S. Iesvs Christ. Pretievse Reliqve de la Maison de Sauoye, qui se garde à Turin. Paris, Cramoisy, 1634. Petit in-8, rel. parch.

Ces deux volumes de Victon se trouvent généralement reliés ensemble.

LA DÉVOTION DES PÈLERINAGES

442. Grégoire de Nysse. ΓΡΗΓΟΡΙΟΥ ΕΗΙΣΚΟΠΟΥ ΝΥΣΣΗΣ περὶ τῶν ἀπιόντων εἰς Ἱεροσόλυμα. Gregorii episcopi Nyssæ de evntibvs Ierosolyma, Epistola. Latine versa, & Notis illustrata à *Petro Molineo* :... Hanoviæ, Typis Wechelianis, 1607. In-12, rel. vél. bl. — Σιωνίτης προσκυνητής. ἤτοι, τοῦ ἐν ἁγίοις Πατρός· ἡμῶν Γρηγόριου ἐπίσκοπου Νύσσης αἱ περὶ τῶν Ἱεροσολυμων διαλαμβανουσαι δύω ἐπιστολαι..... Ἀθηνησι, Τυποις Φ. Καραμπινη και Κ. Βαφα, 1850. In-8, rel. toile, couv.

443. Gretser (Jacques). De sacris et religiosis peregrinationibus libri quatuor; eiusdem de catholicæ ecclesiæ processionibus seu supplicationibus libri duo, quibus adiuncti : De voluntaria flagellorum cruce, sev de Disciplinarum vsu libri tres... Ingolstadij, Ex typogr. Adami Sartorii, 1606. Ensemble 1 vol. petit in-4, relié mar. rouge, filets, dent. intér., tr. dorées; chiffre du comte Riant. (Dupré.)

Chaque partie a une pagination séparée.

444. Loarte (R. P. Caspar.). Opusculum de Sacris peregrinationibus atque indulgentiis... cui additur Refutatio contra calomniatorum Peregrinationum : necnon de Sacris Reliquijs, et fluxis Diuitijs bipartitus Tractatus ; per R. P. L. Richeomum... gallicè elaboratus. Omnia nunc primum Latinitati donata per Fr. Ioan. Gelderman... Coloniæ Agrippinæ, Bern. Gualteri, MDCXIX, in-12. — **Richeome** (R. P. L.). Apologia pro Sacris peregrinationibus contra interpretem cuiusdam Epistolæ, de Hierosolymitanis Peregrinantibus, S. Gregor. Nysseno falsò asscripta... Opera F. Ioan. Gelderman... Coloniæ Agrippinæ, B. Gualteri, MDCXIX. — *Du même*. Tractatus de divitiis... Coloniæ Agrippinæ, A. Gualtheri, MDCXIX. In-12. Ensemble 1 vol. in-12, rel. vél.

445. **Pampichler.** De sacris peregrinationibus rebusque connexis Dissertatio... qua illarum omnium honestas et utilitas... ostenditur. Inspersis... iis, quæ attingunt celebrem peregrinationem ad montem SS. Trinitatis, Sonntagberg, in Austria inferiori, in territorio et sub cura vicini monasterii Seittenstettensis, ord. S. P. Benedicti... publicæ disputationi exposita, auctore et præside *P. Norberto Pampichler*... defendentibus... *Isidoro Oberleuthner* et *Joanne Bapt. Planck*... anno MDCCLIX. Styræ, Typis Gregorii Menhardt. In-4, d.-rel. veau marbr., tête lim.; au dos, chiffre du comte Riant.

446. **Richeome, S. J.** (Louis). Deffence des pelerinages contre le traducteur d'vne lettre pretendue de St Gregoire de Nisse sur les Pelerinages de Hierusalem. Auec ung Discovrs des sainctes reliqves et vng aultre des richesses, par Louys Richeome Prouençal Religieux de la Compagnie de Iesvs. A Paris, chez Laurent Sonnius, ruë Sainct Iacques au Cocq et Compas d'or. (*Titre gravé et encadré.*) *In fine* : acheué d'imprimer le dernier iour d'Aoust mil six cens quatre. In-8 de 5 ffnc., 91 ff. chif., 3 ffnc.; en 2 plaq., rel. vél.

Chacun des traités des Reliques et des Richesses a un titre spécial, mais la pagination continue. Cf. n° 444.

447. **Sivry** (Louis de) et **Champagnac** (M.). Dictionnaire géographique, historique, descriptif, archéologique des pèlerinages anciens et modernes et des lieux de dévotion les plus célèbres de l'univers. Paris, Migne, 1859. 2 vol. grand in-8, demi-rel. bas. noire, ébarbé.

448. The Stacions of Rome and the Pilgrims Sea-Voyage : with Clene Maydenhod... edited by *Frederick J. Furnivall*. London, Trübner, 1867. — Legends of the Holy Rood; edited... by *Richard Morris*. London, Trübner, 1871, fig. Ensemble 1 vol. in-8, d.-rel. chag., coins, tête dorée, non rogn.; au dos, chiffre du comte Riant.

Publications de la *Early english text Society*.

449. **Gabourd** (Amédée). Les pèlerinages de Paris. Paris, Perisse, 1863. Vol. in-8, rel. toile. — **Planck** (Henric.). De peregrinationibus religiosis exercitatio. Lundæ, typ. Haberegerianis (1724). 1 plaq. in-4, rel. toile. — **Stalenus** (Joannes). Peregrinus ad loca sancta orthodoxus, et pius demonstratus. sive vindiciæ Sacrarum Peregrinationum, Processionum, Inuocationis

Sanctorum, Cultus imaginum et miraculorum Ecclesiæ. a Fabulis hostium Sacrarum Peregrinationum in gratiam Concionatorum adornatæ a Joanne Staleno canonico et pastore Resensi... Coloniæ apud Iodocum Kalcovium, MDCXXXXIX. In-8, cart. perc.

2. Ouvrages généraux.

450. ACTA SANCTORUM a Joanne Bollando collegi feliciter cœpta, editio novissima, de janvier à novembre [tome 1er avec le supplément et Vita J. C.]. Bruxelles et Paris, 1863-1887. 64 vol. in-fol., rel. t., non rogn. Le tome 1er de novembre est broché.

451. Aelfric's Lives of Saints being a set of Sermons on Saint's Days formerly observed by the English Church... by the *R. Walter W. Skeat.* London, Trübner & C°, 1881. — The lives of Saint Katherine... edited with introduction, notes and glossary by *Eugen Einenkel.* London, Trübner, 1884. — Early english poems and lives of Saints, edited by *Frederick J. Furnivall.* Berlin, Asher, 1862. Ensemble 1 vol. in-8, d.-rel. chag. noir, coins, tête dorée, non rogn., et 1 vol. in-8 br.

452. Analecta Bollandiana. Ediderunt Carol. de Smedt, Guil. van Hooff, Jos. de Backer, et Car. Houze. Bruxelles, Albanel, tomes 1 à 7, 1882-1888. Ensemble 7 vol. in-8, rel. toile, non rogn. et br.

453. Annus Ecclesiasticus Græco-Slavicus editus anno millenario Sanctorum Cyrilli et Methodii, Slavicæ gentis Apostolorum... scripsit *Joannes Martinov.* Bruxellis, H. Goemaere, 1863. 1 vol. in-fol., d.-rel. veau, tête lim., non rogn., au chiffre du comte Riant.

454. **Assemani** (Ét. Evode). Acta sanctorum martyrum orientalium et occidentalium in duas partes distributa, accedunt Acta S. Simeonis Stylitæ... Romae, typis J. Collini, 1748. 1 vol. in-fol., rel. veau, tr. r.

455. [**Baillet** (Adrien)]. Topographie des saints où l'on rapporte les lieux devenus celebres par la naissance, la demeure, la Mort, la Sepulture & le Culte des Saints. A Paris, chez Louis Roulland... 1707. In-8, rel. veau f., tr. marbrée.

456. **Baudoin.** Les Saintes Métamorphoses ou les Changemens miraculeux de quelques grands Saints. A Paris, en l'Imprimerie des nouueaux Caractheres de P. Moreau, [1644]. 1 vol. petit in-4 de 8 ffnc., 424 pp., avec 1 frontisp. daté de 1643, et 12 portraits gravés, rel. veau écaille, fil., tranches dorées.

Curieuse et rare impression avec les caractères inventés et gravés par *Moreau*, maître écrivain juré, à Paris, et imprimeur ordinaire du Roi. Le frontispice et les portraits gravés sont dus à *Cl. Mellan.*

457. Breves notitiæ triplicis status ecclesiastici, monastici et secularis, excerptæ ex Actis Sanctorum Ianuarii, Februarii et Martii, vulgatis ab Ioanne

Bollando, Godefrido Henschenio et Daniele Papebrocho, Societatis Iesu. Antverpiæ, ap. Iac. Meursium, 1698. 1 vol. in-8, rel. vél.

458. [**Brunner** et **Pfeffer**, S. J. (Les PP.)]. Fasti Mariani cvm Divorvm elogiis in singvlos anni dies distribvtis... Editio quarta. Sumptibus Hermanni Scheus... Romæ, Typis Ludovici Grignani, 1643. In-12, rel. chag. rouge, tr. dor., dos et plats ornés au petit fer.

459. **Caglieri** (Liborio). Compendio delle vite de Santi orefici ed argentieri, Raccolto da diversi Autori.. Roma, per il Bernarbò, 1727. Petit in-4, rel. vél., front., 13 pl. dessinées par *F. Vieira, A. Masucci,...* et gravées par *Carlo Gregori*.

460. Charismata Meliora. Anweisung zu der Himmelischen Gemahelschafft. Dem Bräutigam der Seelen gebührend auffzuwarten. Nach dem Beyspil der fünff weisen Iungfrauen, Fünff H. Orden-Stiffterinen : Iede Mit Siben-Stündigen Tagzeiten zuverehren... — Refrigerium Animæ Peregrinantis. Trostreiche Wanderschafft ausz dem Jammerthal in das Himmelische Jerusalem... — Fuga triumphans de medio Babylonis. Heylsame Weltslucht ausz denn Babylonischen Feindseeligkeiten der zeitlichen Verwirrungen in das Himelische Jerusalem... — Cervus desiderans ad Fontes Aqvarvm. Geistliche Wild-Bahn auff welcher die Gott-liebende Seel, dem durstigen Hirschen verglichen, das lebendige Wasser zugeniessen, nacheilet... — Anima sitiens ad Fontem Vivum... Getruckt zu München, bey Lucas Straub, 1674. 5 tomes en 1 vol. in-12, rel. mar. rouge, tr. dor., dent. int., fil. sur les plats; au dos, chiffre du comte Riant.

> Ces cinq plaquettes, toutes imprimées chez Straub en 1674, contiennent les offices, en langue allemande (prose et poésie), d'un certain nombre de saints et saintes, tels que sainte Claire, sainte Catherine de Sienne, sainte Claire de Montfalcon, sainte Humbeline, sainte Thérèse, sainte Scholastique, sainte Brigitte,... les saints ermites Paul et Antoine, Hilarion, Barlaam et Josaphat, Macaire, Éphrem, etc.

461. **Césaire de Heisterbach.** Illvstrivm miracvlorvm, et, Historiarvm memorabilivm lib. XII. Ante annos ferè cccc à Caesario Heisterbachcensi..... accuratè conscripti :... Coloniae Agrippinae, In Officina Birckmannica, sumptibus Arnoldi Mylij. Anno M.D.XCIX. In-8 de 19 ffnc., 902 pp., 21 ffnc., rel. peau de truie estampée, fermoirs (XVIe siècle).

> Le plus connu des ouvrages de Césaire de Heisterbach, moine cistercien (1180-1240), imprimé dès 1481, sous le titre de « Dialogi de miraculis », réimprimé à Cologne en 1591 et en 1599; ces éditions sont toutes trois recherchées, car elles contiennent des histoires de prodiges bizarres, omises dans plusieurs éditions postérieures.

462. — Dialogus miraculorum. Textum ad quatuor codd. mss. editionisque principis fidem accurante recognovit *Josephus Strange*. Coloniæ, Bonnæ et Bruxellis, Heberle, 1851. 2 tomes et index en 1 vol. in-12, d.-rel. mar. vert, tr. peigne, fac-sim. — **Kaufmann** (Alex.). Caesarius von Heisterbach. Ein

Beitrag zur Culturgeschichte des zwölften und dreizehnten Jahrhunderts. Cöln, Heberle, 1862. In-8, rel. toile, non rogn.

<small>L'édition de *Strange* est considérée comme la meilleure édition moderne du « Dialogus miraculorum ».</small>

463. **Chodzko.** Légendes slaves du moyen âge, 1169-1237. Les Némania. Vie de St Syméon et St Sabra. Traduction du paléo-slave en français, avec texte en regard. Paris, 1858. 1 vol. in-4, br.

<small>Tiré à petit nombre.</small>

464. **Christophorus à Sichem.** t' Bosch der Eremyten ende Eremitinnen van Ægypten ende Palestinen met figuren van Abraham Blommaert… met kort verhael van eens yders leven, getrocken uyt her Vaders-Boeck door H. Ian van Gorcum. Eerst t' Antwerpen, by Ieronimus Verdussen, Nu herdruckt by P. I. Paets, MDCXLIV. In-8, rel. vél., car. goth., titre encadré, nomb. grav.

465. **Eusèbe de Césarée.** History of the martyrs in Palestine, discovered in a very antient syriac ms. edited and translated into english by *William Cureton*. London, Williams and Norgate, 1861. In-8, rel. toile (éditeur).

466. **Ferrari** (Philippe). Catalogus generalis Sanctorum qui in Martyrologio Rom. non sunt. Venetiis, Apud Io. Guerilium, MDCXXV. In-4, d.-rel. bas. n.

<small>*Ferrari*, né à Ovillo, près d'Alexandrie, dans la seconde moitié du xvie siècle, entra dans l'ordre des Servites dont il fut deux fois élu général. Il professa pendant quarante-huit ans les mathématiques et mourut en 1626. Il a divisé les notices des saints dont il parle en douze mois, à l'instar du Martyrologe romain.</small>

467. **Füesslin** (Casimir). Theatrum gloriæ Sanctorum… hoc est Conciones in Festa occurrentia per annum, ex sacris paganis, SS. Patribus… Sulzbaci, Sumpt. Joh. Christ. Lochner, (1696). Vol. in-4, rel. vél., frontispice dessiné par S. *Arnold* et gravé par *E. Nunzen*, portrait de Lothaire-François de Schoenborn, archevêque de Mayence, évêque de Bamberg, et fig. dans le texte.

468. **Gesta romanorum**, von *Oesterley*. Berlin, Weidmann, 1872. 1 vol. gr. in-8, rel. toile, non rogn., couvert.

<small>Recueil de paraboles morales et de légendes pieuses fort populaires au moyen âge ; on l'a attribué à Pierre Berchoire ou à Hélinand.</small>

469. **Violier** (le) des histoires romaines. Ancienne traduction françoise des Gesta romanorum. Nouvelle édition, revue et annotée par M. *G. Brunet*. A Paris, chez P. Jannet, 1858. Petit in-8, cart. perc. r.

<small>Collection à la Sphère.</small>

470. **Gonon** (R. P. Benoist). Les illvstres penitens, et charitables. Ensemble les horribles punitions Diuines exercées contre ceux qui ont esté cruels enuers les Pauures. Auec la pitoyable Histoire de Cariton, ieune adolescent ;

lequel par sa mort sauua la vie à tous les Chrestiens de Ierusalem. Lyon, Pierre Anard, 1641. Vol. in-12, rel. parch.

<small>Curieux volume rempli de pieuses mais absurdes légendes.</small>

471. **Guénebault** (M. L.-J.). Dictionnaire iconographique des figures, légendes et actes des saints. Paris, Migne, 1850. 1 vol. gr. in-8, d.-rel. bas. noire, non rogn.

472. **Jacques de Voragine**. Legenda aurea vulgo historia lombardica dicta, ad optimorum librorum fidem recensuit D^r *Th. Graesse*. Editio secunda. Lipsiæ, Arnold, 1850. — Due opuscoli di Jacopo da Varagine, trascritti dal *P. Amedeo Vigna*, ed ora per la prima volta pubblicati. Genova, tip. d. sordomuti, 1876. Ensemble 1 vol. in-8, d.-rel. veau, au chiffre du comte Riant, et 1 plaq. in-4, rel. toile.

473. **Lecocq** (Ad.). Légendaires et sermonnaires du xive siècle. Chartres, Garnier, 1865. In-8, rel. toile, fig.

<small>Documents sur les saints Laumer, Julien, Mamert, Arnoul, Martin. Tirage à 30 exemplaires.</small>

474. Lives of the Cambro british Saints, of the fifth and immediate succeeding Centuries, from ancient welsh and latin Mss. in the british Museum and elsewhere, with english translations, and explanatory notes... by *W. J. Rees*. Slandovery, W. Rees, 1853. In-8, frontisp., titre r. et n., cart. perc. v. — **Fiorentini** (Francesco Maria). Vita miracoli e memorie di S. Silao, vescovo irlandese, il sui corpo si conserua in Lucca appresso le Antiche, e Nobili Monache di S. Giustina. Raccolte, e con probabili conietture spiegate da Francesco Maria Fiorentini, nob : lucchese. In Lucca, Per Iacinto Paci, 1662. In-4, d.-rel. bas. *Quelques piqûres.* — **Sourdeval** (Ch. de). La Vie de Sainte Hilda, abbesse de Stréones-Heal, an 680. D'après les textes de Bède et de la Chronique saxonne. Paris, imp. Moquet, s. d. In-8, cart. — **Staples** (John). Notes on St. Botolph, without Aldersgate, London. Printed for private circulation, 1881. [London, Collingridge]. In-8, rel. toile, édit. Ensemble 4 vol. ou plaq.

475. Martyrologium Illyricum Fabiano Blascovichio, episcopo Macarensi dicatum. Accedunt notationes & de hoc opere Commentariolum auctore *Jacobo Coleto, S. J.* Venetiis, imp. S. Occhi, 1818. In-8, br.

476. Μνημεῖα ἁγιολογίκα νῦν πρῶτον ἐδίδομ. υπο Θεοδ. Ἰωαννοῦ. Βενετία, 1884. 1 vol. in-8, d.-rel. v. f., tr. peigne, non rogn. ; au dos, chiffre de M. le comte Riant.

477. **Molanus** (Johannes). Indicvlvs Sanctorvm Belgii, auctore Ioanne Molano Louaniensi, Sacrarum literarum Louanij Regio professore. Lovanii, Apud Hieronymum Wellæum, M.D.LXXIII. Petit in-8 de 105 ff. chif., 7 ffnc., rel. veau.

478. **Molanus.** Natales Sanctorum Belgii, & eorundem Chronica recapitvlatio. Avctore... Molano, Ciue & Doctore Theologo Louaniensi. Recogniti, notis aucti & illustrati opera quorundam S. Theol. Doctorum & in Vniversitate Duac. Professorum. Dvaci, Typis Viduæ Petri Borremans..., M.DC.XVI. Petit in-8, rel. peau de truie.

479. **Palladius.** Palladii divi Evagrii discipvli Lavsiaca quæ dicitur historia, et Theodoreti episcopi Cyri Θεοφιλής, id est religiosa historia. Quorum vtérque continet instituta, res gestas & miracula piorum virorum sui temporis Gentiano Herueto Aurelio interprete. Parisiis Apud Bernardum Turrisanum, via Iacobæa, in Aldina bibliotheca, 1555. In-4 de 10 ffnc. 477(1) pp., 1 fnc. bl., rel. vél. blanc.

Bel exemplaire de cette édition latine de Palladius, éditée de compte à demi avec Martin Lejeune.

480. — Palladii Episcopi Helenopoleos Historia Lausiaca. Ioannes Mevrsivs Primus Græcè nunc vulgavit & Notas adjecit. Lugduni Batavorum, Ex Officinâ Lvdovici ElzevirI, Typis Godefridi Basson. Anno cIɔ.Iɔ.c.xvi. In-4, rel. parch.

481. **Raisse** (Arnold de). Hierogazophylacivm belgicvm, sive Thesavrvs sacrarvm reliqviarvm Belgii. Authore, Arnoldo Rayssio Belga-Duaceno... Dvaci, Apud Gerardvm Pinchon... Anno cIɔ.Iɔc.xxviii. Petit in-8, rel. vél.

482. **Stanton** (Le Père Richard). A Menology of England and Wales; or brief Memorials of the ancient british and english Saints, arranged according to the Calendar, together with the martyrs of the 16 th. and 17 th. Centuries. London, Burns & Oats, 1887. 1 vol. in-8, rel. toile, non rogn. (édit.).

Avec lettre d'envoi au comte Riant. Cf. nos 451 et 474.

483. **Tougard** (A.). Quid ad profanos mores dignoscendos augendaque lexica conferant Acta Sanctorum Græca Bollandiana. Parisiis, Didot, 1874. — *Du même.* De l'histoire profane dans les actes grecs des Bollandistes. Paris, Didot, 1874. 2 tomes en 1 vol. in-8, rel. toile. — **Martinov**, S. J. Le dernier volume des Bollandistes. Extr. de la *Revue du monde catholique.* Paris, 1885. In-8, cart.

484. **Miclescu** (Calinic). Sinaca. Istoria santei monastiri lucrata dupre documente veki si noui si adausa cu traditiunile locale respective. Bucuresci, Stefan Mihalescu, 1881. In-8, rel. toile, couv. — **Ammonio Monaco.** Martirio de' santi padri del Monte Sinai e dell' eremo di Raitu. Milano, A. F. Stella, 1826. In-8, rel. toile. — La lettera di Simeone vescovo di Bêth-Arsâm sopra i martiri omeriti, pubblicata... da... *I. Guidi.* Memoria letta... 24 Aprile 1881. (*Extr.*) In-4, br.

485. **Aubé** (B.). Un texte inédit d'Actes de martyres du iiie siècle. Paris, Didier, 1882. — Étude sur un nouveau texte des Actes des martyrs Scillitains. Paris, Didot, 1881. 2 plaq. in-8, cart., non rogn., couvert. — **Grossez,**

S. J. (Le P. Jean-Étienne). La Vie des Saints, suivie d'une méditation pour chaque jour de l'année. Nouvelle édition. Lille, Desclée, 1879. 1 vol. in-12, d.-rel. mar. rouge, tr. limaç., non rogn., couverture, avec chiffre du comte Riant. — **Ketrzynski** (von). Ueber eine neue Handschrift des Canaparius. [Sep. Abd. aus der *Altpreus. Monatschr.*, VII]. Königsberg, Rosbach. In-8, br. — **Le Blant** (E.). Les martyrs de l'Extrême-Orient et les persécutions antiques. Arras, 1877. Extr. de la *Revue de l'Art chrétien*, 2ᵉ S., t. IV. — Libro degli anniversarii del convento di San Francesco di Castelletto in Genova pubb. da *Vinc. Promis*. Genova, ist. de' sordo-muti, 1876. Grand in-8, rel. toile. — Novem vitae Sanctorum metricae... edidit *Guilelmus Harster*. Lipsiae, B. G. Teubner, 1887. In-12, br. Ensemble 7 vol. ou plaq.

3. Monographies.

486. SAINT ADJUTEUR : **Theroude** (Jean). La vie de S. Adivtevr, ou Adivtor, Confessevr, natif de la ville de Vernon svr Seine en Normandie, Patron de la Noblesse & Protecteur de son Pays. Dédiée à Monseign. Francois de Harlay, Archeuesque de Roüen, Primat de Normandie. Par Iean Therovde, Prestre de l'Eglise de Vernon, Bachelier en l'Vniuersité, & Beneficier Chapellain en l'Eglise de Paris. (*Marque typ.*) Imprimé a Paris, aux dépens de l'Autheur,... 1638. In-12, d.-rel. veau.

487. — : —. La vie et l'office de Sᵗ Adjuteur, patron de la noblesse et de la ville de Vernon en Normandie. Avec introd. histor. et bibliogr. par *Raymond Bordeaux*. Rouen, Boisset, 1864. In-4, avec planches gr. sur cuivre, d.-rel. coins chag. vert, tr. dor.

Réimpression tirée à 50 exemplaires (n° 34), faite par les soins de la Société des Bibliophiles normands, de la rarissime édition de 1638. Cette réédition est accompagnée d'une notice bibliographique, par M. Bordeaux, et d'une note sur l'office de saint Adjuteur, par l'abbé Colas.

488. SAINT ALEXIS : Istoria || della vita, e morte || di || S. Alessio || Quale andando al S. Sepolcro fu tentato dal Demonio || E poi ritornato a casa sua visse sconosciuto sotto le grade || della casa di suo Padre ; e fece moltissimi miracoli || nell' esposizione del suo Sacro Corpo. || (*Gravure sur bois*). || In Napoli. In-4 de 4 pp., rel. vél.

Ancienne édition populaire d'une complainte napolitaine en l'honneur de saint Alexis.

489. — : **Paris** (Gaston) et **Pannier** (Léopold). La vie de saint Alexis. Poème du xiᵉ siècle et renouvellements des xiiᵉ, xiiiᵉ et xivᵉ siècles, publiés avec préfaces, variantes, notes et glossaire. Paris, Franck, 1872. — **Paris** (Gaston). La vie de saint Alexis... Texte critique. Paris, Vieweg, 1885. Ensemble 1 vol. in-8 et 1 plaq. in-12, rel. toile, non rogn., couvert.

490. SAINT ANDRÉ : **Saussay** (André du). Andreas frater Simonis Petri, seu Gloria S. Andreæ Apostoli libri XII. duas in partes digesti. . Lutetiæ

Parisiorum sumpt. Sebastiani Cramoisy & Gabrielis Cramoisy, 1656. 1 vol. in-fol., 13 ffnc., 1 pl., 676-92 pp., et 14 ffnc., d.-rel. bas. noire. — **Camera** (Nicolas). Breve istoria della vita, traslazione e miracoli del gloriosissimo Apostolo S. Andrea, protettore della citta' di Amalfi. Potenza, Antonio Santanello, *s. d.* (vers 1830). 1 plaq. in-12, rel. toile.

491. SAINTE ANNE : Hec est quedam rara et ideo || chara legenda de sancta || Anna et de universa ejus progenie quae genuit Vir||ginem Mariam Dei matrem quare et avia christi Dei || filii appellari meruit et esse. (*In fine*) : impressa Colonie per Martinum de || werdena prope domum consulatus || in vico burgensi commorantem. Anno || domini MCCCCX post dominicam Re||miniscere. In-8 gothique, 28 ff., bois sur le titre et à la fin; veau gaufré dans sa reliure primitive.

> Reliure un peu fatiguée. On y a ajouté un manuscrit, de même format, du xvie siècle, 262 ff., contenant : Sermones de Santa Anna et aliis sanctis, et visitatione, assumptione, conceptione, purificatione, et annunciatione B. M. V. de SS. Cosma et Damiano, etc... seq. F. Trithemii abb. Spanh. O. Ben., de vita sacerdotali ad Nicolaum Mensicensem, etc., etc.
> Une note contemporaine, très élogieuse pour ces sermons, donnerait comme auteur du recueil un moine nommé Erwick, connu également sous le nom de Sartorius, et comme date 1512.

492. SAINTS ANTONIN ET VICTOR : Acta quoad exuviarum recognitionem solemnem Sanctorum Antonini martyris... et Victoris episcopi primi Placentiae die XV Augusti MDCCCLXXIX per Joannem Baptistam Scalabrini episcopum habitam. Placentiae, typ. Tedeschi, 1880. In-4, rel. toile, front. et 10 pl. *Les parties historique et archéologique de cet ouvrage sont dues à* Don G. Tononi *et* Don Carlo Grandi. — **Tononi** (Gaetano) et **Grandi** (Carlo). Dei Santi Antonino Mart. e Vittore primo vescovo di Piacenza ed illustrazione di loro sepolcro e culto. Piacenza, Giuseppe Tedeschi, 1880, 8 planches. In-4. rel. toile. — **Tononi** (G.). Notizie intorno la vita e il culto dei SS. Antonino e Vittore e pratiche ad onore degli stessi santi. Piacenza, Solari, 1880. 1 planche. In-12, rel. toile, couv. (lettre de l'auteur au comte Riant).

493. SAINTS BARTHÉLEMY ET BENOÎT : **Dini** (Francesco). Dissertatio... de translatione, & collocatione Corporis S. Bartholomæi apostoli Romæ in Insvla Lycaonia, Seù Vindiciæ Breuiarij Romani... Agitur incidenter de Translatione Corporis S. Benedicti in Galliam... Venetiis, Typis Dominici Lovisæ, 1700. In-4, br. — *Le même.* Venise, 1701. In-4, cart. — **Chamard** (Dom François). Les reliques de saint Benoît. Paris, Aux bur. du Contemporain, 1882. 1 vol. in-8, rel. toile, couvert., avec une lettre de l'auteur au comte Riant. — *Du même.* Les trois légendes de la translation du corps de saint Benoît. (Extr. de la *Revue du monde catholique*, 1883). Plaq. in-8, cart.

494. SAINT CANUT : **Angeletti** (Andrea). Vita ac miracvla S. Canvti mart. regis Daniae, vel Danemarciae... Romae, typ. J. Fei, MDCLXVII. Petit in-4, rel. vél.

495. Sainte Catherine de Sienne : Le lettere di S. Caterina da Siena ridotte a miglior lezione... con note di *Niccolò Tommaseo*. Firenze, Barbèra, 1860. 4 vol. in-12, br. — **Flavigny** (Comtesse de). Sainte Catherine de Sienne. Deuxième édition. Paris, Sauton, 1880. Vol. in-12, rel. toile, couvert. — La vita di Santa Caterina da Siena seguita da documenti e note Varazzine. Varazze, Domenico Botta, 1875. Plaq. in-12, rel. toile. — S. Caterina da Siena a Varazze. Estr. dal *Giornale Ligustico*. Genova, Tip. Sordo-Muti, 1886. Plaq. in-8, cart. — Leggenda minore di S. Caterina da Siena e lettere dei suoi discepoli... pubblicate da *F. Grottanelli*. Bologna, Romagnoli, 1868. In-8, br. Ensemble 8 vol. ou plaq.

496. Saint Celse : [**Bugati** (Gaetano)]. Memorie storico-critiche intorno le reliquie ed il culto di S. Celso martire con un' appendice nella quale si spiega un dittico d'avorio della chiesa metropolitana in Milano. Milano, Galeazzi, 1782. 1 vol. in-4, d.-rel. veau éc., tête peigne, non rogn. ; au dos, chiffre du comte Riant ; quatre belles planches gravées.

Bugati (1745-1816) était directeur de la Bibliothèque Ambroisienne.

497. Charles le Bon (*Le Bienheureux*) : **Gautier de Térouane**. Vita S. Caroli comitis Flandriæ, martyris. Ab auctore coætano Fr. Gualterio Taruanensis Ecclesiæ canonico ante annos prope quingentos scripsit. Lvtetiæ Parisiorvm, Ex Officina Nivelliana, sumptibus Sebastiani Cramoisy... 1615. In-8, rel. vél.

Première édition de l'œuvre de l'hagiographe Gautier de Térouane (xiie siècle), due au *P. Sirmond*, d'après un manuscrit de l'abbaye de Sainte-Marie-d'Igni. Charles le Bon, comte de Flandre, assassiné à Bruges en 1127, était fils de saint Canut, roi de Danemark, et fit dans sa jeunesse un voyage en Terre-Sainte.

498. — : **Grégoire ou Gooris** (Jean). Het Leven en Martelie van den heyligen Carolus Bonus Graeve van Vlaenderen Zoon van den H. Canutus, Koning en eersten Martelaer van Denemerken. Uyt verscheyde oude en nieuwe, zoo geschreven als gedrukte Historie-Schryvers agterhaeld, en by-een gebragt door den Eerw Heer Joannes Gooris, Kanonik der cathedrale Kerk van S. Donaes in Brugge. Tot Brugge, by de Weduwe De Moor en Zoon, *s. d.* (vers 1628). 1 vol. in-8 carré de 83(1) pp., 2 ffnc.

Curieuse édition populaire : à la première et à la dernière page on trouve une grossière représentation du portrait de Charles le Bon, qui se trouve dans l'édition latine.

499. — : —. Vita & Martyrium Caroli boni Flandriæ comitis, ac Canuti Danorum regis et protomartyris filii. Collegit Joannes Gregorius Bruxellensis, Illustris Ecclesiæ Brugensis Canonicus. Brugis, Typis Guillelmi de Neue, 1630. Vol. in-4, d.-rel. veau, coins, titre raccom. ; au verso de la dernière page, portrait sur bois de Charles le Bon.

500. — : **Van der Straten Ponthoz** (Comte F.). Charles-le-Bon, causes de sa mort, ses vrais meurtriers ; Thierry d'Alsace des comtes de Metz, seigneur de Bitche et comte de Flandre. Metz, Lamort, 1853. Planche lith. et carte généal. In-8, d.-rel. bas.

Cet ouvrage contient une bibliographie des livres publiés sur Charles le Bon.

501. — : **Duclos** (Ad.). De Geschiedenis van den zaligen Karel den goede Graaf van Vlaanderen martelaar. Brugge, de Zutter, 1884. 1 vol. in-8, rel. toile, non rogn., couvert., avec portr. — **Galbert de Bruges**. La légende du bienheureux Charles le Bon, comte de Flandre. Récit du xiiie siècle. Paris, Hachette, 1853. Vol. in-12, rel. toile, couvert. (Bibliothèque des chemins de fer.) — **Le Glay** (Edward). Histoire du bienheureux Charles le Bon, comte de Flandres. Lille, Desclée & de Brouwer, 1884. Vol. in-8, rel. toile, couvert. — *Le même.* Vol. in-12, rel. toile, couvert. — **Waldbott de Bassenheim** (Comte F. L.). Le bienheureux Charles le Bon, comte de Flandre. 4e édition. Bruges et Lille, 1884. In-12, rel. toile, fig. — Programme du Cortège religieux et historique organisé en l'honneur du Bienheureux Martyr Charles-le-Bon... Bruges, Neut-Janssens, août 1884. In-8 obl., rel. toile. Ensemble 6 vol. ou plaq.

502. Saint Demetrius : Breve Notizia della vita, martirio, e miracoli del gran martire S. Demetrio della citta' di Tessalonica, raccolta da alcuni autori greci e latini. Napoli, G. Roselli, 1770. 1 vol. in-12, cart. — **Coleti** (Jacopo). Memorie della vita miracoli e culto di S. Demetrio proconsole martire e contitolare della chiesa di S. Bartolommeo. Venezia, Occhi, 1827. In-8, d.-rel. bas. n.

503. Saint Denis : **Millet** (Germain). Vindicata Ecclesiæ Gallicanæ de svo Areopagita Dionysio gloria. Auctore Domno Germano Millet, Monacho S. Dionysij... Parisiis, Apud Dionysivm Bechot, M.DC.XXXVIII. In 8, rel. mar. rouge, plats à compart., tr. dor.

504. — : L'office de S. Denys apôtre de la France et de ses compagnons pour le jour de la Feste et pendant l'Octave... A Rouen, chez Eustache Heraut, 1705. Vol. in-12, rel. veau, fermoirs. — **Delaborde.** (H.-François). Le procès du chef de saint Denis en 1410. Paris, 1885. In-8, rel. toile, non rogn., couverture.

505. Saint Elesban : **Pereira de Santa Anna.** Os dous Atlantes da Ethiopia, santo Elesbaõ, emperador XLVII. da Abessina advogado do perigo do mar, e santa Ifigenia princeza da Nubia advogada dos incendios dos edificios, ambos carmelitas. Lisboa, Na Officina Ant. Pedro Galram, 1735-38. 2 tomes en 1 vol. petit in-fol., rel. bas.

506. Saint Ernest : **Eiselin** (Georges). Wunderschöne Histori vom Leben, Lehr vnd Leiden S. Ernesten, H. Schrifft Doctorn, vnd Abbt dess Lobwürdigen Gottshauss Zwifalten... Getruckt zu Ingolstatt durch Dauid Sartorium. Anno MDXCIV. (Grav. sur bois au verso du titre.) 1 vol. petit in-4 de 16 ffnc., 372 pp. faussement num. 370(1). Rel. vélin.

Bel exemplaire d'un livre peu commun.

507. SAINT ÉTIENNE : **Deschamps** (Abbé A.). La relique de saint Étienne apportée de Constantinople à Châlons sur Marne en 1205. Paris, Menu, 1879 (3 planches dont 2 en couleurs). Vol. in-8, d.-rel. chag., tête peigne, non rogné; au dos, chiffre du comte Riant. (Lettre de l'auteur au comte Riant.) — **Doublet** (Jacques). Histoire Sacrée dv glorievx protomartyr S. Estienne, Grand archidiacre de Sion... Paris, Pierre de Bresche, 1648. Vol. in-8, rel. parch. — **Baur** (C.). Commentatio de orationis habitæ a Stephano Act. Cap. VII. consilio et de Protomartyris hujus in christianæ rei primordiis momento. Adduntur critica quædam de loco Act. XXI. 20. Tubingæ, Typis Hopferi de L'Orme (1829). 1 plaq. in-4, cart.

508. SAINT ÉTIENNE, PAPE : Relazione della Consegna del Sacro Deposito di San Stefano papa, e martire, fatta nella Chiesa di Santa Maria di Colonna... un miglio fuori la Città di Trani... In Trani nella Stăparia del Pubblico... s. d. (1682). In-8, rel. vél., front.

Cet opuscule contient la réimpression du récit de *Giovan Luca Staffa* : « Ritrovata del Corpo di S. Stefano... », imprimé à Trani en 1622.

509. SAINT EUCHER : **Gouilloud**, S. J. (André). Saint Eucher. Lyon et l'église de Lyon au v⁰ siècle. Lyon, Briday, 1881. Vol. in-8, rel. toile, couvert. — **Mellier** (Antoine). De vita et scriptis Sancti Eucherii, Lugdunensis episcopi (*Thèse*). Paris, Thorin, 1878. In-8, rel. toile, couvert.

510. SAINT FRANÇOIS D'ASSISE : **Chérancé** (Le R. P. Léopold de). Saint-François d'Assise (1182-1226), 3ᵉ édit. Paris, Poussielgue, 1881. 1 vol. in-12, avec portr., rel. toile, non rogn., couv.

Bibliothèque Franciscaine.

511. — : **Gallucci**. San Francesco Ouero Giervsalemme celeste acqvistata. Poema sacro con gli Argomenti... oue con deuoto affetto si narrano la Vita... i Miracoli marauigliosi... del... Serafico Padre. Venetia, Appresso Barezzo Barezzi, M DC XVIII. In-4, rel. parch. (titre gravé et encadré).

Gallucci, autrement dit *fra Agostino da Mondolfo*, religieux franciscain, est l'auteur de ce poème en 25 chants, dont les notes renferment des renseignements utiles pour l'histoire de l'Ordre de Saint-François.

512. — : **Maurus** (Fr.). Francisci Mavri Hispellatis Minoridae Francisciados Libri XIII. Nunc primum in lucem editi, ad Serenis. Cosmvm Medicem Magnvm Hetrvriae Dvcem... Florentiae, M.D.LXXI. *In fine* : Florentiae, Apud Carolum Pectinarium. M.DLXXI. Petit in-8 de 8 ffnc., 209 ff. chiff., 3 ffnc. (le dernier blanc), rel. vél., non rogn.

513. SAINT FRANÇOIS XAVIER : **Bouhours**, S. J. (le P.). Vie de saint François Xavier, apôtre des Indes et du Japon. Paris, Repos, s. d. (1852). 1 vol. in-8, rel. toile, non rogné, avec 1 portrait. — *Le même*. Nouvelle édition, revue, augmentée d'appendices, et ornée d'une carte de tous les voyages du saint. Soc. de Saint-Augustin, Desclée, de Brouwer et Cⁱᵉ, s. d. 2 vol. in-8,

br. — **Daurignac** (J. M. S.). Vie de saint François de Xavier, 4e édit. Paris, Bray, 1866. 1 vol. in-12, rel. toile bleue, non rogn. Ensemble 4 vol.

* 514. Sainte Geneviève : **Wallin** (G.). De Sancta Genovefa Parisiorvm et totivs regni Galliae patrona Disqvisitio... in III. partes divisa, et figvris aeneis illvstrata. Wittebergae, S. e L. Viduae Gerdesiae, 1723. 1 vol. in-4, 3 pl.

515. — : **Delaumosne** (abbé). Sainte Geneviève de Nanterre. Biographie illustrée. 36 dessins d'après *Viollet-Leduc*. Paris, Baltenweck, 1882. Vol. in-8, d.-rel. chag., tête peigne, non rogn.; au dos, chiffre du comte Riant. — **Kohler** (C.). Étude critique sur le texte de la vie de sainte Geneviève de Paris, avec deux textes de cette vie. Paris, Vieweg, 1881. In-8, rel. toile, couvert.

516. Saint Geoffroy : Vie de saint Geoffroy, fondateur de l'église et de l'abbaye du Chalard [Haute-Vienne], découverte dans un manuscrit latin, par M. *A. Bosvieux*, traduite et commentée par M. *Charles Tenant de Latour*. Sceaux, Charaire, 1877. 1 vol. in-8, d.-rel. chag., dos orné du chiffre du comte Riant.

A la suite de la Vie de saint Geoffroy, se trouve un travail sur cette vie, de M. *Bosvieux*, et le texte latin, extraits du *Bull.* de la *Soc. des sciences nat. et archéol. de la Creuse*, et deux lettres autog. adressées à M. le comte Riant.

517. Saint Gilles : **Rembry** (L'abbé Ernest). Saint Gilles, sa vie, ses reliques, son culte en Belgique et dans le Nord de la France. Essai d'hagiographie. Bruges, Gailliard, 1881-82. 2 vol. grand in-8, avec 6 planches, d.-rel. veau, non rogn., couvert., au chiffre du comte Riant.

518. — : **Chevremont** (Eugène). Crypte de la Basilique de Saint-Gilles (Gard). Travaux de restauration. Nîmes, Soustelle, 1866. In-8, cart. — **Kerval** (Jules de). Vie et culte de saint Gilles, l'un des quatorze saints les plus secourables du Paradis. Le Mans, Leguicheux-Gallienne, 1875. In-12, rel. toile, couv. — **Plantier** (A.), év. de Nîmes. Lettre pastorale... sur la découverte du tombeau de saint Gilles. Nîmes, Soustelle, 1867. In-8, cart. — **Rivière** (baron de). Tombeau d'Αιγιδιος (Saint Gilles), récemment découvert dans la crypte de la ville dont il fut le fondateur... Marseille, Vᵉ Marius Olive, 1866. Plaq. in-12, rel. toile. — **Teissonnier**. Notice historique sur saint Gilles... Nîmes, Soustelle, 1862. In-12, rel. toile, pl. lith. — **G.** Mémoire aux fidèles de Saint-Gilles sur les travaux qui ont amené la découverte du tombeau de leur saint patron. Nîmes, Soustelle, 1866. In-8, rel. toile. — **Trichaud** (l'abbé J. M.). Histoire de l'invention du tombeau de saint Gilles. Nîmes, Girauld, 1868. Ensemble 7 plaq.

519. Sainte Hélène : L'histoire de la vie et des miracles de la bienheureuse vierge et martyre sainte Helene dont les precieuses reliques Reposent en l'Eglise de l'Illustre Abbaye de Forest près de Bruxelles de

l'Ordre de saint Benoist. Nouvelle edition... Bruxelles, Henry Fricx, 1695. front. In-12, rel. veau, fil., tête rouge, non rogn.; au dos, chiffre du comte Riant.

520. Hongrois et Polonais (Saints) : **Socolovius** (Stanislaus). Officia propria patronorum regni Poloniæ. Antverpiæ, ex typographia Plantiniana Balthasaris Moreti, M DC XCVII. — Officia propria S. S. Patronorum regni Sueciæ ex vetustis Breviariis ejusdem Regni deprompta : Pars æstiva, et autumnalis. Antverpiæ, ex typographia Plantiniana, M DC LXXXV. Ensemble 1 vol. in-8, cart.

Taches au bas des pages.

521. — : **Tarnoczi**, S. J. (Steph.). Rex admirabilis sive vita S. Ladislai Regis Hungariæ historico-politica... Viennæ Austriæ, Typ. J. Chr. Cosmerovij, 1681. Petit in-8, d.-rel. v. f., coins, 50 gr. s. cuivre d'assez médiocre exécution et tirage. — **Pray** (Georgius). Dissertatio historico-critica de Sancto Ladislao Hungariæ rege... Posonii, Sumtibus Joannis Michelis Landerer, 1774. Petit in-4, d.-rel. bas.

522. — : **Wion**. Sancti Gerardi Sagredo patricii veneti Ex Monacho, & Abbate S. Georgij Maioris Venetiarum, Ordinis S. Benedicti, Episcopi Canadiensis Primi, ac Hungarorum protomartyris apostoli vita. Ex antiquissimis Authenticis manuscriptis... collecta &... illustrata per D. Arnoldum Vvion... Apud Io. Baptistam & Io. Bernardum Sessam, fratres 1597. Petit in-4 de 4 ffnc., 21 ff. chif., 1 fnc., 10-11 ff. chif., 1 fnc.; cart., non rogn. (Le haut des pages un peu abîmé.)

523. — : **Przezdziecki** (Alexandre). Ślady Bolesławów Polskich po obcych krajach opowiadanie historyczne. Warszawa, druk S. Orgelbranda, 1853. In-8, rel. toile, non rogn., 2 pl. lith. — Szent István elsö magyar király' életirata... a magyar nemzeti museumban örzött Frankfurti codexböl átirta Dr *Érdy János*... Pesten, Herz János, 1854. In-4, rel. toile, pl. — Vita Sanctorum Stephani Regis et Emerici ducis, ad fidem codicum... recensuit... *M. Florianus*. Lipsiæ, Brockhaus, 1881. Vol. in-4, d.-rel. chag., tête peigne, non rogn.; au dos, chiffre du comte Riant.

Publié dans les *Historiæ Hungaricæ fontes domestici*.

524. Saint Jacques de Compostelle : **Fita** (P. Fidel) et **Fernández-Guerra** (Aureliano). Recuerdos da un viage á Santiago de Galicia. Madrid, Lezcano, 1880. Grand in-8, rel. toile, couv., figg. — **Laffi** (Domenico). Viaggio a S. Giacomo di Galitia e finis terræ per Francia, e Spagna... Bologna, presso Gio. Batt. Ferroni, 1673. In-12, rel. vél. — **Lavergne** (Adrien). Les chemins de Saint-Jacques en Gascogne. Bordeaux, P. Chollet, 1887. Broch. in-8. Envoi de l'auteur au comte Riant.

525. Saint Janvier : **Caraccioli** (Anton.). Historica demonstratio, quòd Sancti Ianuarij Patria Neapolis fuit. Adversus assertiones Anonymi Beneventani. Neapoli, Longi, 1634. Petit in-8, rel. vél.

526. SAINT JEAN-BAPTISTE : **Calcagnino** (Agostino). Historia del glorioso Precursore di N. S. S. Gio. Battista, protettore della città di Genova. Genova, Farroni, 1648. 1 vol. petit in-4, rel. vél. (1 frontispice).

527. — **Du Cange** (Du Fresne, sieur). Traité historiqve dv chef de S. Iean Baptiste, Contenant vne discussion exacte de ce que les Auteurs anciens & modernes en ont écrit, & particulierement de ses trois Inuentions. Il y est aussi parlé par occasion des autres Reliques du mesme Saint... Paris, Cramoisy, M DC LXV. Petit in-4, rel. mar. rouge, fil. sur les plats, tr. dor., dent. int.; au dos, chiffre du comte Riant. (Dupré.)

528. — : **Odoardo a S. Francisco Xaverio** (R. P. Fr.). Dissertazione... sull' Identità, Esistenza, Multiplicità, Culto, e Miracoli della Mano Destra di S. Gio Battista... venerata nel tempo stesso in più chiese del Christianesmo e spezialmente in Rapagnano Luogo dell' Archidiocesi di Fermo. Roma, Pietro Ferri, 1738. 2 planches gravées sur cuivre. In-4, d.-rel. bas., non rogn.

529. — : Recveil || de la vie, mort, || invention et mi-||racles de S. Iean Bap-||tiste, Precurseur de nostre Sauueur || Iesvs-Christ. || Où il est montré que le Reliquaire d'Amyens est son vray Chef : || Auec vne lettre de Monsieur le Cardinal Baronius || sur ce subiect. || Reueu & augmenté, & de nouueau reduit par cha-||pitres. || Par M. R. Visevr, Docteur en Theologie, & Cha-||noine de l'Eglise nostre Dame d'Amyens. || *Fig. sur bois.* || A Amyens, || De l'Imprimerie de Iacqves Hvbavlt, || Imprimeur & Libraire demeurant deuant || le beau Puits. || 1618. Petit in-8 de 68 pp., 1 fnc., rel. mar. brun, dent. int. (Chambolle-Duru).

Rare. L'imprimerie ne date à Amiens que de 1611, suivant le D^r. Cotton.

530. — : Lettre circulaire de Mgr l'évêque d'Amiens à son clergé sur le rétablissement dans le diocèse de la fête et de l'office de la réception de la face de saint Jean-Baptiste. Amiens, impr. Delattre Lenoel, 1879. Plaq. in-4, rel. toile. — **Aurélien** (Dom). L'apôtre saint Martial et les fondateurs apostoliques des églises des Gaules. Baptista Salvatoris ou le Sang de saint Jean à Bazas. Toulouse, Sistac & Boubée, 1880. Vol. in-8, rel. toile, couvert. — **Paciaudi** (Paullus M.). De Cultu S. Joannis Baptistae antiquitates christianae, accedit in veterem ejusdem ordinis liturgiam Commentarius. Romae, fratres Palearini, cIɔ Iɔccʟv. In-4. tit. r. et n., fig. dans le texte et 3 planches h.-t., rel. v. rac. — **Pardiac** (L'abbé J.-B.). Histoire de S. Jean-Baptiste et de son culte. Paris, Périsse, 1886. In-8, d.-rel. veau, tête lim., ébarb.; au dos, chiffre du comte Riant. — **Razy** (Ernest). Saint Jean-Baptiste, sa vie, son culte et sa légende artistique. Paris, Téqui, 1880. In-8, d.-rel. veau, fortes mouillures, pl. — **Rhon** (God.). Exercitatio historica de Johanneis Uratislaviensibus, &c. Uratislaviæ, Sumpt. J. A. Knochi, Anno M.DC.XCIII. Petit in-4, d.-rel. vél. — **Salmon** (Charles). Histoire du chef de Saint Jean Baptiste, conservé à Amiens depuis le 17 Décembre 1206... précédée d'un Abrégé de

la vie du saint Précurseur. Amiens, Langlois, 1876. In-12, rel. toile, couv., planche. (Lettre d'envoi de M. Salmon au comte Riant.) — San Giovanni Battista e i Genovesi. Genova, Tip. della Gioventu', 1879. Plaq. in-12, rel. toile, couvert. Ensemble 8 vol. ou plaq.

531. SAINTE LUCIE : **Joanne** (Joannes de). Acta sincera sanctæ Luciæ, virginis et martyris syracusanæ, ex optimo Codice Græco nunc primum edita & illustrata... opus posthumum. Panorme, Typis Petri Bentivenga, 1758. — **Gaetani, conte della Torre** (Cesare). Dissertazione storico-critica intorno alla esistenza del corpo di S. Lucia, V. e M. Siracusana nella citta' di Venezia... In Palermo, per Pietro Bentivenga, 1758. Ensemble 2 tomes en 1 vol. in-4, rel. vél. — **Beaugrand** (Augustin). Sainte Lucie, vierge et martyre de Syracuse. Sa vie, son martyre, ses reliques, son culte. Paris, Tardieu, 1882. 1 vol. in-8, front. à l'eau-forte, rel. toile, couvert., non rogn.

532. SAINT MAMMÈS : [**Cordier** (Antoine)]. Histoire dv grand martyr S. Mammés patron de l'eglise de Lengres : divisee en devx livres : Le premier contient sa vie & sa passion : Le second, les diuerses Translations de ses Reliques. Par un Chanoine & Archidiacre de la mesme Eglise. Paris, Seb. et Gab. Cramoisy, M.DC.L. In-8, rel. mar. rouge, fil. sur les plats, tr. dor., dent. int.; au dos, chiffre du comte Riant. (Dupré.)

533. SAINT MARC : **Manin** (Leonardo conte). Memorie storico-critiche intorno la vita, traslazione e invenzione di S. Marco evangelista, principale protettore di Venezia. Edizione seconda. Venezia, Merlo, 1835. 1 vol. in-4, cart., non rogn., 6 pl.

534. SAINT MARTIN : Les enquestes de Posthumien, disciple de Sainct Martin. Comment le Clerc Posthumien s'en alla enquerre par terre et par mer s'il pourroit trouver au monde, tant qu'il est long, clerc, moyne ou ermite qui de si hault merite fust comme avoit esté sainct Martin, arcevesque de Tours, pub. d'après un ms. de la bibl. mun. de Tours par l'abbé *J. M. Bourassé*. Tours, Bouserez, 1863. 1 vol. in-8, rel. toile, couvert., avec une lettre de M. Delaville Le Roux au comte Riant.

Tirage à 100 exemplaires.

535. — : **Lecoy de La Marche** (A.). Saint Martin. Tours, Mame, 1881. Vol. grand in-8, nombreuses planches et fig., d.-rel. mar., tête dorée; au dos, chiffre du comte Riant.

Notre exemplaire est relié avec une lettre et des notes autographes de l'auteur, et deux articles du même en réponse aux critiques de M. *Monod*.

536. — : **Chamard** (Dom François). Saint Martin et son monastère de Ligugé. Poitiers, Oudin, 1873. 1 vol. in-12, rel. toile, couvert. — *Du même*. Saint Victorin, évêque et martyr, et saint Nectaire, évêque de Poitiers. Poitiers, Dupré, 1876. Plaq. in-8, cart. — **Mabille** (Émile). Les invasions normandes dans la Loire et les pérégrinations du corps de saint Martin.

Paris, Henaux et Franck, 1869. In-8, rel. toile. — Histoire de la belle Hélaine de Constantinople, Mère de St. Martin de Tours en Touraine et de St. Brice. A Limoges, chez F. Chapoulaud, s. d. *(Impression populaire.)* Petit in-4, rel. toile. — **Guerin** (Yan). Histor admirabl eus a vuez Santez Helena. Montroulez, Lédan, (1881). In-12, cart. Ensemble 5 vol. ou plaq.

537. SAINT MERCURE : **Giovardi** (Victorio). Acta passionis, & translationis Sanctorum Martyrum Mercurii, ac XII fratrum. Romæ, Excudebat Joannes Baptista à Caporalibus, MDCCXXX. In-4, d.-rel. bas., fig.

538. SAINT MICHEL : **Cavalieri** (Marcello) : Il pellegrino al Gargano. In Nap. Per Carlo Porfile, 1690. In-8, rel. vél., front. — **Leonardis** (Giuseppe de). Monografia generale del promontorio Gargano. Napoli, Tiberio Pansini, 1858. In-8, rel. toile. — Ragguaglio del santuario dello arcangelo S. Michele nel monte Gargano, in provincia di Capitanata. Napoli, Azzolino, 1846. In-12, cart. — **Savio** (Fedele). Sulle origini della Abbazia di S. Michele della Chiusa, detta la Sacra di S. Michele. Torino, Speirani, 1888. In-8, br.

539. SAINT NICOLAS : **Albricio** (Nicolo). Venezia favorita da Dio nella miracolosa Inuenzione, e Translazione del Sacro Corpo di S. Nicolo' il Magno, arcivesco di Mira... Venezia, Tramontin, 1698. In-4, rel. parch.

540. — : **Beatillo, S. J.** (Antonio). Historia della vita, miracoli, translatione e gloria dell' ill. confessor di Christo S. Nicolo il Magno, arcivesco di Mira, Patrono, e Protettore della Città da Bari. Terza editione. Napoli, Cauallo, 1645. 1 vol. in-8 de 4 ffnc., 464 pp., 20 ffnc., rel. vél.; au titre (remonté), bois représentant saint Nicolas ressuscitant un enfant dans une cuve.

> La première édition de cet ouvrage a été imprimée à Naples en 1620, l'auteur en a donné un abrégé en 1633. Les deux que nous avons ont été publiées après la mort de *Beatillo* († 1642). Cet ouvrage, respectueux des légendes, n'a aucune autorité au point de vue hagiographique.

541. — : —. Historia della vita... del confessore di Christo San Nicolò il Magno... cauata della terza editione in Palermo del 1642. Sesta editione. Roma, Pietro Oliuieri, 1701. In-8, rel. vél., tit. racc., fig. au titre.

542. — : **Bonafede** (El P. Gioseppe). Atti di S. Nicolao il Grande, arcivesco di Mira, protettor di Bari. Con un Nouo Trattato della miracolosa Manna che dalle Sacre sue Ossa scaturisce. In Napoli, Fr. Sauio, 1639. 1 vol. petit in-8, rel. vél.

543. — : **Giustiniani** (L.). Magni Nicolai Myronū epis||copi vita. p insignē oratorē Leonardum || Justinianū Venetū eleganti stilo || in latinum e gręco translata || Maxime : ex Simeone || metaphraste. || ℭ Joannis Murmellij Ruremunden. Ad diuuʒ || Nicolaum Hendecasyllabi. || ℭ Decastichon... *Fnc. 2 recto, incipit* : ℭ leonardi Justīani... || ... ad re||uerēdissimū in Christo prēm dr̄m lauretiū Ve-||netiarū Episcopū frēm suū pemiū incipit. || ... *Fnc. 14, l. 28, explicit* : ℭ Ex officina literaria industrii viri pro||

batiqʒ opificis Theodorici De || Borne Anno dñi. M.||Dᶜ.Xiij. Nono ka||len. Februa. || *Au verso du fnc. 16* : gravure sur bois représentant deux hommes d'armes tenant une lance avec un pennon. Petit in-4 de 16 ffnc., signatures A-C, par cahiers de 6, 4 et 6 ff., rel. vél.

Leonardo Giustiniani a dédié sa traduction de la vie de saint Nicolas par Siméon Métaphraste, à son frère Laurent, premier patriarche de Venise, mort en 1456, béatifié en 1472, et depuis canonisé. Le fnc. 15 et le recto du fnc. 16 sont occupés par un poème en l'honneur de saint Nicolas, dû à Jean Murmelius, humaniste flamand, né à Ruremonde, mort en 1517, à Deventer, où il professait les belles-lettres.

544. — : **Putignano** (Nicolas). Vindiciae vitae, et gestorum S. thaumaturgi Nicolai, Archiepiscopi Myrensis, secundum acta antiqua et vulgata. Et animadversiones in Acta primigenia Falconiana nuper inventa, & typis excusa An. MDCCLI. Neapoli, Ex typog. Benedicti Gessari, 1753. — *Du même.* Vindiciae... S... Nicolai... Diatriba II. De sacro liquore ex ejus ossibus manante. Accedunt Joh. Archidiaconi Bariensis Historia Translationis ejusdem sancti, notis, variantibus... illustrata. V. Cl. Josephi Simonii Assemani in Systema Falconianum Animadversiones; ac de Regalis Ecclesiae S. Nicolai Bariensis, ejusque Prioratus origine Specimen. Neapoli, B. Gessari, 1758, 2 planches. 2 tomes en 1 vol. in-4, d.-rel. veau éc., tête lim. ; au dos, chiffre du comte Riant.

545. — : Sancti Confessoris Pontificis et celeberrimi thaumaturgi Nicolai Acta primigenia nuper detecta, & eruta ex unico & veteri codice membran. Vatic. per Nic. Carminium Falconium... ab eodem latine reddita Et cum recentioribus aliis S. Nicolai Actis græco-latine, cum suis notis edita... Neapoli, Typ. Jos. de Bonis, 1751. 1 vol. in-4, 6 ffnc., 132 pp., rel. vél. blanc, tr. r.

Selon ces *Actes* publiés par Falconi, d'après le ms. 821 du Vatican, saint Nicolas serait, non pas un évêque de Myre, mais un archimandrite qui devint évêque de Pinara en Lycie. Falconi et d'autres auteurs ont admis cette thèse qui n'est pas cependant certaine et que des critiques, tels qu'Assemani, Bartolini, Putignano ont rejetée. La principale difficulté est la date du ms. publié par Falconi, et tant qu'elle ne sera pas établie, on ne pourra rien affirmer de certain. Léonide croit que le ms. du Vatican n'est pas antérieur au xiᵉ siècle. Or, on possède une version slavonne et un ms. grec (trouvé au Sinaï) qui sont de cette époque, et dans le texte slavon, saint Nicolas est appelé évêque de Myre et non de Pinara, et sa mort est fixée au 6 déc. de la 4ᵉ indiction (qui fut un vendredi) et à la 28ᵉ année du règne de Constantin, sous le patriarche Macaire, ce qui donne l'année 334. De plus, le ms. édité par Falconi contient deux ratures dans des endroits importants au point de vue chronologique. Ces *Acta primigenia* pourraient donc bien être apocryphes ou du moins postérieurs à ceux où saint Nicolas est appelé évêque de Myre.

546. — : **Ulmo** (Fortunato). Historia Translationis Corporis Sancti Nicolai Terris, Marique Miraculis Magni Episcopi è Myra Lyciæ Venetias factæ anno M.C. Qvo tempore etiam Nicolai alterivs, eivsdem Avvnculi, ac Theodori Martyris, Vtrorumqʒ Episcoporum, corpora simul feliciter deducta sunt... Venetiis, Ex typographia Deuchiniana, MDCXXVI. In-4, rel. parch.

547. — : **Bralion** (Le P. de). La Vie admirable de saint Nicolas. Nouvelle édition. Paris, Techener, 1859. In-12, rel. toile, non rogn. *Cette nouvelle édition, tirée à petit nombre, est due au prince Augustin Galitzin.* — **Schnell** (Eugen). Sanct Nicolaus der heilige Bischop und Kinderfreund, sein Fest und seine Gaben. Brünn, 1886. In-8, br., avec un frontisp. — **Tinseau** (abbé de). La vie admirable de saint Nicolas, évêque de Myre. Paris, Josse; Metz, Ballet, s. d. (1883). Plaq. in-12, cart.

548. SAINT OSWALD : Sant Oswald Leben. Ein Gedicht aus dem zwölften Jahrhundert. Herausgegeben von *Ludwig Ettmüller*. Zürich, Schulthe, 1835. Vol. in-8, rel. toile, couvert. — **Zingerle** (Ignaz V.). Die Oswaldlegende und ihre Beziehung zur deutschen Mythologie. Stuttgart und München, Scheitlin, 1856. In-12, rel. toile, non rogn., couvert.

549. SAINT PAUL A MALTE (Le naufrage de) : **Attardi** (Bonaventura). Bilancia della verita' risposta al libro intitolato Paulus apostolus in Mari, quod nunc Venetus Sinus dicitur Naufraghus, del P. D. Ignazio Giorgio. Palermo, Per Anton. Gramignani, 1738. 1 vol. petit in-8, avec 1 portr. et 1 carte, d.-rel. veau rac., tr. limaç.

Mouillures.
Le Père Attardi écrivit ce livre pour démontrer, contrairement à l'opinion du bénédictin *Giorgio*, que c'est bien à *Malte* que saint Paul aborda après son naufrage.

550. — : **Ciantar** (Jo. Anton.). De B. Apostolo in Melitam Siculo-Adriatici maris insulam naufragio ejecto Dissertationes apologeticæ... Venetiis, Christoph. Zane, 1738. 1 vol. in-4, avec frontisp., 1 pl. et 1 carte, d.-rel. veau rac., tr. limaç.

551. — : **Giorgio** (Ignazio). D. Paulus apostolus in mari, quod nunc Venetus Sinus dicitur, naufragus, et Melitæ dalmatensis insulæ post naufragium hospes... Venetiis, Zane, 1730. Vol. in-4, rel. vél., frontispice.

Le bénédictin I. Giorgio a voulu prouver que l'île de Melita où saint Paul fit naufrage n'est pas Malte, mais une petite île située à côté de Raguse, et dans laquelle existait un couvent de Bénédictins.

552. — : **Robertus a S. Gaspare**. Divus Paulus Apostolus e Melita Illyricana in Africanam quondam nunc vero S. Joannis Hierosolymitani equitum feliciter redux. Sive Anticritarium inspectionum rev. D. Abb. Ignatii Georgii... amica inspectio. Venetiis, Typ. et Sumpt. Francisci Pitterii, 1739, planches. 2 vol. in-4, rel. parch.

553. — : **Smith** (James). The voyage and shipwreck of St. Paul : with dissertations on the sources of the writing of St. Luke, and the ships and navigation of the antients... London, Longman... 1848. In-8, rel. toile (édit.), nomb. planches et cartes. — **Falconer** (William). Dissertation on St Paul's voyage from Cæsarea to Puteoli; and on the apostle's shipwreck on the island Melite. 2[d] Edit. London, Reynell, 1870. In-8, rel. toile (édit.).

La première édition de Falconer est de 1817.

554. — : **Agius de Soldanis** (Le chanoine François). Discours apologétique... contre la Dissertation historique et critique sur le naufrage de S⁺ Paul dans la mer Adriatique, publiée par M. l'Abbé Ladvocat... A Avignon, chez Alexandre Giroud, MDCCLVII. — Extrait de l'ouvrage intitulé : De Beato Paulo in Melitam... ejecto Dissertationes... auctore C. J. Antonio Ciantar, inséré dans le Journal des Sçavans. Paris, Chaubert, MDCCXLV. Ensemble 2 plaq. en 1 vol. in-12, d.-rel. toile. — **Borg** (Don Girolamo). Breve Descrittione dell' Isola di Malta. Roma, Caualli, 1669. Plaq. in-4, rel. toile. — **Gatt Said** (Giovanni). La Grotta di San Paolo a Malta. Malta, E. Laferla, 1863. In-8, br.

555. SAINT PAUL, ERMITE : Acta sincera Sancti Pauli Thebæi cognomento primi eremitæ græco-latina cum variantibus lectionibus & Notis variorum. Accedunt Dissertatio præliminaris de dubiis hæc Acta circumstantibus : & Epistola Rev. P. Claudii Sicardi S. J. de suo per inferiorem Thebaidem confecto itinere... Studio et opera R. P. Mathiæ Fuhrmann... Neostadii Austriæ, Typ. J. A. Fritsch, 1740. Vol. in-4, rel. vél., avec 5 planches et 2 cartes géog. — Anonymi hungarici Historia de translatione S. Pavli Thebaei cognomento primi eremitæ... Accedit dissertatio præliminaris de controversa Sancti huius Translatione Hungarica, studio & opera P. M. Fuhrmann, opus posthumum. Pestini, Typ. F. J. Patzko, 1799. In-8, d.-rel. bas.

556. SAINTE PÉLAGIE : Acta S. Pelagiae Syriace edidit *J. Gildemeister*. Bonnae, ap. Ad. Marcvm, 1879. In-4, cart. — Legenden der heiligen Pelagia, herausgegeben von *Hermann Usener*. Bonn, A. Marcus, 1879. In-8, rel. toile, couv.

557. SAINT PELLEGRIN : Compendio della vita, morte, e miracoli di S. Pellegrino, figlio di Romano re della Scozia, tradotto in Ottava Rima da un suo Divoto. In Lucca, per Salv. e Giov. Dom. Maresc. s. d. Petit in-8, plaq., rel. vél. — **Jorio** (Antonino Mª di). Della vita di S. Nicola Pellegrino, confessore, protettore della Città di Trani. Libri tre. Trani, typog. Giuliani, 1879. In-12, rel. toile, couv. (gravure).

558. SAINT PÉTRONE : **Melloni** (Giovambatista). Atti, o memorie di san Petronio, vescovo e protettore principale di Bologna, opera postuma. Bologna, Lelio dalla Volpe, 1784. In-4, rel. toile, fig.

559. — : **Negri** (Gio : Francesco). Basilica Petroniana. Ouero vita di S. Petronio Vescouo, e Protettore di Bologna, con la descrittione della sva chiesa... col Catalogo, & armi di tutti i Canonici... Venetia, Andrea Giuliani, 1680. In-4, rel. vél. (mouillures).

> Ouvrage posthume de J. F. Negri, publié par son fils Bianco Negri. J. F. Negri, tour à tour peintre, graveur, architecte, antiquaire, a beaucoup étudié les monuments de Bologne, sa ville natale. Notre exemplaire contient les blasons des chanoines de la basilique de Saint-Pétrone, gravés jusqu'en 1679, et l'on a ajouté à la main les blasons jusqu'en 1695. L'un d'eux est même colorié.

560. **Saint Pierre** : **Palafox e Mendoza** (D. Giovanni). Dell' eccellenze di S. Pietro, Principe degli apostoli, Vicario Universale di Gesú Cristo. Roma, Stamperia di Propaganda, 1788. 3 vol. in-4, avec vignettes et planches gr. sur cuivre, rel. mar. rouge, dos et plats ornés, tr. dorée.

561. — : **Bartolini** (Domenico). Sopra l'antichissimo altare di legno rinchiuso nell' altare papale della arcibasilica Lateranense. Roma, tip. delle belle arti, 1852. In-8, dérel. — **Monsacrati** (Michael. Angelus). De Catenis Sancti Petri dissertatio... novis nunc curis recusa. Romae, apud Fr. Bourlié, 1828. In-4, d.-rel. bas. — **Palmieri** (N.). Notizie... delle sacre catene del principe degli apostoli... Orvieto, Sp. Pompei, 1846. In-8, cart. — *Le même*. [Extrait, *S. l. n. d. n. typ.*] 1 pl. à l'aq. tint. In-8, cart. Ensemble 4 vol. ou plaq.

562. **Saints Pierre et Paul** : **Soresinus**. De Capitibus sanctorum apostolorum Petri et Pauli in sacrosancta lateranensi ecclesia asservatis opusculum. Romæ, Mascardus, 1673. Vol. in-12, rel. vél.

    Une belle planche gravée sur cuivre représente les deux reliquaires d'argent qui contiennent les chefs des deux Apòtres.

563. — : Memorie storiche delle sacre teste dei santi apostoli Pietro e Paolo e della loro solenne ricognizione nella basilica lateranense... Seconda edizione. Roma, Giov. Ferretti, 1852. In-4, rel. vél. (7 planches lithographiées.).

    La première édition de ce mémoire a été imprimée à l'Imprimerie de la Propagande, en 1806 ; notre édition est précédée d'une lettre du cardinal *Antonelli* à la duchesse de Villa-Hermosa.

564. **Saint Raymond** : **Campi** (Pietromaria). Vita di S. Raimondo Palmerio, uno de Fiori eletti del Campo di Piacenza. *S. l. n. d. n. typ.* 1 vol. in-4, avec 1 frontispice et 1 portrait du saint, rel. toile.

    Extrait de l'*Historia ecclesiastica di Piacenza* imprimée, en 1651, à Plaisance, chez Giovanni Bazachi ; ouvrage que les bibliographes donnent comme fort rare.

565. **Saint Régnier** : **Bonucci, S. J.** (Anton. Maria). Istoria e Considerazioni su' la vita del nobile Pisano, e piu' nobile Confessore di Christo S. Ranieri. Seconda impressione. In Roma, ed in Firenze, Nestenus, 1706. 1 vol. petit in-4, rel. toile. — [**Frosini** (Francesco)]. S. Ranieri esposto alla publica divozione da un suo divoto nel raccogliere tutto quello, che può di più notabile ricavarsi dagli scrittori della sua vita. Lucca, Domenico Ciuffetti, 1718. In-4, rel. parch.

566. — : Vita di S. Ranieri confessore pisano, cavata da un antico Manoscritto in Cartapecora... con alcune Osservazioni... data alla luce da fra Giuseppe Maria Sanminiatelli. Pisa, Stamperia di Gio : Domenico Carotti, 1755. 1 planche. Vol. petit in-fol., rel. vél.

    Bel exemplaire, grand de marge.

567. **Saint Romuald** : **Filippo Maria da Napoli**. Delle notizie storiche della vita di San Romoaldo E degli alteri suoi Beati Discepoli libri dieci... Napoli,

Stamperia di Felice Mosca, 1716. 1 vol. petit in-fol., rel. vél., tr. jasp. — [**Collina** (Bonifazio)]. Vita di S. Bononio Abate, discepolo di S. Romoaldo, monaco camaldolese, e apostolo dell' Egitto... In Bologna, Costantino Pisarri, 1747. In-8, d.-rel. v. n. — *Le même volume renferme* : [**Collina** (Bonifazio)]. Vita di S. Bruno Bonifazio, Camaldolese, discepolo di S. Romoaldo, arcivescovo alle genti, apostolo della Russia, e martire... In Bologna, Costantino Pisarri, 1746. In-8.

568. SAINT SIGISMOND : **Sigismond de Saint-Maurice** (Le P.). Histoire du glorievx sainct Sigismond Martyr, Roy de Bovrgongne, fondateur dv celebere monastere de sainct Mavrice, fidellement recveillie des anciens, et novveavx avthevrs,... Imprimé à Syon... chez Henri Lovys Escrivain, l'an 1666. In-4, 6 ffnc., 424 pp. chiffrées 417(1), et 3 ffnc., rel. vél. blanc, tr. rouge. — **Rameau** (Abbé B.). Histoire de saint Sigismond, roi de Bourgogne et martyr. Genève, Grosset et Trembley, 1877. In-12, br.

569. SAINT SIMÉON : **Fondra** (Lorenzo). Istoria della insigne reliquia di San Simeone profeta che si venera in Zara. Zara, Battara, 1855. In-8, avec pl., rel. toile, non rogn.

570. SAINT THÉODORE : **Döderlein** (Jo. Alex.). Slavonisch-Russisches Heiligthum mitten in Teutschland; das ist : Der grosse Heilige und Martyrer Pheodor Stratilat, oder Theodorus Dux... Nürnberg, Wolfg. Moritz Enoter, 1724. Petit in-4, d.-rel. toile, avec pl. — **Dragoni** (Antonio). Sul dittico eburneo de' santi martiri Teodoro ed Acacio essistente nel museo Ponzoni di Cremona. Parma, co' tipi Bodoniani, 1810. Vol. in-4, rel. toile, non rogn., planche. — Memoria istoriche intorno la vita e miracoli e la traslazione del G. Martire S. Teodoro. In Venezia, tipografia di Alvisopoli, 1846. Plaq. in-12, cart., 1 planche.

571. — : Vita, e Martirio del Glorioso Cauallier di Christo San Theodoro. Il quale per la Fede di Giesv Christo fu fatto crudelmente tormentare, & decapitare d'Ordine dell' empio Imperator Licinio... Con la Translatione del suo Santo Corpo à Venetia... Tradotta dal Latino nella Lingua Volgare dal R... Bartholomeo Dionigi da Fano... (*Grav. sur bois.*) In Venetia, Appresso Nicolò Moretti, 1607. In-4, rel. vél.; au verso du titre, grav. sur cuivre. — Vita del Glorioso Cavaliere e Martire di Cristo S. Teodoro Amaseno al... signor... Piantoni, guardian maggiore della veneranda Confraternita del Santo Suddetto, aggiungovisi alcune memorie istoriche appartenenti a quella... In Venezia, 1769. Con licenza de' superiori. Grand in-8, d.-rel. bas., planche grav. sur cuivre par *I. Allessandri*.

572. SAINT TUDUAL : **La Borderie** (Arthur de). Les trois vies anciennes de saint Tudual. Texte latin et commentaire historique. Paris, Champion, 1887. — *Du même*. Critique hagiographique : S. Clair et S. Yves; La grande Guerre de la Succession de Bretagne au xive siècle. Paris, Champion, 1888. Ensemble 2 vol. in-8, br.

573. **Saint Vincent de Paul** : **Abelly** (Louis). Vie de S. Vincent de Paul, instituteur et premier supérieur général de la Congrégation de la Mission. Paris, Poussielgue, 1854. 2 tomes en 1 vol. in-8, rel. toile, non rogn. — **Loth** (Arthur). Saint Vincent de Paul et sa mission sociale. Introduction par *Louis Veuillot*, appendices par *Ad. Baudon, P. B.* et *L. B., E. Cartier, Auguste Roussel*. Paris, Dumoulin, 1880. 1 vol. grand in-8, avec figg. et planches noires et en coul. D.-rel. chag. rouge, tête dor., non rogn. — **Lalore** (Abbé Charles). L'opinion de M. de Boulogne, évêque de Troyes, touchant la captivité volontaire de Saint Vincent de Paul sur les galères de Marseille. Troyes, Dufour-Bouquot, 1875. Plaq. in-8, cart., couv.

574. **Monographies de quelques autres saints** : [**Aurélien** (Dom)]. Sainte Véronique, apôtre de l'Aquitaine, son tombeau et son culte à Soulac ou Notre-Dame de Fin-des-terres, archidiocèse de Bordeaux. 2ᵉ édition. Toulouse, Hébrail, Durand et Delpuech, 1877. Vol. in-8, br. — **Gilles** (I.). La légende des Saintes Maries. Réponse à M. F. Reynaud. Marseille, Camoin, 1874. In-8, cart. — **Mazenod** (L. de). Lettre de Monseigneur l'évêque de Marseille à Monseigneur l'évêque d'Orléans. Marseille, Marius Olive, 1846. In-8, dérel. — Pèlerinage de Saint Aile près de Rebais, Diocèse de Meaux. Paris, imp. Goupy, 1867. In-12, cart. — **Leroy** (G.). La légende de Sainte Osmanne d'après un ancien vitrail de l'église de Féricy-en-Brie (Seine-et-Marne). Paris, Claudin, 1872. Plaquette in-8, cart., couv. — **Liber**. Histoire de l'invention des reliques de Sainte Agnès et Saint Bénigne à Veuves en Blésois et de leur translation des Gaules à Utrecht. 2ᵉ édition. Blois, 1884. Plaq. in-8, rel. toile, couv. — La vie de madame Saincte Marguerite vierge et martyre, Auec son oraison. Imprimé à Troyes, chez Jean Lecocq. Plaq. in-8, rel. vél. *Reproduit par le procédé Adam Pilinski*. — **Vitry** (Jacques de). La vie de la bienheureuse Marie d'Oignies, écrite par Jacques de Vitry, évêque et Cardinal, et rapportée par Surius dans son III. Tome au mois de Juin. A Namur, chez J. François Lafontaine, 1719. In-12, d.-rel. chag. r. Ens. 8 vol. ou plaq.

575. Legenda Sᵗⁱ Georgii Cappadociensis e codice ms. bibliothecæ regiæ Holm. ed. a *Samuel Heurlin*. Lund, Berling, 1844. Plaq. in-12. cart. — Tomus miraculorum sancti Theobaldi im Original-Texte herausgegeben von *Georg Stoffel*. Colmar, J. B. Jung, 1875. In-8, br., avec 1 facsim. — **Wetzel** (Aug.). Die Translatio S. Alexandri. Eine kritische Untersuchung. Mit 3 Tafeln. Kiel, Schmidt & Klaunig, 1881. In-8, rel. toile, couv. — **Danilef**. Vie de S. Saba. Belgrade, 1860. (Texte russe.) In-8, d.-rel. bas.

576. **Ribadeneyra** (Pedro de). Vida de S. Joam de Deos Portuguez. (*Grossier portrait sur bois du Saint.*) Lisboa, com licenças. Por Domingos Carneyre, 1691. In-4 de 36 pp. — **Somoza Henriques** (Ignacio Vasques de). Inquiriç, am, e testemunho, que se tirou de hum milagre, que obrou Deos Nosso Senhor por intercessaõ de nossa Madre Santa Teresa de Jesus. *In fine* : Lisboa, Na Officina de Manoel Lopes Ferreira. M.DC.XCI.

In-4 de 4 ffnc. 2 plaq. en 1 vol. rel. vél. — Vie de Saint Étienne, fondateur et premier abbé du monastère d'Obazine... par un moine... Tulle, J. Mazeyre, 1881. Vol. in-12, rel. toile. — **Durand** (Abbé A.). Le cœur de Sainte Thérèse. Orné de deux gravures représ. fidèlement l'état actuel du saint cœur. Grenoble, 1880. Vol. in-12, rel. toile, couvert. — **Roderic de Atencia**. Lettre... à St Raymond de Pennafort sur le martyre de St Pierre de Vérone, de l'Ordre des Frères-Prêcheurs... publiée par le R. P. *François Balme*. Lyon, Jevain, 1886. In-8, br. — **Gerdil**. Vie du bienheureux Alexandre Sauli, Barnabite, évêque d'Alérie et de Pavie, apôtre de la Corse. Paris, Douniol, 1861. In-12, rel. toile, non rogn. — **Baravelli** (Le P. P.). Vie du vénérable François-Xavier Bianchi, Barnabite, traduite de l'italien par l'abbé *de Valette*. Paris, Putois-Cretté, 1871. 1 vol. in-12, rel. toile, couvert., portr. du P. Bianchi. Ensemble 5 vol. ou plaq.

577. **Ascenso**. S. J. (Fabio). La Mano tvtta mano di S. Rosalia, vergine palermitana. Panegirico sacro... In Messina, V. d'Amico, 1692. In-4 de 28 pp., rel. toile, non rogn. — Compendio della vita, morte e miracoli di S. Giacomo della Marca, minore osservante di S. Francesco. In Roma, Komarek, 1726. Plaq. in-12, d.-rel. bas. — **Dorna** (Marco). Memorie intorno a i corpi o reliquie de' santi apostoli Simone e Guida Taddeo che si venerano nella chiesa di S. Gio. Batista in Valle di Verona. Verona, Ramanzini, 1816. Petit in-8, cart. — Relatione della festa celebrata nella terra di Figline in onore di Santa Massimina, vergine e martire... Firenze, Stecchi & Pagani, 1770. In-4, cart. — Relazione dello scuoprimento, e ricognizione fatta in Ancona dei sacri corpi di S. Ciriaco, Marcellino, e Liberio protettori della città e riflessioni sopra... il culto di questi santi. Roma, G. Zempel, 1756. Petit in-4, dérel., 7 pl. — **Savio** (Fedele). Notizie storiche sopra S. Evasio martire primo Vescovo d'Asti... Torino, Binelli, 1884. Plaq. in-12, rel. toile, couv. — **Ventimiglia** (Domenico). Di S. Venera o Veneranda vergine e martire delle Gallie da' Greci appellata S. Parasceve. Napoli, G. Palma, 1831. In-4, d.-rel. v., non rogn., 1 pl. lith. Ensemble 7 vol. ou plaq.

4. Archéologie chrétienne. — Trésors et reliques.

578. **Allegranza** (Le P. Giuseppe). Opuscoli eruditi latini ed italiani raccolti e pubblicati dal P. D. *Isidoro Bianchi*, colla aggiunta dell' Elogio storico del P. D. Claudio Fromond... scritto dal medesimo P. Bianchi. Cremona, Manini, 1781. 1 vol. in-4, avec planches, d.-rel. bas. noire.

579. **Augusti** (Joh. Christ. Wilh.). Handbuch der christlichen Archäologie. Leipzig, Dyk, 1836. 3 vol. in-8, rel. toile, non rogn.

Ouvrage estimé.

580. **Martigny** (L'abbé). Dictionnaire des Antiquités chrétiennes. Paris, Hachette, 1877. 1 vol. grand in-8, d.-rel. chag., plat toile.

Excellent ouvrage.

581. **Beheim** (Io. Car.) et **Beheim** (Geo. Chr.). De Αρχειοις sive Tabvlariis sacris vetervm Christianorvm. Altorfl Norimbergensivm, typis Magni D. Meyeri, (1722). In-4, d.-rel. chag., coins. — **Durand** (Paul). Étude sur l'etimacia, symbole du jugement dernier dans l'iconographie grecque chrétienne (20 figures). Chartres, Garnier, 1868. Plaq. grand in-8, cart. Tiré à 200 exemplaires. — **Kraus** (F. X.). Christliche Archäologie, 1880-81, 1883-84, 1886. — [A. d. *Repertorium für Kunstwiss.* Stuttgart, Speman.] 5 plaq. in-8, cart. et br. — **Sanna Solaro** (Gianmaria). Acquisto, conservazione, ristauro degli arredi sacri. Torino, 1886. In-12, rel. toile, non rogn. Ensemble 8 plaq.

ITALIE

582. ATESSA : **Bartoletti** (Tommaso). Privato Santuario Atessano con memorie... de' Santi, Beati, e Venerabili d'Atessa. Napoli, P. Tizzano, 1835. In-8, br. (Le dernier f. de la Table manque à notre exemplaire.)

583. BOLOGNE : [**Petracchi** (Celestino)]. Della insigne abbaziale Basilica di S. Stefano di Bologna Libri due. Bologna, Domenico Guidotti, e Giacomo Mellini, 1747. In-4, d.-rel. vél.

584. FLORENCE : **Minorbetti** (Cosimo). Relazione delle Sante Reliqvie della Chiesa Metropolitana della Città di Firenze fatta del M D C XV... messa in luce, e d' Osseruazioni corredata per *Francesco Cionacci*... Bologna, Giacomo Monti, M DC LXXXV. In-4, d.-rel. veau. — **Bandini** (Ang. Mar.). In antiquam tabulam eburneam sacra quaedem D. N. Iesu Christi mysteria anaglypho opere exhibentem Observationes. Florentiæ, Ex Typ. ad Insigne Apollonis, 1746. 1 vol. in-4, rel. parch., 2 planches. — **Brocchi** (Gius. M.). Descrizione delle reliquie de' Santi, che si venerano in centoventi Reliquiarij collocati in una gran Croce... sit. nell' antica Rocca di Lutiano, nel Popolo del Borgo a San Lorenzo di Mugello, di proprietà del D. Giuseppe M. Brocchi. Firenze, Anton. Maria Albizzini, 1744. 1 plaq. in-4, d.-rel. bas.

585. LUCQUES : **Franciotti** (Cesare). Historia delle miracolose imagini e delle vite de i Santi, i corpi de' quali sono nella Città di Lucca. Lucca, Appresso O. Guidoboni, 1613. In-4, d.-rel. vél.

586. MILAN : **Allegranza** (Le P. Giuseppe). Spiegazione e riflessioni, sopra alcuni monumenti antichi di Milano. Milano, Sirtori, 1757. 1 vol. in-4, avec planches, d.-rel. veau rac., ébarbé.

587. — : **Biraghi** (Luigi). I tre sepolcri Santambrosiani scoperti nel gennajo 1864. Milano, Besozzi, 1864. 1 vol. in-4, rel. toile, couvert., avec 3 planches lithographiées.

588. — : **Caffi** (Michele). Della chiesa di sant' Eustorgio in Milano. Milano, 1841. — *Du même.* Dell' abbazia di Chiaravalle in Lombardia. Milano, Gnocchi, 1842. 2 vol. in-8, br. et rel. toile.

589. — : **Ferrario** (Dot. Giulio). Monumenti sacri e profani dell' imperiale e reale basilica di Sant' Ambrogio in Milano. Milano, dalla tipographia dell' autore, 1824. Vol. grand in-4, d.-rel. chag., tête lim.; au dos, chiffre du comte Riant.

Magnifique ouvrage avec 32 planches à l'aqua-tinta.

590. — : **Franchetti** (Gaetano). Storia e descrizione del duomo di Milano. Milano, Giuseppe Destefanis, 1821. 1 vol. in-4, rel. toile, non rogn., couvert.

Belle publication ornée de 30 planches gravées sur acier.

591. — : **Gratiolius** (P.). De præclaris Mediolani ædificiis quæ Ænobarbi cladem antecesserunt Descriptio, cum duplici Appendice, altera de Sculpturis ejusdem Urbis...; altera de Carcero Zebedeo, ubi nunc primum S. Alexandri Thebæi Martyris Acta illustrantur. Mediolani, in Regia Curia, 1735. In-4, fig., d.-rel. veau éc., tête peigne, non rogn.

Ouvrage intéressant par ses planches d'une grande utilité pour l'iconographie milanaise. Cf. n° 575.

592. — : **Morigia** (Paolo). Santvario Della Città, e Diocesi di Milano. Nel qual si contiene il numero, e nome de tutti i Corpi Santi, Teste, e Reliquie, che sono in tutte le Chiese della Città, di porta in porta, & in quelle della Diocesi... Aggiontaui la raccolta nobilissima de tutte l' opere di Carità che si fanno nella Città di Milano. Milano, Antonio de gli Antonij, 1603. In-8, rel. parch.

Ouvrage dédié au cardinal Frédéric Borromée, archevêque de Milan, par le Jésuate Morigi, appelé plus souvent Morigia.

593. — : **Torre** (Carlo). Il Ritratto di Milano, diuiso in tre libri,... nel quale vengono descritte tutte le Antichità, e Modernità... che si vendono nella Città di Milano... Edizione seconda. Milano, per gl' Agnelli Scult. & Stamp., 1714. Frontispice et 7 planches grav. sur cuivre par l'éditeur Agnelli (Francesco). In-4, rel. parch.

594. PARME : **Garofani** (Don' Antonio Maria). Il Santoario di Parma Doue si hanno tutte le Vite de' Corpi Santi & de' Beati. Con gli Argomenti accomodati à ciascheduna Vita... Parma appresso Erasmo Viotto. 1593. Petit in-4 de 6 ffnc., 137 (1) pp., 1 fnc., avec figg. sur bois, rel. toile, non rogn.

Ouvrage rare.

595. PAVIE : **Gualle** (Giulio). Papie Sanctuarii libri sex. — *S. l. n. d. n. typ.* [Pavie, Jacques de Burgofranco, 1505 ?]. Fnc. 1 *recto, titre, avec encadrement et fig. sur bois* : Jacobi Gualle iurecōsulti Sāctuarij Papie prefatio. || APud multos dubitari solet : an pa||pie tot sanctorū reliquie suū habe-||ant domiciliū : qm̄..... : *F.* 9, *signé* b, *recto, incipit* : bardis Regē : quē ex lōgobardis

maluerit : declararet. Ipsa vero se||niorū ɔsilio... *F.* 89, *signé* m, *recto*, *l.* 15, *explicit* : sentibus in celum scalam dirigit ad perpetuam felicitatem. Ad || eterni dei laudem. *Ffnc.* 89 *verso*-92 *verso*, *table.* In-4, 92 ff. chiffrés, car. goth., 2 gr., 35-36 ll. ll., signature a-m par 8 ff., sauf m qui n'en a que 4, réclames par cahier, init. grav. et figg. sur bois, tit. courants. Rel. vél.

> Ce livre fort rare est un recueil des reliques vraies ou fausses qui étaient conservées à Pavie. Cf. Lozzi, n° 3421.
> Voici les titres de quelques chapitres :
> De pillo bouis ⁊ asini ad presepe domini.
> De petra ubi stetit christɔ per quadraginta dies sine cibo ⁊ potu.
> De lapiDe super quo Christus baptizatus fuit.
> De ossibus Samuelis prophetæ.
> De virga Moysi longa unius cubiti.
> De osse sancti Thobie.
> De ossibus beati Gasparis vnius ex tribus magis.
> Costa vna vniɔ Innocētis...
> De pilis barbe sancti Antonij abbatis.
> De sanguine ⁊ de lacte sancte Agathe.
> Spatula vna ex virginibus ex numero vndecim milia virginum.

596. PAVIE : **Romualdus a S. Maria**. Flavia Papia sacra, opus in quatuor partes diuisum, in qvarvm prima Sanctorvm omnivm Ticini qviescentivm agiologivm texitvr... ; in secvnda breves eorvndem sanctorvm historiæ... ; in tertia, de cæteris aliis sanctorvm reliqviis... ; in quarta demum, de Longobardorum regno, ac gestis... Ticini Regii, apud Heredes C. Fr. Magrij, M DC XCIX. In-fol., rel. parch.

> Ouvrage fort peu commun, publié après la mort de l'auteur, ermite de Saint-Augustin.

597. PISE : **Rohault de Fleury** (Georges). Les Monuments de Pise au Moyen-âge. Paris, Morel, 1866. 1 vol. in-8, avec figg., d.-rel. chag. r., tr. marbrées, et 1 atlas grand in-4, cart.

598. — : **Tanfani**. Della chiesa di S. Maria del Pontenovo detta della Spina e di alcuni uffici della repubblica pisana. Notizie inedite. Pisa, Tipographia Nistri, 1876 (1 pl.). In-8, rel. toile, couv. — **Martelli** (Giuseppe). Sul proposito restauro del tempio di Santa Maria della Spina di Pisa. Firenze, Le Monnier, 1871. In-8, br., 1 pl.

599. ROME : **Albertini** (Francesco degli). Mirabilia Rome. || Opusculū de Mirabilibus || Noue et Ueteris Urbis || Rome editū a Fran||cisco Albertino || Florentino. || ✠ || Cum Priuilegio. || *Encadrement et fig. sur bois au titre. F.* 60 *nc. recto*, *l.* 38 : Impssū Lugd. p Ioā. mariō sūptibɔ & expēsis Romani morin bi= || bliopole eiusdē ciuitatis. año dñi .M.D.xx. die vero .xxviii. martii. *Au verso, fig. sur bois : la Pentecôte et les armes de Jules II.* Petit in-4, 60 ff., signat. A-P. Titre en rouge, init. et figg. sur bois, rel. vél. blanc.

> Cet ouvrage, qu'il ne faut pas confondre avec l'ouvrage catalogué sous le n° 603, est un traité topographique et monumental de Rome, divisé en trois livres, dont l'auteur, *Francesco degli Albertini*, vivait à Florence au commencement du XVIe siècle. Son livre nous donne une description de Rome à cette époque, et

il est utile encore à consulter. La première édition est celle de Rome, Mazochius, 1510, in-8. Elle est fort rare. Celle-ci l'est également. Sur le titre se trouve le lys rouge de Florence qui a servi de marque à plusieurs imprimeurs de Lyon.

A la suite de la description de Rome se trouve un autre opuscule du même auteur : De laudibus civitatum Florentiæ & Saonensis.

600. — : —. Les merveilles de la Ville de Rome, Où est traité des Eglises, Stations, & Reliques des Corps Saints qui y sont. Auec la Guide qui enseigne aux Estrangers à aysement trouuer les choses plus remarquables de Rome. Ensemble les Noms des Papes, Empereurs, & autres Princes chrestiens... A Rome, chez Iean François de Buagni. M.DC.XC. Elles se vendent en Place Madame chez François Leon. Petit in-4, rel. veau mosaïque, plats ornés et aux armes, tr. dor., frontispice et figg.

Ce livre est, pensons-nous, une traduction de l'ouvrage de Francesco degli Albertini. L'auteur de cette traduction paraît être ce *François Léon* qui a signé l'épitre dédicatoire au duc de Chaulnes.

* — : **Bussierre** (Bᵒⁿ Mⁱᶜ Th. de). Les sept basiliques de Rome ou Visite des Sept Eglises. Paris, Sirou, 1845. 2 vol. in-8.

601. — : **Costanzi** (Guglielmo). Le istituzione de Pieta che si esercitano in Roma con una breve notizia de' santuarj che si venerano in essa..... Roma, Puccinelli, 1825. 2 tomes en 1 vol., rel. toile.

602. — : **Fioravanti** (Giuseppe Antonio). Visita privilegiata delle sette Chiese. Fermo, Lazzarini, 1763. Vol. in-4, rel. toile.

603. — : Mirabilia || Vrbis Romae nova || recognita, et emendata, atq̃ || in verum sensum || reducta. || Anno Iubilei M+D+L+ || *Figure sur bois : Rome et le Tibre, avec le nom* RO M. *Fnc.* 31 *verso, l.* 34 : Rome Apud Antonium Bladum Asulanum. || 1550. *Fnc.* 32 *blanc.* Petit in-8, 32 ffnc., car. goth., 42 ll. ll., signat. A-D., avec figg. sur bois. Rel. vél.

Ce traité a été souvent imprimé au xvᵉ siècle et ne doit pas être confondu avec un autre ouvrage qui a un titre assez semblable, et qui est un opuscule sur la topographie de Rome. Cf. n° 599.

Celui-ci contient un aperçu sur les principaux monuments anciens de Rome ; un résumé de l'histoire romaine, l'indication des indulgences, des reliques et des stations de toutes les églises de Rome.

604. — : **Rohault de Fleury** (G.). Le Latran au moyen âge. Paris, Morel, 1877. In-8, d.-rel. chag., tr. lim. ; au dos, chiffre du comte Riant.

605. — : Altarium, et Reliquiarum sacrosanctæ basilicæ vaticanæ... in honorem Beati Petri... erectæ Descriptio historica. Romæ, O. Puccinelli, 1744. In-4, d.-rel. bas., front., 3 pl. et fig. grav. en taille douce, avec un plan in-fol. de la basilique, signé *Tib. Alpharanus.* — De Sacra veterum christianorum romana peregrinatione disquisitio. Romæ, ex Typ. Salomoniana, 1784. Vol. in-4, d.-rel. vél., coins. — **Scognamiglio** (Arcangelo). Cripta di S. Gennaro nel cimiterio di Pretestato. Roma, tip. della s. c. de propag. fide, 1863. In-8, dérel. — *Du même.* In Roma i cristiani cavarono i loro sotterranei cimiteri

nei propri tenimenti. Roma, t. d. s. c. de prop. fide, 1863. In-8, dérel. Ensemble 4 vol. ou plaq.

606. Venise : **Schioppalalba** (Joannes Baptista). In perantiquam sacram tabulam græcam insigni sodalitatio Sanctæ Mariæ Caritatis Venetiarum ab amplissimo Cardinali Bessarione dono datam Dissertatio. Venetiis, typis Modesti Fenlii, 1767. 1 vol. in-4, rel. vélin, orné d'un portrait du card. Bessarion, de 4 pl. et d'un titre gr. s. cuivre d'une belle exécution.

607. — : **Secchi, S. J.** (Giampietro). La cattedra Alessandrina di S. Marco evangelista e martire, conservata in Venezia entro il tesoro Marciano delle reliquie. Venezia, Naratovich, 1853. 1 pl. en couleurs. — **Bellomo** (Mgr Giovanni). La pala d'oro dell' I. R. patriarcale basilica di S. Marco... con un discorso di S. Em. *Jacopo Monico*, patriarca di Venezia. Venezia, Naratovich, 1847. 2 pl. Ensemble 1 vol. in-4, d.-rel. veau f., tête lim., dos orné. — **Fabiani** (Gius.). Sulla cattedra Alessandrina di S. Marco. *S. l. n. d. n. typ.* (Modena, 1869). In-8, cart., pl.

608. — : **Cappelletti** (Giuseppe). La chiesa di S. Simeone profeta... in occasione di essersene scoperto l' antico pavimento, ch' era stato sotterrato sino al tempo della peste del 1631. Venezia, Fontana, 1860. Plaq. in-8, cart. — Breve descrittione del sacro thesoro delle reliqvie, ritrouate nel Santuario della Chiesa Ducale di San Marco, & honorate con solenne Processione. A 28 di Maggio del M.DC.XVII. Milano, Pandolfo Malatesta, MDCXVII. Plaq. in-4, rel. vél. *Rare*. — [**Meschinello**]. La Chiesa ducale di S. Marco colle notizie del suo innalzamento; Spiegazione delli mosaici, e delle Iscrizioni, un dettaglio della preziosità delli marmi, con tutto ciò che si fuori e di dentro vi si contiene; e con varie riflessioni e scoperte... In Venezia, Bart. Baroncelli, 1753-1754. 3 tomes, dont le 3º en 2 parties, reliés en 1 vol., d.-chag. r. — **Molinier** (Émile). Le trésor de la Basilique de Saint-Marc à Venise. Venise, Ongania, 1888. In-8, br., pl. — [**Pasini** (Antonio)]. Il Tesoro di San Marco in Venezia dal 1797 al presente. Venezia, Coletti, 1878. In-8, cart., couv. — *Le même. S. l. n. d. n. typ.* In-8, cart. — Sul frontale dell' altar maggiore in S. Marco di Venezia. Venezia, tip. dell' Immacolata, 1881. In-8, cart., couv., 1 pl. phot. Ensemble 7 vol. ou plaq.

609. Vérone : **Bagatas** (Raph.) et **Perettus** (Bapt.). SS. Episcoporvm Veron. Antiqva Monvmenta et aliorvm sanctorvm qvorvm corpora, et aliqvot, qvorvm Ecclesiæ habentur Veronæ... Venetiis, Apud Andream Bocchinum, MDLXXVI. Petit in-4 de 6 ffnc., 88 ff. chiff. (numérotés inexactement 84), 2 ffnc. (le dernier blanc manque): Rel. vél., tr. r.

Cette édition est due à *Agostino Valiero*, cardinal et évêque de Vérone, dit le *cardinal de Palestrina*.

610. **Barbier de Montault** (Mgr X.). Les souterrains et le trésor de Sᵗ Pierre, à Rome. Rome, Spithoever, 1866. — La Bibliothèque vaticane et ses annexes :

le musée chrétien, la salle des tableaux du moyen âge, les Chambres Borgia, etc... Rome, 1867. — L'année liturgique à Rome ou renseignements sur les saints... et les traditions pieuses de la Ville Eternelle. Cinquième édition. Rome, 1870. — Les manuscrits du Trésor de Bari (Extrait de la *Musica Sacra*, septembr. 1876). *S. l. n. d.* (avec musique notée). — L'archéologie et l'art chétien à l'exposition religieuse de Rome en 1870. Extrait de la *Revue de l'Art chrétien*, IIe série, tome Ier. Arras, 1877 (avec une planche lithog.). — Armorial des papes. Extrait de la *Revue de l'Art chrétien*, IIe série, tome IV. Arras, 1877. — Observations archéologiques sur les églises de Rome. Extr. de la *Rev. de l'Art chrét.*, IIe série, tome VIII. Arras, 1878. — Inventaire de la chapelle papale sous Paul III, en 1547, transcrit par M. *Bertolotti* et annoté par Mgr Barbier de Montault. Extr. du *Bull. monum.* Tours, 1878. — Le trésor de la cathédrale de Bénévent. Extr. de la *Rev. de l'Art chrét.*, IIe série, tome X. Arras, 1879. — Inventaire descriptif des tapisseries de haute-lisse conservées à Rome. Arras, 1879. — Le reliquaire du chef de saint Laurent. Rome, Sinimberghi, 1864. In-fol., rel. toile (édit.), titre en couleurs, 1 pl. chromo. Ensemble 11 plaq. in-fol., in-8 et in-12, rel. toile ou cart.

611. **Banchero** (Giuseppe). Il duomo di Genova. Terza editione. Genova, T. Ferrando, s. d. 1 vol. in-12, rel. toile, couvert. — Breve distinta relazione delle sagre reliquie, e di un evangeliario greco manoscritto, che unitamente si conservano nella chiesa del piissimo spedale di S. Maria della Scala, della città di Siena. In Siena, l'anno M D CCL... per Francesco Rossi stampatore. In-4, rel. toile. — **Capece** (Giuseppe di Capua). Dissertazione intorno alle due Campane della Chiesa Parrocchiale di S. Giovanni de' Nobili Uomini di Capua... Alla quale si dà principio con altra dissertazione... di *Paolo Maria Paciavdi*. Napoli, Novello de Bonis, MDCCL. Petit in-4, rel. toile r., 1 pl., titre raccom. — **Desimoni** (C.). Le Catacombe romane. Estratto della *Rivista Universale*, 1875. In-8, cart. — Exposition religieuse de Rome, 1870. Antiquités chrétiennes décrites par *X. Barbier de Montault*. Rome, Simelli, 1870. In-8, cart. — **Gonzati** (Bernardo). Il santuario delle reliquie ossia il tesoro della basilica di S. Antonio di Padova. Padova, Bianchi, 1851. Grand in-4, avec pl., d.-rel. bas., non rogn. — **Gonzati** (Lodovico). Sopra un patrio monumento di antica oreficeria. [Vicenza], Paroni, [1871]. In-8, cart. — **Mutio** (Mario). Delle reliquie insigni e d'altre cose degne di memoria, che nelle Chiese di Bergamo dentro e fuori si ritrouano. Parte terza della Sacra Historia. Bergamo, per Comino Ventura, 1616. In-8, cart. per. — **Promis** (Vinc.). Reliquiaro armeno già esistente nel convento del Bosco presso Alessandria in Piemonte. Torino, E. Loescher, 1883. In-4, rel. toile, couv., 5 pl. — **Veludo** (Giovanni). Dichiarazione di un monumento sepolcrale cristiano. Venezia, Antonelli, 1877. In-4, cart., 1 pl. Ensemble, 10 vol. ou plaq.

FRANCE

612. AMIENS : **Rivoire** (Maurice.) Description de l'église cathédrale d'Amiens. Amiens, Maisnel, 1806. 1 planche. — *Du même.* Précis historique de la surprise d'Amiens par les Espagnols, le 11 mars 1597 ; et de la reprise par Henri IV, le 25 septembre suivant; précédé d'un coup d'œil militaire sur le département de la Somme. Amiens, Maisnel, 1806. In-8, rel. toile, non rogn. — Récit de la fondation de l'Eglise de Notre-Dame de Long-Pré aux Corps Saints avec l'Office des S^{tes} Reliques et les sept Pseaumes ; Dont la Fête se solennise tous les ans le premier Dimanche après le 29me d'Août... Abbeville, Devérité, 1818. Plaq. in-12, rel. vél., non rogn. — **Pouy** (F.). Longpré-les-Amiens et les Du Gard... Testament en vers du chevalier du Gard. Paris, Baur et Detaille, 1870. In-8, cart. couv.

613. CHARTRES : **Mély** (F. de). Le Chef de saint Tugual à Chartres. Caen, Le Blanc-Hardel, 1885. — Bibliographie. Catalogue de la collection du baron Ch. Davillier. Extr. de la *Rev. arch.* Paris, Leroux, 1886. Ensemble 1 plaq. cart. — Le trésor de Chartres, 1310-1793. Paris, Picard, 1886. 15 grav. In-8, d.-rel. veau, tête dorée, ébarbé ; au dos, chiffre du comte Riant. — Les inventaires de l'abbaye de Saint-Père-en-Vallée de Chartres. Paris, Picard, 1887. In-8, br. — La crosse dite de Ragenfroid. Extr. de la *Gazette arch.* Paris, A. Lévy, 1888. 1 pl. phot. In-4, br. — **Merlet** (Lucien). Catalogue des reliques et joyaux de Notre-Dame de Chartres, publié et annoté par Lucien Merlet... Chartres, impr. Garnier, 1885. In-8, titre en couleur, filets, culs-de-lampe et ornements en couleur, pl. h.-t.; cart. perc.

614. LYON : Inventaires du trésor de l'église de Lyon, en 1448 et 1728, publiés par V. de V. [Vital de Valous]. Lyon, A. Brun, 1877. In-8, rel. toile, couv. — M. (D.). Notice sur les reliques des saints de l'Église de Lyon... Tiré à cent exemplaires. Lyon, Pélagaud, 1865. In-12, rel. toile.

615. SAINT-DENIS : Le Tresor, les corps saints, les tombeavx, et les raretez qui se voyent dans l'Eglise Royale de S. Denys en France. Avec des Remarques curieuses. Paris, Chardon, 1715. In-12, d.-rel. veau., tr. rouge.

616. TROYES : **Assier** (Alexandre). Construction d'une Notre-Dame au XIIIe siècle, suivie des comptes de l'œuvre de l'Église de Troyes au XIVe siècle. Paris, Aubry, 1858. In-12, rel. toile, non rogn., couvert. — **Coffinet** (L'abbé). Trésor de Saint-Étienne, insigne et royale église collégiale de Troyes. Paris, Didron, 1860. In-4, rel. toile, couv., 2 pl. [Extrait des *Ann. archéol.*] — **Lalore** (L'abbé Ch.). Probationes cultus sanctorum diœcesis Trecensis ac indulta S. R. C. quibus nova illorum officia et missæ conceduntur. Troyes, Bertrand-Hu, *s. d.* (1869). Plaq. in-4, rel. toile, non rogn. — **Le Brun-Dalbanne**. Les aumônières du trésor de la cathédrale de Troyes. Troyes, Dufour-Bouquot, 1864. Plaq. in-8, cart. — *Du même.* Recherches sur l'histoire et le symbolisme de quelques émaux du trésor de la cathédrale de Troyes. Troyes, Dufour-Bouquot, 1862. In-4, rel. toile, 7 pl. — **Pigeotte** (L.). Le grand clocher de la cathédrale de Troyes. Notice historique et archéologique. Troyes, Dufour-Bouquot, 1877. 1 vol. in-8, rel. toile, 1 grav. Ensemble 6 vol. ou plaq.

617. **Barbier de Montault** (Mgr X.). Notes archéologiques sur Moutiers et la Tarentaise. Moutiers, 1877. — La visite de la cathédrale de Saint-Bertrand de Comminges, en 1627. Montpellier, 1877. — Solution d'un problème iconographique à propos des bas-reliefs de Château-Larcher (Vienne). Extr. des *Mém. de la Soc. des antiq. de l'Ouest*, t. XXXIX (1877). — Les gants pontificaux. Extr. du *Bull. mon.* Tours, 1877 (avec plusieurs planches, dont une en couleurs). — Le trésor de la cathédrale de Moutiers. Extr. du *Bull. mon.* (1879). Tours. — Documents sur la question du Martyrium de Poitiers. Poitiers et Paris, 1885. — Le Martyrium de Poitiers. Compte-rendu des fouilles et de l'ouvrage du R. P. de La Croix. Poitiers, 1885. — Le buste de saint Adelphe, d'après une gravure du xviie siècle. Extr. des *Mém. de la Soc. d'arch. lorraine* pour 1885. — L'ampoule de Corrèze. Extr. du *Bull. de la Soc. scient. de Corrèze*, t. VIII. Ensemble 9 plaq., rel. toile, cart. ou broch.

618. **Besançon** (Pierre-Benoît). Description des monuments de l'abbaye de Rosières (Jura). Ordre de Cîteaux. Deuxième partie. L'église et le trésor de l'abbaye. Extr. des *Mém. de l'Ac. de Besançon*, 1880. In-8, cart., 1 pl. — **Boissoudy** (Alfred de). La Sainte Chapelle de Bourges. Bourges, Sire, 1884. In-8, rel. toile, 2 pl. — Guide de l'étranger dans la ville de Bourges. Deuxième édition. Bourges, Vermeil, 1855. In-12, d.-rel. chag. viol. — **Chamard** (Dom François). L'hypogée des Dunes, à Poitiers. Paris, Palmé, 1884. Plaq. in-8, cart. — **Deblaye** (L'abbé L.-F.). Reliques de l'Église de Moyenmoutier; leur vérité; description et histoire de l'oratoire Saint-Grégoire et du tombeau de saint Hydulphe. Nancy, Lepage, 1856. Plaq. in-8, cart., non rogn., couvert. — **Dechristé** (Louis). Les tableaux, vases sacrés... appartenant aux Eglises Abbatiales, Collégiales et Paroissiales, Chapelles des Couvents, etc... de Douai et de son arrondissement au moment de la Révolution. Douai, Dechristé, 1877. Vol. in-8, rel. toile, couvert. — **Delisle** (Léopold). Note sur le recueil intitulé *De Miraculis Sancti Jacobi*. Paris, Picard, 1878. Tiré à 125 exemplaires. — *Du même*. Authenticité de reliques de l'époque mérovingienne, découvertes à Vergy. Rome, Cuggiani, 1884. 2 plaq. in-8, cart. — **Demaison** (L.). Fragments d'un sarcophage chrétien conservés au Musée de Reims. Reims, N. Monce, 1887. In-8, br., 1 pl. — **Dusevel** (H.). Histoire abrégée du Trésor de l'abbaye royale Saint-Pierre de Corbie. Nouvelle édition. Amiens, Lemer, 1861. Tiré à 125 exemplaires. Plaq. in-12, rel. toile. — **Fagniez** (Gust.). Inventaires du trésor de Notre-Dame de Paris, de 1343 à 1416. Plaq. in-8, cart. — **Féraud** (J. J. M.). Les saintes reliques de la chapelle du château de Manosque. Digne, Barbaroux, 1885. Plaq. in-8, cart., couvert. — **Galeron** (Fr.). Note sur un Reliquaire et

quelques débris anciens trouvés dans les ruines du monastère de Saint-Evroult (Orne). *S. l. n. d. n. typ.* [Extr. des *Mém. de la Soc. des antiq. de Normandie*]. In-8, cart. — **Guélon** (L'abbé). Le Reliquaire de l'église d'Augnat. Clermont-Ferrand, Thibaud, 1883. In-8, cart., couv., 2 pl. Ensemble 14 vol. ou plaq.

619. **Jadart** (H.). Les anciens pupitres des églises de Reims, 1885. (Extr. du *Bulletin Monumental.*) Plaq. avec pl., cart. n. — **Julliot** (G.). Inventaire des reliques & reliquaires, joyaux & ornements qui se trouvaient dans le trésor de l'église métropolitaine de Sens, en 1653-1654. Sens, Duchemin, 1877. In-8, rel. toile, couv. — Inventaire des sainctes reliques et Thrésor de l'abbaye de Sainct-Pierre-le-vif de Sens du 25 May 1660. Sens, Duchemin, 1877. In-8, cart. — **Lalore** (L'abbé Charles). Le trésor de Clairvaux du xiie au xviiie siècles. Troyes, Brunard, 1875. — *Du même.* Reliques des trois tombeaux saints de Clairvaux. De saint Bernard ; De saint Malachie ; De saint Eutrope et autres martyrs; reconnues et transférées solennellement à Ville-sous-la-Ferté (Aube). Troyes, 1877. 2 vol. in-8, rel. toile, non rogn., couvert. — **Lecocq** (Georges). Notice sur un reliquaire de Saint-Quentin. Saint-Quentin, Poette, 1874. (Extrait de l'*Art chrétien* et du *Vermandois*.) — **Molinier** (Émile). Fragments d'un inventaire du Trésor de l'abbaye de Saint-Victor de Paris. Extr. du tome VIII des *Mém. de la Soc. de l'hist. de Paris*. Paris, 1882. In-8, cart., couv. — Notice historique sur les saintes reliques récemment découvertes sous le maître-autel de l'église paroissiale de Saint-Jacques-du-Haut-Pas, à Paris. Paris, Lebègue, An 1835. In-12, cart. — Recherches sur les précieuses reliques vénérées dans la Sainte Eglise de Vienne, par le Curé de Saint-Maurice. Vienne, E.-J. Savigné, 1876. In-8, cart. perc. — **Richard** (J. M.). Le trésor de la collégiale de Notre-Dame de Lens au xve siècle. Arras, De Sède, 1876. In-8, rel. toile, couv., 1 pl. — **Rohault de Fleury** (G.). Un tabernacle chrétien du ve siècle. Arras, Laroche, 1880. In-8, cart., couv., 1 pl. Envoi d'auteur au comte Riant. — Notice sur le mobilier de l'église cathédrale de Reims. Reims, P. Regnier, 1856. In-12, rel. toile. — **Van Drival** (Chanoine). Catalogue de l'exposition d'objets d'art religieux ouverte à Lille en 1874. Seconde édition. Lille, impr. Lefebvre-Ducrocq, 1874. In-8, cart. pap., couvert. Ensemble 13 vol. ou plaq.

DIVERS

620. **Morales** (Ambrosio de). Viage... por orden del Rey D. Phelipe II, a los Reynos de Leon, y Galicia, y Principado de Asturias, para reconocer las Reliquias de Santos, Sepulcros Reales, y Libros Manuscriptos de las Cathedrales, y Monasterios. Dale à luz... *Fr. Henrique Florez.* Madrid, Antonio Marin, 1765. In-4, rel. toile.

621. **Bock** (Franz). Les trésors sacrés de Cologne. Objets d'art du moyen âge conservés dans les Eglises et dans les Sacristies de cette ville. Traduit de

l'allemand par M. M. *W.* et *E. de Suckau.* Paris, Morel, 1862. 1 vol. in-8, rel. toile, couvert., avec 48 planches lith. d'après les dessins de *F. Bock.*

622. **Bock et Willemsen.** Antiquités sacrées conservées dans les anciennes collégiales de S. Servais et de Notre-Dame à Maestricht. Illustrées de 73 gravures sur bois. Édition française, considérablement augmentée. Maestricht, Jos. Russel, 1873. 1 vol. in-8, rel. toile, couvert.

623. **Chavannes** (E.). Le Trésor de l'Eglise cathédrale de Lausanne. Documents accompagnés de notes historiques. Lausanne, Rouge et Dubois, 1873. In-8, d.-rel. veau, non rogn.

Tiré à 150 exemplaires.

624. **Barbier de Montault** (X.). Le Trésor du Dome d'Aix-la-Chapelle. Extr. du *Bull. monum.*, 1877. Tours. 1 pl. et figg. In-8, rel. toile. — **Diel** (Philipp). Die St Mathias-Kirche bei Trier und ihre Heiligthümer. Trier, 1881. In-8, rel. toile, non rogn., couvert. — **Erhardus à Winheim** (F.). Sacrarium Agrippinæ, hoc est designatio Ecclesiarum Coloniensium præcipuarum reliquiarum... Coloniæ Agrippinæ, sumptibus Ot. J. Steinhauss, MDCCXXXVI. In-8, frontisp., rel. bas. rac. — **Falk** (Val. Alois Franz). Heiliges Mainz oder die Heiligen und Heiligthümer in Stadt und Bisthum Mainz. Mainz, Kirchheim, 1877. In-8, rel. toile, non rogn., couvert. Ensemble 4 vol. ou plaq.

625. **Carrière** (A.). Inscriptions d'un reliquaire arménien de la collection Basilewski... avec 2 planches. Paris, Leroux, 1883. Plaq. grand in-8, cart., couvert. — **Helbig** (Jules). Les reliques et les reliquaires donnés par saint Louis, roi de France, au couvent des Dominicains de Liége. Bruxelles, Hayez, 1881. Plaq. in-4, cart. (4 planches en phototypie). — **Martinov, S. J.** Un tétraptique russe... Arras, imprimerie de la Société du Pas-de-Calais, 1877. In-8, 3 pl. h.-t., cart., couv. Extr. de la *Revue de l'Art chrétien*, IIe série, t. VII. *Lettre autographe de l'auteur.* — *Du même.* Le trésor de la cathédrale de Gran. Extr. de la *Revue de l'Art chrétien*, Arras, 1881. In-8, cart., couv., 1 pl. et fig. — **Van de Putte** (F.). La chapelle des comtes de Flandre à Courtrai. Bruges, Aime de Zuttere, 1875. In-8, cart., couv. — **Weale** (W. H. James). Catalogue des objets d'art religieux exposés à Malines. Septembre 1864. Seconde édition. Bruxelles, Lelong, 1864. In-8, cart. — **Negelein** (Gust. Phil.). Dissertatio de vetvsto qvodam diptycho consvlari et ecclesiastico. Altorf, J. A. Hessel, 1742. In-4, d.-rel. vél., 2 pl. grav. sur cuivre. Ensemble 7 vol. ou plaq.

VI

HISTOIRE ECCLÉSIASTIQUE

1. Traités généraux.

626. **Baronius.** Annales ecclesiastici. Apparatus et indices. Lucques, 1738-1751. 38 vol. in-fol., rel. vél. d'Italie.

L'édition la plus recherchée de Baronius; elle comprend la continuation du *P. Raynaldi* et les observations critiques du savant franciscain *Pagi*.

627. **Lauria** (Cardinal F. L. Brancate de). Index alphabeticvs Rerum, & Locorum... ad Annales Cardinalis Baronii. Opus posthumum... a Joanne de Lima, & Mellolvsitano, S.R.I. marchione de Samandria, in lucem editum. Romæ, Bernabò, 1694. In-4, rel. vél.

628. **Basnage** (Samuel). Annales politico-ecclesiastici annorum DCXLV à Cæsare Augusto ad Phocam usque. In quibus Res Imperii Ecclesiæque observatu digniores subjiciuntur oculis, erroresque evelluntur Baronio. Roterodami, typis Regneri Leers, 1706. 3 vol. in-fol., rel. plein veau fauve, dos orné, ornements et dentelles sur les plats, avec armes d'un Pape, tr. rouge.

Magnifique exemplaire de la bibliothèque du duc *Thomas Vargas Macciucca*. Samuel Basnage de Flottemanville a critiqué assez vivement certaines erreurs dans lesquelles était tombé Baronius.

629. **Canisius** (Henri). Thesaurus monumentorum ecclesiasticorum et historicorum, sive lectiones antiquæ, ad ordinem sæculorum digestæ variisque opusculis auctæ, quibus præfationes historicas, animadversiones criticas et notas in singulos auctores adjecit *Jacobus Basnage*. Antverpiæ, apud Rudolphum et Gerhardum Wetstenios, 1725. 4 vol. in-fol., rel. vél. bl.

Important et intéressant recueil.

630. **Levis** (Eugène de). Anecdota sacra sive Collectio omnis generis opusculorum veterum sanctorum patrum, virorum illustrium, rerum liturgicarum, historicarum, chronicarum, necrologiorum, et diplomatum, cum adnotationibus aliquot... Augustæ Taurinorum, typ. Fontana, s. d. [1789]. 1 vol. in-4, d.-rel. veau rac., ébarbé.

631. **Lucius** (Ludovicus). Historia ecclesiastica, integram Ecclesiæ Christianæ conditionem, indè a Christo ex Virgine nato, juxta Seculorum seriem,

exponens... Basileæ, typis et expensis Ludovici Regis, 1624. 3 vol. in-fol., d.-rel. peau de truie, titre gr.

632. **Mamachi** (Fr. Th. M.). Originum et antiquitatum christianarum libri XX. Romæ, typogr. Palladis, 1749. 5 vol. in-4, rel. vél. blanc, tr. jasp., avec un beau portrait de Mamachi, et un portr. du P. Ferd. Davila.

Cet ouvrage, rempli d'érudition et de savantes recherches, est resté inachevé.

633. **Miræus**. Codex donationvm piarvm in qvo Testamenta, Codicilli, Litteræ Fundationum, Donationum, Immunitatum, Priuilegiorum, & alia piæ liberalitatis Monumenta, à Pontificibus... ac Comitibus, in fauorem Ecclesiarum, præsertim Belgicarum, edita continentur. Brvxellis, Apud Ioannem Merbecivm M.D.C.XXIV. In-8, rel. veau.

634. Monumenta Vaticana historiam ecclesiasticam sæculi XVI illustrantia. Ex tabulariis sanctæ sedis apostolicæ secretis excerpta, digesta... ab *Hugo Laemmer*. Friburgi Brisgoviæ, Herder, 1861. In-8, br. — **Laemmer** (Hugo). Analecta Romana. Kirgengeschichtliche Forschungen in römischen Bibliotheken und Archiven. Schaffhausen, Hurter, 1861. In-8, rel. toile, non rogn., couvert.

635. **Pagi** (R. P. Fr.). Breviarium historico-chronologico-criticum illustriora pontificum romanorum gesta, conciliorum generalium acta, necnon complura cùm sacrorum rituum, tùm antiquæ ecclesiæ disciplina capita complectens;... editio prima veneta... Venetiis, Joh. Bap. Recurti, MDCCXXX-MDCCXLVIII. 5 vol. in-4, d.-rel. v. rac., tr. p.

Le tome 5ᵉ porte comme nom d'auteur : R. P. Antonius Pagi, au lieu de Franciscus.

636. **Pezius** (Bernardus). Thesaurus anecdotorum novissimus : seu veterum monumentorum præcipuè Ecclesiasticorum, ex Germanicis potissimum Bibliothecis adornata Collectio recentissima... Augustæ Vindel., Sumptibus Philippi, Martini, & Joannis Veith fratrum, 1721-23. 5 tomes en 15 volumes in-fol., rel. vél. blanc.

Important ouvrage.

637. **Schelhorn** (Johann Georg). Ergotzlichkeiten aus der Kirchenhistorie und Literatur... Ulm und Leipzig, Bartholomai, 1762-1764. 12 tomes en 3 vol. in-8, rel. parch.

638. **Schelstrate** (Emanuel de). Antiquitas Ecclesiae dissertationibus, monumentis ac notis illustrata. Romæ, typis Sac. Congreg. de Propag. Fide, 1692-97. 2 vol. in-fol., rel. vél. blanc.

639. **Suicerus** (Joh. Caspar.). Thesaurus ecclesiasticus, e patribus græcis ordine alphabetico exhibens quæcunque Phrases, Ritus, Dogmata, Hæreses, & hujusmodi alia spectant... Editio secunda. Amstæledami, apud Wetstenios & Smith, 1728. 2 vol. in-fol., rel. veau f.

La dernière et la meilleure édition de cet ouvrage. On a refait à quelques exemplaires un nouveau titre avec la mention : Utrecht, 1746.

GÉOGRAPHIE ECCLÉSIASTIQUE

640. **Benoist.** Dictionnaire de géographie sacrée et ecclésiastique. Paris, 1848-1854. 3 vol. grand in-8, rel. toile. [Tomes 28, 29, 30 de l'*Encyclopédie théologique* de l'abbé *Migne*.]

641. *Le même.* Paris, 1862-1865-1854. 3 vol. in-8, d.-rel. bas.

> Les tomes I et II sont d'un autre tirage que les exemplaires du n° précédent.

642. **Charles de Saint-Paul.** Geographia sacra, sive notitia antiqua dioecesium omnium patriarchalium, metropoliticarum et episcopalium veteris Ecclesiæ... Accesserunt in hac editione notæ Lucæ Holstenii... Amstelaedami, Exc. Fr. Halma, M D CC III. 2 front. et nomb. cartes géog. 1 vol. in-fol., rel. veau.

> *Charles de Saint-Paul* alias *Charles Vialart*, général des feuillants, devint évêque d'Avranches en 1640, et mourut en 1644. Il publia son ouvrage en 1641. Cf. n° 109.

643. **Chytræus** (David). Dauidis Chytræi Oratio de statv ecclesiarvm hoc tempore in Græcia, Asia, Boëmia, &c. Epistolæ Constantinopolitanæ & aliæ circiter XXX. qvibvs in hac editione aliquot Epistolæ Græcæ et Latinæ, Confessio fidei à Gennadio Patr. Mahometi II... exhibita, De Russorum & Tartarorum religione ac moribus, & veterum Borussorum sacrificijs, & alia accesserunt. Adiuncta item epistola Constantinopolitanæ Ecclesiæ ad Boemos. Francofvrti, Apud hæredes Andreæ Wecheli, 1583. In-8 de 271(1) pp., rel. vél. — **Mylonius** (Nic.). Davidis Chytræi Lvdimagistri Rostochiensis impostvræ, qvas in Oratione quadam inseruit, quam de statu Ecclesiarum hoc tempore in Græcia, Asia, Africa, Vngaria, Boëmia, inscriptam edidit, & per Sueciam ac Daniam disseminari curavit. Addita est Epistola ad... Stephanum, Poloniæ Regem, in qua de uero statu Ecclesiarum per Vniuersum Orbem Christianum... agitur... Ingolstadii. Ex officina Davidis Sartorii, Anno cIɔ.Iɔ.xxcii. In-8 de 1 fnc.-51 ff. chif.-32 ffnc., rel. vél.

> *Chytræus*, élève de Camerarius et de Melanchton à Tubingen, puis professeur à Rostock, fut chargé par l'empereur Maximilien d'organiser le culte protestant en Autriche, après les conférences d'Augsbourg.

644. **Chytræus** (David). Was zu dieser zeit In Griechenland, Asien, Africa, vnter des Türcken, vnd Priester Johans Herrschafften, Item in Vngern, vnd Behemen, etc. der Christlichen Kirchen zustand sey. Sampt etlichen Schreiben, so von Constantinopel, vom Berge Sinai... jetzund von Henrico Arnoldo... verdeudschet. Anno M.D.LXXXI. *S. l. n. typ.* Petit in-4 de 40 ffnc., rel. vél.

645. **Gams** (P. Pius Bonifacius). Series episcoporum ecclesiæ catholicæ, quotquot innotuerunt a beato Petro Apostolo. [& Supplément de 1870 à 1885.] Ratisbonæ, Typis Manz, 1873-1886. 1 vol. in-4, d.-rel. mar. brun, coins, tr. dor., au chiffre du comte Riant.

646. Geslin (P.). La Saincte Chorographie ou Description Des Lievx ov Reside l'Eglise chrestienne par tout l'Vniuers... A Amsterdam, chez Louis Elzevier, 1641. In-12, cart.

Exemplaire de la bibliothèque du marquis de Morante.

647. Hiéroclès. Synecdemus et Notitiae graecae episcopatuum. Accedunt Nili Doxapatrii notitia patriarchatuum et locorum nomina immutata. Ex recognitione *Gustavi Parthey*. Berolini, in aedibus Friderici Nicolai, 1866. In-8, cart. perc. v., couvert.

Ouvrage très important pour la géographie de l'Empire d'Orient, imprimé pour la première fois dans la « *Geographia sacra* » de Charles de Saint-Paul.

648. Hoc in libello omnes conti=||nentur Patriarchatus. Archiepatus. Metropoles. ac Epi||scopatus : totius Catholice ecclesie : oīmq3 prouinciaƻ tam || orientaliū q̄m occidentaliū nationum : Cuius materiā (qm̄ || breuis quippe vtilisq3 et curialis valde) merito quemuis || lratum maxime clericū scire conuenit... *In fine* : Vindelice Auguste impressit mḡr joh̄es Otmar || Anno Millesimo quingentesimo quinto ɛc. In-4 de 6 ffnc., rel. vél.

649. Miræus. Notitia episcopatvvm orbis christiani : in quâ Christianæ religionis amplitudo elucet Libri V... Antverpiæ, Ex officina Plantiniana, Apud Viduam & Filios Io. Moreti. M.DC.XIII. Petit in-8, rel. veau, plats ornés. — *Du même*. De statv Religionis Christianæ, per Evropam, Asiam, Africam, et Orbem Nouum, Libri IV... Coloniæ Agrippinæ, Sumptibus Bernardi Gualtheri. M.DC.XIX. Petit in-8, rel. vél. — *Du même*. Geographia Ecclesiastica in qva Provinciæ Metropoles, Episcopatus, siue Vrbes titulo Episcopali illustres, Alphabeti serie digestæ leguntur : Et de Ecclesiarum maximè illustrium originibus, progressibus, ac vicissitudinibus breuiter disseritur... Lvgdvni, Sumpt. Antonii Pillehotte, sub signo SS. Trinitatis. M.DC.XX. In-12, rel. vél. Ensemble 3 vol. in-8 et in-12, rel. veau et vél.

650. Nvmervs et tituli Cardinalium, archiepiscoporum & episcoporum Christianorum. Taxae et valor beneficiorum regni Galliæ cum taxis cancellariæ apostolicæ, necnon sacræ pœnitentiariæ itidem apostolicæ : ..... Apud Galeotum à Prato... 1533. *In fine* : Excudebat Antonius Augerellus impensis Galeoti à Prato. Anno M.D.XXXIII.III. Idus Aprilis. Petit in-8 de 194 ff. chif., 2 ffnc., rel. vél.

651. *Le même.* Parisiis, Apud Galeotum à Prato... 1545. *In fine* : Parisiis impensis Galeoti Pratensis 1545 Kalendas Maias. 1545. Très petit in-8 de 8 ffnc., 183 ff. chif., 1 fnc., rel. vél.

652. [Practica cancellariæ apostolicæ. Rome, Jean Besicken, 1503]. *Fnc.* 1, *signé* a, *recto, col.* 1, *incipit* : ℭ Prouinciale omniū eccle= ||siarum exemplarum a libro cā||cellarie apostolice. || IN ciuitate ro= || mana sunt quin||q3 ecclesie pa=||triarchales... *Fnc.* 9, *signé* b, *recto, col.* 1, *incipit* : Tiberiaden̄. || Maioren̄. || ℭ In patriarchatu anthioceū || sūt. C.liij. ecclesie cathedrales || ad instar...

F. cxxvij *verso, l.* 36, *explicit* : ... damus et etiam potestatem. || Et insuper prefato ꝛc̄. *Fnc.* 128, *recto, colophon* : Finit practica Cancellarie apostolice Impressa Rome p || Iohannem de Besicken. Anno salutis xp̄iane. M.ccccc.iij. Pontificatus sanctissimi in xpro patris ⁊ domini nostri || dn̄i Alexandri .vj. Pont. max. Anno. Undecimo. *Fnc.* 128 *verso blanc.* In-8, 24 ffnc , 103 ff. chiffrés xxv à cxxvij, et 1 fnc = 128, car. goth., 37 ll. ll. (les 15 premiers ff. sont à 2 col.), signat. a-q par 8 ff., init. grav., manchettes, rel. parchem.

653. Prouinciale om||niū Ecclesiarū Ca||thedraliū uniuersi || orbis : cū Practica || stilo ⁊ formis Can||cellarie Aplice iux||ta morem Ro. Cu. || per litteras alpha-||beti descripto℞. || (*Titre encadré*). *In fine* : Impressit Rome Marcellus Silber aĺs Franck || Anno dn̄i M.D.xiiij. Die. x. mensis Nouem|| bris. Sedente Leone. X. Pontifice Maximo || Anno eius Secundo. In-4 de 114 ff. chif., rel. vél., tr. r.

654. Provinciale omnium ecclesiarvm cathedralivm vniversi orbis, cvm cvivsque regionis monetæ nomenclatura ac ualore, nuper ex libro Cancellariæ Apostolicæ excerptum. (*Armes de Léon X*). Brixiæ, ad instantiam Io : Baptistæ Bozolæ. M.D.LXIII. *In fine* : Brixiæ apud Ludovicum Sabiensem. In-4 de 12 ffnc., rel. vél.

655. **Stadel** (Joannes Carolus à). Compendium Geographiæ ecclesiasticæ universalis in quo Patriarchatuum, Archi- & Episcopatuum, per totum Orbem diffusorum modernus status exponitur, cum rebus notabilioribus Provinciarum... Sumptibus auctoris, Romæ, Typis Rocchi Bernabò, 1712. Petit in-8, rel. parch.

PREMIERS TEMPS DE L'ÉGLISE — ORIGINES DE L'ÉGLISE D'AFRIQUE

656. **Dykes** (J. Oswald). From Jerusalem to Antioch. Sketches of the primitive church. London, Hodder & Stoughton, 1880. 1 vol. in-8, rel. toile (éditeur).

657. **Lemoyne** (Giovanni B.). L' apostolo San Giovanni e la Chiesa primitiva. Torino, Tip. et Lib. Salesiana, 1882. 2 vol. in-12, rel. toile (éditeur).

658. **Nibelius** (J.). En Christens Resa utu then Steniga Arabien til Himmelen under then H. Apostelens Pauli trogna Anförande uti eit samt framsteld emellan Mosen och Paulum... Stockholm, H. C. Merckell, 1727. In-8, titre r. et n., rel. vél., tr. r.

659. **Phillips** (George). The doctrine of Addai, the Apostle, now first edited in a complete form in the original Syriac, with an english translation and notes. London, Trübner and Co., 1876. In-8, cart. perc. br.

660. **Oster** (Jules). La conférence de Jérusalem. Etude critique sur Act. XV et Gal. II (*Thèse*). Strasbourg, Silbermann, 1869. In-8, cart. — **Schelguig** (Samuel). De Concilio Hierosolymitano... exercitatio theologica... unà cum

diligente Examine Quæstionis de Sanguine cibario. Lipsiæ, in Bib. B. Mola. Gedani, e typ. D. F. Rhetii, *s. d.* (circ. 1678). In-4, dérel. — **Schenz** (Wilhelm). Historisch-exegetische Abhandlung über das erste allgemeine Concil in Jerusalem (52 nach Chr.). Regensburg, New-York & Cincinnati, 1869. In-8, d.-rel. toile. — **Taillefer** (Louis). Essai sur la conférence de Jérusalem (*Thèse*). Strasbourg, Silbermann, 1838. In-4, cart. — **Vincent** (J. François). Le voyage à Jérusalem dont nous parle Saint Paul dans l'épître aux Galates, II, 1-10, est-il le même que celui raconté dans les actes, XV, 1-29 ? (*Thèse*). Strasbourg, Silbermann, 1861. In-8, rel. toile. Ensemble 5 vol. ou plaq.

661. **Münter** (Friedrich). Primordia Ecclesiae Africanae. Hafniae, Schubothe, 1839. 1 vol. in-4, d.-rel. mar. rouge.

662. **Schelstrate** (Emanuel de). Ecclesia Africana svb primate Carthaginiensi. Parisiis, Veneunt apud Fredericum Leonard, MDC.LXXIX. In-4, rel. veau (portrait du cardinal Jérôme Casanate, gravé par « *Pet : Paul Boûche* »).

663. **Blampignon** (Emile). De Sancto Cypriano et de primæva Carthaginiensi ecclesia, Disquisitio historica. Cui subest Simeonis Metaphrastæ hagiographia hactenus inedita. Paris, Didot, 1861. 1 vol. in-8, rel. toile. — **Guérin** (V.). La France catholique en Tunisie, à Malte et en Tripolitaine. Tours, Mame, 1886. Vol. in-8, rel. toile, couvert. (lettre de l'auteur au comte Riant). — **Dard** (Le chanoine). Etude sur Saint Augustin. Fribourg, Imp. cath. suisse, 1887. In-8, br. — **Delattre** (R. P.). Archéologie chrétienne de Carthage. Fouilles de la Basilique de Damous-el-Karita. Lyon, 1886. Vol. in-8, br., avec lettre du P. Delattre au comte Riant et une photographie. — *Du même*. Notice sur les plombs chrétiens trouvés à Carthage. Lyon, 1887. Br. in-8. — **Mas Latrie** (L. de). Les anciens évêchés de l'Afrique septentrionale. Alger, Fontana, 1887. In-8, br. — **Sainte-Marie** (E. de). La Tunisie chrétienne... Lyon, bureau des Missions catholiques, 1878. In-8, fig. et pl., cart. perc. Ensemble 7 vol. ou plaq.

2. Histoire des Papes.

SOURCES — OUVRAGES GÉNÉRAUX

664. Acta Pontificum Romanorum inedita. Urkunden der Päpste vom Jahre 748 bis J. 1198 & vom Jahre c. 97 bis zum J. 1197, gesammelt und hrsgg. von Dr *J. v. Pflugk-Harttung*. Stuttgart, Kohlhammer, 1881-88. *Tomes 1 & 2* en 1 vol. grand in-8, d.-rel. chag. r., tête marbr., non rogn., couvert., au chiffre du comte Riant. *Tome 3*, 1re et 2e livraisons brochées.

665. Analecta Vaticana edidit Dr Otto Posse. Oeniponti, Wagner, 1878. In-8, cart. perc.

666. **Carranza.** Svmma Conciliorvm et Pontificvm a Petro vsque ad collecta per F. Barth. Carranzam... Adiectis ad finem canonibus alijs Concilij Nicæni, nuper repertis... cum indice nuovo copiosissimo. Lvgdvni, Ex officina Ivntarvm. MDLXXXVII. 1 vol. in-16 de 24 ffnc., 655 ff. chif., 1 fnc.; rel. peau de truie estampée.

>Barthélemy Carranza (1503-1576), archevêque de Tolède, de l'ordre des Dominicains, fut poursuivi en Espagne pour un cathéchisme qu'il avait fait publier et ne fut absous qu'après une longue détention. Sa *Summa conciliorum*, parue pour la première fois à Venise en 1546, a eu de nombreuses réimpressions.

667. **Ciaconius** (Alphonsus). Vitae et res gestae Pontificvm Romanorvm et S. R. E. Cardinalivm ab initio nascentis Ecclesiæ, vsque ad Vrbanvm VIII... Iconibus Pontificum, horum et Cardinalium Insignibus... adiunctis. Alia plura Victorellus, & Ferdinandus Vghellus... addiderunt. Hieronymus Aleander... & alii Ciaconianum opus recensuerunt. Romae, Typis Vaticanis, M DC XXX. 2 vol. in-fol., rel. veau (rel. fatiguée), avec fig. et blasons.

>Le savant dominicain espagnol, *Ciaconius* ou *Chacon* (1540-1599), de Baeça, a eu comme principaux collaborateurs *Francisco Cabrera* et *Andrea Victorello* ; son œuvre n'a vu le jour qu'après sa mort, la première édition étant datée de 1601, et c'est Victorello qui en a surveillé l'impression.

668. **Clément V.** Regestum, ex Vaticanis Archetypis, nunc primum editum cura et studio Monachorum ordinis S. Benedicti, anno MDCCCLXXXIV-LXXXVIII. Roma, Typogr. Vaticana, 1885-88. 9 parties en 7 vol. in-fol., brochés, avec un portr. héliogr. de Léon XIII.

669. Epistolæ Romanorum Pontificum et quæ ad eos scriptæ sunt a Clemente I usque ad Innocentium III... studio et labore Petri Coustant. Tomus I (ab anno Christi 67 ad annum 440). Parisiis, Delatour, Coustelier & Simon, 1721. 1 vol. in-fol., rel. vél. [avec l'Appendix].

670. Epistolae Romanorum Pontificum genuinae et quae ad eos scriptae sunt a S. Hilario usque ad Pelagium II, ex schedis Clar. Petri. Coustantii aliisque editis, adhibitis praestantissimis codicibus Italiae et Germaniae... edidit *Andreas Thiele*. Tomus I. A S. Hilario usque ad S. Hormidam. Ann. 461-523. [*Tout ce qui a paru.*] Brunsbergae, E. Peter, 1868. 1 vol. in-8, d.-rel. chag. r., tête lim., non rogn.; au dos, chiffre du comte Riant.

671. Epistolae Pontificum Romanorum ineditae, edidit *S. Loewenfeld*. Lipsiae, Veit et comp., 1885. In-8, br. — CIII lettere inedite di Sommi Pontefici scritte avanti e dopo la loro esaltazione [*pub. par G. Campori*]. Modena, Soc. tip., 1878. In-4, rel. toile, couv. — **Boniface VIII.** Due Minute di Lettere [pub. p. *Guido Levi*]. Roma, 1886. In-8, br.

672. **Höfler** (Constantin). Die deutschen Päpste. Regensburg, Manz, 1839. 2 vol. in-8, d.-rel. bas., tr. jasp.

673. **Jacob de Saint-Charles** (Le P. Louis). Bibliotheca Pontificia duobus libris distincta. Lugduni, sumpt. hæred. Gabr. Boissat, & Laurentii Anisson, 1643. 1 vol. in-4, rel. veau estampé (xviie s.).

674. **Kaltenbrunner** (Ferdinand). Pabsturkunden in Italien. Wien, Gerold's Sohn, 1879. — Römische Studien. Innsbruck, Wagner, 1884. — Der Willebrief für die Römische Kirche vom Jahre 1279. Innsbruck, Wagner, 1884. Ensemble 7 fasc. in-8, br. et cart.

675. **Léon X**. Leonis X Pontificis maximi Regesta, collegit et edidit Jos. Card. Hergenroether. [Fasc. I a VIII]. Friburgi Brisgoviae, 1884-1891. 6 vol. in-4, br.

676. **Maimbourg**. Histoire du pontificat de S. Grégoire le Grand... Paris, Claude Barbin, M DC LXXXVI. In-12, front. — *Du même*. Traité historique de l'établissement et des prérogatives de l'église de Rome et de ses évêques... Paris, Sebastien Mabre-Cramoisy, MDCLXXXV. In-12. Ensemble 1 vol. rel. parch. — *Du même*. Histoire de la decadence de l'Empire après Charlemagne et des différends des Empereurs avec les Papes au sujet des investitures... 3º édition. Paris, S. Mabre-Cramoisy, M DC LXXXII. 2 vol. in-12, rel. veau f., tr. r. — **Rocquain** (Félix). La papauté au Moyen-Age. Nicolas Ier, Grégoire VII, Innocent III, Boniface VIII. Etudes sur le pouvoir temporel. Paris, Didier, 1881. In-8, rel. toile, couv. Ensemble 4 vol.

677. **Pitra** (Jean-Baptiste). Analecta novissima Spicilegii Solesmensis altera continuatione. De epistolis et registris Romanorum Pontificum; Tusculana. Typis Tusculanis, 1885-88. 2 vol. grand in-8, br.

678. Pontificiarum constitutionum in bullariis magno et romano contentarum et aliunde desumptarum epitome, opera et studio Aloysii Guerra S. T. D. Venetiis, 1772. 4 vol. in-fol. rel. bas.

679. Regesta Pontificum Romanorum ab condita ecclesia ad annum post Christum natum MCXCVIII. Edidit *Philippus Jaffé*. Editionem secundam correctam et auctam auspiciis *Gulielmi Wattenbach* curaverunt *S. Loewenfeld*, *F. Kaltenbrunner*, *P. Ewald*. Lipsiæ, Veit, 1885-1888. 2 tomes in-4 en livraisons.

680. Regesta Pontificum Romanorum inde ab A. post Christum natum MCXCVIII ad A. M CCC IV edidit *Augustus Potthast*. Berolini, in ædibus Rudolphi de Decker, 1874-75. 2 vol. — Regesta Pontificum Romanorum ab condita ecclesia ad annum post Christum natum MCXCVIII, edidit *Philippus Jaffé*. Berlin, Veit, 1851. Ensemble 3 vol. in-4, d.-rel. veau, tête lim., non rogn.; au dos, chiffre du comte Riant. — **Pressutti** (Abbate Pietro). I regesti de' romani pontefici dall' anno 1198 all' anno 1304 per Augusto Potthast .. Osservazioni storico-critiche. Roma, 1874. In-8, rel. toile, couv.

681. **Rinaldi** (Odorico). Indice de' Sommi Pontefici colla tavola copiosa de' nomi, e delle materie storiali che si contengono negli Annali Ecclesiastici. Roma, Varese, MDCLXX. In-4, rel. vél.

682. **Theiner** (Aug.). Codex diplomaticus Dominii temporalis S. Sedis. Recueil de documents pour servir à l'histoire du gouvernement temporel des

états du Saint-Siège, extraits des archives du Vatican, 756-1793. Rome, 1861-1862. 3 vol. in-fol., br.

683. Watterich. Pontificum Romanorum qui fuerunt inde ab exeunte saeculo IX usque ad finem sæculi XIII, Vitæ ab aequalibus conscriptæ... edidit *I. M. Watterich*. Lipsiæ, Engelmann, 1862. 2 vol. grand in-8, d.-rel. veau marbr., non rogn., couvert.

684. REGISTRES PONTIFICAUX : Benoît XI. Registres. Recueil des bulles de ce pape publiées ou analysées d'après les manuscrits originaux des archives du Vatican par *Granjean*. Fascicule 1 à 4. Paris, 1883-1885. In-4, br.

La suite est obligatoire pour l'acquéreur de ce numéro ainsi que pour celui des numéros suivants, 685 à 688.

685. Boniface VIII. Registres. Recueil des bulles de ce pape publiées ou analysées d'après les manuscrits originaux des archives du Vatican par *G. Digard, M. Faucon* et *A. Thomas*. Fascicules 1 à 6. Paris, 1884-1891. In-4, br.

686. Honorius IV. Registres. Recueil des bulles de ce pape publiées et analysées d'après le manuscrit original des archives du Vatican par *Maurice Prou*. Fascicules 1 à 4. Complet. In-4, br.

687. Innocent IV. Registres. Recueil des bulles de ce pape publiées ou analysées d'après les manuscrits originaux du Vatican et de la bibliothèque nationale par *Elie Berger*. Paris, 1881-1887. 8 fascicules. In-4, br.

688. Nicolas IV. Registres. Recueil des bulles de ce pape publiées ou analysées d'après les manuscrits originaux des archives du Vatican par *Ernest Langlois*. Fascicules 1 à 9. In-4, br.

689. Regule Cancellarie apostolice cum earum || notabili ᛐ subtilissima glosa nuper correpta et || emendata, et multis additionibus non tam || nitide p̄ vtiliter decorata. *In fine* : Finiunt regule : ordinationes : ᛐ constitutiones : can||cellarie sedis apostolice : sanctissimi dn̄i Inno||centij viij. diuina prouidentia pape : cum earum nota||bili ᛐ subtilissima glosa nuper correpta : ᛐ summo stu-||dio elucidata. Necnon regule sup̄dicte cancellarie etiā || puidentia diuina pape Julij secūdi in fine applicate : ||...arte ᛐ ingenio Frācisci Fradin : impresse Lugd. || Anno dn̄ice incarnationis. Millesimo. quingentesi=|| mo quinto. die ȳo .iiij. Nouembris. Petit in-8 de 128 ffnc., cart.

690. Regvle Ordinationes || & constitutiones Cancellarie || Sanctissimi Dn̄i nostri Dn̄i || Adriani diuina proui||dētia Pape Sexti. || (*Armes pontificales*). *In fine* : Predicte Regvle Provt Su||pra iacent, fuerunt impresse Rome, presen || tes autē impresse Venetiis per Cesarem || Arriuabenū Venetum Anno a Nati || uitate Dn̄i Millesimo quingente || simo uigesimo secundo sex || to decimo Mēsis Octobris. Petit in-4 (form. in-16) de 30 ffnc., rel. vél.

691. Regule cancellarie apostolice cuȝ || earum notabili ᛐ subtilissima || glosa nup correcta ᛐ emen||data ᛐ multis additio||nibus non tam niti-||de q̄ȝ vtiliter || decorata. || (*Gravure sur bois*). *In fine* : Opusculum p̄ utile summa cura castigatum : ac per || Petrū de quaregijs bergomēsem īpressum Venetiis. || Anno ab īcarnatione dn̄i .Mccccvij. die .xiij. iunij. Petit in-8 de 90 ffnc. — Regule cancellarie || Julii secundi. *In fine* : ℭ Impressum Venetijs per Petrum Bergomēsem || de Quarengijs. Anno ab incarnatione dn̄i .Mccccc. || vij. die .12. Junij. Petit in-8 de 32 ffnc., le dernier blanc. — Regvle || Ordinationes ⁊ Constitutiones || Cancellarie Sanctissimi || domini nostri Domini || Adriani diuina pro||uidentia Pape || vi. || (*Armes d'Adrien VI*). *Au recto du fnc. 31* : ℭ Im-||pressum Romæ in Campo Flore || per Marcellum Silber als Franck || Anno dn̄i M.D.xxii. || Die vero .XXV. || Septembris. Petit in-8 de 32 ffnc. — Regule Ordinationes ⁊ Consti= || tutiones Cancellarie Sanctis||simi domini nostri Domi||ni Adriani diuina pro= || uidentia Pape .vi. || Die .xi. Octobris || publicate. || (*Armes d'Adrien VI*). *In fine* : || ℭ Impressum Romæ in Campo Flore in || Edibus Marcelli als Franck || Anno Domini. M.D.xxii. Die || vero Decimaquarta || Octobris. Petit in-8 de 8 ffnc. — Declaratio Sanctissimi Domini nr̄i, dn̄i || Adriani Pape Sexti super collatione be||neficiorum & officiorum Basilica||rum Principis apostolorū. S. || Ioānis Lateraneū, & S. Ma||rie maioris : ac ecclesia||rum. S. Marie ro||tūde & S. Celsi || de Vrbe. || (*Armes d'Adrien VI*). *In fine* : Impressum Romæ in Campo Flore per || magistrū Marcellū Silber : als Franck. || *S. d.* (Novembre ou décembre 1522.) Petit in-8 de 4 ffnc. (le dernier blanc). — ℭ Decretū Sanctissimi Domini nostri p̄p̄e || de expediendis litteris super concessio|| nibus gratiarum & aliarum facul||tatum tam per fe. re. Leonem || Papam .X. quā Sanctita-||tem suam ante illius || in Vrbem aduen-||tum, facta-||rum. *In fine* : ℭ Lecta & publicata fuit suprascripta Re-||gula Romæ..... Anno|| ..... Millesimo quin-||gentesimo Vicesimosecūdo Die uero Vice||simaseptima mēsis Nouemb..... *S. l. n. d. n. typ.* [Rome, Franck, 1522]. — Regule Cancellarie noue : Super || totali reuocatione Expectatiuarum, reserua= || tione beneficiorum in Mensibus Apo||stolicis vacaturorū, Necnō reuoca||tione nōnullorū cōcessionū In || hibitione circa noua || Officia p̄ Leonē || X. Institu|| ta. *In fine* : ℭ Lecte... fuerunt .. Regule, || ... Anno Incarna= || tionis Dominice Millesimo quigētesimo Vicesi= || mo secundo Die vero Nona mensis Decembris ||..... *S. l. n. d. n. typ.* (ut supra). Ensemble 1 vol. in-8, dérel.

692. Noue Regule Cancellarie super || Reuocatiōn. omniū Facultatum || Legatis ⁊ Nunciis Aplicis con= || cessarū : Ac quarumcūq3 Indul||gentiarum in fauorem expeditio||nis cōtra christiane fidei hostes. Necnō omniū Reseruationū spe||cialiū : etiam Mentalium ⁊c̄. Ro= || me publicate. || (*Armes de Léon X*). *S. l. n. d. n. typ.* (Rome, 1515). In-4 de 4 ffnc., rel. vél.

693. **Carini** (Can. Isidoro). Le lettere e i regesti de' papi in ordine al loro primato. Roma, Monaldi, 1885. Broch. in-8. — **Loewenfeld** (S.). Päpstliche Originalurkunden im Pariser Nationalarchiv (von Formosus bis Coelestin III.) Abd. a. d. *Neues Archiv.*, VIII. In-8, cart. — Kleinere Beiträge. Abd. a. d. *Neues Archiv.*, XI. In-8, cart. — Papsturkunden in Italien. Wien, Gerold,

1880. In-8, cart., couv. — Elf Papstbullen. Mitg. von *S. Löwenfeld*. Abd. a. d. *Neues Archiv*... XI. In-8, cart. — **Luxardo** (Dr Hier. Karl). Das päpstliche Vordecretalen. Gesandtschaftsrecht. Innsbruck, Wagner, 1878. In-8, cart., couv. — **Marini** (Marino). Diplomatica pontificia... osservazioni... sulle Bolle de' papi. Roma, Menicanti, 1841. In-4, rel. toile, couv. — **Ottenthal** (E. von). Das Komma auf päpstlichen Urkunden. Abd. a. d. *Mittheil. d. Inst. f. œst. Gesch.*, V. In-8, cart. — **Palmieri** (D. Gregorio.). Ad Vaticani archivi Romanorum Pontificum regesta manuductio. Romae, Monaldi, 1884. In-12, rel. toile, couvert. — **Pflugk-Harttung** (J. von). Ueber mittelalterliche Briefe, im Besonderen über zwei Kreuzzugsbreven Papst Eugens III. [Extrait.] *S. l. n. d. n. typ.* In-8, cart. — Päpstliche Original-Urkunden und Scheinoriginale. *S. l. n. d. n. typ.* In-8, cart. — Gefälschte Bullen in Monte Cassino, La Cava und Nonantola. Abd. a. d. *Neues Archiv*., IX. In-8, cart. — Die Urkunden der Päpstlichen Kanzlei vom X. bis XIII Jahrhundert. München, Th. Ackermann, 1882. In-8, rel. toile. — **Röhricht** (R.). Aus den Regesten Honorius III. A. d. *Neues Archiv*., XII, 1887. In-8, br. — Urkunden und andere Aufzeichnungen mitgetheilt von *W. Wattenbach*. A. d. *Neues Archiv*., XI. In-8, br. Ensemble 15 vol. ou plaq.

MONOGRAPHIES

694. Atti del martirio di S. Alessandro primo, pontefice e martire, e Memorie del suo sepolcro al settimo miglio della Via Nomentana. Roma, B. Morini, 1858. In-8, dérel., 3 pl.

695. **Pandulphus Pisanus**. Sanctiss. D. N. Gelasii Papae II., Sacri Montis Cassini Monachi, ex Caietanis Vrbis Caietæ Dvcibvs, Campaniæ principibvs vita a Pandulpho Pisano eius familiari conscripta, nunc primum edita... a Constantino Caietano... Abbate S. Baronti... Romæ, ex Off. typ. Caballina, 1638. Petit in-4, cart., 1 pl. et figg.

    Cette vie du pape Gélase est suivie de la « Vita et passio S. Erasmi, Antiochæ Episc... scripta a Ioanne Caietano... qui Gelasivs papa II... ». Mais la pagination continue.

696. **Duchesne** (Abbé L.). Étude sur le Liber pontificalis. Paris, Thorin, 1877. Vol. in-8, rel. toile, couvert. — **Lapôtre** (A.). Hadrien II et les fausses décrétales. Paris, Palmé, 1880. In-8, cart., couv. — **Myreen** (Carolus Jah.). Donationes Pippini et Caroli Magni ad Ecclesiam romanam, paucis disquisitura,... Vpsaliae (1764). In-4, cart. perc. gr. — **Paoli** (Cesare). Il privilegio purpureo di Ottone I per la chiesa romana, secondo la recente illustrazione di Theodoro Sickel. Firenze, 1884. In-8, cart. couv.

697. **Silvestre II, pape**. Epistolæ Gerberti, primo Remorum, dein Ravennatum Archiepiscopi, postea Romani Pontificis Silvestri secundi. Quibus accessit Decretum electionis eius, anno Domini 998. Epistolæ Johannis

Saresberiensis, episcopi Carnotensis, ab anno 1154 usque ad 1180. Epistolæ Stephani,... Tornacensis episcopi nunc primum in lucem editæ è bibliotheca *Papirii Massoni*... Parisiis, Apud Macævm Ruette... 1611. 1 vol. petit in-fol., rel. parchemin.

Première édition de ces lettres, publiée par *Jean Masson*.

698. **Chantrel** (J.). Les papes et les croisades. — Sylvestre II et le siècle de fer (xe siècle). Paris, Dillet, 1861. 2 vol. in-12, d.-rel. chag. et cart. — **Ewald**. Zur Diplomatik Silvesters II, mit einer photolithographischen Tafel. Abd. a. d. *Neues Archiv*, IX. Plaq. in-8, cart. — **Werner** (Karl). Gerbert von Aurillac, die Kirche und Wissenschaft seiner Zeit. Wien, 1878. In-8, cart.

699. **Delarc** (L'abbé). Un pape alsacien. Essai historique sur saint Léon IX et son temps. Paris, Plon, 1876. 1 vol. grand in-8, rel. toile, non rogn., couvert.

700. Gregorii VII (S^t) Romani Pontificis epistolæ et diplomata pontificia, accedunt vita ejusdem Pontificis et appendices amplissimæ. Paris, Biblioth. Ecclésiastique, 1877. 2 vol. in-8, d.-rel. veau f., non rogn., avec chiffre du comte Riant.

701. **Philipon de la Madelaine** (V.). Le Pontificat de Grégoire VII. Onzième siècle... Bruxelles, Méline, Caus et Cie, 1837. In-16, 2 tomes en 1 vol., cart. perc. bl. — **Tononi** (A. G.). Gregorio VII e i Piacentini, 1046-1085. Piacenza, Solari, 1885. In-8, rel. toile, couv.; lettre de l'auteur au comte Riant. — **Koenen** (Ioan. Henr.). De tempore Concilii Mantuani. Bonnæ, formis Carthausii, 1858. In-8, cart., tr. dor. — **Will** (K. J. Corn.). Benzo's Panegyricus auf Heinrich IV mit besonderer Ruecksicht auf den Kirchenstreit zwischen Alexander II und Honorius II und das Concil zu Mantua. Marburg, 1856. In-8, cart.

702. **Brimont** (A. de). Un pape au moyen âge. Urbain II. Paris, Bray, 1862. 1 vol. in-8, rel. toile, non rogn. — **Fita** (F.). Sobre un texto del arzobispo D. Rodrigo. [Extr. du *Boletin de la r. Ac. de la Historia*, IV, 1884.] Madrid, Fortanet. In-8, cart. couv. — **Gruhenhagen** (Colmar). Vitæ Urbani secundi particula prima. Halis Saxonum, Typ. Ploetzianis, s. d. (*1848*). Plaq. in-8, cart. — **Jadart** (Henri). Du lieu natal d'Urbain II. Reims, impr. coopérative, 1879. Plaq. in-8, rel. toile. — **Langénieux** (Le cardinal). Lettre pastorale... sur le culte rendu de temps immémorial au saint pape Urbain II... Reims, Monce, (1881). In-4, rel. toile. — **Laubert** (Carolus Guilelmus). Vitæ Urbani II Papæ particula prima (*Diss.-In.*). Vratislaviae, H. Lindner, 1858. Plaq. in-8, cart. pap. — **Métais** (Abbé Ch.). Urbain II et Geoffroy Ier, cardinal du titre de Sainte-Prisce, 5e abbé de la Sainte Trinité de Vendôme... (1093-1099). Blois, Lecesne, 1882. Plaq. in-8, rel. toile, couv. — **Morcaldi** (D. Michele). Un Bolla di Urbano II e i suoi detrattori. Napoli, A. Morano, 1880. In-4, rel. perc. vert., couv. — **Péchenard** (l'abbé P.-L.). Panégyrique

du bienheureux Urbain II prononcé dans l'église de Châtillon-sur-Marne, le 3 août 1879. Imp. coopérative de Reims. In-8, cart., couv. — **Rossi** (Giov. Battista de). Esame storico ed archeologico dell' immagine di Urbano II Papa nell' Oratorio di S. Nicola... Roma, 1881. (Estr. d. *Gli studi in Italia*.) In-8, rel. toile. Lettre de l'auteur au comte Riant. — **Simon** (Henr. Otto). Urbani II Papae vita. Particula prior. (*Diss.-In.*) Berolini, G. Schade, 1851. In-8, cart. — **Stern** (Martin Franz). Zur Biographie des Papstes Urban's II. (*In.-Diss.*) Halle A/S., 1883. In-8, rel. toile. Ensemble 12 vol. ou plaq.

703. **Ibach** (J.). Der Kampf zwischen Papstthum und Königthum von Gregor VII bis Calixt II. Frankfurt a. M., Foesser, 1884. In-8, rel. toile. — **Franz** (Eduard). Papst Paschalis II. Erster Theil. (*In.-Diss.*) Breslau, R. Nischkowsky, 1877. In-8, cart. — **Lannes** (Dom Jean de). Histoire du pontificat du pape Innocent II. Paris, Giffart, 1741. Petit in-8, rel. veau. — **Kerner** (Heinrich). Papst Alexander III. Freiburg im Breisgau, Herder, 1874. In-12, rel. toile. — Due bolle pontificie. Estr. dal *Giornale ligustico*, anno X, 1883. In-8, cart. — Lettres inédites du pape Alexandre III, par M. *François Morand*. [Extr. de la *Rev. des Soc. sav.*, 5ᵉ série, t. VII, 1874]. In-8, cart. — **Clément III**. Drei Briefe Clemens III. Aus dem Armenischen übersetzt von Dr *Karamianz*. Mitgetheilt von *S. Löwenfeld*. A. d. *Neues Archiv...* XIV. In-8, br. Ensemble 7 vol. ou plaq.

704. **Bosquet** (François de). Francisci Bosqveti Narbonensis ICᵗⁱ. In epistolas Innocentii III... notæ. Quibus præfixæ sunt eiusdem Innocentij P.P. Gesta, avtore anonymo... Tolosæ Tectosagvm, Apud Societatem Tolosanam, M.DC.XXXV. 1 vol. grand in-4, rel. veau estamp., tr. rouge (rel. un peu fatiguée).

François de Bosquet (1605-1676), né à Narbonne, était conseiller d'État quand, en 1650, il se démit de ses places pour accepter l'évêché de Lodève, d'où il passa à celui de Montpellier.

705. **Contelori** (Félice). Genealogia familiæ Comitum romanorum. Romæ, Ex Typ. Reu. Cam. Apost. 1650. In-4, rel. parch. (av. un arbre généal.).

Généalogie de la famille romaine *Conti* qui a donné à l'Eglise le pape Innocent III.

* 706. **Hurter** (Friedrich). Geschichte Papst Innocenz des Dritten und seiner Zeitgenossen. Hamburg, Perthes, 1841-1844. 4 vol. in-8, d.-rel. chag.

707. — Histoire du pape Innocent III et de son siècle. Traduction nouvelle... par MM. l'abbé *Jager* et *Th. Vial*. Paris, Vaton, 1840. 2 vol. in-8, d.-rel. veau.

708. **Brischar** (J. A.). Papst Innocenz III und seine Zeit. Freiburg i B., Herder, 1883. 1 vol. in-12, rel. toile, couvert. — **Delisle** (Léopold). Mémoire sur les Actes d'Innocent III, suivi de l'Itinéraire de ce pontife. Paris, Durand, 1857. In-8, rel. toile, non rogn. [Extrait de la *Bibl. de l'Ec. des Chartes*, 4ᵉ série, t. III et IV. Tirage à part à 150 ex.] — Lettre inédite d'Innocent III

de l'an 1206, [pub. par *L. de Mas Latrie*, extr. de la *Bibl. de l'École des chartes*, t. XXXVI]. In-8, cart. — **Jorry**. Histoire du pape Innocent III (1160-1216). Plancy et Paris, 1853. In-12, rel. toile, couvert. — **Schwemer** (Richard). Innocenz III, und die deutsche Kirche während des Thronsteites von 1198-1208. Strassburg, Trübner, 1882. In-8, rel. toile, couv. — **Rottengatter** (Adalbert Theodore de). Res ab Innocentio III Papa gestae. Vratislaviae, typis Universitatis, 1831. In-8, rel. toile. — **Waibel** (Alois Adalbert). Pabst Innocentius der Dritte. Eine der denkwürdigsten Lebensgeschichten, nach Friedrich Hurter. In-8, rel. toile. Ensemble 7 vol. ou plaq.

709. **Pansa** (Paolo). Vita del gran pontefice Innocenzo Qvarto... da Tomaso Costo corretta... e data in luce......... anche la Vita di Papa Adriano V suo nipote. Napoli,... Appresso Gianiacopo Carlino, 1601. In-4, rel. veau, 2 pl. grav. sur cuivre. — Quelques lettres d'Innocent IV, extraites des manuscrits de la Bibl. nat. (n°s 1194-1203 du fonds Moreau), par M. *B. Hauréau*. Paris, Imp. nat., 1874. In-4, rel. toile.

710. **Bonucci** (Anton Maria). Istoria del Pontefice Ottimo Maximo il B. Gregorio IX descritta in tre libri... Roma, stamp. Giorgio Placho, 1711. In-4, rel. vél., frontisp. et pl. — **Honorius III et Grégoire IX**. Quelques lettres d'Honorius III et de Grégoire IX, extraites des manuscrits de la Bibliothèque nationale par M. *B. Hauréau*. Paris, Imp. imp., 1864. Plaq. in-4, cart.

711. **Courtalon-Delaistre**. La vie du pape Urbain IV, suivie de celles de Pierre-De-Celle, de Comestor & de Salomon Jarki, pour servir à l'Histoire littéraire de la Champagne. A Troyes et Paris, 1782. Vol. in-8, d.-rel. basane. — **Georges** (L'abbé Étienne). Histoire du pape Urbain IV et de son temps, 1185-1264. Arcis-sur-Aube, Frémont-Chaulin, 1866. 1 vol. in-8, rel. toile, non rogn., couv. — **Grégoire de Bayeux** et **Thierry de Vaucouleurs**. Vita Urbani papæ quarti a Gregorio decano ecclesiæ Bajocassium et a Theodorico Vallicolore scripta, Ancheri cardinalis studio. Troyes, Bouquot, 1854. (Extr. du *Bibliophile de l'Aude*, tirage à part à 51 exemp. num. N° 12 sur pap. vergé). In-8, rel. toile, couv. — **Tononi**. Il beato Gregorio X nelle sue attenenze coll' insigne Basilica di S. Antonino in Piacenza. Piacenza, Solari, 1876. In-8, rel. toile. Ensemble 4 vol. ou plaq.

712. **Rossi** (Hieronymo). Vita Nicolai Papae IV. Ordinis S. Francisci, a Hieronymo Rubeo composita, nunc primum ex MS. Vaticano edita... a P. M. *Antonio Felice Matthaejo*... Accedit Monvmentorvm Appendix. Pisis, A. D. MDCCLXI. Ioh. Pavlvs Giovannellivs... exc... In-8, rel. vél. ital.

713. **Ailli** (Pierre d'). Vita beatissimi patris, || D. Petri Caelestini qvinti, || Pontificis Maximi, Ordinis Cælestinorum insti-||tutoris eximii, qui summo tandem Pontificatui re-||nunciauit... Parisiis Apud Franciscum Stephanum, 1539. In-4, rel. veau.

<small>Cette biographie du pape Célestin V, écrite par Pierre d'Ailli, a été revue et augmentée par un Célestin du nom de Denis Fabre ou Lefèvre.</small>

714. [**Vigor** (Simon)]. Acta inter Bonifacivm VIII. Benedictvm XI. Clementem V. PPP. et Philippvm Pvlc. Regem Christian. avctiora et emendatiora. Historia eorvmdem ex Varijs Scriptoribus. Tractatvs sive Qvæstio de potestate P.P. script. circà ann. cıɔ. ccc. *S. d. n. typ.*, cıɔ. ıɔc. xıv. Vol. petit in-8, d.-rel. chag., coins, tr. rouge.

Suivant le P. *Lelong*, l'auteur de ce recueil relatif aux démêlés de Philippe le Bel et du Saint-Siège est *Simon Vigor*, conseiller laïc au Grand-Conseil; suivant d'autres, cet ouvrage est de *François Pithou* (Grosley, *Vie des Pithou*). Une première édition de cet ouvrage a paru, en 1613, également sans nom d'imprimeur.

— **Kervyn de Lettenhove**. Recherches sur la part que l'Ordre de Cîteaux et le comte de Flandre prirent à la lutte de Boniface VIII et de Philippe le Bel. Bruxelles, Hayez, 1853. Extr. du tome XXVIII des *Mém. de l'Ac. r. de Belgique*, tiré à 100 ex. In-4, br.

715. Giorgio (Domenico). Vita Nicolai Quinti Pont. Max. ad fidem Veterum Monumentorum... Romæ, Ex typ. Palearinorum, 1742. 1 vol. in-4, d.-rel. bas., non rogn. — **Rossi** (Bonaventura de'). La vita di Nicolo V papa, sciolta da' vincoli della menzogna, et restitvita alla verita'. Milano, Francesco Agnelli, 1716. Pet. in-4, rel. vél. — **Clerval**. Bulle inédite de Nicolas V (19 mars 1289). Démêlés du chapitre de Chartres avec la comtesse Jeanne et le roi Philippe le Bel pour la juridiction temporelle. Chartres, 1887. Broch. in-8.

716. Pie II (Æneas Sylvius Piccolomini). Epistole et varii tra-||ctatus Pii secũdi põ||tificis maximi : ad di||uersos in quadrupli || ci vite eius statu trãs|| misse : nouiter impres||se feliciter incipiunt. || Venundantur Lugduni ab Stephano Gueynard. eiusdcʒ || ciuitatis bibliopola et ciue in vico mercuriali : vulgariter en || la rue merchiere. Prope sanctum Anthonium. || (*Titre rouge et noir.*) *In fine :* Pij .ij. pontificis maximi : cui ante summũ episcopatuʒ primũ quidem imperiali || secretario : tandem episcopo : deinde cardinali seneñ. Eneas silius nomen erat : fa||miliares epistole ad diuersos... Impresse || Lugð. per Johãnem de vingle. Anno dñi. M.ccccc. quinto. Die .viij. Nouẽbris. Petit in-8 de 194 ffnc. (le dernier blanc manque), rel. vél., titre légèrement raccom., quelques piqûres de vers.

Cf. nᵒˢ 1-5.

717. — Epistole ⁊ varij || tractatꝰ Pij se||cũdi põtificis || maximi : ad di-||uersos inq̃dru || plici vite eiꝰ sta-||tu trãsmisse nouiter impresse || feliciter incipiunt. || Venũdãtur Lugduni ab Stepha||no gueynard, als pinct eiusdẽ ci||uitatis bibliopola ⁊ ciue in vico || mercuriali : vulgariter en la rue || merchiere Prope sanctuʒ Anthonium. || (*Titre encadré et imprimé en rouge et noir.*) *Au recto du fnc.* 194 :.... Impresse Lugð. per Johannem || Moylin als decambray. Anno. dñi. M.ccccc.xviij. Die .xv. April. Grand in-8 de 194 ffnc. (le feuillet de garde manque), rel. veau.

718. — Pii .II. Pont. Max. Asiae Evropaeqve elegantissima descriptio, mira festiuitate tum veterũ, tum recentium res memoratu dignas complectens, maxime quæ sub Frederico III apud Europeos Christiani cum Turcis, Prutenis, Soldano, & cæteris hostibus fidei, tum etiã inter sese vario bellorum euentu commiserunt. Accessit Henrici Glareani, Heluetij... compendiaria Asiæ, Africæ, Europæque descriptio. Parisiis, apud Galeotum a prato,... 1534. 1 vol. in-8 de 8 ffnc., 522 pp., rel. chag. rouge, tr. dor., dos et plats ornés.

719. — Epistola || di papa Pio .II. a || Mahometto .II. || Gran Tvr||co .||. *S. l. n. d. n. typ.* (*XVI° siècle, Rome ou Venise?*) Petit in-8 (in-16) de 64 ffnc., d.-rel. bas. Titre raccom.

720. — Pii II Pont. Max. Oratio de Bello Turcis inferendo eruta ex schedis authographis et... illustrata a *Stephano Borgia.* Romae, Apud Benedictum Francesium, 1774. Petit in-8 carré, rel. vél. — Aeneae Sylvii Piccolomini Senensis qui postea fuit Pius II. Pont. Max. Opera inedita. Descripsit... vulgavit, notisque illustravit Josephus Cugnoni. Roma, coi tipi del Salviucci, 1883. In-4, rel. toile. — **Voigt.** Die Briefe des Aeneas Sylvius vor seiner Erhebung auf den päpstlichen Stuhl... [Abd. a. d. *Archiv. f. k. Oest. Gesch.*, XVI, 1856.]. In-8, cart.

721. **Collazio** (Pietro Apollonio). Libro sin qui inedito delle epistole a Pio II per la crociata contro i Turchi, colla versione in terzine italiane di *Carlo Maria Nay,* aggiuntavi una prefazione latina di *Stefano Grosso* e un discorso proemiale di *Carlo Negroni.* Novara, Miglio, 1877. Vol. in-8, rel. toile, couvert.

<blockquote>Collazio, poète italien, originaire de Novare, vivait à la fin du xv° siècle; il est surtout connu par un poème latin sur la destruction de Jérusalem sous Vespasien, d'une élégante latinité. De nombreux biographes l'ont pris longtemps pour un auteur du vii° siècle.</blockquote>

722. **Clément VII.** Clementis VII Epistolae per Sadoletum scriptae, quibus accedunt variorum ad papam et ad alios epistolae. Oeniponti, Wagner, 1885. In-8, br. [Tome I des « Monumenta saeculi xvi historiam illust. », édités par *P. Balan.*] — **Guasti** (Cesare). Una bolla del papa Clemente VII scritta in Castel Sant' Angelo (Maggio-Dicembre 1527). Firenze, Cellini, 1885. In-8, br.

723. **Paul III.** Pavli tertii Pont. Max. ad Carolum V. Imp. Epistola hortatoria ad pacem. Ipsius Caroli tum ad eam, tum ad alias eiusdem, Concilij conuocatorias responsio. Francisci christianiss. Francorum Regis aduersus ipsius Caroli calumnias, Epistola apologetica ad Paulum III. Pont. Max. scripta. Parisiis, Ex officina Roberti Stephani typographi Regij, M.D.XLIII. Petit in-8 de 16 pp., 28 ffnc., rel. vél. [La numérotation des pages cesse sans raison après le premier cahier.]

724. **Paul IV.** Regvlae dvae San-||ctissimi domini nostri D. || Pauli diuina prouidentia Papæ IIII. Vna videli-||cet Reuocatoria omnium & singulorum Lega-||torum & Nuntiorum Apostolicorum, in qui||busuis non tamen Angliæ

& Hiberniæ Re-||gnis, ac aliis Prouinciis in ea expressis. || Et alia etiam Reuocatoria facultatum concessarum || ordinariis Collatoribus, quo ad beneficia in men||sibus Apostolicis vacantia, aut alias reserua-||ta & affecta. || *Armes de Paul IV.* || Romae, Apud Antonium Bladum. || Anno M.D.LV. Plaq. in-12 de 4 ffnc., rel. chag.

> Le pape Paul IV refusa toujours de reconnaître les aliénations des biens ecclésiastiques faites par Henri VIII en Angleterre et traita durement le cardinal Poole, légat du Saint-Siège dans ce royaume, coupable de ne pas déployer assez d'énergie. Les deux pièces imprimées dans notre plaquette sont relatives à ces mesures qui nuisirent beaucoup au catholicisme.

725. Catena (Girolamo). Vita del gloriosissimo papa Pio Qvinto... con vna raccolta di lettere di Pio V à diuersi Principi, & le riposte, con altri particolari. E i nomi delle galee, et di capitani, cosi Christiani, come Turchi, che si truouarono alla battaglia nauale. Roma, Nella Stamperia de Vincenzo Accolti, MDLXXXVI. 1 vol. in-4 de 18 ffnc., 329(1) pp., rel. parch., beau frontispice.

726. **Riccoboni.** Antonii Riccoboni Rhodigini I.C. et Hvmanitatem in Academia Patavina Profitentis Oratio habita in funere Pij V Pont. Max. (*Marque typog.*). Patauij, apud Robertum Meietum Paulli F. An. MDLXXII. In-4 de 12 ffnc., rel. vél.

727. Controversiæ memorabiles inter Paulum V Pontificem Max. & Venetos; De excommunicatione contra eosdem Venetos Romæ promulgata XVII. Aprilis anno cIↃ IↃ c VI. Acta et scripta varia summa fide ex Italico in Latinum Sermonem conuersa, prout Romæ & Venetiis excusa prodierunt. In Villa Sanvincentiana, Apud Paulum Marcellum, Svmptibvs Caldorianæ Societatis, Anno cIↃ IↃ c VII. In-8 de 2 ffnc., 222 pp., 1 fnc., 672 pp., rel. vél.

> Rare et curieux ouvrage, contenant la Bulle d'excommunication de *Paul V* contre les Vénitiens pour une affaire de droit canonique, des dissertations d'*A. Quirinus*, des cardinaux *Baronius, Bellarmin* et *Colonna*, de *J. Marsilius*, de *Paolo Nicoletti*, dit *Paul de Venise*, de *J. Gerson*, etc. « Villa Sanvincentiana » est un lieu d'impression supposé, et le volume a probablement été imprimé à Venise.

728. RECUEIL DE PIÈCES RELATIVES AU DIFFÉREND DE PAUL V ET DE VENISE, 1605-1607 : — Monitorium contra Venetos. Responsiones Bartholomaei Ugolini ad tractatum septem theologorum. Bononiae, 1606. — Dialogia alli signori della republica e senato di Venetia di Fra Paolo Venetiano dell' ordine di santo Agostino. Bologna, 1606. — Difesa della potesta et immunita ecclesiastica, di Fra Gregorio Servantio, dell' ordine de' Predicatori, vescovo di Trevico, contra le otto propositioni di un dottore incognito sopra il breve di censure della Santita di Papa Paulo Quinto, publicate contro li signori Venetiani. Bologna, 1606. — Risposta del sig. Paolo Anafesto all' avviso del sig. Antonio Quirino, circa la scommunico della S. d. P. Paolo V contro il duce e senato di Venetia. Bologna, 1607. — Aviso sicuro contro il mal fondato aviso del signor Antonio Quirino, senator Veneto, di Agesilao Mariscotti nobile Bolognese. Bologna, 1607. — Copia d' una lettera scritta a nostro signore Papa Paulo

Quinto di Zefiriele Tomaso Bovio Veronese. Padova, 1607. — Consulta di un dottore Parigino intorno la controversia tra la Santita di Paolo Quinto et la serenissima Republica Veneta. Padova, 1607. — Tractatus de iure principum, auctore fratre Paulo Ciera Veneto, Ord. S. Augustini. Bononiae, 1607. Ensemble en 1 vol. petit in-4, rel. v. f., filets, tr. rouge; aux armes de Charron, marquis de Menars.

> Le différend dont il s'agit dans toutes ces pièces s'éleva entre le Saint-Siège et Venise à propos de deux ecclésiastiques coupables d'une série de méfaits et emprisonnés d'autorité par le Sénat. En outre, des ordonnances avaient été rendues par le même Sénat, restrictives des droits des ordres religieux, etc. Le Pape excommunia les doges et la République; les religieux furent bannis et les choses demeurèrent ainsi jusqu'à l'intervention de Henri IV qui, par l'entremise du cardinal de Joyeuse, mit fin à cette situation.

729. **Révillout** (Eugène). Le Concile de Nicée d'après les textes coptes et les diverses collections liturgiques. Paris, Chamerot, 1881. In-8, rel. toile, non rogn., couvert.

730. **Dux** (Johann Martin). Der deutsche Cardinal Nicolaus von Cusa und die Kirche seiner Zeit. Regensburg, Manz, 1847. 2 tomes en 1 vol. in-8, rel. toile, non rogn. — **Scharpff** (Franz Anton). Der Cardinal und Bischof Nicolaus von Cusa als Reformator in Kirche, Reich und Philosophie des fünfzehnten Jahrhunderts. Tübingen, Laupp, 1871. In-8, rel. toile (édit.).

731. **Kinberg** (Johannes Gust.). Dissertationis, de legatis nuntiisque papalibus in Sueciam missis, pars prior... Upsaliæ, 1763. Plaq. in-4, cart. perc. — **Markgraf** (H.). Ueber die Legation des Guido tit. S. Laurentii in Lucina presbyter cardinalis, von 1265-1267. [Extr.] In-8, cart. — **Roy.** (Jules). Du rôle des légats de la Cour de Rome en Orient et en Occident du IVe au IXe siècle. Paris, Imp. nat., 1878. In-8, cart. — **Guerrier.** De Petro Damiano, Ostiensi episcopo, Romanæque Ecclesiæ cardinali. Aureliæ, Herluison, 1881. In-8, rel. toile, couv. Ensemble 4 vol. ou plaq.

3. Ordres religieux.

OUVRAGES GÉNÉRAUX

732. **Ammannus** (Judocus). Clerus totius Rom. Ecclesiæ. hoc est, Pontificiorvm ordinvm omnium omninò utriusq3 Sexus Habitus, artificiosissimis Figuris expressus, & antehac adjectis Francisci Modii Brug. singulis Octostichis,... Nunc autem appositis Adami Loniceri Francof. Rhythmis Germanicis nitidior & illustrior in lucem denuò prolatus. Das ist : Der Römischen Catholischen Kirchen jemahls gewesene Ständ und Orden,... Franckfurt am Mayn. In Verlegung Johann Wilhelm Ammons, und Wilhelm Serlins. Anno M DC LI. In-4, rel. parch., 103 fig. sur bois.

> Ouvrage très curieux et fort rare, du graveur Jost Amman, imprimé pour la première fois en 1589, sans les vers de Lonicer. Quelques-unes des figures de cette édition ont été imprimées à part et ajoutées aux exemplaires, notamment les fig. X, LVI, LXXII, LXXXI (Jésuites), XC.

733. **Collectio** Scriptorum Rerum Historico-Monastico-Ecclesiasticarum variorum religiosorum Ordinum... curante Michael III ad Exemptas Insulas Wengenses Cann. Regg. Ulmæ Suevorum Prelato... Ulmæ, Sumptibus Gaumianis, 1756-1757. 4 tomes en 1 vol. in-fol., rel. vél., tr. r.

    Cette collection comprend, entre autres ouvrages, des œuvres de *C. Stengel*, de *Miræus* et de *Franc. Petri*.

734. **Creccelius** (Jean). Collectanea ex Historijs de Origine et Fundatione omnium ferè Monasticorum Ordinum..... Quibus illustrandi et delectandi gratiâ accesserunt variorum ac diversorum Ordinum Ecclesiæ papisticæ variæ ac diversæ Imagines, habitum et mores, tam Virorum quam Feminarū Cœnobitarum referentes, æri eleganter incisæ. Per IoH. Th. de Bry in Cujus Icono-Biblio-polio prostat. Francofvrti, Anno 1614. Vol. in-4, titre gravé et encadré (un peu raccom.), 11 planches, d.-rel. bas.

    Jean Creccelius, moine augustin qui vivait à la fin du xvie siècle et au commencement du xviie, jeta le froc aux orties et se fit ministre protestant. Son ouvrage est un violent pamphlet, mais est surtout intéressant à cause des 11 planches gravées par *Jean de Bry*, d'après les dessins de *Jost Amman*, et qui contiennent 99 figures de religieux et religieuses.

735. **Crescenzi** (Gio. Pietro de'). Presidio romano overo della Milizia ecclesiastica et delle Religioni si Caualleresche, come Claustrali Libri III... con l'Arsenale de' religiosi in fine... In Piacenza, Per Gio. Antonio Ardizzoni... M DC XLVIII. 1 vol. grand in-4, rel. vél.

    Chaque livre a sa pagination particulière.

736. **Daugaard** (J. B.). Om de danske Klostre i Middelalderen. Kjøbenhavn, Seidelin, 1830. 1 vol. in-4, d.-rel. bas. fauve.

737. **Dugdale** (Sir William). Monasticon Anglicanum... originally published in Latin. London, March, 1849. 8 vol. in-fol., d.-rel. chag., coins, tête dor., non rogn., nombr. pl.

    Le « Monasticon Anglicanum » a paru de 1655 à 1673 ; les illustrations fort remarquables, reproduites dans notre édition, sont dues à Hollar et à King ; l'édition de 1849, comme celle de 1817-1830, reproduit avec le « Monasticon » un autre ouvrage de Dugdale : « History of Ancient Abbeys », publié pour la première fois en 1722, après la mort de l'auteur.

738. **Fuxhoffer** (Damien). Monasteriologiae regni Hungariae libri duo, recognovit ad fidem fontium, revocavit et auxit *Maurus Czinár*. Pestini, typis Joannis Hertz, 1858. 2 tomes en 1 vol. in-4, rel. toile, tr. marbr.

    Ouvrage important pour l'histoire des ordres religieux existant en Hongrie, notamment des Bénédictins.

739. [**Hippolyte** (le père)]. Histoire des ordres monastiques, religieux et militaires et des congrégations séculières de l'un et de l'autre sexe. Imprimée à Paris, & se vend à Douay, chez Joseph Derbais, 1714-1719. 8 vol. in-4, fig., rel. veau.

    Bel exemplaire d'un ouvrage recherché, non seulement pour sa valeur scientifique, mais aussi à cause des nombreuses planches qui le décorent. Son auteur,

Pierre *Hélyot*, dit le Père Hippolyte (1660-1716), du tiers-ordre de Saint-François, a gardé l'anonyme pour publier cet important travail ; sa mort prématurée ne lui permit pas de l'achever, et il a été terminé, à partir du tome VI, par le *P. Maximilien Bullot*.

740. **Hospinianus** (Rodolphe). De origine et progressv Monachatvs ac Ordinvm Monasticorvm, Equitvmqve Militarium omnium Libri VI... Tigvri In officina Froschouiana 1588. 1 vol. petit in-fol., rel. vél.

Ouvrage estimé. Première édition.

741. **Lubin** (Augustin). Abbatiarum Italiæ brevis notitia. Romæ, typis Jo. Jac. Komarek, 1693. In-4, rel. vél.

Exemplaire de la bibliothèque de *Ignace de Döllinger*.

742. **Maruli, o Maurolico** (D. Silvestro). Historia sagra intitolata Mare Oceano di tvtte le Religioni del Mondo divisa in cinque libri... Messina, Pietro Brea, 1613. 1 vol. petit in-fol., rel. parch.

743. **Morigia** (Paolo). Historia dell' origine di tvtte le Religioni, che sino ad hora sono state al mondo, con gli autori di quelle : In che prouincia, sotto qual Imperadore, e Papa, & in che tempo hebbero i loro principij... nvovamente... riformata, & accresciutoui di molte Religioni che non sono nella prima impressione... In Venetia, Appresso gli Heredi di Pietro da Fino. 1576. In-8 de 8 ffnc., 283 ff. chif., 1 fnc., rel. parch.

744. **Schoonebeek** (Adrian). Nette Afdeeldingen der Eygedragten van alle Geestelyke Orders ; nevens een korte Aantekening van haar Begin, Instelders, en Bevestiging. Tot Amsterdam, Bey den Auteur, 1688-91. 2 vol. in-12, rel. veau, avec 163 fig. sur cuivre.

BÉNÉDICTINS

745. **Armellini** (Le P. D.). Catalogi tres episcoporum reformatorum, et virorum sanctitate illustrium è Congregatione Casinensi alias S. Justinæ Patavinæ. Assisii, & iterum Romæ, per Octav. Puccinelli, 1755. Petit in-fol., rel. bas. br.

Exemplaire de la bibliothèque de *Ignace de Döllinger*.

746. [Breviarium Cisterciensis ordinis. Paris, J. Philippi de Creuznach, 1511.] *Titre rouge et noir* : ℭ Breuiarium ad vsū Cistercien. ordinis post alia || plurima non minus inordinate q̃ȝ imperfecte || ꝫ incorrecte hactenus impressa. Nouissime || ad formā debitā supfluis resecatis / dimi || nutisqȝ suppletis vtiliter redactum / || exactissimeqȝ castigatū. Pari-||sijqȝ arte ꝫ diligētia hone-||sti viri Magistri Io-||hānis philippi im-||pressoris officio||sissime ac no||tabiliter impressum. || *Petite marque de Hornken*. [Cf. Silvestre, n° 148.] *Fnc. dernier* (370) *recto, col.* 1, *l.* 16, *colophon en rouge* : ℭ Breuiariū Cisterciensis || ordinis / nouissime..... || ..... redactū : exactissi||me castiga-

tum Parisijq3 so|||lerti cura Magistri [*en noir* :] Iohā. || Philippi [*en rouge* :] īpressoris autem [*en noir* :] Lodouici hornken [*en rouge* :] ℭ socio⅔ ei⁹ in vico scti Iacobi || sub īter signjo triū corona⅔ || Coloniensiū cōmorātium. || ℭ [*En noir* :] Cisteaulx. || ℭ Clereuaulx. *Au verso, grande marque de Hornken.* Vol. petit in-8 de 34 ffnc. (le dernier manque), les 8 premiers non signés, les autres avec signat. ✠ par 8 ff., ✠✠ par 6 ff., B par 10 ff.; 370 ff. savoir : 150 ff. chif. j.-lvj (pour clvj), avec signat. A-U par 8 ff., sauf U qui en a 4; 75 ff. chif. j.-lxxv (il devrait y en avoir un 76ᵉ qui manque), avec signatures aj-k par 8 ff., sauf k qui en a 4; 137 ff. chif. j-cxxxvij et 1 fnc., signés en rouge A-R par 8 ff., sauf I qui en a 10; car. goth. 2 grand.; impr. rouge et noire; tit. cour.; init. grav. Reliure ancienne veau fauve, avec coins cabochons et fermoirs, l'un des fermoirs manque et le dos est un peu abîmé.

<small>Bel exemplaire. On sait que les anciens bréviaires sont rares, la plupart ayant été détruits. A la suite du bréviaire sont reliés 19 ff. d'une écriture ms. contemporaine (et de deux mains différentes) contenant des leçons avec musique (plain-chant) notée en neumes.</small>

747. **Dantier** (Alphonse). Les monastères bénédictins d'Italie. Paris, Didier, 1866. 2 vol. in-8, d.-rel. mar. r., tête limaç., non rogn., au chiffre du comte Riant.

748. **Duparay** (B.). De Petri Venerabilis vita et operibus. Cabilloni, Montalan, 1857. Plaq. in-8, rel. toile, couvert. — **Wilken** (E. A.). Petrus der Ehrwürdige, Abt von Clugny. Leipzig, 1857. In-12, rel. toile. — **Bruel** (A.). Les chapitres généraux de l'ordre de Cluny depuis le XIIIᵉ jusqu'au XVIIIᵉ siècle, avec la liste des Actes des chapitres qui se sont conservés de nos jours. Extr. de la *Bibl. de l'Éc. des Chartes.* Paris, 1874. 1 plaq. in-8, rel. toile, couvert.

749. Exordia sacri Ordinis Cisterciensis, alterum a S. Roberto, S. Alberico, & S. Stephano primis eiusdem ordinis fundatoribus, ante septingentos annos, alterum vero ante sexcentos ab Anonymo hactenus Monacho Claræ-Vallensi, sed revera a S. Helinando accurate conscripta, primum Pampelunæ 1621... edita et recollecta per *D. F. Ignatium de Ybero...* Rixhemii, Typ. Ant. Sutter, 1871. 1 vol. in-8, d.-rel. toile. — **Miræus** (Aubertus). Chronicon Cisterciensis Ordinis. Coloniæ Agrippinæ, Bern. Gualtherus, 1614. Petit in-8, rel. parch.

750. **Jongelingx** (Caspar). Pvrpvra divi Bernardi repræsentans Elogia et Insignia gentilitiatvm pontificvm, tvm cardinalivm, nec non archiepiscoporvm, et episcoporvm qui assvmpti ex Ordine Cisterciensi in Sacra Romana Ecclesia floruerunt. Coloniæ Agrippinæ, Typis Henrici Kraft, Anno M.DC.XLIV. Apud Iodocvm Kalcovivm, Bibliopolam. (Au titre, portrait de saint Bernard; gravure sur cuivre de l'auteur). — Origo ac progressvs celeberrimi monasterii de Castro-Aqvilae, Ordinis Cisterciensis in Wedderavia & Archidiæcesi Moguntinâ. Coloniæ Agrippinæ, Imprimebat H. Krafft, MDCXLIV. Ensemble 2 tomes en 1 vol. petit in-fol., rel. vél. (Ex-libris de John Newling.).

Caspar Jongelinus ou Jongelingx, natif d'Anvers, très probablement de la famille du sculpteur de ce nom, fut nommé, en 1642, abbé de Disenberg. Son ouvrage est orné de nombreux blasons. Le second ouvrage est une histoire du monastère d'Arnsburg, en latin Castrum-Aquilæ.

751. **Mabillon** (J.). Annales Ordinis S. Benedicti, occidentalium monachorum patriarchæ... Lucæ, Typis Leonardi Venturini, 1739-1746. 6 vol. in-fol., rel. vél., front., portrait de Dom Mabillon et nomb. planches.

Réimpression faite à Lucques de l'édition de Paris (1703-1739). Le 5e volume des Annales a été publié par *René Massuet* qui en a écrit la préface, le 6e a été achevé par *Dom Martène*.

752. **Mittarelli** (J. Ben.). & **Costadoni** (Anselm.). Annales Camaldulenses Ordinis Sancti Benedicti, quibus plura interseruntur tum ceteras Italomonasticas res, tum historiam ecclesiasticam remque diplomaticam illustrantia. Venetiis, Prostant apud Jo. Bapt. Pasquali, 1755-1764. [Tomes I à VIII.] 8 vol. petit in-fol., rel. vél. bl.

753. **Wion** (D. Arnoldus). Lignum vitae, ornamentum, et decus Ecclesiæ, in quinque libros divisum. In quibus, totius sanctiss. Religionis divi Benedicti initia; viri dignitate, doctrina, sanctitate, ac principatu clari describuntur : & fructus qui per eos S. R. E. accesserunt, fusissimè explicantur. Auctore D. Arnoldo Wion, Belga, Duacensi, Monacho S. Benedicti de Mantua, Ord. diui Benedicti nigrorum, Congregationis Casinensis, aliàs S. Iustinæ de Padua. Accessit dilucidatio, quomodo principes Austriaci, originem ducant ex Anicia romana familia, quæ erat divi Benedicti. Ad Philippum II. Hispaniarum regem potentissimum. Cum duplici indice... Venetiis, apud Georgium Angelerium, M.D.XCV. 2 vol. in-8 carré, rel. vél. T. 1. : 116 ffnc., 471(1) pp.; t. II : 12 ffnc., 916(1) pp., 2(1) ffnc. — Martyrologium Benedictionum. Das ist : Clösterlicher Benedictiner KirchenCalender auff alle Tag dess gantzen Jahres gestellt... gezogen auss D. *Arnoldo Wion* und A. R. P. *Gabriele Bucelino* von P. *Benedicto Cherle*... Augspurg, Daniel Walder, 1714. In-4, front., d.-rel. v. fauve.

754. **Bacchini** (Benedetto). Dell' istoria del monastero di S. Benedetto di Polirone nello Stato di Mantoua. Libri cinque. Modona, Per il Capponi, e gli EE. del Pontiroli, 1696. 1 vol. in-4, d.-rel. basane, non rogn.

755. **Doublet** (Jacques). Histoire de l'abbaye de S. Denys en France. Contenant les antiqvitez d'icelle, les Fondations, Prerogatiues et Priuilèges. Ensemble les Tombeavx et Epitaphes des Roys, Reynes, Enfans de France, & autres signalez Personnages qui s'y treuuent iusques à present. Le tovt recveilli... par F. Iacqves Dovblet, Religieux de ladite Abbaye. A Paris, chez Iean de Hevqveville, 1625. Vol. in-4, d.-rel. toile (portrait de Jacques Doublet dessiné et gravé par *Masne*).

Jacques Doublet (1560-1648) mourut doyen de l'abbaye de Saint-Denis. Son *Histoire* est un ouvrage extrêmement utile, car il contient des documents que l'on chercherait vainement ailleurs. Cf. nos 615 et 757.

756. Duclos (Abbé H.). Histoire de Royaumont, sa fondation par saint Louis et son influence sur la France... avec dessins, vues et portraits. Paris, Douniol, 1867. 2 vol. in-8, d.-rel. veau, tête peigne, non rogn.; au dos, chiffre du comte Riant.

757. Félibien (Dom Michel). Histoire de l'abbaye royale de Saint-Denys en France. Paris, Léonard, 1706. 1 vol. in-fol., rel. veau.

Ouvrage estimé. Exemplaire de la bibliothèque du comte *Thiroux de Gervillier*.

758. Guillaume (Abbé Paul). Essai historique sur l'abbaye de Cava, d'après des documents inédits. Cava dei Tirreni, 1877. 1 vol. in-8, avec pl., rel. toile, non rogn., couv.

Tiré à 500 exemplaires. N° 43.

759. — Guida de monumento di Cava de' Tirreni, Badia della S.S. Trinita. Napoli, 1869. Plaq. in-8, rel. toile. — L'Ordine Cluniacense in Italia, ossia vita di S. Pietro Salernitano, primo vescovo di Policastro, fondator del corpo di Cava ed istitutore della Congregazione Cavense. Cava dei Tirreni, 1876. Plaq. in-8, cart., non rogn. (Lettre d'envoi au comte Riant.). — Le navi Cavensi nel Mediterraneo durante il medio evo, ovvero vita di S. Costabile di Lucania, fondatore di Castellabate. Cava dei Tirreni, 1876. In-8, cart., couv. — **Guidobaldi** (Domenico de'). Affreschi della vecchia chiesa della Trinità di Cava de' Tirreni. Napoli, Accattoncelli, 1869. In-8, cart., couv. Ensemble 4 vol. ou plaq.

760. Hanthaler (P. Chrysostome). Fasti Campililienses. Lintz, Fr. Ant. Ilger, 1747. Tome Ier seul. 1 vol. in-fol., rel. truie estamp., fermoirs.

Histoire du monastère cistercien de Lilienfeld en Autriche.

761. Jacquet (Claude). Histoire de l'origine, du progrès, et de l'état present de la S. Chapelle de N.-Dame des Hermites en l'Illustre Abaie d'Einsidle de l'Ordre de S. Benoît; En la Suisse;... A Einsidle, Par Joseph Reymann, 1686. Petit in-8, avec frontisp., rel. bas.

Ce volume est cité par Deschamps comme le plus ancien spécimen, de lui connu, de l'imprimerie à Einsideln. Il en existe une autre édition datée de 1740.

762. Peregrinius (Camillus). Series Abbatum Cassinensium per annos, ab Abb. Petronace Brixiano, et ab anno DCCXX, ad Abbatem Rainaldum Calamentanum, et ad annum MCXXXVII. In qua omnis temporum ratio de iis tradita à Leone Card. Ostien. à Petro Diac. Cassin. et ab aliis antiquis expenditur : illaq; statuitur, quæ ordine procedit imperturbate... Neapoli, Francisci Sauij, MDCXLIII. In-4, rel. vél., tr. r. — **Guillaume** (Abbé P.). L'abbaye du Mont-Cassin et le quatorzième centenaire de Saint Benoît. Paris, Gap & Naples, 1880. In-8, cart. — **Diacre** (Pierre). P. Diaconi monachi Casinensis in festo S. Benedicti abbatis Sermo nunc primum in lucem editus. Ex typis Montis Cassini, 1870. In-4, cart.

763. **Desmaze** (Ch.). L'abbaye de Saint-Quentin en l'Isle, fondée à S¹-Quentin en Vermandois. Saint-Quentin, Poette, 1874. Plaq. in-8, cart., couvert. — [**François Régis** (Dom Fr. R. de Martrin d'Esplas, *dit*)]. La Trappe. Congrégation de moines de l'ordre bénédictino-cistercien. Rome, Forense, 1864. In-8, cart. — **Jacquemoud** (Joseph). Description historique de l'abbaye royale d'Hautecombe et des mausolées élevés dans son Eglise aux Princes de la maison royale de Savoie. Chambéry, Puthod & Perrin, 1843. In-8, avec planches, rel. toile, non rogn. — **Poquet** (L'abbé). Monographie de l'abbaye de Longpont. Son histoire, ses monuments, ses abbés, ses personnages célèbres, ses sépultures, ses possessions territoriales... A Paris, Ed. Didron et Dumoulin, 1869. In-8, pl. h.-t., cart. perc. — **Richard** (Abbé). Histoire de l'abbaye de la Grâce-Dieu, au diocèse de Besançon. Besançon, J. Jacquin, 1857. Planches lith. et fig. In-8, cart. — **Sainte Marie Névil**. L'abbaye Notre Dame d'Yerres. Versailles, Dufaure, 1859. In-12, cart., couv. — **Chamard** (Dom François). Les moines. Paris, Balitout-Questroy, 1882. Br. in-8. Ensemble 7 vol. ou plaq.

CARMES

764. **Alegre de Casanate** (Marco Antonio). Paradisus Carmelitici decoris in quo archetypicæ religionis magni patris Heliæ prophetæ Origo, & Trophæa monstrantur : & Heliades ab ortu suo, ad vsque hæc tempora, sapientiâ, & mirabili virtute clarentes... Lugduni, Sumptibus Iacobi & Petri Prost, 1639. 1 vol. in-fol., rel. truie estampée.

Bel exemplaire de cet ouvrage intéressant où l'on trouve des notices bio-bibliographiques sur les écrivains de l'Ordre des Carmes.

765. **Baptista Venetus**. Speculum ordinis Fratrū || Carmelitarum noui-||ter impressum. || (*Marque de Luc Antoine Giunta, imprimeur à Venise.*) Fnc. 7 *verso, ligne* 22 : ℭ Explicit speculū ordīs fratrū gloriosissimæ dei genitricis sempᵱꝫ uirginis mariæ de mōte car||melo per Reuerendum Sacræ theologiæ magistrum baptistā uenetū de Cathaneis eiusdē sacri || ordinis magna cum diligentia emendatum anno domini. m.ccccvii.xx. chal. aprilis. Grand in-8 de 104 ff. chif., 8 ffnc. (le dernier blanc, manque), rel. vél. (Lettres ornées, notes mss. marginales.)

766. **Camillo di Ausilio**, carmelitano. Sommario dell' antichissima origine della Religione Carmelitana. Con le Indvlgenze, Priuilegi, e Gratie concedute da molti Sommi Pontefici... (*grav. sur bois*). In Napoli, Appresso Gio. Iacomo Carlino & Antonio Pace, 1595. 2 tomes in-12 de 8 ffnc., 96 pp.; et 137(1) pp., 3 ffnc. (blancs), en 1 vol., rel. vél.

La seconde partie a un titre différent : « Ordini delle Stationi, Indvlgenze e Gratie Spiritvali, e divine, che sono nelle Chiese della Città di Roma di giorno in giorno, e di mese in mese, per tutto l' anno... concesse... alli Frati Monache, Confrati... dell' Antichissima Religione... del Monte Carmelo. »

767. **Camillo di Ausilio.** Sommario dell' antichissima origine della Religione Carmelitana... Todi, V. Galassi, M DC LXXI. In-12, dérel.

768. Chroniques de l'Ordre des Carmélites de la Réforme de Sainte Thérèse depuis son introduction en France. Troyes, Anner-André, 1846-1865. 5 vol. in-8, rel. toile, non rogn., couvert. — **Cissey** (Louis de). Vie de Marguerite du Saint-Sacrement, religieuse carmélite, 1619-1648. Paris, Bray, 1856. In-12, d.-rel. chag.

769. **Falcone** (Giuseppe). La Cronica Carmelitana dall' origine di Santo Elia Profeta; co 'l progresso di tempo in tempo, sino al dì d' hoggi, de Santi Carmelitani, sì della legge vecchia, come della nuoua... Di nuouo posta in luce dal R. P. M. Giuseppe Falcone, Carmelitano Piacentino... In Piacenza, appresso Gio. Bazachi, 1595. Vol. in-4, rel. vél.

Légères piqûres.
Traduction italienne de l'édition latine de 1593. *Falcone* mourut en 1597.

770. **Giambattista di S. Alessio.** Compendio istorico dello stato antico, e moderno del Carmelo, dei paesi adjacenti, e dell' ordine monastico orientale. Torino, Ign. Soffietti, 1780. In-8, d.-rel. bas., non rogn.

771. **Miræus.** Ordinis Carmelitani ab Elia propheta primùm incohati, ab Alberto Patriarcha Ierosolymitano vitæ regulà temperati, a B. Teresia virgine Hispana ad primæuam disciplinam reuocati, Origo atque Incrementa. Antverpiae. Apud Dauidem Martinium, Anno cIɔ Iɔc x. Petit in-8, rel. vél. — De ortv et progressv ac viris illvstribvs ordinis gloriosissimæ Dei Genitricis... de monte Carmelo. Tractatvs Joannis Trithemii... Auberti Miræi... et Joannis de Carthagena... Coloniæ Agrippinæ, sumpt. Iodoci Kalckoven, cIɔ Iɔc xliii. Petit in-8, rel. vél.

772. [**Nep** (Dom Jean)]. Histoire de l'ordre de N.-D. du Mont-Carmel dans la Terre Sainte, sous ses neuf premiers prieurs généraux. Maestricht, P. L. Lekens, 1798. In-12, d.-rel. bas., coins. — La premiere regle d'Albert, patriarche de Jerusalem. Confirmée & Corrigée par Nôtre-Saint Pere Innocent Quatrième. Pour les Religieux du Mont-Carmel. A Avignon, de l'Imprimerie de Marc Chave, M D CC LI. In-12, rel. veau, tr. r. (Féchoz-Letouzey).

773. Officia propria Sanctorvm et aliarvm festivitatvm Ordinis Carmelitarvm pro fratribvs discalceatis eivsdem ordinis. Parisiis, Seb. Huré, 1638. In-8, rel. vél.

774. **Paleonydorus** (Johannes). Antiqvitas et Sanctimoniae Eremitarvm Montis Carmeli Liber in tres parteis digestvs,... Venetijs, ex officina Domini Guerrei, & Io. Baptistæ, fratrum, M.D.LXX. In-4 de 12 ffnc., 102 pp., rel. parch.

Ouvrage composé par le carme *J. Paleonydorus*, autrement dit *de Veteri-aqua*, hollandais, qui vivait à la fin du xvᵉ siècle, et mourut en 1507. Édition publiée aux frais de l'Ordre par le Père *Pompeio Zuccala*, supérieur du couvent de Venise, sur la demande du général de l'Ordre. Cf. une édition incunable, n° 77.

775. **Saracenus** (Fr. Thomas Petrus). Menologium Carmelitarum in duas distributum partes : Altera memoranda continet acta Diuorum, quos ritu solemni, vetustus Eremitarum Ordo B. V. Mariæ de Monte Carmelo, Apostolica auctoritate, per vniuersum Orbem annuè colit. Altera antiquata quædam, sed auspice Deo, resumenda eiusdem instituti festa, ad oculos, vnà cùm notis ponit... Bononiæ, Typis Clementis Ferronij, 1627. 1 vol. petit in-4, rel. vél., avec titre grav.

776. Scutum Antiquitatis Carmelitanæ inexpugnabile, tela oppugnantium Religionem Carmelitanam,... Retundens... à quodam Carmelita Discalceato. Vilnæ, typis Acad. Soc. Iesu, 1741. 1 vol. pet. in-4, rel. veau f. — **Sewerynowicz** (J. Ch.). Jupiter in Olympo Carmelo,... divinissimus Elias sacerrimi Ordinis Fratrum Beatissimæ Virginis Mariæ... Patriarcha ac Fundator. Posnaniæ, typ. Acad., 1744. In-4, cart., tit. remonté.

777. **Ventimiglia** (F. Mariano). Historia chronologica priorum generalium latinorum ordinis beatissimæ Virginis Mariæ de Monte Carmelo, in qua vitæ, gestaque eorum, atque res memoratu digniores, quæ sub singulorum acciderunt regimine, breviter describuntur. Neapoli, ex typographia Simoniana, 1773. In-fol., frontisp. et 68 portr. grav., rel. parch.

778. **Franciscus Bonæ Spei** (R. P. F.). Cavsa Christorvm Dei sive SS. Epiphanij, & Hieronymi, Emin. Card. Baronij & Roberti Bellarmini... pro Ioanne Ierosolymorum Episcopo & 44 Patriarcha Ierosolymitano totoq3 Carmelitarum Ordine adversus Criminationes R. P. M. Christiani Lupi... Antuerpiæ, typis Marcelli Parys, 1666. Petit in-4, d.-rel. bas. n., fort rogné. — **Valentinus a S. Amando** (R. P. F). Prodromus Carmelitanus, sive R. P. Danielis Papebrochij, Jesuitæ, Acta Sanctorum colligentis, Erga Elianum Carmeli Ordinem sinceritas... discussa, e majori opere, Elias Heroicum inscripto, excerpta... Coloniæ, ap. W. Friessem, 1682. — *Du même.* Appendix ad Prodromvm, Harpocrates Iesviticvs... Coloniæ, ap. W. Friessem, s. d. — *Du même.* Heroica Carmeli regvla sanctissimo Dei propheta Elia vita et exemplo tradita... ab cujusdam Mustei Scriptoris vindicata. Coloniæ, ap. P. Alstorff, 1682. — **Maximilianus a S. Maria** (R. P.). Harpocrates Carmelitanvs Rᵈᵒ Patri Papebrochio... Ordinis Carmelitarum Impugnatori loquens... Coloniæ Agrippinæ, typis H. Demen, M DC LXXXI. — **Camus** (Justus). Novus Ismaël, cujus manus contra omnes, & manus omnium contra eum : Sive P. Daniel Papebrochius, omnes impugnans, orbi expositus... Augustæ Vindelicorum. Typ. Josue Brille-Maker, M DC LXXXIII. Ensemble 1 vol. in-8, rel. parch., tr. r. — **Sebastianus a S. Paulo.** Exhibitio errorum quos P. Daniel Papebrochius. . suis in notis ad Acta Sanctorum commisit... Coloniæ Agrippinæ, apud Servatium Noethen, 1693. In-4, rel. parch. Ensemble 7 traités en 3 vol.

CHANOINES DU SAINT SÉPULCRE

779. **Bathory** (André). Constitvtiones in generalibvs capitvlis, Ordinis Canonicorvm Regvlarivm Cvstodum Sancti Sepulchri D. Hierosolymitani Miechoviæ per Illustrissimvm reverendissimvm D. D. Andream S. R. E. Cardinalem Bathoreum, Episcopatus Varmiensis perpetuum Administratorem,..... annis ab homine redempto 1585 & 1587, & 1598 celebratis Sancitæ. Brvnsbergæ, Excudebat Georgius Schönfels. cIɔ. Iɔ. xcIIx. Petit in-4, 12 ffnc., 81 ff. chif.et 9 ffnc., rel. mar. noir, tr. dor., au chiffre du comte Riant.

780. **Buydecki** (Florian). Vitæ Sanctorum & Sanctarum Ordinis Canonicorum Regularium Sanctæ Hierosolymitanæ Ecclesiæ, Custodum Sancti Sepulchri, nunc primum editæ, in quibus Res in Palæstina gestæ, Historia Orientalis, Status Hierosolymitanæ Ecclesiæ, Notitia Ordinis, continentur. Cracoviæ, Dominic. Siarkowski, 1742. In-4, rel. mar. rouge, fil. sur les plats, tr. dor., dent. int.; au dos, chiffre du comte Riant (Dupré).

781. Constitutiones Primi. Capituli generalis Miechoviensis, Ordinis Canonicorum Regularium, Custodum S. Sepulchri Domini Hierosolymitani sub... D. Mathia Łubienski, Præposito generali... Episcopo Chelmensi; demum Archiepiscopo Gnesensi... Annô Domini MDCXX ad diem XIX Octobris; Celebrati. A S. Sede Apostolica Approbatæ... Denuo curâ & impensis... M. Jacobi Radlinski... ejusdem Ordinis Præpositi Generalis... additîs Decretîs Summorum Pontificum... Reimpressæ. Typis Collegii [??] Societatis Jesu...?... 1621. (Le bas du titre a été rogné et ne peut se lire.) In-4, rel. mar. n., tr. dor., dent. int.; au dos, chiffre du comte Riant (Dupré).

782. Constitvtions des Religievses et Chanoinesses Regvlieres dv S. Sepvlchre de N. Seigneur en Jerusalem. De l'Imprimerie de Hvbert Raovlt, Imprimeur de son Altesse de Mantouë. M DC XXXI. Petit in-8, rel. mar. tête de nègre, tr. dor., fil. s. les plats, dos orné (anc. rel.).

783. Constitvtiones secundi generalis Capitvli Miechovien: Ordinis Canonicorvm Regularium Custodum S. Sepulchri Domini Hiorosolymitani. Sub Illustriss: & Reuerendiss: Domino, D. Matthia Lvbienski... die XVI. Mensis Iunij, Anno Dñi, MDC. XXV. celebrati... Cracoviæ, Ex off. typ. Francisci Cæsarij, Anno 1627. Plaq. petit in-4, 36 ffnc., rel. mar. noir jans., dent. int., tr. dor. (Dupré).

784. **Nakielski** (Samuel). De Sacra Antiqvitate et Statv Ordinis Canonici Cvstodvm Sacrosan[cti] Sepvlchri Domini Hierosolymitani. In gratia Miechovianæ Congregationis Libri tres... Cracoviæ, Ex officina Francisci Cæsarij, Anno Domini, 1625. Petit in-4 de 208 pp., rel. mar. rouge, fil., tr. dor., dent. int.; au dos, chiffre du comte Riant (Dupré).

785. — Miechovia sive Promptvarivm Antiqvitatvm Monasterij Miechouiensis, vbi... non solum iura, priuilegia... cùm a Summis Romanis Pontifi-

cibus, tùm vero ab absis Hierosolymitanis Patriarchis... in illud profecta recensentur, vervm etiam piæ aliarum Ecclesiarum, iurisdictioni dicti Monasterij subiectarum, fundationes... repræsentantur... vniversi penè status Ordinis Canonicorvm S.S. Sepvlchri Dominici Hierosolymitani Conuentus Miechovien. veritatem, perennitatemque in se complectens... Cracoviæ, In officina Francisci Cæsarij, Anno Dñi 1634. In-4, rel. veau estamp.; armes d'un gentilhomme polonais sur un plat, quelques piqûres.

786. **Vidal** (Pierre). Le prieuré de Marcevol, de l'Ordre des chanoines du Saint-Sépulcre. Perpignan, Latrobe, 1888. In-12, br.

FRANCISCAINS

787. **Alva et Astorga** (Petrus). Indicvlvs bvllarii seraphici, Vbi Litteræ omnes Apostolicæ, quæ à principio Religionis Minorum, à Summis Ecclesiæ Pontificibus, pro tota Seraphica S. P. N. Francisci Familia tam in communi, quàm in particulari, hucusq. expeditæ fuerunt, breuiter recensentur... Romae, Ex typogr. Reu. Cameræ Apost., 1655. 1 vol. in-4, rel. vél.

> Ouvrage peu commun de cet auteur qui est surtout connu par les efforts qu'il a faits pour trouver le plus possible de conformités entre Jésus-Christ et saint François. Il en a trouvé quatre mille.

788. **Artur de Monastier** (R. P.). Martyrologivm franciscanvm, in qvo sancti, beati, aliiq; servi Dei, martyres, pontifices, confessores, ac virgines, qvi... in Vniverso Ordine Sancti Patris Francisci... claruere... Authore R. P. Arturo à Monasterio Rothomagensi, Recollecto Prouinciæ Sancti Dionysij Concionatori... Nunc primùm post duplicem, & annotatam commentarijs Parisiensem editionem, sub hac breuiori forma in lucem prodit cura,... A. R. P. Balthassaris à Messana... Venetiis, & iterum Mvtinæ, ex typ. Demetrij Digni, M DC LXX IX. Petit in-4, rel. parch.

789. *Le même*. Venetiis, Mutinæ, et Mantuæ, MDCCXXIII. Ex typ. S. Benedicti, apud Albertum Pazzoni. Petit in-4, rel. vél., tr. rouge.

> Cette nouvelle édition contient un Index alphabétique des noms des Saints et Bienheureux franciscains.

790. **Brizio** (Paul). Seraphica subalpinæ D. Thomæ Provinciæ Monumenta. Regio Subalpinorum principi sacra. Taurini, Tarini, 1647. 1 vol. petit in-fol., rel. veau, fil. Beau frontisp. signé *Io. Paul. Blanc*. Exemplaire légèrement taché d'eau.

> Paul Brizio de Bra, capucin, fut nommé en 1642 évèque d'Albe (Alba Pompeja), dans le Montferrat, et mourut en 1665.

791. **Caccia** (Francesco). Monumentum gloriæ seraphicæ, das ist Gedenck-Zeichen seraphischer Ehr des Brinn-Englischen Heiligen Vatters Francisci, und dero Mindern Ordens-Brüdern der regularischen, vnd strengern Observantz... Wienn in Oesterreich, Andreas Heyinger... 1692. In-4, avec pl., rel. vél. bl.

792. Carta de irmandade de || Iervsalem. *Fnc. 2 recto, l.* 21 : Dada em nosso Con-||vento de S. Francisco de Ara Cœli 13. do mez de Abril de || 1666. annos. || Lo o ✠ sigilli. Fr. Pedro Marin de Milan || Ministro Geral. ||... In-4 de 2 ffnc. — A grande || irmandade e con-||fraria institvida por || nosso santissimo Padre o Papa Sixto V. || *Grossière gravure sur bois reprѐs. saint François* ||... *Fnc. 2 verso, l.* 25 : Impresso en Coimbra com licença do santo Offi||cio & Ordinario, per Antonio de || Mariz. Anno 1590. In-4 de 2 ffnc. Ensemble plaq. in-4, rel. vél.

> La seconde de ces rarissimes pièces donne toutes les indulgences concédées par Sixte-Quint à l'Archiconfrérie d'Assise.

793. Civezza (Marcellino da). Storia universale delle Missione Francescane. Roma, tipogr. Tiberina, 1857-1883. 7 vol. in-8, rel. toile, non rogn., couv.

794. Sbaralea (Jean Hyacinthe). Bullarium franciscanum, Romanorum Pontificum constitutiones, epistolas, ac diplomata continens, tribus ordinibus Minorum, Clarissarum, et Pœnitentium a Seraphico Francisco institutis concessa, ab illorum exordio ad nostra usque tempora... Romæ, typ. Sacr. Congr. de Propag. fide, 1759-61. 2 vol. in-fol., rel. veau f., tr. jasp.

> Très bel exemplaire.

795. Analecta Franciscana sive Chronica aliaque varia documenta ad historiam Fratrum Minorum spectantia, edita a patribus Collegii S. Bonaventuræ, adjuvantibus aliis patribus eiusdem ordinis. Ad Claras Aquas [*Quaracchi*] ex typ. collegii S. Bonaventuræ, 1885. *Tome Ier seul.* 1 vol. grand in-8, rel. toile, non rogn., couvert. — **Evers** (G. F. Carolus). Analecta ad Fratrum Minorum historiam. Lipsiæ, Bœhme, 1882. In-8, rel. toile, non rogn., couv.

> La publication d'Evers contient : 1º Fr. *Nicolai Glasbergeri* narratio de ordine et propagatione ordinis, e cod. ms. primum edita et illustrata; 2º Quaestiones de ordinis conventu Lipsiensi.

796. Istoria della indulgenzia di Porziuncola. Testo inedito del trecento pubblicato.. per cura del... D. *Luigi Lenzotti.* Seconda edizione. Modena, Tip. dell' Imm. Concezione, 1872. In-12, cart., couv. — Via franciscana ad cœlestum Hierusalem continens S. Regulam et testimentum Seraphici patris S. Francisci, unà cum selectissimis precibus, litaniis, officiis et appendice diversorum franciscanis viatoribus pro quotidiano usu... Ex ducali Campidonensi typograph. per And. Stadler, 1751. In-12, titre r. et n., rel. vél., tr. r. — **Vitale** (P. F. Salvator). Chronica Seraphici montis Alvernae... Florentiæ, Zenobii Pignonii, 1630. In-8, fig. et gr. h.-t., rel. parch.

797. Affo di Busseto (Le P. Ireneo). Vita del beato Gioanni di Parma, settimo general ministro de tutto l'ordine de' minori. Parma, Stamp. reale. MDCCLXXVII. In-8, rel. toile, front. — *Du même.* Vita di frate Elia I. ministro generale di Francescani... Edizione seconda. Parma, Blanchon, 1819. (Portraits de saint François et d'Elias). In-12, rel. toile. — **Rybka** (Heinrich). Bruder Elias von Cortona, der zweite General der Franziskaner-

Ordens. Leipzig, Naumann, 1874. In-8, cart., couv. — **Fabianich** (Donato). Convento il più antico dei fratri Minori in Dalmazia. Prato, R. Guasti, 1882. Plaq. in-8, rel. toile, non rogn., couvert. — **Keinz** (Fr.). Zwei alte Ungarische Texte aus einer Handschrift der K. Bayer. Hof- und Staatsbibliothek. München, A. Ackermann, 1879. In-8, cart., couv. — **Solassol** (L'abbé S.). Un mendiant français au siècle de Voltaire... 5e édition. Paris, C. Dillet et F. Rocher, 1881. In-12, cart. perc. Ensemble, 6 vol. ou plaq.

JÉSUITES

798. **Boyer d'Eguilles.** Mémoires du président d'Eguilles sur le Parlement d'Aix et les Jésuites, adressés à Louis XV; publiés par le *P. Aug. Carayon.* Paris, L'Ecureux, 1867. 1 vol. in-8, br.

> Ouvrage très rare d'une grande importance pour l'histoire religieuse du xviiie siècle. Son auteur a été mêlé aux procès des Jésuites.
> En tête se trouve une fort intéressante introduction.

799. **Carayon**, S. J. (A.). Notes historiques sur les Parlements et les Jésuites au xviiie siècle. Paris, L'Ecureux, 1867. 1 vol. in-8, d.-rel. chag.

800. **Charlevoix**, S. J. (François-Xavier de). Histoire du Paraguay. Paris, Desaint et Saillant, 1756. 3 vol. in-4, rel. veau, dos orné.

> Première édition de cet ouvrage estimé.

801. **Chatellain** (Vital). Le père Denis Petau, d'Orléans, jésuite. Sa vie et ses œuvres. Paris, Libr. cathol. internat., 1884. Vol. in-8, d.-rel. veau, tête peigne, non rogné; au dos, chiffre du comte Riant. — **Alleaume.** Notice biographique et littéraire sur les deux Porée. Caen, Hardel, 1854. In-8, rel. toile.

802. Contract d'association des Iesuites au trafique de Canada Pour apprendre à Paul de Gimont, l'vn des donneurs d'aduis pour les Iesvites contre le Recteur & Uniuersité de Paris, & à ses semblables, pourquoy les Iesvites sont depuis peu arriuez en Canada. M.DCXIII. 1 plaq. in-8, br.

> Réimpression à Lyon, chez Louis Perrin. *Tiré à cinq exemplaires* sur papier non destiné au commerce. Offert au comte Riant par l'éditeur.

803. **Faber** (Petrus). Memoriale beati Petri Fabri primi S. Ignatii de Loyola alumni nunc primum in lucem editum a *P. Marcello Bouix, S. J.* Lutetiæ Parisior. Gauthier-Villars, 1873. 1 vol. in-8, rel. toile, non rogn.

804. **Guilhermy** (Elesban de). Menologe de la Compagnie de Jésus. Assistance de Portugal. Poitiers, Oudin, 1867-76. 2 vol. in-4, d.-rel. chag. r., coins, tête dor., non rogn., couvert.; au chiffre du comte Riant. — Le P. Elesban de Guilhermy, mort à Paris, le 6 août 1884. Bruges, Soc. de Saint-Augustin, 1885. In-8, cart. couv.

805. Rostowski (Stanislas). Lituanicarum Societatis Jesu historiarum libri decem... recognoscenti Joan. Martinov. Parisiis, V. Palmé, 1877. In-4, 1 vol. cart. perc.

806. Bouix (Marcel). Vie du père Jean-Joseph Surin, S. J. Paris, Gauthier-Villars, 1876. 1 vol. in-8, rel. toile, couvert. — **Centurione**, S. J. (A. M.). Vita del Padre Federico Maria Tornielli. Torino, Speirani, 1880. 1 vol. in-12, rel. toile, couvert. — **Martin** (Le R. P. F.). Le R. P. Isaac Jogues, de la Compagnie de Jésus, premier apôtre des Iroquois... Paris, Jos. Albanel, 1873. In-12, portr., cart. perc.

DIVERS

807. Antonius Senensis. Chronicon fratrvm ordinis prædicatorvm in qvo tvm res notabiles, tum personæ doctrina, religione & sanctitate conspicuæ, ab exordio ordinis ad hæc vsque nostra tempora, complectuntur... (*marq. typ.*). Parisiis, apud Nicolavm Nivellivm... M D LXXXV. In-8 de 16-249(1) pp. — *Du même*. Bibliotheca ordinis fratrvm prædicatorvm, virorvm inter illos doctrina insignium Nomina, & eorum quæ scripto mandarunt opusculorum Titulos & Argumenta complectens... (*marque typ.*). Parisiis, apud Nicolaum Niuellium. . M DLXXXV. In-8 de 1 fnc., 296 pp. Ensemble 2 tomes en 1 vol. in-8, rel. vél.

> Antonius Senensis, dominicain portugais, fut chassé de son pays à cause de son hostilité à la domination espagnole et mourut à Nantes en 1586. Les deux ouvrages qu'il a publiés sur son Ordre contiennent de graves erreurs ; il a surtout recueilli trop facilement certaines fables pieuses, ce qui, du reste, rend son travail encore fort intéressant.

808. Bonaccioli (Pierre). Pisana eremus, sive vitæ et gesta Eremitarum D. Hieronymi qui in Religione B. Petri de Pisis... floruerunt. Accessit Religionis eiusdem historicum Spicilegium usq: ad Annum 1692. Venetiis, Typ. Io: Fr. Valuasensis, 1692. 1 vol. petit in-4 de 2 ffnc. (dont 1 frontisp. finement gravé) et 111(1) p., rel. parch. — **Sanctorio** (Maria Rosa). Mariæ Rosæ Sanctorio Civis Venetæ in Monasterio S. Hieronymi Venetiarum Monialis professæ Dissertatio De loco ac situ sepulcri B. Petri de Pisis in eodem Monasterio, edita sub disciplina... *Bernardini Zendrini*... Venetiis, Typis Antonii Zattæ, 1758. In-4, d.-rel. bas.

809. Bozzoni (Dominico). Il Silentio di S. Zaccaria snodato nella publicatione dell' antichissima origine, properosi ingrandimenti, et amplissimi priuilegij, dell' insigne suo monistero di Venetia. In Venetia, Brigna, 1678. 1 vol. petit in-4, rel. parch., avec frontispice.

> Ouvrage très rare. Il est particulièrement recherché, quand il est complet comme notre exemplaire, qui contient le « Registro de privilegii che si sono conservati nel archivio del monasterio [de S. Zaccaria] ». Dans le plus grand nombre, ce *Registro* a été arraché par les soins des autorités vénitiennes du XVIIe siècle, que gênaient les privilèges accordés par les empereurs et les papes.

810. [**Cotolendi** (Charles)]. La vie de Madame la Duchesse de Montmorency, Superieure de la Visitation de Ste Marie de Moulins. Paris, Barbin, M DC LXXXIV. In-8, rel. mar. r., tr. dor.

> Première édition d'un livre rare et fort recherché. Notre exemplaire, *aux armes des Le Tellier*, est fatigué, le titre est assez abîmé ; il manque le portrait de la Duchesse et le privilège du Roi. L'auteur, Cotolendi ou Cotalendi, était un avocat d'Aix qui, venu à Paris, avait abandonné le barreau pour la littérature.

811. **Crusenius** (F. Nicolas). Monasticon Avgvstinianvm in quo omnium Ordinum sub regvla S. Avgvstini militantium;... origines atq; incrementa tribus partibus explicantur. Monachii, apud Ioan. Hertsroy, M DC XXIII. Petit in-fol., rel. vél. (reliure abîmée). Titre front. grav. ; grav. s. cuivre au verso du 2^d fol.

812. **Friedenfels** (R. P. Amandus). Sion, Mons inclytus, mons sanctus, et filii Sion inclyti amicti auro primo, sive speciaiiores novi Montis Sion præ veteri Prærogativæ nec non Canonicorum Regularivm Strahoviensium... Ordinis Præmonstratensis... Vetero-Pragæ, typis Georgij Samuelis Beringer, 1702. 2 parties en 1 vol. in-4, d.-rel. v.

813. **Hermenegildo de San Pablo** (R. P. Fr.). Origen y continvacion de el Institvto y Religion Geronimiana, fvndados en los Conventos de Belen en Palestina por el Maximo de los Doctores de la Iglesia... San Geronimo... En Madrid, En la Imprenta Real, Año M.DCL.XIX. Grand in-4, d.-rel. veau, coins.

814. **Lanteri** (R. P. M. Fr. Joseph). Eremi Sacrae Augustinianae Pars Prima [et secunda]... Romae, B. Morini, 1874-1875. 2 vol. in-8, rel. bas. r.
— **Keller** (P.). Index episcoporum Ordinis Erem. S. Augustini Germanorum. Münnerstadt, Thein, 1876. In-8, br.

815. **Louen** (Charles Antoine de). Histoire de l'abbaye royale de Saint Jean des Vignes de Soissons. Paris, Jean de Nully, 1710. Petit in-8, rel. veau.

> Histoire d'une abbaye de chanoines réguliers. L'auteur s'intitule « chanoine régulier de la même abbaye, prieur-curé de Latilly ». Le dernier chapitre du livre III est consacré aux reliques conservées dans l'abbaye, entre autres le bras de saint Jean-Baptiste rapporté de Terre-Sainte par Nivelon de Cherizy, évêque de Soissons. Cf. infra, n° 853.

816. Privilegia, Gratiae, Favores, || Immvnitates, Exemptiones, Et Indvlta || Canonicorvm Regvlarivm S. Salvatoris, || Ordinis. S. Augustini cum à plurimis Pontificibus, || tum uero à Iulio secundo ante concessa, nunc || etiam recens à Paulo eius nominis ter || tio confirmata, & innouata. [*Rome*, **1549**] In-4 de 4 ffnc. 39(1) pp., rel. veau, aux armes du pape Paul III.

> Exemplaire imprimé sur parchemin des privilèges octroyés aux chanoines du Saint-Sauveur par une bulle de Jules II et un bref de Paul III, daté à la main du 20 février 1549. A la fin du bref se trouve la signature autographe d'un cardinal (peut-être Ascanio Sforza), contresigné N. Casulanus.

817. **Sajanello** (Io. Baptista). Historica monumenta ordinis sancti Hieronymi Congregationis B. Petri de Pisis; editio secunda longe auctior, et correctior... Venetiis, typis Anton. Zattæ, 1758-1762. 3 vol. in-fol., rel. vélin blanc.

Dernière édition, estimée, de cet ouvrage.

818. **Tiraboschi** (Girolamo). Vetera Humiliatorum Monumenta annotationibus, ac dissertationibus prodromis illustrata. Mediolani, Excud. Joseph Galeatius, 1766. 3 vol. in-4, avec planches, rel. bas. marbrée.

Ouvrage très estimé.

819. **Valle** (Théodore). Breve compendio de gli piu illustri padri nella Santità della vita, Dignità, Uffici, e Lettere ch' ha prodotto la Prou. del Regno di Nap. dell' Ord. de Predic... Neapoli, Per Secondino Roncagliolo, 1651. 1 vol. in-4, rel. parch.

820. L'établissement solide des monasteres simples de lordre du Sauveur vulgairement dit de S. Birgitte declaré par les Papes, recognu par les docteurs, et confirmé par arrect rendu... par Nos Seignevrs les Presidens et gens tenans le Conseil Sovverain dv Roy... a Tournay. L'Advocat de le Vigne plaidant pour les Peres. A Dovay, Chez Marie Serrurier, 1677. In-8, rel. vél. — **Nettelbla** (baron de). Nachricht von einigen Klöstern der H. Schwedischen Birgitte auserhalb Schweden besonders in Teutschland mit Urkunden und Kupfertischen. Frankfurt und Ulm, 1764. In-4, rel. toile, pl. — History of the English Bridgettine Nuns. Plymouth, Brendon, 1886. In-8, br.

821. **Gérard** (R. P. Fr.). Vitæ fratrvm ordinis prædicatorvm in quibus quam plurima exempla et monumenta... recensentur, jussu Beati Humberti. Massiliæ, 1875. In-8, br. (*autographié*). — **Douais** (C.). Les frères prêcheurs à Pamiers aux XIIIe et XIVe siècles (1269-1333). Paris, Picard, 1884. Plaq. in-8, br. — **Palmer** (C. F. R.). Fasti ordinis fratrum prædicatorum : The provincials of the friars-preachers, or black friars, of England. *S. l. n. d. n. typ*. In-8, br.

822. **Gargani** (G.). L'Istituzione dello spedale dell' Altopascio ed il suo ultimo rettore. Estr. dal *Period. di Numism. e Sfrag.*, IV; 1 pl. — Il maestrato dello spedale di S. Jacopo d'Altopascio ed i suoi sigilli. [Extr. du même.] 1 pl. — Sigillo mercantile di Geri di Doffo della Rena Fiorentino del secolo XIV. Estr. dal *Period.*, VI. Ensemble 1 vol. in-8, rel. toile. — Regola dei frati di S. Jacopo d'Altopascio. Bologna, Gaetano Romagnoli, 1864. Petit in-8. [*Cet ouvrage forme la « Dispensa LIV » de : « Scelta di curiosità letterarie inedite o rare dal secolo XIII al XVII.*] — **Heusinger** (C. F.). Geschichte des Hospitals Sanct Elisabeth in Marburg. Nebst Bemerkungen über die Schicksale der Gebeine Elisabeths und über Wunder-Heilungen im Allgemeinen. Marburg, Elwert, 1868. Plaq. in-8, cart. — **Roman** (J.). La Congrégation de la Sainte Pénitence et les Maisons hospitalières du Briançonnais en 1228. *S. l. n. d. n. typ*. In-8, br. — **Sainte Marie Mévil**. Chartes de la

Charité de N. D. de la Couture et documents relatifs à... Bernai. Paris, Didot, 1855. In-8, cart. — Memorie sulla storia del primo secolo dei Servi di Maria e degli Spedalieri di S. Giovanni di Dio. Madrid, M DCC LXXX. In-8, rel. toile. — Le monastère de Sainte-Marie de Viaye. Ordre de Grandmont Le Puy, Marchessou, 1877. Vol. in-12, rel. toile, couvert. Ensemble 7 vol. ou plaq.

4. Allemagne, France, etc.

ALLEMAGNE

823. **Böttcher** (Carl Julius). Germania sacra, ein topographischer Führer durch die Kirchen-und Schulgeschichte deutscher Lande. Leipzig, Justus Naumann, 1874. 1 vol. in-12 de 1532 pp., d.-rel. chag., tranche peigne.

824. **Cypræus** (Johan. Adolphus). Annales Episcoporum Slesvicensium. Coloniæ Agrippinæ, Hartger. Woringen, 1634. Vol. in-8, rel. vél.

> Ouvrage des plus rares, car il a été imprimé aux frais de l'auteur, à petit nombre d'exemplaires, et n'a point été réimprimé. Il a pourtant une sérieuse valeur au point de vue historique et littéraire.

* 825. **Ficker** (Julius). Engelbert der Heilige, Erzbischof von Köln und Reichsverweser. Köln, Heberle, 1853. In-8, rel. toile.

826. **Hansiz** (Marc). Germaniæ sacræ Tomus I. Metropolis Lauriacensis cum episcopatu Pataviensi chronologice proposita... Tomus II. Archiepiscopatus Salisburgensis chronologice propositus. Viennæ sumpt. Martini Happach & Fr. Xav. Schlüter. 1727-29. — Tomus III. De episcopatu Ratisbonensi Prodromus. Viennæ, Trattner, *s. d.* Ensemble 2 vol. in-fol., rel. peau de truie estampée.

> Ouvrage très estimé dont les deux premiers tomes contiennent l'histoire de la métropole de Lorch, transférée à Salzbourg, et de l'évêché de Passau. Le tome III ne renferme qu'une savante étude sur l'évêché de Ratisbonne.

827. **Khamm** (Le Père Corbinien). Hierarchia Augustana tripartita in partem cathedralem, collegialem, et regularem; Id est Series & Descriptio Augustanorum episcoporum, proepiscoporum, præpositorum, decanorum, atque canonicorum Augustanæ ecclesiæ cathedralis... Augustæ, Typis Joannis Michaëlis Labhart, 1709-1719. 5 vol. petit in-4, rel. vél.

828. **Köllner** (Adolph). Geschichte der Herrschaft Kirchheim-Boland und Stauf, nach *J.M. Kremer*'s und *J. Andreä*'s Manuscripten... Wiesbaden, 1854. In-8, rel. toile. non rogn., couvert.

829. **Kolb**, S. J. (Gregorius). Series Episcoporum Archiepiscoporum et Electorum Moguntinorum, Trevirensium et Coloniensium, unâ cum reflexionibus historicis contra Joannem Hubnerum & alios Scriptores Heterodoxos &c... Augustæ Vindel. Sumpt. Hæredum Martini Happach, 1733. In-4, rel. veau, plats ornés au petit fer, dos refait, front.

830. **Leuckfeld** (Johann. Georg.). Antiquitates Halberstadenses oder Historische Beschreibung der vormahligen Bischoffthums Halberstadt... Wolfenbuttel, Freytag, 1714. — *Du même*. Antiquitates Groningenses, oder Beschreibung der vormahligen bischöfflichen Residentz Gröningen, in itzigem Fürstenthum Halberstadt... Quedlinburg, Calvisius, 1710. Ensemble 1 vol. in-4, cart. frontisp.

831. **Mooyer** (Ernst Fried.). Verzeichnisse der deutschen Bischöfe seit dem Jahre 800 nach Chr. Geb. nebst einem Anhange, die Würdenträger einiger Abteien und Ritterorden enthaltend. (In 300 Exemp. abgezogen). Minden, 1854. In-8, cart. — *Du même*. Zur Chronologie schleswigscher Bischöfe. [Aus den *Jahrbücher f. d. Landeskunde d. Herzogth. Schl. Holst. u. Lau.* II.] In-8, cart.

832. **Rathsamhausen** (Philippe de). Philippi ecclesiæ Eystettensis XXXIX episcopi, De ejusdem ecclesiæ divis tutelaribus S. Richardo, S. Willibaldo, S. Wunibaldo, S. Walpurga, commentarius nunc primum evulgatur, unâ cum duobus observationum libris & Catalogo... omnium Episcoporum Eystettensium, editore & auctore Iacobo Gretsero... Ingolstadii, Ex Typographia Ederiana, apud Elisabetham Angermariam, viduam, 1617. Vol. petit in-4, rel. vél. 6 planches gravées sur cuivre d'une exécution remarquable.

 Ph. de Rathsamhausen était évêque d'Eichstædt de 1306 à 1322, époque de sa mort. Cet ouvrage doit surtout sa valeur aux savantes notes de l'éditeur, le jésuite *Gretser*, l'un des hommes les plus érudits de son temps.

833. **Sandhoff** (Jo. Itel.). Antistitum Osnabrugensis ecclesiae, qui per decem sæcula primam episcopalem in Westphalia Carolinam sedem tenuere res gestae. Monasterii Westphaliæ, Sumptibus A. W. Aschendorf, MDCCLXXXV. 2 vol. in-8, cart., pl.

834. **Schannat** (J. Fr.). Diocesis Fuldensis cum annexa sua Hierarchia. Francofurti ad Moenum, ap. J. B. Andreæ & Henr. Hort., 1727. 1 vol. grand in-4, rel. vél., tr. r.

835. — Historia episcopatus Wormatiensis... cum figuris æri incisis. Francofurti ad Moenum, apud Franciscum Varrentrapp, 1734. 2 tomes en 1 vol. grand in-4, rel. veau, tr. r.

836. **Schrödl** (Karl). Passavia sacra. Geschichte des Bisthums Passau bis zur Säkularisation des Fürstenthums Passau. Passau, Waldhauer, 1879. In-8, br. — **Stülz** (Jodok). Das Leben des Bischofes Altmann von Passau. [Aus d. IV. Bande der *Denkschr. der Ph.-H. Classe d. k. Ak. d. W.*]. Wien, 1853. In-4, cart.

837. **Evelt** (Julius). Die Weihbischöfe von Paderborn. Paderborn, F. Schöningh, 1869. In-8, rel. toile. — **Tibus** (A.). Geschichtliche Nachrichten über die Weihbischöfe von Münster. Münster, F. Regensberg, 1862. In-8, rel. toile, couv., fig. — **Wegeler** (Jul.). Das Kloster Laach. Ein Beitrag zur

Special-Geschichte der Rheinlande. Bonn, Henry & Cohen, 1854. In-8, cart., 2 pl. de blasons. — Liber decimationis cleri Constanciensis pro Papa de anno 1275. [Pub. par *Haid.*] Extr. de *Freiburger Diocesan Archiv*, I, 1865. In-8, dérel.

838. **Dönniges** (Hugo). Siegfried von Eppestein, Erzbischof von Mainz (Erster Theil). Cüstrin, Kœnig, 1878. In-4, cart. [*Programme.*] — **Lindner** (Theodor). Anno II. Der Heilige, Erzbischof von Köln (1056-1075). Leipzig, Duncker und Humblot, 1869. In-8, rel. toile. — **Stehle** (Bruno). Über ein Hildesheimer Formelbuch. Vornehmlich als Beitrag zur Geschichte des Erzbischofs Philipp I. von Koeln, 1167-1191. (*In.-Diss.*) Sigmaringen, Tappen, 1878. In-8, rel. toile.

839. **Kraft** (Fr. Car.). De Ansgario aquilonarium gentium apostolo. Hamburgi, typ. Meissneri, 1840. In-4, rel. toile. — **Ram** (Pierre F.-X. de). S. Anschaire et S. Rembert, archevêques de Hambourg & de Brême, apôtres du christianisme dans le Nord au IXᵉ siècle. Louvain, Ch. Peeters, 1865. Plaq. in-8, rel. toile, non rogn. — **Dehio** (George). Hartwich von Stade, Erzbischof von Hamburg-Bremen. Bremen, Diercksen & Wichlein, 1872. Plaq. in-8, cart., non rogn., couv.

FRANCE

840. **Arnaud de Verdale**. Catalogus Episcoporum Magalonensium. Edition d'après les mss. avec trad. française, notice biographique et littéraire, pièces justificatives, etc. par *A. Germain*. Montpellier, Martel, 1881. 1 vol. in-4, rel. toile, non rogn., couvert.

841. **Camuzat** (Nicolas). Promptvarivm Sacrarivm Antiqvitatvm Tricassinæ diœcesis. In quo præter seriem historicam Tricassinorum præsulum, origines præcipuarum ecclesiarum, vitæ etiam Sanctorum qui in eadem diœcesi floruerunt, promiscue continentur. Avgvstæ Trecarvm, Apud Natalem Moreav qui dicitur le Coq, in vico diuæ Mariæ, sub signo Galli. 1610. 1 vol. in-8, rel. veau, tr. rouge, dos orné.

<small>Les ouvrages de *Camuzat* (1575-1655), chanoine de la cathédrale de Troyes, sont rares et recherchés. Sur le diocèse de Troyes, cf. n° 616.</small>

842. **Chevalier-Lagenissière** (Louis). Histoire de l'évêché de Bethléem. Paris et Nevers, Dumoulin, 1872. 1 vol. in-8, avec planches, d.-rel. veau br., non rogn. — **Fisquet** (H.). La France pontificale... Métropole de Sens. Nevers-Bethléem. Paris, Repos, s. d. In-8, br. — **Flamure** (Henri de). Une bulle de Honorius III relative à l'hôpital de Bethléem à Clamecy. Nevers, Vallière, 1886. In-8, br.

843. **Darsy** (F.-I.). Bénéfices de l'Église d'Amiens ou Etat général des biens, revenus et charges du clergé du Diocèse d'Amiens, en 1730; avec des

notes indiquant l'origine des biens, la répartition des dîmes, etc. **Amiens**, Caillaux, 1869-71. 2 tomes en 1 vol. in-4, avec carte, d.-rel. veau gris, tête marbrée, non rogn. — **Garnier** (J.). Dénombrement du temporel de l'évêché d'Amiens en 1301. Amiens, Herment, 1859. In-8, rel. toile, non rogn., couv., mouillures. — **Soyez** (Edm.). Notices sur les évêques d'Amiens. Amiens, Langlois, 1878. In-8, rel. toile, couv.

Cf. n° 612.

844. ÉGLISES ET ABBAYES. Réunion d'opuscules, en 1 vol. in-8, d.-rel. bas., tr. jaspée. — Déclaration dv Roy, povr la reparation des Eglises & des Presbyteres. Du 18 Fevrier 1661. Registrée en Parlement le 18 Iuillet 1664. A Paris, Chez Antoine Vitré... 1665. In-8, 8 pp. — **L. de Mellet** : De la réparation des églises et de leur entretien. Epernay, s. d. — **Corblet** (L'abbé) : Description historique de l'Eglise de S¹ Germer de Flay. Amiens, 1842. — Notice sur l'abbaye de Solesmes. Le Mans, 1839. — **Allou** : Description de l'Eglise de Solesmes. — **Langlois** : Les énervés de Jumièges. Rouen, 1838. — **Audibert** : La chartreuse de Bonpas.

Exemplaire de la bibliothèque de M. Paulin Paris.

845. **Font** (Abbé François). Histoire de l'abbaye royale de Saint-Michel de Cuxa (Diocèse de Perpignan)... suivie de la vie du marquis Ferdinand Costa, comte de Vilar, de Chambéry, en religion dom Jean-Baptiste... Perpignan, Comet, 1881. Vol. in-8, toile, couvert.

846. **Frizon** (Pierre). Gallia pvrpvrata qva cvm Svmmorvm Pontificvm, tvm omnivm Galliæ Cardinalivm, qvi hactenvs vixere res præclare gestæ continentvr; adiectæ sunt parmæ, & earundem descriptiones... Lvtetiæ Parisiorvm, Apud Simonem Le Moine... M DC XXXVIII. 1 vol. in-fol., rel. veau, aux armes. Front. grav. sur acier et nomb. blasons dans le texte.

Seconde édition de cet important ouvrage; elle contient de plus que la première l'histoire des Grands-Aumôniers.

847 Gallia christiana in provincias ecclesiasticas distributa : qua series et historia archiepiscoporum, episcoporum et abbatum Franciæ vicinarumque ditionum ab origine Ecclesiarum ad nostra tempora deducitur, & probatur ex authenticis instrumentis ad calcem appositis. Opera et studio Domini Dionysii Sammarthani... Lutetiæ Parisior. Excud. Ioh.-Bapt. Coignard, et Typogr. Regia. 1715-1785 (tt. 1 à 13.). — *Suite* publiée par M. *B. Hauréau*, tt. 14-16. Paris, Didot, 1856-1865. 16 vol. in-fol., avec portr. de Denys de Sainte-Marthe. rel. bas. rac., dos orné, tr. rouge.

Bel exemplaire.

848. **Fleury** (P. de). Table sommaire de la Gallia christiana. Blois, Lecesne, plaq. in-8, cart. — **Fouque** (V.). Du Gallia christiana et de ses auteurs. Paris, Tross, 1857. In-8, d.-rel. toile, couv. Tiré à petit nombre.

849. **Lebeuf** (L'abbé). Histoire de la ville et de tout le diocèse de Paris. Nouvelle édition par *Hipp. Cocheris*. Paris, Durand, 1863-67. 5 vol. in-8. d.-rel. chag.; au dos, chiffre du comte Riant.

850. Offices propres de la paroisse de S. Jacque du Haut-Pas ; avec l'ordre general & l'ordre particulier des Usages, &c. de cette paroisse. Paris, Desprez, M.DCC.LX. Petit in-8, rel. veau.

851. **Pécheur** (L'abbé). Annales du diocèse de Soissons. Soissons, Morel, 1863-1875. 3 vol. in-8, rel. toile. — **Poquet** (L'abbé). Notre-Dame de Soissons, son histoire, ses églises, ses tombeaux, ses abbesses, ses reliques. Deuxième édition. Paris, Parmentier & Didron, 1855. In-8, rel. toile.

852. **Plasse** (F. X.). Le clergé français réfugié en Angleterre. Paris, Palmé, 1886. 2 vol. in-8, d.-rel. v., tr. marb., portrait gravé.

853. Rituale seu mandatum insignis ecclesiæ Suessionensis tempore episcopi Nivelonis exaratum, sumptibus et curis historicis, archeologicæ ac scientificæ Suessionensis Societatis editum. Suessione, apud Editores. Parisiis, apud Didron, 1856. In-4, cart. perc. bl., titr. r. et n.

Imprimé en rouge et en noir. Cf. la note du n° 815.

854. **Salin** (Patrice). L'Eglise de Saint-Sulpice de Favières. Paris, Le Clere, 1865. In-4, br., sur papier vélin fort. 8 pl. grav. à l'eau-forte et 6 reproductions d'inscriptions et pierres tombales.

855. **Vignier** (Jacques). Chronicon Lingonense. Ex Probationibvs Decadis Historicæ contextum. Vtriusque Auctore P. Jacobo Vignerio Societatis Jesu Sacerdote. Lingonis, Anno Domini M.DC.LXV. In-8, rel. veau., fil.

Excellent ouvrage du jésuite J. Vignier (1603-1669) qui a laissé à l'état de manuscrit une Histoire du diocèse de Langres, dont le *Chronicon* est un abrégé ; il est surtout intéressant pour l'histoire ecclésiastique du duché de Bourgogne.

856. **Albanès** (J. H.). Histoire des évêques de Saint-Paul-Trois-Châteaux au quatorzième siècle. Montbéliard, P. Hoffmann, 1884. In-8, rel. toile. Lettre de l'auteur au comte Riant. — **Rocher** (Ch.). Humbert d'Albon, évêque du Puy (1127-1144). Extrait de l'*Annuaire de la Haute-Loire*. Le Puy, Marchessou, 1880. In-12, cart. — **Roman**. Extraits de l'obituaire de Forcalquier relatifs aux évêques de Sisteron. (Extr. du *Bull. du Com. des trav. hist.*, n°s 3-4 de 1886). In-8, br.

857. **Cheronnet** (J. F.). Histoire de Montmartre. Paris, 1843. In-8, d.-rel. chagr. br., tr. jasp. — **Crozes** (Hip.). Monographie de l'ancienne cathédrale de Saint-Alain de Lavaur (Tarn). Toulouse, Chauvin, 1865. Plaq. in-8, cart. — Monographie de l'insigne basilique de Saint-Saturnin. Paris, V. Didron ; Toulouse, L. Cluzon, 1834. In-12, rel. toile, 1 pl.

858. **Cruice** (L'abbé P. M.). Vie de Denis Auguste Affre, archevêque de Paris. Paris, Perisse, 1849. Vol. in-8, rel. toile, couvert.

859. **Ségur** (Marquis de). Monseigneur de Ségur. Souvenirs et récit d'un frère. Septième édition. Paris, Bray et Retaux, 1882. 2 tomes en 1 vol. in-8, d.-rel. mar. rouge, tête lim., non rogn., au dos chiffre du comte Riant. 2 pl.

* 860 Notice historique sur M. de Boulogne, évêque de Troyes. *S. l. n. d. n. typ.* Vol. in-8 de cxxviij pp., rel. toile.

ANGLETERRE — BELGIQUE — DIVERS

861. **Brady** (W. Mazière). The episcopal succession in England, Scotland and Ireland. A. D. 1400 to 1875. Rome, tip. della Pace, 1876-77. 3 vol. in-8, br. — **Stubbs** (Will.). Registrum Anglicanum. An attempt to exhibit the course of episcopal succession in England. Oxford, at the University Press, 1858. In-8, rel. toile.

862. **Wilden.** (M. M.). Beda des Ehrwürdigen, Kirchengeschichte der Angelsachsen. Als Anhang : Willibald's Leben des heiligen Bonifacius. Schaffhausen, Hurter, 1866. In-8, rel. toile, non rogn.

863. **Aigret** (N.-J.). Histoire de l'Eglise et du Chapitre de Saint Aubin, à Namur. Namur, Doux fils, 1881. 1 vol. in-8, avec pl., d.-rel. chagr. viol., non rogn., au chiffre du comte Riant.

864. **Beaucourt de Noortvelde**. Description historique de l'eglise collégiale et paroissiale de Nôtre Dame à Bruges, avec une histoire chronologique de tous les prévôts,... Bruges, Joseph de Busscher, 1773. 2 pl. : portrait du prévôt Vander Stricht, et vue de N. D. de Bruges. In-4, rel. veau. — [**Goronne** (J.)]. Les origines de l'Eglise de Huy, ouvrage dédié à la Vierge Mère Immaculée, sa protectrice, le 4 Août 1685. Texte latin suivi de la traduction française. Liége, Gothier, 1880. In-8, rel. toile, couv.; 1 pl.

865. [**Foppens** (J. J.)]. Historia episcopatûs Antverpiensis, continens episcoporum seriem, et capitulorum, abbatiarum, et monasteriorum fundationes, nec non Diplomata varia ad rem hujus Diœcesis spectantia... Bruxellis, Apud Franciscum Foppens, 1717. Petit in-4, front. et 7 pl., rel. toile, nomb. blasons gravés dans le texte.

C'est le premier ouvrage publié par le savant Foppens (1689-1761) qui avait préparé une *Belgica Christiana* dont le manuscrit se trouve à l'archevêché de Malines.

866. **Moll** (W.). Kerkgeschiedenis van Nederland vóór de Hervorming. Arnhem, Nijhoff, 1864-67. 2 parties en 3 vol. in-8, rel. toile, non rogn.

867. **Ram** (Pierre Franç.-Xav. de). Synopsis Actorum ecclesiae Antverpiensis, et ejusdem dioceseos Status hierarchicus, ab episcopatus erectione usque ad ipsius suppressionem. Bruxelles, Hayez, 1856. In-8, br.

868. [**Van Heussen** (Hug. Fr.)]. Historia episcopatuum Foederati Belgii, utpote metropolitani Ultrajectini, necnon suffraganeorum Harlemensis, Daventriensis, Leovardiensis, Groningensis, et Middelburgensis.... per H.F.V.H. Sac. T.L. Vic. T. Antverpiæ, apud Joh. Bapt. Verdussen, 1733. 2 vol. in-fol., rel. veau. 34 pl. ou cartes.

869. **Pray** (Georgius). Specimen hierarchiae hungaricae, complectens seriem chronologicam archiepiscoporum Hungariae cum rudi diocesium delineatione; adjectis, si quae sunt peculiares, praerogativis, ut plurimum ex diplomatibus congestum... Posonii et Cassoviae, sumptibus Joan. Mich. Landerer, 1776-1779. 2 vol. in-4, d.-rel. v. rac.

870. **Deseriz** (Jos. Inn.). Historia episcopatvs dioecesis et civitatis Vaciensis vna cvm rebvs synchronis. Opvs posthvmvm, accedit episcoporvm Vaciensivm catalogvs. Pestini, Eitzenberger, s. d. (1763). 1 vol. in-fol., br.

871. **Szeredai de Szent-Háromság** (Antoine). Series antiquorum, et recentiorum Episcoporum Transilvaniae. A. Carolinae, typis Episcopalibus. Anno 1790. 1 vol. in-4, br.

872. **Cornaro** (Flaminio). Catharus Dalmatiæ civitas in Ecclesiastico & Civili statu historicis documentis illustrata. Accedit episcoporum Methonensium et Coronensium series expurgata. Patavii, Ioann. Manfrè, 1759. 1 vol. in-4, rel. parch.

5. Italie.

873. **Avino** (Vincenzio d'). Cenni storici sulle chiese arcivescovili, vescovili e prelatizie (nullius) del regno delle Due Sicilie. Napoli, Ranucci, 1848. Vol. grand in-8, rel. toile, couvert.

874. **Bertolotti** (Giuseppe). Statistica ecclesiastica d' Italia. Savona, Ricci, 1885. 1 vol. in-4, rel. toile.

875. **Bima** (Palemone Luigi). Serie cronologica dei romani Pontefici e degli arcivescovi e vescovi di tutti gli stadi di terraferma di S.S.R.M. et di alcune del regno di Sardegna. Seconda edizione. Torino, Favale, 1842. 1 vol. in-8, rel. chag., dos et plats ornés. — *Du même*. Serie cronologica degli arcivescovi e vescovi del regno di Sardegna. Asti, Raspi e Riba, 1845. 1 vol. in-8, br.

876. **Cantel**, S. J. (Pierre Joseph). Metropolitanarum urbium historia civilis et ecclesiastica. Tomus primus. Parisiis, Michallet, 1684. 1 vol. in-4, rel. vél.

Tout ce qui a paru. Le P. Cantel (1645-1679) mourut avant d'avoir pu terminer son œuvre. Le tome Ier est divisé en trois parties : la troisième traite de Naples, Capoue, Bari, la Sicile, la Sardaigne, etc. ; les deux premières sont consacrées à des traités théoriques sur divers sujets religieux.

877. **Chiesa** (François Augustin della). S.R.E. Cardinalium, Archiepiscoporum, Episcoporum et Abbatum Pedemontanę Regionis Chronologica Historia... cui accedunt Archiepiscoporum Tarentasiensium, ac Episcoporum Augustensium... Lausanensium, ac Generalium Ordinum, qui ex Pedemontio prodierunt. Augustæ Taurinorum, Typis H.H. I. D. Tarini, M DC XXXXV. In-4, rel. vél.

> Bon ouvrage. François Augustin della Chiesa, des comtes de Cervignaschi, né à Saluces en 1593, fut conseiller et historiographe de Victor-Amédée de Savoie, et évêque de Saluces, de 1642 à 1663, année de sa mort.

878. Delle antichità Longobardico-Milanesi illustrate con dissertazioni dai monaci della Congregazione Cisterciese di Lombardia. Milano, Nell' Imperial Monisterio di S. Ambrogio Maggiore, 1792-93. 4 tomes en 2 vol. in-4, d.-rel. veau olive rac., tête limaç., non rogn.

> On attribue généralement au P. D. *Anselmo Fumagalli*, supérieur du monastère cistercien de Saint-Ambroise à Milan, la plus grande part de cet ouvrage pour lequel il a eu comme collaborateur le chanoine *Michele della Torre e Valsasine*, qui était son élève, et a depuis été archiviste du chapitre de Cividale.

879. **Lami** (Giovanni). Sanctae Ecclesiae Florentinae Monvmenta... qvibvs notitiae innvmerae ad omnigenam Etrvriae, aliarvmqve regionvm historiam spectantes continentvr. Florentiae, Ex Typographio Deiparae ab Angelo Salutatae, M D CC LVIII. 3 vol. petit in-fol., d.-rel. veau éc., tr. lim.; au dos, chiffre du comte Riant.

880. **Martini** (Pietro). Storia ecclesiastica di Sardegna. Cagliari, Stamperia reale, 1839-1842. 3 tomes en 8 fascic. In-8, br.

881. **Matthæus** (Ant. Felix.). Sardina sacra seu de Episcopis Sardis Historia nunc primò confecta... Romæ, ex typ. J. Zempel, 1758. Grand in-4, rel. vél., non rogn.

882. **Pirro** (Don Roccho). Sicilia sacra disquisitionibus et notitiis ubi Libris quatuor, postquam de illius Patriarcha, & Metropolita disquisitum est, a Christianæ religionis exordio ad nostra usque tempora cujusque Præsulatus... Editio tertia emendata et continuatione aucta, cura, & studio S.T.D.D. *Antonini Mongitore*... accessere Additiones & Notitiæ Abbatiarum Ordinis sancti Benedicti, Cisterciensium, & aliæ, quæ desiderabantur, auctore P. Domino *Vito Maria Amico*. Panormi, apud hæredes Petri Coppulæ, 1733. 2 vol. in-fol., rel. vél.

> La meilleure édition de cet excellent ouvrage.

883. **Semeria** (Gio Battista). Secoli christiani della Liguria. Torino, Chirio e Mina, 1843. 2 vol. in-4, rel. toile, non rogn.

884. **Ughelli** (F.). Italia sacra, sive de Episcopis Italiæ et Insularum adjacentium... opus singulare... Editio secunda... studio Nicolai Coleti. Venetiis, apud S. Coleti, 1717-1722. 10 tomes en 9 vol. petit in-fol., rel. vél.

MONOGRAPHIES

885. BARI[1] : **Garruba** (Michele). Serie critica de' sacri pastori Baresi, corretta, accresciuta ed illustrata. Bari, tip. Cannone, 1844. 1 vol. in-4, avec portr., d.-rel. parchem., coins, non rogn.

886. — : Memoria per la insigne basilica, e celebre santuario di S. Nicola di Bari di specioso regio padronato. Nella Consulta de' Reali Dominii di qua del Faro. Napoli, Tip. di Porcelli, 1830. — Contro-esame ed appendice in difesa de' Privilegii della reale basilica di S. Niccola di Bari. Napoli, Porcelli, 1831. Ensemble 1 vol. petit in-4, d.-rel. veau, non rogn.

Ouvrage peu commun, surtout avec l'appendice.

887. BOLOGNE[2] : [**Bianconi** (Gio : Battista)]. Della chiesa del S. Sepolcro riputata l' antico battistero di Bologna; e in generale dei battisteri. Discorso dedicato a Gesù Cristo e al suo amico e battezzatore Giovanni. In Bologna, A S. Tommaso d'Aquino, 1772. Vol. in-8, d.-rel. bas. (1 planche).

888. — : **Casale** (Don Antonio). Nuova Gierusalemme detta la Sacra Basilica di San Stefano di Bologna. Bologna, Tebaldini, 1637. 1 vol. in-4, rel. parch. — [**Petracchi** (Celestino)]. Della insigne abbaziale Basilica di S. Stefano di Bologna Libri due. Bologna, Guidotti e Mellini, 1747. In-4, d.-rel. veau rac., tête lim. ; au chiffre du comte Riant.

889. — : **Pullieni de Lupari** (R. P. D. Donato). Relatione historica, overo Chronica della misteriosa Chiesa di San Stefano di Bologna, detta Gierusalemme; nellaquale si tratta della sua origine, fondatione, roine, ristorationi, & bellezza;... Reliquie, Corpi Santi, & lor vite... & altri discorsi sopra l' historie, & successi di Bologna, Con vn breue Compendio della Vita del Gloriosiss. San Pietro Celestino Papa Quinto... In Bologna, Appresso Gio: Batt: Bellagamba, 1600. In-8 de 8 ffnc., 299(1) pp., 1 fnc., rel. parch.

Ouvrage *rare*, dont l'auteur, originaire de Siderno, était moine de l'ordre des Célestins dans le monastère de S. Stefano à Bologne.

890. — : **Sarti da Piano** (D. Luigi). Origine e fondatione di tutte le Chiese, che di presente si trouano nella Città di Bologna, col numero de' Religiosi, e Religiose a Clausura per Clausura, e ancora dell' anime di tutte le Parochie... e hora di nuovo ampliate da Matteo Mainardi. In Bologna, P. Ferroni, 1633. Petit in-4, cart. pap.

Cachet sur le titre.

1. Cf. n°˚ 539-546 et 894.
2. Cf. n°˚ 558-559.

891. Brescia : **Gradenigo** (Gio : Hieronymo). Pontificum Brixianorum series. Commentario historico. Brixiæ, Ex Typ. Joannis Baptistæ Bossini, 1755. Vol. in-4, rel. vél. italien.

> G. H. Gradenigo (1708-1786) entra dans l'ordre des Théatins et devint, en 1766, archevêque d'Udine. Il a publié des ouvrages d'érudition estimés.

892. Calvi : **Zona** (Mattia). Il santuario Caleno che contiene le memorie sacre della Chiesa di Calvi Apostolica. Neapoli, Mich. Morelli, 1809. 2 parties en 1 vol. in-8, d.-rel. veau br., non rogn.

893. Camerino : **Turchius** (Ottavius). De Ecclesiae Camerinensis Pontificibus Libri VI. Praecedit ejusdem Auctoris de Civitate, et Ecclesia Camerinensi Dissertatio. Romae, typis de Rubeis... 1762. In-4, rel. parch.

> Rare.

894. Canosa : **Tortora** (Angelus Andreas). Relatio status sanctæ primatialis ecclesiæ Canusinæ seu Historia ex Romanorum Pontificum constitutionibus, Regum diplomatibus, Sanctorum & Conciliorum actis... excerpta. Romæ, ex typographia Komarek, 1758. In-4, rel. vél., avec un portrait de saint Sabinus, évêque de Canosa et patron de la ville.

> Peu commun. L'auteur du livre a pour but de mettre en évidence les droits du diocèse de Canosa contre celui du Bari, le premier ayant été réuni au second ; il propose à la fin d'établir un *modus vivendi* respectant les anciens droits de l'évêché de Canosa.

895. Capaccio : **Volpi** (D. Giuseppe). Cronologia de' Vescovi Pestani, ora detti di Capaccio dall' anno 500. fino al presente, in cui si dà conto de' fatti più memorabili de' Vescovi, che governarono questa Chiesa ; de' luoghi antichi, e cose notabili avvenute nella loro Diocesi ;... In Napoli, Michele Luigi Muzio, MDCCXX. In-4, rel. parch.

> Première édition.

896. Capoue : **Granata** (Francesco). Storia sacra della chiesa metropolitana di Capua. Napoli, nella stamp. Simoniana, 1766. 2 vol. in-4, rel. parch., avec portrait du pape Clément XIII gravé par *Bombelli* en 1758.

> F. Granata, né à Capoue en 1701, d'une famille patricienne, entra dans les ordres et obtint, en 1757, l'évêché de Sessa, dont il écrivit l'histoire en 1763 ; cet ouvrage a été réimprimé dans son ouvrage sur Capoue (2ᵉ volume, p. 187) : « Ragguaglio istorico della fedelessima citta' di Sessa dalla sua antica fondazione sino all' anno M D CC LXVI », mais il y manque la dédicace à la duchesse de Sessa. Granata mourut en 1771.

897. — : **Jannelli** (Gabriele). Sacra Guida ovvero descrizione storica artistica letteraria della chiesa cattedrale di Capua... Napoli, G. Gioja, 1858. Vol. in-4, d.-rel. parch. (portrait du card. Cosenza, arch. de Capoue).

898. — : **Michaël Monachus.** Sanctvarivm Capvanvm opvs in qvo sacræ res Capvæ, & per occasionem plura, tàm ad diuersas Ciuitates Regni pertinentia, quàm per se curiosa continentur. Neapoli, apud Octauium Beltranum,

M.DC.XXX. — Recognitio Sanctvarii Capvani per eundem... Michaelem Monachvm... addita... Neap. Ex Typographia Roberti Molli, 1637. 2 tomes en 1 vol. in-4, rel. vél., 4 planches et fig. dans le texte.

> Bon ouvrage. Suivant une note manuscrite de notre exemplaire l'auteur de cet ouvrage, chanoine de l'église cathédrale de Capoue, est mort le 26 août 1644.

899. CASAL : **Bono** (Hieron. de). De Casalensis ecclesiæ origine, atque progressu; tum de Episcopis ejusdem ab Anno Salutis 1474 usque ad Annum 1732, historica narratio. Augustæ Taurinorum, Ap. R. Fantinum, 1734. 1 vol. petit in-4, d.-rel. veau, coins.

900. CRÉMONE : **Merula** (D. Pellegrino). Santvario di Cremona nel qvale si contengono non solo le Vite de' Santi di tutte le Chiese e di quelli, i cui Corpi in alcune di esse si riposano, mà anche le Reliquie, e cose notabili di ciascuna di esse. Con l'origine de' Monasteri, Hospedali, e Luoghi Pij in detta Città... In Cremona, Per Bartolomeo, & Heredi di Baruccino Zanni, 1627. In-8, d.-rel. parch. titre raccom.

> Rare. Cet ouvrage contient quelques figures sur bois grossièrement exécutées.

901. — : **Sanclementi** (Henri). Series critica-chronologica episcoporvm Cremonensivm. Cremonæ, apvd J. Feraboli, 1814. In-4, rel. veau marbré, tr. r., portrait de Mgr Homobono Offredi.

902. FERMO : [**Catalani** (Michel)]. De ecclesia Firmana ejusque episcopis et archiepiscopis Commentarius. Firmi, Paccaroni, 1783. 1 vol. in-4, d.-rel. bas.

> Michel Catalani (1750-1802) entra dans l'ordre des Jésuites (1756) et y resta jusqu'à sa suppression; il obtint alors une place de chanoine à Fermo (Marche d'Ancône), sa ville natale, et consacra sa vie à en rechercher les antiquités.

903. GÊNES : **Grassi** (Luigi). Serie dei vescovi ed arcivescovi di Genova. Genova, 1872. Plaq. in-8, cart., non rogn., couvert. — **Pelazza** (Vinc. Marcolino). Vita del beato Giacomo da Varazze, dell' ordine de' Frati Predicatori, Arcivesco di Genova. Genova, 1867. In-12, d.-rel. mar. rouge, tête lim.; au dos, chiffre du comte Riant. — Leggenda e inni di S. Siro, Vescovo di Genova, pubblicati da *Vincenzo Promis*. Genova, 1876. Grand in-8, rel. toile.

> Avec l'ouvrage de *Pelazza*, on a relié : « Fazio (Giov. Bartolomeo). Varazze e il suo distretto. Genova, 1867. »

904. GUBBIO : **Sarti** (Mauro). De episcopis Eugubinis... Praecedit ejusdem auctoris de Civitate, & Ecclesia Eugubina dissertatio. Pisauri, M.DCC.LV. E. Typographia Gavellia. 2 planches & fig. In-4, rel. vél.

905. LUCQUES : [**Grammatica** (Gabriele)]. Diario Sagro antico, e moderno delle chiese di Lucca, composto gia' da un religioso della Congregazione della Madre di Dio. Riveduto, ed accresciuto dal padre *Gio: Domenico Mansi*... In Lucca per Giuseppe Salani e Vinc. Giuntini, 1753. Petit in-8, rel. parch.

906. Milan[1] : **Annoni** (Carlo). Monumenti della prima metà del secolo XI. spettanti all' arcivescovo di Milano, Ariberto da Intimiano. Milano, A. Lombardi, 1872. In-4, rel. toile, couv.; 8 pl., dont 3 en chromo.

907. — : **Castellionæus** (Io. Ant.). Mediolanenses antiqvitates ex Vrbis Parœcijs collectæ, ichnographicis ipsarum tabulis, recentibus rerum memorijs, varijs ecclesiasticis ritibus auctę, et illustratę... Mediolani, Apud Ioan. Bapt. Bidell. M DC XXV. 1 vol. in-4, d.-rel. vél., tit.-frontispice, signé *Io. P. Blancus*, un plan de Milan et des grav. dans le texte.

> Cet ouvrage de *J. A. de Castiglione* était déjà *rare* au commencement du xviii° siècle puisque cette rareté même et son intérêt déterminèrent *Grævius* à l'insérer dans son *Thesaurus Antiq. Italiæ*, tome III.

908. — : Datiana Historia ecclesiæ Mediolanensis ab anno Christi LI ad CCC IV. Vel Anonymi Mediolanensis qui circa annum D XXXVI scribebat ad S. Datum episcopum liber de Primis Episcopis Mediolani... recensuit *Al. Biragus*. Mediolani, Ex Typ. Boniardo-Polianea, 1848. 1 vol. in-4, d.-rel. veau écaille, tr. peigne, 12 planches.

909. — : **Mazzuchelli** : (Pietro). Osservazioni... intorno al saggio storico-critico sopra il rito Ambrosiano contenuto nella dissertazione vigesimaquarta delle antichità Longobardi-Milanesi, illustrate dai Monachi della Congregazione Cisterciese di Lombardia. Milano, Giovanni Pirotta, 1828. Grand in-8, d.-rel. veau marb., tête lim.; au dos, chiffre du comte Riant.

> Critique de l'ouvrage de *D. A. Fumagalli*. Cf. n° 878.

910. — : **Saxius** (Joseph. Antonius). Archiepiscoporum Mediolanensium Series historico-chronologica ad criticæ et veterum monumentorum fidem illustrata; Opus posthumum. Accedit Clariss. Scriptoris vita auctore *Balthassar Oltrocchi*. Mediolani, in ædib. Palatinis, 1755. 3 vol. in-4, d.-rel. veau rac., tr. limaç.

> Ouvrage estimé, de *Giuseppe Antonio Sassi*, l'un des plus savants hommes de son temps, né à Milan en 1675, mort en 1751. Muratori, dont il était l'ami, lui fut redevable d'un grand nombre de renseignements pour la composition de ses Rerum Italicarum Scriptores.

911. Naples : **Caracciolo** (Cesare d'Engenio). Napoli sacra, di D. Cesare d'Engenio Caracciolo, gentilhuomo napolit. oue oltre le vere origini, e fundationi di tutte le Chiese... si tratta di tutti i Corpi, e Reliquie de' Santi... Napoli, per Ottauio Beltrano, 1624. 1 vol. in-8, rel. parch.

> Ouvrage peu commun; l'auteur, en décrivant les églises, donne la liste des reliques qu'elles renferment et la copie d'un grand nombre d'épitaphes aujourd'hui disparues.

912. — : **Lellis** (Carlo de). Parte seconda o' vero Svpplimento a Napoli sacra di D. Cesare d'Engenio Caracciolo... oue si aggiungono le fondationi

---

1. Cf. n°[s] 586-593.

di tvtte le chiese, monasteri, & altri luoghi sacri della Città di Napoli... Napoli, Roberto Mollo, 1654. 1 vol. in-8, rel. vél.

913. Novare : [**Bescapè** (Carlo)]. Novaria, seu de Ecclesia Novarensi libri duo, primus de locis, alter de episcopis, Carolo ep. Novarensi auctore. Novariæ, Ap. Hieron. Sessallum, 1612. 1 vol. in-8 carré, rel. parch... Exlibris aux armes d'un archevêque-comte de l'Empire français.

> Barlo Bescapè, patricien de Milan, était général des Barnabites quand, le 18 février 1695, il fut nommé évêque de Novare; il mourut sur ce siège, en 1615, laissant un renom d'habile jurisconsulte et de grande piété.

914. Pavie[1] : **Marronus** (Faust. Ant.). De Ecclesia et episcopis Papiensibus Commentarius in quo Ughelliana series emendatur. Romæ, typis O. Puccinelli, 1758. In-4, br.

915. — : **Spelta**. Historia di Antonio Maria Spelta cittadino Pauese, delle vite di tvtti i vescovi, che dall' Anno di nostra salute VL. sino al M.D.IIIC. successiuamente ressero la Chiesa... di Pauia... In Pavia, Per gli Heredi di Girolamo Bartoli, M D XCVII. 1 vol. in-4 de 631(1) pp., 16 ffnc., rel. vél., tr. r.

916. Pise[2] : **Martini** (Joseph). Theatrum Basilicæ Pisanæ in quo præcipuæ illius partes enarrationibus, iconibusque ostenduntur. Editio secunda. Romæ, A. de Rubeis, M D CC XXVIII. 32 planches. — Appendix. Romæ, A. de Rubeis, M D CC XXIII. 5 planches. Ensemble 2 vol. in-fol., rel. vél.

> La première édition est de 1705, mais le titre seul de l' « editio secunda » a été réimprimé.

917. — : **Mattei** (Antonio Felice). Ecclesiæ Pisanæ Historia. Lucae, Ex typ. Leonardi Venturini, 1748. 2 vol. in-4, d.-rel. bas.

> *A. F. Mattei, Matthæus* ou *Matthaejus*, né en 1726, prit l'habit religieux en 1743 dans l'ordre des Franciscains et mourut, le 14 mars 1794, après une vie tout entière consacrée à l'étude. Ce fut l'un des grands amis de Clément XIV (Ganganelli).

918. Pistoia : **Zacharia** (Fr. Ant.). Anecdotorum medii aevi maximam partem ex archivis Pistoriensibus Collectio... Accedunt I. Breve Chronicon rerum ad historiam sacram, profanamque spectantium, quæ in Anecdotis continentur. II. Series Episcoporum Pistoriensium a Ferdinando Ughellio contexta, a Nicolao Coletio... aliquantulum aucta... nunc restituta. Augustæ Taurinorum, ex typ. regia. 1755. In-4, d.-rel. vél., coins.

919. Plaisance : **Campi** (Pietro Maria). Dell' historia ecclesiastica di Piacenza... nella quale si spiegano le attioni de' Santi, de' Beati, e de' Vescoui della Città di Piacenza, e l' antichissima immunità, et giuriditione di quella Chiesa, con le fundationi di molti luoghi sacri,... Piacenza, Per Giouanni Bazachi, 1651-1662. 3 vol. petit in-fol., d.-rel. vél., non rogn.

> Bel exemplaire de cet ouvrage très rare et auquel il manque souvent le 3e volume. Son auteur, chanoine de Plaisance, est considéré comme un excellent historien.

---

1. Cf. nos 595-596
2. Cf. nos 597-598.

920. REGGIO : **Affarosi** (Don Cammillo). Memorie istoriche del monasterio di S. Prospero di Reggio. Padova, Gio: Battista Conzatti, 1733-1746. 3 vol. in-4, rel. vél.

Le troisième volume est un Appendice qui contient les Actes de saint Prosper et sa vie par le bénédictin *Affarosi*. A la suite, on a relié : « Tre lettere di « Ipomenetico Filopatrido ad eritimo proselito, colle quali si dà contezza del « critico scrutinio sopra l' Età e la Patria di San Prospero Vescovo di Reggio... « Venezia, Bettinelli, 1747. » Critique de l'ouvrage d'Affarosi. — « Diffesa di « alcune asserzioni... delle memorie istoriche del monistero de' SS. Pietro e « Prospero di Reggio... Milano, Marelli, 1752 » — « Critiche osservazioni sopra « la difesa dell' autore dell' appendice... delle memorie istoriche.... Lucca, « Benedini, 1754. » L'auteur qui se cachait sous le nom d'Ipomenetico Filopatrido, était le père *Paolo Maria Cardi*, qui reprochait à Affarosi d'avoir confondu saint Prosper, évêque de Reggio, avec saint Prosper d'Aquitaine.

921. SALUCES : Gestorvm ab Episcopis Salvtiensibvs ΑΝΑΚΕΦΑΛΑΙΩΣΙΣ recvsa qvvm ad eam sedem nvper esset evectvs Iosephvs Ioachimvs Lovera... *Page* 138 : Parmae, ex regio typographeo cIↄ IↄcclxxxiiI. In-8, rel. veau, front. et pl. grav. par Cagnoni.

Ouvrage d'une remarquable exécution typographique, sorti des presses de Bodoni. Chaque notice d'évêque est accompagnée, dans le texte, des armes du prélat gravées en taille-douce. Cette édition n'a pas été mise dans le commerce.

922. SIENNE : **Pecci** (Gio Antonio). Storia del vescovado della città di Siena, unita alla serie chronologica de' suoi vescovi, ed arcivescovi, estratta da Scrittori, e Antichi Documenti, in parte non più prodotti alla luce....... In Lucca, Per Salvatore, e Gian-Domenico Marescandoli, 1748. Petit in-4, d.-rel. bas.

Gio Antonio Pecci était patricien de Sienne; il a dédié son ouvrage à S. V. Gonzague, cardinal-camerlingue.

923. VENISE[1] : **Coleti** (Nicolas). Monumenta Ecclesiæ Venetæ sancti Moysis. Ex ejus Tabulario potissimum, atque aliunde ac secundum Antistitum seriem. Venetiis, Exc. Sebast. Coleti, 1758. In-4, rel. toile, non rogn.

924. — : **Cornaro** (Flaminio). Ecclesiæ Venetæ antiquis monumentis nunc etiam primum editis illustratæ ac in decades distributæ. Venetiis, Typis Jo. Bapt. Pasquali, 1749. 16 parties en 5 vol. [Le supplément et la table occupent 2 vol.] — Ecclesiæ Torcellanæ antiquis monumentis illustratæ. Venetiis, Pasquali, 1749. 2 part. en 1 vol. Ensemble 6 vol. in-8, d.-rel. veau rac., au chiffre du comte Riant.

Première édition d'un important ouvrage qui est la base de l'histoire ecclésiastique de Venise. Le clergé vénitien en récompensa l'auteur par la frappe d'une médaille commémorative à son effigie.

925. — : — Cleri et collegii novem Congregationum Venetiarum Documenta et Privilegia studio Flaminii Cornelii collecta. Venetiis, Pinelli, 1754. In-4, d.-rel. toile, non rogn.

Cornaro, connu également sous le nom de *Flam. Cornélius*, avait déjà traité ce sujet dans ses *Ecclesiæ venetæ monumenta*, mais il a considérablement augmenté son travail dans cette deuxième édition.

1. Cf. n°s 606-608.

926. — : Fonti edite della storia della religione veneta, dalla caduta dell' imperio romano sino alla fine del secolo x. Venezia, Visentini, 1882. Grand in-8, rel. toile.

927. VICENCE : **Barbarano** (Francesco). Historia ecclesiastica della citta', territorio, e diocese di Vicenza. Vicenza, Christoforo Rosio, 1649-1653. 3 vol. in-4, rel. veau écaille, aux armes de Colbert (reliure en mauvais état).

<small>Le titre de chaque volume est gravé. Le premier volume a deux titres gravés et une grande planche où sont représentés les saints protecteurs de Vicence.</small>

928. **Liruti** (Innocenzo). De' vescovi della santa Chiesa Veronese,... Verona, Ant. Tommasi, s. d. (1809). In-4, br. — **Peruzzi** (Agostino). La Chiesa Anconitana... con note e supplementi di *Luigi Pauri* e di *Sebastiano Petrelli.* Parte prima. Ancona, Cherubini, 1845. In-4, d.-rel. bas. n., front. et 19 pl. — **Schipa** (Michelangelo). Alfano I, arcivescovo di Salerno. Salerno, St. tip. Nazionale, 1880. In-8, cart. — **Tonini** (G.). Storia del cardinale Giacomo Pecoraria, vescovo di Preneste, 1170-1244. Parma, Fiaccadori, 1877. In-12, rel. toile, couv.

6. Les Églises orientales et l'Église latine en Orient.

929. Acta et diplomata græca medii aevi sacra et profana, collecta ediderunt *Franciscus Miklosich* et *Iosephus Müller*. Vindobonæ, Gerold, 1860-1871. 4 tomes en 2 vol. in-8, d.-rel. mar. brun, tête limaç., non rogn.; au chiffre du comte Riant.

<small>Contient :
Acta patriarchatus Constantinopolitani, 1315-1402. 2 tomes.
Acta et diplomata græca res græcas italasque illustrantia. 1 tome.
Acta et diplomata monasteriorum et ecclesiarum Orientis, tomus I.</small>

930. Acta et scripta quae de controversiis ecclesiae graecae et latinae saeculo undecimo composita extant, ex probatissimis libris emendatiora edidit, diversitatem lectionis enotavit, annotationibus instruxit Dr. Cornelius Will. Lipsiae et Marpurgi, N. G. Elwert, 1861. Gr. in-4, cart. perc. bl., couvert.

931. **Allatius** (Léon). ΣΥΜΜΙΚΤΑ, sive opusculorum græcorum et latinorum vetustiorum ac recentiorum libri duo... Coloniæ Agrippinæ apud Iodoc. Kalcovium 1623. Petit in-8, rel. vél.

<small>Ouvrage rare, comme le sont du reste tous ceux d'Allatius.</small>

932. — ...De Libris et rebvs ecclesiasticis Græcorvm, Dissertationes et observationes variæ. Parisiis, Sumptibus Sebastiani Cramoisy... et Gabrielis Cramoisy. M DC XLVI. In-4, rel. veau f., tr. dor.; sur les plats, armes du comte Riant.

933. — De Ecclesiæ occidentalis atque orientalis perpetua consensione, libri tres. Ejusdem dissertationes, de dominicis et hebdomadibus Græcorum,

et de missa præsanctificatorum : cum Bartoldi Nihusii ad hanc Annotationibus de Communione Orientalium sub specie unica. Coloniæ Agrippinæ, apud Jod. Kalcovium, cɪɔ ɪɔc xlviii. In-4, rel. vél.

934. **Allatius.** Graeciae orthodoxae Tomvs primvs [et secvndvs]... Romae, typis Sacræ Congregat. Propag. Fidei. 1652-59. 2 vol. in-4, rel. vél., tr. jaspée.

> C'est l'ouvrage le plus considérable de L. Allatius ou Allacci, qui y a réuni les écrits de plusieurs auteurs grecs favorables à la croyance de l'Église latine sur la double procession du Saint-Esprit. Les notes que le titre annonce, et qui devaient former un 3ᵉ volume, n'ont jamais été publiées.

935. — De utriusque ecclesiae occidentalis atque orientalis perpetua in dogmate de purgatorio consensione. Romae, apud Ios. Lunam Maronitam. 1655. 1 vol. in-8, rel. parchem.

936. — De Symeonvm scriptis diatriba, Symeonis Metaphrastæ lavdatio, avctore Michaele Psello : Sanctæ Mariæ Planctvs, avctore; Eivsdem aliqvot epistolæ. Leone Allatio ipso interprete. Originvm rervmqve Constantinopolitanarvm manipvlvs, variis avctoribvs. F. Franciscvs Combefis... ex vetustis mss. codd. partim eruit, omnia reddidit, ac Notis illustrauit... Parisiis, Sumptibus Simeonis Piget... M.DC.LXIV. 2 parties en 1 vol. in-4, rel. parchem.

> Ouvrage rare, rempli de choses intéressantes.

937. Antiquitates Ecclesiæ Orientalis, clarissimorum virorum Card. Barberini, L. Allatii, Luc. Holstenii, Joh. Morini, Abr. Ecchellensis, Nic. Peyrescii, Pet. a Valle, Tho. Comberi, Joh. Buxtorfii, H. Hottingeri, etc... dissertationibus epistolicis enucleatæ; nunc ex ipsis autographis editæ. Quibus præfixa est Jo. Morini Congr. Orat. Paris. P. P. vita. Londini, Geo. Wells, 1682. In-8, rel. parch.

> Ce volume a été publié par les soins de *Rich. Simon.*

938. **Assemani** (Joseph-Aloys). De Catholicis seu Patriarchis Chaldæorum et Nestorianorum Commentarius historico-chronologicus... Romæ, sumptibus Venantii Monaldini... 1775. 1 vol. in-4, rel. parchem., tr. jasp.

> Livre des plus utiles pour l'histoire des églises orientales. L'auteur, né à Tripoli, en 1710, appartenait à une famille chrétienne de Syrie qui a donné naissance à plusieurs savants orientalistes; lui-même devint professeur au Collège de la Sapience, à Rome.

939. **Avril** (A. d'). Documents relatifs aux églises de l'Orient considérées dans leurs rapports avec le Saint Siège de Rome. Paris, Duprat, 1862. Vol. in-8, rel. toile. — *Le même.* Troisième édition revue et augmentée. Paris, Challamel, 1885. Vol. in-8, rel. toile, couvert. — *Du même.* La Chaldée chrétienne. Étude sur l'histoire religieuse et politique des Chaldéens-Unis et des Nestoriens. Paris, Duprat, 1864. Plaq. in-8, rel. toile.

940. [**Bandini** (Aloys)]. De vita et rebus gestis Bessarionis cardinalis Nicaeni Commentarius. Romæ, Franzesi, 1777. In-4, rel. toile. — **Vast**

(Henri). Le cardinal Bessarion (1403-1472). Paris, Hachette, 1878. — De vita et operibus Jani Lascaris. Parisiis, Hachette, 1878. 1 vol. et 1 plaq. in-8, cart. et rel. toile, non rogn.

> Bandini fait naître le cardinal Bessarion en 1395, contrairement aux autres biographes.

941. **Belin**. Histoire de l'Église latine de Constantinople. Paris, Challamel, 1872. 1 vol. in-8, avec 3 planches, rel. toile, couvert., non rogn.

942. **Comnène** (Jean). Προσκυνητάριον τοῦ ἁγίου ὄρους τοῦ Ἄθωνος, πρότερον μὲν παρὰ τοῦ ἐξοχωτάτου ἰατροῦ Ἰωάννου τοῦ Κομνηνοῦ..... Ἐνετίῃσι. παρὰ Νικολάῳ Γλυκεῖ... 1745. Petit in-8, rel. vél.

> Relation curieuse en grec moderne du médecin valaque Jean Comnène, d'un séjour de plusieurs années au Mont-Athos. La première édition fut faite en 1701 dans le monastère de Synagobe.

943. **Cornaro** (Flaminio). Creta sacra sive de episcopis utriusque ritus... græci et latini in insula Creta. Accedit series præsidum Venetorum. Venetiis, Pasquali, 1755. 2 tomes en 1 vol., d.-rel. veau rac., au chiffre du comte Riant

944. **Dapontès**. Jardin des Grâces, c'est-à-dire Livre renfermant la tournée du précieux bois de la vivifiante Croix, conservé au saint & impérial monastère de Xéropotamos au mont Athos, par Constantin Dapontès, 1re éd. par Gabriel Sophocle. Athènes, 1880. In-12, rel. toile, couv. (*En grec*).

945. **Demetracopoulos** (Andronic). Ἱστορία τοῦ σχίσματος τῆς λατινικῆς ἐκκλησίας ἀπὸ τῆς ὀρθοδόξου Ἑλληνικῆς. Leipzig, List & Francke, 1867. In-8, rel. toile, non rogn. — **Renieris** (Markos). Ἱστορικαὶ Μελέται. Ὁ Ἕλλην πάπας Ἀλέξανδρος Ε'; τὸ Βυζάντιον καὶ ἡ ἐν Βασιλείᾳ σύνοδος. Athènes, A. Koromélas, 1881. In-8, tit. r. et n., rel. toile, non rogn.

946. **Duchesne** (L'abbé) **& Bayet**. Mémoire sur une mission au Mont Athos, suivi d'un Mémoire sur un ambon conservé à Salonique, la représentation des Mages en Orient et en Occident durant les premiers siècles, par M. *Bayet*. Paris, Thorin, 1876. Vol. in-8, rel. toile, couvert.

947. **Eutychius**. ...Ecclesiæ suæ origines. Ex ejusdem Arabico nunc primum typis edidit, ac versione & commentario auxit Ioannes Seldenus. Londini, Excudebat Richardus Bishopus, 1642. Petit in-4, rel. vél.

> Cet ouvrage sur les origines de l'église d'Alexandrie n'est qu'un chapitre de l'Histoire Universelle connue sous le nom de *Nadhm algian ahir* (Rangée de pierres précieuses), due à l'Égyptien *Saïd-ibn-Batrich*, dit *Eutychius*, qui devint en 933 patriarche d'Alexandrie (rite melchite). Cet important travail a beaucoup servi à Makrîzi et à d'autres historiens orientaux, notamment Guillaume de Tyr. Malheureusement on y rencontre de nombreuses inexactitudes. C'est dans un but de controverse et pour soutenir, d'après l'autorité d'Eutychius, la thèse de l'égalité des prêtres et évêques dans la primitive Église, que Selden a publié le texte arabe et la traduction latine d'une partie du Nadhm algian ahir; par contre les affirmations d'Eutychius ont été fort vivement combattues par les orientalistes catholiques.

948. **[Gabriel de Chinon** (Le P.)] Relations nouvelles du Levant; ou traités de la Religion, du Gouvernement & des Coûtumes des Perses, des Arme-

niens, & des Gaures. Avec une description... des progrez qui y font les Missionnaires... Compozés par le P. G. D. C. & donnés au public par le sieur L. M. P. D. E. T. [*Louis Moréri*]. Lyon, Iean Thioly, M DC LXXI. In-12, rel. veau, tr. lim., dos orné.

949. **Gedeòn** (M. I.). Ο῎Αθως. Ἀναμνήσεις, Ἐγγραφα, Σημειώσεις. Ἐν Κωνσταντινουπολει, ΑΩΠΕ. In-8, br.

950. — Χρονικὰ τοῦ πατριαρχου οἴκου καὶ τοῦ ναοῦ. Χρονικὰ τῆς πατριαρχικῆς ἀκαδημίας. Constantinople, 1884. 1 vol. in-8, rel. toile, non rogn.

951. **Germann** (D^r. W.). Die Kirche der Thomas Christen. Ein Beitrag zur Geschichte der Orientalischen Kirchen. Gütersloh, Bertelsmann, 1877. In-8, rel. toile. — **Balme** (Le P. François). Le vénérable père Jourdain Cathala, de Sévérac, évêque de Coulam (Quilon) sur la côte de Malabar (1306-1336). [Extr. de l'*Année Dominicaine*, 1886]. In-8, br. — Description des merveilles d'une partie de l'Asie, par le P. Jordan ou Jourdain Catalani, natif de Séverac. Éclaircissements préliminaires. Paris, s. d. Plaq. in-4, rel. toile.

952. **Giustiniani** (Michele). La Scio sacra del rito latino. Avellino, Camillo Cauallo, 1658. Vol. in-4, rel. parch.

> Michele Giustiniani (1612-1680), de la grande famille italienne de ce nom, s'attacha surtout à étudier l'histoire de cette maison, dont une branche avait été souveraine de Scio. Il a donc pu consulter des archives privées pour écrire son histoire, ce qui lui donne un intérêt de premier ordre.

— Alla Santita di Nostro Signore papa Benedetto XIII. Per li Giustiniani di Genoua Nati in Scio. Memoriale di riposta al memoriale, e foglio dato in nome de Giustiniani comoranti in Genoua con suo sommario. [Genova], typis Giannini & Mainardi, 1728. In-4, rel. toile.

953. **Jean Mauropus**. Iohannis Euchaitorum metropolitae quae in codice Vaticano graeco 676 supersunt *Iohannes Bollig* descripsit, *Paulus de Lagarde* edidit. Göttingen, Dieterich, 1882. In-4, rel. toile, non rogn., couvert. — **Dreves**, S. J. (G.). Johannes Mauropus. Biographische Studie. Abd. a. d. *Stimm. aus Maria Laach*. II, 1884. In-8, cart.

954. **Ioselian** (P.). A short history of the Georgian Church, translated from the russian, and edited with additional notes by the Rev. *S. C. Malan*. London, Otley, 1866. In-12, rel. toile, non rogn.

955. **La Croix** (M. de). La Turquie chretienne sous la puissante protection de Louis le Grand, protecteur unique du Christianisme en Orient. Contenant l'état present des Nations & des Eglises Grecque, Armenienne & Maronite, dans l'Empire Ottoman. Paris, P. Herissant, M.DC.XCV. In-12, rel. mar. rouge, tr. dor.

> La Croix avait été secrétaire de l'Ambassade de France à Constantinople : son ouvrage est divisé en 4 livres; dans le dernier se trouve l'histoire de l'enfant grec Nicolas, martyrisé à Constantinople, en 1672.

956. **Laemmer** (Hugo). Scriptorum Graeciæ orthodoxæ Bibliotheca selecta. Ex codd. mss. partim novis. Friburgi Brisgoviæ, Sumtibus Herder, 1864. In-8, rel. toile, non rogn., couvert. — *Du même*. De Leonis Allatii Codicibus qui Romae in Bibliotheca Vallicellana asservantur schediasma. Friburgi Brisgoviæ, Herder, 1864. In-8, cart.

957. **Le Moyne** (Étienne). Varia Sacra ceu Sylloge variorvm opvscvlorvm græcorvm ad rem ecclesiasticam spectantium. Lugd. Batavor., Apud Danielem à Gaesbeeck, 1685. 2 vol. in-4, rel. vél.

Le second volume a comme titre : « In Varia Sacra notæ et observationes ».

958. **Le Quien** (Michel). Oriens christianus in quatuor patriarchatus digestus, quo exhibentur ecclesiae, patriarchiae, caeterique praesules totius Orientis. Parisiis, 1740. 3 vol. in-fol., rel. v. marb., cartes. Exemplaire en grand papier.

959. **Maimbourg**, S. J. (Louis). Histoire du schisme des Grecs... Troisième édition. Paris, Sébast. Mabre-Cramoisy, M DC LXXX. 2 vol. in-12, rel. v., tr. dor.

960. *Le même*. ...Derniere edition (*La sphère*). Suivant la Copie imprimée à Paris. MDC LXXXII. 2 vol. in-12, rel. mar. bleu., tr. dor., doublé de mar. rouge, dent. et ornements intér. (Demesmaecker.)

961. **Makrizi** (Ahmed Al). Historia Coptorum christianorum in Aegypto arabice edita, in linguam latinam translata ab *Henrico Josepho Wetzer*. Solisbaci, Leidel, 1828. In-8, cart., non rogn.

962. **Meola** (Gian Vincenzo). Delle istorie della chiesa greca in Napoli esistente. Napoli, presso Vincenzo Mazzola-Vocola, MDCCXC. In-4, d.-rel. bas. n. — **Beaoudos** (Jean). La colonie grecque orthodoxe à Venise. Mémoire historique. Venise, 1872. [*En grec*.] In-12, rel. toile, avec 3 port. photog.

963. **Mercadus** (R. P. F. Petrus). Nova Encyclopaedia Missionis Apostolicæ in regno Cypri, seu Institutiones linguæ Græcæ-vulgaris, cum aliquibus additamentis apprimè necessariis... Romæ, typis Salvioni, MDCCXXXII. In-4, rel. parch.

964. **Morcelli** (Étienne-Antoine). Kalendarium Ecclesiae Constantinopolitanae cIɔ. annorum vetustate insigne, primitus e bibliotheca romana Albanorum in lucem editum, e veterum monumentorum comparatione diurnisque commentariis illustratum.... accedunt quatuor Evangeliorum lectiones in codice variantes. Romae, ex officina Giunchiana, MDCCLXXXVIII. In-4, titre r. et n. 2 vol. rel. parch.

Ouvrage important pour l'histoire des premiers temps de l'Église.

965. **Mosheim** (Jean Laurent de). Historia Tartarorum ecclesiastica. Adiecta est Tartariae Asiaticae secundum recentiores geographos in mappa delinea-

tio. Helmstadl, ap. F. C. Weygang, 1741. Vol. in-4, rel. vél. — *Du même.*
Commentatio de lumine sancti sepulchri. Helmstadii, ap. C. F. Weygang,
1736. Plaq. in-4, rel. toile.

> Mosheim (1694-1755), professeur de théologie à Helmstædt, puis à Göttingue,
> n'a pas écrit moins de cent soixante ouvrages, tous relatifs au droit ou à l'histoire
> ecclésiastique, et généralement estimés.

966. **Neale** (The Rev. John Mason). A history of the holy eastern Church.
The patriarchate of Antioch. Together with memoirs of the patriarchs of
Antioch, by Constantius, Patriarch of Constantinople, translated from the
Greek and three appendices, edited with an introduction by the Rev. *George
Williams*. London, Rivington, 1873. 1 vol. in-8, rel. toile, non rogn. (édit.).

967. **Nilles**, S. J. (Nicolas). Symbolae ad illustrandam Historiam Ecclesiae
Orientalis in terris Coronae S. Stephani. Œniponti, typis Felic. Rauch, 1885.
2 parties en 1 vol. in-8, d.-rel. veau, non rogn.; au chiffre du comte Riant.

> Excellente publication qui concerne les églises roumaine, ruthène, serbe et
> arménienne, de la domination autrichienne.

968. Orientalischer Kirchen-Staat, worinnen enthalten der Zustand 1° Griechischer Kirchen unter denen Türcken in Europa, Asia und Africa. —
2° Abyszinischer in Africa — 3° Tartarischer in Europa und Asia. — 4° Persianischer, 5° Samaritanischer, 6° Armenischer und 7° Derer S. Thomas-Christen
in Asia. Religion und Gottesdienst... Gotha, Jacob Mevius, 1699. In-12, rel. vél.
— **Muller** (Johan Bernhard), cap. de dragons suédois. Leben und Gewohnteit
der Ostiacken, eines Volcks, das bis unter dem Polo arctico wohnet, wie selbiges aus dem Heydenthum diesen Zeiten zur Christ. Griechischen Religion
gebracht... Berlin, Nicolai, 1720. Petit in-8, br., 1 pl.

969. **Papadopoli** (Nicolas Comnène). Concordia græcæ et latinæ ecclesiæ.
Patavii, Typis Seminarii, MDCXCVII. Grand in-4, rel. vél.

970. **Peichich** (Christophe). Speculum veritatis inter orientalem et occidentalem Ecclesias refulgens, in quo separationis Ecclesiæ græcæ à Latina brevis
habetur recensio... Venetiis, 1725. Petit in-8, rel. parch.

971. — Speculum veritatis inter orientalem et occidentalem Ecclesias.
Viennæ Austriæ, Schwendimann, (1732). — *Du même.* Concordia orthodoxum Patrum orientalium et occidentalium... ex Commentariis Gennadii
Patriarchæ Constantinopolitani excerpta. Tyrnaviæ, Typis Academicis per
Fridericum Gall, 1730. Ensemble 2 tomes en 1 vol. in-12, rel. veau, dos orné.

972. **Photius**. Epistolæ, per reverendum virum Richardum Montacutium,
Norvicensem nuper Episcopum, Latinè redditæ, & notis subinde illustratæ
Londini, Ex offic. Rogeri Danielis, 1651. 1 vol. in-fol., rel. veau f.

> Cette édition, qui contient 248 lettres, texte grec avec traduction latine et notes,
> est estimée.

973. **Pitra** (cardinal). Hymnographie de l'église grecque. Rome, Civilta Cattolica, 1867. 1 vol. in-8, d.-rel. chag. r., tr. marb.; chiffre du comte Riant.

974. **Pitzipios** (J.). L'Eglise orientale. Rome, imprimerie de la Propagande. 1 vol. en 3 parties, d.-rel. chag. r., tr. marb., rogn. — **Prodrome** (Théodore). Épigrammes pieuses [*en grec seulement*]. Bâle, 1536. In-8, rel. parch. à recouvrement.

975. **Porphyre** (S. Gr.), évêque de Tchigirine. L'Orient chrétien. Kief, 1874-1876. 3 parties en 1 vol., rel. toile, non rogn. [*Texte russe.*]

976. La question religieuse en Orient. Réfutation d'un écrit intitulé : Parole de l'orthodoxie catholique au catholicisme romain. Paris, Julien & Lanier, 1854. Vol. in-8, rel. toile.

> Réfutation de l'ouvrage d'*André Mouravieff*, traduit du russe par *A. Popovitski*, publié à Paris, en 1853. Cette réfutation a paru d'abord dans la *Civiltà Cattolica*.

* 977. La religion ancienne et moderne des Moscovites. Enrichie de Figures. Amsterdam, J. L. De Lorme, M.DC.XCVIII. 1 vol. in-8, pl.

978. **Renaudot** (L'abbé Eusèbe). Historia Patriarcharum Alexandrinorum Jacobitarum a D. Marco usque ad finem sæculi XIII. Parisiis, apud Franciscum Fournier, 1713. 1 vol. in-4, rel. vél. estampé à froid.

> Bel exemplaire (de la Biblioth. du *Rév. George Williams*), de cet excellent livre, de beaucoup le meilleur que l'on ait sur l'histoire de l'Égypte chrétienne. Renaudot y a ajouté un abrégé de l'histoire des souverains de l'Égypte.

979. **Sgouropoulos** (Sylv.). Vera Historia Unionis non veræ inter Græcos et Latinos : sive Concilii Florentini exactissima narratio; græce scripta... Transtulit in Sermonem Latinum Robertus Creyghton. Hagæ-Comitis, A. Vlacq, MDCLX. Petit in-fol., rel. veau (textes grec et latin).

980. **Socolovius.** Censvra Orientalis Ecclesiae de praecipvis nostri saecvli haereticorvm dogmatibvs; Hieremiae Constantinopolitano Patriarchæ, iudicii, & mutuæ communionis caussa, ab Orthodoxæ doctrinæ aduersariis, non ita pridem oblatis.... ad Germanos Grçce conscripta : a Stanislao autem Socolovio... ex græco in latinum conuersa... Dilingæ, Excudebat Ioannes Mayer, cıɔ.ıɔ.xxcıı. Petit in-8, de 8 ffnc. 399 (1) pp., rel. vél.

981. **Terzi** (Biagio). Siria Sacra. Descrittione istorico-geografica cronologico-topografica delle due Chiese Patriarcali Antiochia, e Gervsalemme..... Con dve trattati nel fine delle Patriarcali d'Alessandria, e Costantinopoli, de Primati di Cartagine, et d'Etiopia. Roma, Bernabò alle Murate, 1695. 1 vol. grand in-4, d.-rel. veau marb., tr. lim.; au dos, chiffre du comte Riant. — **Röhricht** (R.). Syria Sacra. Abd. a. d. *Ztschr. d. Pal. Ver.* X. In-8, br.

982. **Tondini** (Cesare). Études sur la question religieuse de Russie. La primauté de Saint-Pierre prouvée par les titres que lui donne l'Église russe dans sa liturgie. Paris, Palmé, 1867. In-8, rel. toile. — The pope of Rome and

the popes of the oriental orthodox Church. London, Longman, 1871. In-8, rel. toile, (édit.). — L'avenir de l'Église russe. Paris, Palmé, 1874. In-8, rel. toile. — Anglicanism old catholicism and the union of the christian episcopal churches, an Essay on the religious question of Russia. London, Pickering, 1875. In-8, cart. — Della reunione delle chiese in relazione col sentimento nazionale russo e coll' orthodossia. Roma, 1887. In-8, br. — Règlement ecclésiastique de Pierre le Grand, traduit en Français sur le Russe avec introduction et notes par le R. P. *C. Tondini*. Paris, Soc. Bibliog., 1874. In-8, rel. toile, couv. Ensemble 6 plaq.

983. **Baronius** (cardinal). Discours de l'origine des Russiens et de leur miraculeuse conversion... traduict en françois par *Marc Lescarbot*, nouvelle édition revue.... par *le prince A. Galitzin*. Paris, Techener, 1856. Plaq. in-12, rel. vél., couvert. — **Botvidus et Prytz**. Theses de qvæstione, utrum Muschovitæ sint Christiani : Jussu S.R.M. Sveciæ etc. ad publicam disputationem in Academia Ubsaliensi propositæ. Holmiæ, Prælo Reusneriano. Anno M.DC.XX. Plaq. petit in-4, dérel. — **Faber** (Jean). Ad Serenissimvm principem Ferdinandum Archiducem Austriæ, Moscouitorum iuxta mare glaciale religio, à D. Ioanne Fabri ædita... *In fine* : Basileae apvd Ioannem Bebelivm, Mense Ianvario, An. M.D.XXVI. Plaq. petit in-4 de 18 ffnc. d.-rel. toile. — **Martinov, S. J.** (J.). De la langue russe dans le culte catholique. Lyon, Pitrat, 1874. In-8, rel. toile. — **Ribera** (P. Bern.). De statu ecclesiæ Moscoviticæ... editio nova... curante *J. Martinov*. Parisiis, C. Taranne, 1874. In-8, rel. toile. Ensemble 5 vol. ou plaq.

984. **Bengesco** (Grégoire). Memorandum sur les églises, les monastères, ... de la principauté de Valachie. Bucarest, Rosetti, 1858. 1 vol. in-8, rel. toile. — **Istrati**. Question des monastères de Moldavie voués aux Lieux-Saints..... Traduit du Roumain. Jassy, Institut de l'Abeille, 1860. In-8, cart., couvert. — **Rattinger, S. J.** Der Patriarchat-und Metropolitansprengel von Constantinopel und die bulgarische Kirche zur Zeit der Lateinerherrschaft in Byzanz. I-II. 2 plaq. in-8, br. Abd. a. d. *Historisches Jahrbuch*, 1880. — La Bulgarie chrétienne. Étude historique. Paris, Duprat, 1861. In-12, rel. toile.

985. **Constantios Ier**, patriarche de Constantinople. Petits écrits ecclésiastiques et littéraires, précédés de sa biographie. Constantinople, 1866. 1 vol. in-8, rel. toile, non rogn., couvert. [*En grec*]. — **Nicéphore**. Nicephori archiepiscopi Constantinopolitani opuscula... edidit *Carolus de Boor*. Accedit Ignatii diaconi vita Nicephori. Lipsiae, B. G. Teubneri, 1880. In-8, d.-rel. veau. — **Sakkélion** (Jean). Lettre synodale des saints patriarches de l'Église d'Orient, Christophe d'Alexandrie, Job d'Antioche et Basile de Jérusalem à Théophile, empereur de Constantinople. Athènes, 1864. In-8, cart., couv. [*En grec*]. — **Gonnet** (Philippe). De Sancti Cyrilli Hierosolymitani archiepiscopi Catechesibus. Paris, Thorin, 1876. In-8, cart., non rogn., couv.

986. **Curzon** (H^ble Robert). Visits to monasteries in the Levant, with numerous woodcuts. London, Murray, 1849. In-8, rel. toile (édit.). — **Gassius** (Fr. Guillaume). De Claustris in Monte Athos sitis commentatio historica. Gissæ, typ. G. D. Bruehli, 1865. In-4, cart., couv. — **Lambros** (Spyridion P.). Ein Besuch auf dem Berge Athos... Uebersetzung von P. *Heinrich von Rickenbach* O. S. B. Würzburg & Uren, 1881. In-8, cart., couv. — **Langlois** (Victor). Le Mont Athos et ses monastères. Paris, Didot, 1867. Grand in-4, rel. toile, 1 carte géog. — **Neyrat** (Abbé A. St.). L'Athos. Notes d'une excursion à la presqu'île et à la montagne des moines. Paris, Plon, 1880. In-12, br., 10 grav. 2 fac-sim. Ensemble, 5 vol. ou plaq.

987. **Dombrowski** (Eugen). Anselm von Havelberg. Königsberg, Rosbach, 1880. Plaq. in-8, cart. — **Franz** (Eduard). Das Patriarchat von Jerusalem im Jahre 1099. (*Programm*). Sagan, Raabe, 1885. In-4, cart. — **Gerson**. Sermon inédit sur le retour des Grecs à l'Unité, prêché en présence de Charles VI en 1409. Publié pour la première fois d'après le ms de la bibl. impériale, par le prince *Augustin Galitzin*. Paris, Benj. Duprat, 1859. Plaq. in-4, 55 (1) pp. rel. toile, non rogn., couvert. *Tiré à 200 ex.* (n° 66). — **Langhorst, S. J.** (Aug.) & **Beissel, S. J.** (St.). Erzbischof Egbertvon Trier und die byzantinische Frage. [A. d. *Stimm. aus Maria Laach*, XXVII, 1884, Freiburg i B.] In-8, cart. — **Le Barbier** (Edouard). Saint Christodule et la réforme des couvents grecs au xie siècle... Paris, Firmin Didot et Hachette, 1863. Petit in-8, cart. perc. bl. — **Theiner** (Aug.) et **Miklosich** (Franc.). Monumenta spectantia ad unionem Ecclesiarum Graecae et Romanae, maiorem partem e Sanctioribus Vaticanis Tabulariis edita... cum tabula. Vindobonae, G. Braumueller, 1872. In-8, rel. toile, fac-similé en couleurs. — **Tosti** (Don Luigi). Storia dell' origine dello scismo greco. Firenze, Le Monnier, 1856. 2 vol. in-12, br. — Une mission religieuse en Orient au seizième siècle. Relation adressée à Sixte-Quint par l'évêque de Sidon, traduite et annotée par *Adolphe d'Avril*. Paris, Duprat et Challamel, 1866. *Tiré à 100 exemplaires*, n° 59. In-8, rel. toile. — Ein griechische Originalurkunde zur Geschichte der Anatolischen Kirche. Schreiben des Griechischen Patriarchen Maximus von Constantinopel an den Dogen Giovanni Mocenigo von Venedig. Januar 1480. Hrsgg. von *Georg Martin Thomas*. München, Weiss, 1853. In-4, cart., couv. — **Lambertus** (P. D. Arcangelus). Colchide sacra... In Napoli, appresso gl' heredi del Cavallo, 1657. In-4, titre frontisp., rel. vél., tr. r. — **Mommsen** (Augustus). Athenae Christianae. Lipsiae, B. G. Teubner, 1868. In-8, cart. perc., couv. — **Sabas** (évêque de Mojaisk). Sacristie patriarcale dite synodale de Moscou. 2-me édition. Moscou, W. Gautier, 1865. In-4, 15 pl. lith., rel. toile. — **Sandeberg** (H.). En pilgrimsfärd till Solovjetsch (År 1876). [*Svensk Sällskapet f. anthrop. och geog., 1878*]. In-8, cart. — **Toscani** (Theodorus). Ad typica Graecorum ac praesertim ad typicum cryptoferratense S. Bartholomaei Abbatis animadversiones. Romae, typ. S. Cong. de prop. fide, 1864. In-4, rel. toile, couv. Ensemble 15 vol. ou plaq.

7. Hérésies. — Pamphlets protestants.

988. Arnold. Fratris Arnoldi de Correctione Ecclesiae epistola et Anonymi de Innocentio IV. P. M. Antichristo Libellus, edidit Ed. Winkelmann. Berolini, Mittler, 1865. In-8, rel. toile.

989. Gerhoh de Reichersberg. Opera hactenus inedita curavit *Fr. Scheilberger*. Tomus I. Libri III de investigatione Antichristi una cum tractatu adversus Graecos. Lincii, Quirein, 1875. In-8, rel. toile. — De Inuestigatione Antichristi... mitgetheilt von *Jodok Stulz*. [Abd. a. *Arch. f. oest. Gesch.*, XX, 1858]. In-8, cart. — **Jacksh** (A. von). Zu Gerhohs von Reichersberg Schrift « Adversus Simoniacos. » [Abd. a. *Mittheil. d. Inst. f. oest. Gesch.*, VI, 1885.] In-8, cart. — **Bach** (Dr J.). Probst Gerhoch I von Reichersberg, ein deutscher Reformator des XII Jahrhunderts. Wien, 1865. In-8, rel. toile. — **Nobbe** (Heinr. F.-A.). Gerhoh von Reichersberg. Ein Bild aus dem Leben der Kirke im XII Jahrhundert. Leipzig, G. Böhmer, 1881. In-8, rel. toile. Ensemble 5 vol. ou plaq. in-8.

> Dans son ouvrage « De Investigatione Antichristi », Gerhoh a joint à de violentes attaques contre Rome et les légats pontificaux quelques chapitres relatifs à la croisade de Louis VII et de Conrad II.

990. Giraud (François). Ophitæ. Dissertatio historico-theologica de eorum origine, placitis ac fatis. Parisiis, Lethielleux, 1884. 1 vol. grand in-8, avec cartes et pl., rel. toile, non rogn., couvert.

991. Lombard (Alexandre). Pauliciens, Bulgares et Bons-hommes en Orient et en Occident. Genève, Georg, 1879. In-8, rel. toile.

992. Luther (Martin). Instrv= || ctio visitationis || Saxonicæ, ad Ecclesiarum Pa= || stores, de doctrina Christiana, || Translata a Doctore Pomera= || no in latinum, propter || Ecclesias Danicas || Anno do= || mini. || M.D.XXXVIII. || Nunc rursum excusa Vite= ||bergæ. M.D.XXXIX. Fnc. 68 *verso*, *l*. 10 : Impressum Vitebergæ, apud || Iosephum Clug. || M.D.XXXIX. Petit in-8, 68 ffnc., signat. A—H 5 [H 6], init. gr. et encadr. gr. sur bois au titre, rel. maroquin brun, plats ornés à froid, tr. dorée.

> Cet opuscule de Luther date de la tournée qu'il fit dans les églises de Saxe pour convertir ce pays aux théories nouvelles. Il imitait en cela, disait-il, les apôtres et s'appuyait sur l'exemple de saint Pierre et de saint Paul et aussi des prophètes de l'Ancien Testament. Il chargea d'autres réformés, Jérôme Schurff, Erasme de Haubitz, Jean de Plannitz et Mélanchton, de missions semblables et écrivit en allemand à cet usage ce traité qui contient l'exposé, en raccourci, de sa doctrine. Bugenhagen fit à l'usage des églises danoises réformées, auxquelles il l'a dédiée, cette traduction latine, dont le texte a été revu et un peu modifié par Luther, qui y a joint une préface.

993. Maimbourg, S. J. Histoire de l'Arianisme depuis sa naissance jusqu'à sa fin : avec l'origine et le progrès de l'hérésie des Sociniens. 4e édition. Paris, Sebastien Mabre-Cramoisy, MDC.LXXXII. In-12, 3 vol. rel. v. f., tr. d. — *Du même*. Histoire du Calvinisme... nouvelle édition, revue et corrigée. Suivant la copie imprimée à Paris, chez Sebastien Mabre-Cramoisy, MDCLXXXII. In-12. — La politique du clergé de France, ou entretiens curieux de deux catholiques romains, l'un parisien et l'autre provincial, sur les moyens dont on se sert aujourd'huy pour détruire la religion protestante dans ce Royaume. 3° édition revue corrigée et augmentée de la Lettre de Monsieur Spon au P. La Chaise, du Projet pour la réunion des deux religions, des Remarques sur le Projet et de plusieurs autres Lettres. A la Haye, chez Abrah. Arondeus, MDCLXXXII. In-12. Ensemble, 1 vol. rel. parch. — **Maimbourg**. Histoire du Luthéranisme... 2ᵉ édition. Paris, Sébastien Mabre-Cramoisy, MDCLXXX. In-12, 2 vol., rel. v., tr. d. — **Pflugk-Harttung** (J. von). Arianar und Athanasier. A. d. *Allg. Zeitung*. München, Cotta, 1886. In-8, br. Ensemble, 7 vol. ou plaq.

994. **Merx** (Adalbert). Bardesanes von Edessa, nebst einer Untersuchung über das Verhältniss der Clementinischen Recognitionen zu dem Buche der Gesetze der Länder. Halle, Pfeffer, 1863. In-8, rel. toile, non rogn.

995. **Petreus** (Theod.). Catalogus haereticorum seu de moribus et erroribus omnium prope modum hæresiarcharum... Coloniae, P. a Brachel, MDCXXIX. In-4, rel. parch.

On a relié, avec ce premier ouvrage, les ouvrages suivants du P. *Maximilien Sandæus* : « Militia Christiana de qua disseritur theologicè, ethicè, politicè, per analogias ad miliciam hebraicam, græcam, romanam... — Theologia militaris. — Ars militaris Ecclesiæ militaris. — Schola castrensis Ecclesiæ militaris. Coloniæ Agrippinæ, apud Jodocum Kalcovium, 1650-1651. 3 tomes in-4. »

996. **Simonnot** (Nicolas-Zacharie). Mes Souvenirs. Récits de N. Z. S., chanoine de l'église de Troyes. Épisodes de l'Histoire du Jansénisme publiés d'après le ms. de l'Auteur par un de ses Petits-Neveux [*Hipp. Simonnot*]. Troyes, Bertrand-Hu, 1878. In-8, d.-rel. mar. brun, tête lim., ébarb.; au dos, chiffre du comte Riant.

Tiré à 150 exemplaires.

997. Synodus Jerosolymitana aduersus Calvinistas hæreticos, Orientalem ecclesiam de Deo rebusque divinis hæreticè, ut sentiunt ipsi sentire mentientes pro reali potissimùm præsentia, anno MDCLXXII sub Patriarcha Jerosolymorum Dositheo celebrata. Interprete Domno M. F. e Congregatione Sancti Mauri... editio secunda .. Parisiis, apud Viduam Edmundi Martini, MDCLXXVIII. In-8, rel. parch.

998. The testimony of Truth exalted by the Collected Labours of that Worthy Man, Good Scribe, and Faithful Minister of Jesus Christ Samuel Fisher, Who died a Prisoner for the Testimony of Jesus, and Word of God, Anno 1665. Printed in the Year, MDCLXXIX. In-4, rel. veau.

999. [**Varillas?**]. Histoire du Wiclefianisme. Ou de la Doctrine de Wiclef, Jean Hus et Jerome de Prague. Avec celle des Guerres de Boheme, qui en ont

esté les suites. Derniere edition. Suivant la Copie Imprimée. A Lyon, Chez Jean Certe... M.DC.LXXXII. 2 tomes en 1 vol. in-12, cart.

> Ouvrage attribué à Varillas. Le nom de J. Certe, à Lyon, cache un imprimeur hollandais.

1000. **Hudry-Menos**. L'Israël des Alpes ou les Vaudois du Piémont. Extr. de la *Revue des Deux-Mondes* (1867 et 1868). In-8, rel. toile. — **Rochas** (de). Note sur quelques documents relatifs à la Révocation de l'édit de Nantes dans les Alpes. Grenoble, Dupont, 1880. In-8, br. — **Marchal** (Le P. V.). Les réformateurs de Genève par... Marchal, curé libéral de Carouge et de la Chaux-de-Fonds. Lyon, Méra, 1876. In-8, cart.

1001. [**Morfius** (Joachim)]. Speculum conciliorum hispanicorum in quo regis Hispaniarum machinationes variæ contra Evangelicos pro novâ Monarchiâ fundanda, à diversis authoribus, tanquam in tabellâ repræsentantur : Productum in lucem à J. M... Lugduni, Anno 1617. Typis exscriptum. — **Henricson** (Jonas). De ratione et via regiones septentrionales ad cultum sedis romanæ reducendi... auctore Jona Henricsonio Meldorpiano Ditmarso. *S l. n. d. n. typ.* Ensemble 1 vol. in-12, br.

1002. [**Sublivius** (T. M.)]. De Tvrco-Papismo : hoc est, de Tvrcarvm et Papistarvm adversvs Christi ecclesiam & fidem coniuratione, eorumque in religione & moribus consensione & similitudine; liber vnus. Eidem præterea adiuncti sunt, de Turco-papistarum maledictiis & calumniis, aduersus Gulielmi Giffordi famosi Pontificum Rom. & Iebusitarum supparasitastri volumen illud contumeliosissimum, quod ille Calvino-Tvrcismvm inscripsit, libri quatuor... Londini, Exc. Georgivs Bishop, Radvlphvs Newberie, & Robert. Barker. Anno Domini 1604. In-8, rel. vél.

> Ce pamphlet, attribué à Sublivius, avait été provoqué par une violente attaque contre les calvinistes, publiée sous le titre de « Calvino-Turcismum » par le théologien anglais William Gifford.

1003. **Wallichius** (J. U.). Ausszug Auss Johannis Ulrici Wallichii Büchlein, Darinnen er bewetset, wie der Orientalische Anti-Christ (der Türcke) mit dem Occidentalischen (dem Pabst) zu vergleichen sey, und wie also der Ertz = Anti-Christ (der Teuffel) als ein zweyköpfichtes Monstrum, seiner Häupter eins in Orient, das ander in Occident strecke. Jm Jahr 1664. *S. l. n typ.* In-4 de 4 ffnc., dérel.

> Cette curieuse plaquette est accompagnée d'une planche généalogique où on veut montrer que les deux antechrists, Mahomet IV et le pape Alexandre VII, descendent d'un ancêtre commun, un certain Manus Marsilius, de Sienne.

1004. **Wörgerus** (Franciscus). Vastatio Sepulchri Dominici desperata plane ac irreparabilis multipartitis monachorum superstitionibus atq3 imposturis non solum detegendis sed et aliis perquam necessariis profanis æque ac sacris historiis dilucidandis adaptata... Lubecæ, Christoph. Godofredi Jægeri, 1688. Titr. r. et n. In-12, rel. vél.

8. Mythologie. — Superstitions.

1005. Cartari (Vincenzo). Le imagini de i Dei de gli antichi nelle qvali si contengono gl' Idoli, Riti, Ceremonie, & altre cose appartenenti alla Religione de gli Antichi. In Venetia, Presso Francesco Ziletti, 1580. 1 vol. in-4, rel. vél.

> Ouvrage imprimé pour la première fois en 1556 et souvent réimprimé depuis. Il a surtout dû sa vogue aux gravures sur cuivre qui accompagnent quelques-unes de ces éditions; la nôtre en compte 88, dont plusieurs sont d'une bonne exécution.

1006. Majer (Friedr.). Allgemeines Mythologisches Lexicon aus Original-Quellen bearbeitet. Weimar, 1803-1804. 2 tomes en 1 vol. in-8, avec planches, d.-rel. mar. vert.

1007. Maury (L.-F. Alfred). Croyances et légendes de l'antiquité. Essais de critique appliqués à quelques points d'histoire et de mythologie. Paris, Didier, 1863. 1 vol. in-8, br.

1008. Movers (F. C.). Untersuchung über die Religion und die Gottheiten der Phönizier. Bonn, Weber, 1841. — *Du même*. Die Phönizier. (Phönizische Alterthum.) Berlin, Dümmler, 1849-1856. 3 tomes. Ensemble 2 vol. in-8, d.-rel. veau f., non rogn. *Cf. Histoire*.

1009. Münter (Friedrich). Religion der Karthager. 2te vermehrte u. verbesserte Auflage. Kopenhagen, Schubothe, 1821. Avec 2 pl. — *Du même*. Sendschreiben an D. Friedrich Creuzer, über einige Sardische Idole. Beilage zur zweiten Ausgabe d. Religion d. Karthager. Kopenhagen, 1822. In-4, cart.

1010. Palæphatus. Περὶ ἀπίστων. De incredibilibus. Cornelius Tollius in latinum sermonem vertit et notis illustravit. Amstelodami, apud Ludovicum Elzevirium, cIɔ Iɔ c xlix. Petit in-12, rel. parch.

1011. Panvinius (Onuphrius). De ludis circensibus libri II. De triumphis liber unus, quibus universa ferè romanorum veterum sacra ritusq. declarantur, ac figuris aeneis illustrantur cum notis *Ioannis Argoli* et additamento *Nicolai Pinelli* et *Ioach. Ioann. Maderi*. Patavii, Typis Petri Mariæ Frambotti, 1681. 1 vol. in-fol., avec planches, rel. veau f.

1012. Perucci (Francesco). Pompe funebri di tutte le nationi del mondo, raccolte dalle storia sagre e profane... Seconda impressione... Verona, Franc. Rossi. *S. d.* (1646). In-4 obl., pl. h.-t., rel. v. en médiocre état.

1013. Piperno (Pietro). Della svperstitiosa Noce di Benevento, Trattato historico... con il trattato in lingua latina... dall' isteso Autore intorno la sudetta superstitiosa Noce... Seconda impressione... Napoli, per Giacomo Gaffaro, 1640, ad instanze di Gio. Domenico Montanaro. In-8, rel. vél. ital.

> Rare et curieux traité relatif aux superstitions populaires de la province de Bénévent. Lozzi n'en a connu qu'une édition latine de 1647.

1014. **Schedius** (Elias). De diis Germanis sive veteri Germanorum, Gallorum, Britannorum, Vandalorum religione Syngrammata Quatuor. Amsterodami, apud Ludovicum Elzevirium, 1648. In-8, frontisp. servant de titre, rel. vél., tr. n. incisée.

1015. **Senart** (É.). Essai sur la légende du Buddha. Son caractère et ses origines. 2de édition. Paris, Leroux, 1882. 1 vol. in-8, br. — **Barthélemy Saint-Hilaire**. Le christianisme et le bouddhisme. Trois lettres adressées à M. l'abbé Deschamps. Chalons, Martin, 1880. Petit in-8, cart.

1016. **Beauvois** (E.). L'autre vie dans la mythologie scandinave. Louvain, Peeters, 1883. In-8, br. — *Du même*. La fontaine de Jouvence et le Jourdain dans les traditions des Antilles et de la Floride. Louvain, Peeters, 1884. In-8, rel. toile, couv. — **Heuzey** (Léon), Le Panthéon des rochers de Philippes. Paris, Pillet, s. d. In-8, cart. — La Pierre sacrée d'Antipolis. (Extrait du tome XXXV des *Mém. de la Soc. des Ant. de France.*) Paris, 1874. In-8, cart. — La vie future dans ses rapports avec le culte de Bacchus. Extrait des *Comptes Rendus de l'Ac. des Insc. et B. L.* In-8, cart. — **Paris** (Gaston). La légende de Trajan. Paris, Impr. Nationale, 1878. Plaq. in-8, cart. — **Zacher** (Julius). Alexandri Magni Iter ad Paradisum. Regimonti, Theile, 1859. In-8, rel. toile, non rogn. Ensemble 7 vol. ou plaq.

VII

DROIT — ÉCONOMIE POLITIQUE

1017. **Barbarorum** Leges antiquæ cum notis et glossariis. Accedunt formularum fasciculi et selectæ constitutiones medii ævi, collegit, plura notis & animadversionibus illustravit, monumentis quoque ineditis exornavit *F. Paulus Canciani*. Venetiis, apud Sebast. Coletium et Franc. Pitterium, 1781-1792. 5 tomes en 3 vol. in-fol., rel. veau f., fil.

On trouve dans cette collection de précieux documents historiques.

1018. **Bonnefoi** (E.). Τοῦ ἀνατολικοδνομίμου βιβλια γ. Iuris Orientalis Libri III. ab Enimundo Bonefidio I. C. digesti, ac notis illustrati & nunc primùm in lucem editi cum latina interpretatione anno M.D.LXXIII. Excudebat Henr. Stephanus. — **Themistius**. Themistii Evphradæ orationes aliquot non editæ cum interpretatione Petri Pantini; & viri eruditi notis. Lvgdvni Batavorvm, Excudit Ioannes Patius... M DCXIV. Ensemble 1 vol. petit in-8, rel. vél. blanc.

L'ouvrage de Bonnefoi est fort rare. Son auteur naquit à Chabreuil en 1536 et professa le droit à Valence, où il compta parmi ses élèves Cujas et De Thou. La Saint-Barthélemy le força à se réfugier à Genève, où on lui donna une chaire et le droit de bourgeoisie. Il mourut dans cette ville le 8 février 1574.

L'édition de Thémistius est la première qui ait été faite de ces trois discours; le commentateur que le titre désigne par ces mots « vir eruditus » n'est autre que *Daniel Heinsius*.

1019. **Cibrario** (Comte Louis). Économie politique du Moyen-Age. Traduite de l'italien sur la 4ᵉ édition par M. *Barneaud* et précédée d'une Introduction par M. *Wolowski*. Paris, Guillaumin, 1859. 2 tomes en 1 vol. in-8, d.-rel. chag., tr. peigne.

1020. **Corpus** juris civilis, ediderunt fratres Krigelii. Lipsiae, Sumtibus Baumgaertneri, 1887. 3 vol. in-8, br.

Le tome I contient les « Institutiones, Digesta »; le tome II, le « Codex » revu par *E. Hermann*; le tome III, les « Novellae », édition d'*E. Osenbrüggen*.

1021. **Expilly**. Plaidoyez de Mʳᵉ Claude Expilly... president au Parlement de Grenoble... Troisiesme edition... Paris, Cramoisy, 1621. Vol. in-4, rel. veau.

1022. **Grotius** (Hugo). Epistolæ quotquot reperiri potuerunt in quibus præter hactenus editas, plurimæ Theologici, Iuridici, Philologici, Historici,

& Politici argumenti occurrunt... Amstelodami, Ex typ. P. & I. Blaev, 1687. 1 vol. in-fol., rel. vél. (déchir. au dos de la reliure). — De jure belli ac pacis Libri tres. Amstæledami, Jansson. Waesberghe, 1712. In-8, rel. veau f.

1023. **Lœwenklau** (Johann). Iuris graeco-romani tam canonici quam civilis tomi duo, ex variis Europæ, Asiæque bibliothecis eruti, latineque redditi; nunc primum editi curâ Marquardi Freheri... Francofurti, Impensis hæred. Petri Fischeri, 1596. 24 ffnc., 563(1) pp. & 4 ffnc., 278 pp., 1 fnc. — **Everhard.** Dn. Nicolai Everhardi Amstelrodamensis Ic... solemnis repetitio... de testibus, et de fide instrumentorum tractatus... nunc primum erutum studio et opera Justi Zinzerlingi Thuringi. Francofurti, sumpt. Ioha. Berneri, 1618. 2 parties. Ensemble 1 vol. in-fol., rel. peau de truie, avec fermoirs.

1024. **Révillout** (Eugène). Cours de langue démotique et de droit Egyptien. Paris, Leroux, 1883. — Cours de droit Egyptien. Etat des personnes. Paris, Leroux, 1884. — Les Obligations en droit Egyptien comparé aux autres droits de l'antiquité. Paris, Leroux, 1886. — **Paturet** (G.). La Condition juridique de la femme dans l'ancienne Egypte... avec une lettre à l'auteur par M. Révillout... Paris, Leroux, 1886. Ensemble 4 vol. in-8, br.

1025. **Schiara** (P. D. Antonio Thomas). Theologica Bellica omnes ferè difficultates ad Militiam tùm Terrestrem tùm Maritimam pertinentes complectens; atque Canonicè, Juridicè, Moraliter, nec non Historicè dilucidans; in octo libros distributa... Augustæ Vindel. & Dilingæ, apud Joannem Casp. Bencard, 1707. 2 tomes en 1 vol. in-fol., rel. truie estamp., fermoirs.

1026. **Seldenus** (Joannes). Mare Clausum sive de Dominio Maris libri duo... Iuxta Exemplar Londinense, Wil. Stanesbeii pro Richardo Meighen, cIɔ Iɔ c xxxvi. Petit in-12, rel. v.

1027. **Semichon** (Ernest). La paix et la trêve de Dieu. Histoire des premiers développements du Tiers Etat par l'Église et les associations. Paris, Didier, 1857. In-8, d.-rel. veau, tr. jasp.

1028. **Viollet** (Paul). Précis de l'histoire du droit français accompagné de notions de droit canonique et d'indications bibliographiques. Paris, Larose et Forcel, 1884-86. 2 vol. in-8, br. — Le droit du xiiie siècle dans les Coutumes de Touraine-Anjou et d'Orléans. Etude historique. Paris, 1881. In-8, cart., non rogn., couv.

1029. **Bronchorst** (Everh.). In Tit. Digestorum de (diversis) Regulis juris antiqui, Commentarius, recognitus & subinde auctus a *J. L. Blasio*, jc[to]. Parisiis, Bobin et Le Gras, 1672. 1 vol. in-12, cart. — **Casati** (C. Charles). Principe généraux des lois. Thèse pour le Doctorat. Paris, Didot, 1855. 1 vol. in-8, rel. toile. — *Du même*. Observations pratiques sur l'application de différents articles du Code pénal en matière correctionnelle. Paris, Cosse, 1875. Plaq. in-8, cart., couvert. — **Chamard** (Dom François). De la propriété ecclésiastique. Paris, Balitout, 1882. Plaq. in-8, br. — **Cauchy** (Eugène). Du jugement des crimes politiques. Paris, 1867. — *Du même*. Rapport sur le concours relatif à l'administration locale en France et en Angleterre. Paris, 1870. 2 plaq. in-8, rel. toile. — **Dufour** (Julien Michel). Questions illustres ou bibliothèque des livres singuliers en droit;... Paris, Tardieu-Denesle, 1813. In-12, rel. toile, non rogn. — **Levasseur**. Portion disponible suivant le Code Civil. Paris, Gilbert, 1805. 1 vol. in-12, d.-rel. v. Ensemble 8 vol. ou plaq.

1030. **Baudrillart** (H.). La population en France au xviiie siècle. Extr. du *Journal des Economistes*. Paris, Guillaumin, 1885. In-8, br. — **Champagny** (comte de). La Bible et l'économie politique. Paris, Bray et Retaux, 1879. 1 vol. in-12, rel. toile. — **Leber** (M. C.). Essai sur l'appréciation de la fortune privée au Moyen Age. Seconde édition. Paris, Guillaumin, 1847. In-8, rel. toile, non rogn., couvert. — **Mas Latrie** (René de). Du droit de marque et du droit de représailles au Moyen Age. Nouvelle édition. Paris, Baur, 1875. In-8, rel. toile, couv. Ensemble 4 vol. ou plaq.

VIII

GÉOGRAPHIE

1. Ouvrages généraux. — Recueils de voyages.

1031. Apianus. Cosmographia ‖ Petri Apiani, per Gemmam ‖ Frisium apud Louanienses Medicum & Ma-‖thematicum insignē, iam demum ab o-‖mnibus vindicata mendis, ac nonnul-‖lis quoque locis aucta, figurisque ‖ nouis illustrata : Additis e-‖iusdem argumenti li-‖bellis ipsius Gē-‖mæ Frisii. ‖ (*Gravure sur bois.*) ‖ Parisiis, Væneunt apud Viuantium Gaultherot, via Iaco-‖bęa : sub intersignio D. Martini. ‖ 1553. In-4 de 2 ffnc., 72 ff. chiff., figg. et une pl. double, rel. vél.

> *Pierre Bienewitz* dit *Apianus*, né en en 1495, à Leipzig, mort en 1552, fut professeur de mathématiques à Ingolstadt et les méthodes qu'il a découvertes sont encore employées de nos jours. Sa « Cosmographie », parue en 1524 à Landshut, a été souvent réimprimée au xvi° siècle. Notre édition est peu commune.

1032. Baudrand. Michaelis Antonii Baudrand Parisini Geographia Ordine literarum disposita. Parisiis, apud Stephanum Michallet, 1681-82. 2 vol. in-8, rel. vél.

> Cet ouvrage a été traduit en français en grande partie dans le « Dictionnaire géographique et historique » publié en 1705, après la mort de l'auteur, avec les continuations de *Dom Gélé*.

1033. Bertius (P.). Tabularum Geographicarum contractarum Libri Septem. Amsterodami, Sumptibus et typis æneis Iudoci Hondij, Anno 1616. 1 vol. in-4 oblong, 179 cartes géog., rel. veau.

> *Pierre Bertius* (1565-1629), né à Baveren, en Flandre, vint en France où il abjura le protestantisme et devint historiographe et cosmographe de Louis XIII et professeur royal de mathématiques. Cf. n° 1041.

1034. Beuteln (Tobias). Cimelium Geographicum Tripartitum, oder dreyfaches geographiches Kleinod... Dresden, 1680. Petit in-4, frontisp. et tit. gr., rel. vél.

1035. Bischoff et Möller. Wörterbuch der alten, mittleren und neuen Geographie. Gotha, Becker, 1829. 1 vol. in-8, rel. toile.

1036. Blanc (Vincent). Histoire geografiqve et memorable de l'assiette de la terre universelle. Laquelle est comprinse en vne juste Emisphere, comme nous marque les septante deux Paraleles & diuers cours du Soleil,....

Ensemble les Voyages & peregrinations de Vincent Blanc de Marseille, faictes aux quatre parties du monde. Aix, Estienne David, 1634. 1 plaq. petit in-fol. (format in-4) de 46 pp., rel. vél.

> Curieux récits de voyages, notamment auprès du Négous d'Éthiopie.

1037. Bordone (Benedetto). Isolario nel qua si ragiona di tutte l'Isole del mondo... Ricoreto, & di nuouo ristampato. Con la gionta del monte del Oro nuouamente ritrouato. (*Marque de Frédéric Toresano, imprimeur à Venise*), 1547. 1 vol. in-fol. de 8 ffnc., 74 ff. chif., rel. vél.

> Cet ouvrage de Bordone, peintre en miniature et géographe italien du xvie siècle, est encore recherché pour les nombreuses cartes qu'il renferme.

1038. Bruin (Georges). Civitates Orbis Terrarum. *S. l. n. d. n. typ.* [Cologne, 1572-1618]. 6 vol. in-fol., rel. mar., plats ornés. (Très remarquable reliure allemande du xviie siècle).

> Les gravures de cet ouvrage sont dues à Fr. Hogenberg et à Simon vander Noevel; Georges Hoefnagel et Corn. Chaymon ont contribué à plusieurs plans de villes; avec ces plans sont souvent représentés les costumes du temps. Cet ouvrage est fort recherché, notre exemplaire a ses gravures coloriées.

1039. Cellarius (Christophorus). Notitia orbis antiqui sive geographia plenior,... Alteram hanc editionem annotationibus varii generis... illustravit et auxit L. Io. Conradus Schwartz. Lipsiæ, Gleditsch, 1731-42. 2 vol. in-4, avec portr. et cartes, rel. vél.

1040. Chrysantos Notara. Εἰσαγωγὴ εἰς τὰ γεωγραφικὰ, καὶ σφαιρικὰ... Introductio ad Geographiam & Sphæram. Paris, *s. typ.* 1716. 1 vol in-fol., avec portr., rel. vél.

1041. Cluver (Phil.). Introductionis in universam Geographiam tam veterem quam novam libri VI; accessit P. Bertii Breviarium orbis terrarum. Amstelodami, apud Elzevirios, 1677. Petit in-8, d.-rel.

1042. Cortambert (E.). Coup d'œil sur les voyages et les progrès de la géographie, depuis 1800 jusqu'en 1856. Paris, s. d. — Esquisse de la géographie d'une partie de l'Afrique Australe. Paris, 1858. — Trois des plus anciens monuments géographiques du Moyen-âge. Paris, 1877. Ensemble, 3 plaq. in-8, rel. toile, non rogn.

1043. Dyonisios. Geographia emendata & locupletata, additione scil. Geographiæ Hodiernæ, græco carmine pariter donatæ : cum 16 Tabulis Geographicis. Ab *Edv. Wells.* Editio secunda. Oxonii, e Theatro Sheldoniano, MDCCIX. In-8, d.-rel. chagr. r.

1044. Dicuil. Dicuili liber de mensura orbis terrae... nunc primum in lucem editus a *Car. Athan. Walckenaer.* Parisiis, F. Didot, M.D.CCC.VII. In-8, d.-rel. mar. r., tr. lim. — **Letronne** (A.). Recherches géographiques et critiques sur le livre De Mensura orbis terræ composé en Irlande, au commencement du neuvième siècle par *Dicuil,* suivies du texte restitué. Paris,

Mathiot, 1814. In-8, rel. toile, non rogn. [Tiré à 500 exemplaires.] — Anonymi de situ orbis libri duo. E codice Leidensi nunc primum edidit *Maximilianus Manitius*. Stuttgardiae, apud J. G. Cotta, 1884. In-8, rel. toile, couv.

1045. **Egli** (J. J.). Nomina geographica, Versuch einer allgemeinen geographischen Onomatologie. Leipzig, Brandstetter, 1872. In-4, d.-rel. toile

1046. **Ferrari** (Philippe). Novum Lexicon geographicum, in quo universi Orbis Urbes, Regiones, Provincia, Regna, Mares, & Flumina novis & antiquis nominibus appellata suisque distantiis descripta recensentur... nunc vero edidit Michael Antonius Baudrand .. Patavii, sumptibus Jacobi de Cadorinis 1697. 1 vol. in-fol., rel. vél. bl.

Dernière édition, augmentée de près de moitié, de cet ouvrage estimé.

1047. **Fondeur** (Fr.). Urbium, insularum, regionum, montium, fluviorum Dictionarium ordine alphabetico duas in partes distributum. Lauduni, A. Rennesson, 1680. In-4, d.-rel. toile.

Ouvrage rare. Suivant M. Deschamps, A. Rennesson, qui prend la qualité de typographe du cardinal d'Estrées, a été le premier et est resté fort longtemps le seul imprimeur de Laon.

1048. **Gottfried** (Joh. Ludwig). Newe archontologia cosmica, das ist Beschreibung aller Kaijserthumben, Königreichen vnd Republicken der gantzen Welt, die keinen Höhern erkennen... Franckfurt a.-M., Wolfg. Hoffmann, 1646. 1 vol. in-fol., avec cartes et pl. gr. par *Mathieu Mérian*, rel. vél. bl.

1049. **Graesse** (J. G. Th.). Orbis latinus oder Verzeichniss der lateinischen Benennungen der bekanntesten Städte etc., Meere, Seen, Berge und Flüsse in allen Theilen des Erde... Ein Supplement zu jedem lateinischen und geographischen Wörterbuche. Dresden, Schönfeld, 1861. In-8, d.-rel. veau, tête lim. ébarb.; au dos, chiffre du comte Riant.

1050. **Grundemann** (Dr R.). Allgemeiner Missions-Atlas nach Originalquellen. Gotha, Perthes, 1867-71. 4 parties en 1 vol. grand in-8, d.-rel. mar. rouge, non rogn., avec cartes.

1051. Introductio in Pto || lomei Cosmographiam cum || longitudinibus & latitudinibus regionum & ciuitatum celebriorum. || ℂ Epitoma Europę Eneæ Siluij (tis ex Asia secūdi. || ℂ Situs & distinctio partium totius Asiæ per brachia Tauri mon-|| ℂ Particularior minoris Asiæ descriptio ex eiusdem Pij asia. || ℂ Sirię compendiosa descriptio ex Paulo Orosio. || ℂ Terræ sāctę & urbis Hierusalem apertior descriptio : fratris Ans-||helmi ordinis Minorum de obseruantia. ||ℂ Magister Paulus Crosnensis. Lectori studioso. || *Suivent 14 vers latins*. F. *chiffré* 44 *verso*, l. 22 : Impressum Cracouiæ per Hieronymum Victorem || Calcographum. Anno salutis humanæ. Mille-||simo quingentésimo decimo nono. Deci-||mo septimo kalendas Maii. Petit in-4, 2 ffnc. et 44 ff. chiffrés, rel. vélin blanc.

Ce livre est un des premiers imprimés à Cracovie par Jérôme Victor. Ce typographe avait d'abord exercé à Vienne. Il vint ensuite à Cracovie où il mourut en 1546.

1052. [**Jouanneaux** (L'abbé Cl.)]. La géographie des légendes ou tables géographiques des noms de provinces, villes, & autres lieux qui se rencontrent dans les Légendes des saints, les martyrologes, & à la tête des Canons de conciles; en latin & en françois, avec leur position. Paris, Hérissant, 1743. In-12, rel. bas. f. — **Ponton d'Amécourt** (Vte de). Vie des saints traitées au point de vue de la géographie historique. Extr. des *Mém. de la Soc. de num. et d'arch.* Paris, Le Clere, 1870. In-4, rel. toile, couv.

1053. **Klein** und **Thomé**. Die Erde und ihr organisches Leben. Ein geographisches Hausbuch. Stuttgart, Spemann, s. d. 2 vol. in-8, d.-rel. veau, (édit.), nombreuses fig.

1054. **Lasor a Varea** (Alphonsus). Universus terrarum orbis scriptorum calamo delineatus, hoc est auctorum fere omnium, qui de Europæ... Quovis Tempore, & Qualibet Lingua Scripserunt cvm anno, loco, et forma editionis eorum uberrimus Elenchus... Patavii, ex typ. olim Frambotti : nunc Jo. Baptistæ Conzatti, 1713. 2 vol. gr. in-4, rel. vél., nombr. fig. et pl.

Le nom de Lasor a Varea est un pseudonyme, et le véritable nom de l'auteur est *Rafaello Savonarola*; son ouvrage est le même que celui de *V. Coronelli* : « Regnorum, provinciarum... orbis terræ nomina latina, (Venise, 1716) ». Les figures sont gravées sur bois d'après le Titien et quelques-unes des planches sur cuivre sont empruntées à l'œuvre de Callot.

1055. Libro del conosçimiento de todos los reynos ʒ tierras ʒ señoríos que son por el mundo ʒ de las señales ʒ armas que han cada tierra ʒ señorío por sy ʒ de los reyes ʒ señores que los proueen, escrito por un franciscano español á mediados del siglo XIV y publicado ahoro por primera vez con notas de *Marcos Jiménez de la Espada*. Madrid, Fortanet, 1877 (*1880*). In-8 carré, d.-rel. mar., coins, tête dorée, non rogn.; au dos, chiffre du comte Riant. (Une planche de blasons en couleur.)

Ouvrage tiré à petit nombre.

1056. **Linda** (Luc de). Descriptio orbis & omnium ejus rerumpublicarum, in qua Præcipua omnium Regnorum & Rerumpublicarum... Amstelodami, Jacob. de Zetter, 1665. In-8, rel. parch.

Luc de Linda, né à Dantzig en 1625, mort en 1660, a emprunté, paraît-il, la plus grande partie de son ouvrage à Davity : « Description de l'Univers. »

1057. **Meisner** (Daniel). Sciagraphia cosmica oder eigentliche Abbildung achthundert der mehrentheils vornehmsten Stædte Vestungen und Schœsser so allenthalben in allen Theilen des Welt berühmt sind. Nurnberg, 1678. In-8, oblong, *prépar. pour la rel.*

Dernier tirage de cet ouvrage célèbre, bien complet des 800 planches et du texte. Le titre indique suffisamment son intérêt.

* 1058. **Mercator**. Atlas Minor, Ou Briefve, & vive description de tout le Monde & ses parties : composee premierement en Latin par Gerard Mercator, & depuis reveu... par Ivdocvs Hondivs : & traduict en Francois par le sieur de la Popeliniere Gentilhomme Francois. A Amsterdam, chez Iean Iansson, l'An M DC XXX. 1 vol. petit in-4, obl.

1059. Merula (Paulus G. F. P. N.). Cosmographiæ generalis libri tres : Item Geographiæ particularis libri quatuor : quibus Europa in genere; speciatim Hispania, Gallia, Italia, describuntur... Amsterdami, Guilielmum Blaeu, CIƆ IƆC XXXVI. In-12, 5 vol., rel. v.

1060. Nores (Giasone de). Breve trattato del mondo et delle sve parti, semplici et miste : con molte altre considerationi, che di grado in grado saranno piu notabili, & piu degne di cognitione... In Venetia, Appresso Andrea Muschio, 1571. Vol. In-8 (format in-16), de 76 ff., rel. vél., tr. rouge.

> Jason *Denores* ou *de Nores*, né à Nicosie (île de Chypre), mort en 1590 à Padoue, quitta Chypre au moment de la conquête turque (1570) et devint professeur à Padoue.

1061. Paulli (Simon). Orbis terraqueus in tabulis geographicis et hydrographicis, descriptus a Simone Paulli... Argentorati, in officina libraria editoris, MDCLXX. In-8 signé en in-4, rel. parch., titr. r. et n. — **Peritsol.** (Abraham). Id est itinera mundi sic dicta nempe Cosmographia... latina versione donavit et notas passim adjecit Thomas Hyde... Calce exponitur Turcarum liturgia, peregrinatio Meccana, ægrotorum visitatio, circvmcisio,..... Oxonii, e theatro Sheldoniano, MDCXCI. In-4, rel. veau, pl. (*rare*).

1062. Porcacchi. L' Isole piv famose del mondo descritte da Thomaso Porcacchi da Castiglione Arretino e intagliate da Girolamo Porro Padovano Con l'Aggiunta di molte Isole... In Venetia, Appresso Simon Galignani & Girolamo Porro, MDLXXVI. (Titre encadré et gravé). Petit in-fol. de 14 ffnc. 201(1) pp., rel. vél.

* **1063. Quaden** (Mathias). Fascicvlvs geographicvs complectens praecipvarvm totivs orbis Regionum tabulas circiter centum vnà cum earundem Enarrationibus... Cöln am Rein, Bey Johan Buxenmacher... M D CVIII. (*Titre-front.*) Petit in-fol., avec 86 cartes géog.

1064. Ramusio (Gio. Bapt.). Delle navigationi et viaggi... in tre volvmi divise... in Venetia, appresso i Giunti, 1606-1613. 3 vol. in-fol , d.- rel. veau f., non rogn.

> La meilleure édition de cet ouvrage recherché.

1065. Reischl (P. Marcellinus). Atlas historicus, utramque ab orbe condito historiam ecclesiasticam, et profanam... Augustæ Vindelicorum, Mat. Rieger, 1758. In-8, rel. bas.

1066. Ritter (Carl). Die Erdkunde im Verhältniss zur Natur und zur Geschichte des Menschen, oder allgemeine, vergleichende Geographie, als sichere Grundlage des Studiums and Unterrichts in physikalischen und historischen Wissenschaften. Berlin, Reimer, 1822-1859. *20 vol.* — Einleitung zur allgemeinen vergleichenden Geographie. Berlin, Reimer, 1852. 1 vol. —

Ideler & Müller. Namen und Sach-Verzeichniss zu Ritter's Erdkunde von Asien. Berlin, Reimer, 1841-49. 2 vol. Ensemble 23 vol. in-8, avec cartes, rel. toile, non rogn.

> Important et excellent ouvrage. Le tome I (Afrique), épuisé depuis longtemps, est rogné dans notre exemplaire.

1067. — Ritter's Geographisch-Statistisches Lexicon über die Erdtheile, Länder, Meere, Buchten, Häfen, Seen, Flüsse, Inseln, Gebirge, Staaten, Städte, Flecken, Dörfer, Weiler, Bäder, Bergwerke, Kanäle, etc... [5e *édition*], unter Redaction von *A. Stark*. Leipzig, Wigand, 1864-65. 2 vol. in-4, cart., non rogn.

1068. [*Le même;* 7e *édition*], unter Redaction von Dr *Heinrich Lagai*. Leipzig, Wigand, 1883. 2 vol. in-4, d.-rel. mar. v.

1069. **Scherer, S. J.** (Henri). Atlas novus... hoc est : Geographia universa in septem partes contracta et instructa ducentis per chartis... Augustæ Vindel. Dilingæ & Francofurti, Anno M D CCX. — Geographia artificialis sive Globi terraquei geographice repræsentandi artificium. Tabellæ geographicæ. Hoc est : Regionum,... memorabilium in orbe terrarum... dispositio et ordo politico-geographicus. Monachi, M. M. Rauchin, M D CCIII. — Critica quadripartita, in qua plura recens inventa... circa geographiæ artificium... explicantur... Opus posthumum. Monachii, M. Riedl, M D CCX. 10 parties en 4 vol. in-4, d.-rel. bas. n.

1070. **Spruner** (Dr C. de). Atlas antiquus XXVII tabulas coloribus illustratas et alias LXIV tabellas in margine illarum inclusas continens. Gothae, Justus Perthes, 1850. 1 vol. in-fol., d.-rel. mar., coins.

1071. **Strabon.** De Situ Orbis libri XVII. Amstelodami, ap. J. Janssonivm jvniorem, cıɔ ıɔc lii. 2 tomes en 1 vol. in-12, rel. vél.

1072. **Taylor** (Rev. Isaac). Words and places : or etymological illustrations of history, ethnology, and geography... second edition, revised and enlarged. London and Cambridge, Macmillan, 1865. In-8, cart. perc. br.

1073. **Thevet** (André). La cosmographie vniverselle d'André Thevet cosmographe dv Roy. Illvstree de diverses figvres des choses plvs remarqvables vevës par l'Auteur, & incogneuës de noz Anciens & Modernes. A Paris, chez Pierre l'Huillier, rue Sainct Iacques, à l'Oliuier. 1575... 2 vol. in-fol., rel. veau jaune, ébarb.

> Bel exemplaire.

1074. **Vadianus** (Ioachim). Epitome || trium terrae par||tium, Asiae, Africae et Ev-||ropæ compendiariam locorum descri-||ptionem continens, præcipue autem || quorum in Actis Lucas, passim || autem Euangelistæ et Apo|| stoli meminere. || ab ipso authore dili-||genter recognita, et multis in locis aucta. || Cum addito in Fronte || libri Elencho regionum, urbium, amnium, ||

insularum, quorū Nouo testamento fit men||tio, quo expeditius pius Lector quæ || uelit, inuenire queat. || per Ioachimum Vadianum || Cos. Sangallensem. || Accesserunt et Tabulæ regionum ac insularū omnium, qua-||rum in scriptura noui Instrumenti fit mentio. ||. Tiguri apud Frosch. || *S. d.* [1534]. In-8, 8 ffnc. 524 pp., 2 ffnc. bl., 4 ffnc.(table), rel. peau de truie gauff., fermoirs, dont un brisé. (Reliure datée de 1561 sur le plat antérieur.)

> La date de l'ouvrage se trouve à la fin de la lettre de l'auteur à D. H. Bullinger, de Zurich.

1075. **Varenius** (Bernh.). Geographia generalis, in qua affectiones generales telluris explicantur. Amstelodami, ex officina Elzeviriana, 1664. In-12, rel. parch.

> L'ouvrage le plus remarquable peut-être de ce médecin hollandais (1620-1680?). Newton publia une édition annotée de cette géographie en 1681.

1076. **Wagner** (Johann Christoph). Christlich= und Türckischer Stædt- und Geschicht-Spiegel. Vorweisend eine eigentliche Beschreibung aller der vornehmsten Städte, Bestungen und Schlösser der Christenheit und Türckey.... Ausgpurs, Jacob Koppmayer, 1687. Petit in-fol., 2 parties en 1 vol. 20 pl. pour la première partie; 12 pl. pour la seconde, tit. r. et n., rel. vél., tr. r.

> La deuxième partie date de 1691 et porte le titre de : « Der Bfaltz am Rhein. Staat- Land- Stædt- und Geschicht-Spiegel. Vorweisend eine politisch-topographisch- und historische Beschreibung des Chur- und Furstenthums Bfaltz am Rhein... Augspurg, 1694... titre noir.
> Dans cet exemplaire, les planches 8, 9, 10, manquent à la première partie, et les planches 2, 7, 11, à la seconde; par contre, il existe dans cette seconde partie une planche « Landau » qui n'est pas indiquée à la table.

1077. **Zeiller** (Martin). Topographiæ. Beschreibung und Abbildung der vornehmster Oerter. Francfurt am Main, Matth. Merian, (1641-1670). 19 vol. petit in-fol., rel. vél.

> Notre exemplaire contient les parties suivantes : 1. Austria, Styria, Carinthia, Carniola, Tyrolis, &c... [avec l'appendice : Châteaux de Windhaag, Reichenau, Horn,...], 1656. — 2. Bohemia, Moravia et Silesia, 1650. — 3. Bavaria, 1644. — 4. Franconia, 1646 [& appendice], 1656. — 5. Suevia, 1643 — 6. Palatinus Rheni, 1645 [& supplément : les Trois Evêchés], *s. d.* — 7 Hassia, *s. d.* [1646?]. — 8. Archiepiscopatus Moguntinensis, Trevirensis, Coloniensis, 1646 [& supplément], 1654. — 9. Westphalia, *s. d.* — 10. Saxonia inferior, 1653; Ducatus Brunswick. et Luneburg., 1654. — 11. Saxonia superior, Thuringia, Misnia, Lusacia,... 1650. 12. Electoratus Brandenburg., Pomerania, Prussia, Pomerella, Livonia, *s. d.* — 13. Alsatia, 1644-1663, 2 vol. — 14. Helvetia, Rhetia, Valesia, 1642-1655, 2 vol.; Index, 1672. — 15. Topographia Germaniæ inferioris, *s. d.* — 16. Italia, 1688. — 17. Candia, 1670.

1078 — Itinerarium Germaniæ das ist Reisbuch durch Hoch- und Nider-Teutschland, auch angräntzende, und benachbare Königreiche Fürstenthümer und Länder, als Vngarn, Siebenbürgen, Polen, Dännemarck, Schweden, etc... Strassburg und Franckfurt, Sim. Paulli, 1674.— Continuatio Itinerarii Germaniæ... Strassburg und Franckfurt, Paulli, 1674. — Continuatio [*autre édition*] : Strassburg, L. Zetzner, 1640. Ensemble 2 vol. in-fol., rel. vél. et rel. veau f., tr. dor.

RECUEILS DE VOYAGES

1079. Actes des apôtres modernes ou missions catholiques. Voyages des missionnaires dans toutes les parties du monde pour y porter le flambeau de la foi et les bienfaits de la civilisation... Paris, Parent Desbarres. 4 vol. in-12, avec pl., rel. toile, non rogn.

1080. **Bergeron**. Relation des voyages en Tartarie de Fr. Gvillavme de Rvbrvqvis, Fr. Iean dv Plan Carpin, Fr. Ascelin, & autres Religieux de S. François & S. Dominique, qui y furent enuoyez par le Pape Innocent IV & le Roy S. Louys... Le tout recueilly par Pierre Bergeron, Parisien. Paris, Chez la Veufue Jean de Hevqveville & Lovys de Hevqueville. M DC XXXIV. In-8, rel. fauve (un peu raccom.).

> Exemplaire aux armes de De Thou. Première et rare édition d'un recueil estimé; d'autres éditions en ont été publiées au xviii° siècle. Les nouveaux éditeurs y ont ajouté plusieurs autres voyages en Asie et notamment en Terre Sainte.

1081. — Voyages faits principalement en Asie dans les xii, xiii, xiv, et xv Siècles, par Benjamin de Tudèle, Jean du Plan-Carpin, N. Ascelin, Guillaume de Rubruquis, Marc Paul venitien, Haiton, Jean de Mandeville et Ambroise Contarini: accompagnés de l'Histoire des Sarrasins et des Tartares et précédés d'une Introduction concernant les voyages et les nouvelles découvertes des principaux voyageurs, par Pierre Bergeron. La Haye, Jean Neaulme, 1735. 2 tomes en 1 vol. grand in-4, d.-rel. veau f., coins, avec 5 cartes géog. et 7 pl.

> Troisième édition de ce recueil. Le nouvel éditeur a mis en tête du premier volume le « Traité de la navigation » de *Bergeron*, ouvrage estimé et qui témoigne de la part de l'auteur d'une sagacité peu commune pour son temps. L'ouvrage est imprimé en 2 colonnes, chaque voyage a une pagination particulière, et les gravures se trouvent toutes dans le premier tome.

* 1082. **Boëm**. Omnivm genti || vm mores leges et ritvs ex mvltis clarissimis rervm scriptori= || bus, a Ioanne Boemo Aubano Sacerdote Teutonicæ || Militiæ deuoto nuper collectos : & in libros tris || distinctos Aphricam, Asiam, Europam. || Optime lector lege... F° LXXXI v° : ❈ Augustæ Vindelicorum excusa in officina || sigismundi Grim medici, ac Marci || Vuirsung. Anno virginei partus. || M. D. XX. mense iulio. Vol. in-fol. de lxxxi ff. chiff., 6 ffnc. (pour l'index, le dernier blanc), rel. vél.

> Première édition du recueil de Jean Boëm, originaire d'Auben en Franconie, qui vivait au commencement du xvi° siècle ; cet ouvrage a été plusieurs fois réimprimé à cette époque, mais toutes les éditions en sont rares.

1083. — Omnium Gen-||tivm mores, leges, || & Ritus, ex multis clarissimis rerū || scriptoribus, à Ioanne Boëmo || Aubano Teutonico nuper || collecti, & nouissime recogniti. || Accessit libellvs de || Regionibus Septentrionalibus, earumq3 Gen-||tium ritibus, veterum Scriptorum se-||culo ferè incognitis, ex Iacóbo || Zieglero Geographo. || Præterea, epistola Ma-||

ximiliani Transyluani lectu perquàm || iucunda, ad R. Card. Saltzburgen, || de Molvccis insvlis, || & aliis pluribus mi-||randis. || Antverpiæ, || In ædibus Ioan. Steelsii, Anno || à Christo nato || M.D.XLII. Vol. in-8 de 123 ff. chif. 21 ffnc., rel. vél.

<blockquote>La numérotation des feuillets cesse avec l'ouvrage de Boëm. Titre raccommodé, piq. de vers à la reliure.</blockquote>

1084. — Mores, le || ges, et ritvs || omnivm gen-||tivm, || per || Ioannem Boëmvm || Aubanum, Teutonicum, ex || multis clarissimis re-||rum scriptoribus col-||lecti. || Cum Indice locupletissimo. || Lvgdvni, || Apud Ioan. Tornæsium, & || Guliel. Gazeium. || 1561. (Titre encadré.) Petit in-8 de 374 pp., 19 ffnc., 91(1) pp., rel. vél.

<blockquote>Les 91(1) dernières pages contiennent un second ouvrage qui n'est pas annoncé dans le titre, c'est : « Fides, religio, mores'qve Æthiopvm sub Imperio Preciosi Ioannis (quem vulgò Presbyterum Ioannem vocant) degentium... Damiano à Goes Equite Lusitano auctore ac interprete... Deploratio Lappianæ gentis, ipso etiam Damiano à Goes autore. » C'est ce dernier ouvrage qui fait surtout le prix de notre édition. C'est la première relation sur la Laponie que nous possédons. Goës la fit d'après des renseignements que lui donna Magnus, évêque d'Upsal, son ami; son auteur, *Damião de Estrada de Goes* (1501-1573), est un des premiers historiens portugais, et remplit avec distinction de nombreuses missions diplomatiques. Cf. une autre édition de Goes, nº 1089.</blockquote>

1085. **Eyriès**. Abrégé des voyages modernes depuis 1780 jusqu'à nos jours. Paris, Et. Ledoux, 1822-24. 14 vol. in-8, d.-rel. veau bleu, tr. marbrée, avec planches.

1086. [**Grynæus** (Simon)]. Novvs Orbis re-||gionvm ac insvlarvm ve-|| teribus incognitarum, unà cum tabula cosmographica, & || aliquot aliis consimilis argumenti libellis, quorum || catalogus sequenti patebit pagina. || His accessit copiosus rerum memorabilium index. || (*Petite marque typographique*.) || Parisiis apvd Galeotvm A' || Prato, in aula maiore regii Palatii ad primam columnam. *In fine* : Impressum Parisiis apud Antonium Augerellum, impensis Ioannis || Parui & Galeoti à Prato. Anno M.D.XXXII. VIII. || Calen. Nouembris. 1 vol. petit in-fol., rel. vél. blanc.

<blockquote>Cette collection a été faite par les soins de *Simon Grynæus* et de *J. Huttich*. On y trouve les relations de *Cadamosto*, de *Colomb*, de *Pierre Alonzo*, de *Vespuce*, de *Hayton*, le « De Insulis » de *Pierre Martyr*, etc., etc.</blockquote>

1087. **Hakluyt**. The principal Navigations, Voyages, Traffiques and Discoveries of the English nations, collected by *Richard Hakluyt* and edited by *Edmund Goldsmid*... Edinburgh, Goldsmid, 1885-1890. 16 vol. in-4, avec nomb. pl. et cartes, rel. toile r. (éditeur).

<blockquote>Importante collection dont plusieurs volumes sont épuisés.</blockquote>

1088. Markus Paulus Venetus Reisen, en Beschryving der oostersche Lantschappen... Beneffens de Historie der oostersche Lantschappen, door *Haithon van Armenien* te zamen gestelt. Beide nieuwelijks door *J. H. Glazemaker* vertaalt. Hier is noch by gevoegt de Reizen van *Nicolaas Venetus* en *Jeron. van St. Steven* naer d'oostersche Landen, en naar d'Indien. Door

P. P. vertaalt. Als ook een Verhaal van de verovering van't eilant Formosa door de Sinezen, door J. V. K. B. vertaalt. Met Kopere Platen verciert. t' Amsterdam, A. Wolfgang, 1664. In-4, rel. vél., non rogn., 5 planches.

> Outre le voyage de *Marco Polo*, cet ouvrage contient les voyages d'*Haython*, de *Nicolas Conti*, de *Hieron. da S. Stefano* et deux relations sur Formose, l'une tirée des Relations de *Thevenot*, l'autre due, selon toute apparence, à *M. de La Morinière*.

1089. De rebvs oceanicis et novo orbe, decades tres, Petri Martyris ab Angleria Mediolanensis. Item eivsdem de Babylonica legatione, libri III. Et item de rebvs Aethiopicis, Indicis, Lusitanicis & Hispanicis, opuscula... Damiani a Goes Equitis Lusitani... cum duplici locupletissimo Indice. Coloniae, Apud Geruinum Calenium & hæredes Quentelios. M D LXXIIII. In-12 de 24 ffnc., 655(1) pp., 14 ffnc., rel. mar. rouge, tr. dor., dent. int.; au dos, chiffre du comte Riant (Dupré). Ouvrage fort utile.

2. Cartographie.

1090. **Avezac** (D'). Deux notes sur d'anciennes cartes historiées manuscrites de l'Ecole catalane. Paris, Bourgogne & Martinet, 1844. — Note sur un atlas hydrographique manuscrit exécuté à Venise dans le xve siècle et conservé aujourd'hui au Musée Britannique. Paris, Martinet, 1850. — Grands et petits géographes grecs et latins; esquisse bibliographique... Paris, Bertrand, 1856. — Sur un globe terrestre trouvé à Laon, antérieur à la découverte de l'Amérique. Paris, Martinet, 1861. (Avec carte géog.) — Note sur une mappemonde historiée de la cathédrale de Héréford. Paris, Martinet, 1862. — Note sur une mappemonde turke du xvie siècle, conservée à la Bibliothèque de Saint-Marc à Venise. Paris, Martinet, 1862. (Avec carte géog.) — Inventaire et classement raisonné des « Monuments de la Géographie », publiés par M. Jomard, de 1842 à 1862. Paris, Donnaud, (1867). — Observations sur un chapitre des œuvres de Gerbert. Paris, Donnaud, (1868). — La mappemonde du viiie siècle de Saint Béat de Liébana. Paris, Challamel, 1870. — Atlas hydrographique de 1511 du Génois Vesconte de Maggiolo. Paris, Challamel, 1871. Ensemble 11 plaq. in-8, rel. toile, cart. ou br.

1091. **Buchon**. Notice sur un atlas en langue catalane de l'an 1374, conservé parmi les Manuscrits de la Bibliothèque du Roi. Extrait des *Notices et Extr. des Ms. de la Bibl. du Roi*, tome XIII, 1838. Avec 6 doubles cartes en fac-similé. — **Buchon** et **Tastu**. Notice d'un atlas en langue catalane, manuscrit de l'an 1375, conservé parmi les ms. de la Bibl. royale sous le n° 6816, fonds ancien. Extrait des *Not. et Extr. des Ms. de la Bibl. du Roi*, tome XIV. S. d. Avec la reprod. en fac-similé de 6 cartes. 2 vol. in-4, rel. toile.

1092. **Fischer** (Théobald). Sammlung mittelalterlicher Welt- und Seekarten. Italienischen Ursprung und aus italienischen Bibliotheken und Archiven Venedig, Ongania, 1886. 1 vol. in-8, rel. toile, non rogn.

1093. Formaleoni (Vincenzio). Saggio sulla nautica antica de Veneziani con una illustrazione d' alcune carte idrografiche antiche della Biblioteca di S. Marco, che dimostrano l' isole Antille prima della scoperta di Cristoforo Colombo. In Venezia, 1783, Presso l' Autore. Vol. in-8, rel. toile, 2 planches et 2 cartes géog.

> Bel exemplaire à toutes marges d'un intéressant ouvrage où Formaleoni (1752-1797) cherche à démontrer que les Antilles que nous connaissons ne diffèrent point de l'île fabuleuse d'Antilia que l'on trouve sur quelques cartes du moyen âge.

1094. Zurla (Placido). Il mappamondo di Fra Mauro Camaldolese. Venezia, 1806. In-fol., d.-rel. veau f., tr. marbrée, avec cartes et pl.

1095. Amat (Pietro). Del planisfero di Bartolomeo Pareto del 1455 e di altre quattro carte nautiche ritrovate testè nella Biblioteca V. E. in Roma. Roma, Civelli, 1878. In-8, cart., couvert. — **Bellio** (Vittore). Illustrazione di manoscritti geografici della biblioteca comunale di Palermo. Palermo, 1884. In-8, cart. — **Berchet** (Guglielmo). Portulani esistenti nelle principali Biblioteche di Venezia. Venezia, tip. Antonelli, 1866. Petit in-8, cart. pap. — Descrizione delle bellissime tele geografiche ora rinnovate, ed accresciute nella sala del palazzo ducale di San Marco, detta dello scudo. Venetia, M. Fenzo, 1763. In-8, cart., couv. — **Desimoni** (C.) e **Belgrano** (L. T.). Atlante idrografico del medio evo, posseduto dal prof. Tammar Luxoro. Genova, tip. dei Sordo-Muti, 1867. In-4, rel. toile. — **Desimoni** (C.). Nuovi studi sull' atlante Luxoro. Genova, tip. dei Sordo-Muti, 1869. In-4, rel. toile. — *Du même*. Elenco di carte ed atlanti nautici di autore Genovese oppure in Genova fatti o conservati. Estr. del *Giornale Ligustico*. In-8, rel. toile. — *Du même*. Intorno ai cartografi italiani e ai loro lavori manoscritti. Roma, 1877. In-4, cart. couv. — Elenco di alcune carte geografiche esistenti nella provincia di Modena. Modena, Società tipografica, 1881. In-4, rel. toile. — **Hamy** (E. T.). La mappemonde d'Angelo Dulcert, de Majorque (1339). — Note sur la mappemonde de Diego Ribero (1529) conservée au Musée de la Propagande de Rome. — Notice sur une mappemonde portugaise anonyme de 1502 récemment découverte à Londres. Paris, Leroux, 1887. 3 plaq. in-8, br., pl. et cartes. — **James** (Col. Sir. Henry). Catalogue of the maps and plans... of the Ordnance Survey of Ireland. London (1866, 1867). 2 plaq. in-8, rel. ens. toile. — **Marcello** (And.). Sopra alcune carte manoscritte presentate all' esposizione... di Venezia. Venezia, P. Naratovich, 1881. In-8, cart., couv. — **Manno** (A.) e **Promis** (Vincenzo). Notizie di Jacopo Gastaldi, cartografo piemontese del secolo XVI. Torino, Paravia, 1881. In-8, cart. — **Matkovich** (P. P.). Alte handschriftliche Schifferkarten in der Kais. Hof. Bibliothek in Wien. Mit 2 dem Portolano des Gr. Beninucasa 1480 entnommenen Karten von der Westküste Afrika... [Programme du Gymase impérial de Warasdin.] Agram. Lud. Gaj, 1860. In-4, cart. perc. — **Odorici** (Federico). Carte geografiche anteriori al Secolo XVI presso la Biblioteca Nazionale di Parma.

(Estratto dall' *Archivio Storico Lombardo*, Anno XV.) Milano, Bernardoni, 1877. In-8, rel. toile. — **Peschel** (Oscar). L' atlante di Andrea Bianco dell' anno 1436 in dieci tavole facsimile fotografico. Venezia, Ongania, 1871. Plaq. in-4, cart. — **Pezzana** (Ange). De l'ancienneté de la mappemonde des frères Pizigani exécutée en 1367, vengée des accusations du Père Pellegrini... Ouvrage traduit... par *C. Brack*. Gênes, Giossi, 1808. In-8, rel. toile. — *Du même*. Estratto di una nota posta a f. 365-6 del tomo secondo della Storia della Città di Parma continuata da Angelo Pezzana, e concernente la Carta nautica del Genovese Becario fatta nell' anno 1435. *S. l. n. d. n. typ.* In-16, cart., 1 planche. — Studio [Allo] secondo intorno a Giovanni Verrazzano appendice III. [Extrait.] *S. l. n. d. n. typ.* 1 carte. Grand in-8, cart. — **Wieser**(Franz). Der Portulan des Infanten und nachmaligen Königs Philipp II. von Spanien (In der Sammlung des H. Fr. Spitzer in Paris). Aus d. *Ber. der k. k. Ak. der Wiss.*, LXXXII, 1876. In-8, cart. — **Wuttke** (Heinrich). Ueber Erdkunde und Karten des Mittelalters. Leipzig, C. P. Melzer, 1853. In-8, cart., non rogn., 6 planch. Ensemble, 23 plaquettes in-4 et in-8.

3. Traités des voyages.

1096. De arte peregrinandi libri II... inprimis vero agri Neapolitani descriptione illustrati. Item : Lib. II. de regimine iter agentium. Quibus accesserunt in fine qvaestiones forcianae : hoc est, de variis Italorum ingeniis : & de muliebris sexus præstantia, Dialogi II... M D C XCI. Fnc. 228 v°, l. 18 : Noribergae, In officina typographica Catharinæ Gerlachiæ. In-16 de 228 ffnc., rel. vél.

Les divers auteurs de ces opuscules sont *H. Pyrckmair, Gérôme Turler, G. Gratarola*, et un certain *Philalethes*, « Polytopiensis Cives. »

1097. **Baudelot de Dairval**. De l'utilité des voyages et de l'avantage que la recherche des Antiquitez procure aux Sçavans. Paris, Pierre Auboüin et Pierre Emery, MDCLXXXVI. 2 vol. in-12, rel. v. f., tr. r., aux armes de Colbert (J. N.), archevêque de Rouen.

1098. **Gratarola** (Guill.). De Regi=||mine iter a=||gentivm, vel eqvitvm, || uel peditum, uel naui, uel curru seu rhe-||da, &c. uiatoribus & peregrinato-nibus || quibusque utilissimi libri duo, || nunc primùm || editi : || Authore Guilhelmo Gratarolo || Philosopho & Medico. || [*Marque de Brylinger.*] || Basileae, M.D.LXI. *S. typ.* (*Nicolas Brylinger*). Petit in-8, 7 ffnc., 152 pp., 1 fnc. et 1 pl. se dépl. donnant les mesures de longueur, rel. vél.

Guillaume Gratarola, né à Bergame en 1510, étudia à Padoue où il enseigna jusqu'en 1537. Sa sympathie pour les doctrines de la Réforme le forcèrent à quitter son pays. Il se rendit d'abord à Marbourg, puis à Bâle, où il devint professeur de médecine. Il mourut dans cette dernière ville le 6 mai 1562. Ses écrits sont assez nombreux et offrent un mélange de savoir et de crédulité fréquent à cette époque. A la fin de celui indiqué ci-dessus (pp. 125-152), on trouve l'estimation de divers itinéraires, avec l'indication des distances entre les localités intermédiaires.

1099. Zamelius. Gotofredi Zamelii Elbingensis Studiosus Apodemicus sive de Peregrinationibus studiosorum Discursus Politicus. Editio altera, priori auctior : cui in fine accesserunt ejusdem Auctoris Carmina juvenilia. Bremæ, typis J. Köhleri, A° cɪɔ ɪɔc ʟɪ. Petit in-12, rel. mar. vert, tr. dor., fil. sur les plats.

1100. Gruberus (Daniel). Discursus... de Peregrinatione Studiosorum. Strasbourg, Müller, 1719. In-4, rel. toile. — **Harder** (Johannes). De Peregrinatione (*Diss.-Ac.*). Wittembergae, per Chr. Schroedtervm, cɪɔ ɪɔc ɪɪɪc. Petit in-4, rel. toile. — **Jackson** (J. R.). What to observe or the Traveller remembrancer. 3ᵈ edition revised and edited by Dʳ *Norton Shaw*. London, Houlston & Wright, 1861. In-8, rel. toile. — **Jacobs** (Fr. Henr.) et **Schroeter** (Joh. Christ.). Diatriba de peregrinationvm ervditarvm ortv, progressv, et fine... Ienae, litt. Wertherianis (1705). In-4, rel. toile. — **Kaltbrunner** (D.). Manuel du voyageur. Zürich, Würster, 1879. 1 vol. in-8, avec fig., rel. toile. — **Unge** (Andreas). De ministerio peregrinorum in republica. Pars prior, Upsaliæ, 1741. — Pars posterior, Arosiæ, 1743. Ensemble in-4, rel. toile. Ensemble 6 vol. ou plaq. in-4 et in-8.

4. Géographie et voyages. — Antiquité. — Moyen Age.

ANTIQUITÉ

1101. Anville (J. B. d'). Notice de l'ancienne Gaule tirée des monuments romains. Paris, Desaint & Saillant, 1760. Vol. in-4, rel. veau (une carte géog.).

1102. Les Argonautes : Apollonius de Rhodes. Απολλωνιου του ροδιου Αργοναυτικα, μετα των παλαιων τε, και πανυ ωφελιμων χολιων. Apollonij rhodij Argonautica, antiquis unà, & optimis cum commentarijs. (*Marque des Alde.*) *In fine* : Venetiis in aedibus Aldi, et Andreae Soceri, Mense Aprili. M.D.XXI. In-8 de 224 ff. chif., 4 ffnc. (feux blancs), rel. veau, fil.

> Édition belle et rare, une des éditions grecques les plus recherchées sortie des presses des Alde. Cette édition est due à Franciscus Asulanus qui a signé l'avertissement au lecteur.

1103. — : **Carli** (Conte Gianrinaldo). Della spedizione degli Argonauti in Colco. Venezia, G. Recurti, 1745. In-4, rel. vél., carte géog. — **Hermann** (Godof.). De Argvmentis pro antiqvitate Orphei Argonavticorvm maxime a Koenigsmanno allatis... Lipsiae, 1811. In-4, cart. — **Stender** (Julius). De Argonautarum ad Colchos usque expeditione. Fabulae historia critica. Kiliae, in aedibus C. a Wechmar, 1874. In-8, rel. toile, couv.

1104. — : **Vater** (Friedrich). Der Argonautenzug. Aus den Quellen dargestellt und erklaert. Kasan, Universitæt-Druckerei, 1845. 2 parties en 1 vol. in-8, rel. toile.

1105. **Avezac** (D'). Ethicus et les ouvrages cosmographiques intitulés de ce nom, Mémoire... suivi d'un appendice contenant la version latine abrégée, attribuée à St Jérôme, d'une cosmographie supposée écrite en grec par le noble Istriote Ethicus... Paris, Imprimerie Nationale, 1852. Vol. in-4, rel. toile, couvert. — *Du même*. Martin Hylacomylus Waltzemüller, ses ouvrages et ses collaborateurs... par un géographe bibliophile. Paris, Challamel aîné, 1867. In-8, rel. toile, non rogné.

Envoi d'auteur au comte Riant.

1106. **Berlioux**. La terre habitable vers l'Équateur, par Polybe. Notice sur cet ouvrage et sur les itinéraires des anciens dans l'Afrique occidentale, avec deux cartes. Paris, Challamel, 1884. Grand in-8, br. — **Blau**. Mémoires sur deux monuments géographiques conservés à la Bibliothèque publique de Nancy. Nancy, Vve Hissette, 1836. In-8, cart. 2 planches.

1107. **Desdevizes-du-Dezert** (Th.). Géographie ancienne de la Macédoine. Paris, Durand, 1863. Vol. in-8, rel. toile.

1108. **Fuhr** (Maximilian). Pytheas aus Massilia. Darmstadt, Leske, 1842. In-4, cart. — **Lelewel**. Pythéas de Marseille et la géographie de son temps, ouvrage publié par *Joseph Straszéwicz*, orné de trois cartes géog. Bruxelles, Voglet, 1836. In-8, rel. toile. — **Ujfalvy** (Ch. E. de). Le pays de Thulé. Paris, Le Clerc, 1874. In-8, cart.

1109. **Hannon**. The periples of Hannon, King of Karchedonians, concerning the Lybian parts of the earth... published... from a copie... discovered at Liverpool in the Egyptian Museum of *Joseph Mayer*... by **Konstantinos Simonides**... with Annotations... prolegomena... and a faithful fac-simile of the original of Hannon. London, Trübner, 1864. In-4, rel. toile.

1110. **Krichenbauer** (Anton). Die Irrfahrt des Odysseus als eine Umschiffung Afrikas. Berlin, Calvay & C°, 1877. In-8, rel. toile, non rogn., couvert. — **Thomas** (Georg Martin). Der Periplus des Pontus Euxinus, nach Münchener Handschriften. (Mit einer Karte.) Ingleichen der Paraplus von Syrien und Palästina und der Paraplus von Armenien (des Mittelalters). München, Straub, 1864. In-4, d.-rel. toile (édit.).

1111. **Lipenius** (Martin). Navigatio Salomonis Ophiritica illustrata. Wittenberg, impensis Andrea Hartmanni, 1660. In-12, rel. vél. blanc.

Lipenius examinant les hypothèses qui placent Ophir en Afrique, en Amérique ou en Asie, rejette les identifications proposées, avec Mélinde, Sophala, Angola, &c... aussi bien qu'avec le Pérou, le Mexique, la Perse pour conclure que c'est ou Ceylan, ou Pégou, ou Malacca, ou mieux Sumatra.

1112. **Marcianus Capella**... Franciscus Eyssenhardt recensuit. Accedunt scholia in Caesaris Germanici Aratea. Lipsiae, in aedib. Teubneri, 1864. In-8, d.-rel. veau, couv.

* 1113. **Marcien d'Héraclée.** ΠΕΡΙΗΓΗΣΙΣ Seu Orbis Descriptio cum Interpretatione latina ad verbum, & notis Erasmi Pauli F. Vindingii. Hafniæ, Literis Henrici Gödiani.. Anno Christi cɪɔ ɪɔc LXII. 1 vol. petit in-8.

1114. **Miller** (E.). Périple de Marcien d'Héraclée, Epitome d'Artemidore, Isidore de Charax, etc. ou Supplément aux dernières éditions des petits géographes d'après un ms. de la Biblioth. Royale. Paris, Impr. Royale, 1839. 1 vol. in-8, avec 1 carte, d.-rel. veau, tr. marbr. — **Senkel** (Carol. Friedr.). De Istri ostiis dissertatio historico-geographica. Wratislaviæ, Holæufer, 1820. In-12, rel. toile, avec 1 carte. — **Quatremère.** Mémoire sur le pays d'Ophir. Paris, Imp. royale, 1845. In-4, rel. toile.

1115. **Pausanias.** ΠΑΥΣΑΝΙΟΥ ΤΗΣ ΕΛΛΑΔΟΣ ΠΕΡΙΗΓΗΣΙΣ. Hoc est, Pavsaniæ accvrata Græciae descriptio, qva lector cev manv per eam regionem circvmdvcitvr : a Guglielmo Xylandro Avgvstano diligenter recognita... Accesserunt Annotationes, quæ a G. Xylandro paulo ante obitum inchoatæ, nunc vero a Frid. Sylb. continuatæ... non exiguum ad genuianam Pausaniæ lectionem monumentum afferunt. Addita etiam... Romvli Amasæi versio... notatiunculis illustrata... (*Marque typ.*) Francofvrti, Apud hæredes Andreæ Wecheli, Anno M D LXXXIII. Petit in-fol. en 2 parties : 1ère Partie de 6 ffnc., 357(1) pp., 148 col. chif. 359 à 508 et 38 ffnc.; 2ème Partie de 6 ffnc., 302 pp. et 48 col. chiff. 303 à 352. Rel. mar. rouge, tr. dorées, dos orné; sur les plats, armes de *Magnus Gabriel, comte de la Gardie.* (Ancienne reliure.)

> Cette édition, faite sur la première édition d'Alde (1516), a été commencée par *Xylander* et continuée par *F. Sylburg*, qui s'est servi de toutes les corrections connues jusqu'alors. Elle est encore excessivement recherchée et estimée. La seconde partie a un titre particulier : « Pavsaniae de veteris Graeciae regionibvs Commentarii... a *Romulo Amasæo*... annis ab hinc XXXVI... in Latinum sermonem conuersi, nunc vero a Frid. Sylbvrgio denuo cum Græco textu collati... Francof... Wechel... M D LXXXIII. »

1116. **Pomponivs Mela.** || Ivlivs Solinvs. || Itinerarivm Antonini Avg. || Vibivs Seqvester. || P. Victor de regionibus Urbis Romæ. || Dionysius Afer de Situ Orbis Prisciano Interprete. || (Marque des Alde.) *In fine* : Venetiis, In Aedibvs || Aldi, et Andreae || Soceri Mense || Octobri M.||D.XVIII. Petit *in*-8 de 233 ff. chif., 3 ffnc. (le 2ᵈ blanc, le dernier porte la marque du typogr.), rel. parch.

1117. **Pomponius Melas.** Pomponii Melae de Orbis sitv Libri tres, accuratissime emēdati, vnà cum commentarijs Vadiani Heluetij castigatioribus, & multis in locis auctioribus factis : id quod cādidus lector obiter, & in transcursu facile deprehendet. Adiecta sunt præterea loca aliquot ex Vadiani cōmentarijs summatim repetita... Rvrsvm, Epistola Vadiani, ab eo penè adulescente ad Rudolphum Agricolam... Lvtetiae Parisiorvm. Anno M.D.XXX. (*Titre encadré.*) In-fol. de 14 ffnc., 196 pp., 28 ffnc., rel. vél.

> Réimpression chez Wechel, à Paris, de la seconde édition de Pomponius Melas donnée en 1522, par Vadianus ; celui-ci en avait déjà donné une en 1518, mais sans les commentaires.

* 1118. **Ptolémée**. Geographia Cl. Ptolemaei Alexandrini olim a Bilibaldo Pirckheimherio traslata, at nunc multis codicibus græcis collata... a Josepho Moletio... Venetiis, Apvd Vincentivm Valgrisivm. M D LXII. 1 vol. in-4 de 4 ffnc., 112-286 pp., 1 fnc., 64 cartes géographiques, 32 ffnc. pour l'Index.

1119. **Scylax**. Geographia antiqua, hoc est Periplus maris mediterranei. Anonymi Periplus Mæotidis paludis & Ponti Euxini Agathemeri Hypotyposis Geographiæ, omnia Græco-Latina... cum notis Vossii, J. Palmerii, Tennulii, & emendationibus Jacobi Gronovii. Lugduni Batavorum, Luchtmans, 1700. 1 vol. petit in-4, rel. vél., tr. jaspée.

Bel exemplaire.

1120. **Vaccarone** (Luigi). Le vie delle Alpi occidentali negli antichi tempi. Torino, Candeletti, 1884. In-8, rel. toile, pl. fac-sim.

1121. Voyage d'un Egyptien en Syrie, en Phénicie, en Palestine, &c. au xivme siècle avant notre ère, traduction analytique d'un papyrus du Musée Britannique... avec 13 Planches et un Glossaire, par *F. Chabas*... avec la collaboration de *Ch. Wicliffe Goodwin*. Chalon-sur-Saône et Paris, 1866. In-4, d.-rel. chag. r., tête lim., non rogn.; au dos, chiffre du comte Riant.

MOYEN AGE

1122. **Abd-Allatif**. Relation de l'Egypte, suivie de divers extraits d'Ecrivains Orientaux, et d'un État des provinces et des villages de l'Egypte dans le xive siècle, le tout traduit et enrichi de notes historiques et critiques par *M. Silvestre de Sacy*. Paris, Impr. Impériale, 1810. 1 vol. in-4, d.-rel. mar. r., tr. lim.

1123. **Alfred le Grand**. A Description of Europe, and the voyages of Orthere and Wulfstan, written in Anglo-Saxon by King Alfred the Great;... by the Rev. *Joseph Bosworth*. London, Longman, 1855. Grand in-4, rel. toile, 9 planches de fac-similés.

1124. **Anonyme de Ravenne** (L'). Ravennatis Anonymis Cosmographia et Gvidonis Geographica. Ex libris manv scriptis ediderunt *M. Pinder* et *G. Parthey*. Berolini, in æd. Frid. Nicolai, 1860. In-12, d.-rel. veau, non rogn.

1125. **Bretschneiider** (E.). Notices of the mediæval geography and history of Central and Western Asia drawn from Chinese and Mongol writings, and compared with the observations of western authors in the middle ages. London, Trübner, 1876. — *Du même*. Notes on Chinese mediæval Travellers to the West. Shanghai, 1875. Ensemble 2 vol. in-8, cart. et rel. toile.

1126. **Clavijo** (Ruy Gonzalez de). Historia del gran Tamorlan, e Itinerario y enarracion del viage, y relacion de la embajada que Ruy Gonzalez de Clavijo le hizo por mandado del muy poderoso señor Rey don Henrique el

Tercero de Castilla : y un breve discurso fecho por *Gonzalo Argote de Molina* para mayor intelligencia deste Libro. *Segunda impresion...* Madrid, Anton. de Sancha, 1782. 1 vol. in-4, d.-rel. chagr. rouge, tr. jaspée.

1127. **Clavijo**. Narrative of the Embassy of Ruy Gonzales de Clavijo to the Court of Timour at Samarcand, translated, for the first time, with notes, a preface, and an introd. Life of Timour Beg, by *Clements R. Markham*. London, for the Hakluyt Soc., 1859. 1 vol. in-8, avec carte, rel. toile (édit.).

1128. — Itinéraire de l'Ambassade espagnole à Samarcande en 1403-1406. Texte, traduction russe, suivie de notes et rédigée par *I. Streznevski.* St Pétersbourg, 1881. In-8, d.-rel. veau, non rogn. — Constantinople, ses sanctuaires et ses reliques au commencement du xve siècle. Fragment de l'Itinerario de Clavijo, traduit et accompagné de notes par *Ph. Bruun.* Odessa, Zeleny, 1883. In-8, rel. toile, couv.

1129. **Estancelin** (L.). Recherches sur les voyages et découvertes des navigateurs normands en Afrique, dans les Indes Orientales et en Amérique. Paris, Delaunay, 1832. Vol. in-8, d.-rel. veau (ex-libris de L. de Givenchy).

* 1130. **Lelewel** (J.). Géographie du moyen-âge, accompagnée d'Atlas et de cartes dans chaque volume. Breslau, Schletter, 1852. 4 vol. in-8.

1131. **Major** (Richard Henry). The life of Prince Henry of Portugal, surnamed the Navigator. London, Asher, 1868. In-8, avec portr. en coul., pl. et cartes, rel. toile, non rogn.

1132. **Marco Polo**. Voyages. Édition donnée par *Malte Brun* et *Roux*. Paris, Impr. Éverat, 1824. 1 vol. in-4, d.-rel. veau, non rogn.; au chiffre du comte Riant.

Forme le tome Ier du *Recueil de voyages et mémoires publié par la Soc. de géographie de Paris.*

1133. — Il milione di Marco Polo. Testo di lingua del secolo decimoterzo ora per la prima volta pubblicato ed illustrato dal conte *Gio. Batt. Baldelli Boni*. Firenze, da' torchi di Giuseppe Pagani, 1827. — Storia delle relazioni vicendevoli dell' Europa e dell' Asia dalla decadenza di Roma fino alla distruzione del Califfato, del conte *Gio. Batt. Baldelli Boni.* Firenze, Giuseppe Pagani, 1827. [2 parties.] Ensemble 2 vol. in-4, d.-rel. chag. r., non rogn., au chiffre du comte Riant.

1134. — I viaggi tradotti per la prima volta dall' originale francese di Rusticiano di Pisa e corredati d' illustrazioni e di documenti da *Vincenzo Lazari*, pubblicati per cura di *Lodovico Pasini*. Venezia, 1847. 1 vol. grand in-8, avec carte, broché.

1135. **Pauthier** (G.). Le livre de Marco Polo, citoyen de Venise, rédigé en français sous sa dictée en 1298 par Rusticien de Pise. Paris, Didot, 1865.

2 parties en 1 vol. grand in-8, avec carte, d.-rel. chag. rouge, non rogn., au chiffre du comte Riant.

1136. — The book of ser Marco Polo, the Venetian, concerning the Kingdoms and Marvels of the East. Newly translated and edited, with notes, maps, and other illustrations by Colonel *Henry Yule*. *Second edition*, revised with the addition of new matter and many new illustrations. London, John Murray, 1874-75. 2 vol. grand in-8, avec portr., planches, fig. et cartes, rel. toile, non rogn. (édit.).

La meilleure édition de cet excellent ouvrage.

1137. — Le livre de Marco Polo. Fac-simile d'un manuscrit du xive siècle conservé à la Bibliothèque royale de Stockholm. Stockholm, 1882. 1 vol. grand in-8, br.

Cette édition, tirée à 200 ex. dont 2 sur parchemin, a été exécutée à Stockholm dans l'Institut lithographique de l'État-Major, et a eu pour éditeur M. *A.-E. Nordenskiöld*, l'explorateur bien connu. Elle donne le fac-similé en photo-lithographie d'un ms. qui provient de la collection qu'avait rassemblée le roi de France, Charles V, dans le Louvre. Il a appartenu ensuite à divers collectionneurs, entre autre *Paul Petau*, puis à la reine Christine de Suède.

1138. — I viaggi in Asia, in Africa, nel mare dell' Indie descritti nel secolo xii. Venezia, Tipogr. di Alvisopoli, 1829. — I viaggi, secondo la lezione del Codice Magliabechiano più antico, reintegrati col testo francese a stampa, per cura di *Adolfo Bartoli*. Firenze, Lemonnier, 1863. *Avec envoi à Zambrini*. — Les récits de Marco Polo, citoyen de Venise. Texte original français du xiiie s. rajeuni et annoté par *Henri Bellenger*. Paris, Dreyfous. *S. d.* Ensemble 3 vol. in-12, br., rel. toile et d.-rel. bas.

1139. — **Bianconi** (Giuseppe). Degli scritti di Marco Polo e dell' uccello ruc da lui menzionato. Bologna, 1862-1868. 2 plaq. en 1 vol. in-4, rel. toile. — **Moule** (G. E.). Notes on Col. Yule's edition of Marco Polo's. [Extr. du *Journal of the royal asiatic Society*]. In-8, cart. — **Paris** (Paulin). Nouvelles recherches sur les premières rédactions du voyage de Marco Polo. Ext. des *Mém. lus à l'Institut*. In-4, cart. — **Thomas** (G. M.). Zu Marco Polo, aus einem Cod. ital. Monacensis. *S. l. n. d. n. typ*. In-8, cart.

1140. **Margry** (Pierre). Les navigations françaises et la révolution maritime du xive au xvie siècle, d'après les documents inédits tirés de France, d'Angleterre, d'Espagne et d'Italie. Paris, Tross, 1867. In-8, d.-rel. veau gris, non rogn., au chiffre du comte Riant. — **Neeffs** (Emmanuel). Un voyage au xve siècle. Récit de l'expédition en Orient du Grand-Facteur de Portugal et de Jean Aerts de Malines. Louvain, Ch. Peeters, 1873. In-8, cart. perc. br.

1141. Opera dilettevole da intendere, nel || la qual si contiene doi Itinerarij in Tartaria, per alcuni Frati dell ordine Minore || è di S. Dominico, mandati da Papa Innocentio IIII, nella detta Prouincia || de Scithia per Ambasciatori, Non più uulgarizata. || *Grav. sur bois* ||. *In fine* : Stampata in Vinegia per Giouan' Antonio || de Nicolini da Sabio. Ne l' Anno del '|| Signore.

M D XXXVII. || Adi 17 Ottobrio. Petit in-4 (in-16) de 56 ffnc., rel. mar. rouge, dent. int., tr. dor., dos orné du chiffre du comte Riant (Dupré).

> Voyage entrepris en 1247 sur l'ordre du pape Innocent IV par deux religieux, frère Jean, dominicain, et frère Simon, franciscain, auprès des princes de Tartarie. Ils étaient porteurs d'une lettre du Souverain Pontife et la firent traduire en langue tartare : leur mission n'eut d'ailleurs aucun résultat.

1142. **Plan de Carpin** (Jean du). Relation des Mongols ou Tartares. Première édition complète publiée d'après les mss. de Leyde, de Paris et de Londres, par M. *d'Avezac*. Paris, 1838, avec carte. — Fra Giovanni da Pian di Carpine nel contado di Magione, viaggiatore e descrittore di Tartaria e Mongolia nel secolo XIII. Monografia di *Francesco Liverani*. Perugia, Bartelli, 1876. Ensemble 2 vol. in-4, et in-8, rel. toile, non rogn.

1143. **Ruysbroeck.** Guillaume de Rubrouck, ambassadeur de saint Louis en Orient. Récit de son voyage, traduit de l'original latin et annoté par *Louis de Backer*. Paris, Leroux, 1877. In-12, d.-rel. mar. grenat, tête lim., non rogn.

1144. **Siptabina**. Itinerario Asya || ticho di Sipta || bina Pisano || Poeta cele || berrimo. || M.D.XXVI. || ✠ || Cum gratia & priuilegio. || (*Encadrement grav. sur bois.*) Fnc. 103 *verso, in fine* : Finisse lo Itinerario Asyaticho di Siptabina Pisa-||no Poeta celeberrimo, Nouamente stampa||to, In la inclita citta di Vinegia. || Per Helisabetta de Ruschoni. Re||gnante il Serenissimo Princi= || pe Andrea Gritti M.D.||XXVI. Adi. 24. Del me || se di Nouembre. Petit in-8 de 104 ffnc., rel. mar. rouge, fil. sur les plats, dos orné, tr. dor., dent. int. (Dupré).

> Ce poème italien, très rare, en *terze rime*, est orné de 34 figures sur bois fort curieuses ; plusieurs d'entre elles sont reproduites deux, trois et quatre fois, ce qui réduit le nombre des bois à 22. Nous n'avons pu avoir aucun renseignement sur le « très célèbre poète pisan », auteur de ce voyage le plus souvent fantastique. Cf. Catal. La Vallière, II, p. 253 sq.

1145. **Zeno** (M. Caterino). Dei commentarii del Viaggio in Persia di M. Caterino Zeno il K. & delle guerre fatte nell' Imperio Persiano, dal tempo di Vssuncassano in quà. Libri dve. Et dello scoprimento dell' Isole Frislanda, Eslanda, Engrouelanda, Estotilanda, & Icaria, fatto solo il Polo Artico, da due fratelli Zeni, M. Nicolò K. et M. Antonio. Libro vno. Con vn disegno particolare di tutte le dette parte di Tramontana da lor scoperte... (*Marque typ.*) In Venetia, per Francesco Marcolini. M D LVIII. Petit in-8 de 58 ff. chif., rel. mar. brun, armes du comte Riant sur les plats, tr. dor., dent. int. (Capé).

> Volume très rare auquel manque malheureusement, comme à la plupart des exemplaires, la carte gravée sur bois des voyages de Nic. et Ant. Zeno.

— **Desimoni** (C.). I viaggi e la carta dei fratelli Zeno veneziani (1390-1405). Firenze, 1878. In-8, cart., couv.

1146. **Zurla** (Placido). Di Marco Polo e degli altri viaggiatori veneziani più illustri dissertazioni... con appendice sopra le antiche mappe lavorate in

Venezia e con quattro carte geografiche. Venezia, Gio. Giacomo Fuchs, 1818. 2 tomes en 1 vol in-4, d.-rel. mar., tr. lim.; au dos, chiffre du comte Riant. — *Du même*. Sulle antiche mappe idro-geografiche lavorate in Venezia Commentario. Venezia, Picotti, 1818. Plaq. in-4, rel. toile, non rogn. — **Branca** (Gaetano) Storia dei viaggiatori italiani. Torino, Paravia, 1873. In-12, br.

1147. **Werlauff** (Ericus Christianus). Symbolae ad Geographiam medii aevi, ex monumentis Islandicis... Hauniae, Gyldendalianae, 1821. In-4, 1 pl. h.-t., rel. vél. — **Wennerdahl** (Wilh. And.). De Columnis Herculis (*Diss. Ac.*). Upsal, Werner, (1727). In-12, rel. vél. — **Paquier** (J. B.). De Caspiana atque Aralica regione Asiæ veteres geographos cum recentioribus conferendos suscepit... Paris, Maisonneuve, 1876. In-8, br. (*Thèse.*)

1148. **Abu Dolef Misaris ben Mohalhal**. De itinere asiatico commentarius. Dissertatio... quam defendet *Kurd de Schloezer*. Adversarii... *Guilelmus Wattenbach, Hugo Baro de Bülow, R. Pauli*. Berolini, typ. ac. (1845). In-4, rel. toile. — **Defrémery** (C.). Remarques sur l'ouvrage géographique d'Ibn Khordadbeh, et principalement sur le chapitre qui concerne l'empire byzantin. (Extr. du *Journ. asiatique*, VII.) In-8, cart. — **Kremer** (Alfred von). Beiträge zur Geographie des Nördlichen Syriens, nach Ibn Schihne's : Dorr-el-Montacheb fî Târich Haleb. Wien, K.-K. Hof Druckerei, 1852. Plaq. in-fol., cart. — **Slane** (De). Notice sur Codama et ses écrits. Paris, Imp. Imp., 1862. In-8, cart. Ensemble 4 vol. ou plaq.

1149. **Avezac** (D'). Notice des découvertes faites au moyen-âge dans l'Océan Atlantique antérieurement aux grandes explorations portugaises du quinzième siècle. Paris, Fain et Thunot, 1845. Vol. in-8, rel. toile. — *Du même*. L'expédition génoise des frères Vivaldi à la découverte de la route maritime des Indes Orientales au XIIIe siècle. Paris, Bertrand, 1859. Br. in-8. — **Canale** (Michel-Giuseppe). Tentativo dei Navigatori e Scopritori Genovesi per riuscire all' India lunghesso la Costa Occidentale dell' Africa sino dagli ultimi anni del secolo XIII... Genova, Pagano, 1881. 1 plaq. in-4, cart. (édit.). — **Desimoni** (C.). I viaggi e la carta dei fratelli Zeno veneziani (1390-1405) Estr. dell' Archivio st. Italiano. In-8, cart. — **Fulin** (Rinaldo). Diarii e diaristi Veneziani. Venezia, Visentini, 1881. Vol. grand in-8, rel. toile, couvert. — **Gravier** (Charles). Recherches sur les navigations européennes faites au moyen âge aux côtes occidentales d'Afrique. Paris, Martinet, 1878. Plaq. in-8, rel. toile, couvert. — **Hardy** (Jules). Les Dieppois en Guinée en 1364. Dieppe, Marais, 1864. Plaq. in-8, cart. — Illustrazioni in un anonimo viaggiatore del Secolo XV. 1785. *In fine* : Livorno, Gio Vincenzo Falorni. In-8 car., rel. vél. Ex. à toutes marges. — **Gubernatis** (Angelo de). Memoria intorno ai viaggiatori italiani nelle Indie Orientali nal secolo XIII a tutto il XVI. Firenze, Fodratti, 1867. In-8, d.-rel. toile, couvert. — **Kunstmann** (Fried.). Die Fahrt der ersten Deutschen nach dem portugiesischen Indien...

München, Kaiser, 1861. In-8. — *Du même*. Die Kenntniss Indiens im funfzehnten Jahrhunderte... München, J. G. Weiss, 1863. In-8. Ensemble 1 plaq. cart. perc. — **Pertz** (G. H.). Der ælteste Versuch zur Entdeckung des Seeweges nach Ostindien im Jahre 1291. Berlin, 1859. In-4, cart. Ensemble 12 vol. ou plaq.

5. Voyages en différentes parties du monde [1].

1150. **Bell d'Antermony** (Jean). Voyages depuis St-Petersbourg en Russie dans diverses contrées de l'Asie. Paris, Robin, 1766. 3 vol. in-12, d.-rel. veau.

>Ouvrage traduit de l'anglais et renfermant le récit de voyages à Pékin, en Perse et à Constantinople, faits à la suite d'ambassades ou d'armées russes.

1151. **Blount** (Sir Henry). Des edlen Herrn Henrich Blunt... morgenländische Reise, durch Dalmatien, Sklavonien, Thrazien und Egypten, $\mathfrak{z}$c..... Erstlich von ihm in Englisch verzeichnet, nun aber in die reine Hoch-Teutsche Sprache übersetzt von *G. C. S. A. T.* Helmstädt, Gerlach, 1687. 1 vol. in-4, rel. vélin.

>*Henry Blount* (1602-1680), après avoir fait ses études à Oxford, visita le continent et parcourut ensuite la Turquie d'Europe et celle d'Asie. A son retour il publia son voyage en Angleterre, Londres, 1636. Cet ouvrage eut un grand succès et valut à son auteur des lettres de noblesses du roi Charles Ier; on en connaît de nombreuses éditions, sans compter notre traduction allemande qui est assez rare.

1152. **Careri** (Gio: Francesco Gemelli). Giro del mondo. Napoli, Roselli, 1699-1700. 6 vol. in-8, rel. vél., nombreuses gravures. — *Du même*. Viaggi per Europa. Napoli, Mosca, 1722. 2 vol. in-8, rel. vél.

>*G. F. Gemelli Careri* (1651-1725), né à Naples, entreprit, en 1693, un voyage autour du monde qui dura jusqu'en 1699 et fut raconté au public la même année. Les voyageurs modernes ont reconnu la justesse et la vérité des observations de l'auteur; le succès qu'obtint son ouvrage le détermina à publier plus tard de *Viaggi per Europa*, récit des voyages de sa jeunesse. Le « Giro del mondo » contient les deux relations des voyages des missionnaires franciscains *Giacomo Albani* et *Giuseppe Maria di Gerusalemme*.

1153. **Desboys du Chastelet** (René). L'Odyssée || ov || Diversité || d'avantvres, || rencontres || et voyages || en Europe, Asie & Affrique. || divisée en en quatre parties. || A la Fleche, || chez Gervais Laboe, imprimeur, || M.DC.LXV. In-4, rel. mar. grenat jans., dent. intér., tr. dor. (Chambolle-Duru).

>Ouvrage d'une insigne rareté et d'une belle exécution typographique. Des quatre parties qu'il devait comprendre et que le titre annonce, les deux premières seules ont paru. L'auteur y a raconté les incidents de sa vie errante, ses voyages en France et sa captivité en Algérie; son récit n'est pas sans intérêt.
>M. Deschamps, *Dict. géogr.*, n'a pas cité *Gervais Laboe* au nom des imprimeurs de La Flèche.

---

1. A l'exception des voyages en Terre Sainte.

— **Piolin** (Dom Paul). René Desboys du Chastelet. Extrait de la Revue historique et archéologique du Maine, 1882. In-8, rel. toile.

1154. **Kittlitz** (F. H. von). Denkwürdigkeiten einer Reise nach dem russischen Amerika, nach Mikronesien und durch Kamtschatka. Gotha, Justus Perthes, 1858. 2 tomes en 1 vol. in-8, rel. toile, planches et nomb. fig. — **Lesseps** (M. de). Des Herrn von Lesseps... Reise von Kamtschatka nach Frankreich. Aus dem fransösischen vom Herrn Professor Villaume. Riga u. Leipzig, Joh. Friedr. Hartknoch, 1791. 1 carte. 2 tomes en 1 vol., cart. perc.

1155. **Kühn** (Johan Michael). Merkwürdige Lebens- und Reise Beschreibung, worinnen nich nur dessen Schiffahrten nach Grönland und Spitzbergen, Strat Davis, denen Canarischen Inseln und Lissabon erzehlet, sondern auch seine darauf erfolgte Algierische Gefangenschafft und vierzehnjährige Sclaverey in derselben mitgethane Caper-Fahrten, und darbey ausgestandene Gefährlichkeiten, nebst besondern Erzehlungen vom Wallfisch-Fange, Sclaven-Stande in Algier, wie auch Sitten und Gebraüchen derer Inwohner daselbst, letztlich noch dessen endliche Rantzionirung, Reise durch Franckreich nach Hamburg, und Ankunfft in seinem Vaterlande... Gotha, Verlegts Joh. P. Mevius, 1741. In-8. d.-rel. bas. n.

1156. **Küsel** (Salomon). Itinerarium Germaniæ, Italiæ, Candiæ, Siciliæ, vicinarumque insularum & regionum peregrinationes continens. Erphordiæ. Impensis Johannis Birckneri, 1617. Petit in-8, rel. vél.

Curieux itinéraire en vers latins, publié d'abord à Iéna, en 1607.

1157. **Lafond de Lurcy** (Gabriel). Fragmens de voyages autour du monde. Philippines, Chine, Californie, Mexique, Amérique centrale, Projets divers pour le canal interocéanique, les Flibustiers Nord-américains, Colombie, Pérou, etc., etc., jusqu'en 1861. Paris, Aug. Fontaine, 1861. 1 vol. in-4, avec portr. et planches, rel. toile, non rogn.

1158. **Olearius** (Adam). Voyages très curieux & très-renommez faits en Moscovie, Tartarie et Perse... Traduits de l'Original & augmentez par le Sr. de Wicquefort. Nouvelle Edition revûe & corrigée... A Amsterdam, chez Michel Charles Le Cène, 1727. 2 tomes (dont la pagination se suit) en 1 vol. grand in-4, rel. chag. rouge, dos orné; sur les plats, chiffre du comte Riant.

Très belle édition du voyage de Adam Œlschlæger, dit Olearius, qui contient les intéressantes planches et figures de l'édition originale.

1159. **Röslin** (Helisæus). Mitternächtige Schiffarth von den Herrn Staden inn Niderlanden vor XV. Jaren vergebenlich fürgenommen, wie die selbige anzustellen, dasz man daselbst herumb in Orient und Chinam kommen möge, zu sonderem der Christenheit, sonderlich Teutschlands Nutzen und Wolfart... Oppenheim, Hieronymum Gallart, 1611. Petit in-8, pl. h.-t., rel. veau. — **Sherley**. The three brothers; or the travels and adventures of Sir Anthony, Sir Robert, & Sir Thomas Sherley, in Persia, Russia, Turkey, Spain, etc., with portraits. London, Hurst, 1825. In-8, rel. toile.

1160. Sparks (Jared). The life of John Ledyard, the american traveller, comprising selections from his journal and correspondence. Cambridge, Hilliard and Brown, 1828. In-8, rel. toile.

1161. Struys (Jean). Les voyages de Jean Struys, en Moscovie, en Tartarie, en Perse, aux Indes, & en plusieurs autres Païs étrangers, accompagnez de remarques...; avec quantité de figures en taille-douce, dessinées par lui-même... Amsterdam, aux dépens de la Compagnie, 1718. 3 tomes en 1 vol. in-12, d.-rel. veau éc., tranches peigne.

> Les voyages du Hollandais Jean Struys, exécutés au xvii⁰ siècle, furent d'abord publiés à Amsterdam en 1667; traduits en français par *M. Glanius*, ils parurent d'abord à Amsterdam, en 1681, puis en 1718 et à Rouen en 1730. Ils sont fort intéressants pour les relations des Tartares et des Russes à cette époque et sont ornés de curieuses gravures.

6. Géographie et voyages. — Europe.

RUSSIE

1162. Georgel (L'abbé). Voyage à Saint-Pétersbourg en 1799-1800. Paris, Eymery, 1818. 1 vol. in-8, d.-rel. veau rac., non rogn., au chiffre du comte Riant.

1163. Mayerberg (A., baron de). Voyage en Moscovie d'un Ambassadeur, Conseiller de la Chambre Impériale, Envoyé par l'Empereur Leopold au Czar Alexis Mihalowics, Grand Duc de Moscovie. A Leide, Friderik Harring, 1688. In-12, rel. veau.

> Mayerberg, envoyé en 1661, obtint difficilement la permission d'entrer en Moscovie et repartit, en 1663, après avoir échoué dans sa mission. Le récit de son voyage parut en latin, *s. l. n. d.*, à Cologne; c'est un rare et curieux ouvrage; la traduction française ne contient malheureusement pas le recueil des lois moscovites.

1164. Müller (Wilhelm). Gross-Nowgorod der Freistaat der Russischen Slawen. Schattenbilder der Vergangenheit... Berlin, C. G. von Puttkammer, 1843. In-8, cart. perc. — **Napiersky** (Dr C. E.). Bericht an den kaiserliche Akademie der Wissenschaften über das Werk Necrolivonica, oder Alterthümer Liv- Esth- und Curlands von Dr Kruse (Fr.). St Petersburg... *S. d.* In-8, cart. perc.

1165. Schysilevsky (S. M.). Les anciennes villes et les autres monuments Bulgaro-Tartares du Gouvernement de Kasan. Kasan, imp. de l'Université, 1877. In-8, rel. toile, non rogn., couv. [*En Russe.*]

1166. Strahlenberg. Description historique de l'Empire Russien, traduite de l'Allemand. A Amsterdam, et se trouve à Paris, chez Desaint et Saillant, 1757. 2 vol. in-12, rel. veau rac., tr. r.

> Exemplaire avec l'ex-libris d'Anne-Thérèse-Ph. d'Yve.

1167. **Démidoff** (Anatole de). La Crimée; illustrée par *Raffet*. Paris, Bourdin, 1855. In-8, rel. toile, fig. — **Romanò** (Antoine Louis de). Coup d'œil philosophique sur le pays occupé par les Cosaques du Don. Ancienne communication découverte entre la Mer Caspienne, celle d'Azow et la Mer Noire. Description des moyens employés pour préserver Tscherkask, capitale de ces Cosaques, des gros débordemens du Don. Milan, imprim. de Cairo et Comp., 1807. 2 vol. in-8, rel. v. r., fil. or. *Piqué au dos*. — **Schnitzler** (J. H.). Description de la Crimée. Monographie géographique et topographique, avec une carte. Paris et Strasbourg, 1855. In-8, rel. toile.

1168. Mémoire dv voiage en Rvssie fait en 1586 par Iehan Savvage svivi de l'Expédition de Fr. Drake en Ameriqve à la même epoque... publiés... par *Lovis Lacovr*. Paris, A. Avbry, 1855. In-12, d.-rel. chag. Tiré à 183 exemplaires. — **Rinhuber** (Laurent). Relation du voyage en Russie fait en 1684 par Laurent Rinhuber, publiée pour la première fois d'après les manuscrits originaux qui se conservent à la bibliothèque ducale publique de Gotha. Berlin, Cohn, 1883. In-8, d.-rel. mar. rouge, tête lim., non rogn., couv.; au dos, chiffre du comte Riant. [Tiré à 250 exemplaires. C'est une des sources les plus curieuses de l'histoire de Pierre le Grand dont Rinhuber avait été le médecin de 1675 à 1676.] — **Vimina** (Alberto). Relazione della Moscovia... 1657. edita per cura... *Guglielmo Berchet*. Milano, G. Civelli, 1861. In-4, rel. toile.

CONSTANTINOPLE — TURQUIE D'EUROPE

1169. **Benvenga** (Michele). Viaggio di Levante con la Descrittione di Costantinopoli et d'ogn' altro accidente. In Bologna, per Giacomo Monti, 1688. 1 vol. in-12, de 264 pp., d.-rel. veau.

1170. **Busbec**. Itinera Constantinopolitanum et Amasianum ab Augerio Gislenio Busbequij, &c. D. ad Solimannum Turcarum imperatorem C. M. oratore confecta. Eiusdem Busbequij De acie contra Turcam instruendam consilium. Antverpiæ, Ex officina Christophori Plantini, 1581. 1 vol. in-8, de 167(1) pp., rel. vél.

Première édition de la relation d'*Augier Ghislain de Busbec* ou *Bousebecques* (1522-1592), ambassadeur du roi des Romains à la cour de Soliman II (1555); il en revint en 1562. *L. Carrion* publia en 1581 cet ouvrage, sans la permission de l'auteur. Busbec a analysé avec une haute compétence les causes de la grandeur et de la décadence des sultans turcs, et son ouvrage a encore aujourd'hui une réelle valeur.

1171. — Augerii Gislenii Busbequii legationis turc. Epistolæ IV, in quibus mores et res à Turcis per septennium gestæ explicantur. Eiusdem de re militari contra Turcam consilium, & Solimanni Turc. Imp. legatio ad Ferd. I. Imp. Rom. A Raphaele Sadelero imaginibus exornata et venum proposita.

Monachii, Ex formis Annæ Bergiæ viduæ. Apud Raphaelem Sadelerum, Iconographum Ducalem venalis. 1620. 1 vol. in-12, rel. vél.

<small>Édition peu commune, avec une carte géog. et les portraits de l'auteur, de Soliman et de l'empereur Ferdinand Ier. Elle est bien plus complète comme texte que la première édition.</small>

— **Derveaux**. Biographie d'Auger Ghisselin de Bousbecques. Lille, Danel, 1876. In-8, rel. toile, couv.

1172. Coljer (Justinus). Dagh-register van't gene de Heere Justinus Coljer... geaccompagnert met den Consul van Smyrna *J. van Dam*, ende een aensienlijck gevolgh, is gherencontreert op de Reyse van *Constantinopolen*, tot *Andrianopolen* aldaer hy by den Turckschen Keyser sijne eerste Audientie heeft gehadt... obergebracht door des selfs Heeren Residents Sone ende Sr. *François de Brosses*, secretaris van den Staet aen't Hof van Constantinopolen, weghens d'Hoogh Gemelte *Hare Hoog Mog* : Benessens twee Brieven aen *Hare Ho. Mog.* en van den *Grooten Heer*, ende een ander van den Caimacam. In's Graven-Hage Gedruckt inde Maent van December 1668. Plaq. in-4 de 36 pp., rel. vél.

<small>*Justinus Coljer* était résident des Pays-Bas à Constantinople.</small>

1173. Comidas de Carbognano (Cosimo). Descrizione topografica dello stato presente di Constantinopoli arricchita di figure.... Bassano, *s. typ.* 1794. 1 vol. in-4, avec 26 planches et cartes, d.-rel. toile.

1174. Galland (A.). Journal d'Antoine Galland pendant son séjour à Constantinople (1672-1673), publié et annoté par *Charles Schefer*. Paris, Leroux, 1881. 2 tomes en 1 vol. grand in-8, d.-rel. chag., tête lim., non rogn. ; au dos, chiffre du comte Riant.

1175. Hedenborg (Joh.). Turkiska Nationens Seder, Bruk och Klädedrägter. Stockholm, L. J. Hjerta, 1839. In-4, rel. toile (édit.), couvert., 46 planches en couleurs, une planche lithog., une carte et le portrait de l'auteur. — **Grassi** (Alfio). Turkiska Kartan eller Ottomanniska Rikets religiösa, civila och militära Organisation. Öfversattning af *Gustaf Montgomery*. Örebro, Lindh, 1833. In-12, avec 11 planches noires et en coul., d.-rel. bas. violette.

1176. Nicolay. Discovrs et Histoire veritable des navigations, peregrinations et voyages, faicts en la Tvrqvie par Nicolas de Nicolay Davlphinoys, Seigneur d'Arfeuille, Valet de Chambre & Geographe ordinaire du Roy de France, contenants plusieurs singularitez que l'Auteur y aveu & obseruez. Auec plusieurs belles & memorables Histoires, aduenues en nostre temps. Plus, les figures au naturel, tant d'hommes que de Femmes selon la diuersite des nations, leur Port, maintien habits, loyx, Religion, & facon de viure, tant en temps de paix comme de guerre. Le tout distingué en quatre Liures. Reueüe & augmentee, de quelques Figures oultre la première impression. (*Marque typ.*). A Anvers, chez Arnould Coninx. M.D.LXXXVI. In-4 de 8 ffnc.

209(1) pp., 7 ffnc., nombreuses fig.; rel. mar. rouge, fil. sur les plats, dos orné, tr. dor. (vieille reliure).

> Livre rare et recherché à cause des nombreuses figures dont il est orné, elles ont été gravées sur bois, d'après les dessins de Nicolay par *Ashaverus de Landfeld*. C'est à tort que l'on a attribué ces dessins au Titien, ils sont bien de Nicolay lui-même et passent pour reproduire fort exactement les costumes turcs et grecs du xvi° siècle (1551).

1177. De Nyaste Resebeskrifvarnes Berättelser om Turkiet. Stockholm, Zacharias Haeggström. Petit in-8, 10 pl. h.-t., d.-rel. bas. n.

> Dans ce recueil sont compris les voyages de Thomas Thornton, Beauvoisin, Rancoigne, Henry Holland, Castellan, etc., traduits en langue suédoise.

1178. Rubigallus. Hodoepori- || con Itineris Constantino- || politani. Avtore P. || Rvbigallo Pan-||nonio. || *Suit une épigramme de 20 vers signés* : Philippus Melanth. || Wittembergae. || Anno M.D.XLIIII. *In fine* : Witterbergae, Excvdebat || Vitus Creutzer, Anno M.D.XLIIII. In-4 de 18 ffnc., rel. vél., quelques feuillets remontés.

> L'auteur de cet opuscule a écrit en vers latins un itinéraire de Szegedin à Constantinople qu'il a fait suivre de deux autres morceaux : « Satyricus Egloga » et « Querela Pannoniae ad Germaniam ».

1179. Urbinus (Theophilus). Türckisches Städt-Buchlein : darinn hundert und etliche der auserlesensten Städte, Vestungen und Schlösser, so der Ottomannischen Herschafft, theils im Königreich Ungarn, theils in andern Reichen und Theilen der Welt unterworffen; samt deren Belägerung, Eroberung, Schlachten, Antiquitäten und andren Gelegenheiten, auch Beygefugten vielen schönen Kupffern... Nürnberg, Johan Hofmann, 1664. In-12, cart. perc. br., pl. h.-t. — **Wheler** (George). Voyage de Dalmatie, de Grèce et du Levant... enrichi de médailles, et de figures des principales antiquitez qui se trouvent dans ces lieux, avec la description des coutumes, des villes, rivières, ports de mer, et de ce qui s'y trouve de plus remarquable... A Anvers et se vend à Paris, chez Dan. Horthemels, 1689. 2 vol. in-12, pl. et cartes h.-t., rel. v. rac.

1180. Baratta. Costantinopoli effigiata e descritta, con una notizia su le celebri sette chiese dell' Asia minore ed altri siti osservabili del Levante. Torino, Fontana, 1840. 1 vol. grand in-8, rel. toile, carte grav. sur cuivre. — **Constantin Porphyrogénète.** De provinciis regni Byzantini liber secundus, Europa. Accedit appendix aliorum libellorum, cum civilium, tum ecclesiasticorum, veterem geographiam cum media, imprimis byzantina, illustrantium. Novis curis edidit *Th. L. F. Tafel*. Tubingae, H. Laupp, 1848, plaq. in-4, rel. toile. — **Hackett** (Horatio B.). A Journey to Neapolis and Philippi. Abd. a. d. *Fronikher Bibl. Sacra*, XVII, 1860. In-8 cart. — **Frilley** (G.) et **Wlahovitj** (Jovan). Le Monténégro contemporain. Paris, Plon, 1876. 1 vol. in-12, rel. toile, non rogn., avec carte et fig. Ensemble 4 vol. ou plaq.

1181. Jireček (Dr Constantin Jos.). Die Heerstrasse von Belgrad nach

Constantinopel und die Balkanpässe. Ein historisch-geographische Studie. Prag, Tempsky, 1877. In-8, cart. — **Lejean** (G.). Ethnographie de la Turquie d'Europe. Gotha : Perthes, 1861. 2 plaq. in-4, cart., 1 carte. — **Marsilii** (Luigi Fernando). Osservazioni intorno al Bosforo Tracio overo Canale di Constantinopoli, rappresentate in Lettera alla Sacra Real Maesta di Cristina Regina di Suezia. In Roma, per Nicolò Angelo Tinassi, 1681. In-4, rel. bas. — **Sestini** (Domenico). Opuscoli. I. Descrizione del Littorale del Canale di Costantinopoli, e della Coltura delle vigne lungo le Coste del medesimo. II. Della Coltura di varie cose geoponiche lungo le Coste medesime... Firenze, 1785. In-8, d.-rel. bas., non rogn. Ensemble 5 vol. ou plaq.

1182. **Schlumberger** (Gustave). Les îles des Princes. Le palais et l'église des Blachermes. La grande muraille de Byzance. Souvenirs d'Orient... Paris, Calmann Lévy, 1884. In-12, cart. perc., couverture. — **Tchihatchef** (P. de). Le Bosphore et Constantinople, avec perspective des pays limitrophes. Paris, Morgand, 1864. In-4, avec fig., cartes et planches, d.-rel., tr. lim.; au chiffre du comte Riant.

GRÈCE — ILES GRECQUES — RHODES — CHYPRE — CANDIE

1183. **Babin** (Le P.). Relation de l'état present de la ville d'Athenes, ancienne capitale de la Grece, bâtie depuis 3400 ans. Avec vn abregé de son Histoire et de ses Antiquités. A Lyon, chez Loüis Pascal, ruë Merciere : vis a vis la petite porte S. Antoine, au Livre blanc, 1674. 1 vol. petit in-12, d.-rel. chag., fil., tr. dorée, non rogn., avec une planche.

> Jolie réimpression tirée à petit nombre d'exemplaires, chez Plon, par les soins de M. *de Laborde* qui a ajouté un commentaire et des notes au voyage de Babin, publié par *Spon* au xviie siècle et devenu assez rare.

1184. **Berg** (Albert). Die Insel Rhodus, aus eigener Anschauung und nach den vorhandenen Quellen historisch, geographisch, archäologisch, malerisch beschrieben und durch Originalradirungen und Holzschnitte nach eigenen Naturstudien und Zeichnungen. Braunschweig, Westermann, 1862. 1 vol. in-fol., avec nombr. figg. et pl. gr. à l'eau-forte, rel. toile, non rogn. (éditeur).

1185. **Biliotti** (Édouard) et **Cottret** (L'abbé). L'île de Rhodes. Ouvrage traduit du Grec moderne, avec le concours des auteurs, par *Marc Malliaraki*. Rhodes et Compiègne, 1881. 1 vol. grand in-8, rel. toile, couvert., avec 2 cartes et 4 planches gravées sur bois.

> Ouvrage intéressant, tant par sa rédaction que par sa composition typographique ; les auteurs l'ont imprimé eux-mêmes, les cartes sont empruntées à des publications anglaises et les bois, fort inexactement copiés dans *Rottier*, sont très grossièrement gravés.

1186. Boschini (Marco). Il regno tutto di Candia, delineato à parte, à parte et intagliato, 1651. *S. l. n. typ.* 1 vol. petit in-fol. de 2 ffnc. et 62 planches (y compris un frontisp.) montées sur onglet. Rel. vél.

Beau tirage des gravures de Marco Boschini (1613-1678), graveur et littérateur vénitien.

1187. Bremer (Frederika). Greece and Greeks. The narrative of a winter residence and summer travel in Greece and its Islands, translated by *Mary Howitt*. London, 1863. 2 vol. in-8, rel. toile.

1188. Buondelmonti. Christoph. Bondelmontii, Florentini, Librum Insularum Archipelagi. E cod. parisinis reg. nunc primum totum edidit... *Ludovicus de Sinner*, Helveto-Bernas. Lipsiæ et Berolini, Reimer, 1824. 1 vol. in-8, rel. toile, non rogn.

Christophe Buondelmonti, mathématicien du xv° siècle, quitta Florence en 1414 et passa plusieurs années dans l'Archipel; il écrivit son ouvrage vers 1424.

1189. Bursian (Conrad). Geographie von Griechenland. Leipzig, Teubner, 1862-72. 2 tomes en 1 vol. in-8, d.-rel. veau olive, tête limaç., non rogn., avec carte.

1190. Castellan. Lettres sur la Morée et les îles de Cérigo, Hydra et Zante, avec 23 dessins de l'Auteur, gravés par lui-même et 3 plans. Paris, Agasse, 1808. 2 tomes en 1 vol. in-8, rel. veau marb., tranches dorées.

1191. Coronelli (P. M.). Mémoires historiques & géographiques du Royaume de la Morée, Negrepont, & des Places Maritimes, Jusques à Thessalonique. Traduit de l'italien. Amsterdam, chez Wolfgang, Waesberghe, Boom & Van Someren, 1686. In-12, avec nombr. cartes et planches. — Isola di Rodi geografica-storica, antica, e moderna, coll' Altre adiacenti già possedute da' Cavalieri Hospitalieri di S. Giovanni di Gerusalemme... In Venetia, 1695. In-12, 1 vol. — Isola di Rodi... In Venezia, 1688. 2 vol. in-12, avec planches. — Regno di Candia. *S. l. n. d. n. typ.* In-8 oblong, 46 planches gr. sur cuivre, sans texte. Ensemble 5 vol. in-8, rel. veau et parch.

1192. Cyriaque. Kyriaci Anconitani Itinerarium nunc primum ex ms. cod. in lucem erutum ex bibl. baronis P. Stossch. Editionem recensuit... *Laurentius Mehus*. Florentiæ, ex Typ. J. P. Giovannelli, 1742. Petit in-8, rel. vél.

Cyriaque Pizzicolli ou d'Ancône (1391-1450) parcourut pour son commerce la Sicile et l'Archipel. Son *Itinéraire*, publié longtemps après sa mort, consiste en une lettre adressée au pape Eugène IV et remplie de détails intéressants mais confus. Cyriaque profitait de ses voyages pour faire des recherches archéologiques dont les résultats ont été également publiés.

— **Elie de Pesaro.** Voyage de Vénise à Famagouste en 1563. [Texte hébreu publié par *B. Goldberg* & *M. Adelman* dans la *Vie Eternelle*]. Paris, 1878. In-8, rel. toile.

1193. Dapper (Olivier). Naukeurige Beschrijving der Eilanden, in de Archipel der Middelantsche Zee, en ontrent dezelve, gelegen : Waer ontrent de voornaemste Cyprus, Rhodus, Kandien, Samos, Scio, Negrepont... en andere... t' Amsterdam, voor Wolfgangh, Waesberghen, Boom, Someren en Goethals, 1688. 1 vol. in-fol., rel. vél., avec 31 cartes et pl. gr. sur cuivre d'une belle exécution.

1194. **Dapper.** Naukeurige Beschrijving van Morea, eertijts Peloponnesus en de Eilanden, gelegen onder de Kusten van Morea, en binnen en buiten de Golf van Venetien : Waer onder de voornaemste Korfu, Cefalonia, Sant Maura, Zanten, en andere... t' Amsterdam, voor Wolfgangh, Waesberghen, Boom, Someren en Goethals, 1688. 1 vol. in-fol., rel. veau f., avec 17 cartes et plans gr. sur cuivre.

1195. — Description exacte des isles de l'Archipel, et de quelques autres adjacentes ; dont les principales sont Chypre, Rhodes, Candie, Samos, Chio, Negrepont, Lemnos, Paros, Delos, Patmos, avec un grand nombre d'autres... traduit du flamand. A Amsterdam, chez Georges Gallet, 1703. 1 vol. in-fol., rel. veau fauve.

Très bel exemplaire provenant de la bibliothèque de Rosny.

1196. Descrittione del regno di Negroponte Antico, e Moderno, con vn diligente esame d' vn passo difficilissimo d' Herodoto, in cui riporta il talento di Babilonia à quello di Negroponte. Venetia, Steffano Curti, 1687. In-12, rel. vél. — Descrizione storico geografica dell' Arcipelago... compresi nella terza carta geografica del teatro della guerra presente tralla Russia e la Porta Ottomana. Venezia, Graziosi, 1770. Plaq. in-4, cart. (une carte). — Cenni statistici sulla Morea con carta geografica. (Estr. degli *Annali Un. di Statistica*...) Milano, Lampato, 1827. In-12, cart.

1197. **Gaudry** (Albert). Géologie de l'île de Chypre. Paris, 1862. 1 vol. petit in-4, avec planches et gr. carte et 1 plaq.; rel. toile, non rogn., couverture.

1198. **La Guilletiere** (Le sieur de). Lacedemone ancienne et nouvelle. Où l'on voit les Mœurs, & les Coûtumes des Grecs Modernes, des Mahometans, & des Juifs du Pays. Et quelques Particularitez du Sejour que le Sultan Mahomet IV. a fait dans la Thessalie... Premiere partie. Sur la Copie a Paris, Chez Claude Barbin... MDCLXXIX. In-12, rel. veau rac., tr. dor.; sur les plats, fil. et chiffre du comte Riant.

Ouvrage curieux et intéressant .Quoique le titre porte la mention de « Premiere Partie », l'ouvrage paraît bien être complet en un seul volume.

1199. **Lauria** (Giuseppe Aurelio). Creta, Rodi, Lesbo. Studj. [Napoli, R. Avallone, 1873.] In-8, rel. toile, couv. (Le titre manque.) — La Bitinia; La Lidia... *S. l.* [Napoli], tip. di Raffaele Avallone. *S. d.* [1874]. In-8, cart. — La Frigia, Studj. [Sans titre : Naples, 1874.] In-8, rel. toile, couv. — Cipro, Studi... Napoli, Avallone, 1879. In-8, rel. toile, couv. Ensemble 4 vol. ou plaq.

1200. **Magni** (Cornelio). Relazione della Città d'Athene, colle Prouincie dell' Attiça, Focia, Beozia, e Negroponte, ne' tempi, che furono queste passeggiate da Cornelio Magni Parmegiano l'anno 1674... Parma, Galeazzo Rosati, 1688. Petit in-4, rel. vél., av. un plan d'Athènes et 4 planches sur cuivre, portr. de l'auteur au verso du titre.

1201. **Piacenza** (Francesco). L' Egeo redivivo o' sia chorographia dell' Archipelago... con la breue descrittione particolare sí del suo ambito littorale, che della Grecia, Morea, o' Peloponnese, di Candia, e Cipri, con le sue Piante in Rame al più viuo incise... Modona, per gli Eredi Soliani, 1688. In-8, front., nomb. planches et fig., rel. vél.

1202. **Rottier**. Description des monumens de Rhodes. Deuxième Edition. Bruxelles, Scheneck, 1850. 1 vol. in-4 (*texte*) et 1 atlas in-4 oblong (*planches*), d.-rel. chagr. rouge, tr. marbr. — **Batissier** (L.). Rapport [sur les monuments d'architecture de Rhodes]. Extr. des *Arch. des mis. scient.*, 1847. In-8, cart.

1203. **Schweiger-Lerchenfeld** (Amand von). Griechenland in Wort und Bild. Eine Schilderung des Hellenischen Königreiches. Leipzig, Schmidt & Carl Günther, 1882. 1 vol. in-fol., avec 200 figg. et pl., rel. toile (édit.).

1204. **Sebastiani**. Viaggio, e Navigatione... nell' andare, e tornare dall' Arcipelago. Roma, Domenico Ant. Ercole, 1687. In-4, rel. vél.

<small>Giuseppe Maria Sebastiani, carme déchaussé sous le nom de F. Giuseppe di S. Maria, fut d'abord missionnaire au Malabar et évêque *in partibus* de Hierapoli, puis de Bisignano (1667-1672), d'où il fut transféré sur le siège de Città di Castello, où il mourut en 1689.</small>

* 1205. **Tafel** (Theoph. Luc. Frid.). De Thessalonica eiusque agro dissertatio geographica. Berolini, ap. G. A. Reimerum, 1839. 1 vol. in-8.

1206. **Tournefort** (Pitton de). Relation d'un voyage du Levant fait par ordre du Roy, contenant l'Histoire Ancienne & Moderne de plusieurs Isles de l'Archipel, de Constantinople, des Côtes de la Mer Noire... enrichie de Descriptions & de Figures d'un grand nombre de Plantes rares, de divers Animaux... Paris, Imprimerie royale, 1717. 2 vol. in-4, rel. veau marb., dos orné, tr. r., nombreuses planches.

1207. Viridarii Adriatici Teriotrophaeum. Oder dess, um den Venetianischen Golfo, florierenden Lustgartens, schönen Lusthauses, beygepflantzten Lust-Waldes, anhangender grosser Thier-Garten, in welchem zu sehen seyn Die, an der Mitternacht-Seiten desz Adriatischen Meers, ligender Länder, Dalmatien, Bosnien und Albanien, etc....... Augspurg, Jac. Enderlin, MDCLXXXVII. In-8, pl. h.-t., d.-rel. bas. n.

1208. **Baker** (Sir Samuel White). Cyprus as I Saw it in 1879. London, Macmillan, 1879. 1 vol. in-8, cart. (édit.). — **Colonna Ceccaldi** (Georges). Découvertes de Chypre. Extrait de la *Revue arch*. Paris, Didier, 1879. In-8, cart., couv. — **Paridant-van der Cammen**. Etude sur l'île de Chypre considérée au point de vue d'une colonisation européenne. Ciney, Typ. Latour-Beugnies, Lib. et relieur, 1874. 1 plaq. in-8, rel. toile, couvert. — **Robinson**

(Phil.). Cyprus and Sokotra : « The New Colony » and « The New Field for Missionary Enterprise »..... with two maps. London, W. Clowes, 1878. In-8, cart., couv. — **Seiff** (J.). Skizze einer Reise durch die Insel Cypern. [Dresde, 1874.] In-8, br. Ensemble 5 vol. ou plaq.

1209. **Georgirenes** (Joseph). Beschreibung des gegenwärtigen Zustand der Inseln Samos, Nicaria und Pathmos, wie auch des Berges Athos. *S. l. n. typ.*, 1689. In-12, rel. vél. — **Guérin** (V.). Voyage dans l'île de Rhodes et description de cette île. Paris, Durand, 1856. Vol. in-8, rel. toile (av. 1 carte). — *Du même.* Description de l'île de Patmos et de l'île de Samos. Paris, Durand, 1856. Vol. in-8, rel. toile, 2 cartes géog. — **Lacroix** (Louis). Iles de la Grèce. Paris, Didot, 1853. 1 vol. in-8, avec planche, rel. toile, non rogn., couvert. [Fait partie de l'*Univers pittoresque*.] — **Mamet** (Henricus). De Insula ¡Thera. Insulis, apud Ernest Thorin, 1874. Plaq. in-8, cart. pap. — **Nolhac** (Stanislas de). La Dalmatie, les Iles Ioniennes, Athènes et le Mont Athos. Paris, Plon, 1882. In-12, br. — **Ross** (Ludwig). Reisen nach Kos, Halikarnassos, Rhodos und der Insel Cypern, mit Lithographien und Holzschnitten. Halle, Schwetschke, 1852. In-8, rel. toile, couv. — **Valon** (A. de). L'île de Tine. Extr. fact. de la *Rev. des Deux Mondes*. In-8, d.-rel. bas. — **Van Kinsbergen**. Beschreibung vom Archipelagus. Aus dem Holländischen übersetzt und mit Anmerkungen begleitet von *Kurt Sprengel*. Rostock und Leipzig, Kopp, 1792. In-8, cart. Ensemble 9 vol. ou plaq.

EUROPE — DIVERS

1210. [**Aarsens de Sommerdyck**]. Voyage d'Espagne, contenant entre plusieurs particularitez de ce Royaume, Trois Discours Politiques sur les affaires du Protecteur d'Angleterre, de la Reine de Suède, & du Duc de Lorraine : Avec une Relation de l'Estat & Gouvernement de cette Monarchie ; & une Relation particuliere de Madrid. Reveu, corrigé & augmenté sur le M. S. (*La Sphère*). A Cologne, chez Pierre Marteau, 1667. (front.). In-12, rel. mar. cit., fil., tr. dor.

> Cet ouvrage qui a eu deux éditions en Hollande (Abraham Wolfgang), en 1666 et 1667, sous le nom de Pierre Marteau, est dû à *Aarsens de Sommerdyck*, dont le manuscrit a été revu et corrigé par *R. A. de Bonnecase*. Ce dernier y a ajouté une Relation de Madrid due à un M. *de Saint-Maurice*.

— **Cock** (Enrique). Mantua Carpentana... Descripción de Madrid compuesta á fines del siglo XVI en exámetros latinos... y publicada per vez primera... por *A. Morel-Fatio* y *A. Rodriguez-Villa*. Madrid, Hernando, 1883. Petit in-12, br.

1211. **Amati** (Giacinto). Peregrinazione al Gran San Bernardo, Losanno, Friburgo, Ginevra, con una corsa a Lione, Parigi e Londra. Milano, presso Paolo Ripamonti Carpano, 1838. In-8, rel. toile, non rogn., couvert., avec planches gr. en man. noire. — **Bremer** (Frederika). Two years in Switzerland and Italy, translated by *Mary Howitt*. London, 1861. 2 vol. in-8, rel. toile.

Cf. n° 1187.

1212. **Beautemps Beaupré** (Charles François). Description nautique de la côte de France sur la Mer du Nord, de Calais à Ostende. Paris, Impr. de la Républ., an XII. — Description nautique des côtes orientales de la Grande-Bretagne, et des côtes de Hollande, du Jutland et de Norvège, trad. de l'anglais [*de divers auteurs, mais surtout de* Duncan et Mitchell] par *P. Lévêque*. Paris, an XII. — Description nautique des côtes méridionales d'Angleterre, trad. de l'anglais du *Capit. John Stephenson*. Paris, an XII. — **Mackensie** (Murdoch). Description nautique des côtes occidentales de la Grande-Bretagne et description des côtes des Orcades, trad. de l'anglais. Paris, an XII. 2 vol. — *Du même* : Description nautique des côtes d'Irlande, trad. de l'anglais. Paris, an XII. — Table. Paris, impr. impériale, an XII. Ensemble, 7 vol. in-4, rel. veau rac., fil., tr. jasp.

1213. **Brydone**. Voyage en Sicile et à Malthe, traduit par M. *Demeunier*, édition corrigée sur la 2de édition anglaise, par M. *B. P. A. N.* Neuchatel, Soc. Typ., 1766. 2 tomes en 1 vol. in-8, rel. veau. — **Borch** (le comte de). Lettres sur la Sicile et sur l'île de Malthe, écrites en 1777, ornées de la carte de l'Etna, de celle de la Sicile ancienne et moderne, avec 27 estampes de ce qu'il y a de plus remarquable en Sicile. A. Turin, chez les frères Reycends, 1782. 2 tomes en 1 vol. in-8, d.-rel. veau éc., tranch. peigne, non rogn.; au dos, chiffre du comte Riant.

> La seconde édition de l'intéressant voyage de *Brydone* est due à M. *Derveil*. Les lettres de *Michel-Jean, comte de Borch*, gentilhomme polonais, mort en 1810, servent de complément à l'ouvrage de *Brydone*. A la fin du second volume se trouve un curieux « Mémoire sur le fil de Zabbara, ou d'Aloes » écrit à la demande du roi de Naples. Le titre de chaque volume est orné d'un fin portrait de *Borch*, dessiné par *Nistri* et gravé par *Chry. dell' Aqua*.

1214. **[Delestre-Poirson]**. De Paris à Varsovie; de Varsovie à Trieste; de Trieste à Paris. Journal. 1827. [Paris, Imp. de Dondey-Dupré]. In-8, rel. mar. rouge, tr. dor.

> Ouvrage tiré à trente exemplaires. Exemplaire de Charles Nodier avec hommage et lettre d'envoi de l'auteur.

1215. **Gölnitz** (Abraham). Ulysses belgico-gallus, fidus tibi dux et Achates per Belgium Hispan: Regnum Galliæ, Ducat. Sabaudiæ, Turinum usq3 Pedemonti Metropolin. Amsterodami, Ex officina Elzeviriana, 1655. Vol. in-12, rel. vél.

> Cette édition a été imprimée à Leyde par Fr. Hackius qui s'est servi de l'ancien titre gravé de l'édition de Bonaventure et Abraham Elzevier de 1631. Abraham Gölnitz, géographe allemand du XVIIe siècle, mort en 1642, a laissé des ouvrages encore utiles à consulter.

1216. **Guillot** (de Paris). Le dit des rues de Paris (1300)... avec préface, notes & glossaire par *Edgard Mareuse*, suivi d'un Plan de Paris sous Philippele-Bel. Paris, Librairie générale, 1875. Vol. in-12, rel. toile. (Tiré à 360 exemplaires numérotés).

1217. **Hamilton** (Sir William). Campi Phlegræi... Observations sur les volcans des Deux-Siciles... auxquelles on a ajouté une Carte... avec 54 Planches enluminées d'après les Desseins faits & coloriés sur la nature même... par l'Editeur le sieur Pierre Fabris. Naples, M DCC LXXVI. — Supplément au Campi Phlegræi ou Relation de la grande eruption du Mont Vesuve au mois de Aout 1779... à laquelle on a ajouté 5 planches. Naples, M D CC LXXIX. Ensemble 1 vol. in-fol., rel. chag. rouge, tr. dor.; au dos et sur les plats, chiffre du comte Riant.

> Première édition, la plus estimée, de cette magnifique publication dont le texte est bilingue (anglais et français), avec 1 carte et 59 planches en couleurs, y compris les 5 du supplément.

1218. **Loménie de Brienne.** Lvdovici Henrici Lomenii, Briennæ comitis, regi a consiliis, actis, et epistolis Itinerarivm. Editio altera auctior & emendatior, curante Car. Patin. Parisiis, Cramoisy et Dv Bray, 1662. In-8. rel. veau, front., portrait de Loménie de Brienne, d'après Le Brun, gravé par Rousselet, grav. et carte.

> Il y a eu une première édition publiée en 1660, mais celle-ci est de beaucoup la plus recherchée, à cause des gravures de *Rousselet* et de l'index géographique de *Nicolas Sanson*.

1219. **Lundeberg** (Amalia). La perle trouvée. Souvenirs de différents pays de l'Europe ou lettres à une amie d'enfance pendant un long voyage, par Amalia Lundeberg, traduit du suédois par elle-même. Lausanne, Pache-Simmen, 1850. In-8, cart. perc. v., couverture.

1220. **Moryson** (Fynes). An itinerary written by Fynes Moryson first in the latine tongue, and then translated by him into English, containing his ten yeeres travell throvgh the twelve dominions of Germany, Bohmerland, Sweitzerland, Netherland, Denmarke, Poland, Italy, Turky, France, England, Scotland, and Ireland... At London, Printed by John Beale,... 1617. 1 vol. petit in-fol., rel. veau f., ornements à froid, tr. dorée.

> Très bel exemplaire de cet ouvrage recherché.

1221. **Plans de Paris.** Les huit plans de Paris par M. L. C. D. L. M. 1705. Rel. en 1 vol. in-fol., toile.

> Ces plans de Paris sont extraits du Traité de la police de De La Mare.

1222. **Rohan** (duc de). Voyage du duc de Rohan, fait en l'an 1600, en Italie, Allemaigne, Pays-bas uni, Angleterre et Escosse. A Amsterdam, Louys Elzevier, 1646. In-12, rel. bas. — **Vologer Fontenay** (Sieur de). Voyage faict en Italie par Monsieur le Marquis de Fontenay Marveil, ambassadeur du Roy près de Sa Saincteté en l'année 1641... Paris, Louis Boulanger, 1643. In-12, d.-rel. bas. f.

1223. **Rozmital.** Des bömischen Herrn Leo's von Rozmital Ritter-,Hof- und Pilger Reise durch die Abendlande 1465-1467, beschrieben von zweien seiner Begleiter. Stuttgart, gedruckt auf Kosten des liter. Vereins, 1844. In-8, rel. toile.

Zwienek Lew von Rozmidal a visité en pèlerin de nombreux sanctuaires d'Allemagne, Angleterre, France, Espagne, Portugal et Italie, mais n'est pas allé en Terre Sainte.

1224. **Rudolph** (H.). Urtheile über das vollständigste geographisch-topographisch-statistiche Orts-Lexicon von Deutschland und zwar : der gesammten deutschen Bundes-Staaten sowie der unter Œsterreichs und Preussens Botmässigkeit stehenden nichtdeutschen Länder. Leipzig, Hoffmann, 1862-65. 2 vol. in-4, d.-rel. chag. r., tr. limaç.

1225. **Sincerus** (J.). Jodoci Sinceri Itinerarium Galliæ, ita accomodatum, ut ejus ducti mediocri tempore tota Gallia obiri, Anglia & Belgium adiri possint... cum appendice de Burdigala, ac Iconibus Urbium præcipuarum illustratum. (*Marque typ.*). Amstelodami, apud Jodocum Jansonium, MDCLV. In-12, rel. veau, nomb. planches et front.

Le véritable nom de J. Sincerus est Josse Zinzerling (1590-1620). Son Itinerarium Galliæ, rempli de renseignements fort intéressants, est un précurseur de nos Guides Joanne ou Bædecker; il a d'abord été imprimé à Lyon, en 1612.

1226. **Taine** (H.). Voyage aux Pyrénées. Troisième édition, ill. par *Gustave Doré*. Paris, Hachette, 1860. In-8, d.-rel. chag. rouge, coins, dos orné, tête dorée, non rogn.

1227. **Coste.** Voyage d'exploration sur le littoral de la France et de l'Italie. Paris, impr. impériale, 1855. 1 vol. grand in-4, avec cartes & planches, d.-rel. chag. rouge, coins, tr. limaç., au dos, chiffre du comte Riant. — **Roissard de Bellet** (Le baron). La Sardaigne à vol d'oiseau en 1882. Paris, Plon, 1884. In-8, br., carte, grav. hors texte et dess. coloriés. — **Salino** (F.). Isolette monti e caverne della Liguria. Torino, Candeletti, 1884. In-8, cart., couv. — **Smyth** (Admiral W. H.). The Mediterranean, a Memoir physical, historical and nautical. London, Parker, 1854. In-8, rel. toile (édit.). — Denkschrift über den grossen Norddeutschen Kanal... Kiel, Schwers, 1865. In-4, rel. toile. (Les planches manquent). Ensemble 5 vol. ou plaq.

1228. **De Feller** (Abbé). Itinéraire ou voyages... en diverses parties de l'Europe. Ouvrage posthume. Liége, Lemarié, 1820. 2 vol. in-8, d.-rel. bas., non rogn. — **Augustin** (Ferdinand, Freiherrn von). Reise nach Malta und in das südliche Spanien im Jahre 1830. Mit 5 Abbildungen. Wien, Schaumburg, 1839. In-8, rel. toile, couvert. — **Balsamo** (Paolo). Giornale del viaggio fatto in Sicilia e particolarmente nella contea di Modica. Palermo, nella reale Stamperia, 1809. 1 vol. in-8, rel. chag., fil., dos orné.

1229. **Buet** (Charles). La côte de Savoie. Guide patriotique des bords du lac Léman de Genève à Saint-Gingolph. Genève, Trembley, 1887. 1 vol.

in-12, br. — **Mortillet** (Gabriel de). Guide de l'étranger dans les départements de la Savoie et de la Haute-Savoie. Chambéry, J. Perrin, 1861. Petit in-8, cart. perc. r., carte h.-t. et 1 pl. — **Gassendi** (Pierre). Impressions de voyage dans la Provence alpestre, publiées par *Ph. Tamizey de Larroque*. Digne, Chaspoul, 1887. In-8, br. — **Mehren** (A. F.). Den Pyrenæiske Halvø... geographisk Studie efter Shems-ed-Dîn-Dimishqui og Spansk-Arabiske Geographer. Kjøbenhavn, J. H. Schultz, 1864. In-4, rel. toile. — **Ozanam** (le docteur). Le pays des Landes. Une Thébaïde en France. Paris, Douniol, 1858. Plaq. in-8, cart. — **Travers** (Emile). Une promenade dans Paris en 1650 avec un poète burlesque [*Berthod*]. Caen, Le Blanc Hardel, 1877. In-12, cart. — [**Varennes** (Ol. de)]. Le voyage de France, dressé pour l'instruction et commodité tant des François, que des Estrangers... Troisiesme édition, corrigée et augmentée. Paris, Olivier de Varennes, M.DC.XLIII. In-8, cart. bradel. Ensemble 7 vol. ou plaq.

7. Géographie et voyages. — Afrique.

1230. **Gråberg de Hemsö** (Jacques). Specchio geografico, e statistico dell' imperio di Marocco. Genova, Pellas, 1834. In-8, avec planches et 1 carte, rel. toile, non rogn.

1231. [**La Faye** (J. B. de), religieux mathurin]. Etat des royaumes de Barbarie, Tripoly, Tunis et Alger : contenant l'Histoire Naturelle & Politique de ces Païs, la maniere dont les Turcs y traitent les Esclaves, comment on les rachète, & diuerses auantures curieuses. La Haye, Meyndert Uytwerf, 1704. In-8, rel. veau f.

1232. **Mégiser**. Warhalftige... Beschreibung der oberauss reichen, mechtigen vnd weitberhümbten Insul Madagascar, sonsten S. Lavrentii genandt... Sampt Erzehlung aller derselben Qualiteten und Gelegenheiten, Einwohnern, Thieren, Früchten und Erdgewächsen... auch anbehengtem Dictionario vnd Dialogis der Madagascarischen Sprach. Alles mit sondrem Fleiss auss dem Portugesischen, Italianischen und Lateinischen, auch andern Sprachen Historicis und Geographis... verdeutschet... durch Hieronymvm Megiservm... Gedruckt zu Altenburg in Meissen, In Vorlegung Henning Grossen des jüng. Buchh., Anno CIƆ IƆ C IX. Petit in-8 (in-16), rel. vél., avec 1 carte et 6 planches grav. sur cuivre.

> Jérôme Mégiser, né à Stuttgart, fut nommé en 1593 recteur du Gymnase de Klagenfurth; dix ans après, il fut appelé à Leipzig comme historiographe des électeurs de Saxe, devint, en 1612, historiographe des États d'Autriche et se fixa à Linz où il mourut vers 1618. Son ouvrage donne sur Madagascar des renseignements pleins d'intérêt.

1233. **Savary**. Lettres sur l'Égypte. Deuxième édition. Paris, Arthus-Bertrand, 1801. 2 vol. in-8, d.-rel. chag. brun, tr. jasp.

1234. **Scortia, S. J.** (Joan. Bapt.). De natvra et incremento Nili. Libri Duo. in quibus inter disputandum plures aliæ quæstiones physicæ explicantur... Lvgdvni, sumptibus Horatij Cardon. M.DC.XVII. — **Wendelinus** (Marc. Fred.). Admiranda Nili. Commentatione philologica geographica... ex CCCXVIII Autoribus... illustrata. Cum Triplici Indice... Francofurti, Typis Wechelianis, Sumpt. Danielis ac Davidis Aubriorum, & Clementis Scheichij. MDC XXIII. 2 tom. petit in-8 en 1 vol. rel. veau f., aux armes de De Thou.

1235. **Tissot** (Charles). Géographie comparée de la province romaine d'Afrique, avec 1 Atlas par *Salomon Reinach.* Paris, Impr. Nat., 1884-88. 3 vol. in-4, br.

1236. **Torrelli-Viollier** (E.). Alla ricerca delle sorgenti del Nilo e nel centro dell Africa. Viaggi celebri di Burton, Speke, Grant, Baker, Livingstone... ecc. narrati dai viaggiatori stessi. Milano, Treves, 1878. 1 vol. in-4, rel. toile, non rogn., couvert. — **Lumbroso** (Giacomo). Descrittori italiani dell' Egitto e di Alessandria. (Reale accademia dei Lincei, anno CCLXXVI.) Roma, Salviucci, 1879. In-4, rel. toile, couv.

1237. **Cox** (Samuel S.). Orient Sunbeams or from the Porte to the Pyramids. New-York, Putnam, 1882. 1 vol. in-8, rel. toile, avec pl. — **Cuyler** (Theodore L.). From the Nile to Norway and Homeward. New-York, Carter, 1881. In-8, rel. toile, avec planches. — **Stahl** (Arthur). Pharaonernas Land. Resebilder från Egypten. Stockholm, Lamm, 1869. In-12, rel. toile.

1238. **Lefèvre**, l^t de vaisseau. Voyage en Abyssinie pendant les années 1839 à 1843. Paris, Imp. Roy., 1844. In-8, d.-rel. chag. mar. — **Raffray** (Achille). Afrique orientale. Abyssinie. Paris, E. Plon, 1876. In-12, carte et pl. h.-t., cart. perc. gr., couverture. — Les comptoirs français de l'Afrique orientale. Paris, Morris, 1879. In-8, cart., couv., 1 carte. — **Avezac** (D'). Iles de l'Afrique. Paris, Didot, 1848. Plaq. in-8, cart. — **Ryan** (Vincent W.). Mauritius and Madagascar : journals of an eight year's residence. London, Seeley & c°, 1864. In-8, avec planches lithogr., rel. toile (éditeur). — **Schwab** (Moïse). Mémoire sur l'ethnographie de la Tunisie. Paris, Société d'ethnographie, 1868. In-8, rel. toile. Ensemble 6 vol. ou plaq.

1239. **Chaillé-Long** (Le colonel C.). L'Afrique centrale, expéditions au lac Victoria-Nianza et au Makraka Niam-Niam. Trad. de l'ang. par Mme *Foussé de Sacy.* Ouv. enr. d'une carte spéc. et de grav. sur bois d'ap. les croquis de l'auteur. Paris, Plon, 1877. 1 vol. in-8, rel. toile, couvert. — **Compiègne** (Marquis de). L'Afrique équatoriale. Gabonais, Pahouins, Gallois. — Okanda, Bangouens, Osyeba. Paris, Plon, 1875. 2 vol. in-12, rel. toile, couvert., avec 1 carte et des grav. sur bois par *L. Breton*, d'après des photog. et croquis de l'auteur. — **Dirks** (Servais). Voyages & aventures du frère Pierre Fardé Récollet du Couvent de Gand. Gand, Vander Schelden, 1878. Vol. in-12, rel. toile, couvert. Ensemble 4 vol.

1240. **Faidherbe** (Le général). Grammaire et vocabulaire de la langue Poul. 2ᵉ édit. Paris, 1882. — Le Soudan français. Lille, 1883. — Le Zénaga des tribus sénégalaises. Paris, Leroux, 1877. Ensemble 3 vol. et plaq. in-12 et in-8. — **Houdoy** (Jules). Le Soudan français. Chemin de fer de Médine au Niger. Lille, Danel, 1881. In-8, cart., couv., 1 carte géog. — **Lanoye** (F. de). Le Nil, son bassin et ses sources. Paris, Hachette, 1869. — *Du même*. Le Niger et les explorations de l'Afrique Centrale. Paris, Hachette, 1858. Ensemble 2 vol. in-12, d.-rel. chag. et rel. toile, avec figg. et carte. — **Largeau** (V.). Le Pays de Rirha, Ouargla. Voyage à Rhadamès. Paris, Hachette, 1879. In-8, cart. perc. j., couverture. — **Laurent** (Ch.). Mémoire sur le Sahara oriental au point de vue de l'établissement des puits artésiens dans l'Oued-Souf, l'Oued-R'ir et les Zibans. Paris, P.-A. Bourdier et Cⁱᵉ, 1859. In-8, d.-rel. chag. br., fig. et cartes h.-t. [Extrait des Mémoires de la Société des ingénieurs civils, 20 juin 1856.] — **Tautain** (L.). Ethnologie & Ethnographie des peuples du bassin du Sénégal. Extr. de la *Rev. d'ethn.* Paris, Leroux, 1885. In-8, br. Ensemble 9 vol. ou plaq.

8. Géographie et voyages. — Asie. — Océanie.

TURQUIE D'ASIE — PERSE — ASIE CENTRALE

1241. **Barth** (Dʳ H.). Reise von Trapezunt durch die nördliche Hälfte Klein-Asiens nach Scutari im Herbst 1858; mit einer Karte von *Dʳ A. Peterman*. Gotha, J. Perthes, 1860. 1 vol. in-4, rel. toile, fig. dans le texte.

1242. **Burckhardt** (J. L.). Voyage en Arabie contenant la description des parties du Hedjaz regardées comme sacrées par les Musulmans... traduit par *I. B. B. Eyriès*. Paris, Arthus-Bertrand, 1835. 3 vol. in-8, d.-rel. veau vert, tr. marbr., avec cartes.

1243. **Cappelletti** (Giuseppe). L'Armenia. Firenze, Fabris, 1841. 3 tomes en 1 vol. in-8, d.-rel. veau, fig. et 2 cartes géographiques.

L'une des gravures représente le Saint Suaire d'Édesse.

1244. **Davis** (E. J.). Anatolica; or the journal of a visit to some of the ancient ruined cities of Caria, Phrygia, Lycia, and Pisidia. London, Grant, 1874. 1 vol. in-8, avec planches & 2 cart., rel. toile.

1245. **Gardane** (Ange de). Dagbok hållen under en Resa genom Asiatiska Turkiet till Persien, och vidare tillbaka till Frankrike åren 1807 och 1808. Öfversättning. Linköping, Axel Petre, 1828. In-8, rel. toile, non rogn., couv. — Några underrättelser Samlade under en Resa ifrån Turkiet till Persien af en Swensk Officer. Andra Upplagan. Upsala, P. Lefflers, 1841. Petit in-8.

1246. **Gihan Numa**. Geographia orientalis, ex turcico in latinum versa a *Math. Norberg*. Londini Gothorum, Berling, 1818. 2 vol. in-12, rel. toile, non rogn.

1247. **Karasch de Zalonkemeny** (Étienne). Iter Persicum ou Description du voyage en Perse, entrepris en 1602 par..... Relation rédigée en allemand et présentée à l'Empereur par *Georges Tectander von der Jabel*, traduction publiée... par *Ch. Schefer*. Paris, Leroux, 1877. Portrait. In-12, d.-rel. mar. grenat, tête lim., ébarb.

Bibliothèque orientale elzévirienne.

1248. **Michaëlis**. Recueil de questions, proposées à une Société de Savants, qui par ordre de Sa Majesté danoise, font le voyage de l'Arabie. Traduit de l'allemand. A Amsterdam, chez S. J. Baalde... 1774. In-4, cart. perc. v.

1249. **Rey** (E. Guillaume). Voyage dans le Haouran et aux bords de la mer Noire exécuté pendant les années 1857 et 1858. Paris, Bertrand, *s. d.* In-8, rel. toile, carte géog.

1250. **Bonvalot** (Gabriel). En Asie centrale. De Moscou en Bactriane. Ouv. enrichi d'une carte et de grav. Paris, Plon, 1884. — En Asie centrale. Du Kohistan à la Caspienne. Ouv. enr. d'une carte et de gravures. Paris, Plon, 1885. 2 vol. in-12, br. et rel. toile. — **Gobineau** (Comte A. de). Trois ans en Asie. Paris, Hachette, 1859. Vol. in-8, d.-rel. chag. (Gruel). — **Goblet d'Alviella** (Comte). Inde et Himalaya, Souvenirs de voyage. Paris, Plon, 1877. Vol. in-12, rel. toile, couvert. — **Ernouf** (Baron). Le Caucase, la Perse, la Turquie d'Asie, d'après la relation de M. *le baron de Thielmann*. Ouvrage enrichi de 20 grav. et d'une carte. Paris, Plon, 1876. In-12, rel. toile, couvert. Ensemble 5 vol.

1251. **Marsberg** (Al. Freiherrn von). Ein Sommer in Orient. Wien, C. Gerold, 1869. In-8, rel. toile, couv. — **Schläfli** (Alexander). Reisen in den Orient, mit einer Karte. Winterthur, J. Wurster, 1864. In-8, rel. toile. — **Sprenger** (A.). Die Post- und Reiserouten des Orients. Mit 16 Karten. Leipzig, Brockhaus, 1864. In-8, rel. toile.

EXTRÊME-ORIENT — OCÉANIE

1252. **Abel** (Carl.) et **Mecklenburg** (F. A.). Arbeiten der kaiserlich Russischen Gesandtschaft zu Peking über China, sein Volk, seine Religion, seine Institutionen, socialen Verhältnisse, &c. Aus dem russischen übersetzt. Berlin, Heinicke, 1858. 2 vol. in-8, cart., non rogn.

1253. **Alcock** (Rutherford). The capital of the Tycoon : a narrative of a three years' residence in Japan. London, Longman, 1863. 1 vol. in-8, avec pl. lithogr. en couleurs, figg. et cartes, rel. toile (édit.).

1254. **André-Marie**, dominicain (Le R. P. Fr.). Missions dominicaines dans l'Extrême-Orient. Lyon, Bauchu et Cie, 1865. 2 vol. in-12, br., avec carte.

Ouvrage important pour l'étude des missions orientales au Moyen-âge.

1255. Atkinson (Thomas Witlam). Oriental and western Siberia : a narrative of seven years' explorations and adventures in Siberia, Mongolia..... with a map and numerous illustrations. London, Hurst and Blackett, 1858. — Travels in the regions of the upper and lower Amoor... with a map and numerous illustrations. London, Hurst and Blackett, 1860. 2 vol. in-8, rel. toile.

* **1256. Brand**. Relation du voyage de Mr Evert Isbrand Envoyé de Sa Majesté Czarienne à l'Empereur de la Chine, en 1692. 93 & 94. Par le sieur Adam Brand. Avec une Lettre de Monsieur *** Sur l'Etat Présent de la Moscovie. Amsterdam, J.-L. De Lorme, M.DC.XCIX. 1 vol. in-8, front., 1 carte.

1257. Choisy (Abbé de). Journal du voyage de Siam fait en 1685 & 1686. Seconde édition. Paris, Mabre-Cramoisy, 1687. — Journal ou suite du voyage de Siam, en forme de lettres familières, fait en 1685 et 1686, par Mr L. D. C. Suivant la copie de Paris imprimée. Amsterdam, Pierre Mortier, 1688. 2 vol. in-12, rel. veau et vél. — **Forbin**. Mémoires du comte de Forbin. Nouvelle édition. Marseille, Jean Mossy, 1781. 2 vol. in-12, rel. veau (portrait de Forbin en amiral de Siam).

1258. Coxe. Les nouvelles découvertes des Russes, entre l'Asie et l'Amérique, avec l'histoire de la conquête de la Sibérie, & du commerce des Russes & des Chinois. Paris, Hôtel de Thou, Panckoucke, 1781. 1 vol. in-4, avec carte & pl., rel. veau, tr. marbr.

> Première édition française d'un ouvrage estimé qui contient le récit des diverses entreprises qui suivirent l'expédition, faite en 1741, par Behring et Tchirikoff.

1259. Ei tai setu gou mu sin zau. [Encyclopédie sur le Japon. 2e édition publiée en 1849. Yedo et Kioto]. Grand in-8, br., nomb. grav.

1260. Fleming (George). Travels on horseback in Mantchu Tartary : being a summer's ride beyond the great wall of China. London, Hurst & Blackett, 1863. 1 vol. avec cartes, pl. & figg. — Niphon and Pe-che-li; or, two years in Japan and northern China by *Edw. Barrington de Fonblanque*. London, Saunderns, 1862; avec cartes & pl. Ensemble 2 vol. in-8, rel. toile.

1261. Fortune (Robert). Yedo and Peking. A narrative of a journey to the capitals of Japan and China. London, J. Murray, 1863. In-8, avec fig., planches et cartes, rel. toile, non rogn.

1262. Froez, S. J. (Luis). De rebus Iaponicis historica Relatio, eaqve triplex : I. De gloriosa morte 26. crucifixorum. II. De Legatione Regis Chinensium ad Regem Iaponiæ & de Prodigijs legationem antegressis. III. De rebus per Iaponiam anno 1596. a PP. Soc. Iesv durante persecutione gestis; a R. P. Lvdovico Frois Societatis Iesv, ad R. P. Clavdivm Aquauium, eiusdem Societatis Præpositvm Generalem missa : et ex italico idiomate Moguntiæ in latinam linguam translata. Mogvntiæ, Ex Officina Typographica Ioannis Albini, MDXCIX. Vol. in-8, de 4 ffnc. 314 pp. 1 fnc., rel. vél.

> Le P. Luis Froes, né à Béja, en Portugal, en 1528, suivit le P. Barzée aux Indes

et aborda au Japon, en 1563. Après des prédications périlleuses, mais couronnées de grands succès, il mourut à Nangasaki, en 1597. Ses relations écrites en portugais ont eu de nombreuses éditions et traductions. Notre ouvrage a été publié la même année (1599) en italien, en latin, en allemand et en français.

1263. **La Loubère** (Simon de). Du Royaume de Siam. Suivant la Copie imprimée à Paris. A Amsterdam, chez Abr. Wolfgang, 1691. 2 vol. in-12, av. cart. & pl., rel. veau. (Aux armes.)

> Simon de La Loubère, né à Toulouse en 1642, mort en 1729, fit sa carrière dans la diplomatie : il était secrétaire de l'ambassadeur de France en Suisse, quand, en 1687, il partit pour Siam, en qualité d'envoyé extraordinaire, chargé par Louis XIV de nouer des relations commerciales avec ce pays. Le récit de son voyage, exact et intéressant, est encore utile à consulter aujourd'hui.

1264. **Leibniz** (G.). Novissima Sinica historiam nostri temporis illustratura, in quibus de Christianismo, publica nunc primum autoritate propagato, missa in Europam relatio exhibetur, deqve favore scientiarum Europæarum ac moribus gentis & ipsius præsertim Monarchæ, tum & de bello Sinensium cum Moscis... multa... ignota explicantur. Edente G. G. L... Secunda editio, accessione partis posterioris aucta. *S. l.*, 1699, in-8, rel. vél.

> La première édition a paru en 1697. A la suite, on a relié : « Icon Regia Monarchæ Sinarvm nvnc regnantis ex Gallico versa. *S. l.*, 1699, in-8. » Ces deux volumes sont ornés d'un portrait de l'empereur Cam-Hy.

1265. **Nieuhoff** (Joan). Legatio Batavica ad Magnum Tartariæ Chanum, Sungteium, Modernum Sinæ Imperatorem. Historiarum narratione quæ Legatis in Provinciis Quantung, Kiangsi, Nanking, Xantung, Peking, & Aula Imperatoria ab Anno 1655 ad annum 1657 obtigerunt... conscr. per Joannam Nieuhovium... latinitate donata per... *Georgium Hornium*. Amstelodami, Apud Jacobum Meursium,... 1668. 2 parties en 1 vol. in-4, front., portrait de l'auteur, 1 carte, 35 planches grav. sur cuivre et de très nombreuses fig. sur cuivre dans le texte ; d.-rel. veau f.

> Ouvrage non moins intéressant par le texte que par les excellentes gravures qui l'ornent. Une première édition en langue néerlandaise parut en 1665, et la même année une traduction française.

1266. **Oliphant** (L.). La Chine et le Japon. Mission du comte d'Elgin. Traduction nouvelle par M. *Guizot*. Paris, Lévy, 1860. 2 vol. in-8, d.-rel. chag.
— **Moges** (Mis de). Souvenirs d'une ambassade en Chine et au Japon, 1857-1858. Paris, Hachette, 1860. In-12, d.-rel. chag.

1267. **Pauthier** (G.). Histoire des relations politiques de la Chine avec les puissances occidentales depuis les temps les plus anciens jusqu'à nos jours, suivie du cérémonial observé à la cour de Pé-king pour la réception des ambassadeurs, traduit pour la première fois dans une langue européenne. Paris, Didot, 1859. In-8, rel. toile, non rogn.

1268. **Ravenstein** (E. J.). The Russians on the Amur ; its discovery, conquest, and colonisation, with a description of the country, its inhabitants, productions and commercial capabilities ; and personnal accounts of Russian

Travellers. London, Trübner, 1861. 1 vol. in-8, avec frontisp. et figg., rel. toile, non rogn. (édit.).

1269. Relation des voyages faits par les Arabes et les Persans dans l'Inde et à la Chine dans le IXe siècle de l'Ère chrétienne. Texte arabe imprimé en 1811 par les soins de feu *Langlès*, publié... par M. *Reinaud*. Paris, Imprimerie Royale, 1845. 2 tomes en 1 vol. in-12, d.-rel. veau, tête lim., non rogn. — **Reinaud**. Extraits d'un mémoire historique sur l'Inde, antérieurement au XIe siècle de l'ère chrétienne. Paris, Dondey-Dupré, 1845. In-8, br. — *Du même*. Question scientifique et personnelle... au sujet des dernières découvertes sur la géographie et l'histoire de l'Inde... Nouvelle édition, revue et augmentée. Paris, Cosse et Dumaine, 1859. In-8, br.

1270. [**Tachard**, S. J. (Le P. Guy)]. Voyage de Siam des Pères Jésuites, envoyés par le Roy, aux Indes, à la Chine, avec leurs observations astronomiques et leurs remarques de physique, de géographie, d'hydrographie et d'histoire. Amsterdam, Pierre Mortier, 1688. In-12, 30 fig. h.-t., rel. v. rac. — *Du même*. Second voyage... au royaume de Siam. Suivant la Copie de Paris Imprimée à Amsterdam, chez Pierre Mortier, 1689. In-12, rel. veau, planches.

1271. **Tilley** (Henry Arthur). Japan, the Amoor, and the Pacific; with notices of other places comprised in a Voyage of circumnavigation in the imperial russian Corvette « Ryndan » in 1858-1860. London, Smith, Elder and Co, 1861. In-8, 8 pl. h.-t., cart. perc. — **Tomes** (Robert). The Americans in Japan: an abridgement of the Government narrative of the U. S. expedition to Japan under commodore Perry. New-York, Appleton, 1857. In-8, rel. toile (édit.), fig.

1272. **Brau de Saint-Pol Lias**. Pérak et les Orangs-Sakèys. Voyage dans l'intérieur de la presqu'île malaise. Paris, Plon, 1883. — *Du même*. Chez les Atchis. Lohong. Paris, Plon, 1884. Ensemble 2 vol. in-12, rel. toile, tr. dor. — **Carné** (Louis de). Voyage en Indo-Chine et dans l'Empire Chinois, précédé d'une notice sur l'auteur par le *comte de Carné*, de l'Académie française, ouvr. orné de grav. et d'une carte. Paris, Dentu, 1872. In-12, rel. toile. — **Cortambert** (Eugène) et **Rosny** (Léon de). Tableau de la Cochinchine. Paris, Le Chevalier, 1862. In-8, avec cartes et pl., rel. toile, non rogn. — **Dru** (Léon). La péninsule malaise. Projets de percement de l'isthme. Krau. Chai-Ya. Talung. (av. 5 cartes). Paris, Chamerot, 1881. — *Du même*. Projet de percement de l'isthme de Krau. Paris, Chamerot, 1882. 1 carte. Ensemble 2 plaq. in-8, cart., couv. — **Gréhan** (A.). Le royaume de Siam. Paris, Raçon, 1868. In-8, rel. toile, non rogn. Ensemble 7 volumes ou plaquettes.

1273. **Jurien de la Gravière**. Voyage de la corvette *La Bayonnaise* dans les mers de Chine. 3e *édit*. Paris, Plon, 1872. 2 vol. in-12, avec figg. et cartes, rel. toile, non rogn., couv. — **Lindau** (Rodolphe). Un voyage autour du Japon...

Paris, L. Hachette, 1864. In-12, cart. perc. gr., couverture. — **Meignan** (Victor). De Paris à Pékin par terre. Sibérie. Mongolie. 1 carte et 15 gravures dessinées par *L. Breton*. Paris, Plon, 1876. In-12, rel. toile. — **Romanet du Caillaud** (F.). Histoire de l'intervention française au Tong-King de 1872 à 1874. Avec une carte et quatre plans. Paris, Challamel, 1880. 1 vol. in-8, rel. toile, couv., non rogn. — **Roy** (E.). Notice sur les colonies françaises (1858). [Extr. de la *Revue Coloniale*, 2ᵉ s., xx, 1858]. In-8, av. pl. et fig., d.-rel. mar. bleu, coins, tête dor., non rogn. (Gruel). — **Sachot** (Octave). La Sibérie orientale et l'Amérique Russe. Le Pôle nord et ses habitants. Récits de voyage. Paris, Paul Ducrocq, 1875. In-8, 62 grav., 1 carte, cart. perc. (éditeur). Ensemble 6 vol.

1274. **Hochstetter** (Ferdinand von). Neu-Seeland... Mit 2 Karten, 6 Farbenstahtstichen, 9 grossen Holzschnitten und 89 in der text ged. Holzschn. Stuttgart, Cotta, 1863. Grand in-8, rel. toile (édit.). — **Le Chartier** (H.). La Nouvelle-Calédonie et les Nouvelles-Hébrides. Ouvrage orné de 45 gravures sur bois et 2 cartes. Paris, Furne-Jouvet, 1895. In-12, rel. toile, couv. — **Lessons** (R. P.). Notice sur l'île de Rotouma, située dans le Grand Océan Austral. Paris, Smith, 1825. In-8, cart. — **Montano** (J.). Voyage aux Philippines et en Malaisie. Paris, Hachette, 1886. In-12, 30 gravures, rel. toile. Ensemble 4 volumes.

9. Géographie et voyages. — Amérique.

1275. **Beauvois** (E.). La découverte du nouveau monde par les Irlandais et les premières traces de christianisme en Amérique avant l'an 1000. Nancy, Crépin-Leblond, 1875. In-8, rel. toile. — Origines et fondation du plus ancien évêché du Nouveau-Monde. Le diocèse de Gardhs en Groenland (986-1126). Paris, Dufossé, 1878. In-8, rel. toile. — La Norambègue. Découverte d'une quatrième colonie précolombienne dans le Nouveau-Monde. Bruxelles, Hayez, 1880. In-8, cart. — La vendetta dans le Nouveau-Monde au xiᵉ siècle, d'après les textes scandinaves. Louvain, Ch. Peeters, 1882. In-8, rel. toile, couv. — La grande terre de l'Ouest et les documents celtiques du moyen-âge. Madrid, Fortanet, 1882. In-8, rel. toile. Ensemble 5 plaq.

1276. Bref recit et succincte narration de la navigation faite... par le capitaine Jacques Cartier aux iles de Canada... Réimpression figurée de l'édition originale rarissime de MDXLV avec les variantes des manuscrits de la Bibl. Imp., précédée d'une... Introduction... par M. *d'Avezac*. Paris, Tross, 1863. 1 vol. in-8, d.-rel. chag., tête dorée, non rogn., coins ; au dos, chiffre du comte Riant.

1277. [**Engel**]. Essai sur cette question : Quand et comment l'**Amérique** a-t-elle été peuplée d'hommes et d'animaux ? Amsterdam, chez Marc Michel Rey, 1767. Vol. in-4, rel. veau.

1278. [Engel]. *Le même*. 4 vol. in-12, rel. veau.

> Samuel Engel (1702-1784), bernois, joua un grand rôle dans la politique de son pays natal ; il y fut membre du grand conseil et bailli d'Aarberg, de Tscherlitz, d'Échallens... Son ouvrage sur l'Amérique parut la même année en français et en allemand, et M. M. Rey en donna simultanément deux éditions in-4 et in-12.

1279. **Hamy** (E. T.). Decades Americanæ. Mémoires d'archéologie et d'ethnographie américaines. Livraisons I-III. Paris, Leroux, 1884-1887. — *Du même*. Études ethnographiques et archéologiques sur l'exposition coloniale de Londres. Paris, Leroux, 1887. — Résumé des travaux scientifiques de M. E. T. Hamy. Paris, Hennuyer, 1887. 5 plaq. in-8, br. — **Hervey de Saint-Denys** (Le marquis d'). Mémoire sur le pays connu des anciens Chinois sous le nom de Fou-Sang. Paris, Imprimerie nationale, 1876. In-8, cart., couv. — **Leland** (Charles G.). Fusang or the discovery of America by Chinese Buddhist priests in the fifth century. London, Trübner, 1875. Petit in-8, rel. toile (édit.). Ensemble 7 vol. ou plaq.

1280. **Horn** (G.). GeorgI HornI de Originibvs Americanis libri qvatvor. Hemipoli, Sumptibus Joannis Mülleri Bibl. Anno 1669. In-12, rel. mar. rouge, tr. dor., fil. s. les plats, dos orné, dent. int. (Dupré).

> Seconde édition, rare et curieuse, d'un ouvrage dont l'auteur, géographe allemand du xviie siècle, prétend que l'Amérique a été peuplée successivement par les Phéniciens, les Cantabres, les Chinois et les Huns. La première édition a paru en 1652.

1281. **Laet** (Jean de). Notæ ad dissertationem Hugonis Grotii De Origine Gentium Americanarum : et observationes aliquot ad meliorem indaginem difficillimæ illius Quæstionis. Amstelodami, apud Ludovicum Elzevirium, 1643. 223(1) pp. — Ioannis de Laet Antwerpiani Responsio ad dissertationem secundam Hugonis Grotii de Origine Gentium Americanarum. Cum indice ad utrumque libellum. Amstelrodami, Apud Ludovicum Elsevirium, 1644. 2 ffnc., 116 pp. et 4 ffnc. Ensemble 1 vol. petit in-8, rel. bas.

> Exemplaire grand de marges.
> Ces deux opuscules n'ont qu'une table pour les deux.

1282. **Nicholls**. The remarkable life, adventures and discoveries of Sebastian Cabot, of Bristol, the founder of Great Britain's maritime power, discoverer of America, and its first colonizer. London, Sampson Low, Son, and Marston, 1869. In-8, d.-rel. veau, coins, dos orné. — **Desimoni** (C.). Intorno a Giovanni Caboto, Genovese, scopritore del Labrador. Genova, 1881. In-8, rel. toile. — *Du même*. Intorno al Fiorentino Giovanni Verrazzano, scopritore in nome della Francia di regioni dell' America Settentrionale. Genova, 1881. In-8, rel. toile.

1283. The North Georgia Gazette and Winter Chronicle. London, Murray, 1821. In-4, cart. — Public documents on various subjects connected with the interests of Prince Edward Island, ordered by the House of Assembly to be printed. Charlottetown, Prince Edward Island, 1841. In-12, rel. toile.

1284. **Prescott** (William H.). Histoire de la conquête du Mexique avec un tableau préliminaire de l'ancienne civilisation mexicaine et la vie de Fernand Cortés... publiée en français par *Amédée Pichot*. Paris, Didot, 1846. 3 vol. in-8, rel. veau viol. — **Lemoyne** (Gio. Batt.). Fernando Cortez e la scoperta del Messico. Torino, 1875. — *Le même*. Torino, 1876. — Fernando Cortez e la nuova Spagna. Torino e San Pier d'Arena, 1876. 3 tomes in-32 en 1 vol. rel. toile, couv.

1285. [**Rochefort** (César de)]. Histoire naturelle et morale des iles Antilles de l'Amerique. Enrichie de plusieurs belles figures des Raretez les plus considerables qui y sont d'écrites. Avec vn vocabulaire Caraibe. A Roterdam, chez Arnould Leers, M DC LVIII. In-4, rel. vél. (front., portrait de Jaques Amproux, seigneur de Lorme, à qui l'ouvrage est dédié, et nomb. figures dans le texte).

> Rare. L'on n'est pas d'accord sur le nom de l'auteur de ce curieux ouvrage. Le P. *Dutertre* a déclaré que *Rochefort* lui avait volé son manuscrit, et une seconde édition a été publiée, en 1667, à Lyon sous ce nouveau nom. D'autres auteurs ont attribué l'ouvrage à *Louis de Poincy* (la dédicace à Jacques Amproux est signée L. D. P.). Le vocabulaire caraïbe serait dû au P. Breton.

1286. **Solis** (Antonio de). Histoire de la conqueste du Mexique ou de la Nouvelle Espagne, par Fernand Cortez, traduite... par l'Auteur du Triumvirat. Quatrième édition. Paris, Cavelier, 1714. 2 vol. in-12, rel. veau, planches.

> La traduction est de Bon André de Citri de La Guette, comte de Broi; elle a paru pour la première fois à Paris en 1691.

1287. **Tytler** (Patrick Fraser) and **Wilson** (James). Historical View of the progress of discovery on the more northern coasts of America... with descriptive sketches of the natural history of the north American regions... Edinburgh, Oliver and Boyd, 1832. Petit in-8, frontisp. grav., fig. interc., 5 pl. et carte h.-t. Rel. toile.

1288. **Charencey** (H. de). Le Mythe de Vothan. Etude sur les origines asiatiques de la civilisation américaine. Alençon, 1871. In-8, rel. toile. — **Dusaert** (Le colonel). La Carie américaine mère, en civilisation, de l'antique Égypte d'après les documents de M. l'abbé *Brasseur de Bourbourg*. Paris, Didier, 1882. In-8, cart., couv. — **Paravey** (De). Mémoire sur l'origine japonaise, arabe et basque de la civilisation des peuples du plateau de Bogota. Paris, Dondey-Dupré, 1835. In-8, d.-rel. mar. rouge, 1 pl. — **Porto-Seguro** (Vicomte de). L'origine touranienne des Américains Tupis-Caribes et des anciens Egyptiens, montrée principalement par la philologie comparée : et notice d'une émigration en Amérique effectuée à travers l'Atlantique plusieurs siècles avant notre ère. Vienne d'Autriche, Faesy et Frick, 1876. In-8, cart. toile, couverture. — **Rosny** (Léon de). Essai sur le déchiffrement de l'écriture hiératique de l'Amérique centrale. Paris, veuve Bouchard-Huzard, 1876. In-8, br., titr. r. et n. [La couverture est refaite et porte la date de 1884. 2ᵉ édition.] — *Du même*. Les peuples orientaux connus des anciens Chinois. 2ᵉ édition. Paris, Ern. Leroux, 1886. In-12, br., fig. Ensemble 6 vol. ou plaq.

1289. **Découvreurs et pionniers normands. Pierre Blain d'Esnambuc.** Inauguration et bénédiction, par Mgr. l'Évêque de la Guadeloupe, de l'inscription commémorative placée dans l'église d'Allouville, près Yvetot, 9 septembre 1862. Rapport, Relation, Discours. Havre, Costey frères, 1862. Petit in-8, cart. pap., couverture. — **Fresnel** (R.-P.). Recherches qui ont été faites depuis Fernand Cortez jusqu'à présent afin de découvrir le passage de la jonction maritime des Océans Atlantique et Pacifique. Paris, Dentu, 1865. In-8, br., avec pl. — **Fritsch** (Ioan. Gottl.). Demonstratio historico-geographica per qvam efficitur veteres Americam ignorasse. Cvriae Regnitianae, Prelo I. G. A. Bergmanni, 1788. In-12, d.-rel. veau f., coins. — **Nadaillac** (Mis de). La Guadeloupe préhistorique. Paris, Reinwald, 1886. In-8, br. — Paläorama. Oceanisch-Amerikanische Untersuchungen und Aufklärungen mit wesentlicher Berücksichtigung der Biblischen Urgeschichten. Erlangen, Besold, 1868. In-8, br. — **Thomassy** (R.). De La Salle et ses relations inédites de la découverte du Mississipi. Paris, Douniol, 1859. In-4, cart., 1 carte géog. — **Van den Bergh** (L. Ph. C.). Nederlands aanspraak op de ontdekking van Amerika voor Columbus. [Extr. de *Bijdr. v. Vaderl. Gesch.*, VII.] In-8, rel. toile. Ensemble 7 vol. ou plaq.

1290. Briefe in die Heimath geschrieben zwischen October 1829 und Mai 1830 während einer Reise über Frankreich, England und die vereinigten Staaten von Nordamerica nach Mexico. Stuttgart und Tübingen, 1835. In-8, rel. toile. [Publié dans le recueil de Widenmann et Hauff.] — **Cornette** (Le P.). Relation d'un voyage de Mexico à Guatémala dans le cours de l'année 1855. Paris, 1858. In-8, d.-rel. chag. rouge, tr. peigne. — **Kohl** (J. G.). Geschichte des Golfstroms und seiner Erforschung von den ältesten Zeiten bis auf den grossen amerikanischen Bürgerkrieg... mit 3 lithog. Karten. Bremen, Müller, 1868. In-8, rel. toile. — **Leclercq** (Jules). La terre des merveilles. Promenade au parc national de l'Amérique du Nord. Paris, Hachette, 1886. Petit in-8, cart. perc., 40 grav., 2 cartes. — **Perrot** (Nicolas). Mémoire sur les mœurs, costumes et relligion des sauvages de l'Amérique Septentrionale. Leipzig, Franck, 1864. 1 vol. in-8, rel. chag. rouge; au chiffre du comte Riant. — **Smet** (R. P. de). Voyages aux Montagnes Rocheuses, chez les tribus indiennes du vaste territoire de l'Orégon dépendant des États-Unis d'Amérique. 5e édition. Lille & Paris, *s. d.* In-12, front., cart. perc. — **Petit de Julleville** (L.). Histoire de la colonisation française aux Indes et en Amérique jusqu'à la Révolution de 1789. Leçon d'ouverture. Nancy, Crépin-Leblond, 1873. In-8, br. Ensemble 7 vol.

1291. **Biard** (F.). Deux années au Brésil. Ouvrage illustré de 180 vignettes dessinées par *E. Riou*. Paris, Hachette, 1862. 1 fort vol. grand in-8, d.-rel. chag. vert, tr. dorées. — **Debidour** (Antonin). Le Brésil avant le xixe siècle. Nontron, Deschamps, 1878. Plaq. in-8, cart., non rogn., couv. — **Grandidier** (Ernest). Voyage dans l'Amérique du Sud. Pérou et Bolivie. Paris, Lévy,

1861. In-8, d.-rel. chagr. rouge, tr. peigne. — **Napp** (Ricardo). La République Argentine. Buenos-Ayres, 1876. 1 vol. in-8, rel. toile. Ensemble 4 vol.

CHRISTOPHE COLOMB

1292. [**Galeani Napione di Cocconato** (Conte Gianfrancesco)]. Della patria di Cristoforo Colombo, dissertazione pubblicata nelle Memorie dell' Accademia imperiale delle science di Torino, ristampata con giunte... ed una dissertazione intorno all' autor del libro De Imitatione Christi. Firenze, Molini, 1808. In-8, br., portr. — [*Du même.*] Del primo scopritore del continente del nuovo mondo. Firenze, Molini, 1809. In-8, br.

1293. **Galeani Napione di Cocconato** (Conte Gio. Francesco) et **De-Conti** (Vincenzo). Patria e biografia del grande Ammiraglio D. Cristoforo Colombo de' conti e signori di Cuccaro, castello della Liguria nel Monferrato, scopritor dell' America....... coll' aggiunta di nuovi documenti e schiarimenti di Monsr Luigi Colombo. Roma, tipografia forense, 1853. In-8, portr., tabl. généal. h.-t., d.-rel. bas.

1294. **Goodrich** (Aaron). A history of the caracter and achievements of the so-called Christopher Columbus, with numerous illustrations, and a appendix. New-York, Appleton, 1874. Vol. in-8, rel. toile (édit.).

1295. **Avezac** (d'). Les voyages de Améric Vespuce au compte de l'Espagne et les mesures itinéraires employées par les marins espagnols et portugais des xve et xvie siècles. Paris, Martinet, 1858. — *Du même.* Année véritable de la naissance de Christophe Colomb et revue chronologique des principales époques de sa vie. Paris, 1873. 2 plaq. in-8, d.-rel. chag. et rel. toile. — **Desimoni** (C.). Le Satan de M. Roselly de Lorgues, petite revue. Gênes, imp. de l'inst. royal des Sourds-Muets, 1877. Plaq. in-8, d.-rel. chag. — **Duro** (Cesáreo Fernández). Colón y la Historia póstuma. Madrid, Tello, 1885. Vol. in-12, rel. toile, couvert. — **Jourdain** (Charles). De l'influence d'Aristote et de ses interprètes sur la découverte du nouveau monde. Paris, P. Dupont, 1861. In-8, cart., couvert. — Lettera inedita di Cristoforo Colombo ai Signori Uenetiani [*pub. p.* G. M. Urbani de Gheltof]. Venezia, Kirchmayr e Scozzi, 1881. In-8, cart. — **Pallastrelli** (Conte B.). Il suocero e la moglie di Cristoforo Colombo. Piacenza, A. Del Maino, 1876. Grand in-8, cart. couv. — **Sanguinetti** (Angelo). La canonizzazione di Cristoforo Colombo. Genova, tip. dei Sordo-Muti, 1875. In-8, cart. couv. — *Du même.* Intorno alla seconda edizione della storia di Cristoforo Colombo del conte Roselly de Lorgues. Lettera all' Avv. Cornelio Desimoni. Genova, Schenone, 1881. In-8, cart., couv. — **Travers** (Emile). Les restes de Christophe Colomb. (D. Cristóval Colon.) Caen et Paris, 1886. In-8, rel. toile, couv. Ensemble 12 vol. ou plaq.

10. Légendes géographiques.

L'ATLANTIDE

1296. **Bailly.** Lettres sur l'origine des sciences et sur celle des peuples de l'Asie, adressées à M. de Voltaire par M. Bailly, & précédées de quelques Lettres de M. de Voltaire à l'Auteur. A Londres, chez M. Elmesly, 1777. — Lettres sur l'Atlantide de Platon et sur l'ancienne histoire de l'Asie. Pour servir de suite aux Lettres sur l'origine des sciences adressées à M. de Voltaire par M. Bailly. Nouvelle édition. A Paris, chez Debure, père et fils. An XIII-1804. Ensemble 2 vol. in-8, d.-rel. veau rouge et noir, dos orné.

* 1297. **Eurenius** (Joan.). Atlantica Orientalis eller Atlands Näs, til des rätta Belägenhet... Tillika med Platonis berättelse därom på Swenska, och Dom-Probstens... Carl Fr. Ljungbergs Företal, Uplagde... af O. Bid. Renhorn. Strengnas, Tryckt af Lars Arvid: Collin, 1751. 1 vol. in-8.

1298. **Tomasi** (Tomaso). La Spinalba antica Historia del nvovo mondo. In Venetia, per il Valuasense, 1647. In-12, rel. vél.

1299. **Baer** (Frédéric-Charles). Essai historique et critique sur l'Atlantique des Anciens; dans lequel on se propose de faire voir la conformité qu'il y a dans l'histoire des Atlantiques et celle des Hébreux. Seconde édition, avec deux cartes géographiques. Avignon, Seguin, 1835. 1 vol. in-8, rel. toile, couvert. — **Berlioux** (E. F.). Les Atlantes. Histoire de l'Atlantis et de l'Atlas primitif ou Introduction à l'histoire de l'Europe. Paris, Leroux, 1883. In-8, rel. toile, couv. — **Block** (de). Quelques mots sur l'Atlantide. Extr. du *Bull. de la Soc. belge de géog.*, VIII, 1884. In-8, cart.

1300. **Donnelly** (Ignatius). Atlantis : the antediluvian world. New-York, Harper & co, 1882; avec figg. 1 vol. in-12, rel. toile (édit.). — **Gaffarel** (P.). Les îles fantastiques de l'Atlantique au moyen âge. Extr. fact. du *Bull. de la Soc. de géog. de Lyon*, 1883. In-8, cart. — **Hoernes** (Moris). Atlantis. Ein Flug zu den alten Göttern. Mythologisches Märchen. Wien, Carl Konegen, 1884. In-12, rel. toile, couvert.

1301. **Jolibois** (Abbé). Dissertation sur l'Atlantide. Lyon, Boitel, 1846. In-8, avec portr., d.-rel. toile. — **Moreau de Jonnès**. L'Océan des Anciens et les peuples préhistoriques. Paris, Didier, 1873. In-12, rel. toile. — **Nicaise** (A.). Les terres disparues. L'Atlantide, Théra, Krakatoa. Châlons-sur-Marne, 1885. In-8, rel. toile. — **Noroff** (A. S. von). Die Atlantis nach griechischen und arabischen Quellen. St. Petersburg, 1854. In-8, rel. toile, non rogn.

1302. **Roisel.** Les Atlantes. Paris, Germer-Baillière, 1874. In-8, rel. toile, non rogn. — **Unger** (F.). I. Die versunkene Insel Atlantis. II. Die physiologische **Bedeutung** der Pflanzencultur. Wien, Braumüller, 1860. In-8, rel. toile.

1303. **Baour Lormian**. L'Atlantide ou le Géant de la montagne bleue. Poème en quatre chants recueilli et publié par Baour de Lormian. A Paris, chez Brunot Labbe. *S. d.* 1 vol. in-12, rel. veau rac., dos orné, tr. dorée; orné de 4 gravures d'après les dessins de *Desenne*.

1304. **Verdaguer** (Mossen Jacinto). L'Atlantide... trad. du Catalan par Albert Savine, augmentée d'une introduction et d'un appendice. Paris, Léop. Cerf, 1884. Petit in-8, cart. perc. bl., titr. r. et n. — **Toulouse-Lautrec** (comte de). Un poème épique catalan. Extr. du *Correspondant*. Avril 1884. In-8, cart. — **Roux** (Joseph). L'Atlantide. Extr. de la *Revue lyonnaise*. In-8, cart. — **Savine** (A.). L'Atlantide. Extr. de la *Revue des langues romanes*, VI, 1881. In-8, cart. Ensemble 4 vol. ou plaq.

LE PARADIS TERRESTRE

1305. **Brandaine** (Saint). Les voyages merveilleux de Saint Brandan à la recherche du paradis terrestre. Légende en vers du XIIIe siècle publiée d'après le ms. du Musée Britannique par *Francisque Michel*. Paris, Claudin, 1878. 1 vol. très petit in-4, d.-rel. chag., tête peigne, non rogn.

Tiré à petit nombre.

1306. **Huet** (Pierre Daniel). Tractatus de Situ Paradisi Terrestris, accedit ejusdem commentarius de navigationibus Salomonis. Amstelædami, 1698. In-8, rel. vél.

1307. **Thomasius** (Hier.). Hieronymi Thomasii Neapolitani, de Sitv Paradisii Terrestris cvm annotationibvs R. Pavli Portarelli... (*Marque typ.*) Neapoli, Apud Horatium Saluianum, M.D.LXXXVIIII. Plaq. in-4, 28 pp., rel. toile.

1308. **Beauvois** (E.). L'Élysée transatlantique et l'Éden occidental. Paris, Leroux, 1884. In-8, rel. toile. — **Bourdais** (L'abbé). Le paradis terrestre et le jardin fermé. [Feuilletons de l'*Univers* des 11 et 13 sept. 1879]. In-8, cart. — **Graf** (Arturo). La leggenda del Paradiso terrestre. Torino, Loescher, 1878. In-12, rel. toile, couv. — **Silvestrutius** (Lactantius). De Terrestris Paradisi Regione. Venetijs, typis Antonij Tivani, 1702. In-4, rel. parch., 1 carte géog. Ensemble 4 vol. ou plaq.

LES AMAZONES

* 1309. **Guyon** (L'abbé). Histoire des Amazones anciennes et modernes, Enrichie de Médailles, avec une préface historique pour servir d'Introduction. A Bruxelles, chez Jean Leonard, 1741. 1 vol. in-8.

1310. [**Guyon** (Abbé)]. Histoire des Amazones anciennes et modernes, Enrichie de Médailles. A Amsterdam, chez Zacharie Chatelain, MDCCXLVIII. 2 parties en 1 vol. in-12, rel. veau.

> Cette édition, contrefaçon de celle de 1741, ne porte pas de nom d'auteur.

* 1311. [—] Geschichte derer Amazonen mit Kupfern. Berlin, Stettin und Leipzig, bei Johann Heinrich Rüdiger, 1763. 1 vol. in-8.

> Traduction allemande ne donnant pas le nom de l'auteur.

1312. **Paravey** (Ch^{er} de). Dissertation sur les Amazones. Paris, Treuttel et Wurtz, 1840. In-8, cart., 1 pl. — Dissertation sur les Centaures & les Amazones, par le chevalier de Paravey. Roanne, Ferlay, s. d. In-8, cart.

* 1313. **Petit** (Pierre). De Amazonibus Dissertatio... Editio secunda, auctior & correctior. Amstelodami, apud Johannem Wolters & Ysbrandum Haring, 1687. 1 vol. in-16.

1314. **Bergmann** (Fr. Guill.). Les Amazones dans l'Histoire et la Fable. Colmar, Decker, s. d. In-8, rel. toile. — **Koeler** (Fr. Chr.). Dissertatio de iis, quae de Amazonum Asiaticarum sive Scythicarum historia omnibus fabulis segregatis dubiisque solutis sint statuenda. Halae, typ. Baentschii, (1819). In-4, cart. — **Köpken** (Jonathan). Antiqvitates Amazonias exercitatione ad Justini historici lib II. Jenæ, typ. Gollnerianis, 1685. In-4, rel. toile. — **Mordtmann** (A. D.). Die Amazonen. Ein Beitrag zur unbefangenen Prüfung und Würdigung der ältesten Ueberlieferungen. Hannover, Hahn, 1862. In-8, rel. toile. — **Obermüller** (Wilh.). Amazonen, Sarmaten, Iazygen und Polen. Berlin, 1873. In-12, cart., couv. — **Steiner** (Maximilian). Ueber den Amazonen-Mythus in der antiken Plastik. mit 5 Tafeln. Leipzig, Weigel, 1857. In-8, rel. toile. Ensemble, 6 vol. ou plaq.

11. Voyages imaginaires.

1315. **Christophe l'Arménien**. Peregrinaggio di tre giovanni fligliyoli del re di Serendippo, per opra di M. Christoforo Armeno dalla Persiana nell' Italiana lingua trapportato. (Marque typog.)... In fine : In Venetia per Michele Tramezzino, M D LXXXIIII. Petit in-8 de 7 ffnc., 83 ff. chiff., d.-rel. bas.

> Voyage imaginaire. Recueil de sept nouvelles persanes traduites en italien par Christophe l'Arménien et imprimées pour la première fois en 1557, puis en 1577 ou en 1584, 1611, 1622, 1628, 1828, etc..... Toutes ces éditions sont d'une très grande rareté. Ce roman a été également traduit en français, en anglais, en danois, en allemand (la dernière parue en 1895 est due à Fischer et Bolte, *Literarischer Verein de Stuttgart*, n° 208), en russe (dès le xive siècle) et a souvent été mis à contribution par des écrivains et romanciers, notamment Gueullette et Béroalde de Verville.

1316. Les Avantures de Jacques Sadeur dans la decouverte et le voiage de la Terre Australe contenant les Coûtumes & les Mœurs des Australiens .. & toutes les Raretez curieuses qui s'y trouvent. Paris, Barbin, MDCXCII. In-12, d.-rel. veau éc.; au dos, chiffre du comte Riant.

> Ce curieux ouvrage imaginaire a été d'abord imprimé, en 1676, à Genève (sous

le nom de Vannes); cette première édition a été généralement attribuée à un ex-cordelier, nommé *Gabriel de Flogny* alias *de Coigny*, qui ne nous est du reste connu que par ce seul ouvrage. Cette première édition aurait été revue et corrigée par l'abbé *Raguenet*, qui aurait donné celles de 1692 et de 1705; dans celle de 1692 (la nôtre), on a retranché le récit de la mort de Sadeur et considérablement augmenté le chapitre VI sur la « Religion des Australiens ».

1317. **Brachfeld** (Joseph Moritz von). Curiöse und wundervolle Begebenheiten in den unbekandten Südländern, nemlich in der glükseligen Insul Iaketan und dem unweit davon entlegenen sehrgrossen Reiche Adama, auch andern geraumen Ländern..... Eisenach, Michael Gottl. Griessbach... 1759. 2 tomes en 1 vol. in-12, rel. vél. bl.

1318. **Fénelon** Les Aventures de Télémaque, fils d'Ulysse. Nouvelle édition, ornée de gravures. Paris, Didot, 1796. 4 vol. petit in-12, rel. mar. rouge, tr. dor.

1319. Geschichte des Gaudentio di Lucca : oder merkwurdige Nachricht seiner sonderbahren Reise durch die Sandwusteneyen des innern Africa nach Mezzoranien, nebst der Einwohner, Ursprung, Religion, Regierungsart, Sitten, Gewohnheiten u. s. w. mit gelehrten Anmerkungen des Herrn Rhedi. In das deutsche übersetzt von Johann Bernhard Nack. Frankfurt und Leipzig, Duren, 1751. In-8, titr. r. et n., rel. v. br.

Le héros imaginaire de ce voyage, « Gaudenzio di Lucca, » est le petit-fils d'un capitaine vénitien qui aurait commandé à Lépante sous Veniero. Cet ouvrage a été attribué à l'évêque *Beckeberg*. Nack n'en est que le traducteur.

1320. [**Hall** (Joseph)]. Mundus alter et idem. Sive terra australis antehac semper incognita; longis itineribus peregrini Academici nuperrimè lustrata. authore Mercurio Britannico. Accessit propter affinitatem materiæ Thomæ Campanellæ Civitas solis et Nova Atlantis Franç. Baconis, Bar. de Verulamio. Vltraiecti, apud Joan. a Waesberge, anno cIɔ Iɔ c XLIII. Petit in-8, front., rel. parch.

Ce titre, un peu général, sert aussi pour les ouvrages de Bacon et de Th. Campanella, qui se trouvent à la suite avec titre et pagination à part. Le « Mundus alter » est une satire contre les mœurs et les vices du temps, écrite par l'évêque Hall.

1321. Histoire d'un peuple nouveau, ou Découverte d'une Isle à 43. Dégrés 14. Minutes de Latitude Méridionale par David Tompson, Capitaine du Vaisseau le Boston, à son retour de la Chine en 1756. Ouvrage traduit de l'Anglois. A Londres [*Paris?*] Aux dépens d'une Société de Libraires. MDCCLVII. 2 tomes en 1 vol. in-12, d.-rel. veau éc., tr. lim.; au dos, chiffre du comte Riant.

1322. [**Lescouvel** (Pierre de)]. Relation historique et morale du voyage du prince de Montberaud dans l'île de Naudely où sont reportées toutes les maximes politiques et chretiennes qui forment l'harmonie d'un parfait gouuernement par l'autheur des Avantures de Thelemaque... à Mérinde, chez Pierre Fortuné, 1709. In-12, fig. en taille-douce, d.-rel. v. rac.

1323. **Listonai** (de). Le Voyageur philosophe dans un pais inconnu aux habitans de la Terre... à Amsterdam, aux dépens de l'éditeur, 1761. 2 vol. in-12, tit. r. et n., d.-rel. bas, fil. or, tr. jaspée.

1324. Mémoires de Sir George Wollap; ses voyages dans différentes parties du Monde; aventures extraordinaires qui lui arrivent; découverte de plusieurs contrées inconnues; description des mœurs et des coutumes des habitans, par M. L. C. D. Londres, Thomas Hookham, et Paris, Vve Duchesne, 1787. 4 tomes en 2 vol. in-12, d.-rel. bas. n.

1325. **Swift.** Voyages de Gulliver. Paris, Didot, An V-1797. 4 vol. in-12, rel. mar. rouge, tr. dor., fil. sur les plats.

Jolies vignettes gravées sur acier d'après Le Febvre.

1326. Les voyages de Glantzby dans les mers orientales de la Tartarie : avec les avantures surprenantes des Rois Loriman & Osmundar, princes orientaux; traduit de l'Original Danois; et la carte de ce payis. Paris, Delaulne, 1739. In-8, rel. veau.

Au milieu de détails absolument invraisemblables, on trouve quelques renseignements intéressants sur le Japon.

1327. Voyages et avantures de Jacques Masse. A Bourdeaux, chez Jaques l'Aveugle, M DCC.X. In-12, rel. mar. r., tr. dor., dos orné. Ex-libris de Fortia d'Urban.

Ce voyage imaginaire a été attribué à *Simon Tyssot de Patot* et a été, en réalité, imprimé à Cologne. Une note manuscrite sur la feuille de garde lui donne comme auteur un certain *Mauvillon*, provençal.

IX

GÉOGRAPHIE DE LA TERRE SAINTE

1. Ouvrages généraux. — Recueils. — Revues.

1328. Backer (Louis de). L'Extrême-Orient au Moyen-Age, d'après les manuscrits d'un Flamand de Belgique, moine de Saint-Bertin à Saint-Omer, et d'un prince d'Arménie, moine de Prémontré à Poitiers. Paris, Leroux, 1877. 1 vol. in-8, d.-rel. chag. rouge, tranche peigne; au dos, chiffre du comte Riant.

> Cet ouvrage contient les relations de *frère Oderic de Frioul* ou *de Pordenone*, de *Haiton*, du moine *Bieul (Rigold de Monte-Croce)*, de l'*archevêque de Sultanyeh*.

1329. Bagréef Speransky (Mme de). Les pèlerins russes à Jérusalem. Bruxelles et Leipzig, 1854. Deux tomes en 1 vol. petit in-8, d.-rel. veau fauve; au dos, chiffre du comte Riant.

1330. Burchard de Monte Sion. — Salignac (Barth. de). Itinerarium Sacræ Scripturæ. Hoc est, Sanctæ Terræ, Regionvmqve Finitimarvm Descriptio, complectens secvndvm literas sacras, cùm recentem Hierosolymitanam de rebus Sarracenicis, Turcicis & Tartaricis, tùm reliquam Orientalem historiam, in Germania nunc primum in lucem edita, à Bartholomæo de Saligniaco, Equite & Iurisconsulto Gallo. Magdebvrgi, Excudebat Paulus Donatus, Impensis Ambrosij Kirchneri, Anno M.D.XCIII. (Titre rouge et noir). In-4, de 60-50 ffnc., rel. vél.

> Cet ouvrage, publié par les soins et avec une préface de R. Reineccius, contient d'abord le texte de *Burchard de Monte Sion*, qui n'est pas annoncé au titre, puis une réimpression du voyage de Barthélemy de Salignac, qui avait déjà paru à Venise, en 1519. Suit un traité de Salignac « De Laudibus Terræ Sanctæ » qui a un titre particulier portant la date de 1587. Le voyage de Burchard a été fait, en 1283, tandis que Salignac est un voyageur du xvie siècle.

1331. — Descriptio Terræ Sanctæ, et regionvm finitimarvm, avctore Borchardo, monaco germano, .. Item Itinerarivm Hierosolymitanvm Bartholomæi de Saligniaco... idem argumentum pertractans. Qui ambo commentarij secundum literas sacras, cum recentem Hierosolymitanam, tum reliquam Orientalem historiam mire illustrantes in Germania partim nunc primum : partim emendatius & locupletius eduntur. E Bibliotheca Aluenslebiana. Magdebvrgi. Excudebat Paulus Donatus Impensis Ambrosij Kirchneri. Anno

M.D.XCIII. (Titre légèr. déchiré et en partie refait à la main). In-4, de 60-50 ffnc., rel. vél.

> Cet exemplaire, à part le titre et les 4 premiers ffnc, est absolument identique au précédent comme texte et exécution typographique. Nous sommes probablement en présence de deux tirages d'une même édition ; M. Röhricht ne parle point de celui-ci dans sa *Bibliotheca Geographica Palaestinae*.

1332. **Delpit** (Martial). Essai sur les anciens pèlerinages à Jérusalem, suivi du texte du pèlerinage d'Arculphe. Paris, Techener, 1870. 1 vol. in-8, d.-rel. chag. r., tête dor., non rogn. ; au dos, chiffre du comte Riant.

1333. **Franck** (Séb.). Weltbuch : spiegel vnd bildtnisz des gantzen erdtbodens von Sebastiano Franco Wördēsi in vier bücher, nemlich in Asiam, Aphricā, Europam, vnd Americā, gstelt vnd abteilt... aus Beroso, Joanne de monte villa, S. Brandons Histori, vñ dergleichen fabeln, sunt auss angenūmnen, glaubwirdigen erfarnē... Anno M.D.XXXIIII. *Fnc* 237 v°., *l.* 32 ; ❡ Getruckt zu Tübingen durch Vlrich Morhart, im tausent fünff hundert vier vnd dreyssisten jar. Petit in-fol. de 4 ffnc., ccxxxvij ff. chif., 8 ffnc, rel. veau est., fermoirs en cuivre, dos réparé. (Rel. du XVIe siècle).

* 1334. Itinera sex a diversis Saxoniæ ducibus et electoribus, diversis temporibus in Italiam omnia, tria etiam in Palæstinam & Terram Sanctam facta,... Additis iis, quæ etiamnum Hierosolymis præsertim, Romæ & Wittenbergæ ab advenis observari maxime merentur, studio Balthasaris Mencii... Wittebergæ, Excudebat Volffgangus Meisner, Sumptib. Clementis Bergeri, 1612. 1 vol. in-8, rel. vél. (Anc. rel., plats ornés, datée de 1612).

> Ces pèlerinages en Terre Sainte, dont le plus intéressant est celui du duc Albert de Saxe (1476), ont été exécutés à la fin du XVe ou dans les premières années du XVIe siècle.

1335. Itinéraires de la Terre Sainte des XIIIe, XIVe, XVe, XVI et XVIIIe siècle, traduits de l'hébreu et publiés par *E. Carmoly*. Bruxelles, Vandale, 1847. 1 vol. in-8, d.-rel. chag., tête dorée, non rogn. ; au dos, chiffre du comte Riant.

1336. **Khitrovo**. Palestine et Sinaï. I^e partie, fasc. 1. Table Bibliographique des livres et articles Russes se rapportant aux Lieux Saints et particulièrement à la Palestine et au Sinaï. Saint-Pétersbourg, 1876. 1 vol. in-12, d.-rel. mar. rouge.

> *En Russe*. Petit volume intéressant et fort bien fait, comme la plupart des travaux russes de Bibliographie. Lettre de l'auteur à M. le comte Riant.

1337. **Lalanne** (Lud.) Des pèlerinages en Terre Sainte avant les Croisades. Paris, Didot, 1845. In-8, d.-rel. chag., *avec une table alphabétique manuscrite*. **Junkmann** (Guil.) et **Poeppelmann** (Lud.). De peregrinationibus et expeditionibus sacris ante Synodum Claromontanam, Vratislaviae, W. Friedrich, (1859). In-8, rel. toile,

1338. M'Grigor (Alex. B.). Contributions towards an index of passages bearing upon the topography of Jerusalem. From writings prior to the eleventh century. *Printed for private circulation.* Glasgow, Maclehose, 1876. In-4, d.-rel. mar. (édit.).

1339. Palestine Pilgrims' Text Society. London, Adelphi. 4 vol. petit in-8, br.

    I. Of the holy places visited by *Antoninus martyr* (circ. 530 A. D.), translated by *Aubrey Stewart* and annotated by Sir *C. W. Wilson*, 1885, 1 carte.
    II. On the buildings of Justinian by *Procopius* (circ. 560 A. D.), transl. by *A. Stewart*, ann. by Sir *C. W. Wilson* and *Hayter Lewis*, 1886, cartes.
    III. The pilgrimage of Sancta Paula.,. by S[t] Jerome, transl. by *A. Stewart*, ann. by Sir *C. W. Wilson*, 1887.
    IV. The pilgrimage of the Russian abbot Daniel in the Holy Land... ann. by Sir *C. W. Wilson*, 1888.

1340. Peregrinatores medii aevi quatuor. Burchardus de Monte Sion. — Ricoldus de Monte Crucis. — Odoricus de Foro Julii. — Wilbrandus de Holdenborg, quorum duos nunc primum edidit, duos ad fidem librorum manuscriptorum recensuit *J. C. M. Laurent*. Lipsiae, J. C. Hinrichs, 1864. In-4, cart. perc.

1340 bis. — *Le même.* D.-rel. chag. br., tr. dor.; au dos, chiffre du comte Riant.

    Exemplaire de l'auteur, *J. C. M. Laurent*, en grand papier.

1341. Reyszbuch desz heyligen Lands, Das ist Ein grundtliche beschreibung aller vnd jeder Meer vnd Bilgerfahrten zum heyligen Lande, so biszhero, in zeit dasselbig von den Vngläubigen erobert vnd inngehabt... Beneben eyngeführter auch eigentlicher Beschreibung desz gantzen heyligen Lands Palæstinæ..... *In fine* : Gedruckt zu Frankfvrt am Meyn, durch Johann Feyerabendt, in Verlegung Sigmundt Feyerabendt, Anno M.D.LXXXIIII. Grand in-4 de 6 ffnc., 466 ff. chif., 6 ffnc. (le dernier blanc manque), rel. vél.

    Première édition d'un important recueil de pèlerinages en Terre Sainte, dans lequel *Feyerabend* a réuni dix-huit récits de voyages; quelques-uns n'ont encore été publiés que dans ce recueil.
    Cet ouvrage est orné de figures sur bois qui ne se retrouvent pas dans le recueil de 1609.

1342. Reissbuch dess heyligen Lands, Das ist ein grundliche Beschreibung aller vnd jeder Meer vnd Bilgerfahrten zum heyligen Lande, so bisshero, in zeit dasselbig von den Vngläubigen erobert vnd inn gehabt,... Franckfort am Mayn, bey Iohan Saurn, in Verlegung Francisci Nicolai Rothen 1609. 2 parties en 1 vol. petit in-folio, rel. peau de truie, avec fermoirs.

    Le recueil précédent étant de bonne heure devenu presque introuvable, *Fr. Nicolaus Roth* en a donné, en 1609, cette seconde édition dans laquelle il a ajouté quelques récits de voyages en Terre-Sainte, notamment ceux de Radziwill, de Schwallarten, de S. Schweiggern, de Zuallart, etc...

1343. Relation des voyages de Guillaume de Rubruk, Bernard le Sage et Sæwulf publiés en entier pour la première fois d'après les manuscrits de

Cambridge, de Leyde et de Londres, par *Francisque Michel* et *Thomas Wright*. Paris, Bourgogne et Martinet, 1839. In-4, br. [Tiré à 45 exemplaires].
— Early travels in Palestine, comprising the narrative of Arculf, Willibald, Bernard, Sæwulf, Sigurd, Benjamin of Tudela, sir John Maundeville, de la Brocquière, and Maundrell, edited with notes by *Thomas Wright*. London, Bohn, 1848. In-8, rel. toile, 1 pl.

1344. **Reusner**. Hodœporicorū siue Itinervm totius ferè Orbis lib. VII. Opus historicum, ethicum, physicum, geographicum. A Nic. Revsnero Leorino I.C. iam olim collectum : nunc demum Ieremiae Reusneri fratris cura ac studio editum. Basileæ, ad Perneam Lecythvm, M D XXC. In-8 de 24 ffnc., 671(1) pp., 32 ffnc., rel. parch.

Recueil de 75 voyages en vers, complété par la description, également en vers, de la Palestine, composée par *François Pétrarque*. (Cf. Freitag, Adpar litt. III.)

1345. **Röhricht** (Reinhold) und **Meisner** (Heinrich). Deutsche Pilgerreisen nach dem heilige Land. Berlin, Weidmann, 1880-1889. 2 vol. in-8, dont l'un d.-rel. mar. rouge, non rogn., avec chiffre du comte Riant, et l'autre br. — **Röhricht** (R.). Die Pilgerfahrten nach dem heiligen Lande vor den Kreuzzügen. [Abd. a. d. *Hist. Taschenbuch*, funft F., V]. In-12, rel. toile.

1346. **Saint-Genois des Mottes** (Jules de). Les voyageurs belges du xiii° au xvi° siècle. Bruxelles, Jamar, s. d. 2 tomes en 1 vol. in-12, d.-rel. veau. — **Schoutheete de Tervarent** (Le chevalier de). Notice sur Jean Rotthier, voyageur et écrivain flamand au xviii° siècle, son livre et sa famille. St Nicolas, Edom, 1866. In-8, cart.

1347. Société Russe de la Terre Sainte. Saint-Pétersbourg, 1881-1888. 16 fasc. en 23 vol. cart.

Cette collection comprend les textes russes ou traductions en russe des ouvrages suivants.
1. L'orthodoxie en Terre Sainte, par *M. de Khitrovo*, 1881. — 2. Le voyage de Bordeaux (333 après N. S.), éd. *Khitrovo*, 1882. — 3. Vie et voyage de l'Higoumène Daniel (1106-1107), pub. p. M. *V. Vénévitinov*, 1883. — 4. Voyage au Sinaï en 1881 par *Eliséef*, 1883. — 5. Voyages de Saint Sabbas, archevêque des Serbes (1225-1237), pub. p. l'Archimandrite *Léonide*, 1884. — 6. Voyage de Basile (1466), pub. p. l'Archimandrite Léonide, 1884. — 7. Fouilles pratiquées près de l'église Russe de la Résurrection à Jérusalem en 1883, par l'Archimandrite *Antonin*, avec le Supplément contenant les plans et dessins se rapportant à ces fouilles, 1884. (2 vol. et un portefeuille). — 8. Le dit et voyage de Daniel métropolite d'Ephèse, éd. et trad. par *G. Destounis*, 1884. — 10. Monuments d'Antiquités Georgiennes en Terre Sainte et au Sinaï, pub. p. *Alex. Zagarelli*, 1888, avec lettre explicative de M. de Khitrovo. — 11. Récit d'Epiphanie en Jérusalem et ses monuments, éd. p. *V. G. Vassiliewski*, 1886. — 12. Voyage d'Ignace Smolnianine, pub. p. *S. Arséniev*, 1887. — 14. Description serbe des Lieux Saints, p. *S. Stoianovitch*, 1886. — 15. Le dit du moine Epiphane, p. l'Archimandrite *Léonide*, 1887. — 17. Vie de Mélitios le jeune, par Nicolas, évêque de Mitone et Théodore Prodrome, écrivain du xii° siècle, traduit p. *V. G. Vassiliewski*, 1886. — 18. Voyage du marchand Vassili Pozniakov aux Lieux Saints, pub. p. *K. M. Loparev*. — Voyages aux Lieux Saints de Vassili Gregorovitch-Barski en 1723-1747, pub. s. le man. orig. p. *Nic. Barsoukov*, 1885-1887. [4 parties en 4 vol. cart.]

1348. Theoderici Libellus de locis sanctis editus circa A. D. 1172. Cui accedunt breviores aliquot descriptiones Terræ Sanctæ. Nach Handschriften mit Bemerkungen herausgegeben von *Titus Tobler*. 1865, St Gallen, Huber; Paris, Franck. Petit in-8, d.-rel. mar. n., coins, tête dor., non rogn., couv.; au dos, chiffre du comte Riant. — Palæstinæ descriptiones ex Sæculo IV, V et VI. Itinerarium Burdigala Hierosolymam. Peregrinatio S. Paulae. Eucherius de Locis Sanctis. Theodorus de Situ Terrae Sanctae. Nach Druck- und Handschriften mit Bemerkungen herausgegeben von *Titus Tobler*. St Gallen, Huber, 1869. In-8, d.-rel. chag., tr. lim.; au dos, chiffre du comte Riant.

1349. Descriptiones Terræ Sanctæ ex sæculo VIII. IX. XII et XV. S. Willibaldus. Commemoratorium de casis Dei. Bernardus Monachus. Innominatus VII. Johannes Wirziburgensis. Innominatus VIII. La Citez de Iherusalem. Johannes Poloner. Nach Hand- und Druckschriften herausgegeben von *Titus Tobler*, nebst einer Karte. Leipzig, Hinrichs, 1874. In-8, d.-rel. mar., tête lim., non rogn.; au dos, chiffre du comte Riant.

> Intéressant recueil de descriptions anciennes de la Terre Sainte, notamment de Jean de Wurzbourg, Jean Poloner et des anonymes.

1350. **Tobler** (Titus). Bibliographia geographica Palaestinae. Leipzig, Hirzel, 1867. [Avec les suppléments]. — *Du même*. Bibliographia geographica Palaestinae ab anno CCCXXXVIII usque ad annum M. Dresdae, G. Schoenfeld, 1875. — **Heim** (H. J.). Dr Titus Tobler der Palästinafahrer. Zürich, 1879. — **Rignon**. Liste des principaux ouvrages sur la Terre Sainte. — **Socin**. Bericht über neue Erscheinungen auf dem Gebiete der Palästinaliteratur. 1880, 1881, 1882, 1884. [Abd. a d. *Ztschr. d. Pal.-Ver.*] Ensemble 8 vol. et plaquettes, in-8 cart., rel. toile et d.-rel. chag. r., non rogn., au chiffre du comte Riant.

1351. Two Journies to Jerusalem. Containing I. A Strange and True Account of the Travels of two English Pilgrims some Years since... II. The Travels of Fourteen Englishmen in 1669. to Jerusalem, Bethlem, Jericho, the River Jordan, the Lake of Sodom and Gomorrah, &c... By T. B. To which are prefixed. Memorable Remarks upon the Ancien and Modern State of the Jewish Nation... Collected by R. Burton, and beautified with Pictures. The second edition. London, A. Bettesworth and J. Batley, 1730. 1 vol. petit in-8, rel. veau fauve, fil sur les plats, dos orné.

> Le premier de ces deux voyages est celui exécuté en 1601 par *Henry Timberlake*, l'auteur du second est *T. Burrel*. M. Röhricht cite de nombreuses éditions du voyage de Timberlake et de ce recueil de *Burton*. A la suite du premier recueil se trouve relié un autre du même auteur, sous le titre : « Surprizing Miracles of Nature and Art, in two parts... with several pictures. The fifth edition. London, 1729. » Burton n'a pas oublié d'y mentionner les sept merveilles du monde, au nombre desquelles se trouve le Temple de Jérusalem.

1352. Seer gedenckwaerdige Vojagien van Johan Sanderson, Hendrik Timberley, en Capt Johan Smith, door Europa, Asia en America. Nebens een pertinente Beschrijvinge van 't Heylige Landt... Met kopere Platen verçiert. t' Amsterdam, by Jochem van Dyck..... 1678. Petit in-4, rel. vél.

1353. Voyages de Benjamin de Tudèle autour du monde,... de Jean du Plan Carpin en Tartarie, du frère Ascelin et de ses compagnons vers la Tartarie, de Guillaume de Rubruquin en Tartarie et en Chine... Suivis des Additions de Vincent de Beauvais et de l'Histoire de Guillaume de Nangis..... Paris, impr. Béthune, 1830. In-8, d.-rel. mar bleu, tête marbr., ébarbé.

Édition moderne du recueil de *Bergeron*. Cf. nos 1080-81.

1354. Verscheide Voyagien, ofte Reysen : Gedaen door Jonck-hr Joris vander Does na Costantinopelen. Heer Adrian de Vlaming na Hierusalem. Den Factoor van den Koning van Portugael door verscheyde landen. Nicolaes Clenard na Turckyen, ende andere plaetsen. Alle by een versamelt door een Lief-hebber der selver. Dordrecht, Vinçent Caeymacx, 1652. — Voyagien, ende Beschryvinge van 't Koninckrijck van Siam. Moscovien, ofte Rus-landt. Ys-landt ende Groen-landt... Dordrecht, Vinçent Cacymacx, 1652. Front. et pl. 2 tomes en 1 vol. in-8, rel. mar. gren., tr. dor. (Chambolle-Duru).

> Le premier de ces deux recueils est dû à *Adrian van Nispen*. Le voyage à Jérusalem de *Van Vlaming* a été effectué en 1565 ; *L. Danckaert* est l'auteur de la Description de la Russie et des pays du Nord. Dans le premier de ces recueils chaque voyage a un titre particulier, mais la pagination se suit; les voyages de Siam et de Russie contenus dans le second ont chacun un titre et une pagination à part.

1355. **Vlassov**. Les voyages des Russes aux Lieux Saints. St Pétersbourg, 1837. 2 parties en 1 vol. petit in-8, d.-rel. v., tête peigne, non rogn., couv. (*En Russe*). — **Ponomarev** (S.). Jérusalem et la Palestine dans la littérature et l'art russes. Matériaux bibliographiques. St Pétersbourg, 1877. [Suppl. au vol. xxx. des *Mém. de l'Ac. des sciences*]. In-8, rel. t., non rogn., couv. (*En Russe*).

1356. Die Jerusalemfahrten der Grafen Philipp, Ludwig (1484) und Reinhard von Hanau (1550). Herausgegeben von *Reinh. Röhricht*. Separatabd. In-8, br. — **Kaltner** (Johann Aloys). Die erste deutsche Pilgerfahrt nach Jerusalem und Palästina. Original Mittheilung. Salzburg, Oberer, 1855. — **Kamann** (J.). Die Pilgerfahrten Nürnberger Bürger nach Jerusalem im 15e Jahrhundert, namentlich die Reiseberichte des Dr med. *Hans Lochner* und des *Jörg Pfinzing*. Nürnberg, Campe & Sohn, 1880. Ensemble 2 plaq. in-8 et in-12 avec cartes géog., rel. toile. — Vier rheinische Palaestina-Pilger-schriften des xiv. xv und xvi Jahrhunderts. Aus den Quellen mitgetheilt und bearbeitet von *Ludwig Conrady*. Wiesbaden, Feller und Gecks, 1882. 1 vol. in-8, d.-rel. veau, tête peigne, non rogn.; au dos, chiffre du comte Riant. — **Rieter**. Das Reisebuch der Familie Rieter, herausgegeben von *Reinhold Röhricht* und *Heinrich Meisner*. [168e publication du « Literarischer Vereins in Stuttgart. »] Tübingen, Laupp, 1884. In-8, rel. t., couv. Ensemble 5 vol. ou plaq.

JOURNAUX ET REVUES

1357. DAS HEILIGE LAND. Organ des Vereines vom heilige Grabe. Hrsgg. v d. Vorstandes des Vereines zum Besten des heiligen Landes. Köln,

Bachem, 1857-1884. Ensemble 8 vol. grand in-8, d.-rel. chag. rouge, tête marbr., non rogn., au chiffre du comte Riant, et 1 vol. (1884) en livraison.

1358. **Luncz** (Abr. Mose). Jerusalem. Jahrbuch zur Beförderung einer wissenschaftlich genauen Kenntniss des jetzigen und des alten Palästinas. Herausgegeben unter Mitwirkung von Fachmännern in heiligen Lande und ausserhalb desselben... I Jahrgang 5640/1 = 1881. Wien, G. Brög, 1882. In-8, cart. perc. br.

Textes allemand et hébreu.

1359. Neueste Nachrichten aus dem Morgenlande. Herausgegeben von C. Hoffmann, unter Mitwirkung v. Dr. Kögel u. Strauss. Berlin, W. Schultze, 1881-1884. In-8, d.-rel. chag. r.

Ce volume renferme les tomes 25, 26, 27 et 28.

1360. Palestine Exploration Fund. London, Bentley, 1869-1886. Ensemble 9 vol. in-8, avec figg. et planches; les années 1869 à 1882, rel. toile (couvert.); le reste en fascicules.

1361. The Survey of Western Palestine. Memoirs of the Topography, Orography, Hydrography, and Archæology by Lieut. *C. R. Conder*, and lieut. *H. H. Kitchener*. London, Palmer, 1881-83. *4 vol. avec figg., pl. noires et en couleurs et cartes*. — Special papers on Topography, Archæology, Manners and Customs, etc. London, 1881. *1 vol. avec cartes et pl.* — Jerusalem, by col. *sir Charles Warren* and captain *Claude Reignier Conder*. London, 1884. *1 vol. avec figg. et cartes*. — The Fauna and Flora of Palestine by *H. B. Tristram*. London, 1885. *1 vol. avec figg. et pl. en couleurs*. Ensemble 7 vol. in-4, rel. toile. Mouillures à quelques vol. — **Socin**. The Survey of Western Palestine. Extr. *S. l. n. d. n. typ*. In-8, cart.

1362. La Terra Santa. Periodico mensile illustrato... Direttore *Niccolò Martelli*. Années 1876 (origine) à 1880 incl. 1 vol. in-8, cart. Années 1881 à 1885 incl., en livraisons.

1363. La Terre-Sainte. Journal bi-mensuel des Lieux Saints. 1875 (origine) à 1884 incl. 3 vol. grand in-8, d.-rel. chag. r., tr. dor., non rogn.; au dos, chiffre du comte Riant. Années 1885-1887 en livraisons; il manque celle du 15 août 1885.

1364. Zeitschrift des Deutschen Palaestina-Vereins. Herausgegeben... von *Hermann Guthe*. Leipzig, K. Bædeker. Années 1878 (origine, tome I) à 1885. Ensemble 3 vol. in-8, d.-rel. chag. rouge, non rogn., couvert., au chiffre du comte Riant.

2. Auteurs et voyageurs jusqu'en l'an 1000.

1365. **Adamnan**. Adamnani Scotohiberni De situ Terræ Sanctæ et quorundam aliorum locorum, vt Alexandriae et Constantinopoleos, Libri tres. Ante annos nongentos, & amplius conscripti et nunc primum in lucem prolati, studio Jacobi Gretseri, S. J... Accessit eorundem librorum Breuiarium, seu Compendium, Breuiatore Venerabili Bedâ... Ingolstadii, apud Elisabetham Angermaniam vid. Sumptibus Ioannis Hertsroy, Anno MDCXIX. In-4, rel. peau de truie estamp., fermoirs en cuivre.

> *Saint Adamnan* (625-705), abbé du monastère fondé à Hy par saint Columban, écrivit une description de la Terre Sainte d'après les récits d'un certain évêque *Arculfe*, pèlerin des Saints Lieux, qu'un naufrage avait jeté sur les côtes de Bretagne. Cette première édition de 1619 a été donnée par le jésuite *J. Gretser*; Mabillon en a donné une nouvelle et meilleure dans les *Acta ord. S. Bened.* M. Delpit a publié également ce texte à la suite de son étude sur les anciens pèlerinages de Jérusalem. (Cf. n° 1332.)
>
> On trouve sous la même reliure un ouvrage de *Chr. Gewold* : « De sacr. rom. Imperii Septemviratv commentarivs... An. MDCXVI editus : nunc recognitus ab eodem et auctus. Ingolstadii, Typis W. Ederi, MDCXXI. »

1366. **Antonin Auguste.** Itinerarivm Antonini Avgvsti, et Bvrdigalense. Quorum hoc nunc primum est editum : Illud ad diuersos manusc. Codices & impressos comparatum, emendatum, & Hieronymi Svritæ Cæsaraugustani doctissimo commentario explicatum. cIɔ Iɔc. Coloniæ Agrippinæ, In officina Birckmannica sumptibus Arnoldi Mylij. In-8, 10 ffnc., 671(1) pp., 22 ffnc. (le dernier blanc), rel. vél.

> Cette édition de l'Itinéraire d'Antonin, auquel on a ajouté l' « Itinerarium Burdigalense », est due à *André Schott* et a été considérée comme la meilleure, jusqu'à l'apparition de celle de Wesseling; celui-ci a profité des notes des précédents éditeurs, notamment de *Simler*, de *Surita* et de *Schott*. Cf. n°s 638 et 1116.

. 1367. — Vetera Romanorum Itineraria, sive Antonini Augusti Itinerarium, cum integris Jos. Simleri, Hieron. Suritæ et And. Schotti notis. Itinerarium Hierosolymitanum; et Hieroclis Grammatici Synecdemus. curante Petro Wesselingio, qui & suas addidit adnotationes. Amstelaedami, Apud J. Wetstenium & G. Smith, 1735. In-4, rel. vél., fers à froid.

> Le Synecdemus (ou Compagnon de voyage) de *Hiéroclès* est une intéressante notice de l'empire byzantin, composée au vi° siècle. Cf. n° 647.

1368. Itinerarium Antonini Augusti et Hierosolymitanum, ex libris manu scriptis ediderunt *G. Parthey* et *M. Pinder*, accedunt duae tabulae. Berolini, Frid. Nicolai, 1868. In-8, cart. perc.

1369. **Antoninus martyr.** De locis sanctis quæ perambulavit Antoninus martyr circa A.D. 570. Nach Hand- und Druckschriften mit Bemerkungen herausgegeben von *Titus Tobler*. St Gallen, Huber, 1863. In-8, rel. toile. — **Tuch** (F.). Antoninus martyr, seine Zeit und seine Pilgerfahrt nach dem Morgenlande. Leipzig, A. Edelmann, 1864. In-4, cart.

Cf. n° 1339.

1370. **Eusèbe de Césarée.** Onomasticon urbium et locorum Sacrae Scripturae. Graece cum latina Hieronymi interpretatione ediderunt *F. Larsow* et *G. Parthey*. Berolini, F. Nicolay, 1862. 1 vol. in-12, d.-rel. veau br., non rogn., couv., avec 1 carte de la Palestine. — **Lagarde** (P. de). Onomastica Sacra. Gottingae, A. Rente, 1870. 2 tomes en 1 vol. in-8, rel. toile, non rogn.

1371. GALLA PLACIDIA : **Pavirani** (D. P.). Memorie istorische della vita e governo di Galla Placidia, madre e tutrice di Valentiniano III. Ravenna, nella tip. del v. seminario arciv., 1848. In-8, br. (1 planche). — **Kohler** (C.). Note sur un manuscrit de la bibliothèque d'Arezzo. Nogent-le-Rotrou, Daupeley-Gouverneur, 1884. — *Du même.* Le voyage d'une femme en Orient vers le ve siècle de notre ère. (Feuilleton du *Moniteur universel* du 20 juin 1884.) Plaq. in-8, rel. toile.

1372. SAINTE HÉLÈNE : **Grundt** (Friedrich). Kaiserin Helena's Pilgelfahrt nach dem heiligen Lande. [Programm.] Dresden, Lehmann, 1878. In-4, cart. pap. — Incerti auctoris de Constantino magno eiusque matre Helena libellus. E codicibus primus edidit *E. Heydenreich.* Lipsiæ, Teubner, 1879. In-12, rel. toile, couv. — **Toupin** (Abbé H. C.). Histoire de Sainte Hélène, mère de l'empereur Constantin. Tours, Cattier, 1882. Vol. in-8, d.-rel. mar. vert, tête lim. ; au dos, chiffre du comte Riant, avec une lettre de l'auteur au comte Riant.

1373. **Istakhrî.** كتاب مسالك و ممالك تصنيف ابن حوقل The oriental Geography of Ebn Haukal, an Arabian traveller of the tenth Century. Transl. from a Ms. by *Sir William Ouseley.* London, Wilson, 1800. 1 vol. in-4, rel. toile, non rogn.

Ce texte, attribué par W. G. Ouseley au persan *Abou'l Kasim Ibn Haukal,* n'est autre qu'un remaniement du texte du voyageur-géographe *Abou Ishak el Färisi el-Istakhri,* qui vivait également au milieu du xe siècle.

1374. Itinerarivm || a Bvrdigala || Hiervsalem vsq. || & ab Heraclea per || Aulonam & per || Vrbem Romam || Mediolanum || vsque, || Ante annos mille & ducentos sim-||plici sermone scriptum, ex || antiquissimo exemplari || nunc primum || editum. || cIɔ Iɔ LXXXVIIII. Plaq. in-4 (form. in-16) de 18 ffnc., rel. mar. jans., tr. dor., dent. int. (Dupré).

Cette première et rarissime édition de l' « Itinerarium Burdigalense » est due au savant P. Pithou qui l'a donnée d'après un manuscrit lui appartenant et passé maintenant à la Bibliothèque nationale. A notre avis, l'édition de 1688, dont parle Walckenaër (dans l'Hist. des Croisades, de Michaud), n'a jamais existé, et cette date provient d'une erreur de lecture. Cet Itinéraire a été imprimé dans un grand nombre de recueils.

1375. Itinéraire de Bordeaux à Jérusalem. [Publié par *Anatole de Barthélemy* dans la *Revue archéologique,* n^{lle} série, t. X, 1864.] In-8, d.-rel. chag. — **Aurès.** Concordance des vases Apollinaires et de l'itinéraire de Bordeaux à Jérusalem... et comparaison de ces textes avec l'itinéraire d'Antonin et avec la table Théodosienne. Nîmes, Clavel-Ballivet, 1868. In-8, d.-rel. veau.

1376. **Aurès.** *Ut supra.* In-8, d.-rel. chag., tête dor., non rogn.

Exemplaire dans lequel on a inséré plusieurs lettres de l'auteur.

1377. SAINT JÉRÔME ET SAINTE PAULE : **Bernard** (Abbé Eugène). Les voyages de Saint Jérôme, sa vie, ses œuvres, son influence. Paris, Douniol, 1864. 1 vol. in-8, rel. toile. — **Lagrange** (L'abbé Paul). Histoire de Sainte Paule. Paris, Poussielgue, 1857. 1 vol. in-8, d.-rel. mar. vert, coins, tr. peigne, avec 1 pl. — **Thierry** (Amédée). Saint-Jérôme, la société chrétienne en Occident. 2ᵉ *édition*. Paris, Didier, 1875. 1 vol. in-8, rel. toile, non rogn., couvert.

Cf. nᵒˢ 1339, 1348.

1378. **Willibald** (Saint). Hodoeporicon S. Willibaldi oder die Pilgerfahrt des h. Willibald nach Rom und Jerusalem. Neue Ausgabe. (*Programm*.) Eichstätt, Brönner, 1857. In-4. rel. toile. *Exemplaire avec annotations marginales de* Titus Tobler. — Hodoeporicon S. Willibaldi, oder S. Willibalds Pilgerreise geschrieben von der Heidenheimer Nonne, uebersetzt und erläutert von *Jakob Brückl*. [*Programm*.] Eichstätt, Dantler, s. d. (1881). In-8, cart. perc. — **Hahn** (Heinrich). Die Reise des heiligen Willibald nach Palästina. Berlin, Petsch, 1856. Plaq. in-4, rel. toile.

Cf. nᵒˢ 1343 et 1349.

1379. **Bernard le Sage.** Voyage de... et de ses compagnons en Egypte et en Terre Sainte [pub. p. *Francisque Michel*]. Extr. du *Rec. de la soc. géogr.*, 1839, IV. In-4, cart. — La Citez de Iherusalem. [Extr. fact. du Recueil de Descriptions de la Terre Sainte de *T. Tobler*, 1874.] In-8, d.-rel. chag.; au dos, chiffre du comte Riant. — **Philippus.** Descriptio Terrae Sanctae, herausg. u. erläut. v. *P. W. A. Neumann*. Separatabdruck aus der *Vierteljareschrift f. kath. Theologie*. Wien, 1872. In-8, rel. toile.

3. Auteurs et voyageurs du XIᵉ au XVᵉ siècle.

1380. **Abou'l fidâ.** Abulfedae Tabula Syriae cum excerpto geographico ex Ibn al Wardii geographia et historia naturali. Arabice nunc primum edidit, latine vertit, notis explanavit Io. Bernardus Kœhler. Accessere Io. Iacobi Reiskii, Animadversiones ad Abulfedam. Lipsiæ, Schœnemark, 1766. 1 vol. in-4, rel. veau olive rac., non rogn.

1381. — Géographie, traduite de l'arabe en français et accompagnée de notes et d'éclaircissements par *M. Reinaud*. Paris, Imp. Nat., 1848. 2 vol. in-4, d.-rel. veau brun.

1382. **Anglure** (Ogier d'). Le Saint Voyage de Jérusalem par le baron d'Anglure. 1395. Accompagné d'éclaircissements sur l'état présent des lieux saints. Paris, Pouget-Coulon, 1858. Vol. petit in-8 (in-16), d.-rel. chag., tête peigne, non rogn. (Dupré).

Ce voyage d'Ogier d'Anglure a été publié pour la première fois à Troyes, chez Moreau, dit Le Cocq, en 1621. On n'en connaissait en 1878 que deux exemplaires, l'un à la Bibl. de l'Arsenal, l'autre à la Bibl. Nationale. L'abbé *Domenech* en a donné cette seconde édition dans la *Bibliothèque catholique de voyages et de romans* dont elle forme le premier volume, mais le texte édité par l'abbé *Michon*, en 1621, est loin d'être correct. La rédaction de ce voyage a été attribuée à *Simon de Sarrebruche*, parent et compagnon de d'Anglure, et qui mourut dans l'île de Chypre avant le retour de ses compagnons.

1383. — Le Saint Voyage de Jérusalem. Paris, Didot, 1878. In-8, d.-rel. chag., tête peigne, non rogn.; au dos, chiffre du comte Riant.

Édition de MM. *François Bonnardot* et *Auguste Longnon* pour la Société des anciens textes français.

1384. **Benjamin de Tudèle**. Itinerarivm Beniamini Tvdelensis; in qvo res memorabiles, quas ante qvadragintos annos totum ferè terrarum orbem notatis itineribus dimensus vel ipse vidit vel à fide dignis suæ ætatis hominibus accepit, breuiter atque dilucidè describuntur; Ex Hebraico Latinum factum Bened. Aria Montano interprete. Antverpiæ, Ex officina Christophori Plantini, 1575. 1 vol. petit in-8 de 114 pp., 7 ffnc., rel. parch.

Ceci est la première traduction de l'*Itinéraire de Benjamin de Tudèle*; elle est due au fameux *Arias Montanus* et malgré quelques fautes est une des meilleures que l'on puisse trouver. L'*Itinéraire* se trouve dans plusieurs éditions du recueil de *Bergeron*. (Cf. n°s 1081, 1343, 1352.)

1385. — Itinerarium Benjaminis, Latine redditum operâ Const. L'Empereur. Lugd. Batavorum, Ex officinâ Elzeviriana, 1633. 1 vol. petit in-12, rel. vél.

Ce petit volume, qui fait partie de la collection elzévirienne des « Républiques », contient le texte hébreu et la traduction latine. Il est fort recherché et donne un excellent texte.

1386. — The itinerary of Rabbi Benjamin of Tudela, translated and edited by *A Asher*. London and Berlin, Asher, 1840. 2 vol. in-8, cart.

Le premier volume contient le texte et la traduction, le second est entièrement consacré à des notes et des essais. Cette édition est précieuse par la correction du texte et les savantes notes qui l'accompagnent.

— **Carmoly** (E.). Notice historique sur Benjamin de Tudèle. Nouvelle édition, suivie de l'Examen géographique de ses voyages par *J. Lelewel*. Bruxelles, Kiessling, 1852. In-12, rel. toile, 1 carte.

1387. **Brocard** ou **Burchard de Monte Sion**. Veredica Ter‖re Sancte : Regionūqʒ ‖ finitimarum : ac in eis ‖ mirabilium De=‖scriptio Nusqʒ ‖ antehac im=‖pressa. ‖ Ioan : R.K. Lectori. S.P.D. ‖ Accipe Borchardi patris : studiose libellum. ‖ Lector :... *Fnc. 96 r°, l. 23* : ℭ Liber descriptionis Terre Sancte :...‖... editus ab eruditissimo ‖ ʒ deuotissimo patre ordinis Predicatorum pro‖fessore Borchardo Alimano explicit. ‖ ℭ Impressum Venetijs in Edibus Joannis ‖ Tacuini de Tridino Anno M.D.XIX. die iiij. ‖ mensis Aprilis. Regnante inclito Leonar=‖do Lauretano Principe. In-8 goth. de 96 ffnc., sig. A-M, prép. p. rel.

Rare édition du voyage du dominicain allemand Burchard de Monte Sion (xiii° siècle); il parcourut diverses contrées de l'Orient et passa dix ans en Palestine. Son récit révèle chez lui de sérieuses qualités d'observation et de nombreux recueils en ont reproduit des fragments (n°s 1331-32, 1340). Suivant

M. Röhricht, cette édition de 1519 serait la troisième, mais le titre qu'il donne dans sa Bibliographie est quelque peu altéré, c'est ainsi qu'il fait du doge Lauretanus (Loredano) un Laurentius. Cette édition est due au dominicain *Jean de Romberch*.

1388. Burchard de Monte Sion. De dimensione terræ et geometrice nvmerandis locorum particularium interuallis ex doctrina triangulorum sphæricorum & canone subtensarum Liber, denuo editus, sed auctius multo & correctius quam antea. Avtore Casparo Peucero. — Descriptio locorvm Terræ Sanctæ exactissima autore quodam Brocardo Monacho. Aliquot insignivm locorum Terræ Sanctæ explicatio & historiæ per Philippvm Melanthonem. Wittebergæ. M.D.LIII. *In fine* : Wittebergæ, Excudebat Iohannes Crato. In-8 de 8 ffnc., 287(1) pp., rel. vél. — Collation der Baseler Handschrift des Burchardus de Monte Sion, mitgetheilt von *J. C. M. Laurent*... [Abd. a. d. *Intelligenz-Blatt zum Serapeum*, 1868.] In-8, cart.

1389. Burchard de Strasbourg et **Thietmar.** Voyages faits en Terre Sainte par Thetmar en 1217 et par Burchard de Strasbourg en 1175, 1189 ou 1225, publiés par le baron *Jules de Saint Genois*. [Mém. de l'Acad. de Bruxelles, XXV et XXVI], 1858. In-4, rel. toile. — **Laurent.** Burchard von Strassburg. [Serapeum, n° 10.] 1858. In-8, cart. — *Le même*. [Separatabdruck.] Leipzig, Weigel, 1858. In-8, cart. — **Thietmar.** Magister Thetmars Reise nach Palästina und Egypten, in Anfang des 13. Jahrhunderts. Bearbeitet... von *J. A. Sprecher von Bernegg*. [Malten, Neue Weltkunde.] Frankfurt, 1844. In-8, rel. toile. — Magistri Thetmari Iter ad Terram Sanctam anno 1217, ex codice ms. edidit *Titus Tobler*. St Galli et Bernæ, Huber, 1851. In-12, rel. toile. — Historia de dispositione terre sancte... recensuit *J. M. C. Laurent*. Particula I. [Hamburg], typis Meissneri, 1852. In-4, rel. toile. — Mag. Thietmari Peregrinatio... edidit *J. M. C. Laurent*. Hamburgi, Th. Meissner, 1857. In-4, rel. toile. Ensemble 7 plaq. in-4, in-8, in-12, cart. ou rel. toile.

1390. Daniel (L'Higoumène). Pèlerinage en Terre-Sainte au commencement du XII° siècle (1113-1115), traduit pour la première fois, accompagné de notes critiques et suivi du texte russe, par *Abraham de Noroff*. Saint-Pétersbourg, 1864. 1 vol. grand in-4, avec 5 cartes et planches (fac-sim.), d.-rel. chag. r., non rogn., au chiffre du comte Riant.

1391. — Le manuscrit à figures du voyage de l'Higoumène Daniel, dit Daniel le Pèlerin, publié par *Vénévitinov*. [suivi de :] Une homélie Russe du XI° siècle sur le transport des reliques de S. Nicolas le Thaumaturge et ses sources occidentales, par *I. Chlapkine*. Saint-Pétersbourg, 1881. 1 vol. grand in-8, d.-rel. mar. rouge, coins, tr. dor., non rogn. (planche).

En russe. Publication de la *Société des anciens textes russes*. Cf. n°s 1339, 1347.

1392. Esthori ben Mose ha-parach. Caftor wa-pherach auctore Pharchi (Parchi) liber, in quo de ritibus Terram Sanctam spectantibus nec non de Geographia, Antiquitatibus, Nummis, etc... eodem pertinentibus agitur.

Denuo edidit... *Hirsch Edelmann.* Berolini, J. Sittenfeld, 1852. In-8, d.-rel. mar. gren., tête lim., non rogn., couv.; au dos, chiffre du comte Riant.

1393. FOULQUES NERRA : **Salies** (Alexandre de). Histoire de Foulques Nerra comte d'Anjou....., suivie de l'Office du Saint Sépulcre de l'abbaye de Beaulieu..... avec 12 planches et 1 grande carte. Paris et Angers, 1874. In-12, rel. toile, couv.

1394. **Frescobaldi** (Leonardo). Viaggio di Leonardo di Niccolo Frescobaldi Fiorentino in Egitto e in Terra Santa, con un discorso dell' Editore sopra il commercio degl'Italiani nel Secolo XIV. Roma, Mordacchini, 1818. Vol. in-8, d.-rel. bas.

> Première édition publiée par *Guglielmo Manzi*. Intéressant ouvrage dont l'auteur, après avoir parcouru l'Orient, en 1384-85, remplit les fonctions d'ambassadeur de sa patrie à Rome.

1395. — Viaggio in Egitto e in Terra Santa, con le relazioni del Nilo, del Pretegianni, del Mar rosso e della China, operette del *C. Lorenzo Magalotti*... Parma, Fiaccadori, 1845. In-12, cart., non rogn. — **Gargiolli** (Carlo). Viaggi in Terra Santa di Leonardo Frescobaldi... e d' altri del secolo XIV. Firenze, Barbera, 1862. Petit in-32, d.-rel. chag. f.

> Gargiolli a édité, avec le voyage de Frescobaldi, ceux au Sinaï de *Simone Sigoli* (cf. n° 1778), de *Giorgio Gucci* et d'un anonyme. (Cf. n° 1407).

1396. HENRI LE LION, DUC DE BAVIÈRE : **Clodius** (Christian Conrad). Dissertatio exponens Henrici Leonis, ducis Bavariæ et Saxoniæ, Iter Hierosolymitanum. Helmstadi², Typ. Hammii, (1711). Plaq. in-4, rel. toile. — **Henichius** (Ad. Wilh.). De itineribvs religiosis qvorvndam principvm gvelphicorvm in Palaestinam. Helmaestadii, Pavl. Dieteric. Schnorr, (1714). In-4, rel. vél. — **Reichmann** (Georgius Beniamin). De itinere armato et curioso quorundam principum Guelphicorum in Palaestinam... Helmstadii, Paulus Dieter. Schnorr, 1724. In-4, cart. perc. — **Wigger** (Dʳ F.). Die Wallfahrt des Obotritenfürsten Pribislav und des Grafen Gunzel I. von Schwerin mit Herzog Heinrich dem Löwen. (Abd. a. d. *Jahrbücher des Vereins f. meklenb. Gesch.*, XL.) In-8, cart. Ensemble 4 plaq.

1397. **Ludolf de Sudheim** ou **de Suchem**. Ludolphi rectoris ecclesiæ parochialis in Suchem, de Itinere Terræ Sanctæ Liber... herausgg. von Dʳ *Ferdinand Deycks*. Stuttgart, auf K. des lit. Ver., 1851. In-8, d.-rel. v. f., tête lim. — Reisebuch ins heilige Land, in niederdeutscher Mundart, herausgg. von *J. G. L. Kosegarten.* Greifswald, Roch, 1861. In-4, rel. vél. — **Deycks**. Ueber ältere Pilgerfahrten nach Jerusalem mit besonderer Rücksicht auf Ludolf's von Suchem Reisebuch des heiligen Landes. Münster, Regensberg, 1848. In-8, rel. toile.

> Cf. une édition incunable, n° 58

1398. **Mandeville**. The Voiage and Travaile of sir John Maundeville, Kᵗ. wich treated of the way to Hierusalem; and of Marvayles of Inde, with other

Ilands and Countryes. Now publish'd entire from an Original Ms. in the Cotton Library. London, Woodman, Lyon and Davis, 1727. In-8, rel. veau, ex-libris d'Edward Shipperdson.

Édition très estimée.

1399. Mandeville. The Voiage and Travaile of sir John Maundeville, Kt... Reprinted from the Edition of A. D. 1725 with an introduction, additional notes, and glossary by *J. O. Halliwell*. London, Lumley, 1839. In-8, rel. toile (édit.), 1 planche et fig. d'après les anciens bois.

Cette édition débute par la préface de l'édition anglaise de 1727.

1400. — I viaggi di Gio. da Mandavilla. Volgarizzamento antico Toscano ora ridotto a buona lezione coll' aiuto di due testi a penna, per cura di Francesco Zambrini. Bologna, Romagnoli, 1870. 2 tomes en 1 vol. in-8, d.-rel. chag., tête lim., non rogn.; au dos, chiffre du comte Riant.

Tirage à 206 exemplaires numérotés. N° 25.

1401. — Mandevilles Rejse i gammeldansk oversættelse tillige med en vejleder for pilgrimme, efter Håndskrifter udgiven af *M. Lorenzen*. København, L. Møller, 1882. In-8, d.-rel. veau, tête lim., ébarb., couvert.; au dos, chiffre du comte Riant. — Das engländischen Ritters Herrn Hansen von Montevilla Reise nach Palästina, Jerusalem... und andere fern abgelegene Königreiche und Länder. Von ihm selbst beschrieben. Frankfurt a. M., Winter, *s. d.* In-12, rel. toile.

1402. Mandeville : **Bovenschen** (Albert). Untersuchungen über Johann von Mandeville und die Quellen seiner Reisebeschreibung. [Tirage à part de la *Ztschrft. d. Ges. f. Erdk. z. Berlin.* T. XXIII.] — *Du même*, Die Quellen für die Reisebeschreibung des Johann von Mandeville. Berlin, Pormetter, 1888. In-8, br., 2 pl. — **Schönborn** (Carl). Bibliographische Untersuchungen über die Reise-Beschreibung des Sir John Maundeville. Breslau, Grass, Barth und Comp., 1840. In-4, rel. toile.

1403. Nassiri Khosrau. Sefer Nameh. Relation du voyage de Nassiri Khosrau en Syrie, en Palestine, en Égypte, en Arabie et en Perse pendant les années de l'hégire 437-444 (1035-1042) pub. par *Charles Schefer*. Paris, Leroux, 1881. Grand in-8, d.-rel. mar., coins, tête dor., ébarb.; planches en chromo-lith., couvert.; au dos, chiffre du comte Riant,

Publication de l'École des langues orientales vivantes.

1404. Petachja (le Rabbin). סברב העולם. Tour du Monde ou Voyages du Rabbin Péthachia, de Ratisbonne, dans le douzième siècle; publiés en hébreu et en français, accompagnés de notes historiques, géographiques et littéraires, par M. E. Carmoly. Paris, Impr. Royale, 1831. In-8, cart. perc.

1405. Oderic de Pordenone. Storia di Cambanau, di Taid e d' altri luoghi dell' India, narrata dal beato Odorico del Friul, anno M CCC XXX. Bologna, Fava e Garagnani, 1866. [*Per Nozze.*] In-32, rel. toile. — **Venni** (Giuseppe).

Elogio storico del beato Odorico dell' ordine de' minori conventuali con la storia da lui dettata de' suoi viaggj Asiatici, illustrata da un religioso dell' ordine stesso... Venezia, Presso Antonio Zatta, 1761. In-4, 1 carte et 2 pl. — L'Itinerario del beato Odorico Mattiussi. Discorso con Appendici. Udine, tip. Jacob e Colmegna, 1865. In-8, rel. toile, couv. — Sopra la vita e i viaggi del beato Odorico da Pordenone dell' ordine de' minori. Studi con documenti rari ed inediti del Fr. *Teofilo Domenichelli*, sotto la direzione del P. *Marcellino da Civezza*. Prato, Giusti, 1881. In-8, avec 1 carte, rel. toile, non rogn.

Cf. nos 1329, 1342.

1406. Poggibonsi (Fra Niccolò da). Libro d' Oltramare, pubblicato da *Alberto Bacchi della Lega*. Bologna, Romagnoli, 1881. 2 tomes en 1 vol. in-12, d.-rel. chag. r., non rogn., au chiffre du comte Riant.

« Scelta di curiosità letter. ined. o rare dal secolo xiii al xvii. »

1407. — Viaggio da Venezia a Gerusalem... testo inedito del secolo xiv, edito da *Carlo* e *Clelia Volpe*. [*Per Nozze* Casoni-Narduzzi.] Imola, Galeati, 1872. In-8, rel. toile, couv. — Viaggi in Terra Santa, descritti da un anonimo trecentista e non mai fin qui stampati [*Per Nozze* pub. p. *Michele Melga*.] Napoli, Stamp. del Fibreno, 1862. In-8, rel. toile. —

Le voyage de Niccolò da Poggibonsi a été effectué en 1345 ; environ trois ans après avait lieu celui du voyageur anonyme, publié par Melga, et dont C. Gargiolli a également donné une édition, jointe à celle du voyage de Frescobaldi. (*Vid. sup.* n° 1395.)

1408. Recueil de Wid-lin, 1360 ; manuscrit de la bibl. de Gand, publié par *J. Martinov*, *S. J.* Saint-Pétersbourg, 1882. Extr. des *Monum.* [russes] *d'ancienne littérature*, n° XIV. In-4, rel. toile, 5 pl. fac-sim.

Description des Lieux Saints en slavon.

1409. Ricold de Monte Croce. Itinerario ai paesi orientali di fra Riccoldo da Monte di Croce, domenicano, scritto del xiii. secolo dato ora in luce da *fra Vincenzio Fineschi*... Firenze, Francesco Moücke, 1793. In-8, rel. veau. — Viaggio in Terra Santa... Volgarizzamento del secolo xiv... (Edizione de 150 Esemplari, n° 69.) Siena, A. Mucci, 1864. In-8, rel. toile.

Cf. nos 1389, 1342.

1410. Symon Simeon. Itineraria Symonis Simeonis et Willelmi de Worcestre. Quibus accedit Tractatus de Metro..... edidit *Jacobus Nasmith*. Cantabrigiæ, 1778. In-8, d.-rel. veau, coins (rel. anglaise).

Le premier voyage, qui occupe les pp. 3-73, concerne seul la Terre Sainte ; il a comme titre particulier : « Itinerarium Symonis Simeonis, et Hugonis Illuminatoris ad Terram Sanctam. » Les deux voyageurs étaient frères mineurs, et l'un deux au moins, Siméon, rédacteur de « l'Itinerarium », était irlandais.

1411. Sæwulf. Relation des voyages de Sæwulf à Jérusalem et en Terre Sainte pendant les années 1102 et 1103, publiée pour la première fois... par M. *d'Avezac*. [Mém. de la Soc. de géog. de Paris]. Paris, 1839. In-4, rel. toile.

Cf. n° 1345.

1412. al-Idrisî. Palaestina et Syria, arabice.... edidit *J. Gildmeister.* Formis C. Georgii, typ. Bonnensis, 1885. — **J. Gildemeister.** Beiträge zur Palästinakunde aus arabischen Quellen. [*Zeitschr. d. Paläst-Ver.*, VIII.] Ensemble 1 plaq. in-8, cart. — **Kremer** (A. von). Des Scheichs Âbd-ol-Shanîj-en-Nabolsî's Reisen in Syrien, Aegypten und Hidschâf. (Vienne, Gerold, 1880). In-8, cart. — **Mehren** (A. F.). Syrien og Palestine. Studie efter en Arabisk Geograph [*Shems ed-Din Abu Abdallah Mohammed al-Dimischki*] fra Slutningen af det 13de og Begyndelsen af det 14de Aarhundrede. Kjöbenhavn, E. C. Gad, 1862. In-4, rel. toile. — **Wüstenfeld** (F.). Der Reisende Jâcût [*Jâkût-el Hamawi.*] als Schrifsteller und Gelehrter. Göttingen, Kaestner, 1865. In-12, cart. Ensemble 4 plaq.

1413. Jacob von Bern. [Pèlerinage en Terre Sainte (1346-1347). Extrait factice du recueil de M. M. *Röhricht et Meisner.*] In-8, cart. — **Karr** (Mme Alphonse). Le bienheureux Réginald d'Orléans, maître en l'Université de Paris, Doyen de Saint-Aignan, Pèlerin de Rome et de Jérusalem, l'un des premiers compagnons de St Dominique. Étude sur une page de l'histoire du xiiie siècle. Paris, Lethielleux, 1876. Plaq. in-12, cart. — **Neubauer** (A.). Une pseudo-biographie de Moïse Maïmonide. [Extr. de la *Rev. des études juives*, 1882.] In-8, cart. — **Pauli** (R.). Ueber ein Rechnungsbuch zur zweiten kreuzfahrt des Grafen Heinrich von Derby, nachmaligen Königs Heinrich IV. von England aus den Jahren 1392/93. [Nachrichten von der *Königl. Gesellsch. der Wiss... zu Göttingen*, 1880-81.] In-12, cart. — **Tudebode.** Mémoires de l'historien Pierre Tudebodus ou Tudebeuf sur son pèlerinage à Jérusalem, traduits du latin avec notes, tables... par *Stephen de Goy.* Quimper, Av. de Kérangal, s. d. (1878). in-8, d.-rel. v. f. On a joint à cet exemplaire des lettres et des comptes rendus critiques. — **Wilbrand von Oldenburg.** Reise nach Palaestina und Kleinasien, lateinisch und deutsch, herausgegeben von *J. C. M. Laurent.* Hamburg, Th. Got. Meissner, 1859. In-4, d.-rel. chag. n. Ensemble 6 vol. ou plaq.

4. XVe siècle.

1414. Adorne : La Coste (E. de). Anselme Adorne, sire de Corthuy, pèlerin de Terre Sainte. Sa famille, sa vie, ses voyages et son temps. Bruxelles, Muquardt, 1855. In-8, rel. toile. — **Gailliard** (J.). Recherches sur l'église de Jérusalem à Bruges. Bruges, Gailliard, 1843. In-4, rel. toile, avec 13 pl. lithog. et titre front. gravé.

1415. Bianco (Fra Noé) [*Viaggio da Venezia al S. Sepolcro, e al monte Sinaï...*]. *Fnc. 128 (dernier) recto l. 12* : ℭ Finito el santissimo viagio de Hierusalem noua-‖ mente stampato per Nicolo ditto zopino : e Vin-‖centio compagno nel anno dela incarnatione Del ‖ nostro signore. M.cccc.xxi. adi. xix. de Marzo. ‖ Regnante linclito Principe Leonardo Loridano. *Au dessous,* *la marque de Nic. Zoppino; verso blanc.* Petit in-8, rel. parchem., avec figg. sur bois. car. rom. et goth., 30 ll. ll., signat. A.-Q., par 8 ff., figg. sur bois, dérel.

On ne sait presque rien sur *Noé Bianco*, Franciscain, auteur de ce voyage, et on l'a souvent confondu avec le religieux servite du même nom; ce dernier est très postérieur au Franciscain qui a dû faire son voyage avant 1470, comme l'a démontré le P. Marcellino da Civezza (*Sagg. di Bibl. San Francesc.*, p. 428). Ce voyage du Franciscain Noé Bianco a été fort souvent imprimé. La plus ancienne édition, mentionnée par les bibliographes, serait le livre intitulé : Viazo da venesia al sancto iherusalez. et al monte sinai sepul||cro de sancta chaterina... imprimé à Bologne, par Iustinianio da Rubiera, en 1500. In-fol. Cette édition est fort rare. (Un exemplaire incomplet a passé en vente à Paris, en 1872, Catal. de Saulcy, n° 110). Hain n'a pas connu cet incunable, mais *Audiffredi* l'a décrit suffisamment (Specim. Hist. crit. edit. italic. sæc. xv. Rome, 1794, p. 129, n° XVI.), et on peut s'étonner que M. Röhricht ait préféré la mention sans valeur de Ternaux-Compans (*Bibl. as. & afr.*, n° 64) à celle d'Audiffredi ou même à celle de *Brunet* (Manuel, V, col. 1166). Cela a conduit M. Röhricht à donner comme auteur de cette relation, *Jean Cola* qui a signé l'épître dédicatoire de l'édition de 1500, adressée à Giberto Pio, prince de Carpi. Audiffredi fait cette remarque : « Nullibi, quod advertere potuerim, nominatur ejus auctor ».

Ce voyage est illustré de figures sur bois très nombreuses et qui sont, en somme, les mêmes dans toutes les éditions; l'une d'elles (vue de Venise) a été employée en 1521, dans l'ouvrage intitulé : *Paesi nouamente ritrouati*... Cf. Catal. Rothschild, n° 1951. Les planches primitives ont servi à plusieurs éditions, puis ont été copiées à diverses reprises, devenant d'une exécution de plus en plus grossière. Dans l'édition de 1500, il y a des figures signées (dit Brunet) *Piero Ciza. fe, questo in tagio*. Le dessinateur des figures qui se trouvent au n° 1416 et dans les éditions ci-après décrites semble avoir eu connaissance des planches exécutées par Reuwich d'Utrecht, pour le voyage de Breydenbach, et qui figurent dans l'édition latine imprimée, en 1486, à Mayence, attribuée aux presses de Schœffer. (Cf. n° 19.) Disons en passant que nous ne croyons pas, comme le fait M. Röhricht (p. 159), que ce voyage de Noé Bianco soit une traduction, ou même seulement une adaptation italienne du voyage de Breydenbach; mais nous avons remarqué que plusieurs narrations postérieures, notamment celle de *Gabriel Giraudet* (n° 1481), présentent de nombreuses conformités de texte avec la relation de fra Noé, et leurs auteurs ont dû certainement s'inspirer de ce manuel dont la vogue a duré plusieurs siècles.

L'édition de 1521 doit se composer de 128 ffnc. Notre exemplaire est en très mauvais état et ne contient que 98 ffnc.; *le 1ᵉʳ f. présent est le fnc. 10 signé Bii, au recto fig. sur bois et au-dessous* : Questi sono li homini & religiosi di Candia ritrati|| dal suo naturale. De plus presque tous les feuillets sont remontés ou raccommodés et plusieurs d'entre eux ont été atteints au milieu du texte par une brûlure. Nous avons conservé cette édition à cause de sa date et des gravures dont l'exécution n'est pas sans mérite; elles paraissent être le premier tirage fait avec des planches qui ont peut-être servi à imprimer les figures des éditions mentionnés ci-après. (n°ˢ 1418-1420.)

1416. — [*Viaggio da Venezia al S. Sepolcro, e al monte Sinaï...*] *Exemplaire incomplet; le 1ᵉʳ f. présent est le f. 3 ; recto encadrement gr. sur bois, texte incipit:* Jesu filii Dei miserere || [*en rouge* :] mei. Qui crimina tollis. Ora sia || con noi la potentia di Dio pa||dre : e la sapientia di dio fi||gliolo e la virtu de lo || spiritu sancto bea-||tissima trinita-||de. Amē. || ✠ || [*En 'noir*] Q Uesto infra-scripto via||gio del sanctissimo se-||pulchro del nostro Si-||gnore... Petit in-8, rel. mar bleu, tr. dor.

Exemplaire défectueux, contenant 114 ffnc., au lieu de 128 (au moins) que doit contenir cette édition imprimée en r. et en n., en car. goth., 3 gr., 28 ll. ll., signat. A-Q (?) par 8 ff. avec figg., encadr., et init. gr. sur bois.

1417. Bianco (Noé). Viaggio da Venetia al || Santo Sepolchro et al monte || Sinai, con disegni de paesi, città, porti & chiese & || santi luoghi, Con molte altre santimonie nuo-||uamente ac cresciuto & emendato. || [*Fig. sur bois : Venise.*] *Fnc. 104 recto l.* 25 : In Vinegia appresso. Giouanni Varisco, || & compagni. M D LXIII. *verso blanc.* Petit in-8, 104 ffnc., rel. parch.. avec figg.

Les figures de cette édition sont celles qui ont servi à l'édition citée suprà n° 1416).

1418. — Viaggio || da Venetia || al santo sepolcro, || et al monte Sinai. || Col dissegno delle Città, Castelli, Ville, Chiese, Mona-||sterij, Isole, Porti, & Fiumi, che sin là si ritrouano. || Et vna breue regola di quanto si deue osseruar nel detto viaggio, e || quella che si pagha da luoco à luoco sì di datij, come d'altre cose. || Composto dal R. P. F. Noè dell'Ord. di S. Francesco. || Aggiuntoui il modo di pigliar le Sante Indulgenze, & à che || Chiese, Monasterij, & altri luochi siano concesse. || Di nuouo aggiuntoui vna Tauola che denota quante miglia || sono da luoco à luoco insino à Gierusalem. || *Fleurons typ. : 3 croix.*] || in Venetia 1645. Presso il Miloco. A. S. Lvca. Petit in-8, 96 ffnc., avec figg. sur bois, titre rouge et noir.

Les figures de cette édition ont été peut-être tirées avec les mêmes planches, mais usées, que l'édition de 1521 (n° 1415).

1419. — Viaggio || da Venetia || al santo sepolcro, || et al monte Sinai ; || Co'l dissegno delle Città, Castelli, Ville, Chiese, Monasterij, || Isole, Porti, & Fiumi, che sin là si ritrouano. || Et vna breue regola di quanto si deue osseruare nel detto || viagggio, e quello, che si pagha da luoco à luoco || sì di Datij, come d'altre cose. || Composto dal R. P. F. Noè dell' ordine di S. Francesco. || Aggiontoui il modo di pigliar le Sante Indulgenze, & à che || Chiese, Monasterij, & altri luochi siano concesse. || Di nuouo aggiontoui vna Tauola, che denota quante mi-||glia sono da luoco à luoco insino à Gierusalem. ||[*Fleuron : 3 croix*]. || In Venetia, Per Benedetto Miloco. M.DC.LXXVI. || Con Licentia de' Superiori. Petit in-8, 96 ffnc., titre noir, avec figg., cartonné.

Les figures sont les mêmes que celles employées dans l'édition mentionnée au n° 1418.

1420. — Viaggio || da Venetia || al S. Sepolcro, || et al monte Sinai ; || Co'l dissegno delle Città, Castelli, ville, Chiese, Monasterij, || Isole, Porti, & Fiumi, che sin là si ritrouano. || Et vna breue regola di quanto si deue osseruare nel detto viaggio è || quello, che si paga da luoco à luoco sì di datij, come d'altre cose .|| Composto dal R. Padre Frà Noe' Ordine di || San Francesco. || Aggiuntoui il modo di pigliar le Sante Indulgenze, & à che || Chiese, Monasterij, & altri luochi siano concesse. || Di Nuouo Aggiuntoui vna Tauola, che dinota quanti miglia || sono da luoco à luoco insino à Gierusalemme. || [*Fleuron typ. : 3 croix, celle du milieu rouge*]. In Venetia, Per Domenico

Lovisa. M.DCXCVII. || Con Licenza de' Superiori. Petit in-8, 192 pp., avec figg. sur bois, titre rouge et noir, d.-rel. bas. noire, non rogn.

Les figures sont celles employées dans les éditions ci-dessus (n⁰ˢ 1418, 1419).

1421. — Viaggio || da Venezia || al S. Sepolcro, || Ed al Monte Sinai, || Col dissegno delle Città, Castelli, Ville, Chiese, Monasterj, || Isole, Porti, e Fiumi, che sin là si ritrovano, || Ed una breve regola di quanto si deve osservare nel detto Viaggio, || e quello, che si paga da luoco a luoco, sì di Dazii, come d' altre cose, || Composto dal R. Padre Fr. Noe dell' Ordine || di S. Francesco. || Aggiuntovi il modo di pigliar le Sante Indulgenze, ed a che || Chiese, Monasterj, ed altri luochi siano concesse : || Di nuovo aggiuntovi una Tavola, che dinota quanti miglia vi sono || da luoco a luoco insino a Gierusalemme. || [*Fleuron typ.* : *3 croix, celle du milieu rouge.*] || In Trivigi MDCCXXV. || Appresso Gasparo Pianta, con Licenza de' Superiori. Petit in-8, 192 pp., titre rouge et noir, figg., rel. vélin blanc.

Les figures de cette édition sont beaucoup plus grossières que celles des précédentes. Les planches qui ont servi à les tirer semblent avoir été dessinées d'après les figures de l'édition n° 1416 ci-dessus.

1422. — Viaggio || da Venezia || al S. Sepolcro, || ed al Monte Sinai; || Col dissegno delle Città, Castelli, Ville, Chiese, Monasterj, || Isole, Porti, e Fiumi, che sin là si ritrovano. || Ed una breve regola di quanto si deve osservare nel detto || Viaggio, e quello, che si paga da luogo a luogo, || sì di dazj, come di altre cose. || Composto || Dal Rever. Padre Fra Noé || Dell' Ordine di San Francesco ||Aggiuntovi il modo di pigliar le sante Indulgenze, ed a quali || Chiese, Monasterj, ed altri luoghi sieno concesse. || Di nuovo aggiuntovi una Tavola, che dinota quante miglia || sono da luogo a luogo insino a Gerusalemme. || [*Fleuron : croix en rouge.*] ||Napoli. Per Giuseppe-Maria Severino-Boezio 1780. || Con licenza de' Superiori. In-8, 192 pp., titre r. et n., avec figg., rel. parchem.

Figures grossièrement gravées, imitées de celles des éditions n⁰ˢ 1416, 1421.

1423. — Viaggio || da Venezia || al S. Sepolcro, || ed al Monte Sinai, || Col disegno delle Città, Castelli, Ville, Chiese, Monasterj, || Isole, Porti, e Fiumi, che sin là si ritrovano, || Ed una breve regola di quanto si deve osservare nel detto Viaggio; e quello, || che si paga da luogo a luogo, sì di Dazj, come d' altre cose, || Composto dal R. Padre || Fr. Noe' dell' Ordine di S. Francesco. || Aggiuntovi il modo di pigliar le Sante Indulgenze, ed a quali || Chiese, Monasterj, ed altri luoghi siano concesse : || Di nuovo aggiuntavi una Tavola, che dinota quante miglia vi || sono na luogo a luogo insino a Gerusalemme. || Ora per la prima volta corretto, e ridotto a più colta lezione. || [*Fleuron typogr.* : *Croix.*] || In Bassano, MDCCLXXXI. || A Spese Remondini di Venezia. || Con Licenza de' Superiori. In-8, 136 pp., titre noir, avec figg. sur bois, moins nombreuses que dans les autres éditions, d.-rel veau, marbr. ébarbé.

En dépit des affirmations du titre, il n'y a pas de changement dans le texte il n'y a en plus qu'un permis d'imprimer (p. 136) daté du 28 janvier 1780, accordé à Giuseppe Remondini Stampator di Venezia.

Les figures, d'une exécution très grossière, tant comme dessin que comme gravure, paraissent imitées de celles du n° 1422.

1424. — Viaggio || da Venezia || al S. Sepolcro, || ed al Monte Sinai, || Col disegno delle Città, Castelli, Ville, Chiese, Monasterj, || Isole, Porti, e Fiumi, che sin là si ritrovano, || Ed una breve regola di quanto si dove osservare nel detto || Viaggio; e quello, che si paga da luogo a luogo, || si di Dazj, come d'altre cose, || composto dal Reverend. Padre || Fr. Noe' dell' Ordine di S. Francesco, || Aggiuntovi il modo di pigliar le Sante Indulgenze, ed a quali || Chiese, Monasterj, ed altri luoghi siano concesse : || Di nuovo aggiuntavi una Tavola, che dinota quante miglia vi sono || da luogo a luogo insino a Gerusalemme, || Ora per la prima volta corretto, a ridotto a più colta lezione. || [*Fleur. typ. : Croix*] || Bassano, MDCCXCI. || A spese Remondini di Venezia. || Con Licenza de' Superiori. In-8, 136 pp., titre noir, figg. sur bois, d.-rel. veau, marbré, non rogn.

Cette édition reproduit le texte et les figures de la précédente (n° 1423).

1425. — Viaggio da Venezia || al Santo Sepolcro. || ed || al Monte Sinai || Col disegno delle Città, Castelli, Ville, Chiese, Monasterj, || Isole, Porti, Fiumi, che sin là si ritrovano; ed una || breve regola di quanto si deve osservare nel detto || Viaggio; e quello che si paga da luogo a luogo, || si di Dazj, come d'altre cose. || Composto dal R. Padre || F. Noé dell' Ordine di S. Francesco || Aggiuntovi il modo di pigliar le Sante Indulgenze, || ed a quali Chiese, Monasterj, ed altri || Luoghi siano concesse. || Di nuovo aggiuntovi una Tavola, che dinota quanti miglia || vi son da luogo a luogo insino a Gerusalemme, ora per || la terza volta corretto, e ridotto a colta lezione. || [*Fleuron typ. croix, imprimée en rouge*]. || In Trevizo 1800. || ~ || Per Antonio Paluello || Con Permissione. In-8, 144 pp., titre rouge et noir, figg., sur bois.

Les changements de texte annoncés au titre se réduisent à des variations d'orthographe, quelques mots accessoires ajoutés ou enlevés, et aussi à des maladresses. Ainsi, alors que toutes les autres éditions disent, en parlant de l'île de Candie, que cette île est longue de 200 milles et large de 50, celle-ci dit qu'elle a 250 milles de long et elle ne dit rien de la largeur. Les figures sont une mauvaise imitation de celles des n°s 1423-1424. La planche représentant Rhodes a été divisée en deux parties dont l'une est à la p. 19 et l'autre à la p. 20.

Le papier et les caractères employés sont d'ailleurs en harmonie avec les figures.

1426. — Viaggio || da Venezia || al S. Sepolcro || e al Monte Sinai || Col disegno delle Città, Castelli, Ville, Chiese, Mona-||sterj, Isole, Porti e Fiumi, che fin là si ritrovano. || Ed una breve regola di quanto si deve osservare nel detto || Viaggio, e ciò che si paga da luogo a luogo, si di ||dazj, come di altre cose. || Composto dal R. P. Fra Noe dell' Ord. di S. Francesco || Aggiuntovi il modo di pigliar le Sante Indulgenze, e a||quali Chiese, Monasterij, ed altri luoghi siano concesse. || Di nuovo aggiuntavi una Tavola, che dinota

quante miglia || sono da luogo a luogo insino a Gerusalemme. || [*Vignette :
le Christ mort, descendu de la croix accompagné d'un ange & de la Vierge,
avec ces mots* (Mors. mea. vita. tva.] || In Lucca, Per Salv. e Giand. Maresc.)
Con Lic. de' Sup. *s. d.* Petit in-8, 192 pp., titre noir, figg. sur bois, d.-rel.
toile.

<small>Figures d'un dessin et d'une exécution médiocres, imitant celles des nos 1415,
1420. *Tobler* dit en la citant : « Ich betrachte diese Noe-ausgabe sine anno
als die älteste ». Nous ne pouvons partager cette opinion que l'usure des bois
contredit absolument.</small>

1427. — Viaggio || Da Venetia || al S. Sepolcro, || et al Monte Sinai; || Col
dissegno delle Città, Castelli, Ville, Chiese, Monasterij, || Isole, Porti, e Fiumi,
che sin là si ritrouano. || Et vna breue regola di quanto si deue osseruare nel
detto Viaggio, || e quello, che si paga da luoco à luoco si di datij, come
d'altre cose. || Composto dal R. Padre Frà Noe dell' Ordine di || San Francesco.
|| Aggiuntoui il modo di pigliar le Sante Indulgenze, & à che || Chiese, Monas-
terij, & altri luoghi siano concesse. || Di nuouo Aggiuntoui vna Tauola, che
dinota quanti miglia || sono da luoco à luoco insino à Gierusalemme. || [*Fleu-
ron : 3 croix, celle du milieu en rouge.*] || In Bassano || Per Gio: Antonio
Remondini. Con Licenza de' Superiori. *s. d.* Petit in-8, 192 pp., titre rouge
et noir, figg. sur bois.

<small>Cette édition sans date, est, pensons-nous, du xviie siècle. Les gravures sont
mal dessinées, mais les bois sont en bon état. On les a imitées de celles des
nos 1415, 1420 et 1416.</small>

1428. **Breydenbach**[1] (Bern. de). Le grant voyage de Hie||rusalem diuise
en deux || parties. En la premiere est traicte des peregrinations de la saincte
ci||te de Hierusalem... imprime à Paris pour François regnault libraire
demourant en || la grant rue sainct Jaques a lymaige sainct Claude... *à l'explicit* :
le XXe iour de Mars Lan mil cinq cens XXII. In-4 *gothique*, dérel., ccix ff.
chiffrés, 4 ff. lim. y compris le titre, fig. sur bois, titre rouge et noir.

<small>Manquent la carte et la grande planche. Pour la description complète de ce rare
volume, Cf. Brunet, 5e éd., t. I, col. 1252-1253; cat. Yemeniz, 2691 (*A. P.*).</small>

1429. — Peregri=||natio ad Terram || sanctam, ex Bernhardo || Brei-
tenbach, Ecclesiæ Ma=|| guntinæ Decano & || Camerario. || Vittembergae ||
Nicola. Schir. || 1536. 1 plaq. petit in-8 de 20 ffnc., rel. vél.

<small>Abrégé du voyage de Bernard de Breydenbach, imprimé chez N. Schirlentz,
d'après l'édition latine de 1486.</small>

1430. **Casola**. Viaggio di Pietro Casola a Gerusalemme tratto dall' autografo
esistente nella bibl. Trivulzio. Milano, P. Ripamonti Carpano, 1855. In-4,
rel. toile. — **Sagredo** (Agostino). Nota sopra un viaggio da Milano a Gerusalemme intrarpeso dal canon. Pietro Casola nel 1494. [Estr. dagli *Atti dell' Ist.
Veneta.*] Venezia, Antonelli, 1855. In-8, cart., couv.

<small>La relation de Casola, chanoine de la cathédrale de Milan, écrite vers la fin du
xve siècle, n'a été publiée que de nos jours par les soins de M. *Giulio Porro*.</small>

---

1. *Vid. sup.* n° 18.

1431. Caumont. Voyaige d'Oultremer en Jhérusalem par le seigneur de Caumont l'an M CCCC XVIII. Publié pour la première fois d'après le manuscrit du Musée britannique par *le marquis de La Grange*. Paris, Aubry, 1858. 1 vol. in-8, d.-rel. chag., tête peigne, non rogn.

1432. Ehingen. Itinerarium, Das ist : Historische Beschreibung, weylund Herrn Georgen von Ehingen raisens nach der Ritterschaft, vor 150. Jahren, in X vnderschidliche Königreich verbracht, Auch eines Kampfs von jme bey der Statt Sept in Aphrica gehalten. Neben beygesügten Contrafacturn, deren Potentaten vnd Könige,... Auss dess Wolgebornen Herrn... Reimund Fuggern... Museo Colligirt, vnd von Dominico Custode Burgern zu Augspurg, in Kupffer gestochen... Anno MDC. (*Titre impr. rouge et noir et encadré.*) Fnc. 20 v⁰ : Gedruckt zu Augspurg, bey Johan Schultes, in verlegung Dominici Custodis. (*Marque typographique.*) Petit in-fol. de 20 ffnc., rel. mar. gren. jansén., dent. int. (Chambolle-Duru.)

> Première et rare édition d'un intéressant ouvrage. Le chevalier souabe, Georg von Ehingen, vécut au xv⁰ siècle et parcourut de nombreux pays ; il se rendit dans le Levant pour y prendre part à une expédition projetée par les chevaliers de Rhodes ; ce projet n'aboutit pas et Ehingen visita la Terre Sainte en simple voyageur. Il combattit plus tard les Maures dans l'armée du roi Alfonse V de Portugal et ne rentra dans sa patrie qu'en 1457 ; il était alors dans sa 89ᵉ année et devait encore vivre dix ans. Cet ouvrage est orné de dix portraits gravés sur cuivre par *Dominique Custos* ; ils représentent les souverains à la cour desquels a séjourné Ehingen.

1433. Fabri (Félix). Eigentlich beschreibung der hin vnnd wider farth zu dem Heiligen Landt gen Jerusalem, und furter durch die grosse Wüsten zu dem Heiligen Berge Horeb vnd Sinay, darauss zuuernemen was wunders die Pilgrin hin vnd wider auff Land vnd wasser zu erfaren vnd zu besehen haben, Vber die mass kurtzweilig vnd lüstig zu lesen, sonderlich denen so der Heiligen Schrifft ettwas erfahrn sein, Vormals in druck nie dergleichen aussgangen. (*Fig. sur bois.*) Anno M.D.LVII [*Bautzen*]. In-4 de 220 ff. chif. (le dernier blanc manque), rel. vél.

> Le dominicain allemand, *Félix Fabri* ou *Schmidt* († 1489), avait accompagné en Terre Sainte, en qualité de chapelain, quatre barons allemands : Werli von Zimber, Heinrich von Stöffel, Truchsses von Waldpurg et Beren von Rechberg von Hohenrechberg ; c'est à leur demande qu'il rédigea en allemand un abrégé du récit de leur pèlerinage, qu'il avait d'abord composé en latin. Cet ouvrage parut, en 1556, à Ulm ; l'édition donnée l'année suivante à Bautzen reproduit, sauf des modifications insignifiantes, le texte et le titre de celle d'Ulm. Le texte latin n'a été publié que de nos jours.

1434. — Fratris Felicis Fabri Evagatorium in Terrae Sanctae, Arabiae et Aegypti peregrinationem edidit *Cunradus Dietericus Hassler*. Stuttgartiae, 1843-1849. [Publié par la Société littéraire de Stuttgart et non mis dans le commerce.] — **Röhricht.** Felix Fabri, 1492. Ensemble 3 vol. in-8, d.-rel. veau f., non rogn. et 1 plaq. cart. — Bruder Felix Fabers gereimtes Pilgerbüchlein, von Dʳ *Anton Birlinger*. München, Fleischsmann, 1864. In-8, rel. toile.

1435. **Harff** (Arnold von). Die Pilgerfahrt des Ritters Arnold von Harff von Cöln durch Italien, Syrien, Aegypten, Arabien, Aethiopien, Nubien, Palästina, die Türkei, Frankreich und Spanien wie er sie in den Jahren 1496 bis 1499 wollendet.... nach den ältesten Handschriften... mit 47 Bildern in Holzschnitt, herausgegeben von Dr *E. von Groote*. Cöln, Heberle, 1860. Vol. in-8, d.-rel. veau.

Première édition de ce voyage.

1436. **La Brocquière** (Bertrandon de). The Travels of —— to Palestine and his return from Jerusalem overland to France during the years 1432 & 1433. Extracted and put into modern French from a Manuscript in the National Library at Paris, and published by *M. Le Grand d'Aussy*, translated by *Thomas Johnes*. At the hafod press, J. Henderson, 1807. 1 vol. in-8, avec une carte, rel. veau f.

Les voyages en Orient de Bertrandon de La Brocquière, comme ceux de G. de Lannoy (n° 1438), se rapportent aux projets de Philippe le Bon, duc de Bourgogne, qui, pendant tout son règne, ne cessa d'être préoccupé de l'idée des Croisades. C'est dans ce but qu'il envoya en Orient ces deux gentilshommes, afin de se renseigner exactement sur l'état des forces de l'Islam et les mesures à prendre pour le succès des armes chrétiennes.

1437. **Langhen** (R. de). Vrbis Hierosoly-||mę Templiq3 in ea origo, & ho|| rum rursus excidium, profana=||tio aliæq3 uariæ fortunæ, p Ro||dolphum Langium Canonicū || Monasteriēsem fidelissime ex || optimis qbusq3 autoribus, tam || ecclesiasticis, q̄3 ethnicis, collecta. & iam denuo dili=||gentissime recognita. atq3 ex archetypo emendata... F° 33, v°, *in fine* : ¶ Coloniæ apud Eucharium Cerui=|| cornum, Anno M.D.XVII. || Mense Ianuario. Petit in-4 de 4 ffnc.-53 ff. chif.-1 fnc (blanc) qui manque, rel. vél.

Seconde édition, faite au xvi° siècle, d'un ouvrage sur Jérusalem ancienne, d'après la Bible et de nombreux auteurs profanes. Il avait été imprimé d'abord en 1477, à Deventer; l'auteur, chanoine de Münster, l'a dédié à son oncle, Hermann de Langhen, doyen du chapitre.

1438. **Lannoy** (Guillebert de). Voyages et ambassades de Messire Guillebert de Lannoy, chevalier de la Toison d'Or,.. (1399-1450) publiés par les soins de M. *P. C. Serrure*... Mons, Hoyois, 1840. In-8, br. (*Publ. de la Soc. des Bibliophiles de Mons*, X ; *Tiré à 125 ex.*). — Guillebert de Lannoy et ses voyages, en 1413, 1414 et 1421, commentés en français et en polonais par *Joachim Lelewel*. Bruxelles, Vandale; Poznan, Zupansky, 1844. In-8, d.-rel. toile, avec une carte géog. et un tableau général. (*Tiré à cent exemplaires*). — **Gachet** (Emile). Examen critique des voyages et ambassades de Guillebert de Lannoy, 1399-1450. Bruxelles, 1843. In-8, rel. toile.

1439. **Lengherand** (Georges). Voyage de Georges Lengherand, mayeur de Mons en Haynaut à Venise, Rome, Jérusalem, Mont Sinaï & le Kayre, (1485-1486), avec notes, glossaire, &c. par *le marquis de Godefroy Menilglaise*. Mons, Masquillier et Dequesne, 1861. In-8 carré, d.-rel. mar. vert, tête lim., non rogn.; au dos, chiffre du comte Riant. — **Morin** (E.).

Notice sur un manuscrit... de Rennes [contenant un] Voyage à la Terre Sainte, au mont Sinaï et au couvent de Sainte Catherine. (Avec notes marginales ms.) In-8, cart.

> Le voyage de Lengherand, publication de la Société des Bibliophiles de Mons, est tiré à 125 exemplaires. La Notice de M. *E. Morin* concerne un manuscrit de ce voyage.

1440. Mergenthal (Hans von). Gründliche vnd warhafftige beschreibung Der löblichen vnd Ritterlichen Reise vnd Meerfart in das heilige Land nach Hierusalem, des... Herrn Albrechten, Hertzogen zu Sachssen, Landgraffen in Düringen..... Dabey ein kurtzer Auszug der Pilgramschafft ins gelobte Land Hertzog Wilhelmen zu Sachssen, auch anderer Fürsten aus diesem hochlöblichen Stammen, So wol etlicher Graffen, vom Adel, vnd anderer,... zubefinden. Gestellet durch... Hansen von Mergenthal,... etc. So selbsten persönlich mit vnd darbey gewesen, etc. Ietzund zum ersten mal in Druck aussgangen... *In fine* : Gedruckt zu Leipzig, durch Zachariam Berwaldt, In verlegung Henningi Grossen... Anno M.D.LXXXVI. In-4 de 60 ffnc., rel. vél.

> Première édition peu commune, publiée par *H. Weller*, avec une préface. Cet ouvrage contient le récit des pèlerinages en Palestine de plusieurs princes de la maison de Saxe, qui visitèrent successivement les Lieux Saints dans la seconde moitié du xve siècle.

1441. Mohamed ben Ibrahim. Viaggio in Palestina e Soria di Kaid Ba, XVIII sultano della II[a] dinastia Mamalucca fatto nel 1477. Testo arabo [pub. p. *R. V. Lanzone*]. Torino, Bocca, 1878. In-8, cart. — Commentatio... exhibens specimen libri اتحاف الاخصا بفضايل المسجد الاقصى auctore *Kemaloddino Muhammede Ben Abu Scherif* ex codice manusc... excerptum quam... obtulit *Paulus Lemming*... respondente *Christiano Kemp*. Hauniae, J.-F. Schultz, 1817. In-4, rel. toile.

> Suivant M. Röhricht, *Mohamed ben Ibrahim* ne serait pas l'auteur du voyage de *Kaid Ba*, il n'aurait été que le secrétaire de ce sultan ou même un vulgaire scribe. Ce bibliographe n'a pas eu connaissance du second ouvrage arabe qui est un voyage à Jérusalem exécuté vers l'an 1444.

1442. Moudjir-ed-dyn el Hanbaly. Histoire de Jérusalem et d'Hébron depuis Abraham jusqu'à la fin du xve siècle de J.-C. Fragments de la Chronique de Moudjîr... traduits par *Henry Sauvaire*. Paris, Leroux, 1876. In-8, br.

> C'est le même que le *Mudjîr ed-din al-Ulaimi* de la Bibliographie de M. Röhricht.

1443. Obadia de Bertinoro. Zwei Briefe Obadjah's aus Bartenuro aus den Jahren 5248 und 5249 und ein anonymer Reisebrief vom Jahre 1495... übersetzt von *A. Neubauer*. Leipzig, O. Leiner, 1863. In-8, rel. toile, couv. — Voyages. Lettres d'Obadia de Bertinoro (1487-89), par *Moïse Schwab*. Paris, Bureau des *Archives Israëlites*, 1866. In-8. rel. toile.

1444. Schiltberger. Reisen des Johannes Schiltberger aus München in Europa, Asia und Africa von 1394 bis 1427. Zum ersten Mal nach der gleichzeitigen Heidelberger Handschrift herausgegeben und erläutert von *K. F. Neumann*. München und Berlin, 1859. In-8, rel. toile.

> Le Bavarois Schiltberger avait suivi, comme page, un chevalier allemand à la bataille de Nicopolis (1394); fait prisonnier par les Turcs, il fut épargné par eux à cause de sa jeunesse et de sa bonne mine, et demeura près de trente ans esclave en Orient. Intéressante au point de vue géographique, sa relation est une source de premier ordre pour le désastre de Nicopolis; elle a été imprimée dès 1473.

1445. — The bondage and travels of Joh. Schiltberger, a native of Bavaria, in Europe, Asia and Africa 1396-1427. Translated from Heidelberg mss. edited in 1859 by professor *Karl Friedr. Neumann*, by Commander *J. Buchan Telfer*, with notes by prof. *F. Bruun*. London, 1879. I vol. in-8, avec 1 carte, rel. toile.

> Édition de la « Hakluyt Society. »

1446. **Tafur** (Pero). Andanças é viajes... por diversas partes del mundo avidos (1435-1439). Madrid, Ginesta, 1874. Petit in-8, d.-rel. mar. r., tête dorée, coins; au dos, chiffre du comte Riant. [8ᵉ volume de la « Colleccion de libros españoles raros e curiosos », édité par *M. Jimenez de la Espada*. Envoi autog. de l'éditeur au comte Riant.] — **Desimoni** (C.). Pero Tafur i suoi viaggi e il suo incontro col Veneziano Nicolò de' Conti. Genova, 1881. In-8, cart.

1447. **Tucher** (Johan). Gründtlicher vnd Eigentlicher Bericht der Meerfart, so Johan Thûcher, einer dess kleinen Raths und Burger zû Nürnberg, gen Venedig, Jerusalem, zû S. Katharinen Berg, Sinay, Alexandria, vñ wider gen Nürnberg gethan, Was wunders er zû Wasser vnd Land, vnd was sich die Bilger in dem heyligen Landt, auch in der Wüsten biss zum Roten Meer, leiden müssen, erfahren hat, mit fleiss beschriben, vnd in den Truck verfertiget. Getruckt zû Franckfurt am Meyn, bey Georg Raben vnd Weygand Han, M.D.LXI. Petit in-4 de 75 ff. chif., 1 fnc. (blanc, manque), rel. vél., nombreux ff. remontés.

> Tucher a parcouru la Terre Sainte et l'Orient en 1479. Son voyage a été imprimé à Nuremberg dès 1482.

1448. Voyage à Jérusalem de Philippe de Voisins, seigneur de Montaut, [rédigé par *Jean de Belesta*] publié par *Ph. Tamizey de Larroque*. Paris et Auch, 1883. In-8, rel. toile. — **Travers** (Émile). Deux pèlerinages en Terre Sainte au xvᵉ siècle (Les princes d'Orange, Louis & Guillaume de Châlon). Paris, Dumoulin, 1869. In-8, cart., couv.

1449. Le Voyage de la Saincte Cyté de Hierusalem avec la description des lieux, portz, villes, citez et aultres passaiges fait l'an mil quatre cens quatre vingtz Estant le siege du grant Turc à Rhodes et regnant en France Loys unziesme de ce nom, publié par M. *Ch. Schefer*. Paris, Leroux, 1882. In-8, d.-rel. mar. rouge, tête dorée, non rogn.; au dos, chiffre du comte Riant.

1450. **Wey** (William). The Itineraries of William Wey, fellow of Eton College. To Jerusalem, A. D. 1458 and A. D. 1462; and to Saint James of

Compostella, A. D. 1456. From the original manuscript in the Bodleian Library. London, Nichols, 1857. In-4, d.-rel. bas. (édit.).

Publication du *Roxburghe Club*, avec une introduction de *G. Williams.*

1451. **Ariosto** (Alessandro). Fr. Alexandri Ariosti de Bononia, ord. min. observantium, Topographia Terræ promissionis, nunc primum edita cura *P. Marcellini a Civetia.* Romæ, ex tip. Tiberina, 1863. [Tirage à part de la *Storia delle Missioni Franciscane,* V]. — *Du même.* Viaggio nella Siria, nella Palestina, nell' Egitto fatto dal 1475 al 1478..., publicato per la prima volta dal prof. *Giuseppe Ferraro.* Ferrara, A. Ambrosini, 1878. Ensemble 2 vol. in-8, rel. toile, couv. — **Mariano da Siena.** Del Viaggio in Terra Santa fatto e descritto da ser Mariano da Siena nel Secolo XV. Firenze, Magheri, 1822. In-8, d.-rel. mar. bleu. [Publié par *Domenico Moreni*, avec une préface et des notes, et jusque là inédit]. — **Motta** (Emilio). Gian Giacomo Trivulzio in Terra Santa. [Extr. de l'*Archiv. Stor. Lombardo*]. Milano, Prato, 1886. In-8, br. — **Sanseverino** (Jacopo da). Viaggio fatto... con altri gentiluomini e da esso descritto. Lucca, Giusti, 1868. In-8, cart. Tiré à 100 Exemplaires. Ensemble 5 vol. ou plaq.

1452. Beschreibung einer Seereise von Venedig nach Beirut im Jahre 1434 [p. p. *Ernst Henrici. Zeitschr. f. deutsch. Alterth.* 1881.] In-8, cart. — **Fassbender** (Peter) Bedvartt nahe dem heilgen Grabe zu Jerusalem. Eyn Bürger zu Covelentz. *s. l. n. d. n. typ.* [Extrait factice de l'ouvrage de MM. Röhricht et Meisner.] In-8, cart. — Fragment einer Palästinapilgerschrift des 15. Jahrhunderts... [pub. par *Dr. F. Korth* dans les *Anzeiger f. K. der deutsch. Vorzeit.* nº 11 & 12, 1883]. In-4, cart. — **Geisheim** (F.). Die Hohenzollern am heiligen Grabe zu Jerusalem insbesondere die Pilgerfahrt der Markgrafen Johann und Albrecht von Brandenburg im Jahre 1435. Berlin, F. Duncker, 1858. In-12, rel. toile. — Hans Hundts Rechnungsbuch (1493-1494), herausgegeben und erläutert von *Reinhold Röhricht* und *Heinrich Meisner*. [Extrait des « *Neuen Archiv für Sächsische Gesch. und Alterth.* » IV; Dresde, W. Baensch, *s. d.* (1883)]. Plaq., in-8, rel. toile. [Pèlerinage en Terre Sainte de *Frédéric le Sage*.] — **Mueller** (Jul.) Venetianische Actenstücke zur Geschichte von Bogislav X., Herzogs von Pommern, Reise nach Jerusalem im Jahre 1497. [Extrait des *Baltischen Studien*]. Stettin, Herrcke & Lebeling, 1879. 1 carte. In-8, cart. — **Pfintzing** (Georg.) — [Voyages en Terre Sainte de 1436 et 1440. Extrait factice de l'ouvrage de MM. Röhricht et Meisner.] In-8, cart. Ensemble, 5 vol. ou plaq.

1453. Pilgerfahrt des Landgrafen Wilhem des Tapferen von Thüringen zum heiligen Lande im Jahre 1461 ; herausgegeben von *J. G. Kohl.* Bremen, Müller, 1868. In-8, rel. toile, couvert. — Die Pilgerreise des letzten Grafen von Katzenellenbogen (1433-1434) [*publié par* R. Röhricht *et* H. Meisner]. *s. l. n. d. n. typ.* Extrait, cart. — **Poloner** (Jean). Descriptio Terrae Sanctae. [Extrait du Recueil de *T. Tobler*, Descriptiones Terræ Sanctæ, 1874.] In-8, cart. — **Rot** (Hans und Peter). Hans und Peter Rot's Pilgerreisen. 1440 und 1453. Herausgg. von *A. Bernouilli*. [Abd. a. d. *Beiträge zur vaterländ. Gesch.*, hrsgg. v. d. hist. Gesellsch. zu Basel, 1881.] In-8, rel. toile. — *Le même*, *tirage à part*. Basel, Reinhardt, 1882. In-8, rel. toile, couvert., avec une lettre d'envoi de M. *Louis Sieber*, bibliothécaire de l'Université de Bâle, au comte Riant. — **Schachten** (Dietrich von). Beschreibung der Rückreise des Landgrafen Wilhelm's I. aus dem gelobten Lande in sein Vaterland. Marburg, (1806). In-4, rel. toile. — **Schürpff** (Hans). Hans Schürpfen des Raths zu Lucern Pilgerfahrt nach Jerusalem 1497; mitgetheilt von *J. V. Osterstag*. (A. d. *Geschichtsfreund*, VIII, 1852). In-8, rel. toile [Le rédacteur du voyage est *Peter Wächter*]. Ensemble, 5 vol. ou plaq.

5. XVIe siècle.

1454. **Adrichem** (Christian). Theatrvm Terræ Sanctæ et Biblicarvm Historiarvm cum tabulis geographicis ære expressis. Avctore, Christiano Adrichomio, Delpho. *Titre gravé et encadré. In fine* : Coloniæ Agrippinæ, In Officina Birckmannica, sumptibus Arnoldi Mylij. Anno cIↄ Iↄ XCIII. Grand in-4. de 6 ffnc., 286 pp., 15 ffnc., rel. parch., 13 cartes géog. (dont un plan de Jérusalem).

Le plus célèbre des ouvrages du prêtre hollandais Adrichem, en latin Adrichomius né à Delft, en 1553, mort en 1585. Il est divisé en trois parties : l'une renferme la géographie de la Terre Sainte, l'autre la topographie de Jérusalem, la troisième une chronique de l'ancien et du nouveau Testament.

1355. — Theatrvm Terræ Sanctæ... Coloniæ Agrippinæ, In Officina Birckmannica, Sumptibus Arnoldi Mylij. Anno cIↄ Iↄc. Grand in-4 de 6 ffnc., 286 pp., 15 ffnc.; rel. vél., cartes, titre gravé et encadré (raccom.)

1456. — Theatrvm Terræ Sanctæ... *In fine* : Coloniæ Agrippinæ, In Officina Birckmannica, Sumptibus Hermanni Mylij. Anno cIↄ. Iↄc.XIII. Grand in-4 de 6 ffnc., 286 pp., 15 ffnc., rel. veau (rel. brisée), titre gravé et encadré, cartes et plan.

1457. — *Le même*, avec le titre et les planches finement coloriés, rel. veau, tr. dor.

1458. — Vrbis Hierosolymæ, qvemadmodvm ea Christi tempore florvit, et suburbanorum eius brevis descriptio... Coloniae Agrippinae, in Officina Birckmannica, sumptibus Arnoldi Mylij. M.D.XCVII. Petit in-8 de 16 ffnc., 136 pp., 12 ffnc. et 1 pl. se dépl., rel. vél.

1459. — Breve descripcion de la ciudad de Jerusalen y lugares circunvecinos... compuesta enl atin... y traducida al castellano por *P. F. Vincente Gomez*... Madrid, MCCCV (*1805*). Vol. in-12, rel. toile. — *Du même*. Gerusalemme e suoi dintorni ai tempi di Gesù Cristo. Mappa e descrizione istorica ristampata nel volgarizzamento toscano di *Francesco Baldelli* Cortonese del secolo XVI collagiunta d'una trattazione sul sepolcro e transito della SS. Vergine, del canonico *L. Grassi*. Genova, 1882, avec pl. fac-sim. — Lettera di *Giusto Adricomio* circa la breve trattazione di *Luigi Grassi*. Genova, 1882. — Lettera di Giusto Adricomio all' Canonico L. Grassi. Genova, 1882.— *Du même* : Sopra l'*Oremus* della Immacolata Concezione. Lettera al S. *L. Grassi*. — Il dogma dell' immacolata Concezione chiarito da Mons. arcivescovo di Genova. Genova, 1882. Ensemble 1 vol. in-8, d.-rel. chag. rouge, non rogn.; au chiffre du comte Riant.

1460. **Alcarotti** (Gio. Francesco). Del viaggio di Terra Santa, da Venetia, à Tripoli, di Soria per Mare, et di là per terra à Gierusalēme, p la città di Damasco, & p le Prouintie dell' Iturea, Galilea Superiore, et Inferiore, Samaria & Giudea, co' l ritorno in Christianità, p via di Costātinopoli... In Novara, Appresso gli Heredi di Fr. Sesalli, 1596. 1 vol. in-4 de 16 ffnc.. pp. num. A.-Q. et 1-328, 10 ffnc. (le dernier blanc manque). rel. veau fauve, fers et fil. à fr., tr. dor.

Première édition publiée par *Girolamo Alcarotti*. Très bel exemplaire de la Bibliothèque Beckford.

1461. **Amico** (Fra Bernardino). Trattato delle piante et imagini de i sacri edificii di Terra Santa disegnate in Giervsalemme... dal R. P. F. Bernardino Amico da Gallipoli... Ombregiate, & Intagliate da Antonio Tempesti Fiorentino. Romæ, Ex Typographia Linguarum Externarum, MDCIX. 1 vol. in-fol., rel. mar. rouge, 20 doubles planches.

Première édition d'un ouvrage recherché; la plus grande partie des planches ont été gravées d'après Callot. Bernardino Amico a effectué son voyage en Terre Sainte dans le courant de l'année 1596.

1462. **Antonio de Aranda.** Verdadera Informacion de la tierra Sancta, seguu la disposicion q̃ en el año de mil y quinientos y treynta. El muy reuerēdo padre F. Antonio de Aranda, de la orden de sant Francisco, Prouincial de la Prouincia de Castillo la vio y passeo. Agora nueuamente en esta vltima impression muy corregida y emendada. (*Marque typ.*). Con licencia Improsso en Alcala, en casa de Hernan Ramerez... 1584. 1 vol. petit in-8 de 8 ffnc., 238 ff. chif. (les 6 derniers sont fort usés), d.-rel. chag., coins.

Cette fort intéressante relation a été imprimée, pour la première fois, en 1531, à Alcala de Henares, où le père *de Aranda* était gardien du Couvent des Capucins avant de devenir provincial de Castille. La seconde partie fut publiée, deux ans après, à Alcala, chez Miguel de Eguya. Toutes ces éditions sont rares.

1463. **Aveyro** (Pantaleon d') Itinerario da Terra Santa, e suas particularidades composto por Frey Pantaleam d'Aveyro offerecido a Jesu crucificado. Lisboa Occidental, na officina de Antonio Pedrozo Galram. Anno de 1732. Petit in-4, rel. vél. bl., tr. r.

Sixième et dernière édition de cet ouvrage qui n'est pas sans mérites, tant au point de vue de l'exactitude que du style. On sait peu de choses de son auteur qui voyagea en Terre Sainte en 1552.
Malgré le nombre des éditions qui en ont été faites, ce livre est rare.

1464. Belon (P.). Les || observations || de plvsievrs singvla-||rittez & choses memorables, trouuées || en Grece, Asie, Iudée, Egypte, Ara-||bie, & autres pays estranges, re-||digées en trois liures, Par || Pierre Belon du || Mans. || Reueuz de nouveau & augmentez de figures. || ... || A Paris, || Chez Guillaume Cauellat, à l'enseigne de la Poulle || grasse... || 1554. || Auec priuilege du Roy. (*Titre encadré*). F° 211, v°, l. 31 : Imprimé à Paris par Benoist Preuost...||...Pour Gilles Corrozet, || & Guillaume Cauellat Libraires. || 1554. 1 vol. petit in-4 de 12 ffnc., 211 ff. chif., 1 fnc. (pour le privilège). rel. veau, tr. lim.; au dos et sur les plats, chiffre du comte Riant.

Édition fort rare, dédiée au Cardinal de Tournon, ornée de remarquables figures sur bois, intercalées dans le texte, représentant des animaux ou des plantes d'Orient. Au v° du fnc. 12 se trouve un portrait de Belon à l'âge de 36 ans. Une première édition avait paru l'année précédente (1553); elle ne diffère de celle-ci que par l'impression. Clément mentionne une édition de 1555 qui semble être absolument identique à la nôtre. Belon avait passé trois ans à visiter l'Orient, de 1546 à 1549; son ouvrage est encore utile à consulter pour les naturalistes et renferme en outre d'intéressants renseignements sur les mœurs et la topographie des pays qu'il a visités.

1465. — Petri Bellonii... plvrimarvm singvlarivm & memorabilium rerum in Græcia, Asia, Ægypto, Iudæa, Arabia, aliisq. exteris Prouinciis ab ipso conspectarum Obseruationes, tribus Libris expressæ. Carolvs Clvsivs Atrebas è Gallicis Latinas faciebat (*Marque typ.*) Antverpiæ, Ex officina Christophori Plantini, MDLXXXIX. 1 vol. in-8 de 8 ffnc., 495(1) pp., rel. vél.

Première édition, assez rare, de la traduction latine de *Charles Clusius* (*Charles de l'Écluse*). Elle contient quelques figures, d'après l'édition française, mais en très petit nombre.

1466. Kûrtze Beschreibung||einer erschrecklichen Ertbittung, vnd Wun=|| derbarlicher zeytung kürtzlich geschehen zu Jerusalem, vnd vmbligendē || Lendern also vier schöner Stett, mit sampt den inwonern || zu scheitern vnd zu grund gangen || seyndt. || Erstlich auss Italianischer in die Frantzösische sprach verfasset, jetzt || aber letzlich auss Frantzösischer in hochteutsche sprach trewlich verdol-||merscht zu eines jedern aufferbawung damit man durch die || wunderwerck, welche Gott der Herz jetz jüngst den || vnglaubi-gen ertzeigt hat, mög bewegt wer=|| den, das böss zu meiden, und das || gut wircken ||..... Gedruckt zu Cöllen bey Adolpho Rostio. || 1570. Plaq. de 4 ffnc. (le dernier blanc), rel. vél.

1467. Bianco (Fra Noe, de l'ordre des servites). Viaggio || Del Rever. P. F. Noe || Bianco Vinitiano || della Congregation || de' servi, || Fatto in Terra Santa, & descritto per beneficio de' || Pellegrini, & di chi desidera hauere intera cogni-||tion di quei Santi luoghi. || Con tre tauole. Vna de' capitoli : l' altra delle cose || notabili : & la terza delle miglia, che sono da un luogo all' altro. || Con Privilegio || [*Marque de Cavalli.*] || In Vinetia || Presso Giorgio de' Caualli, a instantia di || Francesco Portinari da Trino. MDLXVI. Petit in-8, 16 ffnc. (Titre, Epitre dédic., & Table), 91 ff. chiffrés (Texte.) et

2 ffnc. (sur le recto du premier, la marque de Fr. Portinari da Trino; le 2e blanc). Rel. vél. bl.

> Il ne faut pas confondre cette relation avec le Viaggio da Venezia al S. Sepolcro ed al Monte Sinaï,... composto dal R. Padre F. Noé..., dont on trouvera un grand nombre d'éditions dans ce catalogue (cf. nos 1415 et sq.). Il y a là deux personnages différents et les bibliographes n'ont pas assez insisté sur ce point, la comparaison des deux textes suffirait à elle seule à dissiper le doute.
> L'auteur de cette nouvelle relation appartenait à l'ordre des Servites. *Mazzuchelli* nous apprend qu'il était, en 1544, prieur du couvent de cet ordre de Sainte-Marie de Venise. C'est de ce couvent qu'il a daté (le 8 février 1566) l'épître dédicatoire à Giulio Contarini, procureur de Saint-Marc. Cette date nous porte à croire que cette édition-ci est la première.
> L'auteur avait fait le voyage en Terre Sainte en 1527. Il partit le 18 juillet du port de Malamocco, à Venise, où l'on s'embarquait d'ordinaire pour le voyage en Terre Sainte. Il était de retour à la fin de l'année. En écrivant sa relation, il avait le but non seulement de raconter ce qu'il avait vu, mais encore de donner des conseils à ceux qui voudraient entreprendre ce voyage. On trouve dans une sorte de chapitre préliminaire les conseils généraux aux pèlerins sur l'argent, les vêtements, la nourriture, les précautions d'hygiène, etc., qu'on retrouve dans la plupart des voyages en Terre Sainte.

1468. Bräuning (Hans Jakob). Orientalische Reyss dess Edlen vnnd Vesten, Hanss Jacob Breüning, von vnnd zu Buochenbach, so er selbander in der Türckey, vnder dess Türckischen Sultans Jurisdiction vnd Gebiet, so wol in Europa als Asia vnnd Africa, ohn einig Cuchium oder FreyGleit, benantlich in GriechenLand, Egypten, Arabien, Palestina, das Heylige Gelobte Land vnd Syrien, nicht ohne sondere grosse Gefahr, vor dieser zeit verrichtet. ... Gedruckt zu Strassburg bey Johann Carolo im Jahr, M DC XII. (*Titre encadré.*) 1 vol. in-fol., rel. vél., avec carte, figg. et portrait sur cuivre.

> Ouvrage très rare, comprenant cinq parties ayant chacune un titre à part.
> Hans Jakob Bräuning von u. zu Buochenbach naquit en 1552, à Buochenbach (Wurtemberg); il parcourut successivement la Turquie, la Grèce, l'Egypte, l'Arabie, la Palestine et la Syrie. Il était bon dessinateur et versé dans la connaissance des langues, aussi son ouvrage contient de nombreuses et intéressantes observations qui le font rechercher. C'est à la demande de Jean-Frédéric, duc de Wurtemberg, qu'il publia la relation de ses voyages, où l'on trouve, entre les pages 218 et 219, un plan de Jérusalem, d'après Antonio de Angelis.

1469. Brion (Martin de). Totius terræ sanctæ || vrbiumqve et qvicqvid in eis || memoria dignum Actum gestumue fuit : Secundum || Bibliacos libros ac diuum Hyeronimum, authore || Martino Brionæo Parisiensi, elaborata Descriptio || (*Bois représ. le temple de Jérusalem*) || Parisiis per Gvllielmvm || de Bossozel. || Cum priuilegio || regali ad decennivm || 1540. 1 plaq. pet. in-4 de 58 ffnc., rel. vél.

1470. Bundi. Quattro testi soprasilvani. Vier suerselvische Texte hrsgg. und mit Einleitungen versehen von Dr *C. Decurtins*. [Extr. de l'*Archivio glottol. ital.*, VII, 1881.] In-8, d.-rel. chagr. rouge, tête limaç., non rogn., au dos, chiffre du comte Riant.

> Entre autres textes ladins, ce volume contient le voyage à Jérusalem et aux Lieux Saints, exécuté par *Jacob Bundi*, abbé de Dissentis, dans les années 1591 et 1592. C'est l'unique pèlerinage en Terre Sainte écrit en langue ladine, il est d'ailleurs fort intéressant.

1471. **Castela** (V. P. F. Henri). Le sainct voyage de Hiervsalem et Mont Sinay faict en l'an du grand Iubilé 1600 par... Henri Castela Tholosain Religieux obseruantin Reueu et Corrigé par le mesme Autheur. Seconde ediction... 1612. A Paris, Chez Laurens Sonnius. (Titre front. dessiné et gravé par *Gaspar Isac*.) Petit in-8, rel. veau, tr. dor.

1472. [**Chambers** (Robert).] Palestina written By Mr R. C. P. and Bachelor of Diuinitie. (*Marque typ.*) Florence, Imprinted by Bartelmew Sermartelli, 1600. In-4 de 3 ffnc., 200 pp., 1 fnc. (probab. blanc, qui manque ainsi qu'un fnc. du commencement), rel. veau éc., fil. sur les plats, tr. rouge.; au dos, chiffre du comte Riant,

 Curieux ouvrage en langue anglaise, imprimé en Italie au xvie siècle; on l'a généralement attribué à un R. Chambers, prêtre d'origine anglaise, qui aurait fait ses études au collège anglais de Reims, puis à Rome. L'ouvrage débute par une préface satirique adressée à la reine Elisabeth. La dernière page de notre exemplaire a été refaite à la main.

1473. **Dandini** (Le P. Giralomo). Missione apostolica al Patriarca, e Maroniti del Monte Libano. E sua Pellegrinazione à Gierusalemme. In Cesena, Per il Neri, 1656. — *Du même.* Voyage du Mont Liban, traduit de l'italien... Par R. S. P. Suivant la copie Imprimé à Paris chez Louis Billaine, 1685. Ensemble 2 vol. petit in-4 et petit in-8, rel. vélin.

 Le Père Dandini, jésuite, fut envoyé, en 1596, par Clément VIII, chez les Maronites pour prendre des informations sur leurs croyances. Le missionnaire remplit fort consciencieusement la mission dont il était chargé. C'était d'ailleurs un homme de beaucovp de mérite, bien qu'il n'eût pas de connaissance des langues orientales. Sa relation ne laisse pas d'être fort intéressante, surtout lorsqu'on se sert de l'édition française. Celle-ci a été donnée, en 1675, avec d'excellentes remarques du traducteur *Richard Simon*; elle a été réimprimée en 1684 et 1685. Il en existe aussi une traduction anglaise. On trouvera plus loin, n° 1762, la première édition de la traduction française.

1474. **Driesche** (Jean Vander). I. Drvsii Qvaestionvm Ebraicarvm libri tres. In quibus innumera Scripturæ loca explicantur aut emendantur. Editio secunda melior & auctior. (*Marq. typ.*) In officina Zachariæ Heynsii, M.D.XCIX, s. l. In-8 de 8 ffnc., 192 pp., 16 ffnc., rel. vél.

1475. **Du Blioul** (Jean). Hierosolymitanae peregrinationis Hodoeporicvm septem dialogorvm libris explicatum, in quo de ratione itineris in Palæstinam, de sanctis locis, vicinisque prouinciis, de illarum gentium religione & moribus, aliisq3 eò pertinentibus accuratè disseritur. F. Ioanne Dvblivlio, Nervio..... Coloniae, Ex officina Gerardi Grevenbruch, Anno M.DC. Vol. in-8 de 16 ffnc., 399(1) pp., 8 ffnc., d.-rel. vél., coins.

 Jean *Dubliulus* ou *Du Blioul*, franciscain flamand, fit, à la fin du xvie siècle, un voyage à Jérusalem qu'il publia, en 1599, à Cologne. L'année suivante, son livre eut une seconde édition latine et simultanément une traduction française; les deux versions ont été plusieurs fois réimprimées.

1476. **Ecklin** (Daniel). Reiss zům heiligen Grab.‖Meerfart so Daniel ‖ Ecklin gethan hat, von Arow gehn Hierusa=‖ lem zům heiligen Grab : Was er in der zeit ge=‖sehen vnd erlitten : Sampt einer kurtzen Beschrei=‖ bung des gelobten Landts, vnd der Statt || Hierusalem, wie es noch zũ vnserer || zeit gestaltet seye. || Jetzund aber allen gûtherertzigen Lesern, durch Hans Huldrich || Ragor von Arow erstlich en tag geben. || (*Grav. sur bois*.) || Getruckt zu Basel, bey || Samuel Apiario. || M.D.LXXV. In-4, de 18 ffnc., d.-rel. vél., coins.

Première et fort rare édition que n'ont connue aucun des bibliographes de la Terre Sainte. C'est en 1553 qu'Ecklin a visité les Lieux Saints. Les faits qu'il rapporte ou que raconte en son nom Hans Ulric Ragor, son compatriote, sont généralement peu vraisemblables; Ecklin n'était, au reste, qu'un aventurier dont le caractère ne doit pas nous inspirer grande confiance. Ces récits, toutefois, ne manquent pas d'intérêt, et l'on sent passer à travers l'ouvrage le souffle de la Réforme qui commençait à bouleverser l'Europe.

1477. **Eytzing** (Michel d'). Terra Promissionis topographice atq5 historice descripta; Cum Amplissibus duobus, Locorũ ac Temporum Indicibus. Per Michaelem Aitsingervm Avstriacvm, in vtilitatem omnium qui locorum in eadem terra inspectores, pariter et rerũ ibidem gesta⚥ lectores esse cupiunt... (*Titre front. gravé*.) *In fine*: Coloniae Agrippinae, Excudebat Godefridus Kempensis. Anno ab origine mundi 5542. A Christivero Saluatoris nostri natiuitate. Anno 1582. In-4 de 118 pp., 1 fnc., rel. parch., carte.

Au verso du titre se trouve un bon portrait de l'auteur Michel Aitsinger ou d'Eytzing. « D. Machaeli ab Aicing, Antea Diui Ferdinandi I nunc Macsæmiliani II Cæss: Inuictissimorum Aulæ Familiari. Viennæ Austriæ 21 Septemb. 1576. $\frac{F}{ML}$ »

1478. **Fürer**. Christophori Füreri ab Haimendorf....... Itinerarium Ægypti, Arabiæ, Palæstinæ, Syriæ, aliarumque regionum Orientalium..... Norimbergæ, Ex officina Abrahami Wagenmanni 1621. 1 vol. petit in-4, rel. bas., mosaïque, dos et plats ornés au petit fer, avec un très beau portr. de l'auteur gr. sur cuivre par *Issel*, de cartes et planches.

Rare et intéressante relation d'un voyage en Terre Sainte fait en l'année 1566. Il est suivi d'un éloge funèbre de l'auteur et d'un grand nombre de pièces de vers latins composés, en l'honneur de la mémoire de Chr. Fürer, par plusieurs écrivains du xvie siècle.

1479. **Gabriel de Pécsvárad**. Compendiosa quedã : nec minus le=|| ctu iocũda descriptio vrbis Hieru||salem : atq5 diligens omnium lo=|| corum terre sancte in hieroso||lymis adnotatio. p quen||dam in Christo patrẽ || fratrẽ Gabrielẽ natione vngarũ || diui Frãcisci ordinis de sacra || obseruantia, luculenter: nam || ea ipa loca pprijs cõspexit || oculis : cõgesta ac bre=||uiter p eundẽ cõpor||tata. feliciter incipit. || Compendium locorum || terre Sancte. || *S. l. n. d. n. typ*. (probablement imprimé vers 1519). Petit in-4 de 5 ffnc. 38 ff. chif., 1 fnc. (blanc qui manque); rel. mar. gren. jans., dent. int., tr. dor. (Chambolle-Duru).

Rarissime ouvrage. Une note du comte Riant, écrite sur un feuillet de garde, dit : « L'on ne connaît que quatre exemplaires de ce livre : à la Bibliothèque royale de Buda-Pesth, chez M. Schefer, chez le cardinal-primat de Hongrie et le mien. » Le nom de l'auteur se trouve au recto du f. 38 « Frater Gabriel de pechwarodino »; franciscain hongrois du couvent de Pécsvárad, il a visité la Terre Sainte en 1514; son œuvre est divisée en quatre parties; la dernière, qui occupe simplement le verso du f° 38, a pour titre : « Legenda Sancti Lazari episcopi ꝣ martyris. » Le titre de cet ouvrage est très sensiblement le même que celui de la description de Jérusalem d'un autre franciscain hongrois, Nicolas de Farnad, imprimé au xvᵉ siècle à Vienne ; mais celui-ci ne porte pas de nom d'auteur, tandis que le titre de notre livre mentionne le nom de frère Gabriel.

1480. Georgiewitz (Barthélemy). Specchio de' lochi sacri di Terra Santa, che comprende quattro Libretti, Si come leggendo questo seguente foglio, potrai intendere. Bartolomeo Georgieuics Despotino, detto il Pellegrino di Gierusalem, Auttore. Roma, Appresso Giulio Bolano de gli Accolti, 1566. Petit in-8 de 62 ffnc., encadr. gr. sur bois au titre, d.-rel. bas. n.

1481. Giraudet. Discovrs || dv voyage || d'Ovtre-Mer av Saint || Sepvlchre de Iervsalem || & autres lieux de la || terre Saincte. || Et du mont de Sinaï, qui est és desers d' Ara-||bie, où Dieu donna la loy à Moyse. || Par Gabriel Giraudet, de la ville du Puy en || Velay, prestre Hierosolymitain. || Où nous auons de nouueau adiousté à chacune station vne || histoire & vne Oraison propre. || A Paris, || Chez Thomas Brumen, au mont S. Hilaire || à l'enseigne de l'Oliuier. || M.D.LXXXV. Petit in-8 de 11(1)-99(1) pp., 7 ffnc., rel. veau, filets à froid, tr. dor., fig. s. bois.

Le voyage de Giraudet a d'abord été édité à Lyon, chez M. Jove (1575), à Toulouse, chez Colomiès (1583), en troisième lieu à Paris en 1585. Ces trois éditions sont également rares. Cet ouvrage a eu autrefois une grande vogue, il est encore fort intéressant à parcourir : l'auteur rapporte avec le plus grand sérieux une quantité de fables et de légendes, d'ailleurs amusantes, et qu'il donne comme absolument vraies. On trouve aussi dans son ouvrage des indications intéressantes sur la manière de voyager à cette époque, et notamment un itinéraire du Puy-en-Velay à Venise. Certaines pages reproduisent presque textuellement le texte du voyage d'Antoine Regnault, auquel Giraudet a fait des emprunts nombreux ; du reste, ces mêmes pages se retrouvent dans un grand nombre de voyages composés au xvIᵉ siècle, et sont, pour la plupart, inspirées par le petit guide si souvent réimprimé de Noé Biancho.

1482. Harant (Christophe). Der Christliche Ulysses, oder Weit-versuchte Cavallier Fürgestellt In der Denckwürdigen Bereisung so wol dess Heiligen Landes, als vieler andrer morgenländischer Provintzen, Landschafften, und berhümter Städte..... Nürnberg, Wolf. Mor. Endter, M DC LXXVIII. 1 vol. in-4, avec frontisp., 3 portr., figg. et 7 pl. gr. sur cuivre, rel. vél. bl.

Christophe Harant, baron de Polžic, visita la Terre Sainte en 1598 ; sa relation, rédigée en tchèque, fut traduite en allemand par son frère Jean-Georges et publiée pour la première fois dans cette langue en 1678. Cette relation n'est pas sans mérite.

1483. — Gesta z království českého do benátek, odtud do země svaté, země Judské a dále do Egypta, a potom na Horu Oreb, Sinai a Sv. Kateřiny v pusté Arabii. Praze, Františka Rivnače, 1854. 2 tomes en 1 vol. in-8, rel. toile, non rogn.; en tête, port. de l'auteur.

1484. Heberer (Michael). Ægyptiaca servitvs : Das ist Warhafte Beschreibung einer Dreyjährigen Dienstbarkeit, So zu Alexandrien in Egypten jhren Anfang, vnd zu Constantinopel jhr Endschafft genommen..... in Druck verfertiget durch Michael Heberer von Bretten, Churfürstlicher Pfaltz Cantzley Registratorn... Mit zwo angehenckten Reisen... in Vier Königreich, Böhem, Polen, Schweden, Dennemarck... Getruckt zu Heydelberg, in Gotthard Vögelins Druckerey, *s. d. (1610).* In-4, dérel.

> Michel Heberer (1550-1610) s'étant embarqué, en 1585, sur un vaisseau de l'Ordre de Malte, fut pris par les Turcs et passa trois ans en captivité sur les galères d'Égypte; il visita ainsi tout l'Orient et fut délivré à Constantinople par l'ambassadeur de France. Sa relation est particulièrement remarquable par l'exactitude des faits.

1485. **Heberer.** Chur-Pfältzischer Robinson, oder :..... Zehen-jährige Reysen, durch Europam, Asiam, Africam, in die Königreiche Egypten, Syrien, Cypern..... Und..... Dreyjährige harte Dienstbarkeit unter denen Türcken und Heyden... mit vieler Landschafften... versehen von F. D. L. Franckfurt und Leipzig, 1747. 2 tomes en 1 vol. in-8, d.-rel. veau éc., tr. lim.; au dos, chiffre du comte Riant.

1486. **Husz** (Georges). Gjuro Huss Hrvat iz Rasinje glasovit putnik XVI vieka. Napisao Dr *P. Matković.* U Zagrebu, Tisak Dioničke Tiskare, [1881]. Plaq. in-8, cart.

> *Georges Husz* ou *Huszthius,* de Raszinya en Sclavonie vivait au XVIe siècle. Il fut fait prisonnier par les Turcs en 1532 et emmené en Égypte et en Palestine. Sa relation est restée longtemps manuscrite et cette édition-ci est la première qui en ait été faite. Elle est écrite en latin et l'éditeur y a joint une étude sur la vie et le voyage de son auteur.
> Cette édition est un tirage à part des *Mémoires de l'Acad. jougoslave d'Agram.*

1487. **Kiechel** (Samuel). Reisen; aus drei Handschriften herausgegeben von Dr *K. D. Haszler.* Stuttgart, gedruckt auf Kosten des litterarischen Vereins, 1866. Vol. in-8, d.-rel. mar., tr. lim.; au dos, chiffre du comte Riant. — **Krafft** (H. U.). Reisen und Gefangenschaft Hans Ulrich Kraftts aus der Originalhandschrift herausgegeben von Dr *K. D. Haszler.* Stuttgart, auf Kosten des lit. Vereins, 1861. In-8, d.-rel.

1488. **Kootwyck** (Johann van). Itinerarivm Hierosolymitanvm et Syriacvm; in qvo variarvm gentivm mores et institvta; Insularum, Regionum, Vrbium situs, vnà ex prisci recentiorisq3 sæculi vsu; vnà cum euentis, quæ Auctori terrâ mariq3 acciderunt, dilucidè recensentur. Accessit Synopsis Reipublicæ Venetę. Avctore Ioanne Cotovico, Vltraiectino, I. V. D. & Milit. Hierosolymitano. (*Vue cavalière de Jérusalem.*) Antverpiæ, Apud Hieronymum Verdussium,..... M DC XIX. In-4 de 15 ffnc., 518 pp., 9 ffnc., d.-rel. v., tr. peigne, figg.

> *J. Cotovicus* ou *van Kootwyck* partit de Venise, en 1598, et parcourut plusieurs années l'Orient sur lequel il nous a donné dans son récit de voyage des renseignements exacts et sérieux. Cet ouvrage est peu commun, mais notre exemplaire ne contient pas le « Synopsis Reip. Venet. ».

1489. **Laelius** (Laurentius Johan.). Itinerarivm sacræ scriptvræ, thet år : Een Reesebook öffuer then helighe Schrifft, vthi twå Böker deelat... Tryckt j Stockholm, aff Andrea Gutterwitz, Anno M.D.XCV. Petit in-fol. de 10 ffnc., 256 pp., 9 ffnc. — Itinerarivm novi testamenti; Thet år : Een Reesebook öffuer thet Nyia Testamentet..... Stockholm, M D XCV. Petit in-fol. de 3 ffnc., 125(1) pp., 3 ffnc. — Nw fölier een nyttigh och sköön Förklaring öffuer Josva Book..... Stockholm, M D XCV. In-fol. de (1)25 pp., 1 fnc. — De monetis et mensvris Sacræ Scriptvræ..... In-fol. de 1 fnc., 33(1) pp. faussement marquées 34(1). Ensemble, 1 vol., rel. cuir est., fermoirs cuivre (reliure XVI° siècle.); cartes et planches gr. sur bois.

1490. Le Saige (Jacques). Voyage de Jacques Le Saige, de Douai à Rome, Notre-Dame-de-Lorette, Venise, Jérusalem et autres saints lieux. Nouvelle édition, publiée par *H. R. Duthillœul*. Douai, Adam d'Aubers, 1851. 1 vol. in-4, d.-rel. mar. bleu, tête lim., ébarb.; au dos, chiffre du comte Riant, 2 planches lithog.

M. *Duthillœul* a fait précéder le texte de *Le Saige* d'une excellente étude bibliographique sur les deux rarissimes éditions de 1520 et 1523.

1491. Lussy (Melchior). Reissbuch gen Hierusalem. Welcher massen der Gestreng, Edel... Herr Melchior Lussy Ritter, Landamman zu Vnderwalden,... in das heilige Land Palestina gezogen ist... Jetzund zum erstenmal zu sonderer Belustigung dess Christlichen Lesers im Druck aussgangen. (*Marque typ.*) Gedruckt zu Freyburg in Vchtland, bey Abraham Gemperlin, 1590. Petit in-4 de 7 ffnc., 113(1) pp. Tit. racc., quelques pp. remontées, d.-rel. chag.

1492. Medina (Antonio). Viaggio di Terra Santa, con sve stationi e misterii... tradotto di lingva Castigliana, nella Toscana. Dal M. R. M. Pietro Buonfanti Piouano di Bibbiena. In Fiorenza, Appresso Giorgio Marescotti, M D XC. In-4 de 4 ffnc., 227(1) pp., nombreuses fig. sur bois dans le texte, rel. parch.

Rare. Le franciscain Antonio Medina finit d'écrire, en 1526, ce voyage fait par lui vers 1513. C'est un bon ouvrage traduit par *Buonfanti* sur l'original espagnol publié à Salamanque en 1573.

1493. Meggen (Josse de). Iodoci a Meg =||gen Patricii Lv-||cerini Peregrina-|| tio Hierosolymi-|| tana. || (*fleuron typ.*) || Dilingæ || Excudebat || Ioannes Mayer. || M.D.LXXX. Petit in-8 de 245(1) pp., rel. mar. rouge, fil. sur les plats, tr. dor, dent. int.; au dos, chiffre du comte Riant. (Dupré.)

Ce pèlerinage de Josse de Meggen, patricien de Lucerne, exécuté en 1542, a été publié par les soins de *Josse Segesser*, qui a fait précéder le récit du voyage d'une courte vie de l'auteur, mort en 1559.

1494. Müntzer von Babenberg (Wolfgang). Reyssbeschreibung Dess....... Herrn Wolffgang Müntzers von Babenberg, Ritters, ic. Voñ Venedig ausz nach Jerusalem, Damascum vnd Constantinopel, vnd dann wider nacher Venedig..... Gedruckt vnd verlegt zu Nürnberg, durch Ludovicum Lochnern,

MDCXXIV. 1 vol. petit in-4 de 20 ffnc., 127(1) pp., rel. vél.; au frontispice, portrait de l'auteur, une curieuse planche gravée sur cuivre.

Müntzer de Babenberg passa trois ans chez les Turcs. Ce n'est qu'en 1624 que l'imprimeur *Louis Lochner* édita son intéressante relation, devenue aujourd'hui fort rare, et qui n'a pas été réimprimée séparément.

1495. **Newbery** (John). Twee Reysen van Johan Newberie, De eene na het Heylig Land; en de andere na Balsara, Ormus, Persiën, en weder na huys door Turkyen. A° 1579 en vervolgens. Mitsgaders de Scheeps Togt van *Pietro Sarmiento* naar de Straat van Magellaan, van Lima door de Zuyd-zee bewaren. A° 1579..... Te Leyden, By Pieter van der Aa, 1708. In-8 de 1 fnc., 29(1) pp., rel. vél.

Traduction néerlandaise de deux voyages du xvie siècle publiés d'abord l'un en anglais, l'autre en espagnol. Notre édition, dont ne parlent Tobler ni Röhricht, est ornée d'une carte géographique du voyage de Newbery et de deux planches sur cuivre d'une remarquable exécution.

1496. **Postel** (Guillaume). Syriæ descriptio || Gvilielmo Postello || Barentonio || Avthore. || (*fig. sur bois.*) || Apud Hieronymum Gormontium, || sub insigni Trium Coronarum. || M.D.XL. Petit in-8 de 24 ffnc. (deux blancs), rel. mar. rouge, fil. sur les plats, dos orné, tr. dor., non rogn., dent. intér. (Dupré.)

Première et rarissime édition de Paris.

1497. — Description et || charte de la Terre || Saincte, qui est la propriété de Iesus || Christ, pour y veoir sa peregrination, & || pour inciter ses Treschretiens ministres a || la recouurer pour y replanter son Empire. || Paincte & descripte par Guillaume || Postel depuis l'hauoir & par liures || & par experience veuë. || A Treschrestienne princesse Cathe-||rine de Medicis de sang Etrusque, || Royne de la Gaule. S. l. n. d. n. typ. (Paris, 1553). 1 vol. petit in-8 (form. in-32), de 118 pp., 1 pl., rel. veau marbr., tr. lim.; sur les plats, chiffre du comte Riant.

Ce rarissime opuscule se trouve généralement relié avec la « Vie de Jesus Christ... » de Loys Miré. Les pages 87-88 sont refaites à la main.

1498. Questo sotto scritto sie tut||to el viazo de andare in || Jerusalem e per || tutti li lochi || sancti... Stampato in Venetia per Alexandro di Bindoni nel anno 1522 a di. 21 del mese di Luio. Petit livret gothique, 8 ffnc., y compris le titre, cart.

Gravures sur bois sur le titre et dans le texte se rapportant toutes à la Passion. Très rare. Röhricht paraît l'avoir ignoré.

1499. **Radzivill** (Prince Nicolas Christophe). Jüngst geschehene Hierosolymitanische Reyse vnd Wegfahrt Des... Herrn Nicolai Christophori Radziwili... Auss Polischer Sprach, in Latein versetzt, und zum ersten mal in Druck verfertigert durch... Thomam Tretervm... Jetzundt aber auss Lateinischer Sprach inn Teutsch verfasset, durch Lavrentivm a Borkav.....

Gedruckt in der Churfürstlichen Stadt Meyntz, bey Balthazar Lippen, Jm Jahr 1603. In-4, rel. vél.

> Traduction allemande par *L. Borkowsky* du récit des voyages en Terre Sainte et en Orient, que le prince Radziwil avait faits en 1583. Cette traduction est faite sur une première traduction latine publiée, en 1601, par *Thomas Treterus*. A la fin de notre édition se trouve un « Ordo processionis quæ fit per Ecclesiam S. Sepulchri... ».

1500. **Rauwolff** (Leonh.). Leonharti Rauwolfen, der Artzney Doctorn, vnd bestelten Medici zu Augspurg. Aigentliche beschreibung der Raiss, so er vor diser zeit gegen Auffgang inn die Morgenländer, fürnemlich Syriam, Iudæam, Arabiam... nicht ohne geringe mühe vnnd grosse gefahr selbs volbracht :... Alles in Vier vnderschidliche Thail.... In costen vnd verlag Georgen Willers... 1583. *P.* 487 : Getruckt zu Laugingen, durch Leonhart Reinmichel. Petit in-4 de 8 ffnc., 487(1) pp., 28 ffnc. (le dernier blanc), rel. vél., tr. r.

> La première édition de ce voyage ne comprend que les trois premières parties ; la quatrième partie, concernant la botanique de l'Orient, a un titre et une pagination séparés et ne comprend pas moins de 42 gravures sur bois représentant des plantes d'Orient.

1501. **Regnault** (Antoine). Discovrs || Du || Voyage || d'Ovtre mer || av sainct sepvlcre || de Iervsalem, et avtres || lieux de la terre Saincte. || [*Fleuron typ.*] || Auec plusieurs traictez, dont le Catalogue || est en la page 265. || Par Anthoine Regnaut bourgeois de Paris. || [*Marque d'Antoine Regnault Silvestre* n° 475.] || Imprimé a Lyon aux despens de l'Autheur. || 1573. || Auec priuillege du Roy || On les vend a Paris aux Faulxbourgs sainct Iaques || a lenseigne de la Croix de Hierusalem. In-4, 4 ffnc., 266(1) pp., 5 ffnc., 1 f. chiffré 259 et 1 fnc. blanc, avec signatures a-z, A-N par 4 ff., plus 24 ff. chiffrés 264-289 avec signatures M-S par 4 ff. sauf S qui n'en a que 2. Avec figg. sur bois, fleur., et init. gr. ; rel. mar. grenat jans., dent. intér., tr. dor. (Chambolle-Duru).

> Ouvrage recherché, fort rare, surtout lorsque les 24 ff. de la fin s'y trouvent.
> Cette relation est fort intéressante ; Regnault fit ce voyage avec plusieurs personnes, et il nous a donné le nom de quelques-uns de ses compagnons : Robert Piedefer, seigneur de Guiancourt, Leboys de Touraine, archer de la garde du roi de France, le seigneur de la Guetterie, Pierre Blanc, marchand de Marseille..... Ils étaient 14 en tout.
> C'est en 1549 qu'ils firent ce pèlerinage. Regnault émaille sa relation de recettes contre le mal de mer, rédigées en italien, d'hymnes, etc... En tête il donne des conseils pour ceux qui veulent faire le voyage en Terre Sainte et un itinéraire par lieues de Paris à Venise.
> A la fin de son récit on trouve un *Traité des pardons & indulgences* (pp. 158-173). Ce traité est de *René Benoist*, docteur en théologie. *La Confession de Foy des chrétiens d'Assirye, Perse, Mesopotamie, Arménie, & Sirye, traduicte en premier lieu de langue caldée en latin, & depuis en François* (pp. 173-188) et d'autres pièces, parmi lesquelles nous citerons le : *Voyage de Monsieur Sainct Charlemaigne, en la terre Saincte* (pp. 212-245)...
> Les 24 ff. supplémentaires, qui manquent à beaucoup d'exemplaires, ont pour titre : *Ordonnances des Empereurs, roys, et princes de France qui ont été souuerains, & chefz de l'ordre des cheualiers, & voyagers du sainct Sepulchre de nostre Redempteur Iesu-Christ, en Ierusalem outre mer*. Au 24e f. chiffré 289, recto

l. 16 on lit : Fin des présentes Ordonnances, imprimées à Paris, par Nicolas du chemin, pour Anthoine Regnault, demourant aux faulx-bours sainct Iaques, à l'enseigne de la Croix de Ierusalem. 1573.

Cette relation a été utilisée par Gabriel Giraudet, dans son Discours du voyage d'Outre mer... où l'on retrouve des phrases entières du texte de Regnault.

1502. Reisner (Adam). Iervsalem, vetvstissima illa et celeberrima totivs mvndi civitas, ex sacris literis et approbatis Historicis ad unguem descripta :... nunc autem Latinè omnia perscripta... & in septem libros digesta sunt. Per Iohannem Heydenvm... (*Marque de Sigism. Feyerabend*). Francofvrti..... M.D.LXIII. Petit in-fol. de 6 ffnc., 635(1) pp., rel. truie est. (abîmée), avec figg. sur bois.

Première édition latine de cet ouvrage d'abord rédigé en allemand et publié en 1563, chez Feyerabend, traduit par J. Heyden la même année.

1503. Rivera. marq^s de Tarifa (Fadrique Enriquez de). Este libro es de el viaje q̄ hize a Ierusalem de todas las cosas que en el me pasaron, desde que sali de mi casa de Bornos miercoles 24 de Nouiembre de 518 hasta 20 de Otubre de 520 que entre en Seuilla. Yo Don Fadriqve Enrriqvez de Rivera, Marq^s de Tarifa. En Sevilla, Año de 1606. *In fine* : En Sevilla Por Francisco Perez : En las Casas de el Duque de Alcala. Año 1606. In-8, rel. chag. vert, tr. dor., dent. sur les plats, dos orné. Titre gravé et encadré.

A la suite du texte du voyage de Rivera, se trouve un poème sur cet ouvrage de *Joan del Enzina*, qui avait accompagné l'auteur en Terre Sainte ; il occupe les derniers ff. 187-237.

— **Encina** (Juan de la). Viage y peregrinacion que hizo y escribió en verso castellano el famoso Poeta Juan de la Encina en compañia del marqués de Tarifa, en que refiere lo mas particular de lo sucedido en su Viage, y Santos Lugares de Jerusalém : Con licencia en Madrid, por Pantaleon Aznar, M D CC LXXXVI. Très petit in-8, dérel.

1504. Rocchetta (Aqvilante). Peregrinatione di Terra Santa e d' altre provincie... nella quale si descriue distintamēte quella di Christo secondo gli Euangelisti. (*Titre gravé et encadré.*) Palermo, Alfonzo dell' Isola, 1630. In-4, rel. vél., nomb. fig. sur cuivre.

1505. Rosaccio (Giuseppe). Viaggio da Venetia a Costantinopoli per mare e per terra et insieme quello di Terrasanta da Giuseppe Rosaccio nel quale oltre settantadui disegni di Geografia e Corografia si discorre, quanto in esso viaggio si ritrova cioè città,....... opera utile a mercanti, marinari et a studiosi di geografia. In Venetia, appresso Giacomo Franco, 1598. In-8 oblong, 2 ffnc. et 76 pl. (1 carte par page), prép. p. rel.

1506. *Le même.* 76 planches sans texte avec marges plus grandes et titre encadré sans nom d'auteur ni date : « Viaggio da Venetia..... » comme ci-dessus. 2 cartes en plus : une de Turquie et de toute la Méditerranée orientale, une de la Hongrie. Ces deux cartes ont une justification plus grande que les autres planches de ce recueil. Prép. p. rel.

1507. **Schweigger** (Salomo). Ein newe Reyssbeschreibung auss Teutschland Nach Constantinopel vnd Jerusalem. Darinn die gelegenheit derselben Länder, Städt, Flecken, Geben, ℔c..... Mit hundert schönen newen Figuren, dergleichen nie wird gewesen seyn,... zum dritten mal Gedruckt vnd verlegt zu Nürnberg, durch Caspar Fulden, M.DC.XIX. 1 vol. petit in-4, avec portr., fig. et pl., rel. vél. blanc.

1508. **Stephanis** (B. de). Liber de perenni cvltv Terrae Sanctae, Et de fructuosa eius Peregrinatione :..... Venetijs, ex Typographia Guerræa, MDLXXIII. 1 vol. in-8 de 8 ffnc., 286 pp. 1 fnc., rel. vél., tr. rouge.

A la suite de cet ouvrage, on en a relié un autre du même auteur : « Liber de ortv clericorvm in ecclesia... Venetijs, ex Typographia Guerræa. 1573. » In-8, de 52 pp.

1509. — Liber de perenni cultu Terrae Sanctae et de fructuosa eius peregrinatione auctore Fr. Bonifacio Stephano Ragusino, ordinis minorum obs..... Stagni episcopo. Venetiis, Ex typis. L. Merlo Ioh. Bapt. Filii, 1873. In-8, d.-rel. chag., tête lim., 1 pl.

Cette réimpression de l'ouvrage de l'évêque de Stagni (xvi° siècle) a été faite par les soins du fr. *Cyprien de Tarvisio*, commissaire de Terre Sainte à Venise, et est précédée d'une vie de l'auteur, né à Raguse, mort en 1582.

1510. **Thevet**. Cosmogra= || phie de || Levant, || par F. André Theuet || d'Angovlesme. || (*Marque typ.*) || A Lyon || par Ian de Tovrnes, || et Gvil. Gazeav. || M.D.LIIII. || Auec Priuilege du Roy. Petit in-4 de 214 pp., 8 ffnc., rel. chag. brun, fil. sur les plats, tr. dor., nomb. fig. sur bois.

Première édition recherchée du voyage de Thevet à Constantinople et dans la Terre Sainte, réimprimée en 1556, 1575 et traduit en allemand en 1617 par *Gregor Horst*.

1511. — Cosmographia orientis, Das ist, Beschreibung desz gantzen Morgenlandes,..... Ietzo..... in Teuscht Sprache versetzt..... durch Gregor. Horst... Giessen, bey Caspar Chemlin, 1617. (*Titre encadré.*) Petit in-4, rel. vél., planches.

1512. **Tschudi** (Ludv.). Reyss vnd Bilgerfahrt zum Heyligen Grab: dess Edlen..... Herren Ludwigen Tschudis von Glarus, Herren zu Greplong, ℔c. Ritters. In welcher nit allein die fürnembsten Stätt vnnd öhrter, dess Heyligen Landts Palestinæ..... Getruckt in dess Fürstlichen Gottshaus S. Gallen Reychshoff, Rorschach am Bodensee, bey Bartholome Schnell, im Jahr, 1606. In-4, d.-rel. mar. br. Titre et plusieurs pp. remontées.

Ce voyage a été publié par le neveu de l'auteur, Melchior Tschudi, « der jünger »; il est fort rare. Notre exemplaire provient de la bibliothèque de M. de Saulcy.

1513. **Van Martena** (Hessel), **Van Botnia** (Juw et Tjalling). Accurata descriptio peregrinationis in Terram Sanctam, per illustres..... dominos D. Hesselium a Martena, D. Tzallingium a Botnya, necnon D. Julium a Botnya, Frisios,..... feliciter susceptae, anno..... MDXVII. [Extrait factice de *De Vrije*

Fries, Leeuwarden, 1844.] In-8, rel. toile bl. — Eine Wallfahrt von Antwerpen nach Jerusalem aus dem Jahre 1517..... mitgetheilt von *Hermann Lotze*. Leipzig, Brockhaus, 1866. In-4, rel. toile.

1514. **Vartema** (Lodovico di). Die Ritterliche vnnd || Lobwirdige Reyss des gestrengen vnd || vber all ander weit erfarne Ritter, vnnd Landt= || fahrer, Herrn Ludouico Vartomans von Bolonia, || Sagend von den Landen Egypto, Syria, von bei= || den Arabia, Persia, India, vnd Ethiopia, Von || deren gstalt sitten, Leben, Pollicey, Glau||ben vnnd Ceremonien, Auch von man= || cherley Thieren, Vögeln, vnd an||dern seltzamen dingen. Das || alles er selbs erfahrn || vnd gesehen || hatt. || *Fig. sur bois en rouge et noir* || M.D.XLVIII. Fnc. 110 verso : Gedruckt zu Franck= || furdt, am Mayn, durch Her= || mann Güllferichen, inn der || Schnurgassen zum || Krug. Petit in-4, 110 ffnc., avec 46 figg. sur bois, rel. veau fauve; au chiffre du comte Riant.

    Cinquième édition allemande de la relation de Varthema. Elle n'est pas commune et M. *Winter-Jones* ne la cite que d'après Ternaux-Compans.

1515. — The travels of Ludovico di Varthema in Egypt, Syria, Arabia deserta and Arabia Felix, in Persia, India and Ethiopia A.D. 1503 to 1508. Translated from the original edition of 1510 by *John Winter Jones*, and edited by *George Percy Badger*. London, printed for the Hakluyt Society, 1863. Avec carte. — The Nauigation and Voyages of Lewis Wertomannus, in the Yeere of our Lorde 1503, transl...into Englyshe, by *Richarde Eden*. Edinburgh, privately printed, 1884. Ensemble 2 vol. in-8, d.-rel. vél. blanc et rel. toile.

1516. — Les Voyages de Ludovico di Varthema, ou le Viateur en la plus grande partie d'Orient, traduits de l'italien en français par *J. Balarin de Raconis*, Publié et annoté par *M. Ch. Schefer*. Paris, Leroux, 1888. 1 vol. — Itinerario di Lodovico Varthema, nuovamente posto in luce da *Alberto Bacchi della Lega*. Bologna, Romagnoli, 1885. 1 vol. Ensemble 2 vol. grand in-8 et in-12, br.

1517. **Villinger** (Petrus). Bilgerfahrt vnd Beschreibung der Hierusolomitanischen Reiss in das heylig Land, vnnd deren Prouintzen Palestina, wie es zu jetziger Zeit beschaffen, wz noch an Antiquiteten, an allen vnd jeden H. Oertern vñ sonsten zusehen. Daneben ein schöne Lehr vnnd Vnderweisung eines Christlichen Bilgers, so sich auff solche Reiss begeben will, wie er die anfahen, auch sich auff der Strass verhalten, vnd für wem er sich fürzusehen vnd zuhieten hat, ʒc. Welche Reiss der ehrwürdig.... Villinger.... Año 1565. fürgenommen vnd dañ 1568. vollendet, vnd nachmals selbst beschriben.... Getruckt zu Costantz am Bodensee, bey Nicolao Kalt, M.DC.III. In-4 de 10 ffnc., 183(1) pp., rel. vél.

    Petrus Villinger, curé d'Art (canton de Schwitz), parti avec plusieurs autres pèlerins suisses, parcourut la Palestine de 1565 à 1568. Son voyage a été publié, en 1603, par *Peter Schmid*, maître d'école du canton de Zug.

1518. Vulcano (Luigi). Iesvs. Vera et nvova descrittione di tutta Terra Santa & peregrinaggio del sacro monte Sinai, Compilata da verissimi autori. Dal Ven: P. Frate Lvigi Vulcano dalla Padula dell' ordine minore.... (*Marque de Scotto*)..... *In fine* : In Napoli Appresso, Gio. Maria Scotto, 1563. Petit in-8 de 12 ffnc., 208 ff. chif., 4 ffnc. (dont 1 blanc qui manque), rel. parch.

1519. Walter von Waltersweil. Beschreibung Einer Reiss auss Teutschland biss in das gelobte Landt Palæstina, vnnd gen Jerusalem, auch auff den Berg Synai, von dannen widerumb zu ruck auff Venedig vnd Teutschlandt. Durch..... Herrn Bernhard Waltherr von Waltherssweyl..... eygner Person besichtigt, und beschriben..... Gedruckt zu München, bey Anna Bergin Wittib. Anno 1610. In-8, rel. vél. 7 pl.

Rare. Walter von Waltersweil était chambellan et grand écuyer de l'archiduc Maximilien Ernest d'Autriche ; le récit de son voyage en Orient, exécuté en 1587, est intéressant et bien écrit.

1520. Wispeck. Hiervsalem. ‖ Opvs prae-‖clarvm et pri-‖vatvm. ‖ Ein newe beschreibung der heili=‖gen Statt Jerusalem ‖ durch ‖ Wilhelmvm Wispeckivm. ‖ Philosophiæ Magistrum... *Fnc.* 64 r⁰ : Gedruckt zu München, bey Adam Berg. Mit Röm. Kay. May. freyheit nit nachzudrucken, M.D.LXXXV. Petit in-8 de 64 ffnc., rel. vél.

Guillaume Wispeck avait été professeur à l'université d'Ingolstad. Cet ouvrage est demeuré inconnu aux auteurs qui se sont occupés de la bibliographie de la Terre Sainte.

1521. Ziegler. Terræ Sanctæ, qvam Palæstinam nominant, Syriæ, Arabiæ, Ægypti & Schondiæ doctissima descriptio, unà cum singulis tabulis earundem regionum topographicis, authore Iacobo Zieglero Landauo Bauaro. Holmiæ plane regiæ Vrbis calamitosissima clades ab eodem descripta. Terræ Sanctæ altera descriptio, ivxta ordinem alphabeti, quæ ad Scripturam proxime directa est, utilissima etiam plebeio lectori, auctore Vuolffgango Vueissenburgio pridem Academiæ Basiliensis Mathematico..... Elenchvs, quo libro & capite Bibliorum, & quoties, singuli Palæstinæ loci continentur. Argentorati, apud Vuendelinum Rihelium, An. M D XXXVI, Mense Septembri. In-fol., de 142 ff. chif., 14 ffnc. pour la table et 15 ffnc. pour les cartes géog. grav. s. bois. rel. mar. tête de nègre, tr. dor., dos et plats ornés, dent. int. (Chambolle-Duru).

1522. Zuallart (Jean). Il devotissimo ‖ viaggio ‖ di Gervsalemme. ‖ Fatto & descritto in sei libri dal Sig^r Gio=‖uanni Zuallardo..... ‖ l'anno 1586. ‖ Aggiontoui dissegni di varij ‖ luoghi di Terra Santa & altri paesi ‖ Intagliati da Natale Bonifacio Dalmat⁰ ‖ ..... ‖ Stampato in Roma, ‖ per F. Zanetti & Gia. Ruffinelli nell' ‖ Anno M D LXXXVII. Petit in-4 de 18 ffnc., 402 pp., 5 ffnc., rel. veau, dos orné, fil., titre gravé et fig.

Ouvrage de toute rareté. L'auteur, le wallon Jean Zuallart, accompagna, en 1586, en Terre Sainte Philippe de Mérode dont il était le gouverneur. A son retour, il publia en italien la relation de son voyage ornée des gravures de *Natale*

Bonifacio. Une seconde édition italienne, encore rare quoique un peu plus commune que la nôtre, parut à Rome en 1595. L'auteur lui-même a donné, en **1608**, une édition française.

1523. **Guylforde** (Sir Richard). The Pylgrymage of Sir Richard Guylforde to the Holy Land, A.D.1506, from a copy believed to be unique, from the press of Richard Pynson, edited by *sir Henry Ellis*. Printed for the Camden Society, M.DCCC.LI. In-4, rel. toile (édit.). — **Torkington** (Sir R.). The oldest Diarie of Englysshe Travell : being the hitherto unpublished narrative of the pilgrimage of Sir Richard Torkington to Jerusalem in 1517, edited by *W. J. Loftie*. London, Field & Tuer,... s. d. (1884). [In the Vellum Parchment Shilling Series, n° VI.] Petit in-8 carré, br., couv. faux parch. — **Webbe** (Edward). His Trauails, 1590. Carefully edited by *Edward Arber*. London, Murray, 1869. Plaq. in-4, cart. (édit.). [Exemplaire en grand papier. Publication des *Early english Reprints*.]

1524. **Füssly** (Peter). Warhafte beschrybung der reiss und fart, so Peter Füssly und Heinrich, genamt Heinni Ziegler, beid burger zu Zürich vf den 9. tag meyens dess 1523 jars mit einander gan Venedig und volgends gan Jerusalem zum heiligen grab gethan, und wie es inen beiden ergangen ist. S. l. n. d. n. typ. (Publié dans la *Zürcher Taschenbuch Jahrgang*, VII, année 1883.) Plaq. in-8, cart., couvert. — **Francesco di Sicilia** (Fra). Viaggio in Terrasanta o notizie della Palestina scritte nel 1585 [pub. p. *V. Di Giovanni*]. Extr. des *Nuove Effemeridi Siciliane*, S. terza, V.XII. In-4, cart. — **Hirchsfeld** (B. von). Des Ritters Bernhard von Hirschfeld im Jahre 1517 unternommene und von ihm selbst beschriebene Wallfahrt zum heiligen Grabe..... herausg. von *A. von Minckwitz*. [Extrait des *Mittheil d. deutsch. Gesellsch. zur Erforschung vaterländ. Spr. u Alterth. in Leipzig*. Leipzig, Weigel, 1856.] In-8, cart. **Pappenheim** (Alexander von). Peregrination und Raissbuech..... biss zue dem Heyligen Lanndt und Jherusalem (1563-64). [*Extrait factice du recueil* de MM. *Röhricht* et *Meisner*.] In-8, cart. Ensemble 4 plaq.

6. XVIIᵉ siècle.

1525. [**Alquié**]. Le voyage de Galilée. A Paris, chez Michel le Petit et Estienne Michallet, M D C LXX. Petit in-8, rel. veau, tr. rouge; sur les plats, fil. dor. et chiffre du comte Riant.

La dédicace de cet ouvrage est signée D. S. A.; suivant Barbier (Dict. des anonymes), l'auteur serait *François Savinien d'Alquié*. M. Röhricht attribue, au contraire, ce voyage au jésuite *Michel Nau*, auteur d'un « Voyage nouveau de la Terre Sainte... » publié en 1679.

1526. **Amman** (Jacob). Reiss Ins Globte Land : Von Wien auss Oesterreich, durch Vngariam, Serviam, Bulgariam vnnd Thraciam auff Constantinopel : Ferner Durch Natoliam, Cappadociam, Ciliciam, Syriam vnd Judæam auff Jerusalem : Von dannen durch die Wüste vnnd Aegypten... vnd durch Italiam auff Zürich..... In dreyen Theylen..... durch Hans Jacob Aṁan, Burger zu Zürich, genannt der Tallwyler Schärer. Anno M.DC.XXX. *In fine* : Getruckt zu Zürich, bey Joh. Jacob Bodmer, 1630. Petit in-8, rel. vél.

> Seconde édition d'un voyage aux Lieux Saints fait en 1616 et publié à Zürich chez Hardemeyer en 1618. Une troisième édition de 1678 est ornée de belles gravures sur cuivre. Hans Jacob Amman de Tallwill était protestant.

1527. **Andersen** (Jürg) et **Iversen** (Volquard). Orientalische Reise-Beschreibung : .....durch Ost-Indien, Sina, Tartarien, Persien, Türckeyen, Arabien und Palestinam gezogen : und haben zu Wasser und Land viel merkliche Dinge gesehen und erfahren..... herausgegeben durch Adam Olearium. Hamburg, *s. typ.*, M DC XCVI. 1 vol. petit in-fol., avec carte et figg., d.-rel. veau, non rogn.

1528. **Antonio del Castillo**. El devoto Peregrino. Viage de Tierra Santa.... Madrid, Imprenta Real, M DC LVI. Titre front. grav. In-4, d.-rel. chag. br.

> Nombreuses cartes et figures dans le texte. Le titre est gravé et signé « *Pedro de Villafranca*, sculptor Regius ». Il y a eu une première édition à Madrid, en 1654 ; celle-ci n'est que la seconde. L'auteur, le franciscain *Antonio del Castillo*, appelé aussi en Espagne *Antonio de Malaga*, avait passé plusieurs années dans les Missions de Terre Sainte et devint commissaire général de Jérusalem pour l'Espagne.

1529. — El devoto peregrino, y viage de la Tierra Santa. Barcelona, A. Aarroque, *s. d.* (1743?). — *Le même.* Madrid, Vidua de Barco Lopez, 1806. 2 vol. in-8, rel. vél.

1530. **Arvieux** (Laurent d'). Mémoires du chevalier d'Arvieux..... contenant ses voyages à Constantinople, dans l'Asie, la Syrie, la Palestine, l'Égypte..... recueillis..... par le R. P. Jean-Baptiste Labat. Paris, Delespine, 1735. 6 vol. in-8, rel. veau. (Le tome III est en vieille reliure.)

> Laurent d'Arvieux, né à Marseille en 1635, mort en 1702, séjourna 12 ans (1653-1665) dans le Levant, fut chargé par la France de plusieurs négociations importantes et, plus tard, nommé consul à Alger et Alep. Il refusa l'évêché de Babylone. Les mémoires ont été recueillis et mis en ordre par le dominicain *Labat* (1663-1738).

1531. **Beaugrand** (F. Félix, Religieux de Saint-François). Relation nouvelle et tres-fidelle du voyage de la Terre Sainte, dans laquelle se voit tout ce qu'il y a de remarquable, tant par Mer que par Terre, depuis le départ de Marseille jusqu'au retour de ce saint Voyage..... Paris, Antoine Warin, M D CC. 1 vol. in-16 de 4 ffnc., 138 pp., 3 ffnc., quelques premières pages remontées, d.-rel. bas. noire.

> Première édition d'un voyage assez rare, dédiée à la duchesse de Saint-Aignan. La plupart des bibliographes ont mal décrit cette édition à laquelle ils donnent deux parties imprimées en 1700 et 1701, alors que notre exemplaire forme un tout complet en un seul volume imprimé en 1700. MM. Tobler et Röhricht ne sont pas tombés dans cette erreur, mais ont donné une pagination inexacte.

1532. **Beauvau** (Henry, baron de). Relation Iovrnaliere dv voyage dv Levant faict et descrit par messire Henry de Beavvav Baron dvdit lieu, et dé

Manonuille, seignevr de Fleuuille. A Tovl, par François dv Bois, Imprimeur du Roy, 1608. Auec Priuileges. 1 vol. petit in-8 de 1 fnc., 241(1) pp., rel. vél.

<small>Première édition sans figures. L'auteur en donna une nouvelle, augmentée, avec des « pourtraicts » des lieux les plus remarquables, en 1615.</small>

1533. **Beér ha-Gôlâ**..... Puits de la Captivité, exposant la prééminence de la Terre Sainte, ses qualités, les causes de consécration des Lieux Saints, les mesures et la conformation du Tabernacle au désert, du premier et du second Temple..... composé par un savant rabbin portugais, anonyme, publié d'après un Ms. de Leipzig par le rabbin *Jacob Tapfrower*, suivi d'annotations et d'indications de sources par *Ruben Cohen Rappoport*, de Tarnopol. Edité et imprimé pour la première fois, aux frais de Yehiel Brill, Mayence, 5637. (*1867*). In-8, rel. toile. (*Texte hébreu.*)

<small>Cette édition, peu commune, n'est pas mentionnée dans la Bibliographie de M. Röhricht.</small>

1534. **Bénard.** Le voyage de Hiervsalem et avtres lievx de la Terre S^{te}, faict par le Sr Bénard Parisien Chevalier de l'Ordre dv St Sepvlchre de N$\bar{r}$e Seignevr Iesvs Christ. Ensemble son retour Par L'italie, Suisse, Allemagne, Holande et Flandre, En la tres Fleurissante et Peuplee Ville de Paris... A Paris, chez Denis Moreau, ruë St Jacques a la Salamandre, 1621. 1 vol. petit in-8 de 8 ff., 759(1) pp., avec un joli encadrement au titre signé *I. Blanchin* et un portrait de l'auteur gravé par *Gaspar Izac*, rel. parch.

<small>Un des plus rares voyages à Jérusalem et d'une très belle impression. Exemplaire en parfait état.</small>

1535. **Benetti** (Antonio). Osservazioni Fatte dal fù Dottor Antonio Benetti nel Viaggio à Costantinopoli dell' Illustris. & Eccellent. Sig. Gio: Battista Donado, Spedito Bailo alla Porta Ottomana l'Anno 1680. E nel tempo di sua permanenza, e ritorno seguito 1684. Venezia, Per Andrea Poletti, M DC LXXXVIII. 1 vol. in-12, rel. parch.

<small>Le voyage de *Donado*, écrit par le Dr *Benetti*, a été publié, après sa mort, par *Francesco Maria Pazzaglia*, qui dédia l'ouvrage à Jean Gaston de Médicis.</small>

1536. **Berdini** (Vincenzo). Historia dell' antica, e moderna Palestina, descritta in tre Parti. In Venetia, Surian, 1642. 1 vol. petit in-4, rel. parch., titre remonté.

<small>*Vincent Berdini*, de l'ordre des frères mineurs, fut commissaire général de la Terre Sainte; son ouvrage a une certaine valeur, surtout la troisième partie relative aux droits des religieux catholiques sur les Lieux Saints. Une première édition de ce livre a été imprimée à Sienne en 1633.</small>

1537. **Besson, S. J.** (Joseph). La Syrie et la Terre Sainte au xviie siècle..... Nouvelle édition revue par [le P. *Aug. Carayon*, S. J.]. Poitiers et Paris, 1862. In-8, rel. toile, couv. — Du même. Soria Santa, overo Racconta breue di varij auuenimenti curiosi, e pij accaduti da pochi anni in quà in Soria, specialmente in Aleppo, Damasco,..... e Monte Libano..... opera..... trasportata da Francese dal P. *Giuseppe Anturini*. Roma, Casoni, M DC LXII. In-4, rel. parch. — **Rigordi**, S. J. Pérégrinations du P. François Rigordi..... à travers la Méditerranée, la Syrie,..... la Mer des Indes, etc. Relation imprimée à Marseille..... en 1652. Nouvelle édition,..... par le P. *Aug. Carayon.* Paris, Taranne, 1874. In-8, rel. toile, couv.

1538. **Brémond** (Gabriel). Viaggi fatti nell' Egitto svperiore, et inferiore : nel Monte Sinay, e lvoghi piv conspicvi di quella Regione : in Gerusalemme, Giudea, Galilea, Sammaria, Palestina, Fenicia, Monte Libano, & altre Prouincie di Siria..... opera del signor Gabrielle Bremond Marsiliese, da lui scritta in Francese, e fatta tradurre in Italiano..... da Givseppe Corvo libraro..... Roma, Paolo Moneta, MDCLXXIX. In-4, rel. vél., tr. jaspée, quelques mouillures.

On ne connait pas d'édition française de cet intéressant voyage.

1539. **Brèves** (Savary de). Relation des Voyages de Monsieur de Breves, tant en Grece, Terre Saincte et Ægypte, qv'avx Royaumes de Tunis & Arger. Ensemble vn traicté faict l'an 1604, entre le Roy Henry le Grand, & l'Empereur des Turcs et trois discovrs dvdit sievr. Le Tovt recveilli par le S. D. C. A Paris, chez Nicolas Gasse, au mont sainct Hilaire, prés la court d'Albret. M.D.C.XXVIII. 1 vol. in-4, rel. veau olive, fil., dos orné, tranches dorées.

François de Savary Lancosme, comte *de Brèves* (1560-1628), accompagna, en 1580, son oncle, Jacques de Savary Lancosme, ambassadeur à Constantinople et lui succéda en 1591. Il quitta Constantinople en 1606 et rentra par les côtes barbaresques en France où il continua une brillante carrière. La *Relation de ses voyages*, recueillie par son secrétaire *Jacques du Castel*, est estimée et recherchée. Les trois discours qui suivent cette *Relation*, et qui ont chacun une pagination particulière, ont pour titre : « *Discours sur l'alliance qu'a le Roy avec le Grand Seigneur et de l'utilité qu'elle apporte à la Chrestienté* »; « *Discours abbrégé des asseurez moyens d'aneantir & ruiner la Monarchie des Princes Ottomans* », « *Discours veritable..... du procedé tenu lorsqu'il remit entre les mains du Roy la personne de Monseigneur le duc d'Anjou* ». Le second de ces discours montre chez *de Brèves* une connaissance approfondie de l'Orient et c'est chez les Cosaques qu'il voit le danger sérieux qui peut un jour menacer l'empire ottoman.

— **Ernouf** (Baron). Savary de Brèves. La question d'Orient au temps de Henri IV. *S. l. n. d. n. typ.* (Extr. de la *Revue de France*, 1er mai 1877). Plaq. in-8, cart.

1540. **Cormenin** (Des Hayes de). Voiage de Levant Fait par le Commandement dv Roy en lannée 1621 par le Sr D. C. Seconde edition. A Paris, chez Adrian Tavpinart, 1632. In-4, rel. veau marbré; sur les plats, armes de Caumartin de Saint-Ange, *titre gravé*, 2 cartes.

Cormenin avait été envoyé, en 1621, à Jérusalem pour y établir un consulat français et faire cesser les usurpations des Arméniens qui avaient empiété sur les privilèges des franciscains. Bien des historiens ont confondu ce Cormenin avec son fils, un des adversaires de Richelieu, et qui fut condamné à mort et exécuté à Pont-Saint-Esprit, lors de la rébellion du maréchal de Montmorency.

1541. **Dapper** (O.). Naukeurige Beschryving van gantsch Syrie, en Palestyn of Heilige Lant; Behelsende de Gewesten van Fenicie, Celesyrie, Kommagene... verrijkt met lantkaerten en afbeeldingen der voornaemste steden...

t' Amsterdam, By Jacob van Meurs, 1677. 2 tomes en 1 vol. in-4, rel. veau. Le tome I a un front., 10 cartes ou pl. et de nomb. grav. sur cuivre dans le texte. Le tome II a des grav. sur cuivre dans le texte et 28 pl. ou cartes géog.

1542. De Bruyn (Cornelis). Voyage au Levant, c'est-à-dire, dans les Principaux Endroits de l'Asie Mineure, dans les Isles de Chio, Rhodes, & Chypre, &c. De même que dans les plus Considérables Villes d'Egypte, de Syrie, et de la Terre Sainte... Paris, chez Guill. Cavelier, 1714. 1 vol. in-fol., avec 1 très beau portrait et plus de 200 pl. et cartes, rel. veau f.

<blockquote>Ouvrage estimé surtout à cause des gravures qui sont d'une bonne exécution. Il a d'abord paru (1688) à Delft et la première traduction française a été imprimée également à Delft en 1700.</blockquote>

1543. — Voyage au Levant, c'est-à-dire, dans les Principaux Endroits de l'Asie Mineure, dans les Isles de Chio, Rhodes, Chypre, &c... Nouvelle Edition. Paris, Bauche, et Rouen, Ferrand, 1725. 5 vol. in-4, avec portr. de C. De Bruyn et cartes, rel. veau f. (aux armes).

<blockquote>Cette édition a été revue et annotée par l'abbé Banier.</blockquote>

1544. Della Valle (Pietro). Viaggi....., con minuto raguaglio di tutte le cose notabili osseruate in essi, descritti da lui medesimo in 54 Lettere familiari... mandate in Napoli all' erudito, e fra' più cari... Mario Schipano. Diuisi in tré parti... Seconda impressione, con la Vita dell' Autore... Roma, Biagio Diuersin, MDCLXII. 4 tomes en 2 vol., rel. veau rac. — **Ciampi** (Ignazio). Delle vita e delle opera di Pietro della Valle il pellegrino. Roma, Barbera, 1880. Grand in-8, rel. toile, non rogn., couv.

<blockquote>Il y a eu de très nombreuses éditions de cet intéressant voyage, et les titres des quatre volumes de notre exemplaire portent des dates différentes ; les tomes II et III sont de l'édition de 1658, le t. IV de 1663. La première édition, assez incomplète, avait paru en 1650.</blockquote>

1545. Doubdan (Jean). Le Voyage de la Terre-Sainte contenant vne veritable description des lieux plus considerables que Nostre Seigneur a sanctifié de sa presence, Predications, Miracles & souffrances... Troisiesme Edition. Paris, François Clovsier, MDCLXVI. 1 vol. in-4, avec planches, rel. veau f.

<blockquote>Jean Doubdan, chanoine de l'église de Saint-Paul, à Saint-Denis, visita la Terre Sainte en 1651 ; il revint par l'Italie et il a donné, à la suite du récit de son voyage en Terre Sainte, une description sommaire des villes d'Italie qu'il visita en 1652. Il publia sa relation pour la première fois en 1657, mais ne mit son nom qu'à la deuxième édition de 1661.</blockquote>

1546. Du Rozel, seigneur du Gravier (François-Charles). Voyage de Jérusalem et autres lieux saincts, effectué et décrit en 1644 par..... Publié avec Préface..... et Commentaires, par M. *Bonneserre de Saint Denis*. Paris, Dumoulin, 1864. In-8, d.-rel. mar. vert, tête lim., ébarb. — **Tavernier** Les six Voyages de Jean Baptiste Tavernier, Ecuyer Baron d'Aubonne, en Turquie, en Perse et aux Indes, pendant l'espace de quarante ans, et par toutes les routes que l'on peut tenir : accompagnez d'observations particulieres sur la qualité, la religion, le gouvernement, les coûtumes & le commerce de chaque païs, avec les figures, le poids & la valeur des monnoyes qui y ont cours. Suivant la Copie, imprimée à Paris, MDCLXXVIII. In-12, pl. h.-t., 2 vol. rel. parch.

1547. **Evliyá Effendi.** Narrative of Travels in Europe, Asia, and Africa, in the seventeenth century, translated from the Turkish by the Ritter *Joseph von Hammer.* London, 1834. 1 vol. in-4, rel. toile.

1548. **Fuller** (Thomas). A Pisgah-Sight of Palestine and the confines thereof, with the History of the Old and New Testament acted thereon. London, J. Williams, MDCL. 1 vol. in-4, d.-rel. veau (fatigué), cartes géog.

1549. — A Pisgah Sight of Palestine and the confines thereof... with facsimiles of all the quaint maps and illustrations of the original edition. London, Tegg, 1869. Vol. in-8, rel. toile (édit.).

1550. **Gaspar de S. Bernardino** (Fra). Itinerario da India por terra ate este Reino de Portugal com A Discripcam de Hierusalem..... Composto por Frei Gaspar de Saõ Bernardino da Ordem do Seraphico Padre... Em Lisboa Na Officina de Vicente Aluarés Anno 1611. (Titre front. gravé.) Petit in-4, rel. mar. rouge, tr. dor., dent. int.; au dos, chiffre du comte Riant. (Dupré.)

> Première édition, imprimée sur deux colonnes et dédiée à Marguerite d'Autriche, reine d'Espagne.

1551. **Gonsales** (A.). Hiervsalemsche Reyse van den Eerw. Pater P. Anthonivs Gonsales, Minder-Broeder Reccollect....... verdeylt in ses Boecken. I..... uyt Antwerpen tot de have van Jerusalem. II. Beschryft de H. plaetsen van 't H. Land. III. Wort beschreven 't koningckryck Syrien. IV. 'T vermaert ryck van Egypten. V. De weder-komste uyt het heyligh landt tot Antwerpen. VI. Rare boomen, bloemen, kruyden, vier-voetighe beesten, voghelen, visschen ende kostelycke ghesteenten. Antwerpen, Michiel Cnobbaert, 1673. 2 vol. in-4, d.-rel. veau.

1552. **Goujon** (Le R. P. Jacques Florent). Histoire et voyage de la Terre-Sainte, où tout ce qu'il y a de plus remarquable dans les Saints lieux, est tres-exactement descrit..... a Lyon, chez Pierre Compagnon & Robert Taillandier,..... 1672..... In-4, avec cartes et planches, rel. mar. rouge, dos orné du chiffre du comte Riant, fil., dent. int., tr. dor. (Dupré.)

> Exemplaire de la bibliothèque de M. *Jules Labarte.* Il y a eu une première édition en 1670, une autre en 1671 ; toutes trois sont de format in-4 et ont été publiées à Lyon, chez Pierre Compagnon et Robert Taillandier. Elles sont devenues fort rares, surtout avec les cartes et planches ; il est, du reste, probable que ces trois éditions n'en font qu'une dont on a changé la date.

1553. **Heidmann** (Christ.). Palæstina sive Terra Sancta paucis capitibus distinctè ordineq; explicata, et ab ipso Autore olim... publici iuris facta. Iam verò ob exemplarium raritatem, unà cum quatuor tabulis ex Adrichomio et aliis collectis... denuò edita. Wolferbyti, Sumptibus Conradi Bunonis, anno cIɔ Iɔ cLv, Typis Ioannis Bismarci. Vol. in-4, rel. vél., titre encadré et gravé, 4 cartes géog.

> Heidmann, professeur d'éloquence à Sora (Danemark), mourut en 1627. Son livre sur la Terre Sainte, qu'il n'avait du reste jamais visitée, a eu, dans le courant du xviie siècle, un très grand nombre d'éditions.

1554. Jäger (Christoff). Sieben-jährige und gefährliche Neu-verbesserte Europæ-Asiat- und Africanische Welt-Beschauung des weiland... George Christoff von Neitzschitz, uff Stöckelberg, Wöhlitz und Zörbitz... Zum andern mal also heraus gegeben, Dass 1. Die im vorigen Druck nur angeregte Historien ergäntzet, 2. Denen Raritäten und Curiosen Sachen andere beygefügt, 3. Die jetziger Zeit nach geänderte Orthe nachgetragen, 4. Viel Orthe und Dinge in Kupffern und Rissen vorgestellet werden, Samt einem ausführlichen Register aller denckwürdigen Sachen... Von M. Christoff Jägern... Nürnberg, zu finden bey Johann Hoffmann... Gedruckt bey J. Ph. Miltenberger, im Jahr 1674. In-4, d.-rel. chag. bleu, front. et 15 pl. ou cartes géog.

> Voyage en 1636 de G. Ch. von Neitzschitz rédigé par Jäger. Les gravures sur cuivre qui ornent cet ouvrage semblent avoir été empruntées à d'autres publications.

1555. Jonas. Voyage à Jérusalem et à Constantinople de Jonas surnommé le Petit, diacre-moine du couvent de la Sainte Trinité, 1648-1652. [*En russe.*] Saint-Pétersbourg, 1882. Grand in-8, rel. toile.

1556. Jouvin. Le voyageur d'Europe, où est le voyage de Turquie qui comprend la Terre Sainte et l'Egypte. Dedié à Monseigneur de Ponponne, Secretaire d'Estat, Par Mr Iouvin de Rochefort, Tresorier de France. Paris, Barbin, M.DC.LXXVI. In-12, rel. veau.

> Ouvrage peu commun. Jouvin parcourut l'Orient pendant les années 1670-1671; il se fit concéder, dès 1672, un privilège pour imprimer son voyage. Les dernières pages contiennent un « Petit dialogue françois et turc ».

1557. La Boullaye. Les voyages et observations dv sievr de La Boullaye-le-Gouz, gentil-homme angevin, où sont décrites les Religions, Gouvernemens... d'Italie, Grece, Palestine,..... Paris, F. Clovsier, M DC LIII. In-4, rel. veau f., fil. s. l. pl., avec 31 grav. sur bois et 1 port. sur cuivre.

> Livre rare et recherché. L'auteur, François Le Gouz, seigneur de La Boullaye (1610-1669), passa sa vie à voyager, partit de Paris en 1643, et, sous le nom d'Ibrahim-Bey, parcourut jusqu'en 1650 l'Asie et l'Afrique. Un intéressant portrait gravé sur bois le montre dans le costume levantin qu'il avait adopté. A son retour en France, il publia le récit fort sincère et original de ses aventures, orné de curieuses figures, d'une exécution malheureusement assez grossières. Il donna, en 1657, une seconde édition de ses voyages et repartit, en 1664, comme agent de la Compagnie des Indes, mais, en 1669, une mort mystérieuse le frappait à Ispahan.

1558. Laffi (D. Domenico). Viaggio in Levante al Santo Sepolcro di N. S. G. Christo, et altri Luoghi di Terra Santa. In Bologna, per gl' Eredi d'Antonio Pisarri, 1683. Viaggio in Ponente a S. Giacomo di Galitia..... Bologna, Ferroni, 1673. 2 vol. petit in-8, rel. vél.

> Première édition de ce livre assez utile, mais que dépare son incorrection typographique.

1559. **La Mottraye** (Aubry de). Voyages en Europe, Asie & Afrique... à la Haye, chez T. Johnson & J. Van Duren, 1727. 2 vol. avec frontisp. et planches. — *Du même.* Voyages en Anglois et en François, en diverses provinces et places de la Prusse Ducale et Royale, de la Russie, de la Pologne, &c. contenant un traité de divers ordres de chevalerie... La Haye, Adr. Moetjens, 1732. 1 vol. Ensemble 3 vol. in-fol., rel. veau brun, avec planches et cartes.

> Ouvrage estimé dont plusieurs planches ont été gravées par W. Hogarth; La Mottraye a visité la Terre Sainte en 1697.
> Exemplaire avec l'ex-libris de Henri Petit, médecin à Soissons.

1560. **Loir** (O. S. du). Les voyages dv sievr dv Loir, contenv en plvsievrs lettres écrites du Leuant, auec plusieurs particularitez qui n'ont point encore esté remarquées touchant la Grece, & la domination du Grand Seigneur, la Religion et les mœurs de ses Sujets. Ensemble ce qvi se passa à la mort du feu Sultan Mourat dans le Serrail, les ceremonies de ses funerailles; & celles de l'auenement à l'Empire de Sultan Hibraim son frere, qui luy succeda. Avec la relation dv siège de Babylone fait en 1639, par Sultan Mourat. A Paris, chez Gervais Clovzier, M DC LIV. In-4, rel. veau v.

> On a ajouté à ce volume le texte turc écrit à la main de toutes les pièces citées et imprimées en caractères romains.

1561. — Viaggio di Levante del Signor di Loir, nel quale si hanno molte notizie della Grecia, del Dominio del Gran Signore, della Religione, e de' costumi de' suoi Sudditi, & altre particolarità non descritte da Pietro della Valle, aggiontovi il viaggio d'Inghilterra del Signor di Sorbiere..... tradotti dall' Idioma Francese in Italiano dal Secretario F. F. In Venetia, MDC.LXXI, per Abbondio Menafoglio. In-12, rel vél.

1562. **Magni** (Cornelio). Qvanto di più curioso, e vago hà potuto raccorre... Nel primo [e secondo] biennio da esso consumato in viaggi, e dimore per la Tvrchia..... *T. I* : Venetia, Appresso Abondio Menafoglio. MDCLXXXII. *T. II* : In Parma, Per Alb. Pazzoni, e Paolo Monti, M DC XCII. 2 vol. in-12, rel. vél., avec cartes et pl.

> Le second volume contient « La visita della Santa Citta' di Gierusalemme, co' Santuarii à lei aggiacenti... »

1563. **Magri** (Domenico). Breve racconto del viaggio al Monte Libano di Domenico Magri Maltese nell' età sua d'anni 19. Seconda impressione. Viterbo, Per il Diotalleui... 1664. In-4, rel. parch.

> La première édition du voyage de *Magri* a été imprimée à Rome en 1655 chez Tinassi; celle-ci commence par une dédicace à François Marchier, abbé de Saint-Antoine de Vienne, signée « Pietro Martinelli ». L'ouvrage est divisé en huit chapitres, le ch. II contient une intéressante description de Malte, lieu d'origine de l'auteur.

1564. **Malaucenne** (Esprit Julien de), autrement dit **Philippe de la S**^te **Trinité** R. P. F.). Itinerarivm Orientale..... in qvo varij successus Itineris, plures Orientis Regiones..... Incolæ tam Christiani, quàm Infideles Populi.... Religiosorum in Oriente Missiones, ac varij celebres euentus describuntur. Lvgdvni, sumptibus Antonii Ivllieron, M DC XLIX. Petit in-8, rel. vél.

Édition originale.

1565. **Malaucenne**. Voyage d'Orient,..... ov il descrit les diuers succez de son Voyage, plusieurs Regions d'Orient, leurs Montagnes, leurs Mers & leurs Fleuues,..... traduit du Latin par vn Religieux du mesme Ordre. Lyon, chez Antoine Ivllieron, M DC LXIX. 1 vol. in-8, rel. veau f.

> La première édition de ce voyage a paru en latin, à Lyon, en 1649. En 1652, le carme *Pierre de Saint-André* (Jean-Antoine Rampalle) publia, à Lyon, chez le même Jullieron, une première édition de sa traduction française; on en connait également des traductions allemande et italienne.

1566. — Viaggi Orientali del P. Filippo della SS. Trinita.... Ne' quali si descriuono varij successi, molti Regni dell' Oriente, Monti, Mari, e Fiumi; la successione de' Prencipi dominanti, i Popoli Christiani, & Infedeli, che stanno in quelle parti..... In Venetia, Presso Antonio Tiuanni, M DC LXXXIII. In-12, rel. vél.

1567. **Maleo** (Fra Mariano Morone da). Terra Santa nvovamente illvstrata... divisa in dve parti. Piacenza, Giouanni Bazachi, 1669. Front. raccom., 2 tomes en 1 vol. in-4, rel. vél.

> Fra Mariano da Melco était commissaire apostolique en Orient et gardien de la Terre Sainte. Son ouvrage, fort précieux pour l'histoire de la Palestine, est d'une très grande rareté. Le titre du tome I porte la date de 1669, la seconde partie porte au titre la date de 1668.

1568. **Mantegazza** (Fra Steffano). Relatione tripartita del viaggio di Giervsalemme, nella quale si racontano gli auuenimenti dell' Autore, l'origini, & cose insigni de' luoghi di passaggio visitati, con vna sommaria raccolta delle indulgenze, e preci solite acquistarsi, & farsi nella visita di ciascun loco..... In Milano, Per l'her. di Pacifico Pontio, & Gio. Battista Piccaglia, M DC XVI. In-4, titre r. et n., rel. vél.

1569. **Monconys** (Balthazar de). Iovrnal des Voyages de Monsievr de Monconys... où les Sçauants trouueront vn nombre infini de nouueautez, en Machines de Mathematique, Experiences Physiques, Raisonnemens de la belle Philosophie, curiositez de Chymie, & conuersations des Illustres de ce Siecle;... Auec des Indices... publié par le sieur de Liergves son fils. Lyon, chez Horace Boissat, & George Remevs, 1665-1666. 3 parties en 1 vol. in-4, avec planches. — Analyse de ses voyages au point de vue artistique, par le *Comte de Marsy*. Caen, Le Blanc Hardel, 1880. (*Tiré à 200 ex., un des 25 ex. sur papier vergé*). Ensemble 1 vol. in-4, rel. veau marbré ébarbé, filets, au chiffre du comte Riant, et 1 plaq. grand in-8, rel. toile, non rogn.

> Ces voyages sont fort intéressants à cause du grand nombre d'observations qu'on y trouve. Monconys, qui était d'une ancienne famille de magistrats, naquit à Lyon, en 1611. Il suivit la carrière de la magistrature et fut conseiller au Conseil d'État et au Conseil privé du roi, et Lieutenant-criminel au siège présidial de Lyon; comme beaucoup de magistrats de cette époque, il occupait ses loisirs

par l'étude et devint le correspondant et l'ami de la plupart des savants de France et de l'étranger, tels que Gassendi, Thevenot, Sorbière, Pascal, Justel, Vossius, Habbes, Digby, René de Sluse, Torricelli, Kircher, &c... Il trouva, au milieu de ses occupations, le temps de faire 3 voyages, mais il mourut sans les avoir publiés, en 1665. De Liergues, son fils, aidé du jésuite *Jean Berthet*, en fut l'éditeur.

1570. **Morison** (Antoine). Relation historique d'un voyage nouvellement fait au mont de Sinaï et à Jerusalem. Toul, Laurent, 1704. In-4, rel. veau, aux armes (d'un évêque de Toul?).

1571. Observations cvrievses svr le voyage dv Levant fait en M DCXXX par Messieurs Fermanel, Conseiller au Parlement de Normandie; Favvel, Maistre des Comptes; Bavdovin, sieur de Launay; & Stochove, sieur de Sainte Catherine, Gentilhomme Flamand, où l'on voit ce que nos Geographes tant anciens que modernes ont écrit de plus curieux..... A Roven, chez la Vefve d'Antoine Ferrand, M DC LXVIII. Vol. in-4, d.-rel. veau rac., tr. peigne.

1572. **Pacifique de Provins** (le P.). Relation dv Voyage de Perse, faict par le R. P. Pacifiqve de Provins Predicateur Capucin. Ov vovs verrez les remarqves particvlieres de la Terre saincte... avssi le commandement dv grand Seigneur Sultan Murat, pour establir des Conuents de Capucins par tous les lieux de son Empire... Paris, Nicolas & Jean de La Coste, M DC XXXI. In-4, rel. veau f.

Première édition d'un ouvrage dont la description des Lieux-Saints occupe la plus grande partie.

1573. **Pesenti**. Peregrinaggio de Giervsalemme fatto e descritto dal S. Cavalier Gio : Paolo Pesenti. In Brescia, per Bartolomeo Fontana, 1628. Petit in-8, rel. vél. (*Titre gravé*).

Une première édition a été donnée à Bergame (1615) d'où Pesenti, chevalier de l'ordre du Saint-Sépulcre, était originaire.

1574. **Pietr' Antonio di Venetia**. Gvida fedele alla Santa Citta' di Giervsalemme, e descrittione di tvtta Terra Santa Diuisa in trentacinque Pellegrinationi, che si pratticano al giorno d'oggi. Con la notitia di luoghi circonuicini, e misteri operati in essa. Col numero delle Indulgenze Plenarie... Et vna breue Regola di quanto si deue osseruare nel viaggio... In Venetia, M D CCIV, Per Domenico Lovisa. Petit in-8 de 8 ffnc,. 429(1) pp., 8 ffnc., nombreuses figures sur bois, rel. mar. rouge, fil. sur les plats, tr. dor., au dos, chiffre du comte Riant (Dupré).

Cet ouvrage est un guide-itinéraire à l'usage de tous ceux qui veulent visiter la Terre Sainte. L'auteur expose dans son avis au lecteur qu'il s'est surtout servi d'un livre qui est dans toutes les mains, et qui, pour son époque, est bien fait et utile ; c'est le voyage du P. Noe Bianco franciscain (Cf. n°s 1415-1427.). Mais depuis que ce livre a été écrit, il est arrivé des changements en Terre Sainte, et le besoin d'un nouveau guide se faisant sentir, il a conservé du voyage du P. Bianco, ce qui était encore utile, et il l'a remanié pour le reste. — On a conservé ici la *Tavola delle miglia* et la liste des indulgences. Les figures sur bois qui se trouvent dans ce volume sont celles du voyage de Noe Bianco. Toute la partie matérielle de cette édition, papier, impression & gravures, est très médiocre.

1575. Quaresmio (Fr. Francesco). Historica, theologica et moralis Terræ santæ Elvcidatio : in qua pleraque ad veterem & præsentem eiusdem Terræ statum spectantia accuratè explicantur, varij errores refelluntur, veritas fideliter exactèque discutitur ac comprobatur... Antverpiæ, ex offic. Plantiniana Balth. Moreti, 1639. 2 vol. in-fol., avec titre gravé, rel. veau brun.

1576. — Historica, theologica et moralis Terræ sanctæ elucidatio. Editio secunda a P. F. *Cypriano de Tarvisio* recognita et annotata. Venetiis, typis Antonellianis, 1880-82. 2 vol. in-fol., rel. veau rac., tr. limaç.

Dernière édition de cet excellent ouvrage.

1577. Rantzow (Heinrich). Denckwürdige Reise-Beschreibung, Nach Jerusalem, Cairo in Ægypten und Constantinopel. Worinnen die remarquabelsten Begebenheiten, die curieusesten Sachen, vnd was Er an bemeldten Oertern sonderbahres bemercket, gantz eigentlich fürgestellet werden... Hamburg, Bey Gottfried Liebernickel, Anno 1704. Petit in-8, rel. vél.

Henri de Rantzow, seigneur de Schöneweide, Aaagard,... conseiller d'État du roi de Danemark, fit en 1623 ce voyage, dont une première édition parut à Copenhague en 1669.

1578. Rheinfelden (Ignaz von). Newe Jervsolomytanische Bilger-Fahrt, Oder Kurtze Beschreibung desz gelobten Heyligen Landts, von Christo Jesu... bettreten vnnd geheyliget, etc. durch P. F. Ignativm von Rheinfelden, dess Mindern Ordens S. P. Francisci, Capucciner genannt... Mit Angehencktem Summarischen Bericht, Franciscaner-Ordens Provintzien, Custodien vnnd Persohnen... Gedruckt zu Costantz am Bodensee... bey Johann Geng, M.DC.LXIV. In-4 de 304 pp., front. et planche, portrait de François, abbé de Saint-Blaise (avec une vue de l'abbaye), rel. vél.

1579. Roger (le P. Eugène, Recollect). La Terre Saincte; ov description topographiqve tres-particuliere des saincts Lieux & de la Terre de Promission. Avec un Traitté de quatorze nations de differente Religion qui l'habitent... l'Histoire de la vie et mort de l'Emir Fechrreddin, Prince des Drus. Et vne Relation veritable de Zaga Christ Prince d'Ethyopie, qui mourut à Ruel prez Paris l'an 1638. Le tovt enrichi de figvres... Paris, Antoine Bertier, MDCXLVI. In-4, rel. vél., figg. sur cuivre.

Première édition d'un ouvrage très intéressant, réédité en 1664. L'auteur, qui était fort instruit, a donné des renseignements, non seulement sur la Terre Sainte elle-même, mais encore sur les Arméniens, les Maronites, les Coptes, les Ethiopiens, &c. Il a donné également des détails sur le prince abyssin Zaga Christ qu'il connut à Jérusalem où il se serait converti au catholicisme. Ce personnage vint en France, sous Louis XIII, et reçut de la Cour un accueil empressé. Il mourut à Rueil et les gazetiers lui firent l'épitaphe bien connue :

> Cy gist du roy d'Ethiopie
> L'original ou la copie ;
> Le fut-il, ne le fut-il pas ?
> La mort a tranché le débat.

1580. Saint-Germain (Ch. de). Conferences spiritvelles, ov l'Eloge & la Relation du Voyage de Ierusalem fait en l'an 1660, à l'âge de quatre-vingt ans par la deffunte, pieuse & heroïque Helene Cheron, veuve de Nicolas Bergeron... Par le sieur Charles de S. Germain, Docteur en Medecine.... A Paris, chez l'Autheur... Pierre de Bresche... Iean Covterot... et Avgvstin Besogne... MDC LXXI. In-12, rel. veau, tête rouge; au dos, chiffre du comte Riant.

Ce récit du pèlerinage de Mme Bergeron est en même temps un « Abrégé des exercices spirituels de la dévote Congrégation de l'Immaculée Conception de la Vierge : Et de S. Louis Roy de France », congrégation dont faisait partie cette dame.

1581. Scoto (Francesco). Itinerario overo Nuoua descrittione de' Viaggi principali d'Italia... Aggiuntoui in questa vltima impressione le Descrittione di Vdine, Palma nuoua,.... del Latio, della Palestina, ouero Terra Santa. In Venetia, Presso il Brigonei, 1679 (plans et cartes). In-12, rel. vél.

La description de la Palestine occupe seulement les pages 688 à 706.

1582. Sesse y Pinol (Josepe de). Libro de la Cosmographia vniversal del mvndo, y particvlar descripcion de la Syria y tierra Santa... (*Marque typ.*)... En Çaragoça, Por Iuan de Larumbe, en la Guchilleria. Año 1619. Petit in-4, d.-rel. chag.

1583. Slisansky (Laurent). Newe Reissbeschreibung nacher Jerusalem vndt dem H. Landte, wass darinnen Denckwürdiges zusehen, wie auch von der Türcken Glauben, Handel vndt Leben in aller kürtze Beschrieben vndt in Truckh aussgangen. Durch Lavrentivm Slisansky... Getruckht zu Wienn in Östereich beij Suzanna Rickhisin Wittib. Anno 1662. (Titre frontispice gravé sur cuivre, au-dessus du titre se trouve le portrait de Slisansky, la gravure est signée : *M. L. Vltmäyer.*), 10 planches. Petit in-4, cart.

1584. Sommer (Johann). See- und Land-Reyss nach der Levante das ist nach Italien, Candia... Syrien, Gelobten Lande, Constantinopel und von dar wider durch Vngarn,... nach Mittelburg nach Hauss.... Samt einem lesswürdigen Bericht von der Türcken Vrsprung, ihrer Regierung,..... Die unglückhaffte Rück-Reyss dess Niderländischen Schiffs Arnheim, welches im Jahr 1662 unter Wegs auss Ost-Indien erbärmlich zu Grund gehen..... auss der Holländischen in die Hoch-Teutsche Sprache übersetzt durch Philemervm Irenicvm Elisivm. Franckfurt bey Wilhelm Serlin. Gedruckt..... bey Johann Frantzen. Anno 1664. In-4, avec une carte et 7 planches gravées sur cuivre, l'une d'elles représente les côtes du Malabar. Rel. vél.

L'auteur de ce voyage n'a pas, malgré le titre, mis les pieds en Terre Sainte ; il a seulement abordé à Jaffa sur lequel il ne donne même aucun renseignement exact.

1585. Stammer (A. G. von). Morgenländische Reise= Beschreibung, Des Hoch=Edelgebornen, Gestrengen... Herrn Arnd Gebhards von Stammer, Welche er vor etzlichen Jahren mit grosser Lebens=Gefahr, iedoch aber, durch hochpreisliche Gnade Gottes, ohne Verlust des Lebens gethan; Darinnen die denckwûrdigste Dinge, so in solchen Ländern zu sehen und zu mercken, auch Das Heilige Grab unsers liebsten Herrn und Heilandes Jesu Christi, Neben andern umbliegenden heiligen Oertern, gantz eigentlich beschrieben werden. Zum andernmal gedruckt. In Verlegung Iohañ Theodori und David Fleischers,... in Iehna, Gedrukt durch Georg Heinrich Müllern in Gera, M DC LXXV. Petit in-8, rel. toile.

> Rare. Seconde édition du voyage en Terre Sainte d'A. G. von Stammer, gentilhomme saxon, qui visita l'Orient dans la première moitié du xviie siècle et publia ses récits de voyage à Gera, en 1670.

1586. **Stochove**. Voyage du Levant dv Sr de Stochove Esc[r]. Seig[r]. de Ste Catherine. Seconde Edition reveüe, & augmentée. Bruxelles, chez Hubert Anthoine Velpius, M.DC.L. Vol. in-8, rel. veau, frontispice, portrait de l'auteur par *I. van Oast*.

> Stochove était de Bruges; il quitta Paris, en 1630, avec Gilles Fermanel, Robert Fauvel, sieur de Doudeauville, et Baudoin de Launay, tous trois de Rouen; Stochove publia le premier la relation de son voyage qui eut trois éditions. Fauvel de Doudeauville en publia une autre à Rouen, en 1664. Le texte de ce voyage n'est point du tout le même que celui du n° 1571.

* 1587. **Surius**. Le pieux pelerin ou voyage de Ierusalem Divise en trois Livres contenans la description Topographique de plusieurs Royaumes, Pais, Villes,... Ioinct un discours de l'Alcoran, et un Traicté de la Cîté de Ierusalem... Le tout remarqué et recûeilli par le R. Pere Bernardin Surius Recollect... Commissaire de la Terre Saincte es années 1644, 1645, 1646, 1647. A Brvsselles, chez François Foppens... 1666. 1 vol. in-4, titre front. portrait du P. Surius et carte géog.

1588. **Thevenot** (Jean de). Relation d'vn voyage fait av Levant dans laqvelle il est cvrievsement traité des Estats sujets au Grand Seigneur, des Mœurs, Religions, Forces, Gouuernemens, Politiques, Langues, & coustumes des Habitans de ce grand Empire..... A Roven & se vend à Paris chez Thomas Iolly... 1665. 1 vol. in-4, rel. veau brun.

> Intéressante Relation. Thévenot fit deux voyages et mourut pendant son retour, en Arménie.

1589. [**Tressan**]. Relation nouvelle et exacte d'un voyage de la Terre Sainte ou Description de l'état present des lieux où se sont passées les principales actions de la vie de Jesus-Christ. Paris, Dezallier, M.DC.LXXXVIII. In-8, rel. veau; au dos, chiffre du comte Riant.

> Cette relation est attribuée à Pierre de La Vergne de *Tressan* (1615-1684), qui a publié des ouvrages de théologie sous le pseudonyme de *Saint-Germain*. C'est une simple description de la Palestine où Tressan n'a jamais mis les pieds.

1590. **Welsch** (Hier.). Warhafftige Reiss-Beschreibung, Aus eigener Erfahrung, voñ Teutschland, Croatien, Italien, denen Insuln Sicilia, Malta, Sardinia,.., dessgleichen von Barbaria, Egypten, Arabien, und dem gelobten Lande; wie auch von Hispanien, Franckreich,... und andern Orthen... Auf der Eilffjährigen Reise Hieronymi Welschen... Von ihme selbsten mit Fleiss beschrieben und verfertigert. Gedr. zu Stuttgart, bey Johann Weyrich Rösslein, in Verlegung Johann Andreas, und Wolffgang Endters dess Jüng... Anno M.DC.LXIV. In-4, rel. vél., front. et portr. de l'auteur signé *P. Kilian*. Le frontispice porte la date de 1659.

En dépit du titre, l'auteur n'a jamais visité la Palestine.

1591. **Zwinner** (Le P. Electus). Blumen-Buch, dess Heiligen Lands Palestinæ, so in drey Bücher abgetheilt. München, Schell, 1661. 1 vol. petit in-4, avec nombreuses planches gravées sur cuivre, rel. vél. bl.

1592. **Bissel S. J.** (Jean). Palæstinæ, Seu, Terræ-Sanctæ, Topothesia; secundùm Regiones, ac Tribus, expressa. Ambergæ, Formis Georgii Haugenhoferi, 1659. 1 vol. in-12, rel. vél. — Canaan sive Palæstina. Oder das Gelobte, Jüdische, Samaritanische und Gallilāische, oder : Heilige Land. mit seinen Städten, Vestungen, Seen, Flüssen, Gebürgen, Früchten, Thieren, Vöglen, Fischen, Antiquitäten und Heiligthümern..... Augspurg, Joh. Jac. Senfftel Kupfferstecher, Druckts Jacob Koppmayer, 1689. Petit in-8, pl. h.-t. titre r. et n., rel. vél. — **Nicasius** (Celidonius). CelidonI NicasI Suberiensis, theologi. Peregrinvs Hierosolymitanvs sive tractatvs qvinqvepartitvs, de qvintvplici notitia peregrinantibvs per mvndi hvjvs Eremum in supernam Hierusalem, necessaria. Occasione sumpta... Coloniæ et Veneunt Parisiis, apud Joan. Billaine, 1652. In-4, rel. v. f. — **Quistorpius** (Joannes). Nebo, undè Tota perlustratur Terra Sancta, In quem, Sacrarum literarum Cultores provocat... Quistorpius. RostochI, Imp. J. Richelii, Anno 1663. In-16, rel. vél. — **Wörgerus** (Franciscus). De fontibus Salomonis hortos irrigantibus. Disquisitio. Hamburg, Petr. Grooten, 1685. Petit in-32, rel. vél. Ensemble 5 vol. ou plaq.

1593. **Gildemeister** (J.). Des 'Abd al-ghânî al-nâbulusî Reise von Damascus nach Jerusalem. (*Wiener Sitzungsber.*, XXXVI, 1882). In-8, cart. — **Tuch** (Fried.). Reise des Sheikh Ibrâhîm el-Khijâri el-Medeni durch einen Theil Palästina's. Leipzig, Vogel, 1850. In-4, rel. toile. — **Groeben** (Otto Fr. von der). Orientalische Reisebeschreibung. Neue Auflage. Danzig, Daniel Ludwig Wedel, 1779. Vol. in-8, rel. toile. — **Jan Vander Linden**. Het wederkeeren oft twee de deel van de heerlycke en gheluckighe Reyse, naer het H. Landt ende de Stadt van Jerusalem beschreven ende Bereysi door Broeder Jan vander Linden, Pater van de Celle-Broeders tot Antverpen, in het Jaer ons Heere 1633... met veele schoone Figueren... t'Antwerpen, By de Weduwe van Hieronymus Verdussen... s. d. (vers 1675). In-8, rel. parch. — **Myrike** (Heinrich). Reyse nach Jerusalem und dem Land Canaan, Ans Licht gegeben und mit vielen Anmerckungen erkläret und vermehret, von *Joh. Henrich Reitz*. Osnabrück, M. And. Fuhrmann, 1714. Petit in-8, cart. perc. bl. — **Schimmelpenninck van der Oye** (baron Assuer). Een Reisjournaal uit de zeventiende Eeuw naar det Heilige Land. [*Kronick van h. hist. Gen. te Utrecht*, XXVI, 1870]. In-8 br. Ensemble, 6 plaq.

7. XVIIIᵉ siècle.

1594. Antonio do Sacramento (Fr.). Viagem santa e peregrinação devota que aos santos lugares de Jerusalem... fez nos annos de mil setecentos e trinta e nove, e quarenta... Lisboa, Miguel Manescal da Costa, M D CC XLIII. 2 parties en 1 vol. in-8, rel. veau éc., tête rouge; au dos, chiffre du comte Riant.

1595. Bachiene (Wilhelm Albert). Historische und Geographische Beschreibung von Palästina, nach seinem ehemaligen und gegenwärtigen Zustande, nebst denen dazu gehörigen Landcharten. Aus dem Holländischen übersetzt... von G. A. M. Cleve u. Leipzig, Hofmann, 1766-1775. 2 parties en 7 vol. in-8, d.-rel. veau fauve, coins.

> Publié en hollandais à Utrecht (1757-1768); cet ouvrage a été traduit en allemand par *Gottfried Arnold Maas*.

1596. Barueth (Johannes). De bloeyende Gemeentens in klein Azien door de onderhouding der Jeruzalemsche Kerb-Besluiten of Synodale Slot-Predikatie... uitgesproken den 13 van Hooi-maand 1742. Rotterdam, J. Bosch, 1842. Br. in-4, de 2 ff., 32 pp. [Rare.] — **Bscheider** (Fr. Gratus). Das heilige Land, nach seinem gegenwärtigen Zustande geschildert. Augsburg, Doll, 1792. 1 vol. in-12, d.-rel. veau, dos orné, 3 planches de gravures.

> Ces deux ouvrages sont fort rares. Le premier est une plaquette de 2 ffnc., 32 pp., imprimée en caractères gothiques. Le second serait, d'après une note manuscrite du comte Riant, le seul exemplaire complet connu de cette édition.

1597. Besozzi (Don Raimondo). La storia della basilica di Santa Croce in Gerusalemme. Roma, Salomoni, 1750. 1 vol. in-4, rel. parch., 1 planche gravée. Ex-libris de B. Grand.

1598. Binos. Voyage au mont Liban. Paris, Demantin, 1809. 2 tomes en 1 vol. in-12, d.-rel. veau marbr.

> L'abbé de Binos (1730-1803), curé de Saint-Bertrand de Comminges, publia, en 1783, un « Voyage par l'Italie en Égypte, au mont Liban, etc..... », qu'il fit de 1776 à 1779 ; nous avons ici une seconde édition du titre de laquelle on a soigneusement retiré les qualifications ecclésiastiques et nobiliaires de l'auteur. Cet ouvrage, agréablement écrit, renferme des détails curieux.

1599. Chrysanthos (Le patriarche). ΧΡΥΣΑ'ΝΘΟΥ..... Ι'ΣΤΟΡΙ'Α,..... Chrysanthi Beatissimi Patriarchæ Hierosolymorum Historia et Descriptio Terræ Sanctæ, Urbisque Sanctæ Hierusalem, In qua & de Veteri, quæ in ea est Ecclesiæ Magnæ ædificatione, Venerandi nempe ac Divini Templi Ascensionis Domini Nostri, vulgo Sancti Sepulcri nuncupatæ, deque ipsius postea secundum varia tempora instaurationibus. (*Plan gravé de Jérusalem.*) ἘΝΕΤΙ'ΗΣΙ, 1728. Παρὰ 'Αντωνίῳ τῷ Βόρτολι. Con Licenza de' Superiori, e Privilegio. 1 vol. in-4, dérel., 2 grandes pl.

> Ce Chrysanthos, patriarche de Jérusalem, ne doit pas être confondu avec Chrysanthos Kamarès de Brousse, également auteur d'un ouvrage sur les Lieux Saints.

1600. Chrysanthos (Le patriarche). ΙΣΤΟΡΙΑ ΚΑΙ ΠΕΡΙΓΡΑΦΗ ΤΗΣ ΑΓΙΑΣ ΓΗΣ, ΚΑΙ ΤΗΣ ΑΓΙΑΣ ΠΟΛΕΩΣ ΙΕΡΟΥΣΑΛΗΜ, Νῦν τὸ δεύτερον ἐκδοθεῖσα... ΕΝ ΙΕΡΟΣΟΛΥΜΟΙΣ, Π. ΤΑΦΟΥ, ΔΩΞΒ'. In-8, br.

1601. Chrysanthos Kamares ou de Brousse. Προσκυνητάριον τῆς ἁγίας πόλεως Ἱηρουσαλήμ..... [Guide du pèlerin à Jérusalem et dans toute la Palestine.] Ἐν Βιέννη [Vienne en Autriche], 1807. In-fol., d.-rel. mar. rouge, coins, tr. dor.

Fort rare. En tête de l'ouvrage se trouve un portrait d'Anthime, patriarche de Jérusalem, gravé en taille-douce par *Schindelmayer*; le volume contient, en outre, de nombreuses planches qui reproduisent les dessins d'un ouvrage antérieur paru dès 1749. (Cf. comte Riant, *Arch. de l'Or. lat.*, I, 375 et 719.)

1602. — Προσκυνητάριον ἢ περιγραφὴ τῆς ἁγίας Πόλεως Ἱηρουσαλὴμ καὶ πάσης Παλαιστίνης..... Ἐν Μόσχα, Въ Университетской Типографии, 1837. In-4 de viij-138 pp. avec 29 ff. de planches, d.-rel. veau rac., tête lim., non rogn.; au dos, chiffre du comte Riant.

Cet ouvrage de Chrysanthos Kamares, de Brousse, publié d'abord, en 1787, à Vienne, a été réimprimé également à Vienne en 1807, puis à Moscou en 1837. Cette troisième et *rarissime* édition (la nôtre) est due aux soins de Hiérothée, archevêque grec du Thabor, plus tard patriarche d'Antioche; elle renferme de nombreux documents fort curieux, et inédits avant leur publication par Chrysanthos, entre autres une intéressante lettre sur le feu du Samedi Saint à Jérusalem, lettre dont le comte Riant a mis en doute l'authenticité. (*Arch. de l'Orient latin*, I, 375.) Cette thèse a été tout récemment combattue par M. Papadopoulos-Kérameus qui a retrouvé un nouveau manuscrit de cette lettre du clerc Nicétas.

1603. Egmond (J. Æ. van) et **Heyman** (Joh.). Reizen door een gedeelte van Europa, klein Asien, verscheide Eilanden van de Archipel, Syrien, Palestina of het H. Land, Ægypten, den Berg Sinai, enz..... gedaan door..... Egmond van der Nyenburg... en Joh. Heyman... Alles uit beider nagelaten Schriften opgemaakt... Briefs-gewyze zamengesteld... door Johannes Wilh. Heyman. Te Leiden, By Abraham Kallewier, 1757-1758. 2 tomes en 1 vol. in-4, d.-rel. chag.

Les deux relations manuscrites des voyages de J. Æ. van Egmond van der Nyenburg (en 1720-1723) et de J. Heyman (en 1700-1709) ont été recueillies par un neveu de ce dernier, J. W. Heyman; mais ce dernier a eu la malencontreuse idée de fondre les deux récits en un seul, ce qui leur enlève toute originalité.

1604. — Travels through Part of Europe, Asia Minor, the Islands of the Archipelago, Syria, Palestine, Egypt, Mount Sinaï, &c... translated from the Low Dutch. London, Davis & Reymers, 1759. 2 vol. in-8, rel. veau rac., fil., tr. dor., avec planches.

1605. Falconar (David). A journey from Joppa to Jerusalem in May 1751. London, Comyns, 1754. In-8 carré, rel. veau.

Rare et curieux pamphlet dans lequel l'auteur ne perd pas une occasion de tout dénigrer ou railler. Notre exemplaire provient de la vente Backford, 1882.

1606. Geubels (Marinus), autrement dit **P. Michaël a SS. Trinitate**, carme déchaussé. Jeruzalemsche Reyze, gedaen en beschreven door....., voor dezen Marinus Geubels, geboortig van Sinay Lande van Waes; in het licht gegeven door *Joanna van Eynde*, Moeder van den voorzeyden P. Michael..... Dendermonde, J. J. du Caju, 1780. 2 vol. petit in-8, rel. toile.

> Le second volume a un titre légèrement différent : « Den wederkeerenden Pelgrim. Jeruzalemsche Reyze..... Aelst, Judocus L. d'Herdt, 1786. »

1607. De Glorie van Jerusalem Vertoont in het Eerweerdigh. Arts-Broederschap van het H. Graf Christi Daer toe verheven door den Alderheylighsten Vader. Clemens den XI. Iegenwoordigen Paus van Roome. By middel van vervoeghijnghe... van het oudt vermaerde Broederschap vanden selven Tytel gheviert inde Kercke van Jerusalem binnen Brugghe... Tot Brugghe, Ghedruckt by Judocus Van Pee. 1 vol. petit in-8 de 12 ffnc., 256 pp., 6 ffnc., rel. mar. r., tr. dor., fil. sur les pl., dent. int.; au dos, chiffre du comte Riant. (Dupré.)

> Ouvrage anonyme flamand fort rare, qui contient, avec des descriptions du Calvaire, de Jérusalem et du Saint Sépulcre, de nombreux détails sur l'Église du Saint-Sépulcre de Bruges, fondée par les Adorne (cf. n° 1414), et sur une confrérie de médecins établie dans cet église. Le permis d'imprimer est daté du 9 avril 1710.

1608. **Halma** (F.). Kanaän en d'omleggende Landen, vertoont in een Woordenboek uit de H. Schrift en Josephus, van alle Steden, Vlekken, Dorpen, Gehuchten, Bergen, Stroomen, enz. van 't Joodtsche Landt, en de Landtstreeken der aangrenzende Volken; met de aaloude Geschiedenissen dier tyden verknocht..... Te Leeuwarden, gedrukt by François Halma, 1717. In-4, front., pl. et cartes h.-t., titre r. et n., cart. perc. v.

1609. **H.** (M. J.). Kurtze Tragen aus der Geographia Sacra. Leipzig, Kloss, 1716. In-12, d.-rel. parchem., figg. — **Hardt** (Anthon. H. von der). Morgenröte uber die Stadt Chebron Abrahams, Isaacs, und Jacobs Haus und Sitz bey Sichem, unterm Jordan, nahe Jerusalem nach Nordosten. Welches Licht des Himmels der Orte alle Morgen im Tempel mit Freuden anzumercken gewesen..... Helmstad, Sal. Schnorren, 1720. In-8, plaq. cart. pap. — **Lusignan** (Salvator). Reise nach der Türkei und einem Theil der Levante nebst einer Beschreibung von Palästina. Aus den Briefen des Herrn Saviour Lusignan an Sir Wm. Fordyce. Hamburg, C. E. Bohn, 1789. In-8, d.-rel. bas.

1610. **Hase** (John. Math.). Regni Davidici et Salomonæi descriptio geographica et historica, una cum delineatione Syriæ et Ægypti pro statu temporum sub Seleucidis et Lagidis regibus... Norimbergæ, in Offic. Homanniana, 1739. 1 vol. in-fol., avec cartes et pl. color., rel. vél. bl.

1611. **Hasselquist** (Fredric). Iter Palæstinum eller Resa til Heliga Landet, förrättad ifrån År 1749 til 1752 med Beskrifningar, Rön, Anmärkningar öfver de märkvärdigaste naturalier..... utgifven af *Carl Linnæus*. Stockholm, Lars Salvius, 1757. In-8, rel. veau.

1612. — Voyages dans le Levant, dans les années 1749, 50, 51 & 52.... publiés par ordre du Roi de Suéde, par *Charles Linnæus*..... traduits de l'allemand [par *M. Eidous*]. Paris, Delalain et Saugrain, 1769. 2 tomes en 1 vol., d.-rel. veau marb., tête lim., non rogn.

1613. **Korte** (Jonas). Reise nach dem weiland Gelobten, nun aber seit siebenzehn hundert Jahren unter dem Fluche liegenden Lande, Wie auch nach Egypten, dem Berg Libanon, Syrien und Mesopotamien, von ihm selbst aufrichtig beschrieben..... Im Verlag des Autoris, 1741. — Supplement zu Jonas Kortens Reise nach dem Gelobten Lande, besonders zu dem Artickel von der Lage der Stadt Jerusalem..... Halle, Johann Christian Grunert, *s. d.* — Zweites Supplement zu Jonas Kortens Reise..... zur ersten Auflage gehörig. Halle, ged. bey J. C. Grunert, 1743. 3 tomes en 1 vol. in-8, rel. vél. (5 planches gravées sur cuivre.)

    J. Korte, libraire à Altona, né en 1683, fit, en 1713, un premier voyage à Jérusalem, repartit en 1737 pour Venise et l'Orient et revint en 1740 à Altona où il mourut en 1747.

1614. **La Billardiere** (Jacques-Julien). Icones plantarum Syriæ rariorum, descriptionibus et observationibus illustratæ. Lutetiæ Parisiorum, Prevost, 1791. — Huzard, 1812. 5 parties en 1 vol. in-4, avec 50 planches, rel. toile.

    Ouvrage recherché.

1615. [**Ladoire** (Frère Marcel)]. Voyage fait a la Terre Sainte en l'année M.DCC.XIX. Contenant la Description de la Ville de Jerusalem tant Ancienne que Moderne, avec les Moeurs & les Coustumes des Turcs. Paris, J. B. Coignard, 1720. In-12, rel. veau mouch., tr. dor.; au dos et sur les plats, chiffre du comte Riant.

    Cet ouvrage est généralement attribué au franciscain Marcel Ladoire qui est du reste le signataire de l'Épitre préliminaire adressée au comte de Toulouse.

1616. **Lamy.** (Bernard). De Tabernaculo fœderis, de sancta civitate Jerusalem et de Templo ejus, libri septem. Parisiis, ap. Joannem-Baptistam Delespine, MDCCXX. 1 vol. in-fol., rel. veau, tr. r.

    C'est l'un des principaux ouvrages du célèbre oratorien B. Lamy, le défenseur de la philosophie de Descartes; il a été publié après sa mort, arrivée en 1715, par le P. *Desmollets*.

1617. **La Roque** (De). Voyage de Syrie et du Mont-Liban : Contenant.... la Description des Ruines d'Heliopolis aujourd'huy Baalbek..... : avec un abregé de la Vie de Monsieur de Chasteüil, Gentilhomme de Provence, Solitaire du Mont-Liban; & l'Histoire du Prince Junès, Maronite, mort pour la Religion dans ces derniers temps..... Paris, Andr. Cailleau, 1722. 2 vol. in-8, rel. mar. rouge, fil., tr. dor., dos orné, planches.

1618. *Le même.* A Amsterdam, chez Herman Uytwerf, 1723. 2 tomes en 1 vol. in-8, tit. r. et n., rel. veau, fil., tête lim., non rogn., dent. int., planches.

1619. **Leandro di Santa Cecilia**. Palestina ovvero primo Viaggio di F....., carmelitano scalzo in Oriente, scritto dal medesimo. Roma, Angelo Rotilj,

M DCC LIII. — *Du même.* Persia ovvero secondo Viaggio..... ibid., M DCCLVII. — *Du même.* Mesopotamia ovvero terzo Viaggio in Oriente..... ibid., M DCCLVII. Ensemble 3 vol. in-4, rel. parch., pl. et figg.

1620. **Lenæus** (Canut. Nicol.). Kort Beskrifning öfwer thet Heliga Landet... Stockholm, Nyström, 1740. In-8, rel. vél. — **Pages** (Capitaine de). Svenska Sjö-Capitainens de Pages's Resa genom... öde Arabien emellan Bassora och Damas år 1770. Utdragen utur dess Resa omkring Jorden. Öfversättning. Upsala, Joh. Edman, 1788. Petit in-8, d.-rel. bas. n. — **R.** (L.). Twänne Stora Swenska Herrars Rese-Beskrifning, ifrån Cypren, til Asien, Förlofwade Landet, Jerusalem, och Christi Graf,... upsatte af L. R. Stockholm, Stolpisk, 1783. In-12, rel. vél.

1621. **Lucas** (Paul). Voyage..... au Levant. La Haye, Guillaume de Voys, 1705. 2 tomes en 1 vol. in-12, rel. veau, av. planches.

1622. — Voyage fait en M. DCCXIV, &c. par ordre de Louis XIV dans la Turquie, l'Asie, Sourie, Palestine, Haute & Basse Egypte, &c..... Nouvelle Edition. A Rouen, chez Robert Machuel, M DCC XXIV. 3 vol. in-12, rel. veau rac., tr. r., avec planches.

1623. **Mariti** (Giovanni Filippo). Viaggi per l'Isola di Cipro e per la Soría e Palestina fatti dall' anno M DCCLX al M DCCLXVIII. Lucca, per Jacopo Giusti, 1769-1776. 9 vol. in-12, d.-rel. vél.

Première édition d'un voyage fort intéressant, qui contient beaucoup d'observations curieuses et bien faites sur les pays et les peuples que l'auteur a visités. L'auteur avait d'ailleurs longtemps séjourné en Orient, connaissait l'arabe et le turc, et l'on peut généralement se fier à ses judicieuses observations.

1624. — Viaggio da Gerusalemme per le coste della Soria. Livorno, Tommaso Masi, 1787. 2 vol. in-12, d.-rel. bas.

1625. — Resa uti Syrien, Palästina och på Cypern. J. sammandrag af *Samuel Ödmann*. Stockholm, Tryckt i Kongl. Ordens-Tryck., 1790. In-8, d.-rel. bas.

Traduction de l'ouvrage précédent.

1626. — Istoria del Tempio della Resurrezione o sia della Chiesa del Santo Sepolcro in Gerusalemme detta dai Greci Ἀνάστασις ε Μαρτύριον..... Livorno, Carlo Giorgi, 1784. In-8, 3 planches, d.-rel. veau, non rogn.; au dos, chiffre du comte Riant.

1627. — Histoire de l'Etat présent de Jérusalem... publiée par le R. P. *Laorty-Hadji*. Paris, Bolle-Lasalle, 1853. In-4, rel. toile, couvert.

1628. **Myller** (P. Angelicus Maria). Peregrinus in Jerusalem. Fremdling zu Jerusalem, oder ausführliche Reiss-Beschreibungen, worinnen P. Angelicus Maria Myller, Ordens der Diener Unser Lieben Frauen, Böhmischer Provinz, ꝛc. Seine fünff Haupt-Reisen, Die er in Europa, Asia und Africa vor einigen Jahren gethan und unter Gottes Schutz glücklich vollendet hat, richtig erzehlet..... Wien und Nürnberg, Peter Conrad Monath, 1735. In-4, titre r. et n., frontisp., pl. h.-t., rel. peau de truie gauffrée, fermoirs.

1629. **Niebuhr** (Carsten). Reisen durch Syrien und Palästina, nach Cypern, und durch Kleinasien und die Türkey nach Deutschland und Dännemark. Mit Niebuhr's astronomischen Beobachtungen und einigen kleineren Abhandlungen, hrsgg. v. *J.-N. Gloyer* und *J. Olshausen*. Hamburg, Perthes, 1837. 1 vol. in-4, avec portr. et cartes, d.-rel. chag., non rogn.

1630. Nouveau voyage de Jerusalem et de la Terre-Sainte, ou Description de l'état présent des Lieux où se sont passées les principales Actions de la Vie de Jesus-Christ. Ou l'on voit aussi la Description de l'Isle de Malthe, & ce qu'il y a de plus considerable sur la Route. A Bruxelles, chez Jean Joseph Boucherie. Et se vend, Chez J. van Doren, Imprimeur-Libraire.... *S. d.* In-4, de 49(1) pp., 3 ffnc.

Ce voyage, sans nom d'auteur, a été imprimé pour la première fois à Paris en 1688, suivant une indication qui se trouve à la fin de la relation du voyage (p. 49). Au verso de cette même page se trouve un « Memoire des dépenses que l'on fait au Voyage de Jerusalem en qualité de Pèlerin ». Au fnc. suivant commencent les « Avertissemens nécessaires pour celui qui désire faire le Voyage de Jerusalem & de la Terre-Sainte, comme les donne le R. P. Surius à la fin de son voyage de Jerusalem en 1666 ». (Cf. n° 1587. L'approbation est datée de Bruxelles, le 9 août 1715. A la suite du « Nouveau voyage », on a relié : « La vie, mort et passion et resurrection, de Notre Sauveur et redempteur Jesus-Christ, récueillies par le R. P. Ribadeneira, de la Compagnie de Jésus. Bruxelles, Boucherie et Van Doren, *s. d.* ». D'autres exemplaires du « Nouveau voyage » qui paraissent identiques au nôtre, porteraient, suivant M. Röhricht (*Bibliog. géog. Palaest.*, 298), la date de 1718 et la mention « A Bruxelles..... chez Jean Baptiste de Leeneer... »

1631. **Pleschtschjeew** (Serge). Tagebuch einer Reise..... von der Insel Paros nach Syrien und Palästina nebst einer kurzen Geschichte Alibeys. Aus dem Russischen übersetzt von C. G. A. Riga, Hartknoch, 1774. In-12, d.-rel. veau. — **Schwartz** (Georg. Leonh.) et **Pleschtschjeew** (Serge). Utdrag af en Ost-Indisk Rese-Beskrifning, Samt af en Resa ifrån on Paros til Syrien och Palestina..... äfwen Ali-Bejs Lefwernes-Beskrifning. Westerås, J. L. Horrn, 1784. Petit in-4, rel. vél.

1632. **Reland** (Adrian). Palaestina ex monumentis veteribus illustrata. Trajecti Batavorum, G. Broedelet, MDCCXIV. 2 vol. in-4, front., pl., et fig., rel. parch. — *Du même*. De Spoliis templi Hierosolymitani in arcu Titiano Romae conspicuis liber singularis..... Trajecti ad Rhenum, G. Broedelet, CIƆ IƆ CC XVI. Petit in-8, pl., rel. v. marb.

1633. **Shaw** (Thomas). Voyages... dans plusieurs provinces de la Barbarie et du Levant : contenant des observations geographiques, physiques, philologiques et melées sur les royaumes d'Alger et de Tunis, sur la Syrie, l'Egypte et l'Arabie Petrée.... La Haye, chez Jean Neaulme, 1743. 2 vol. in-4 avec cartes et pl., rel. vél.

1634. **Simcha**. Doresch-Zion. Reise Beschreibung nach d. Heiligen Lande, von Rabbi Simcha ל״ז aus Solsitz- in Galizien- im Jahre 5524-1763-, neu überdruckt und herausgegeben von *Chaim el. Hausdorff*. In Jerusalem, *s. d.* (*fév. 1887*). In-12, br.

Texte hébreu du voyage du rabbin Simcha ben Josua ben Salomo Haas (1710-c. 1765).

1635. **Solik** (Joannes Cantius). Fasciculus Myrrhæ in campis Palestinæ collectus : Seu Sacrorum Locorum ibidem existentium (prout non sunt) brevi methodo descriptio..... Brunæ, typis Joannis Francisci Svoboda, Anno 1716. In-4, rel. vél.

1636. **Woëwina** (Maria Francisca de). Wahrhaffte und Merckwürdige Begebenheiten der berühmten Türckischen Doctorin, Frauen Fr. Maria Francisca de Voëwina von ihrer Türckischen Gefangenschafft, in Ungarn, Constantinopel, und Egypten; wie auch glücklicher..... Reise nach Jerusalem, Damascus, Tripolis, Aleppo und Capo de bona Speranza..... nebst vielen Curiositäten..... an das Licht gestellet. Franckfurth und Leipzig, 1737. Petit in-8 de 42 ffnc., d.-rel. bas. n.

M. Röhricht ne cite de ce voyage qu'une édition *sine loco* de 1736, dont le titre est légèrement différent du nôtre.

1637. **Volney** (Const. Franç. Chassebœuf de). Voyage en Syrie et en Egypte, pendant les années 1783, 1784 et 1785,..... Seconde édition, revue et corrigée. Paris, Desenne et Volland, 1787. 2 vol. in-8 (aspect in-4), rel. veau rac., tr. dor.

Exemplaire en grand papier.

1638. **Wolski**. Jllustris peregrinatio ierosolimitana latiùs protracta per tres insigniores mundi partes, à Thoma Stanislao Wolski, nobili polono peregrino Jerosolimitano nempe per Evropam, Asiam & Africam..... Cujus Authoris vita in exordio ejusdē peregrinationis proponitur. Leopoli, Typis Confraternitatis Sanctissimæ Trinitatis, Anno Domini 1737. In-4, rel. vél., avec portrait de S. Wolski.

Le titre porte en apparence la date de 1748, mais c'est en réalité le titre de la première édition, publiée en 1737, et l'on a collé sur cette dernière date un papier portant celle de 1748, correspondant à la date de la dédicace qui se trouve à la seconde page.

1639. [**Sainte-Maure** (Charles de)]. Nouveau voyage de Grece, d'Egypte, de Palestine, d'Alsace et des Pais-Bas. Fait en 1721, 1722, & 1723. [*Première édition.*] A la Haye, chez Pierre Gosse et Pierre de Hondt, 1724. In-8, rel. v. — **Tollot** (Jean-Baptiste). Nouveau voyage fait au Levant ès années 1731 & 1732. Contenant les descriptions d'Alger, Tunis, Tripoly de Barbarie, Alexandrie en Egypte, Terre Sainte, Constantinople. &c..... Paris, Cailleau, 1742. Petit in-8, rel. parch. — **Gabriel de Benoît** (Frère). Relation fidelle du Voyage de la Terre Sainte, dans laquelle se voit tout ce qu'il y a de remarquable, tant par Mer que par Terre, depuis le départ de Marseille jusqu'au retour de ce saint Voyage, par un Religieux de S. Francois Observantain qui a fait le Voyage trois fois. A Paris, chez Gabr. Valleyre, 1754. In-12, rel. bas. rac. — Geographisk Beskrifning öfwer Palästina eller Juda-Landet. samt Steniga Arabien : Så ock öfwer åtskilliga in den Heliga Skrift nämnde Orter, hwilka äro belägne i de näst intil Palästina och Steniga Arabien Gräntsande Landskap. Öfwersättning. Stockholm, Tryckt i Grefingska Tryck..... 1770. In-8, rel. veau, tr. dor.; au dos et sur le plat, chiffre du comte Riant. Ensemble 5 vol. ou plaq.

1640. **Anville** (D'). Dissertation sur l'étendue de l'ancienne Jérusalem et de son temple, et sur les mesures hébraïques de longueur. Paris, Prault, 1748. Vol. in-8, d.-rel. chag. (1 planche). — **L'Isle** (J. Nicole de). Mémoire sur la Carte de l'Ancienne Palestine ou de la Terre Sainte [de feu *Guillaume de l'Isle*]. Paris, chez l'Auteur, dans l'Abbaye Royale des Chanoines Réguliers de Sainte Geneviève, 1763. De l'imprimerie de la veuve Delatour. Plaq. in-4, rel. toile. — Notes géographiques pour servir d'index à la carte de Syrie [dessinée par *Ch. Paultre*, et gravée par *P. Lapie*], relative à l'histoire de l'expédition de Bonaparte en Orient. Paris, L. Perronneau, XI-1803. In-8, cart., couv.

1641. **Benzelius** (Jacobus). Exercitium Academicum Palæstinam breviter describens..... publico examini subjicit..... ad diem VII Martii 1703. Upsaliæ, Typis Joh. Henr. Werneri. — *Du même*. Dissertatio gradualis Fata Palæstinæ persequens, quam..... publicæ disq. sistit..... ad d. VII Idus Nov. 1703. Upsaliæ Ex Officina Werneriana. Ensemble 2 plaquettes in-8, format in-12, rel. vél. — **Colliander** (Zach.). De itinere Israëlitarum per Arabiæ deserta et Angelo ductore. Aboæ, J. Merckel (1753). In-4, dérel. — **Lüdemann** (J. H.). Dissertationem..... de Sepulcro Christi Servatoris ex Petra exciso, ejusque justis vindiciis contra Claudium Salmasium..... anno CIƆ IƆCC XXX..... examini submittet..... Sedini, typ. Spiegelii. In-4, rel. toile. — **Ter Bruggen** (Isaac). Dissertatio..... de fertilitate atque sterilitate Terræ Cananææ..... Trajecti ad Rhenum, A. van Megen, 1743. In-4, rel. toile. — **Van Monsiou** (Hubert). Disputatio..... Dissertationem de Nilo et Euphrate terminis Terrae Sanctae, vindicans. Trajecti ad Rhenum, Ioan. Broedelet, 1746. In-4, rel. toile. — **Strand** (Ben. Joh.). Flora palæstina. Upsaliæ, Höjer, 1756. In-4, rel. vél. Ensemble 7 vol. ou plaq.

1642. Viaggi da Parma In varie parti del Mondo, e particolarmente li Viaggi a Roma, a San Giacomo di Galizia, e a Gerusalemme. Con le Fiere notabili, che si fanno in diversi Paesi. Parma, Gozzi, 1768. In-12, rel. vél. — Breve descrizione di ciò, che viene accuratamente espresso in quattro bassi rilievi rappresentanti le citta' di Napoli, Madrid, Gerusalemme e Dresda. Roma, Casaletti, 1781. Plaq. in-4, rel. toile. — **Agapito di Palestrina**. Notizie storiche intorno a i luoghi di Terra Santa. Roma, Giunchi, 1793. Petit in-4, rel. vél. bl. — **Sorio** (Giuseppe). Viaggio da Costantinopoli a Gerusalemme. Lettera inedita. [*Per Nozze* Scola-Patella, pub. p. *Francesco Borgo*.] In-8, cart., couv. Ensemble 4 vol. ou plaq.

8. XIXᵉ siècle.

OUVRAGES PUBLIÉS EN LANGUE FRANÇAISE

1643. Almerté (Tarmini). Voyages de Sa Majesté la reine [Caroline] d'Angleterre, du baron Pergami son chambellan, en Allemagne, en Italie, en Grèce, en Sicile, à Tunis, à Jaffa, à Jérusalem, à Constantinople, etc., pendant les années 1814... à 1820. Paris, Lefebvre, 1821. In-8, d.-rel. chag. br., non rogn., av. portr. — **Wille** (Maurice). Une excursion royale en Terre Sainte [*Léopold II, plus tard roi des Belges*]. Bruxelles, H. Goemaere, 1873. In-8, rel. toile, couv.

1644. Arzronnian (Baptiste). Description de Jérusalem. Jérusalem, 1859. (*En Arménien*). 1 vol. in-12, d.-rel. veau jaune, au chiffre du comte Riant.

1645. Benjamin II (Israel-Joseph). Cinq années de voyage en Orient (1846-1851). Paris, Michel Lévy, 1856. 1 vol. in-8, rel. toile, couvert., non rogn.

> Voyage en Terre Sainte et en Orient d'un juif de Moldavie, publié par un imprimeur juif, chez un libraire juif, avec le concours de souscripteurs en grande majorité juifs, et dans lequel l'auteur s'intéresse surtout à la situation des juifs dans les pays qu'il parcourt.

1646. Bertou (comte Jules de). Le mont Hor, le tombeau d'Aaron, Cadès, Etude sur l'Itinéraire des Israëlites dans le désert. Paris, Duprat, 1860. 1 vol. in-8, d.-rel. chag. rouge, 1 carte et 5 planches lithog. — *Du même*. Voyage depuis les sources du Jourdain jusqu'à la Mer Rouge. Dépression du lac Asphaltite et d'une partie de la vallée du Jourdain. (Extrait du *Bull. de la Soc. de Géographie*). Paris, s. d., avec 2 cartes. — *Du même*. Essai sur la topographie de Tyr. Paris, Didot, 1843, avec 2 cartes. Ces deux plaq. en 1 vol. in-8, d.-rel. bas.

1647. Breton. L'Égypte et la Syrie, ou Mœurs, Usages, Costumes et Monumens des Égyptiens, des Arabes et des Syriens. Précédé d'un Précis historique. Paris, Nepveu, 1814. 6 tomes rel. en 3 vol. petit in-16, d.-rel. veau f., tête lim., non rogn., couvert. ; au dos, chiffre du comte Riant (avec nombreuses gravures).

* **1648. Bussierre** (Bᵒⁿ Th. Renoüard de). Lettres sur l'Orient, écrites pendant les années 1827 et 1828. Paris, Levrault, 1829. 2 vol. in-8, carte, et Atlas in-fol. de 52 pl. lithographiées.

1649. Carne (John). La Syrie, la Terre-Sainte, l'Asie-Mineure, etc., illustrées. Traduit de l'anglais par *Alexandre Sosson*. London, Fisher, s. d. (c. 1835). 1 vol. in-4, avec nombr. planches, rel. toile (édit.).

1650. Chateaubriand. Itinéraire de Paris à Jérusalem et de Jérusalem à Paris. Paris, Ledentu, 1835. 3 vol. petit in-8, d.-rel. chag., tête peigne, non rogn. — [**Perin** (René)]. Itinéraire de Pantin au Mont Calvaire, en passant par la rue Mouffetard, le faubourg St-Marceau, le faubourg St-Jacques, le faubourg St-Germain, les Quais, les Champs-Elysées, le bois de Boulogne, Neuilly, Suresne, et revenant par St-Cloud, Boulogne, Auteuil, Chaillot, etc. ou lettres inédites de Chactas à Atala, ouvrage écrit en style brillant, et traduit pour la première fois du bas-breton sur la neuvième édition, par M. de Chateauterne. Paris, Dentu, 1811. 1 vol. in-8, d.-rel. veau.

L'année même de la publication de l'*Itinéraire de Paris à Jérusalem*, René Perin (1774-1858) en fit paraître une amusante parodie dans laquelle il mêle d'une manière habile ses phrases et d'autres tirées des ouvrages de *Chateaubriand*.

1651. **Clermont-Ganneau**. Recueil d'archéologie orientale, fasc. 1 à 14. Paris, 1885-1888. 4 vol. in-8, br., planches.

1652. — La Palestine inconnue. Paris, Leroux, 1876. Plaq. in-16, rel. toile, couvert. — De Jérusalem à Bîr el-Ma'in. Fragment du Journal d'une excursion faite en juin 1874. Paris, 1877. — Observations sur quelques points des côtes de la Phénicie et de la Palestine d'après l'Itinéraire du pèlerin de Bordeaux. Paris, 1873. — Résultats topographiques et archéologiques des fouilles entreprises à Jérusalem par le Palestine Exploration Fund. Paris, 1872. 3 plaq. in-8, cart. — Épigraphes hébraïques et grecques sur des ossuaires juifs inédits. Paris, 1883. In-8, br. — Premiers rapports sur une mission en Palestine et en Phénicie, entreprise en 1881. Paris, Imp. nat., 1882. — Mission en Palestine et en Phénicie. Cinquième rapport. Paris, Imp. nat., 1884. (Nomb. planches), 2 plaq. in-8, br. — Gomorrhe, Ségor et les filles de Lot. Lettre à M. F. de Saulcy. — Où était Hippos de la Décapole? — L'emplacement de la ville d'Adoullam. (Extraits de la *Revue Archéologique*). — La campagne d'Abiyah contre Jéroboam et l'emplacement de Yechânah. Extr. du *Journal asiatique*. 4 plaq. in-8, cart. Ensemble 11 plaq. in-8, cart. et rel. toile.

1653. — La Stèle de Dibhan ou Stèle de Mesa, roi de Moab, 896 avant J.-C. Lettres à M. le Cte de Vogüé. Paris, 1870. (Avec une planche). — La Stèle de Mesa, examen critique du texte. Paris, 1887. — Études d'archéologie orientale. La stèle de Byblos. Paris, Vieweg, 1880. 3 plaq. in-8, cart. ou br. — **Deschamps** (A.). Sur la Stèle de Mesa. Peut-on au lieu de Chamos mettre Jehovah? Paris, Palmé, 1876. Plaq. in-8, cart. — **Laurent de Saint-Aignan** (abbé). La pierre de Mesa, roi de Moab (896 avant J.-C.). Extrait de la *Revue du monde catholique*. In-8, cart. — *Du même*. Découvertes récentes en Palestine. Extr. des *Annales de philosophie chrétienne*, juillet 1874. In-8, cart. — **Héron de Villefosse** (Ant.). Notice des monuments provenant de la Palestine et conservés au Musée du Louvre. Deuxième édition. Paris, Charles de Mourgues, 1879. Plaq. in-12, cart. (une planche). Ensemble 7 plaq.

1654. **Derenbourg** (J.). Essai sur l'histoire et la géographie de la Palestine d'après les thalmuds et les autres sources rabbiniques. Première partie.

Histoire de la Palestine depuis Cyrus jusqu'à Adrien. Paris, Imprimerie impériale, 1867. 1 vol. in-8, d.-rel. chag., tranch. peigne ; au dos, chiffre du comte Riant. [*Tout ce qui a paru.*] — *Du même.* Quelques notes sur la guerre de Bar Kôzêbâ et ses suites. Paris, Imp. nat., 1877. — **Neubauer** (Adolphe). La géographie du Talmud. Paris, Lévy, 1868. In-8, d.-rel. chag., tr. peigne ; au dos, chiffre du comte Riant.

1655. **Guérin** (Victor). La Terre Sainte, son histoire, ses souvenirs, ses sites, ses monumens. Liban, Phénicie, Palestine Occidentale et Méridionale, Pétra, Sinaï, Egypte. Paris, 1882-1884. 2 vol. in-fol., en ff. dans des cart., nomb. pl. et vignettes. Exemplaire sur Japon, fig. sur Chine.

1656. — Description géographique, historique et archéologique de la Palestine : Judée. Paris, Imp. impér., 1868-69, 3 tomes. Samarie. Paris, 1874-75, 2 tomes. Galilée. Paris, 1880. 2 tomes. Ensemble 7 tomes en 4 vol. gr. in-8, d.-rel. mar. rouge, tête lim., non rogn. ; au dos, chiffre du comte Riant. — De ora Palæstinæ a promontorio Carmelo usque ad urbem Joppen pertinenti. Parisiis, Durand, 1856. Plaq. in-8, rel. toile, av. 1 carte. géog. — Rapport sur les pèlerinages en Terre Sainte. Extrait du *Compte-rendu* de l'Ass. gén. des Comités cath., 19-24 mai 1873. In-12, cart. — Rapports... sur sa mission scientifique dans le Liban. Paris, Levé, 1882. In-8, cart., couv. Avec une lettre au comte Riant. — Rapport... sur une nouvelle mission scientifique... en Palestine. Paris, Levé, 1884. In-8, cart., couv. Lettre de l'auteur au comte Riant. Ensemble 8 vol. ou plaq.

1657. **Haussmann de Wandelburg** (A.). La Palestine, la Syrie et l'Arabie, visitées avec Mgr. Valerga, Patriarche de Jérusalem... Souvenirs de voyages aux missions d'Orient. *2e édition*. Paris, Berche et Tralin, 1886. 2 vol. grand in-8, d.-rel. veau, tête marbr., non rogn. (couvert.) ; au dos, chiffre du comte Riant.

1658. [**Holandre** (J. B. A.)]. La Terre Sainte ou description des lieux les plus célèbres de la Palestine, accompagnée du texte de l'Ecriture Sainte relatif à chaque monument. Metz, imp. C. Lamort, 1819. In-8, rel. toile, 7 pl. — *Le même.* Paris, Blaise jeune, 1820. [C'est le même tirage avec un nouveau titre.] In-8, rel. toile. — *Le même.* Louvain, Vanlinthout & Vandenzande, 1824. In-8, rel. toile.

1659. **Laborde** (Léon de). Commentaire géographique sur l'Exode et les Nombres. Paris et Leipzig, J. Renouard, 1841. 1 vol. in-fol., 10 pl. ou cart. géog., d.-rel. veau, tête lim., non rogn. ; au dos, chiffre du comte Riant. — **Laborde** (comte A. de). Extrait d'un rapport fait à l'Académie [*Voyage en Orient*]... le 24 Avril 1828. Paris, Vve Agasse, 1828. In-8, cart.

1660. **Liévin de Hamme** (le frère). Guide-indicateur des sanctuaires et lieux historiques de la Terre Sainte. Seconde édition. Louvain, Lefever, 1876. 3 vol. in-12, rel. toile (édit.), cartes et plans.

1661. *Le même*, troisième édition. Jérusalem, imp. des PP. Franciscains, 1887. 3 vol. in-8 br.

1662 Lortet (Le D^r). La Syrie d'aujourd'hui. Voyages dans la Phénicie, le Liban et la Judée, 1875-1880. Paris, Hachette, 1884. 1 vol. grand in-4, avec cartes, figg. et pl., d.-rel. chag., plats toile, tr. dor. (édit.). — Dragages exécutés dans le lac de Tibériade (Syrie) en 1880. Sur une nouvelle station de l'âge de pierre à Hanaoueh. Paris, Gauthier-Villars. [Extr. des *Comptes-rend. des séances de l'Ac. des Sc.*] In-4, cart.

1663. Lycklama a Nijeholt (T. M. Chevalier). Voyage en Russie, au Caucase et en Perse; dans la Mésopotamie, le Kurdistan, la Syrie, la Palestine et la Turquie, exécuté pendant les années 1865, 1866, 1867 et 1868..... Paris, Arthus Bertrand. Amsterdam, C. L. van Langenhuysen, 1872-1875. 4 vol. in-8, br.

1664. Marmont, duc de Raguse (Le maréchal). Voyage du Maréchal Duc de Raguse en Hongrie, en Transylvanie, dans la Russie méridionale, en Crimée, et sur les bords de la mer d'Azoff, à Constantinople, dans quelques parties de l'Asie-Mineure, en Syrie, en Palestine et en Egypte. Paris, Ladvocat, 1837. — Voyage en Sicile. Paris, Ladvocat, 1836. Ensemble 5 vol., d.-rel. veau rouge, tr. marbr. Exemplaires des bibliothèques de *A. de St-Ferriol*, et du *Duc d'Orléans*.

1665. MÉLANGES SUR LA TERRE SAINTE. 1 vol. in-8, d.-rel. veau olive, tr. jasp.
   Zimpel (Ch. F.) Railway between the Mediterranean, the dead Sea, and Damascus, by way of Jerusalem... London, 1865. *avec carte*. — **Renan**. Sur les inscriptions hébraïques de Kefr-Bereim, en Galilée, 1864. *avec pl.* — **Oppert** (G.). Le livre de Judith. Paris, 1865. — **Buselli**. Memoria e difesa sulla proprietà che ha sempre goduto Terra Santa nella grotta detta del latte presso Betlemme. Gerusalemme, 1865. — *Du même*. Osservazioni indirizzate al Prof. Savalanian, 1865. — *Le même opuscule, texte arabe*. — **Guérin** (V.). Le Mont Thabor. Annales du Commissariat général de la Terre Sainte. Paris, 1865. — **Tristram**. Report on the birds of Palestine. London, 1864. — **Pierotti**. Otto anni a Gerusalemme. Torino, 1865. — **Bassi**. Il tempio Salomonico dopo la distruzione di Tito. Roma, 1864. — **Vignes**. Notes sur les Arabes du désert de Syrie, 1865.

1666. MÉLANGES SUR LA TERRE SAINTE. In-8, d.-rel. veau.
   Rosen (G.). Das Haram von Jerusalem und der Tempelplatz des Moria. Gotha, Besser, 1866, cartes et pl. — **Roulliet** (Antony). La Palestine au point de vue international. Paris, Dupont, 1869. — **Demarsy** (Arthur). Quelques monuments élevés en l'honneur du Saint Sépulcre de N. S. Jésus-Christ. Arras, Rousseau-Leroy, 1869. — **Zuckermann** (B.) Das jüdische Maass-System und seine Beziehungen zum griechischen und römischen. Breslau, 1867, pl. — **Buselli** (R.). Rapport sur le projet de conduire l'eau de la Fontaine-Scellée... pour pouvoir la distribuer dans les quartiers de Jérusalem. Malines, 1866, etc.

1667. MÉLANGES SUR LA TERRE SAINTE. In-8, d.-rel. toile.
   Saulcy (E. de). Notice sur une statuette égyptienne (Extr. des *Mém. de l'Ac. de Metz*, 1859-1860.) — **Guérin** (V.). Rapport sur le nouvel ouvrage intitulé : Voyage en Terre Sainte par M. de Saulcy. — **Guarmani**. Itinéraire de Jérusa-

lem au Neged septentrional (Extr. du *Bull. de la Soc. de Géog.*, 1865). 1 carte géog. — Lettres d'Obadia de Bertinoro (1487-89), par Moïse Schwab. **Paris, 1866. — Huillard-Bréholles.** Les explorations récentes de la Mer morte. Expédition du duc de Luynes (Extr. de la *Revue contemp.* t. II). — **Vogüé** (M. de). Les inscriptions hébraïques de Jérusalem.

1668. MÉLANGES SUR LA TERRE SAINTE. In-8, d.-rel. toile.

Lois et coutumes suivies dans le pachalik de Jérusalem, trad. de l'arabe... par *Albengo*. Paris, A. Courcier, 1860. — **Wallon** (H.). Rapport fait au Conseil général de l'œuvre des écoles de l'Orient sur les travaux de la Société, pendant l'année 1856. Paris, Aug. Vaton, 1857. — **Alexandrian** (Michel). Notions sur le Patriarcat Arménien Catholique de Cilicie. Paris, 1863 (autographié). — **Aucapitaine** (baron H.). Étude sur les Druzes. Paris, Bertrand, 1862. — [**Guerraz** (Claude)]. Des nationalités asiatiques et de la Circassie, notes... d'un circassien musulman, traduites et commentées par un Franc de Palestine. Paris, Walder, 1861. — **Schultz** (Ern. Gust.). Jerusalem. Berlin, S. Schropp, 1845. (Le plan manque.)

1669. MÉLANGES SUR LA TERRE SAINTE. 1 vol. in-8, d.-rel. toile.

Guérin (V.). Rapports sur une mission scientifique en Palestine, 1864. — *Du même.* Analyse de l'Histoire de l'art judaïque de M. de Saulcy. Versailles, Beau, 1858. — Relazione e progetto di condurre l'acqua del Fonte-Segnato nella Santa Città all' altezza della porta Bab-el-Kalil... Studio del P. *Remigio Buselli.* Gerusalemme, 1865. — **Zimpel** (Ch. F.). Appel à la Chrétienté pour la délivrance de Jérusalem. Francfort, Brönner, 1865. — Fragments d'une traduction française de Barlaam et Joasaph, publiés par *Paul Meyer*. Paris, 1866, avec 1 pl. — L'Islamisme et son fondateur, par M. de Vogüé. Paris, 1865. — **Delisle** (Léop.). Observations sur l'origine de plusieurs manuscrits de la Collection de *M. Barrois*. Paris, 1866. — **Bertou** (de). De quelques moyens pour garantir l'intégrité de l'Empire d'Orient. Paris, Douniol, 1855. — *Du même*. Examen du voyage en Orient de M. Vandevelde. Paris, 1855.

1670. MÉLANGES SUR LA TERRE SAINTE. In-8, d.-rel. chag. rouge.

Coquerel (Athanase Josué) : Topographie de Jérusalem au temps de Jésus-Christ. Strasbourg, Schuler, 1843. — **Guérin** (V.) : De Ora Palæstinæ a promontorio Carmelo usque ad Urbem Joppen pertinenti. Paris, 1856. Avec 1 carte. — **Lalanne**. Des pèlerinages en Terre Sainte. Paris, s. d. — **M. de Vogüé** : Note sur quelques inscriptions recueillies à Palmyre. Paris, 1855.

Ces divers volumes de Mélanges proviennent de la bibliothèque de M. de Saulcy.

1671. **Michaud et Poujoulat.** Correspondance d'Orient, 1830-31. Bruxelles, Gregoir, Wouters, & Cie, 1841. 7 tomes en vol. avec 8 carte, d.-rel. veau f. — **Poujoulat** (Baptistin). Voyage dans l'Asie-Mineure, en Mésopotamie, à Palmyre, en Syrie, en Palestine et en Egypte... faisant suite à la Correspondance d'Orient. Paris, Ducollet, 1840-1841. 2 vol. in-8, d.-rel. veau fauve, tête lim., non rogn. ; au dos, chiffre du comte Riant.

1672. **Pellé** (Clément) et **Galibert** (Léon). Voyage en Syrie et dans l'Asie Mineure. Londres, Fisher, s. d. 3 vol. in-4, illustrés de 120 magnifiques pl. & carte gr. sur acier ; d.-rel. chagr., coins, tr. dor.

1673. **Saulcy** (F. de). Voyage autour de la mer Morte et dans les terres bibliques, exécuté de décembre 1850 à avril 1851. Paris, Baudry, 1853. 2 vol. in-8, d.-rel. veau.

1674. — Voyage en Terre Sainte. Paris, Didier, 1865, 2 vol. in-8, pl. et fig. d.-rel. mar. rouge. tête lim., ébarb.; au dos, chiffre du comte Riant.

1675. — Réponse à un mémoire sur la Mer Morte, par M. E. Quatremère. (Journal des Savants. Septembre 1851.) In-4, cart. — La Palestine, le Jourdain et la Mer Morte. Examen du rapport de M. Isambert. Paris, J. Rouvier, Novembre 1854. In-8, rel. toile. — Inscription du tombeau dit de Saint Jacques à Jérusalem (Extrait de la *Revue archéologique*). Paris, Didier, 1864. In-8, cart., couv. — Mémoire sur les divers appareils de maçonnerie employés dans l'enceinte extérieure du Haram-ech-Chérif de Jérusalem. Paris, Imprimerie Impériale, 1866. In-4, cart., couv. — Recherches sur l'emplacement véritable du tombeau d'Hélène, reine d'Adiabène. Paris, Claye, 1869. Plaq. in-4, rel. toile, couv., planche. — Dictionnaire topographique abrégé de la Terre Sainte. Paris, Vieweg, 1877. In-12, rel. toile, couv. — Lettre... sur le site de Capharnaum, de Khorazin, et de Beth-Sayda (Julias). Extr. des *Transactions of the Soc. of Bibl. Archæol.* In-8, cart. — Quelques mots à propos de deux lettres de M. l'abbé J.-B. Glaire. Paris, Thunot, s. d. In-8, cart. — **Delessert** (Édouard). Voyage aux villes maudites. Sodome. Gomorrhe. Seboïm. Adama. Zoar. Suivi de notes scientifiques et d'une carte par *F. de Saulcy*. Paris, Lecou, 1853. In-12, d.-rel. bas., tr. jaspée. — **Isaacs** (Rev. Albert Augustus). The dead sea: or, notes and observations made during a journey to Palestine in 1856-7 on M. de Saulcy's supposed discovery of the cities of the plain. Ill. from photog. London and Edinburgh, 1857. In-8, rel. toile (édit.). Ensemble 10 vol. ou plaq.

1676. **Vogüé** (Cte Melchior, depuis Mis de). Les Églises de la Terre-Sainte. Paris, Didron, 1860. 1 vol. in-4, avec cartes et planche, d.-rel. chagr. rouge, tête dor., non rogn.; au dos, chiffre du comte Riant. — Note sur le temple de Jérusalem. Tirage à part de la *Rev. arch.* Paris, Didier, s. d. (1863). In-8, cart., couvert. — Inscriptions hébraïques de Jérusalem. Tirage à part de la *Rev. arch.* Paris, Didier, 1864. In-8, cart., couv., 1 pl.

1677. **Aquin** (vicomte J. G. d'). Pèlerinage en Terre Sainte. Paris, Gaume, 1866. In-8, br. — **Azaïs** (L'abbé). Pèlerinage en Terre Sainte. Paris, Nîmes, 1855. Vol. in-12, rel. toile, couvert. — **Bargès** (Abbé J. J. L.). Les Samaritains de Naplouse. Épisode d'un pèlerinage dans les Lieux Saints. Paris, Dondey-Dupré, 1855. 1 vol. in-8, rel. toile. — **Belgiojoso** (princesse de). Asie-Mineure et Syrie. Souvenirs de voyages. Paris, Michel Lévy, 1858. 1 vol. in-8, rel. toile, couvert., non rogn. Ensemble 4 vol.

1678. **Bonnelière** (Abbé F.). Souvenirs de mon pèlerinage en Terre Sainte. Paris, Perisse, s. d. (1879). 1 vol. in-8, rel. toile, couvert. — **Bourassé** (Abbé J. J.). La Terre Sainte. Tours, Mame, 1860. 1 vol. in-8, avec nombreuses illustrations, d.-rel. chag., tête peigne, non rogn.; au dos, chiffre du comte Riant. — **Bourgault-Ducoudray** (L. A.) Souvenirs d'une mission musicale en Grèce et en Orient. Paris, J. Baur, 1876. In-12, cart. — **Bové** (N.).

Relation abrégée d'un voyage botanique en Égypte, dans les trois Arabie en Palestine et en Syrie. Paris, impr. Thuau. (Extr. des *Ann. des Sc. Natur.* 1834.) in-8, cart., non rogn. Ensemble 4 vol.

1679. **Bovet** (Félix). Voyage en Terre Sainte. Troisième édition, revue et corrigée. Paris, Lévy, 1862. 1 vol. in-12, rel. toile. — **Bræm** (Andréas). Description de la Terre Sainte. Traduction française revue, augmentée et publiée par *F. de Rougemont*. Neufchâtel, Petitpierre, 1837. In-8, rel. toile, non rogn., couvert. — **Callier**. Mémoire sur la dépression de la Mer Morte et de la vallée du Jourdain. Paris, Piban de La Forest, 1839. Plaq. in-8, cart. — **Charmes** (Gabriel). Voyage en Palestine. Paris, Lévy, 1884. In-12, rel. toile. — **Cochet du Vaubesnard** (Victoire). Jérusalem! si jamais je t'oublie!! Pèlerinage français en Terre Sainte, septembre 1879. Souvenirs d'une pèlerine bretonne. Sarlat, Michelet, 1880. Vol. in-12, rel. toile, couvert. — **Coupigny de Louverval** (Comte de). Souvenir du pèlerinage de pénitence à Jérusalem et poésies diverses. Cambrai, Carion, 1882. Vol. in-12, rel. toile, couvert. Ensemble 6 vol.

1680. **Coquerel** (Athanase). La Galilée. Feuillets détachés d'un carnet de voyage. Paris, Sandoz et Fischaber, 1878. 1 vol. in-12, avec portr. à l'eau-forte, br. — **Coulomb** (Abbé P. F.). Le Calvaire et Jérusalem d'après la Bible et Josèphe. Paris, Palmé, 1866. Vol. in-8, rel. toile. — **Damas**, S. J. (R. P. Amédée de). En Orient. Voyage au Mont Sinaï. Paris, Putois-Cretté, 1864. — *Du même*. Jérusalem. Paris, 1866. 2 vol. in-8, rel. toile, non rogn. — **Damoiseau** (Louis). Voyage en Syrie et dans le Désert par feu L. D. attaché à la mission de M. de Portes... édité par Jean May. Paris, Souverain, 1833. In-8, rel. toile, non rogn., av. portr. — **D... D.** Lettre à M. Desmazure, relative à son voyage en Terre Sainte, par D... D, Chrétien. Marseille, 1819. In-8, rel. toile, non rogn. — **Delpechin** (Paul). Souvenirs de Terre Sainte. Paris, Poussielgue, 1877. Vol. in-12, rel. toile, couvert. Ensemble 7 vol.

1681. **Dorlodot des Essarts**. Un pèlerinage de marins en Terre-Sainte. Paris, 1860. Plaq. in-8, cart. — **Dumas** (Alexandre) et **Dauzats** (A.). Quinze jours au Sinaï. Paris, Gosselin, 1841. 1 vol. in-12, d.-rel. veau. — **Dumas** (Alexandre) et **Dumas** (Adolphe). Temple et hospice du Mont-Carmel en Palestine. Paris, Fain et Thunot, s. d. (1844?) — **Dupuis** (Abbé André). Histoire de Jérusalem ou explication du plan de Jérusalem et de ses faubourgs. Deuxième édition. Liége, Spée-Zélis, 1851. Vol. in-12, rel. toile, couvert. — **Durand** (J.). Peintures de l'Église de Bethléem. Tours, P. Bousrez, 1884. In-8, rel. toile, 1 pl. et 4 phot. — **Enault** (Louis). La Terre-Sainte. Voyage des quarante pèlerins de 1853... avec une carte de la Palestine et le panorama de Jérusalem. Paris, Maison, 1854. Vol. in-12, d.-rel. bas. — **Fonclayer** (de). Artésia. S. l. n. d. n. typ. [Extr. du *Bull. de la Soc. de Géogr. de Paris*, juin, 1875]. Plaq. in-8, cart. Ensemble 7 vol. ou plaq.

1682. Forot (Abbé). Pèlerinage aux deux Jérusalem ou abrégé des lettres d'un pèlerin de la Terre Sainte à S. G. Mgr l'évêque de Marseille. Paris, Poussielgue-Rusand, 1862. Vol. in-12, rel. toile, couvert. — **Frachebourg.** Mon séjour en France... Mes pèlerinages à Rome, à Jérusalem et à Lourdes, par Jean-Joseph Frachebourg, laboureur. Fribourg, Imp. cathol. suisse, 1885. Vol. in-12, rel. toile, couvert. — **Gaucheraud** (H.). Pèlerinage d'une jeune fille du canton d'Unterwalden à Jérusalem, dans les années 1828 à 1831. Deuxième édition. Paris, Vaton & Gaume, s. d. (*1836*) 2 vol. in-8, d.-rel. bas. — **Gaudry** (Albert). Recherches scientifiques en Orient entreprises par les ordres du gouvernement pendant les années 1853-1854... Partie Agricole. Paris, Imprim. impériale, 1855. In-8, cart. perc. br. — **Géramb** (Le R. P. Marie-Joseph de). Pèlerinage à Jérusalem et au Mont Sinaï en 1831, 1832 et 1833. Deuxième édition. Paris, Leclere, 1836. 3 vol. in-12, d.-rel. veau f. — **Grasset d'Orcet**. Mémoire.., sur l'importance... d'un port à Jaffa et d'un réseau de chemin de fer en Palestine. *S. l. n. typ.* 1878. (*autographié.*) Grand in-8, cart. Ensemble 9 vol. ou plaq.

1683. Hoche (Jules). Le pays des Croisades..... (Nombr. gravures et une carte de la Palestine). Paris, Librairie illustrée. *s. d.* Vol. grand in-8, br. — **Huart** (Clément). Notes prises pendant un voyage en Syrie. Extrait du Journal asiatique. Paris, Imp. nation., 1879. Plaq. in-8, cart., couvert. — **Jenner** (Thomas). Palestine & Liban. Récit d'un voyage à travers la Judée, la Samarie, la Galilée et la Syrie. Trad. librement de l'anglais sur la seconde édition par Mlle *L. de P.* Neuchatel et Paris, 1883. In-12, rel. toile (une carte et 74 gravures). — [**Jolyffe** (T. R.)]. Lettres sur la Palestine, la Syrie et l'Égypte, ou voyages en Galilée et en Judée fait dans l'année 1817, avec une relation sur la Mer Morte, et sur l'État présent de Jérusalem; par T. R. J. Traduites de l'anglais sur la 2de Édition par *Aubert de Vitry.* Paris, Picard-Dubois... 1820. 1 vol. in-8, rel. bas., avec pl. lithog. & 1 carte. [L'original anglais a paru, avec le nom de l'auteur, à Londres, en 1819-1820.] — **Lamothe** (A. de). De Marseille à Jérusalem. Paris, Blériot, 1879. In-12, rel. toile, non rogn., couvert. Ensemble 5 vol.

1684. Laorty-Hadji (R. P.). La Syrie, la Palestine et la Judée. Pèlerinage à Jérusalem et aux Lieux Saints. Neuvième édition. Paris, Bolle-Lasalle, 1854. In-12, rel. toile. — **Laurent de Saint-Aignan** (L'abbé). La Terre Sainte... avec cartes, plans et gravures et précédée d'une lettre de Mgr l'évêque d'Orléans [*Dupanloup*]. Paris, Dillet, 1864. In-8, rel. toile (édit.). — *Du même.* Le sépulcre d'Abraham et celui de Josué. Versailles, Beau, 1870. (Extr. des *Annales de philos. chrétienne.*) In-8, cart. — *Du même.* Le tombeau d'Adam et d'Ève. Paris, Challamel, 1873. In-8, cart. — **Letremble** (en relig. P. Ubald). Jérusalem, la Terre Sainte et le Liban. Deuxième édition. Tournai, Casterman, 1878. 1 vol. grand in-8, rel. toile, cartes, couv. — **Macedo** (M. A. de). Pèlerinage aux lieux saints suivi d'une excursion dans la Basse

Egypte, en Syrie et à Constantinople. Paris, Lacroix, Verboeckoven & C¹ᵉ, 1867. In-8, rel. toile. Ensemble 6 vol. ou plaq.

1685. **Maricourt** (Baron Léon de). Saint-Cyr et Jérusalem. Souvenirs intimes. Paris, Maillet, 1868. 1 vol. in-8, rel. toile. — **Marmier** (Xavier). Impressions et souvenirs d'un voyageur chrétien... 5ᵉ édition. Tours, Mame, 1877. In-8, cart. perc. — **Mauss et Sauvaire**. De Karak à Chaubak. Extrait d'un Journal de voyage. (*Bull. de la Soc. de géog.*, Série XIV). Paris, E. Martinet, 1867. In-8, 1 carte, cart. — **Michon** (L'abbé). Voyage religieux en Orient. 2ᵉ édition. Paris, Vᵉ Comon, 1854. 2 vol. in-8, d.-rel. chag. — **Morot** (J.-B.). Journal de voyage. De Paris à Jérusalem. 1839 et 1840. Deuxième édition. Paris, Claye, 1873. In-8, d.-rel. veau, planches et portr. de l'auteur. Ensemble 6 vol.

1686. **Pardieu** (Cᵗᵉ Ch. de). Excursion en Orient. L'Égypte, le Mont Sinaï, l'Arabie, la Palestine, la Syrie, le Liban... Paris, Garnier, 1851. In-12, d.-rel. chag. br. — **Patrem** (R. P.). Pèlerinage à Jérusalem et en Terre Sainte. Illustrations par *A. Vasseur, S. J.* Paris, lib. cath., s. d. Petit in-12, br. — *Du même.* La Custodie franciscaine de Terre-Sainte. Paris, Imp. de l'œuvre de Sᵗ Paul, 1879. In-8, cart. — **Pierre** (L'abbé). Constantinople, Jérusalem et Rome. Paris, Lévy, 1860. 2 vol. in-8, d.-rel. veau. — **Pigeory** (Félix). Les pèlerins d'Orient. Lettres artistiques et historiques... Paris, Dentu, 1854. In-12, rel. toile. — **Prarond** (Ernest). De Montréal à Jérusalem. Paris, Lévy, 1869. In-12, rel. toile, couv. Ensemble 6 vol.

1687. **Pressensé** (Edmond de). Le pays de l'Évangile. Notes d'un voyage en Orient, avec une carte. Troisième édition. Paris, Meyrueis, s. d. (*1865*). In-12, br. — **Rey** (E. G.). Étude historique et topographique de la tribu de Juda. Paris, Arthus Bertrand, s. d. In-4, avec planches et cartes, rel. toile, non rogn. — **Riancey** (Charles de). Notice sur Henry Affre de Saint Rome, suivie de sa correspondance pendant son pèlerinage en Terre Sainte et son voyage en Orient. Sᵗ Cloud, Vᵛᵉ Belin, 1858. Plaq. in-8, cart., avec frontisp. — **Robin** (Anatole). De la Palestine. Ses ressources agricoles et industrielles. Paris, Fillion, 1880. In-8, cart., couv. — **Rochette** (Raoul). Courtes observations sur les tombeaux des Rois à Jérusalem (Extr. de la *Revue Archéol.*). Paris, Leleux, 1852. In-8, cart., couv. — **Ruelens** (Aug.). Journal d'un pèlerin en Terre Sainte. Malines, Ryckmans-Van Deuren, 1873. In-8, rel. toile, 1 carte. Ensemble 6 vol.

1688. **Taylor** (I). La Syrie, la Palestine et la Judée. Pèlerinage à Jérusalem et aux lieux saints. Paris, Lemaitre, 1860. Grand in-8, avec planches, rel. toile, tr. dor. — **Toupin** (H. C.). Pèlerinage populaire de pénitence aux Saints-Lieux du 25 Avril au 8 Juin 1882. Montélimar, Bourron, 1882. In-8, rel. toile, couv. — [**Trolliet** (Marie)]. Souvenirs de Terre Sainte... par Mario. Sion, S. Schmid, 1885. In-12, cart.

1689. **Vaulchier** (L'abbé Henri de). Lettres sur la Terre Sainte. Besançon, J. Jacquin, 1856. In-8, cart. — **Vaux** (B⁰ⁿ L. de). La piscine de Bethséda, à Jérusalem. Paris, Leroux, 1887. Extr. de la *Rev. arch.* — **Verrier** (L'abbé). Journal d'un pèlerin en Terre Sainte. Bayeux, Grobon et Payan, 1871. 2 vol. in-8, rel. toile, tr. jasp. — **Vogüé** (Vᵗᵉ E. M. de). Syrie, Palestine, Mont-Athos. Paris, Plon, 1876. In-12, rel. toile. — **Wonner** (Abbé). Journal d'un pèlerinage en Terre Sainte exécuté en 1852. Metz, Pallez et Rousseau, 1853. In-12, d.-rel. veau. — **Yanoski** (Jean) et **David** (Jules). Syrie ancienne et moderne. Paris, Didot, 1862. 1 vol. in-8, d.-rel. chagr. grenat, tête lim., non rogn.; au dos, chiffre du comte Riant. Ensemble 7 vol. ou plaq.

OUVRAGES EN LANGUE ALLEMANDE

1690. **Ebers** (Georg) und **Guthe** (Hermann). Palästina in Bild und Wort. Nebst der Sinaihalbinsel und dem Lande Gosen; nach dem Englischen herausgegeben. Stuttgart und Leipzig, Deutsche Verlags-Anstalt, 1883-84. 2 vol. in-fol., avec figg. sur bois et planches gr. sur cuivre, rel. toile (édit.).

1691. **Ebers** (Georg). Durch Gosen zum Sinai. Aus dem Wanderbuche und der Bibliothek. Zweite Auflage. Leipzig, Engelmann, 1881. In-8, av. pl. et cartes, d.-rel. v. f., non rogn., couv.; au dos, chiffre du comte Riant.

1692. **Fallmerayer** (Jakob Philipp.). Fragmente aus dem Orient. Stuttgart und Tübingen, 1845. 2 tomes en 1 vol. in-8, d.-rel. mar. r., tête limaç., non rogn., au dos, chiffre du comte Riant. — *Du même*. Das todte Meer. (*Abhandl. d. bayr. Akad. d. Wissensch.*, 1853). In-4, rel. toile.

1693. — Gesammelte Werke, herausgegeben von *Georg Martin Thomas*. Leipzig, Engelmann, 1861. 3 tomes en 1 vol. in-8, d.-rel. mar. rouge, tr. limaç., non rogn., au dos, chiffre du comte Riant.

1694. **Friedrich Karl von Preussen** (Prinz). Prinz Friedrich Karl im Morgenlande dargestellt von seinen Reisebegleitern Prof. Dr. *H. Brugsch-Pascha* und Major *Fr. X. von Garnier*. Frankfurt a/O., Trowitsch & Sohn, s. d. (titre gravé). Grand in-4, d.-rel. veau est., coins, tr. dor. (édit.), av. figg. et pl.

Magnifique publication qui n'est pas citée dans la Bibliographie de M. Röhricht.

1695. **Gratz** (Lorenz Clem.). Schauplatz der Heiligen Schrift, oder das alte und neue Morgenland. München, Vogel, 1858. 1 vol. avec carte, d.-rel. mar. brun, tr. jasp.

1696. **Hartinger** (Lorenz). Aus Aegypten und Palästina. 1883. Im Selbstverlage des Verfassers. In-8, avec portr. et figg., rel. toile, non rogn.

1697. **Krafft** (W.). Die Topographie Jerusalem's. Bonn, König, 1841. 1 vol. in-8, rel. toile, non rogn.

1698. Richter (Otto Friedrich von). Wallfahrten im Morgenlande. Aus seinem Tagebüchern und Briefen dargestellt von *Johann Philipp Gustav Evers*. Mit Kupfern. Berlin, Reimer, 1822. In-8, d.-rel. veau ol., tête lim., non rogn., au dos, chiffre du comte Riant; et un Atlas de 16 pl., in-fol. obl., cart.

1699. Rudolf von Österreich (Kronprinz). Eine Orientreise. Wien, 1884. 1 vol. in-fol., avec portrait du prince Rodolphe et 137 figg. et pl. à l'eau-forte, rel. toile (édit.).

1700. Schiferle (Joseph). Reise in das heilige Land im Jahre 1851..... Augsburg, Kollmann, 1852. 2 tomes en 1 vol. in-12, rel. toile. — Zweite Pilgerreise nach Jerusalem und Rom in den Jahren 1856 und 1857. Augsburg, 1858. 2 tomes en 1 vol. in-8, rel. toile, couv., pl.

1701. Seetzen (Ulrich Jasper). Commentare zu U. J. Seetzen's Reisen durch Syrien, Palästina, Phönicien, die Transjordan. Länder... Ausgearbeitet von Dr *Fr. Kruse* und Dr *H. L. Fleischer*, mit drei Charten. Berlin, Reumer, 1859. In-8, br.

1702. Sepp (Nepomuk). Jerusalem und das heilige Land. Pilgerbuch nach Palästina, Syrien und Aegypten. Schaffhausen, Hurter, 1863. 2 vol. in-8, d.-rel. chag. rouge, au chiffre du comte Riant.

   Le second volume est orné du portrait sur acier du Dr Sepp.

1703. — Neue architektonische Studien und historisch-topographische Forschungen in Palästina, mit siebzig Illustrationen. Würzburg, Stahel, 1867. In-8, rel. toile. — **Sepp** (J. N. & Dr Bernh.). Die Felsenkuppel, eine justinianische Sophienkirche und die übrigen Tempel Jerusalems. München, Kellerer, 1882. In-8, br., fig.

1704. — Meerfahrt nach Tyrus zur Ausgrabung der Kathedrale mit Barbarossa's Grab; mit Holzschnitten, drei Lichtdrucken und einer Karte. Leipzig, Seeman, 1879. In-8, d.-rel. veau, tête lim., ébarb.; au dos, chiffre du comte Riant.

   Le chapitre XXXI raconte la croisade et la mort de Frédéric Barberousse; M. Sepp avait été chargé d'une mission à l'effet de retrouver le tombeau du légendaire empereur, on sait que ses recherches n'ont abouti à aucun résultat.

1705. Tischendorf (Constantin). Aus dem heiligen Lande. Leipzig, Brockhaus, 1862. Avec figg., pl. et carte. — *Du même*. Det Heliga Landet. Resor i Palästina, Egypten och på Sinai-Halfön samt fyndet af Codex Sinaïticus. Öfversättning. Stockholm, Norstedt, 1869. Avec figg. Ensemble 2 vol. in-8, rel. toile et d.-rel. bas.

1706. Tobler (Titus)[1]. Lustreise ins Morgenland. Zürich, Orell & Füssli, 1839. 2 vol. in-12, br. — Bethlehem in Palästina. Topographisch und histo-

---

1. Cf. n° 1350.

risch nach Anschau und Quellen geschildert..... mit Karte und Tempelplan.....
St. Gallen und Bern, Huber, 1849. In-8, rel. toile, couv. — Golgatha. Seine
Kirchen und Klöster.... mit Ansichten und Plänen..... St. Gallen und Bern :
Huber, 1851. In-8, rel. veau.

1707. — Zwei Bücher Topographie von Jerusalem und seinen Umgebungen. Berlin, Reimer, 1853-1854. 2 vol. in-8, avec planches, d.-rel. veau, tête lim., ébarb.; au dos, chiffre du comte Riant. — Denkblätter aus Jerusalem..... Zweite wohlfeile Ausgabe. Constanz, Wilhelm Meck, 1856. 3 planches et 1 carte, 1 vol. in-8, d.-rel. chag., tête lim., ébarb.; au dos, chiffre du comte Riant.

1708. — Dritte Wanderung nach Palästina im Jahre 1857. Ritt durch Philistäa, Fussreisen im Gebirge Judäas und Nachlese in Jerusalem. Gotha, Justus Perthes, 1859. 1 vol. in-8, avec 1 carte, d.-rel. veau, tête lim., ébarb.; au dos, chiffre du comte Riant.

1709. — Die Siloahquelle und der Oelberg..... mit einer artistischen Beilage. St Gallen, Scheitlin und Zollikofer, 1852. In-8, rel. toile, édit. — **Kautzsch** (E.). Die Siloainschrift. Abd. a. d. *Zeitschr. d. Deutsch. Palaest. Vereins*. Plaq. petit in-8, cart., avec 1 pl. — **Tobler** (Titus). Nazareth in Palästina. Nebs anhang der vierten wanderung. Mit einer artistischen beilage. Berlin, G. Reimer, 1868. In-8, rel. toile. — Der grosse Streit der Lateiner mit den Griechen in Palästina über die heiligen Stätten in vorletzten Jahrhundert. St. Gallen, Huber, 1870. In-8, rel. toile, couv. — Das heilige Land und die Schweizer. Separatabdruck aus der *Schweiz*. In-12, rel. toile. Ensemble 5 vol. ou plaq.

1710. **Wolff** (Philipp). Reise in das Gelobte Land, mit einem neuen Plan von Jerusalem. Stuttgart, Metzler, 1849. In-8, rel. toile. — Jerusalem. Nach eigener Anschauung und den neuesten Forschungen, mit 36 Illustrationen und einem Grundriss von Jerusalem. Leipzig, Weber, 1857. In-8, d.-rel. toile. — Sieben Artikel über Jerusalem aus den Jahren 1859 bis 1869. Stuttgart, Besser, 1869. In-8, rel. toile. — Jerusalem, mit 66 Abbildungen und einem Grundriss von Jerusalem. Dritte Auflage. Leipzig, Weber, 1872. In-12, rel. toile.

1711. **Adler** (F.). Der Felsendom und die heilige Grabeskirche zu Jerusalem. Berlin, Lüderitz, 1873. Plaq. petit in-8, cart., avec pl. — **Altmüller** (H. W.). Jerusalem nach seiner örtlichen Lage und bedeutungswollen Geschichte. Cassel, Fisher, 1859. Plaq. in-12, rel. toile. — **Arnold** (Fr.). Sinai. Städte und Ortschaften in Palästina. Zion. [Abd. a. d. *Real. Encyklop. f. Theol. und Kirche* von Herzog, XIV, XVI, XVIII]. 2 plaq. in-8, cart. — **Baute** (Johannes). Erinnerungen an das Heilige Land. Osnabrück, Veilh, 1879. 1 plaq. in-12, cart., couvert. — **Berggren** (J.). Bibel und Josephus über Jerusalem und das Heilige Grab wider Robinson und neuere

Sionspilger als Anhang zu Reisen in Morgenlande. Lund, Berling, 1862. 1 vol. in-8, rel. toile, non rogn. — *Du même*. Flavius Josephus der Führer und Irreführer der Pilger im alten und neuen Jerusalem. Mit einer Beilage Jerusalem des Itinerarium Burdigalense enthaltend. Leipzig, O. Weigel, 1854. 1 plaq. in-8, cart. Ensemble 7 vol. ou plaq.

1712. **Beumer** (Jac.). Kurze Beschreibung und Geschichte von Palästina. Für Volksschulen bearbeitet. Mit zwei Karten. Achte Auflage. Wesel, Bagel, s. d. [1854]. 1 plaq. in-12, rel. toile. — **Braun** (Dr Stephan). Jerusalem. Bilder aus dem Orient. Freiburg i. B., Dilger, 1866. — *Du même*. Das heilige Land. Freiburg i. B., Dilger, 1867. 2 vol. in-8, rel. toile. — **Busch** (Moritz). Eine Wallfahrt nach Jerusalem. Bilder ohne Heiligenscheine. Leipzig, Grunow, 1861. 2 tomes en 1 vol. in-8, rel. toile. — **Elgner** (Wilhelm). Jerusalem und seine Umgebung. Leipzig, Serbe, s. d. (1873). In-4, rel. toile, avec cartes et pl. — **Fliedner** (Theodor). Reisen in das heilige Land, nach Smyrna, Beirut, Constantinopel, Alexandrien und Cairo, in den Jahren 1851, 1856 und 1857. Ière Partie : Düsseldorf, s. d. [1858]. IIème Partie : Berlin, 1859. 2 parties en 1 vol. in-8, avec figg., rel. toile, non rogn. — **Fraas** (Oscar). Aus dem Orient. Geologische Beobachtungen am Nil, auf der Sinai-Halbinsel und in Syrien. Stuttgart, Ebner & Seubert, 1867. 2 tomes en 1 vol. in-8, avec planches, cart., tr. jasp. Ensemble 7 vol.

1713. **Furrer** (Konrad). Wanderungen durch Palästina. Mit einer Ansicht und einem Plan von Jerusalem nebst einer Karte von Palästina. Zürich, Drell, 1865. Vol. in-8. rel. toile. — *Du même*. Die Ortschaften am See Genezareth. Extr. S. l. n. d. n. typ. In-8, cart. — **Hildesheimer** (Dr Hirsch). Beiträge zur Geographie Palästinas. Berlin, Rosenstein & Hildesheimer, 1886. In-8, rel. toile, couvert. (1 planche). — **Hüther** (Christian). Das heilige Land. Ein Handbuch zur Erläuterung der biblischen Geschichte. Mainz, Kunze, 1843. In-8, rel. toile, non rogn., couvert. — **Klöden** (E. F.). Landeskunde von Palästina. Mit einer..... Karte. Berlin, A. Rücker, 1817. In-8, cart. (Taches). — **Kränzle** (Joh.). Reise nach Jerusalem über Wien, Constantinopel, Aegypten und zurück über Damaskus, Neapel und Rom in Pilgerbriefen. (Mit Holzschnitten.) Augsburg, Kranzfelder, 1868. Vol. in-8, d.-rel. bas. — **Kronecker** (Franz). Reise des Hutmachergesellen, Franz Kronecker, aus Stubenberg kön. Landgericht Simbach in Baiern nach dem gelobten Lande. München, (Sühring?), 1824. In-8, rel. toile. Ensemble 7 vol. ou plaq.

1714. Die Anwesenheit Sr. Königl. Hoheit des Kronprinzen von Preussen in Palästina. Von einem Süddeutschen. Berlin, Duncker, 1870. In-12, rel. toile, couv. — **Ladislaus** (P., Ord. S. Fr.). Das heilige Land und seine katholischen Bewohner. Münster, Theissing, 1879. In-8, cart., couv. — **Lionnet** (Dr B.). Kreuz und Halbmond. Pilgerblicke aus einer Reise durch das Morgenland... Berlin, F. Schneider, 1860. Petit in-8, cart. t. — **Lorenzen** (F. N.). Jerusalem. Beschreibung meiner Reise nach dem heiligen

Lande im Jahre 1858. Kiel, C. Schröder, 1859. In-8, carte, cart. perc. v., couverture. — **Ludwig** (G.). Bethlehem. Im Jahre 1864 besucht. Bern, Dalp, 1865. In-12, cart., couv., fig. — **Mayr** (Johan Heinrich). Reise nach Konstantinopel, Aegypten, Jerusalem, und auf den Libanon. Herausgegeben von *Johann Conrad Appenzeller*. 2ᵉ Auflage. 4 Kupfern. Saint-Gallen, Huber, 1820. In-8, cart. perc. v. Ensemble 6 vol.

1715. **Messmer** (J. A.). Das heilige Land und die heiligen Stätten; ein Pilgerbuch. München, Vogel, 1860. In-4, rel. toile, couvert. illustrée, non rogn., avec planches. — **Neumann** (Wil. Ant.). Wâdi Fàra und Umm Tûba... Abd. a. d. *Oesterreichischen Vierteljahrschrift fur kathol. Theologie*, 1871. Wien, Holzhausen, 1871. In-8, cart. — **Ohnesorge** (Eduard). Der Zions-Pilger. Tagebuch auf der Reise nach Jerusalem. Mit einem Vorwort von *Wilh. Hoffmann*. [2ᵉ *Edit.*] Berlin, Otto Kritz, 1858. In-8, portr. — **Petermann** (H.). Reisen im Orient. Zweite Ausgabe. Leipzig, Veit, 1865. 2 tomes rel. en 1 vol., d.-rel. v. f., frontisp. et carte h.-t. — [**Pfeiffer** (Ida)]. Reise einer Wienerin in das heilige Land..... unternommen in März bis December 1842..... Dritte verbesserte Auflage. Wien, Dirnböck, 1846. 2 vol. in-8, cart., 1 pl. en couleurs. — **Plitt** (Th.). Skizzen aus einer Reise nach dem heiligen Land. Karlsruhe, Braun, 1853. In-8, rel. toile, couv. Ensemble 7 vol. ou plaq.

1716. **R.** (G.). Das heilige Feuer in Jerusalem. Ostern 1861. Abd. a. d. *Grenzboten*, XXI, 1862. In-8, cart. — **Raumer** (Karl von). Palästina, mit einer Karte. Vierte Auflage. Leipzig, Brockhaus, 1860. In-8, rel. toile. — **Riggenbach** (Chr. Joh.). Eine Reise nach Palästina. Basel, Schneider, 1873. In-12, rel. toile, couv. — *Du même*. Die mosaische Stiftshütte..... mit drei lith..... Tafeln. Zweite Ausgabe. Basel, Bahnmaier, 1867. In-4, cart., fig. et pl. — **Röhricht** (Rheinold). Studien zur mittelalterlichen Geographie und Topographie Syriens. Abd. a. d. *Ztschr. d. Pal.-Ver.*, X. In-8, br. — **Rosen** (G.). Des Haram von Jerusalem und der Tempelplatz des Moria. Gotha, Besser, 1866. 4 pl. — Meine Schicksale in Syrien, Aegypten und Arabien. Erfurt, Henning, 1810. 2 tomes en 1 vol. in-12, rel. toile, non rogn. — **Schlegel** (Theobald). Reise nach dem heiligen Lande herausgegeben von ihm selbst. Sorau N.-L., 1865. Im Selbstverlage des Verfassers. Fig. in-12, rel. toile, couv. — **Schultz** (Ernst Gust.). Jerusalem. Eine Vorlesung..... mit einem Plane, gezeichnet von H. Kiepert. Berlin, 1845. In-8, rel. toile. Ensemble 9 vol. ou plaq.

1717. **Schwarz** (Rabbi Joseph). Das heilige Land nach seiner ehemaligen und jetzigen geographischen Beschaffenheit..... Deutsch bearbeitet von Dʳ *Israel Schwarz*. Frankfurt am Main, Kaufmann, 1852. In-8, rel. toile, portr. de l'auteur. — **Stangen** (Carl). Palästina und Syrien. Berlin, Theobald Grieben, 1877. In-12, rel. toile, couv. — **Stark** (K. B.). Gaza und die philistäische Küste..... mit zwei artistischen Tafeln. Jena, Fr. Mauke, 1852. In-8, rel. toile, couv. — **Strigl** (Joseph). Getreue..... Beschreibung der zweiten österr. Pilgerfahrt nach Jerusalem und Palästina im Jahre 1856. Linz, 1857. In-32, d.-rel. toile. — **Thiele** (Heinrich). Jerusalem, seine Lage, seine heiligen Stätten und seine Bewohner. Halle, Mühlmann, 1861. In-12, rel. toile. — **Tuch**. Der Ursprung des todten Meeres nach den Alten Testament. — Das Schloss Hyrcan's im Ostjordanlande nach Josephus und neueren Beobachtern. [2 Abd. a. d. *Berichte über d. Verhandlungen d. Königl. Sächs. Gesellsch. d. Wissensch.*, 1863 & 1865.] 2 plaq. in-8, cart. Ensemble 7 vol. ou plaq

1718. **Türk** (Otto). Pilgerfahrt nach Jerusalem, Rom, Loreto und Assisi, mit einem Kärthen von Palästina. Biberach, Dorn, 1874. In-8, rel. toile, couv. — **Valentiner** (Fr.). Das heilige Land, « wie es war » und « wie es ist ». Kiel, C. Schröder, 1868. In-8, 1 carte, cart. perc. — **Völter** (Ludwig). Das Heilige Land und das Land der israelitischen Wanderung..... 2e Auflage. Stuttgart, J. F. Steinkopf, 1864. In-8, cart. perc. gr., 1 carte h.-t. — [**Wartensleben** (A. graf).] Jerusalem. Gegenwärtiges und Vergangenes, von A. G. W. 2te Edit. Berlin, Scheller, 1870. In-8, rel. toile, non rogn., avec figg., 3 cartes et plusieurs planches. — **Wetzstein**. Das Nadelöhr von Jerusalem. [Extrait.] In-8, cart. — **Witte** (Ernst). Eine Osterreise nach Jerusalem. Schweidnitz, 1880. In-8, br. — **Weiss** (Hugo). De antiquissimis Palaestinae incolis commentatio. Brunsbergae, typis Heyneanis, 1880. In-4, br. — **Wœrnhart** (Leonard. Mar.). Figura Jerosolymae tempore Jesu Christi D. N. existentis, illustrata et in carta speciali adjecta delineata. Friburgi Brisgoviae, Herder, 1882. In-4, rel. toile, couv., pl. Ensemble 8 vol. ou plaq.

OUVRAGES EN LANGUE ANGLAISE

1719. **Etheridge** (J. W.). Jerusalem and Tiberias; Sora and Cordova. A survey of the religious and scholastic learning of the Jews; designed as an introduction to the study of hebrew literature. London, Longman, 1856. Vol. in-8, rel. toile (édit.). — **Keith, Black**..... Les Juifs d'Europe et de Palestine. Voyage de MM. *Keith, Black, Bonar et Mac Cheyne*, envoyés par l'Église d'Écosse. Trad. de l'anglais..... Paris, Delay, 1844. In-8, av. 1 carte et 1 pl., rel. toile, non rogn., couv.

1720. **Fergusson** (James). An essay on the ancient topography of Jerusalem with restored plan of the Temple, &c..... London, John Weale, 1847. 1 vol. grand in-8, avec cartes et planches, d.-rel. mar. rouge, non rogn.; au dos, chiffre du comte Riant. — The Holy Sepulchre and the Temple at Jerusalem. London, Murray, 1865. Vol. in-8, rel. toile (édit.).

1721. — The Temples of the Jews and the other buildings in the Haram Area at Jerusalem. London, John Murray, 1878. 1 vol. in-4, avec figg. et planches, rel. toile (édit.)

1722. **Robinson** (Edward). Biblical researches in Palestine and the adjacent regions; a journal of travels in the years 1838 & 1852, by Edward Robinson, Eli Smith, and others, drawn..... with historical illustrations..... in three volumes. Second edition, with new maps an plan. London, Murray, 1856. 3 vol. in-8, rel. toile (édit.) — Biblical researches..... First Supplement. New-York, Piercy & Reed, 1842. Plaq. in-8, cart. — Notes on Biblical Geography, IV. [*Bibl. sacra*, 1849, VI.] In-8, cart. — Physical geography of the Holy Land. London, Murray, 1865. In-8, rel. toile, édit. — Namen- und Sach-Register [zu Robinson's Palästina]. *S. l. n. d. n. typ.* (*Extrait factice*). In-8, cart. Ensemble 7 vol. ou plaq.

1723. **Watson** (John). Souvenir of a tour in Egypt, Palestine, Syria, and other parts of the turkish Empire, also in Greece, in the Spring of 1877. Glasgow, Christmas, 1877. 1 vol. petit in-4, rel. chag. vert, tr. dor., 1 carte géog.

> Ouvrage non mis dans le commerce. Exemplaire avec envoi de l'auteur à la duchesse de Hamilton.

1724. **Williams** (George). The Holy City. Historical, topographical, and antiquarian notices of Jerusalem. 2d *Edition*, with an architectural history of the Church of the holy Sepulchre, by the Rev. *Robert Willis*. London, Parker, 1849. 2 vol. in-8, avec planches et cartes d'après *W. F. Witts*, rel. toile (édit.).

1725. **Birch** (Samuel). The progress of biblical Archæology. 1871. 1 plaq. in-8, cart. — **Borrer** (Dawson). A Journey from Naples to Jerusalem. Together with a translation of M. *Linant de Bellefonds'* « Mémoire sur le lac Mœris ». London, Madden, 1845. 1 vol. in-8, avec grav. lithog. et 1 carte, rel. toile (édit.), non rogn. — **Churton** (H. B. Whitaker). Thoughts on the Land of the Morning : A record of two visits to Palestine. 2d Edit. London, Hatchard, 1852. 1 vol. in-8, avec pl. en coul., rel. toile (édit.). — **Conder** (Claude Reignier). Heth and Moab. Explorations in Syria in 1881 and 1882. London, Bentley, 1885. Vol. in-8, rel. toile (édit.). — **Creagh** (James). A Scamper to Sebastopol and Jerusalen in 1867. London, Bentley, 1873. In-8, rel. toile. — **Holman Hunt** (Mrs). Children at Jerusalem : a sketch of modern life in Syria, with frontispice by the author. London, Ward, s. d. In-12, rel. toile (édit.). Ensemble 6 vol. ou plaq.

1726. **Martineau** (Harriet). Traditions of Palestine. London, Longman, 1830. In-8, rel. toile. — **Neale** (F. A.). Evenings at Antioch; with sketches of Syrian life. London, Eyre and Williams, 1854. Avec frontisp., in-12, rel. toile, non rogn. (édit.). — **Oliphant** (Laurence). The Land of Gilead with excursions in the Lebanon. Edinburgh & London, Blackwood & Sons, 1880. 1 vol. in-8, avec planches et 1 carte, rel. toile, non rogn. (édit.). — Scripture Topography..... given in Extracts from the Works of Travellers. Palestine. London, (1843). In-12, rel. toile (édit.), carte. — **Skinner** (Major). Adventures during a journey overland to India, by way of Egypt, Syria, and the

Holy Land. London, Bentley, 1836. 2 vol. in-8, d. rel. bas., portr. de l'auteur. Ensemble 6 vol.

1727. — **Smith** (S.). What I saw in Syria, Palestine and Greece. A narrative from the pupilt. London, Longman, 1864. In-12, rel. toile (édit.). — **Stanley** (Arthur Penrhyn). Sinai and Palestine in connection with their history. London, Murray, 1856. In-8, avec cartes et plans, rel. toile, non rogn. (édit.). — **Thrupp** (J. Fr.). Antient Jerusalem. A new investigation into the history, topography, and plan of the city, environs, and temple, with Map, Plans and other Illustrations. Cambridge, Macmillan, 1855. In-8, rel. toile (édit.). — **Usborn** (T. H.). A new guide to the Levant; for the use of travellers in Greece, Egypt, Palestine, Syria, and Asia Minor..... London, Cradock and Co., 1840. In-8, cart. perc. bl. — **Warburton** (Bartholomew G. E.). The Crescent and the Cross; or Romance and Realities of Eastern Travel. New edition. New-York, P. Putnam, 1850. In-8, rel. toile. Ensemble 5 vol.

OUVRAGES ESPAGNOLS ET ITALIENS

1728. **Reoyo** (Don Narciso Pérez). Viaje à Egipto, Palestina y otros países, del Oriente. Lugo, imprenta de Soto Freire, 1882-83. 3 vol. in-8, avec planches, d.-rel. veau fauve, tête marbrée, non rogn., couvert.; au dos, chiffre du comte Riant.

1729. **Alfaro** (D. Manuel Ibo). ¡Jerusalem! Descripcion exacta y detallada de los Santos Lugares. Madrid, Tello, 1879. Vol. in-12. d.-rel. chag., tête peigne, non rogn ; au dos, chiffre du comte Riant. — **Bernal de O'Reilly** (D. Antonio). Jerusalen. La Semana Santa, apuntes historico-religiosos. Bayona, Lamaignère, 1877. 1 vol. in-12, rel. toile, couvert.

1730. **Malvar** (Eduardo). Recuerdos de un viaje a los santos lugares, con un prólogo del illustris° Señor don *Manuel Cañete*. Madrid, imprenta Calle del pez, 1876. In-8, cart. perc. — **Polo y Peyrolón** (Manuel). Guia de Tierra Santa y relato de la peregrinacion general española á los santos lugares en Octubre de 1881. Palma, 1882. In-12, rel. toile, non rogn. — **Quintana** (D. Manuel J.). Siria y el Líbano. Madrid, Hernandez, 1877. Vol. in-12, d.-rel. chag., tr. lim., ébarbé; au dos, chiffre du comte Riant (Gruel). — **Robledo** (Don Alvaro). Diario de un peregrino en Tierra Santa..... con un prólogo por *Don Antonio de Trueba*. Madrid, Leocadio Lopez, 1863. In-12, rel. toile, 3 pl. lithog. Ensemble 4 vol.

1731. **Bassi** (P. Alessandro, minor osservante). Pellegrinaggio storico e descrittivo di Terrasanta. Torino, 1857-1856. 2 tomes en 1 vol. in-8, avec rel. chag. rouge, non rogn.; au dos, chiffre du comte Riant, 1 plan de Jérusalem. — Della Torre Antonia e d' una sua stupenda galleria recentemente scoperta in Gerusalemme. Gerusalemme, nel Convento dei pp. Francescani, 1860. 1 plaq. in-12 & derel.

1732. **Pierotti** (Ermete). La Palestine actuelle dans ses rapports avec la Palestine ancienne. Deuxième édition. Paris, Rothschild, 1865. In-8, rel. toile. — Rivista generale della Palestina antica e moderna. Firenze e Genova, Pellas, 1866. In-4, rel. toile, couv. — Notions sur quelques animaux domestiques et sauvages de la Palestine ancienne et moderne. Troisième livraison. Lausanne, Howard et Delisle, 1869. — Les partis rouge et blanc depuis Abraham jusqu'à nos jours, précédés de quelques notices sur la fertilité de la Palestine. Lausanne, Howard et Delisle, 1869. — Les Réchabites retrouvés. Lausanne, Howard et Delisle, 1868. — Une caravane pour la Syrie, la Phénicie et la Palestine partant de Marseille le 28 Février 1870... Lausanne, Howard et Delisle, 1869. Ensemble 4 plaq. en 1 vol. in-12, d.-rel. veau. — Mœurs anciennes des Juifs comparées avec celles des Arabes musulmans de la Palestine. Quatrième livraison. Vevey, Loertscher, 1869. In-8, cart., couv. — Makpela. La tomba dei patriarchi in Hebron. [Extr. de l'*Archiv. di letter. biblica ed orient.*, circ. 1883.] In-8, cart. — **Laurent de Saint Aignan** (L'abbé). La topographie ancienne de Jérusalem d'après M. Pierotti. [Extr. des *Ann. de philos. chrét.*, 1871]. Paris, Challamel aîné, 1872. Plaq. in-8, cart. t. Ensemble 9 vol. ou plaq.

1733. **Bernardi** (Jacopo). Viaggio in Terra Santa. Treviso, Prem. Tipog. Pio Istit. Turazza, 1877. 1 vol. in-8, cart. — **Buselli** (Remigio). L'Emmaus evangelico dimostrato e difeso distante 60 stadi da Gerusalemme. Nuovi Studi. Milano, tip. Eusebiana, 1885-86. 2 vol. in-8 br. — [*Du même.*] Notice historique sur le célèbre sanctuaire d'Emmaüs... par un pèlerin de Terre Sainte. Paris, Le Clere, 1862. In-8. cart. Ensemble 4 vol. ou plaq.

1734. **Cassini da Perinaldo** (el Padre Fr.). Un viaggio in Terra Santa, colla descrizione di tutte le pellegrinazioni che soglionsi praticare infra l'anno dai PP. Francescani. Genova, tip. dei sordo-muti, 1864. 1 vol. in-12, rel. toile. — **Celler** (L.). et **X**. La settimana santa a Roma ed a Gerusalemme. Milano, Treves, 1873. In-8, rel. toile, fig. — **Christ** (Tomasino). Reminiscenze del mio pellegrinaggio di Gerusalemme. Udine, Seitz, 1865. In-8, rel. toile, non rogn., couvert. — **Corona** (Vittorio del). Una visita a Luoghi Santi. Arezzo, Bellotti, 1881. In-8, br. — [**Dubois Maisonneufve**]. Viaggio di Gesù Christo o descrizione geografica de' principali luoghi e monumenti della Terra Santa. Con una carta e col tipo di Gerusalemme di C. M. D*. M*. Torino, Mancio, 1832. 2 tomes en 1 vol., rel. toile. — **Failoni** (Giovanni). Viaggio in Siria e nella Terra Santa... Verona, Bisesti, 1833. In-8, avec cartes, rel. toile, non rogn., couvert. Ensemble 6 vol. ou plaq.

1735. **Flaminio** (T.). Un mese a Gerusalemme e nei suoi dintorni. Milano, Barbini, s. d. (1879). In-8, avec 1 frontisp. rel. toile, non rogn. — **Gasparrini** (Nicola). Il divoto pellegrino nella Terra Promessa ovvero guida pe' luochi santi, elaborata sulle tracce segnate dal P. Quaresmio. Napoli, Gallo, 1862. Vol. in-12, rel. toile, couvert. — **Gaeta** (Catello). Nove Giorni in Terra Santa.

Palermo, Lao, 1870. In-12, rel. toile, couv. — **Martorelli** (Iginio). La Terra Santa... gli anni 1851-52. Vercelli, tip. De Gaudenzi, 1854. — *Du même.* Terra Santa. Aspirazioni religiose. Vercelli, De Gaudenzi, 1865. — *Du même.* Memorie di una visita ai Luoghi Santi, nella primavera dell' anno 1882. Vercelli, tip. Guidetti Francesco, 1884. 2 vol. in-8 et 1 vol. in-12, rel. toile, non rogn. Ensemble 6 vol.

1736. **Nardi** (Abbate Francesco).Viaggio al Giordano e al Mar Morto... pubblicato dal Dr *Domenico Lucheschi* per le felicissime nozze Miari-Rota. Padova, P. Prosperini, 1858. In-4, rel. toile. (Titre grav. et encadré). — **Olmi** (Gaspare). Otto giorni sul Carmelo. Modena, tip. dell' Imm. Concezione, 1872. In-12, couverture. — *Du même.* Memorie del mio 3° pellegrinaggio in Palestina. Modena, tip. dell' Imm. Concezione, 1874. Ensemble 1 vol. cart. perc. — **Pasuello** (Antonio). Viaggio a Gerusalemme. Verona, Bennassuti, 1857. In-8, br. — **Perolari-Malmignati** (Pietro). Su e Giù per la Siria. Note e Schizzi. Milano, fratelli Treves, 1878. In-8, cart. perc. bl. — **Romani**(Giuseppe). Viaggio in Palestina e nell' Egitto. Como, 1879. Vol. in-8, rel. toile, couvert. — **Zanoni** (Gio. Battista). Un pellegrinaggio in Terra Santa [2° *Edit.*] Cremona, Tip. nell' ist. della carità Manini, 1878. Vol. in-12, rel. toile, couvert. Ensemble 7 vol. ou plaq.

OUVRAGES EN LANGUES DIVERSES

1737. **Holowinsky** (Ignace, archevêque de Mohilev). Pielgrzymka do Ziemi Świętéj. Wydanie drugie, poprawione i pomnożone. Petersburg, Wolff, 1853. In-8, rel. tolle, front., portr. et 51 lithog.

1738. **Joannidès** (Benjamin). Τὸ Θαβὼρ ἤτοι περιγραφή... τοῦ Θαβωρίου ὄρους. Ἐν Ἱεροσολύμοις, ἐκ τοῦ τυπογ. τοῦ Π. Τάφου, 1867. In-8, rel. toile, couv. — *Du même.* Τοῦ προσκυνηταρίου τῆς ἁγίας γῆς τεῦχος β′ : Ἡ ἁγία βηθλεὲμ καὶ τὰ περίχωρα αὐτῆς... Ἐν Ἱεροσολύμοις, ἐκ τοῦ τυπογ. τοῦ Π. Τάφου, 1867. In-8, br. — **Palamas** (Gregorios). Ἱεροσολυμιὰς ἤτοι ἐπίτομος ἱστορία τῆς ἁγίας Ἱερουσαλήμ. Ἐν Ἱεροσολύμοις, Π. Τάφου, 1862. In-8, d.-rel. chag. r.

1739. **Laasner** (Félix). Pielgrzymka Missyjna do Ziemi Ś., Syryi i Egiptu, w latach od 1843 do 1849 r. odbyta..... Kraków, Czcionkami drukarni ,,Czasu", 1855. 1 vol. in-8, rel. toile, non rogn., couvert.

Traduction polonaise due à *L. F. Karczewski.*

1740. **Mourawieff** (André). Voyage aux Saints Lieux en 1830. 5° Edition. Saint-Pétersbourg, 1848. 2 tomes en 1 vol. in-8, d.-rel. mar. r., tête dor., non rogn., au chiffre du comte Riant (cartes géog.). [*En Russe.*]

1741. **Norow** (A. S. de). Jérusalem et le Sinaï, Souvenirs d'un second voyage en Orient, publié par M. *Basile de Khitrowo.* Saint-Pétersbourg, Ilgin, 1878. In-8, rel. toile, portr. de l'auteur. [*En Russe.*]

1742. **Smychliev** (D.). Sinaï et Palestine. Notes de voyage. Pern, 1877. In-8, rel. toile, non rogn., couv. [*En Russe.*]

1743. [**Snikkers, Van Leeuwen et Van Gent**]. Pelgrimsreize naar het heilige Land, gedaan in het jaar 1859 door P. M. S. pr., P. J. v. L. pr., J. H. v. G. 's Gravenhage, J. A. Frentrop, 1863. In-8, avec pl. noires et coul., br.

1744. **Van Senden**. (G. H.). Het heilige Land of Mededeelingen uit eine Reis naar het Oosten, gedaan in de Jaren 1849 en 1850. Goringhem, J. Noorduyn, 1851-1852. 2 tomes en 1 vol., rel. toile.

1745. **Vogt** (Volrath). Det hellige land. Kristiania, Malling, 1879. 1 vol. grand in-8, d.-rel. chag. r., tête limaç., non rogn., couverture. — *Du même*. Höjsletten östen for Jordan. [*Theolog. Tidsskrift for d. evang.-lutherske Kirkei Norge*, Christiania, 1866.] In-12, cart. et 2 autres vol. in-12, rel. toile et br.

1746. **Ahlberg** (Ludvig). Beskrifning öfver Palaestina vid Jesu Tid jemte en kort Framställning om Esséerförbundet bland judiska Folket. Andra upplagan. Kristianstad, 1877. In-12, rel. toile, couv. — **Bässler** (Ferdinand). Heliga Landet och Nästgränsande Landskaper..... Öfwersättning. Stockholm, P. A. Norstedt, 1861. In-8. (*Trad. de l'allem.*) — **Beskow** (Gustaf Emanuel). Reseminnen från Egypten, Sinai och Palestina, 1859-1860. Med 15 plancher. Andra upplagan. Stockholm, Norman, 1861. 1 vol. in-12, d.-rel. veau; au dos, chiffre du comte Riant. — **Brun** (H.). Korstogene til det hellige Land. Kristiania, Malling, 1852. 1 vol. in-12, d.-rel. chag.; au dos, chiffre du comte Riant. — **Dixon** (William Hepworth). Heliga Landet dess forna och närvarande förhållanden. Stockholm, Flodins, s. d. (1870). 2 tomes en 1 vol. in-12, rel. toile, couvert. — **Feddersen** (C.). En Lærers Vandring med sine Disciple gjennem det hellige Land. Fordansket af *H. C. Jessen*. Fredericia, Riemenschneider, 1849. — **Boisen** (L. N.). Vandringer i Syrien og det hellige Land. Haderslev, Roch, 1854. 2 tomes en 1 vol. d.-rel. veau, couv. (1 planche). Ensemble 7 vol.

1747. **Kræmer** (Robert von). En Vinter i Orienten. Reseanteckningar från Egypten, Nubien, Sinai och Palestina. Stockholm, Samson & Wallin, (1866). 1 vol. in-8, rel. toile, avec pl. et carte. — **Lindberg** (N.). Templet i Jerusalem og Forsoningsdagen hos Jøderne. Kolding, K. Jørgensens, 1880. In-8, rel. toile, 3 pl. — *Du même*. Templet i Jerusalem och Försoningsdagen hos Judarne. Öfversättning från Danskan af *Eva Wigström*. Stockholm, Carlson, s. d. In-12, avec 3 pl., br. — **Lund** (Fr.). Taflor från Orienten af Hother Tolderlund. Stockholm, Flodin, s. d. In-8, rel. toile, couv. — **Mehren** (A. F.). Syrien og Palestina. Studie efter en Arabisk Geograph fra Slutningen af det 13de og Begyndelsen af det 14de Aarhundrede med en Indledning. Kjøbenhavn, Schultz, 1862. Plaq. petit in-4, rel. toile, non rogn. — **Münter** (F.). Om den Davidiske Familjes Begravelse under Zions Bierg. Kiöbenhavn, Cohen, 1804. In-12, rel. vél. Ensemble 6 vol. ou plaq.

1748. **Palmblad** (W. F.). Palaestina. Geographisk, archæologisk och historisk Beskrifning, med tvenne chartor, tvenne plancher samt en vignette. Upsala, Palmblad, 1823. In-8, d.-rel. mar. rouge, tête lim., non rogn.; au dos, chiffre du comte Riant. — **Petersen** (Th. E.). Et Besög i Jerusalem og Omegn i Februar 1856. Med en Plan af Jerusalem. Kjøbenhavn, Gad, 1857. In-8, rel. toile. — **Scharling** (C. Henrik). En Pilgrimsfærd i det hellige Land, med et Kort over Jerusalem og 31 Afbildninger. Kjøbenhavn, Gad, 1876. In-8, rel. toile, édit. — **Spada**. Ströftåg i Orienten. Stockholm, Oscar L. Lamm, s. d. (1881). In-8, cart. perc. v., couverture. Ensemble 4 vol. ou plaq.

1749. **Manning** (Samuel). Det heliga Landet eller Palestina skildradt i ord och bild..... öfversättning från engelskan. Stockholm, Fosterlands-Stiftelse, s. d. (1878). In-4, titre r. et n., illust., rel. toile. — **Pressensé** (E. de). Evangelii Land. Anteckningar under en Resa i Österländerna, med en Charta..... öfversatt af *P. W. Bergstrand*. Örebro, Lindh, 1865. In-12, rel. toile, couv. — **Röhr** (Joh. Fr.). Palaestina eller historisk-geografhisk Beskrifning öfwer Judiska Landet wid Jesu tid..... öfwersättning, fran Tredje förbättrade och tillökta Upplagan af *N. Åstrand*. Örebro, N. M. Lindh, 1824. In-8, d.-rel. v. f. — **Schweiger-Lerchenfeld** (A. von). Orienten..... Öfversättning af Dr. *C. R. Sundström*, med mer än 200 Illustrationer. Stockholm, Fahlcrantz, s. d. (1883). Grand in-8, rel. toile (édit). — **Stolz** (A.). Reise i det hellige Land, Ægypten og en Deel af det sydlige Europa. Efter Alban Stolz' Besuch bei Sem, Cham und Japhet. Kjøbenhavn, Elvius, 1881. In-8, rel. toile, couv. — **Strauss** (Frid. Ad.). Sinai och Golgatha. Öfversättning af *L. P. E.* Gefle, Landin, 1849. In-12, rel. toile, non rogn. — *Du même*, Reise i det hellige Land... med et Kaart over Jerusalem... Oversat fra Tydsk af *W. Kleist Gedde*. Christiania, Malling, 1861. In-8, rel. toile, couv. Ensemble 6 vol. ou plaq.

1750. **Dorszewski** (Casimir). Zapiski i wrażenia z podróży do Ziemi Świętej i Egyptu odbytej w roku 1872. Gniezno, [Gnesen], Lang, 1878. In-8, rel. toile, non rogn., couvert. — **Z. S.** [Von Czerniejewo?]. Wspomnienia Wschodu. Dziennik Podróży do Syryi, Egiptu, Palestyny, Turcyi i Grecyi. Lipsk, w Księgarni Zagranicznej, 1855. In-8, 6 pl. h.-t., cart. perc. — **Bolintineanu** (Dimitrie). Călătorii in Palestina si Egiptu. Iassi, 1856. In-8, d.-rel. chag. rouge, tr. lim.; au dos, chiffre du comte Riant. — **I. S.** Mésingasti Krish tému je perdjano Popisovanje Palestine. Paternolli, Gorizi in v' Ljubljani, *s. d.* In-12, d.-rel. veau, couv. Ensemble 4 vol.

1751. **De Bruyn**. (Mar. Diderich). Over cartographie van Palestina. Amsterdam, S. de Grebber, 1845. In-4, cart. (édit.). — **Herschell** (Ridley H.). Een Bezoek aan mijn vaderland; aanteekeningen van eene Reis naar Syrië en Palestina, in 1843. [*Trad. de l'anglais.*] Amsterdam, H. Höveker, 1845. In-12, cart. — **Van Koetsveld** (C. E.). Een Pascha te Jerusalem en aan de Roode Zee. Schetsen uit het Oosten,..... naar de Reisindrukken van Dr *F. Nippold*. 'S Gravenhage, M. J. Visser, 1867. In-8, rel. toile (gravure). — **Verschuur**

(G.). Palestina en Aangrenzende Landen. Reisherinneringen. Haarlem, H. D. Tjeenk Willink, 1884. In-8, br. Ensemble 4 vol.

9. Monographies.

LE TEMPLE

1752. **Aristea a Filvaate** (Fratello). Verissima relatione delli settanta due interpreti della S. Biblia. nella quale con grandissimo diletto si legge la vera descrittione del Santo Tempio..... Tradotta di Greco in volgare dal R. D. Leonardo Cernoti Vinitiano canonico di S. Salvadore. Trevigi, 1593. Petit in-12, 4 ffnc., y compris le titre, 95 pp., dérel.

1753. **Bartolini** (Domenico). Sull' antico tempio di Salomone in Gerusalemme, sua pianta ed avanzi e sull' antica grotta del presepio di N. S. Gesù Christo in Betlemme..... dissertazioni. Roma e Torino, 1868. 1 vol. in-8, d.-rel. veau, planches et fig.

1754. **Caramuel** (Juan). Architectvra civil recta, y obliqva. Considerada y dibvxada en el Templo de Iervsalen..... promovida a soma perfeccion en el templo y palacio de S. Lorenço cerca del Escvrial..... En Vevegen. En la Emprenta Obispal por Camillo Corrado. Año de MDCLXXVIII. 3 vol. grand in-4, rel. parch.

> Jean de Lobkowitz Caramuel était évêque de Vigevano, renommé pour sa profonde érudition. Le tome II est un traité complet d'architecture, le tome III renferme environ 150 planches se rapportant aux deux premiers volumes.

1755. **Djellal-eddin al Siouti**. The history of the Temple of Jerusalem translated from the Arabic Ms. of the Imám Jalal-addín al Siúti., with notes and dissertations by the Rev. *James Reynolds*. London, Orient. Transl. Fund, 1836. 1 vol. in-8, rel. toile (édit.).

1756. **Estevan, S. J.** (Martin). Compendio del Rico Aparato, y hermosa architectura del Templo de Salomon..... Alcala, Iuan Gracian, 1615. Petit in-8, rel. vél.

1757. **Jehuda Leon** (Jacob). De Templo Hierosolymitano, Tàm priori, quod ædificavit Salomo rex, quàm posteriori, quod devastavit Vespasianus, Libri IV :..... ex Ebræo Latinè recensiti à Johanne Savberto. Accesserunt editioni huic variæ figuræ, ex Ebræorum monumentis desumtæ..... HelmæstadI. Impressit Jacobvs Mvllervs, 1665. In-4, rel. vél., front., 2 planches grav. sur cuivre, portraits du duc Auguste de Brunswick-Lunebourg (à qui la traduction est dédiée) et de l'auteur, gravés par *C. Buno*.

> Jacob Jehuda Leon, juif d'origine espagnole, habitait Middelbourg en Hollande. Son remarquable travail sur le temple de Salomon, écrit en espagnol, fut publié en français en 1643 (Amsterdam, J. F. Stam), puis en hébreu (Amsterdam, Lévi Marcus, 1650); c'est sur cette dernière édition qu'a été faite la traduction latine de *J. Saubert*.

1758. Leonitius (Jacobus). Libellus effigiei, Templi Salomonis, in qvo Fabricæ Templi & omnium ejus vasorum instrumentorumque, quibus olim administrabatur structurâ, ac formâ, breviter describitur..... Amstelodami, apud Levi Marcus, Anno 1650. In-8, cart. (*Texte hébreu*.)

1759. Ongaroni (Francesco). De moribus et religione Constantini M. De Juliani R. Imp. religione et gestis; deq. Templi Hierosolymitani instauratione ab eodem Juliano attentata et divinitus impedita. Dissertationes tres. *S. l.* Typis Cajetani Motte, 1778. In-4, rel. toile, titre gravé.

1760. Pradi (Hier.) et **Villalpandus** (J. Bapt.). In Ezechielem explanationes et Apparatus Vrbis ac Templi Hierosolymitani commentariis et imaginibvs illvstratvs. Romae, 1595-1605. 4 tomes en 3 vol. in-fol., rel. p. de tr. estamp., planches complètes.

1761. Sturm (Léonard Christophe). Sciagraphia templi Hierosolymitani Ex ipsis SS. Literarum fontibus præsertim ex visione Ezechielis ultima architectonice quidem ita tamen concinnata. Lipsiæ, typis Joh. Wilh. Krügeri, MDCXCIV. 1 vol. petit in-4, rel. vél., avec 4 pl. s. cuivre.

1762. Vogué (Cte Melchior de). Le temple de Jérusalem, monographie du Haram-Ech-Chérif, suivi d'un essai sur la topographie de la ville sainte. Paris, 1864. 1 vol. in-fol., d.-rel. mar., non rogn., XXXVII pl. n. et en couleur.

1763. Herrmann (J.). Le Temple de Jérusalem d'après les travaux des archéologues modernes. Valenciennes, v^{ve} Prignet, 1882. In-8, cart., couv. — **Holtzfuss** (V. S. F.). Dissertatio..... De templi Hierosolymitani Ivliani Imperatoris mandato per Ivdaeos frvstra tentata restavratione. Halae Magdebvrgicae, ex officina Hilligeriana, 1751. In-4, dérel. — **Ianvs** (Dan. Fridar.). Dispvtatio de Vite avrea Templi Hierosolimitani..... Lipsiae, typis Chr. Goezii, 1706. In-4, dérel. — **Isambert** (E.). Une visite au temple de Jérusalem et à la Mosquée d'Omar. Paris, Martinet, 1860. In-8, cart., couvert. — **Laurent de Saint-Aignan** (L'abbé). Le Temple de Salomon, sa description. (Extrait des *Annales de philosophie chrétienne*.) Paris, 1875. In-8, cart. — **Rossi** (Commandeur J.-B. de). Un verre colorié représentant le Temple de Jérusalem. Extr. du *Bull. d'arch. chrétienne*. Paris, 1882. In-8, rel. toile. — **Wendt** (Richard). Der Teich Hiskias und der obere Gichon. [Extr. des *Mélanges asiatiques*, t. II., Saint-Pétersbourg, 1856.] In-8, rel. toile. — **Wolff** (P. Odilo). Der Tempel von Jerusalem und seine Maasse. Graz, 1887. In-4, avec planches, broché. Ensemble 7 vol. ou plaq.

LE LIBAN

1764. Augeri. Le Provensal solitaire av Mont Liban. ov la vie de Mr. François de Gallavp, sieur de Chastueil, Gentilhomme de la Ville d'Aix. Aix, Iean

Roize, 1657. Vol. in-8, d.-rel. veau écaille, avec un portrait grav. sur cuivre de Gallaup.

<small>François de Gallaup mourut en odeur de sainteté en 1644, dans les montagnes du Liban, où il demeura onze ans et vécut de la vie érémitique. Cf. *La Roque* : Voyage en Syrie et au Mont Liban. N° 1616.</small>

1765. **Burton** (R. F.) & **Drake** (Charles F. Tyrwhitt). Unexplored Syria. Visit to the Libanus, the Tulûl el Safâ, the Anti-Libanus, the Northern Libanus, and the 'Alâh. London, Tinsley, 1872. 2 vol. in-8, rel. toile, avec cartes et pl.

1766. **Dandini**. Voyage du Mont Liban, traduit de l'Italien du R. P. Jerome Dandini nonce en ce pays la. Où il est traité tant de la créance et des Coûtumes des Maronites, que de plusieurs particularitez touchant les Turcs... par R. S. P. [le Père *Richard Simon*]. Paris. Louis Billaine, M DC LXXV. In-8, rel. mar. rouge, tr. dor., orn. sur les plats et le dos.

<small>Première édition de la traduction française. Cf. n° 1473.</small>

1767. **Habib Risk Allah Effendi**. Reis door Syrië naar den Libanon. Amsterdam, Van der Beck, 1856. 2 vol. in-8 avec figg., d.-rel. bas.

1768. **Guys** (Henri). Beyrout et le Liban. Relation d'un séjour de plusieurs années dans ce pays. Paris, Comon, 1850. 2 vol. — Voyage en Syrie, peinture des mœurs musulmanes, chrétiennes et israélites. Paris, Rouvier, 1855. 1 vol. Ensemble 3 vol. in-8, d.-rel. veau vert, tr. jasp.

1769. [**Paris** (Ph. d'Orléans, comte de)]. Damas et le Liban. Extraits du journal d'un voyage en Syrie au printemps de 1860. Londres, Jeffs, 1861. In-8, rel. toile. — **Ségur** (Louis de). Une caravane française en Syrie au printemps de 1860. Bruxelles, Rozez, 1861. In-12, d.-rel. chag. rouge, tête lim., non rogn.; au dos, chiffre du comte Riant.

<small>Le premier de ces deux ouvrages, tiré à petit nombre, ne porte pas le nom de l'auteur; mais un fragment de ce journal avait déjà paru dans l'*Étoile Belge* du 29 juillet 1860, sous la signature du comte de Paris.</small>

1770. **Urquhardt** (David). The Lebanon (Mount Soria). A history and a diary. London, Cantley, 1860. 2 vol. in-8, rel. toile.

1771. **Aviau de Piolant** (vicomtesse d'). Au pays des Maronites. Quatrième édition. Paris, Oudin, 1882, une planche. In-12, rel. toile. — **Baudicour** (Louis de). La France au Liban. Paris, Dentu et Challamel, 1879. 1 vol. in-12, rel. toile. — **Breuvery** (J. de). De Damas à Palmyre, fragment inédit d'un voyage en Orient. Saint Germain en Laye, Beau, 1848. 1 vol. in-12, d.-rel. veau. — **Spoll** (E. A.). Ricordi d'un viaggio al Libano. [Extr. du « *Giro del mondo* », nuova serie, VII, 1878.] Grand in-8, cart., fig. — Les patriarches hospitaliers. Extr. de la *Rev. brit.*, 1860. In-8, cart. Ensemble 5 vol. ou pl.

LE MONT SINAÏ

1772. Beke (Charles). The late Dr. Charles Beke's discoveries of Sinai in Arabia an of Midian, edited by his widow. London, Trübner, 1878. 1 vol. in-8, avec un portrait de l'auteur, une carte géog. et nomb. grav. dans le texte, rel. toile (édit.), tr. dor.

1773. Burton (Richard F.). The Gold-Mines of Midian and the ruined Midianite Cities. A Fortnight's tour in N. W. Arabia. London, Kegen Paul & C°, 1878. — The Land of Midian (Revisited). London, Kegan Paul & C°, 1879. — Itineraries of the Second Khedivial Expedition into Midian. Extr. of the Journal of the R. Geogr. Soc., 1878-79, avec 1 carte. Ensemble 4 vol. in-8, rel. toile et cart., avec fig. et pl. noires et en couleur et cartes.

1774. Georg (Johann). Horeb et Synai Montes Dei : Das ist, Artliche vnd lustige Beschreibung beyder namhaffter, vnnd in det gantzen Welt bekandter heiligen Bergen, Horeb vñ Synai : von jhrer Form vnd Beschaffenheit : Item von Clöstern, Kirchen, Capellen : Vnd S. Catharinen, der H. Jungkfrawen vnd Märterin Begräbnuss : sampt anderen... Sachen, auch Miraculn, so sich an, vmb vnd bey, vnd auch auff disen heiligen Bergen befindent, vnd besonder durch S. Catharinen trewes Fürbitt vnd Heylthumb zugetragen.... durch Ioannem Georgivm Tibianum... Getruckt zu Costantz am Bodensee, bey Leonhart Straub, Anno M DC. In-8, de 6 ffnc, 149(1) pp., rel. mar. r., fil., tr. dor., dent. int. ; au dos, chiffre du comte Riant (Dupré).

> Rare ouvrage du fribourgeois J. Georg, qui l'a dédié à l'abbé-prince d'Einsideln. P. 43 commence une seconde partie : « Nun volgen etlich Miracula oder Wunderzeychen von S. Catharinen, Von einem Bischoff zu Meylandt Sabinus genandt. », suivie de plusieurs pièces et cantiques en l'honneur de la Sainte; l'une de ces pièces est avec de la musique notée (pp. 133-134).

1775. Kondakoff (N.). Voyage au Sinaï en l'année 1881. Impressions de voyage. Les antiquités du monastère du Sinaï. Odessa, Zelenii. 1882. In-8, rel., carte. [*En Russe*].

1776. Pieri (M.). ΒΙΒΛΙ'ΟΝ || ΠΕΡΙ'ΧΟΝ ΤΗ'Ν Α'ΚΟΛΟΥΘΤΙΑΝ || Τῆς Ἁγίας Αἰκατερίνης, τό, τε προσκυνητάριον τοῦ ἁγίου || Ὄρους Σινᾶ.. || Ἐπιμελείᾳ καὶ διορθώσει || Μαρίνου Πιερίου || τοῦ ἐκ Κερκύρας. || (Marque typ.) || Ἐνετίῃσι, ᾳψκε' || Παρὰ Νικολάῳ τῷ Σάρῳ. || Con Licenza de' Superiori,... Petit in-4 de 86 pp., 1 fnc (blanc), 19(1) pp., dérel. (1 pl.).

> Ouvrage de la plus grande rareté, imprimé à Venise en 1727, contenant l'office de Sainte-Catherine, la description du Mont Sinaï et le catalogue de ses évêques, le tout recueilli par les soins de Corfiote M. Pieri.

1777. Sigoli (Simone). Viaggio al monte Sinai... Testo di lingua citato nel vocabolario ed or per la prima volta pubblicato... con due Lezioni... una di *Luigi Fiacchi*, e l'altra di *Francesco Poggi*... con note... de quest' ultimo. Firenze, all' insegna di Dante, 1829. In-8, d.-rel. vél. (avec un portrait). —

Le même... Testo di lingua... messo a stampa per cura di *Basilio Puoti*. Napoli, tip. nella pieta' de' Turchini, 1831. In-8, rel. toile.

Cf. n° 1395.

LE SAINT SÉPULCRE

1778. **Becker** (P. W.). Golgatha og Christi Grav. Aft. af *Evang. Ugeskr.* Kjøbenhavn, Thiele, 1864. In-8, cart., couv. — **Clermont-Ganneau** (Ch.). L'authenticité du Saint Sépulcre et le tombeau de Joseph d'Arimathie. Paris, Leroux, 1877. In-8, br., fig. — **Cyprien** (Le P.). La vraie forme primitive et actuelle du Saint Sépulcre de N. S. Jésus Christ..... trad. de l'italien par l'abbé *Laurent de Saint-Aignan*. Paris, Dillet, 1879. Plaq. in-12, cart., couvert. — **Langlois** (Victor). Un chapitre inédit de la question des Lieux-Saints. Que le tombeau de Jésus n'est pas dans l'Église du Saint-Sépulcre, mais dans la Mosquée d'Omar à Jérusalem. Paris, Poulet-Malassis, 1861. Plaq. in-8, cart., couv. — **Schaffter** (Albert). Die ächte Lage des heiligen Grabes. Bern, Stampflisch. Buchdr., 1849. In-8, rel. toile, couv. — **Scholtz** (J. M. Aug.). Commentatio de Golgothae et sanctissimi D. N. J. C. sepulcri situ. Bonnae, typis Thormannianis, 1825. In-4, cart., 1 pl. — **Unger** (Fr. W.). Die Bauten Constantin's des Grossen am heiligen Grabe zu Jerusalem. Göttingen, Dieterich, 1863. In-8, rel. toile, fig. Ensemble 7 vol. ou plaq.

1779. **Coussemaker** (E. de). Office du Sépulcre selon l'usage de l'abbaye d'Origny-Sainte-Benoîte. Paris, Imp. imp., 1858. Plaq. in-8, cart. — **Coyette** (L'abbé A.). La paroisse Saint-Sépulcre d'Abbeville. Abbeville, Paillard, 1880. In-12, d.-rel. bas. — Iscrizioni dell' ex chiesa e monasterio del S. Sepolcro in Venezia, annotate per cura di *Giuseppe Dott. Tassini*. [Extr.] *S. l. n. d. n. typ.* In-8, cart. — **Demarsy** (A.). Quelques monuments élevés en l'honneur du Saint Sépulcre de Notre-Seigneur Jésus-Christ. Arras, Rousseau-Leroy, 1869. In-8, cart. — **Molinier** (Émile). Inventaire du trésor de l'Église du Saint Sépulcre de Paris. Extr. du tome IX des *Mém. de la Soc. de Paris et de l'Ile de France*. Paris, 1883. In-8, cart. couv. Ensemble 5 vol. ou plaq.

Cf. n° 1414.

SAINTE ANNE DE JÉRUSALEM

1780. **Bassi** (P. Alessandro). L'antica chiesa di Sant' Anna in Gerusalemme, proprietà della Francia sotto Napoleone III. Gerusalemme, nel convento dei PP. Francescani, 1863. 1 vol. in-12, d.-rel. chag. bleu, couvert. — **Lavigerie** (Cardinal). Sainte Anne de Jérusalem. Note descriptive avec la traduction du rescrit de la S. C. Congrégation des Rites, accordé par N. S. P. le Pape Léon XIII. Un programme de la Fête et vente de Charité pour l'ornementation et l'ameublement du sanctuaire de Sainte-Anne à Jérusalem. Autographie d'une lettre de Mgr Lavigerie, 21 février 1884. Ensemble 1 plaq. in-4, cart. pap. — *Du même.* Sainte Anne de Jérusalem et Sainte Anne d'Auray. Alger, Jourdan, 1879. In-8, rel. toile, couv. — Sanctuaire..... [de Sainte-Anne] où s'est accompli le mystère de l'Immaculée Conception. Saint-Cloud, Belin, s. d. In-8, rel. toile, fig. — Ensemble 4 vol. ou plaq.

10. Les missions franciscaines en Terre Sainte.

1781. **Alzedo Avellaneda** (Don Maurizio de). Iervsalen cavtiva y motivos sobre sv destrvicion : svcessos, y entrega de los santos lvgares de Palestina, a la Serafica religion de S. Francisco, y el directo dominio qve sobre ellos tiene sv Rey y Señor nvestro..... Madrid, Maria de Qviñones, 1642. In-4, rel. vél. (titre raccom.). — **Vasquez y Lopez-Amor** (Antonio). Exámen histórico-legal del derecho de patronato de la Corona de España sobre los lugares pios de Tierra Santa..... Madrid, imprenta de la Revista de legislacion, 1881. In-8, titr. bl., cart. perc. v.

1782. Annales du Commissariat général de la Terre Sainte à Paris, 1860. Paris, Le Clere. In-8, rel. toile.

1783. **Antonio di Gaeta**. Relatione del miserabile stato in che hoggi si ritroua la famiglia del P. San Francesco, de Minori Osseruanti e Riformati in Terra Santa..... In Messina, Per Heredi di Pietro. Brea. MDCXXXXIX. Plaq. petit in-4 de 16 pp., rel. vél. bl.

Cet opuscule, daté de Jérusalem le 5 juillet 1649, est fort rare. Il est resté inconnu au P. Marcellino da Civezza.

1784. **Antonio de S. Agostino**. Breve Svmmario dos Coventos, Igreias, Capellas & lugares sanctos, que a sagrada Religiaõ dos Frades Menores da Obseruancia tem a seu cargo em a Cidade de Hierusalem, & Terra sancta, & do direito com que os possue & habita : & dos grandes & excessiuos trabalhos que padecem os Religiosos que aly estaõ, & dos tributos que pagaõ, para que os deixem morar aly os Turcos, & por ter com a deuida decencia, & reuerencia aquelles sanctos lugares. Tirado a lvz pello P. F. Antonio de S. Agostinho... Procurador géral de Terra sancta neste Reyno de Portugal... (*Croix de Jérusalem.*) Em Lisboa, Na Officina de Ioam da Costa, M.DC.LXX. Plaq. in-8, de 28 pp., rel. vél.

1785. Bullarium peculiare Terræ Sanctæ... in favorem Superiorum, Fratrum, & Commissariorum Terræ Sanctæ... Romæ, typ. Rev. Cam. Ap., 1727. In-4, rel. vél., plats ornés, aux armes du royaume de Jérusalem.

1786. **Calaorra** (Giovanni di). Historia cronologica della provincia di Syria, e Terra Santa di Gierusalemme... con li Felici Progressi fatti in quella dalla Religione Serafica del P. S. Francesco, cominciando dall' Anno 1219....

opera... tradotta nella Lingua Italiana dal M. R. P. *Angelico di Milano*. Venetia, Antonio Tiuani, 1694. 1 vol. petit in-4, rel. parch.

> Très rare. On ne connaît que la traduction italienne de l'ouvrage du franciscain espagnol, *Jean de Calahorra*, qui vivait dans le xvii° siècle. C'est une bonne histoire des missions franciscaines en Terre Sainte, prises dès leur origine.

1787. Copia zweyer Befelch-Schreiben dess Gross-Türckischen Kaysers zu Beförderung der Seraphischen Religion S. Francisci der PP. Capucciner, dass sie durch sein gantzes Reich, die Heilige Catholische Religion und Glauben pflantzen und aussbreiten sollen... Sampt zweyer Send=Schreiben dess... Patris Pacifici della Scala... Gedruckt zu Aschaffenburg, M DC LXVII. In-4, dérel.

1788. **Garcia** (R. P. Fr. Manuel). Derechos legales y estado de Tierra Santa. Colleccion de documentos y noticias pertenecientes al derecho que las potencias cristianas tienen á la posesion de sus santuarios. Manifiesto de su estado actual, ideas para volver a su legitima y entera posesion, y mantenerlos sin tanto consumo de caudales... Palma, Fel. Guasp, 1814. Petit in-4, 1 pl. h.-t., d.-rel. chag. br.

1789. **Francisco Jesus Maria de San Juan del Puerto**. Patrimonio Seraphico de Tierra Santa, fundado por Christo nuestro Redentor con su preciosa Sangre, prometido por su Magestad à N. P. S. Francisco para si, y para sus Hijos, adquirido por el mismo Santo, heredado, y posseido por sus Hijos de la Regular Observancia... Madrid, En la Imprenta de la Causa de la V. M. Maria de Jesvs de Agreda, 1724. Petit in-fol., rel. parch., front. dessiné par *A. Palomino*, gravé par *J. Palomino*.

> Le Père F. J. M. de San Juan del Porto, natif d'Andalousie, passa la plus grande partie de sa vie au Maroc et finit par être nommé « Chronista general de la Missiones de Africa y Tierra Santa ».

1790. **Joaõ Bautista de Sancto Antonio**. Paraiso serafico, plantado nos santos lugares da redempção, regado com as preciosas correntes do Salvador de mundo Jesu Christo... guardado pelos filhos do patriarcha S. Francisco com a espada de seu ardente zelo. Lisboa occidental, Domingos Gonçalves, 1734-1741-1749. (Le tome III est imprimé chez les héritiers d'Antonio Pedrozo Galram.) 3 vol. in-4, rel. veau.

> Excellent ouvrage. La première partie comprend la description des principaux sanctuaires confiés à la garde des religieux franciscains. La seconde partie est une histoire des croisades, du gouvernement de Jérusalem sous Guy de Lusignan et de la perte de la Ville Sainte. La troisième partie est relative aux pèlerinages de Terre Sainte. Le franciscain J. B. de Sancto Antonio avait été procureur général des Lieux Saints, né vers 1683, mort à une époque inconnue.

1791. **Parghelia** (Greg.). RELAÇAM || VERDADEIRA || DO CELEBERRIMO TRIVNFO... || Vitoria, que conseguio a Religiaõ Franciscana, recu||perando os Santos Lugares de Jerusalem, usurpa-||dos pela Naçaõ Grega Cismatica, em virtude de || hum Mandado Imperial, que deu o Sultaõ || Solimaõ a 20. de Abril de 1690. || Ganhado em Juizo contraditorio pelo Padre Procurador

F... || Domingos de Arizaval, Biscainho : || *Cujas noticias constaõ por hũa carta* [*de 14. de Agosto de 1690.*] || *escrita na Santa Cidade de Jerusalem* || Ao Reverendissimo P. Fr. Joam Alvin... || Leitor jubilado, & Geral de tota a Ordem Serafica, pelo || M. R. P. Fr. Gregorio Parghelia, Leitor Geral, || & Guardiaõ de Sacro Monte de Siaõ, & Santis-||simo Sepulcro : || publicada pelo M. R. P. Fr. Antonio de || Agostinho, Cōmissario Geral das esmolas da Terra Santa em os || Reynos de Portugal, & suas Conquistas, & à sua custa || impressa || (*fleuron*). || Lisboa, || Na Officina de Migvel Deslandes, ||Impressor de Sua Magestade. || Com todas as licenças necessarias. Anno 1691. || Petit in-4 de 23(1) pp., rel. vél., fortement rogné. — **Lardizaval** (Fra Domenico di). Narrazione de' santi luoghi di Gerusalemme Restituiti per Comandamento del Gran Turco a' Frati Minori Osservanti di San Francesco, Mandata..... al Padre Baldassaro Caldora..... In Venezia, Bassano, Brescia, Genova, ed in Palermo, Francesco Cichè, 1737. In-4, cart.

1792. Relatione fedele della grande controuersia nata in Giervsalemme circa alcvni santvarii da Greci vsurpati à Latini..... Descritta da vn Religioso Minorita. Lodi, Carlo Calderino, 1637. In-8, d.-rel. vél.

1793. **Belengier.** Remerciment fait au Roy par le P. Seraphin Belengier de la Province d'Aquitaine l'ancienne, Président du Saint Sepulchre & Député des Religieux de Saint François, Gardiens de la Terre-Sainte, au sujet de la Restitution des saints Lieux que Sa Majesté leur a procurée. Le vingt-cinquième Avril 1691. Paris, Lambin, MDCXCI. 1 plaq. in-8, rel. toile. [Exemplaire en grand papier.] — **Neeman** (F. Candidus). Rechtmässsige Begnewehr, oder : Gründliche Widerlegung der so genannten abgetrungenen Ehren-Rettung der Ehrwürdigen PP. Franciscaner zu Jerusalem, und durch das heil. Land Palæstinam des Apostolischen Stuhls Missionarien, wider eine von so genanntem Jacob Frantz de l'Ecluse frevelhaffte Laster-Schrifft, der erbaren Christlichen Welt zum Grund-Bericht der aufrichtigen Wahrheit fürgestellt..... Ulm, Ch. Ulr. Wagner, 1729. In-4, d.-rel. v. br. — **Vintimille** (Charles de). Mandement de Monseigneur l'archevesque de Paris pour les questes de la Terre Sainte. Paris, P. Simon, 1730. — Mandement..... portant permission de faire des quêtes pour les besoins de la Mission des Peres Capucins, établis à Constantinople. Paris, P. Simon, 1736. 2 pl. en 1 in-4, cart. Ensemble 5 vol. ou plaq.

1794. **Areso** (Joseph). Les Lieux saints et les missions que les Pères de la Terre Sainte entretiennent en Palestine et ailleurs. Paris, Poussielgue, 1862. In-12, rel. toile. — **Giuseppe Arcangelo** (R. P. F.). La necessità et l'eccellenza dell' opera pia di Terra Santa. Napoli, dalla Tipografia Flantina, 1830. In-8, rel. parch. — **Montefranco** (P. Bernardino da). Prospetto generale delle stato attuale della Custodia di Terra Santa..... Napoli, Gemelli, 1856. In-8, cart. pap., couverture. — **Simone** (Giuseppe De). Ragioni dell' opera di Terra Santa e del suo Commessario generale ne' dominii di qua' del faro P.

Cherubino da Forio. Napoli, Trani, 1851. In-8, rel. toile. Ensemble 4 vol. ou plaq.

1795. La Vie o Cerimonie di || Hiervsalem : leqvali || si discono essere state composte || & ordinate dal glorioso || santo Agostino. || (*Gravure sur bois représentant l'entrée de N. S. à Jérusalem le jour des Rameaux.*) || Si vendono a San Basso, || Etsul ponte da Rialto. *Fnc.* 16 *verso*, *l.* 15 : ☫ Venetijs apud Franciscum de Lenijs. In-16 de 16 ffnc., imprimé en rouge et noir, car. goth., 9 fig. sur bois (d'une exécution grossière); rel. mar. noir jans., dent. int. (Dupré.)

1796. **Patritius a S. Maria.** Elenchus Cœremoniarum Terræ Sanctæ. In quo non solùm Ritus toti Ecclesiæ communes enucleantur; imò & particulares, qui, Sanctuariorum gratia, per Fratres Minores peraguntur..... Lisbona, Typis Emmanuelis Alvarez Sollano, MDCCLIV. 1 vol. in-4, rel. bas.

1797. [*Processio quæ fit quotidie per Ecclesiam sancti Sepulchri.*] Le titre manque. *Fnc.* 2, *signé* A2 : Une gravure sur bois représente la flagellation; *au dessous* : Incipit processio || quæ fit per Ecclesiam sancti Sepulchri ||..... *Fnc.* 27 *verso*, *l.* 15 : Finis. || Venetiis, || Apud Iohannem Variscum, & Socios, || MDLXXXV. *Fnc.* 28 *blanc*. In-8 de 28 ffnc., dérel.

1798. Manvel processional où sont contenves les Processions qvi se font tous les iours en la Terre Saincte par les Peres de S. François, és Saincts lieux de Nazareth, Bethleem, & du S. Sepulchre de nostre Seigneur Iesvs-Christ en la Saincte Cité de Hierusalem. (*Grav. sur bois.*) A Lyon, Par Clavde Cayne, au coin de ruë Noire, au Lyon d'or, M.DC.XXXI. — Procession qve l'on faict tovs les iovrs apres Complies, eu la tres-saincte Cresche où nasquit nostre Seigneur Iesvs-Christ en Bethleem de Iuda, Cité de Dauid. (*Grav. sur bois.*) A Lyon, Par Clavde Cayne, au coin de ruë Noire, au Lyon d'or, M.DC.XXXI. 2 plaq. in-8 de 27(1) pp. et 1 fnc., 63(1) pp.; en 1 vol. rel. mar. rouge, fil. sur les plats, tr. dor., dent. int., dos orné. (Dupré).

Musique notée.

1799. Processiones qvæ fivnt qvotidie a PP. Franciscanis ad SS. Nascentis Christi Præsepe in Bethlehem : in ecclesia Annvntiationis B. Virginis Mariæ in Nazareth : in ecclesia SS. et gloriosissimi Sepvlchri Christi : in ecclesia S. Salvatoris in Iervsalem; Cum aliis Processionibus, & Officiis Diuinis, quæ fiunt suis temporibus Iu sacro monte Oliveti, In Sepvlchro B. V. Mariæ, In loco nativitatis S. Ioannis Baptistæ, In monte Thabor, In Antro agoniæ Christi, In loco Immacvlatæ Conceptionis, et nativitatis B. V. Mariæ, & aliis locis. (*Trophée des instruments de la Passion.*) Antverpiæ, Ex officina Plantiniana Balthasaris Moreti, MDCLXX. In-8 de 4 ffnc., 64 pp., rel. mar. rouge, fil. sur les plats, tr. dor., dos orné, dent. int. (Dupré.)

Musique notée.

1800. Processio quæ fit quotidie a PP. Franciscanis In Ecclesia Sanctissimi, & Gloriosissimi Domini Nostri Jesu Christi in Jerusalem..... Venetiis, M D CC LII. Apud Aloysium Pavinum, Superiorum permissu. In-8 de 60 pp., 2 ffnc. (blanc). rel. chag. carm., titre et imp. rouge et noir. [Musique notée.]
— Processio quæ fit quotidie a PP. Franciscanis In Ecclesia Sanctissimi, & Gloriosissimi Domini Nostri Jesu Christi Sepulchri in Jerusalem; cum aliis Processionibus, & Officiis Divinis, quæ fiunt suis temporibus in Sacro Monte Oliveti..... & aliis locis. Venetiis, MDCCXCVI, Apud Simon Cordella. In-16 de 60 pp., 2 ffnc. (blancs), avec musique notée, rel. veau marb.; au dos, chiffre du comte Riant.

1801. Quotidiana processio quæ celebratur a PP. Franciscanis in Sanctuario Nazareth ubi Verbum caro factum est. Cum Indulgentiis..... Hierosolymis, In Conventu FF. Minorum, M D CCC LV. Petit in-8, br., imp. rouge et noir. [Musique notée.] — Quotidiana processio quæ celebratur a PP. Franciscanis in Ecclesia SS. & Gloriosissimi D. N. Jesu Christi Sepulcri. Cum Indulgentiis... Hierosolymis, In Conventu FF. Minorum, MDCCCLV. Petit in-8, br., imp. r. et n. [Musique not.] — Quotidiana processio in Ecclesia S.S. Sepulchri D. N. J. C. Tägliche Prozession in der Kirche des hl. Grabes U. H. J. Ch... Jerusalem, im Konvent der PP. Franziskaner, 1862. In-8, br., fig. [Texte latin et trad. all. en regard.]

11. Géographie de la Terre Sainte. — Livres illustrés. — Atlas.

1802. Album de la Terre Sainte. 50 vues originales... dessinées d'après nature par *J. M. Bernatz*, imprimées en couleurs, avec une carte de la Palestine, avec un texte explicatif par Dr *G. H. v. Schubert* & Dr *J. Roch*. Stuttgart & Leipzig, J. F. Steinkopf. In-8 obl., d.-rel. veau.

1803. *Le même*. Deuxième édition. 1 vol. in-8 obl., rel. toile (édit.).

1804. **Ancessi** (L'abbé V.). Atlas géographique et archéologique pour l'étude de l'Ancien et du Nouveau Testament. Paris, Lethielleux, 1876. Grand in-8, rel. toile, non rogn., couvert.

1805. **Briano** (Giorgio). La Siria e l'Asia Minore illustrate con vedute pittoriche in litografia. Napoli, 1841. 1 vol. in-8, d.-rel. veau. 14 lithographies de *Denghi*, dont le titre.

1806. **Brogi** (Giacomo). Notizie storiche sulla Terra Santa relative alla collezione di vedute pubblicate da G. B., fotografo-editore. Firenze, *s. d.* In-8 oblong, rel. toile, avec 62 pl. photogr. — Catalogue des vues photographiques de l'Orient, photographiées et éditées par *Bonfils* (Alais, Gard). Alais, Brugueirolle, 1876. 1 plaq. in-12, cart., couvert. — **Dufour** (A. H.). Géographie sacrée, faisant connaître l'état de la Palestine depuis le temps des patriarches jusqu'à l'époque des voyages des apôtres..., illustrée de nombreuses vignettes et de sept cartes géographiques. Paris, Vve Turgis, 1842. Rel. toile.

1807. **Ferrario** (Giulio). Descrizione della Palestina o storia del Vangelo. Milano, 1831. 1 vol. in-4, avec cartes & planches color., de *L. Mayr*, d.-rel., mar. vert, tête lim., non rogn., avec chiffre du comte Riant.

1808. Illustrations of Jerusalem and Mount Sinai; including most interesting sites betwen Gran Cairo and Beirout. From drawings by F. Arundale. London, Colburn, 1837. In-4, rel. toile (édit.). 22 pl. lithog.

1809. **J. A. L.** Le livre d'or des familles ou la Terre-Sainte illustrée. Bruxelles, 1847. Grand in-8, d.-rel. chag. r., non rogn., avec 60 planches en lithogr. et 1 carte.

1810. **La Rue** (Philippe de). La Terre Sainte en six Cartes geographiqves et les Traitez svr icelles suiuant ses principales diuisions. Paris, Pierre Mariette, M DC LI. In-fol., monté sur onglets (cartes et texte), cart.

1811. **Mayer** (L.) und **Rosenmüller** (E. Fr. K.). Ansichten von Palästina oder dem heiligen Lande, nach Ludwig Mayers Original-Zeichnungen, mit Erläuterungen von E. F. K. Rosenmüller. Leipzig, Baumgärtner, s. d. 2 tomes en 1 vol. in-4 obl., avec 36 pl., d.-rel. chag.; au dos, chiffre du comte Riant.

1812. **Munk** (S.). Palestine. Description géographique, historique et archéologique. *Texte* et *Atlas* de 70 planches. Paris, Didot, 1845. 2 vol. in-8, d.-rel. chag.

1813. **Peeters.** Description des principales Villes, Havres et Isles du Golfe de Venise du coté Oriental, comme aussi des Villes et Forteresses de la Moree.., et en suitte quelques Places renommées de la Terre Sainctre, et autres dessous la Domination Ottomanne..., et quelques principales Villes en Perse et le Regne du Grand Mogol le tout en Abregé. Mis en lumiere Par Iacques Peeters en Anvers sur le Marché des vieux Souliers. (*Au-dessus de ce titre se trouve une grande gravure allégorique représentant Venise reine de l'Adriatique.*) *S. l. n. d. n. typ.* (fin du xviie siècle). In-8 oblong de 121 ff., y compris le texte (40 pp.) et le titre, prép. p. rel.

> Recueil de 100 cartes, plans et vues, gravé par J. Peeters. Le troisième fnc. est une planche qui représente un « Etendart pris sur les Turcs par l'armée des Venetiens à la Bataille donnée devant Coron, 1685. » Les vues de Syrie et de Palestine sont en petit nombre : Alexandrette, Alep, Tripoli de Sourie, Damas, le mont Carmel, le Thabor, Nazareth, Jaffa, Jérusalem; elles ont été dessinées ainsi qu'un grand nombre des autres planches par *Gasp. Bouttats* et gravées par Peeters. M. Röhricht ne parle pas de ce recueil dans sa « Bibliotheca Geographica Palaestinae ».

1814. **Polivanov** (P.). Palestine et Sinaï, paysages dessinés d'après nature. Saint-Pétersbourg, 1878. Album in-8, oblong, rel. toile.

> Légendes en russe.

1815. Ramboux (J. A.). Jérusalem. Souvenirs de Pèlerinage à Jérusalem d'après les esquisses de M. J. A. R... Erinnerungen an die Heiligen Stätten des gelobten Landes... Cologne, J.-C. Baum, 1854. 4 vol. in-4, avec 280 planches, d.-rel. toile.

1816. Riess (Dr Richard von). Die Länder der heiligen Schrift. Historisch-geographischer Bibel-Atlas... in sieben Karten. Freiburg in Brisgau, Herder, s. d. [1864]. In-fol. (en carton).

1817. La Terre Sainte et les lieux illustrés par les Apôtres... par MM. *l'abbé Gr.* et *A. Egron*. Paris, Audot, 1837. In-8, rel. toile, 48 planches sur acier d'après *Turner, Harding* et autres.

<small>Le nom de l'abbé Gr..., du diocèse de Versailles est *Grand*, *Gros* ou *Grimot*. Cet ouvrage a été souvent réimprimé. Cf. Catalogue L'Escalopier, n° 5015.</small>

1818. La Terra Santa ed i luoghi illustrati dagli Apostoli. Vedute pittoresche secondo *Turner, Harding*,... Prima versione dal francese... Torino, Pomba, 1847. In-8, d.-rel. veau.

1819. Van de Velde (C. W. M.). Plan of the town and environs of Jerusalem... with memoir by Dr *Titus Tobler*. Gotha, J. Perthes, 1858. In-8 et in-fol. cart. — *Du même*. Memoir to accompany the map of the Holy Land. Gotha, Perthes, 1858. In-8, rel. toile. — **Saulcy** (F. de). La Syrie et la Palestine. Examen critique de l'ouvrage de M. Van de Velde. Paris, Rouvier, 1855. In-8, rel. toile.

1820. Vedute pittoriche della Terra Santa et d' altri luoghi, illustrati dagli Apostoli. Napoli, a sp. della soc editrice, s. d. Album form. in-8 obl., de 31 pl. dessinées par *Frauenfelder* et lithographiées par *Perrotta*.

12. Pèlerinages mystiques en Terre Sainte.

1821. Boëce de Bolswerth. Le pelerinage de deux sœurs Colombelle et Volontairette vers leur Bien-Aymé en la Cité de Jerusalem : contenant les divers accidens arrivez en leur Voyage..... Mis en lumiere par Boetius à Bolswert; & nouvellement traduit en François. A Paris, chez Jacques Herrissant, M D CC XXV. In-12, rel. veau.

1822. — Voyage des deux sœurs Colombelle et Volontairette vers leur Bien-Aimé en la Cité de Jerusalem..... Nouvelle Edition, corrigée & chatiée selon le stile du tems, & enrichie de figures en taille-douce. [1 front. et 27 pl.] A Liege, chez J. F. Broncart, M.D.CC.XXXIV. In-12, d.-rel. veau, non rogn.

1823. — Le pelerinage de deux Sœurs Colombelle et Volontairette..... A Liege et se vend a LiLLe, chez Jacquéz, libre sur la petite place, s. d. In-12, rel. veau.

<small>*Boèce Adam de Bolswert* (1580-1634), graveur néerlandais, publia en flamand, en 1627, ce roman mystique qu'il orna lui-même de curieuses gravures en taille-</small>

douce. Ce roman, devenu très populaire en Flandre, fut bientôt traduit en français par le Père *Morin*. Notre édition de 1725 n'a pas de gravures ; celles de l'édition de 1734, dont l'exemplaire n'est pas rogné, reproduisent les compositions originales de l'auteur et sont d'une exécution soignée ; il n'en est pas de même de l'édition de Lille : les gravures en sont médiocres et la traduction n'est pas la même que dans les deux autres éditions.

1824. **Borrioni.** Peregrinaggio di Gervsalemme, Poema di Splandiano Borrioni, Dottore, e Sacerdote da Todi. Nel qvale sotto varii accidenti occorsi a i Peregrini, che vanno in Gerusalemme, si figurano, e dimostrano prima i pericoli, e disturbi, che occorrono nella Vita spirituale, e contemplatiua, e poi il modo di schiuarli. (*Marque typ.*) In Roma, Ad instanza di Gio. Angelo Ruffinelli. Appresso Giacomo Mascardi. M.DC.X. In-8 de 236 pp., 1 fnc., prép. p. rel.

Rare poème en 22 chants, chacun desquels est précédé d'un « Argument » et d'une courte notice en prose qui résume la morale à retirer de ce chant.

1825. **Boucher** (F. I.). Le Bovqvet Sacré, composé des plvs belles flevrs de la Terre Saincte, par le P. Boucher Predicateur obseruantin reueu purgé et Corrigé par l'Auteur. Dixiesme Edition. A Paris, chez Nicolas Gasse, au mont Sainct Hilaire prés la Cour d'Albret. M.D.C.XXXIV. (*Titre gravé et encadré : la gravure est signée* Jaspar Isac.). Petit in-8 de 7 ffnc., 682 pp., 9 ffnc., rel. peau de Suède, tr. dor.; sur les plats, armes du comte Riant.

Cet ouvrage est d'un style à la fois naïf et précieux. Le titre de la page une porte : « Bouquet sacré, composé des Roses du Calvaire, des Lys de Bethlehem, des Iacintes d'Oliuet, & de plusieurs autres belles Pensées de la Terre Saincte. » La première édition est, suivant M. Röhricht, celle de Nancy de 1615, mais son énumération est incomplète ; il ne cite pas l'édition de 1624 (la dixième) et n'en compte que huit avant celle-ci.

1826. Direttorio per far con profitto tra noi la Strada dolorosa che fece il Redentore dal protorio di Pilato dove fu condannato a morte fino al Monte Calvario dove spirò l' Anima in Croce....... composto da un religioso min: osserv: di Francesco della provincia di Brescia..... In Brescia, per Marco Vendramino, 1738. In-12, pl. h.-t., cart. pap. — **Franciotti** (Cesare). Viaggio al monte Calvario Distinto in sei Settimane : Doue si medita la Passione del Signore..... Con l' Anima pellegrina Idilio del S. Antonio Fortini..... Lvcca, appresso Ottauiano Guidoboni, 1613. 1 vol. in-24, rel. veau marb., tr. lim., dos orné ; sur les plats, chiffre du comte Riant.

1827. **Parvilliers**, S. J. Les stations de Jerusalem, pour servir d'entretien sur la Passion de N. S. Jesus-Christ, par le R. P. Parvilliers.... qui a vérifié le tout sur les lieux. Nouvelle édition..... Lyon, chez les Freres Bruyset, 1750. In-12, rel. veau, tr. r.; au dos, chiffre du comte Riant. Front. — *Le même*. Nouvelle édition. Paris, Ch. David, 1756. In-12, rel. veau.

La première édition a paru à Paris en 1680, une nouvelle à Bordeaux en 1682.

1828. Sacra Peregrinatio per Sanctam Crucis Viam ad Montem Calvariæ... Religiosis præsertim & Sacerdotibus accommodata a Quodam Sacerdote ordi-

nis Seraphici Provinciæ Argentinæ, seu Germaniæ Superioris. Anno 1746.....
Ex Ducali Campidonensi Typographæo per Andream Stadler, *s. d.* Petit in-8
de 10 ffnc., 296 pp., 1 fnc., rel. peau de truie estampée.

> Deschamps ne donne aucun renseignement sur cette imprimerie de *Kempten* (Campidona) en Bavière, dont l'imprimeur s'intitule « Ducalis » ou « Aulicus Typographæus ».

1829. **Schönleben** (Joan. Lud.). Sacra peregrinatio ad Christi servatoris sepulchrum per septem Stationes... Editio secunda. Salisburgi, M. Haan, M.DC.LXXII. — *Du même.* Sacra pyramis Jesu Christo servatori mundi in Monte Oliveti Agonizanti erecta... Editio secunda. Salisbvrgi, M. Haan, M DC LXXIII. — *Du même.* Vera ac sincera sententia de immaculata Conceptione Deiparæ Virginis..... Salisburgi, M. Haan, M.DC.LXX. Ensemble 3 tomes in-4 en 1 vol. rel. vél.

1830. **Crasset** (le P. Jean). Devotio montis Calvariæ, seu meditationes sacræ de Passione D. N. Jesu Christi, gallicè primùm editæ... et latinæ redditæ à devoto Passionis cultore. Typis Reg: & Exempt: Monast: Salemit: Per Jac. Müller, 1714. In-12, rel. parch. — [**Lasausse** (abbé J. B.)]. Les pelerins ou Voyage allégoriqve à Jérusalem. Falaise, Brée, 1807. In-12, rel. veau. — **Moschetti** (Gio. Antonio). Nazarette. Eccessi d'infervorato pellegrino a qvel divin oratorio... In Venetia, 1625. In-12, d.-rel. toile, titre encad. et 5 pl., tit. remonté. — **Musart, S. J.** (Charles). Peregrinvs Calvariæ Sive Piæ Animi Exercitationes circa septem præcipva loca, & mysteria nostræ Redemptionis. Viennæ Austriæ, Formita, 1638. In-32, rel. vél. — **Olmi** (G.). Pellegrinaggio spirituale al lago di Tiberiade e alle città evangelizzate da Cristo. Genova, Tip. arcivescovile, *s. d.* In-8, cart., 10 pl. — Die Pilgrimme bey dem Heiligen Grabe, ein musicalisches Gespräch, welches in der Königl. Chur-Fürstl. Capelle am Abend des heil. Char=Freytags aufgeführet worden. Dressden, 1756. In-4, rel. vél. (Textes latin et allemand en regard.) Ensemble 6 vol. ou plaq.

X

SUPPLÉMENT — ARTICLES OMIS

INCUNABLES

1831. **CANUT**, évêque de Westerås. Regimen contra pestilentiam et regimen sanitatis. — *S. l. n. d. typ.* [Strasbourg?] Petit in-4, 6 ffnc.; car. goth., 2 grand.; 32-36 ll. ll.; signat. ʒ iij.

Fnc. 1 r°, titre, la première ligne en gros car. : Regimen contra pesti=‖lentiam siue Epidimiam Reuerendissimi domini ‖ Kaminti Episcopi Arusiensis Ciuitatis regni da‖cie artis medicine profundissimi professoris ‖ Regimen sanitatis metrice conscriptū. naturam cu‖‖iuslibet mensis. quibus etiā sanū est vti singulis mē‖sibus nutrimentis explicans. *Fnc. 1 v° incipit* : ℭ Ad honorem sancte ʒ indiuidue trinitatis glorioseqʒ virgi‖nis Marie. et ad vtilitatem reipublite p ɔfirmatiōe sanorū ac ‖ reformatoe lapsoƶ. volo aliq̄ de pestilentia q̄ nos frequētius ī ‖ uadit ex dcīs medicoƶ magʒ autētico ƶ scribere Eprimo ‖ .... *Fnc. 3, signé ʒ iij, r° incipit* : Uñ dicet Auicēna quarto canonis ᴄp illi q́ repletiōe sp curant ‖ periodū.... *Fnc. 4 v°, l. 31* : ℭ Tractatus de regimine pestilētie dn̄i Kaminti epī Arusien̄. ‖ ciuitatis regni dacie artis medicine exptissimi pfessoris fine hʒ. *Fnc. 5 r° incipit* : Regimen sanitatis p circulum anni valde vtile ‖ .... *Fnc. 6 r°, l. 32 explicit* : Fūdamēta ruūt modicū tunc durat idipsum. *Fnc. 6 v° blanc. — Non cité par Hain.*

Édition des plus rares de cet ouvrage. Cet exemplaire serait même le *seul connu*, suivant une note de M. le comte Riant. Cf. une autre édition incunable, nᵒ 24.

1832. *Du même. S. l. n. d. n. typ.* Petit in-4, 6 ffnc.; car. goth., 2 grand.; 32-36 ll. ll.; signat. Aiij; titres courants. D.-rel. veau r., coins.

Fnc. 1 r°, titre, la première ligne en gros car. : Regimen contra pestilen‖tiam. siue Epidimiā Reuerendissimi donini kanuti ‖ Episcopi Arusiensis Ciuitatis regni dacie Artis ‖ medicine expertissimi professoris ‖. [*En gros caract*] : Regimē sanitatis per cir‖culum anni vtile valde. *Fnc. 1 v° incipit* : ℭ Ad honorem sancte ʒ indiuidue trinitatʒ glorioseqʒ v̄ginis ‖ Marie ʒ ad vtilitatem reipublice p ɔfirmacione sanoƶ ac refor‖matione lapsoƶ. volo aliq̄ (de pestilencia q̄ nos frequenti⁹ inua‖dit ex dictis medico↊ magis autenticoru⁊ scribere) Et primo ‖..... *Fnc.* 3, *signé* Aiij, *r⁰ incipit* : Uñ dicit Auicēna quarto canōis ꝗ illi ꝗ repletōnē sp cupiūt ‖ periodū ↋ finē..... *Fnc.* 4 *v⁰*, *l.* 32, *explicit* : ↋ bndict⁹ cū ītemerata ỹgine Maria matre sua ī secula seclo↊. ‖ AMEN ‖ Tractatus ↋ regimine pestilentie dni kanunti epī arusien∮ ci= ‖ uitatis regni dacie artis medicine exptissimi pfessoris finem h⊋. *Fnc.* 5 *r⁰ incipit* : Regimē sanitatis per ‖ anni circulum multum perutile ‖..... *Fnc.* 6 *r⁰*, *l.* 32, *explicit* : Fundamēta ruunt modicū tūc durat idipsum. *Fnc.* 6 *v⁰ blanc*. — *Non cité par Hain*.

<small>Cette édition donne comme nom d'auteur non plus *Kamintus* mais *Kanutus* ou *Kanuntus*; elle nous semble ne pas être moins rare que les deux éditions précédentes (n⁰ˢ 24 et 1829).</small>

RELIQUES DE N.-S. J.-C.

1833. Notice historique et critique sur la miraculeuse effigie de N.-S. J.-C. vulgairement connue sous le nom de Saint Suaire et vénérée à Gênes dans l'église de Saint-Barthélemy. Traduit de l'italien. Poitiers, Oudin, 1882. In-12, br. — Histoire de la Sainte Face de Notre Seigneur Jésus-Christ. Nouvelle édition. Laon, A. Cortilliet, 1884. In-12, br. — Narrazione della solennità celebrata in Torino il dì 21 Maggio 1815 nella quale la Santità di Pio VII... espose la S. S. Sindone. Torino, Pane, *s. d.* In-12, dérel., av. 1 pl. — **Jacob** (J. N.). Disputatio de Vulneribus Christi, sub præsidio Dn. Johannis Andreæ... Wittebergæ, typ. J. Borckardi, 1663. In-4, dérel. — **Le Mercier** (R. P. Jacques Le Merchier, ou). Histoire de la Larme Sainte de N. S. Jesus-Christ, Reverée dans l'Abbaye de saint Pierre les Selincourt. Amiens, Caron-Hubault, 1707. In-8, rel. toile. [*Réimpression à Paris, Claye. 1873.*]

LA SAINTE VIERGE

1834. La città diletta di Maria, ovvero Notizie Istoriche appartenenti all' antica denominazione, che ha Siena di Città della Vergine... Roma, F. Gonzaga, 1716. In-4, front., dérel. — **Furno** (P. Anastasio). Breve istoria del Santuario di Belmonte presso Valperga nel Canavese in cui si venera la gran Madre di Dio... Torino, F. Prato, *s. d.* (*vers 1788*) In-8, avec 1 pl., cart. soie. — Notice historique sur la dévotion de Notre-Dame des Anges établie dans la paroisse de Pouvourville (près Toulouse), par un pieux pèlerin. Limoges, Barbou, 1868. In-32, rel. toile. — **La Vausserie** (vicomte de). Apparition de la Sainte Vierge à deux jeunes enfants des Batignolles... avec deux portraits. Paris, Josse, 1873. In-12, cart.

1835. Translatio miraculosa ecclesie bea ‖ te Marie virginis de Loreto ‖... Petit in-16 de 2 ffnc., car. goth., 32 ll. ll., sans sign. ni récl., vign. sur bois au recto du fnc. 1, br.

Cf. n⁰ˢ 278-287.

ARCHÉOLOGIE CHRÉTIENNE — TRÉSORS ET RELIQUES

1836. Rohault de Fleury. Le Latran au moyen-âge. Paris, 1877.
Portefeuille contenant les 64 planches in-4 du n° 604.

1837. Pasini (Antonio). Il tesoro di San Marco in Venezia. Venezia, Ongania, 1885-1887. In-4, br. et cart.

Cette magnifique publication se compose d'une partie publiée en 1885 comprenant 93 planches grand in-4 en chromolith. et héliotypie, et d'une autre partie comprenant le texte explicatif et de nombreuses planches. Ouvrage tiré à 600 exemplaires numérotés.

1838. L'augusta ducale basilica dell' evangelista San Marco nell' inclita dominante di Venezia, colle notizie del suo Innalzamento, sua Architettura, Musaici, Reliquie, e Preziosità, che in essa si contengono, arricchite di alcune Annotazioni e adornate di varie Tavole in Rame dissegnate da celebre Architetto ed incise da perito Artefice. In Venezia. M D CCLXI, Presso Antonio Zatta. (*Titre gravé et encadré*). 1 vol. très grand in-fol., avec 10 planches, dont 1 front., et le portr. de Marco Foscarini, grav. dans le texte. D.-rel. bas. n.

Cf. n°s 606-608.

1839. Die Kleinodien des Heit-Romischen Reiches. Deutscher Nation. Grand in-fol. de 136 pl. de texte et 48 pl. chromo, dont un titre front.

Cette publication commence par une dédicace du Dr *F. Bock*; elle comprend outre le trésor impérial conservé à Vienne, diverses pièces tirées de Monza (Couronne de fer), du musée de Cluny (trésor de Guarrazar), de Saint-Pierre de Rome, de Münich, de Palerme, de Namur, etc.

1840. Ausgewählte Kunstwerke aus dem Schatze der Reichen Capelle in der Königlichen Residenz zu München. Herausgegeben von *F. X. Zettler*, *Leonh. Enzler*, *Dr J. Stockbauer*. München, Zettler, 1876. Grand in-fol. de 45 pl. de texte et 40 pl. en chromo renf. dans un portefeuille cart.

HISTOIRE ECCLÉSIASTIQUE

1841. Regulae omnes : || ordinatiões, & cõstitutiones || Cancellariæ S.D.N.D. Pauli || diuina prouidentia || Papæ IIII. || (*Armes de Paul IV.*) *Titre rouge et noir.* F° 28 *verso* : Lectae et publicate fuerunt suprascri||tæ Regulæ,......||..... Anno In||carnationis Dominicæ. M.D.LV. Die || Decima octaua Mensis Aprilis Pontificatus || prælibati Sanctissimi Domini Nostri Dñi || Marcelli..... Papæ. II. An||no Primo. || A. Lomellinus Custos. Petit in-8 de 28 ff. chif., dérel.

Cf. n°s 689-692 et 724.

SUPPLÉMENT — ARTICLES OMIS

HISTOIRE ECCLÉSIASTIQUE — ALLEMAGNE

1842. **Binterim** (A. Jos.). Suffraganei Colonienses extraordinarii, sive de sacrae Coloniensis ecclesiae proepiscopis, vulgo : Weihbischöfen, Syntagma historicum. Moguntiæ, Kirchheim, Schott & Thielmann, 1843. In-8, br. — **Holzer**. De proepiscopis Trevirensibus. Confluentibus, Dubois, 1845. In-8, br.

1843. **Reiniger** (Dr A.). Die Weihbischöfe von Würzburg. Ein Beitrag zur fränkischen Kirchengeschichte. Würzburg, E. Thein, 1865. In-8, br. — **Koch** (Fr. Aug.). Die Erfürter Weihbischöfe. Ein Beitrag zur thüringischen Kirchengeschichte. Abd. a. d. *Zeitschr. d. Vereins f. thür. Gesch. u. Alterth.*, 1865. In-8, br.

1844. **Bader** (Joseph). Das Thal Simonswald unter S. Margarethenstiste zu Waldkirch. — **Franck** (Wilhelm). Zur Geschichte des Abtswahl des Friedrich von Keppenbach zu Gegenbach im Jahre 1540, mit vier Beilagen. — **Glatz** (E. J.). Zur Geschichte Hugo's von Landenberg, Bischofs zu Constanz. — **Haid** (Decan). Die Constanzer Weihbischöfe zunächst von 1076 bis 1548. — **Mone** (Fridegar). Weiterer Beitrag zur Geschichte des Johann IV, Bischofs zu Constanz (1351-1356). — **Schilling** (A.). Beiträge zur Geschichte der Einführung der Reformation in Biberach. — **Schultaiss** (Christoph). Constanzer Bisthums-Chronik..... herausgegeben von *J. Marmor*. — **Staiger** (Fr. X.). Beiträge zur Klostergeschichte von Kreuzlingen und Münsterlingen. — **Zell** (Karl). Rudolph von Zäringen, Bischof von Lüttich. Ensemble 9 plaquettes br.

Ces divers opuscules sont des extraits factices de la Revue « *Freib. Dioces. Archiv.* », tomes VII-IX, Années 1873-1875.

HISTOIRE ECCLÉSIASTIQUE — FRANCE

1845. **Lucot** (L'abbé). Sainte Hélène, mère de l'empereur Constantin, sa vie, son culte en Champagne..... Paris, Plon, 1876. In-8, avec pl., rel. toile, couv. — Le monastère de Notre-Dame d'Igny, au diocèse de Reims, 1126-1876. Châlons-sur-Marne, Martin, 1877. In-8, cart. — L'abbaye de Notre-Dame de Boulancourt, en Champagne. Châlons-sur-Marne, 1877. In-8, rel. toile, couv. — La Vierge de Boulancourt. Châlons-sur-Marne, 1879. In-8, avec 1 pl. phot., cart., couv. — Jeanne d'Arc en Champagne. Châlons-sur-Marne. Thouille, 1880. In-8, cart., couv. — La procession des Chasses à Châlons. Châlons, Martin, 1881. In-8, avec pl. chromo, rel. toile, couv. — Le pape saint Urbain II et son monument à Châtillon-sur-Marne. Châlons-sur-Marne, Martin, 1882. In-8, cart., couv. — L'église de Binson et Sainte Posenne. Châlons-sur-Marne, Thouille, 1882. In-8, avec pl., cart., couv. — Les verrières de la cathédrale de Châlons. Châlons-sur-Marne, Thouille, 1884. In-8, avec pl. phot., cart., couv. — Les fêtes de la Pentecôte à Châlons,

24, 25 et 26 mai 1885. Châlons-sur-Marne, Martin, 1885. In-8, br. Ensemble 10 plaquettes.

CARTOGRAPHIE

1846. Choix de documents géographiques conservés à la Bibliothèque nationale. Paris, Maisonneuve, 1883. 20 planches héliog. Grand in-fol., dans un portef. cart.

Cette publication, précédée d'un avertissement par M. *L. Delisle*, comprend : « Notice des provinces de l'Empire et notice des cités de la Gaule (vɪᵉ siècle). Mappemonde de Saint-Sever (xɪᵉ siècle). Carte pisane (xɪvᵉ siècle). Atlas catalan de Charles V, roi de France, de l'année 1375. » Ce dernier document avait déjà été publié avec fac-similés par J. A. Buchon. (Cf. nº 1091.)

1847. RACCOLTA DI MAPPAMONDI E CARTE NAUTICHE DEL XIII AL XVI SECOLO. Venezia, Ongania, 1879-1881.

Comprenant :
1. Fac-Simile della carta nautica araba (carattere magrebino) del xɪɪɪ Secolo. R. Bibl. Ambrosiana di Milano. 1 pl.
2. Fac-Simile della carta nautica di Pietro Visconte di Genova dell' anno 1314. R. Archivio di stato di Milano. 1 pl.
3. Fac-Simile del portolano di P. Visconte di Genova. Anno 1318. 7 pl.
4. Fac-Simile del planisfero di Prete Giovanni da Carignano di Genova del xɪv Secolo. R. Arch. di stato di Firenze. 1 pl.
5. Fac-Simile del portolano Laurenziano-Gaddiano dell' anno 1351. R. Bibl. Mediceo-Laurenziana di Firenze. 8 pl.
6. Fac-Simile delle carte nautiche di Francesco Pizzigani dell' anno 1373. R. Bibl. Ambrosiana di Milano. 9 pl.
7. Fac-Simile del portolano del xɪv Secolo. R. Bibl. Marciana di Venezia. 4 pl.
8. Fac-Simile del portolano di Giacomo Giraldi di Venezia dell' anno 1426. R. Bibl. Marciana. 6 pl.
9. Fac-Simile dell' atlante di Andrea Bianco. Anno 1436. R. Bibl. Marciana. av. 10 pl.
10. Fac-Simile del planisfero di forma ellittica dell' anno 1447. R. Bibl. naz. di Firenze. 1 pl.
11. Fac-Simile della carta nautica di Andrea Bianco dell' anno 1448. R. Bibl. Ambrosiana di Milano. 4 pl.
12. Fac-Simile del planisfero del mondo conosciuto (in lingua catalana) del xv Secolo. R. Bibl. di Firenze. 8 pl.
13. Fac-Simile del planisfero di Giovanni Leardo dell' anno 1452. Comm. de Pilat. 4 pl. et 1 plaquette in-8, br.
14. Fac-Simile delle carte nautiche di Battista Agnese dell' anno 1554. R. Bibl. Marciana. 17 pl. contenant chacune 2 photographies.

Ces publications, de format in-fol. ou grand in-4 obl., sont des photographies renfermées dans des portefeuilles, à l'exception des nᵒˢ 3 et 9 qui sont reliés toile. La plupart sont dues à *T. Fisher*; le nº 13 a été publié avec une préface de G. *Berchet* et les nᵒˢ 3 et 9 avec notices de O. S. *Peschel*. (Cf. nº 1895.)

GÉOGRAPHIE

1848. **Marco Polo.** *Supplément au nº 1133.* Carte geografiche attenenti all' opera dei viaggi di Marco Polo, comentati dal *conte Baldelli*. 1 feuille grand in-fol., cart.

1849. **Rey** (E. G.). *Supplément au nº 1249.* Atlas de 26 pl. in-fol., rel. toile

1850. S. Hilarii tractatvs de mysteriis et hymni; et S. Silviae Aqvitanae Peregrinatio ad Loca Sancta. Qvae inedita ex codice Arretino deprompsit J. F. Gamvrrini. Accedit Petri Diaconi liber de Locis Sanctis. Romae, ex typ. Cuggiani, 1887. In-4, 2 pl. fac-sim. et 2 cartes géog. — **Gamurrini** (G. F.). I misteri e gl' inni di S. Ilario vescovo di Poitiers ed una peregrinazione ai Luoghi Santi nel quarto secolo..... Roma, Cuggiani, 1884. — Della inedita peregrinazione ai Luoghi Santi nel quarto secolo. Roma, Cuggiani, 1885. 2 br. in-4.

Ces textes contiennent le voyage d'une grande dame gallo-romaine, *sainte Sylvie*, partie vers 385 de Constantinople pour l'Égypte et le Sinaï et visitant, au retour, la Syrie. Bien que les feuillets relatifs à Jérusalem manquent au manuscrit unique du voyage, ce texte a une importance considérable en ce qui concerne les usages religieux de la Terre Sainte.

1850 *bis*. **Chauvet** (Ad.) et **Isambert** (E.). Syrie, Palestine. Paris, Hachette, 1882. 1 vol. in-16, avec cartes, rel. toile (édit.) [*Collection des Guides Joanne*]. — **Gérardy Saintine** (P.). Trois ans en Judée. Paris, Hachette, 1860. In-12, rel. toile. — **Paul** (Léon). Journal de voyage. Paris, lib. française, 1865. In-12, rel. toile. — *Le même*. 3ᵉ édition. Paris, 1865. In-12, rel. toile, couv. — **Verhaeghe** (Léon). Voyage en Orient, 1862-1863. Paris, Lacroix, 1865. In-12, rel. toile, couv. Ensemble 5 vol

Auteurs ou voyageurs du xixᵉ siècle.

TABLE ALPHABÉTIQUE

Les chiffres renvoient aux numéros du Catalogue.

A

Aarsens de Sommerdyck, 1210.
Abd-Allatif, 1122.
Abel (Carl), 1252.
Abelly (Louis), 573.
Abu Dolef Misaris ben Mohalhal, 1148.
Abu'l fidâ ou Aboulféda, 1380-81.
Adamnan, 1365.
Adelman (M.), 1192.
Adimari (A.), 266.
Adler (F.), 1711.
Adorno (Fr.), 182.
Adrichem ou Adricomio (Christian), 111, 1454-1459.
Adricomio (Giusto), 1459.
Aeneas Sylvius Piccolomini, 1-5, 716-720, 1051.
Affarosi (Camillo), 920.
Affo di Busseto (Ireneo), 797.
Agapito di Palestrina, 1642.
Agius de Soldanis (François), 554.
Agricola (George), 115.
Ahlberg (Lud.), 1746.
Aigret (N.-J.), 863.
Aigurande (C. d'), 297.
Ailli (Pierre d'), 713.
Aitsing, voyez Eytsing.
Albanès (J. H.), 856.
Albani (Giacomo), 1152.
Albengo, 1668.
Albers (Ch. H.), 128.
Albert le Grand, 134.
Albertini (Francesco degli), 599-600.
Albricio (N.), 539.
Alcarotti (Gio Fr.), 1460.
Alcarotti (Girolamo), 1460.
Alcock (R.), 1253.

Aleander (Jérôme), 667.
Alegre de Casanate (M. A.), 764.
Alexandrian (Mich.), 1668.
Alfaro (Manuel Ibo), 1729.
Alfred le Grand, 1123.
Allacci ou Allatius (L.), 931-937, 955.
Alleaume, 801.
Allegranza (Giuseppe), 578, 586.
Allou, 844.
Almerté (Tarmini), 1643.
Alphonse (Pierre), 359.
Alquié (F. S. d'), 1525.
Altmüller (H. W.), 1711.
Alva y Astorga (P.), 787.
Alzedo Avellaneda (Maurizio de), 1781.
Amadeus Derthonensis, 6.
Amasæus (Rom.), 1115.
Amat (Pietro), 1095.
Amati, 1211.
Ambroise, Camaldule, 318.
Amédée de Plaisance, voyez Amadeus Derth.
Amico (fra Bernardino), 1461.
Amico (V. M.), 882.
Amman de Tallwill (Hans Jacob), 1526.
Ammannus (Jud.), 732-734.
Ammonio Monaco, 484.
Amort (Eusèbe), 360.
Anafesto (Paolo), 728.
Anastasi (G.), 305(14).
Ancessi (V.), 1804.
Andersen (Jürg.), 1527.
André de Escobar, 7.
André de Solre, 116.
André Marie (Le P., dominicain), 1254.
Andrea (G. Aubert Q.), 269.
Andreucci (A. J.), 362.

Anfossi (Domenico), 421.
Angelerio (G.), *voyez* Gregorio A.
Angeletti (And.), 494.
Angelis (L. de), 163.
Anglure (O. d'), 1382-1383.
Anguissola (G. B.), 164.
Annius de Viterbe, 8-9.
Annoni (Carlo), 906.
Annuleru (B.), 117.
Anselme (Frère), 1051.
Antonin (L'archimandrite), 1347.
Antonin Auguste, 1166, 1366-1368.
Antonin de Forciglione (S^t), 10.
Antoninus martyr, 1339, 1369.
Antonio de Aranda, 1462.
Antonio del Castillo *ou* de Malaga, 1528-1529.
Antonio de Sacramento, 1594.
Antonio de S. Agostino, 1784.
Antonio di Gaeta, 1783.
Antonius Senensis, 807.
Anturini (G.), 1537.
Anville (d'), 1101, 1640.
Apianus, 1031.
Apollonius de Rhodes, 1102.
Appenzeller (J. Conr.), 1714.
Aquilanus (J.), 11.
Aquilini (Hier.), 143.
Aquin (vicomte d'), 1677.
Aranda, *voyez* Antonio.
Arber (Edw.), 1523.
Arculfe, 1332, 1343, 1365.
Areso (Joseph), 1794.
Arevalo (Sanchez d'), *voyez* Sanchez.
Argoli (Joan.), 1011.
Arias Montanus, 1384.
Ariosto (Alexandro), 1451.
Aristea a Filvaate, 1752.
Arizabal (Domingos de), 1791.
Armellini (D.), 745.
Arnaud de Verdale, 840.
Arnold (Frère), 988.
Arnold (Fr.), 1711.
Arnold (Henri), 12, 644.
Arrigo de Settimello, 13.

Arséniev (S.), 1347.
Artaud de Montor, 296.
Artur de Monastier, 788-789.
Arvieux (Laur. d'), 1530.
Arzronnian (Bapt.), 1644.
Ascelin, 1080-1081, 1353.
Ascenso (F.), 305(6), 577.
Asher (A.), 1386.
Assemanus *ou* Assemani (Jos. Aloys), 361, 938.
Assemanus (St. Evod.), 454.
Assemanus (Jos. Simon), 544.
Assier (Alexandre), 616.
Astolfi (F.), 237.
Asulanus (Fr.), 1102.
Athenagoras, 14.
Atkinson (Th. W.), 1255.
Attardi (Bonav.), 549.
Aubé (B.), 485.
Aubert de Vitry, 1683.
Aubusson (Pierre d'), 15.
Aucapitaine (Bon H.), 1668.
Audibert, 844.
Audierne (abbé), 176.
Augeri, 1764.
Augusti (J. Chr. W.), 579.
Augustin (S^t), 7, 134, 374.
Augustin (Baron F. d'), 1228.
Augustino (Prosperus de), 372.
Aurélien (Dom), 530, 574.
Aurès, 1375-76.
Ausilio, *voyez* Camillo di Ausilio.
Aveyro (Pantaleon d'), 1463.
Avezac (d'), 1090, 1105, 1142, 1149, 1238, 1276, 1295, 1411.
Aviau de Piolant (V^{tsse} d'), 1771.
Avila (Sanchez d'), 422.
Avino (Vinc. d'), 873.
Avril (A. d'), 939, 987.
Aytinger (Wolfgang), 66-67.
Azaïs (L'abbé), 1677.
Azzarelli (S.), 305(8).
Azpicuelta (M. d'), 331-332, 363.
Åstrand (N.), 1749.

B

Babin (Le P.), 1183.
Bacchi della Lega (Alb.), 1406, 1516.
Bacchini (Ben.), 754.
Bacci (G.), 197.
Bach (Dr J.), 989.
Bachiene (W. A.), 1595.
Backer (Jos. de), 452.
Backer (Louis de), 1143, 1328.

Bacon de Verulam, 1320.
Bader (Joseph), 1844.
Badger (G. Percy), 1515.
Baer (Fr. Ch.), 1299.
Bässler (Ferd), 1746.
Baffico (G. F.), 177.
Bagatas (Raph.), 609.
Bagnari (P. L.), 296.

Bagréef Spéransky (Mme de), 1329.
Baillet (Adrien), 455.
Bailly, 1296.
Baker (Sir Sam. White), 1208.
Balan (P.), 722.
Balarin de Raconis (J.), 1516.
Baldassari, S. J. (Ant.), 383.
Baldelli (Francesco), 1459.
Baldelli-Boni (Gio. Bat.), 1133, 1848.
Balliani (C.), 178.
Balme (François), 576, 951.
Balsamo (Ign.), 305(2).
Balsamo (Paolo), 1228.
Balthassar a Messana, 787.
Baluze, 369-370.
Bambacari (C. N.), 271.
Banchero (Guis), 611.
Bandini (Aloys), 940.
Bandini (Aug. Mar.), 584.
Banier (Abbé), 1543.
Baour-Lormian, 1303.
Baptista Venetus, 765.
Baratta, 1180.
Baravelli, 576.
Barbarano (Franc.), 927.
Barberini (Le card.), 937.
Barbié du Bocage, 111.
Barbier de Montault (X.), 198, 203, 610, 617, 624.
Bargès (Abbé J. L.), 1677.
Barneaud, 1019.
Barneval (Aug.), 329.
Baronius, 626-627, 727, 983.
Barrau (J. B.), 203.
Barret (Jacques), 400.
Barrington de Fonblanque (Edw.), 1260.
Barski (Vassili Gregorovitch), 1347.
Barsoukov (Nicolas), 1347.
Barth (Dr H.), 1241.
Barthélemy (A. de), 1375.
Barthélemy Saint-Hilaire, 1015.
Bartholinus (Th.), 166.
Bartoletti (Tommaso), 582.
Bartoli (Ad.), 1138.
Bartoli (Bald.), 278-279.
Bartolini (Dom.), 280, 561, 1753.
Bartolomeo Dionigi da Fano, 571.
Barueth (J.), 1596.
Bassi (Alex.), 1665, 1731, 1780.
Basnage, 628-629.
Bastelaër, *voyez* Van Bastelaër.
Bathory (And.), 779.
Batissier (L.), 1202.
Baudelot de Dairval, 1097.
Baudicour (L. de), 1771.
Baudouin, 456.

Baudon (Ad.), 573.
Baudrand (M. A.), 1032, 1046.
Baudrillart (H.), 1030.
Baur (C.), 507.
Baute (J.), 1711.
Bayet, 946.
Bayliss (Wyke), 154.
Beaoudos (Jean), 962.
Beatillo, S. J. (Ant.), 540-541.
Beaucourt de Noortvelde, 864.
Beaugrand (Augustin), 531.
Beaugrand (Félix), 1531.
Beautemps-Beaupré (Ch. Fr.), 1212.
Beauvau (H. de), 1532.
Beauvois (E.), 1016, 1275, 1308.
Beauvoisin, 1177.
Bebenbourg, *voyez* Léopold.
Becharia (Ant.), 37-38.
Beckeberg, 1319.
Becker (P. W.), 1778.
Bède le Vénérable, 30, 1365.
Bédouët (Z.), 262.
Beheim (Geo. Chr.), 581.
Beheim (Io. Car.), 581.
Beissel, S. J. (St.), 987.
Beke (Charles), 1 72.
Belengier, 1793.
Belesta (Jean de), 1448.
Beletbus (J.), 386.
Belgiojoso (Princesse), 1677.
Belgrano (L. T.), 1095.
Belin, 941.
Bell d'Antermony (J.), 1150.
Bellani (A.), 197.
Bellefond, *voyez* Linant.
Bellenger (Henri), 1138.
Bellio (Villore), 1095.
Bellomo (Mgr G.), 607.
Bellorosius (Thomas), 402-403.
Belon (P.), 1464-65.
Beltraminus (N.), 323.
Bénard, 1534.
Benetti (Antonio), 1535.
Bengesco (Grég.), 984.
Benjamin de Tudèle, 1081, 1343, 1353, 1384-86.
Benjamin II (Israel Joseph), 1645.
Benoist, 640-641.
Benoist (René), 1501.
Benoît XI, 684.
Benoît XIV, 384, 424.
Benvenga (Mich.), 1169.
Benzelius (J.), 1641.
Berchet (Guglielmo), 1095, 1168, 1847.
Berdini (Vinc.), 1536.
Berg (Alb.), 1184.

Berg (Henri), *voyez* Suso.
Bergame (G. Ph. de), *voyez* Foresti.
Berger (Élie), 687.
Berger (Samuel), 108.
Bergeron (Pierre), 1080-1081, 1353.
Berggren (J.), 1711.
Bergmann (Fr. Guill.), 1314.
Bergstrand (P. W.), 1749.
Berlioux (E. F), 1106, 1299.
Bernal de O'Reilly (Antonio), 1729.
Bernard (S^t), 16, 333, 340.
Bernard le Sage, 1343, 1379.
Bernardi (Jacopo), 1733.
Bernardino da Montefranco, *voyez* Montefranco.
Bernouilli (A.), 1453.
Berta (G.), 186.
Berthet, S. J. (Jean), 1569.
Berthod, 1229.
Bertius (P.), 1033, 1041.
Bertolotti (Gius.), 874.
Bertou (Comte Jules de), 1646, 1668.
Besançon (P. B.), 618.
Bescapé (Carlo), 913.
Beskow (Gust. Em.), 1746.
Besozzi (Raim.), 1597.
Besson, S. J. (Joseph), 1537.
Beumer (J.), 1712.
Beuteln (Tobias), 1034.
Bianchi (Isid.), 578.
Bianchini (G.), 261.
Bianco (Noé, franciscain), 1415-1427.
Bianco (Noé, servite), 1467.
Bianconi (A.), 197.
Bianconi (Gio Bat.), 887.
Bianconi (Gius.), 1139.
Biard (F.), 1291.
Biel (Gabriel), 337.
Bignon (Jérôme), 364.
Biliotti (Ed.), 1185.
Bima (Pal. Luigi), 875.
Binos (L'abbé de), 1598.
Binterim (A. Jos.), 1842.
Biraghi (Luigi), 587.
Biragus (Al.), 908.
Birch (Samuel), 1725.
Birlinger (Ant.), 1434.
Bischoff, 1035.
Bissel, S. J. (Jean), 1592.
Björn (C. A.), 398.
Blampignon (Em.), 663.
Blanc (Vincent), 1036.
Blasius (J. L.), 1029.
Block (De), 1299.
Blot (Le P.), 296.
Blount (Sir Henry), 1151.

Bochart (Mat.), 424.
Bock (Fr.), 621-622, 1839.
Boece de Bolswert, 1821-23.
Boëm (Jean), 1082-1084.
Böttcher (C. Jul.), 823.
Boileau (Abbé J.), 335.
Boissoudy (A. de), 618.
Boisen (L N.), 1746.
Bolintineanu, 1750.
Bollandus (Joannes), 450, 457.
Bolling (J.), 953.
Bombelli (Rocco), 197.
Bona (Jean), 385.
Bonaccioli (Pierre), 808.
Bonafede (Gios.), *voyez* Buonafede.
Bonaventure (Saint), 306.
Bonfrerius, S. J. (J.), 111.
Boniface VIII, 671, 685.
Bonis (Joseph de), 361.
Bonnardot (Fr.), 1383.
Bonnecase (R. A. de), 1210.
Bonnefoi (E.), 1018.
Bonnelière (Abbé F.), 1678.
Bonneserre de S. Denis, 1546.
Bono (Hieron. de), 899.
Bonucci, S. J. (A. M.), 307, 565, 710.
Bonvalot (Guillaume), 1250.
Boor (Ch. de), 985.
Borch (Comte de), 1213.
Bordeaux (Raym.), 487.
Bordone (Bened.), 1037.
Borg (Dom Girolamo), 554.
Borgia (S.), 199, 720.
Borgo (Franc.), 1642.
Borkowsky (L.), 1499.
Borrer (Dawson), 1725.
Borrioni (Splandiano), 1824.
Bortolan (D.), 171.
Boschini (Marco), 1186.
Bosio (J.), 205, 206.
Bosquet (Franc. de), 704.
Bossi (Le ch^{er}), 152.
Bossuet, 336.
Bosvieux (A.), 518.
Bosworth (J.), 1123.
Botero (Giac.), 224-225.
Botnya (J. et Tj. van), 1513.
Botvidus, 983.
Bouche (Honoré), 281.
Boucher (Le P.), 1825.
Boudinius (J.), 120.
Bouelles *ou* Bouilles (Ch. de), 308.
Bouhours, S. J., 513.
Bouix (Marcel), 803, 806.
Bourassé (Abbé J. Fr.), 534, 1678.
Bourdais (L'abbé), 1303.

Bourgault-Ducoudray (L. A.), 1678.
Bourmont (Cte Am. de), 430.
Bové (N.), 1678.
Bovenschen (A.), 1402.
Bovet (Félix), 1679.
Boyer d'Eguilles, 798.
Bozzoni (Domin.), 809.
Bracara (M. von), *voyez* Martin.
Brachfeld (J. M. von), 1317.
Brack (C.), 1095.
Brady (W. Maziere), 861.
Bræm (And.), 1679.
Bralion (le P. de), 547.
Branca (Gae.), 1146.
Brand (Adam), 1256.
Brandt (Sébastien), 17-18, 134.
Brau de Saint-Pol Lias, 1272.
Braun (D^r St.), 1712.
Breitenbach (Jean de), 365.
Bremer (Frederika), 1187, 1211.
Brémond (Gabriel), 1538.
Breton, 1647.
Bretschneiider (E.), 1125.
Breltning (Hans Jak.), 1468.
Breuvery (J. de), 1771.
Brèves (Savary Lancosme de), 1539.
Breydenbach (Bern. de), 19, 1428-29.
Briano (Giorgio), 1805.
Brigitte (Sainte), 7.
Brimont (A. de), 702.
Brion (Martin de), 1469.
Brischar (J. A.), 708.
Brixia (Fort. a), 361.
Brizio de Bra (Paul), 790.
Brocard, *voyez* Burchard de Monte Sion.
Brocchi (Gius. M.), 584.
Brogi (Giacomo), 1806.
Bronchorst (Ev.), 1029.
Bronte, *voyez* Gesualdo.
Brouillet (A.), 144.

Brückl (Jak.), 1378.
Bruel (A.), 748.
Brugsch-Pacha (H.), 1694.
Bruin (Georges), 1038.
Brun (H.), 1746.
Brunati (G.), 202.
Brunet (G.), 469.
Brunner, S. J., 458.
Brusch (Gaspard), 401.
Bruun (Ph.), 1128.
Bruun (F.), 1445.
Brydone, 1213.
Bscheider (Fr. Gratus), 1596.
Buccelinus (Gab.), 753.
Buchon, 1091.
Buchta (J. L.), 128.
Buet (Ch.), 1229.
Bugati (Gaetano), 496.
Bülow (Bon H. von), 1148.
Bundi (Jakob), 1470.
Buonafede (Giuseppe), 186, 198, 542.
Buondelmonti (Chr.), 1188.
Buonfanti (P.), 1492.
Buonfigli (Nicolo Aurifico), 315.
Burchard de Biberach, 20.
Burchard de Monte Sion, 1330-1331, 1340, 1387-88.
Burchard de Strasbourg, 1389.
Burckardt (J. L.), 1242.
Bursian (C.), 1189.
Burton (R. F.), 1351, 1765, 1773.
Busbec *ou* Bousebecques (A. G. de), 1170-1171).
Busch (Moritz), 1712.
Buselli (Remigio), 1665-66, 1668, 1733.
Bussierre (B^{on} Th. de), 600, 1648.
Bustis (B. de), 238.
Buxtorfius (Joh.), 937.
Buydecki (Flor.), 780.

C

Cabrera (Franc.), 667.
Caccia (Franc.), 791.
Caffi (Mich.), 588.
Caglieri (Liborio), 459.
Caietano (Const.), 695.
Caietano (Jean), 695.
Calà (C.), 161.
Calahorra (J. de), 1786.
Calcagnino (A.), 176, 526.
Calixte (le patriarche), 223.
Callier, 1679.
Calvin, 425, 427.
Camera (Nic.), 490.

Camerarius senior (J.), 121, 338, 426.
Camillo di Ausilio, 766-767.
Campanella (Th.), 1320.
Campani (Jean), 21-22.
Campi (P. M.), 564, 919.
Campori (S.), 671.
Camus (Just.), 778.
Camuzat (Nicolas), 841.
Canale (M. Gius.), 1149.
Cancellieri (Fr. Jérôme), 122.
Canciani (F. Paul.), 1017.
Canisius (H.), 629.
Cantel, S. J. (Pierre J.), 876.

Cantelli (M.), 305(1).
Canut de Westerås, 34, 1831-32.
Caoursin (Guillaume), 25-26.
Capece (Gius. di Capua), 611.
Capella, *voyez* Marcianus.
Caponsacchi-Pantaneti (P.), 309.
Cappelletti (Gius.), 608, 1243.
Cara (Pierre), 28.
Caraccioli (Anton.), 525.
Caracciolo (Cesare d'Engenio), 911.
Carafa (Gr.), 255.
Caramuel (Juan), 1754.
Carayon, S. J. (A.), 798-799, 1537.
Cardella (L. M.), 159.
Cardi (Paolo Maria), 920.
Careri (G. F. Gemelli), 1152.
Carini (Isid.), 693.
Carjaval (Bern.), 29.
Carles (Alc.), 176.
Carli (Gianrinaldo), 1103.
Carmoly (E.), 1335, 1386, 1404.
Carne (John), 1649.
Carné (Louis de), 1272.
Carranza (B.), 666.
Carrière (A.), 625.
Carrion (L.), 1170.
Carroccio (Gab.), 280.
Cartari (Carlo), 383.
Cartari (Vinc.), 1005.
Cartier (E.), 126, 325, 573.
Casale (Antonio), 888.
Casati (C. Charles), 1029.
Casola (Pietro), 1430.
Caspari (C. P.), 321.
Cassini da Perinaldo, 1734.
Cassiodore, 30.
Castel (Jacques du), 1539.
Castela (Henri), 1471.
Castellan, 1177, 1190.
Castellionæus (Io. Ant.), 907.
Castiglione (J. Ant. de), *voyez* Castellionæus.
Catalani (Michel), 902.
Catena (Girolamo), 725.
Cateni (P. F.), 198.
Catherine de Sienne (Sainte), 495.
Cauchy (Eugène), 1029.
Caumont (le S^r de), 1431.
Cavalieri (Marc.), 538.
Cavallucci (V.), 256.
Cebès de Thèbes, 14.
Cellarius (Christ.), 1039.
Celler (L.), 1734.
Cellier (M.), 203.
Centurione, S. J. (A. M.), 805.
Cerbelli (D.), 261.

Cerf (abbé), 262.
Ceriani (A. M.), 106.
Cernoti (Leonardo), 1752.
Césaire d'Heisterbach, 461-462.
Césarée, *voyez* Eusèbe de Césarée.
Chabas (F.), 1121.
Chaillé-Long, 1239.
Chamard (François), 398, 493, 536, 618, 763, 1029.
Chambers (Rob.), 1472.
Champagnac (M.), 447.
Champagny (comte de), 1030.
Champier (Symphorien), 31.
Chantrel (J.), 698.
Charencey (H. de), 1288.
Charles de Saint-Paul, 642.
Charlevoix, S. J. (F. X. de), 800.
Charmes (Gabriel), 1679.
Chastelet (D. du), *voyez* Desboys.
Châteaubriand, 1650.
Chatellain (V.), 801.
Chauvet (Ad.), 1850.
Chavannes (E.), 623.
Chemnicius (M.), 425.
Chérancé (le P. Léop. de), 510.
Cherle (Bened.), 753.
Cheronnet (J. F.), 857.
Chevalier Lagenissière (Louis), 842.
Chevremont (Eug.), 517.
Chieregato (Leonello) 29, 32.
Chiesa (Fr. Aug. della), 877.
Chifflet (J. J.), 174, 290.
Chlapkine (J.), 1391.
Chodzko, 463.
Choisy (abbé de), 1257.
Christ (Tomasino), 1734.
Christophe l'Arménien, 1315.
Christophorus à Sichem, 464.
Chrysanthos (le patriarche), 1599-1600.
Chrysanthos Kamarès *ou* de Brousse, 1601-1602.
Chrysantos Notara, 1040.
Churton (H. B. Whitaker), 1725.
Chytræus (David), 643-644.
Ciabilli (Gior.), 266.
Ciaconius (Alph) *ou* Chacon, 667.
Ciampi (I.), 1544.
Ciampini (J.), 213.
Ciantar (J. Ant.), 550, 554.
Ciappolini (D.), 268.
Cibrario (Louis), 1019.
Ciera (Paulo), 728.
Cimatti (E.), 143.
Cionacci (Franc.), 584.
Cissey (Louis de), 768.
Ciuffarini (J.), 156.

Civezza (Marcellino da), 793, 1451.
Clair, S. J. (Ch.), 253.
Clavijo (Ruy-Gonzalez de), 1126-1128.
Clément V, 668.
Clément VII, 722.
Clenard (Nicolas), 1354.
Clericus (Joh.), 109.
Clermont-Ganneau, 1651-1653, 1778.
Clerval, 715.
Clichtove (Josse), 239.
Clodius (Christ.-Conr.), 1396.
Clusius, *voyez* L'Écluse.
Cluver (Phil.), 1041.
Cocheris (Hipp.), 849.
Cochet du Vaubesnard (Victoire), 1679.
Cochlæus (Jean), 427.
Cock (Enrique), 1210.
Codrington (Rob.), 416.
Coffinet (l'abbé), 616.
Colas (l'abbé), 487.
Coleti, S. J. (J.), 475, 502.
Coleti (Nicolas), 918, 923.
Coljer (Justinus), 1172.
Collazio (P. App.), 721.
Colliander (Z.), 1641.
Collin de Plancy (J. A. S.), 428.
Collina (Boni), 567.
Collius (Fr.), 137.
Colonna Ceccaldi (G.), 1208.
Combefis (Franc.), 936.
Comber (Tho.), 937.
Comestor (Pierre), 30.
Comidas de Carbognano (Cosimo), 1173.
Comnène (Jean), 942.
Compiègne (marquis de), 1239.
Conder (C. R.), 1361, 1725.
Conrady (Lud.), 1356.
Constantin Porphyrogénète, 1180.
Constantios I., 966, 985.
Contarini (Ambr.), 1081.
Contelori (Felice), 705.
Conti (G. B.), 159.
Conti (Nicolas), 1088.
Conti (Vincenzo de), 1293.
Coquerel (Alphonse), 1680.
Coquerel (A. J.), 1670.
Corblet (abbé), 844.
Cordemoy (abbé de), 429.
Cordier (Antoine), 532.

Cormenin (Des Hayes de), 1540.
Cornaro (Flaminio), 274, 872, 924-925, 943.
Cornette (le P.), 1290.
Corona (Vittorio del), 1734.
Coronelli (V.), 1054.
Coronelli (P. M.), 1191.
Corrieris (L. de), 165.
Cortambert (E.), 1042, 1272.
Corvino (Raf.), 277.
Cosimi (Hur.), 275.
Costa (And.), 151.
Costadoni (Anselm.), 752.
Costanzi (Guil.), 601.
Coste, 1227.
Costo (Tomaso), 709.
Cotolendi (Charles), 810.
Cotovicus, *voyez* Kootwyck.
Cottret (l'abbé), 1185.
Coulomb (Abbé P. F.), 1680.
Coupigny de Louverval (comte de), 1679.
Courtalon-Delaistre, 711.
Coussemaker (E. de), 1779.
Coustant (Pierre), 669-670.
Cox (Sam. S.), 1237.
Coxe, 1258.
Coyette (abbé A.), 1779.
Crasset (Jean), 1830.
Creagh (James), 1725.
Creccelius (Jean), 734.
Crescenzi (Gio. Pietro de'), 735.
Creyghton (Rob.), 979.
Crispi (L.), 304.
Crombach (H.), 133.
Crozes (Hipp.), 857.
Cruice (P. M.), 858.
Crusenius (Nic.), 811.
Cugnoni (Jos.), 720.
Cureton), 129, 465.
Curtius (F. C.), 166.
Curzon (Rob.), 986.
Cuyler (Th. L.), 1237.
Cypræus (J. A.), 824.
Cyprian (E. S.), 138, 160.
Cyprien (le P.), 1778.
Cyprien de Tarvisio, 1509, 1576.
Cyriaque d'Ancône, 1192.
Czimmermann (Jo.), 132.
Czinár (Maurus), 738.

D

Daisenberger (J. A.), 232.
Damalewicz (St.), 301.
Damas, S. J. (A. de), 1680.

Damoiseau (Louis), 1680.
Danckaert (L.), 1354.
Dandini, S. J. (Girolamo), 1473, 1766

Daniel l'Higoumène, 1339, 1347, 1390-91.
Daniel (Herm. Adalb.), 392.

Daniel a Virgine Maria, 402.
Danilef, 575.
Dantier (Alphonse), 747.
Dapontès (Const.), 944.
Dapper (Olivier), 1193-1195, 1541.
Dard, 663.
Darsy (F. I.), 843.
Daucha (Fr.), 326.
Daugaard (J. B.), 736.
Daurignac (J. M. S.), 513.
Dauzats (A.), 1681.
David (Jules), 1689.
Davin (V.), 189.
Davis (E. J.), 1244.
Debidour (Antonin), 1291.
Deblaye (Abbé L. F.), 618.
De Bruyn (Cornelis), 1542-1543.
De Bruyn (Mar. Diderich), 1751.
Dechristé (Louis), 618.
Decloux, 214.
Decurtins (C.), 1470.
Defeller (L'abbé), 1228.
Defrémery (C.), 1148.
Dehio (George), 839.
Delaborde (H. François), 504.
Delaporte (Le P. A.), 306.
Delarc (Abbé), 699.
Delattre (Le P.), 663.
Delaumosne (Abbé), 515.
Delepierre (O.), 146.
Delessert (Édouard), 1675.
Delestre-Poirson, 1214.
Delisle (Léopold), 618, 704, 1669, 1846.
Della Valle (Pietro), 1544.
Dello Russo (Michele), 231, 261.
Delpechin (Paul), 1680.
Delpit (Martial), 173, 1332.
Demaison (L.), 618.
Demarsy (A.), 1666, 1779.
Demetracopoulos (And.), 945.
Demeunier, 1213.
Démidoff (A. de), 1167.
De Orgis (A. Mª), 268.
Derenbourg (J.), 1654.
Derveaux, 1171.
Derveil, 1213.
Dervio (E. di), *voyez* Eufrasio.
Desboys du Chastelet, 1153.
Deschamps (Abbé A.), 507, 1653.
Desdevizes-du-Dezert (Th.), 1107.
Deseriz (Jos. Inn.), 870.
Desimoni (C.), 611, 1095, 1145, 1149, 1274, 1295, 1446.

Desmaze (Ch.), 219, 763.
Destiolles (N. I. S.), 180.
Deusdedit, 367.
Deutchmann (A.), 132.
Deutinger (M. von), 233.
Devrient (E.), 233.
De Waël à Vroneystein, 223.
Deycks (Ferd.), 1397.
Diacre (Pierre), 762.
Dicuil, 1044.
Diericx (François), 431.
Digard (G.), 685.
Dini (Ben.), 305(4).
Dini (Francesco), 493.
Dion Chrysosthome, 36.
Dionysius Afer, 37-38, 1116.
Di Pietro (S.), 186.
Dirks (Servais), 1239.
Dixon (Will. Hepworth), 1746.
Djellal-eddin al Siouti, 1755.
Döderlein (J. Alex.), 570.
Dögen (Adam), 406.
Dönniges (Hugo), 838.
Does (Joris van der), 1354.
Dombrowski (Eug.), 987.
Domenech (Abbé), 1382.
Domenechi (D.), 139.
Domenichelli (Teofilo), 1405.
Dominique de Vicence, 68.
Donado (Gio. Batt.), 1535.
Donnelly (Ign.), 1300.
Donno (O. de), 264.
Dorlodot des Essarts, 1681.
Dorna (Marco), 577.
Dorszewski (Casimir), 1750.
Douais (Abbé C.), 306, 821.
Doubdan (Jean), 1545.
Doublet (Jacques), 507, 755.
Douët d'Arcq (L.), 219.
Doury, 214.
Doyotte (F.), 330.
Drach (P. L. B.), 204.
Dragoni (Ant.), 570.
Drake (Ch. F. Tyrwhitt), 1765.
Dreves, S. J. (G.), 953.
Drew (M. Fr.), 234.
Drexel, S. J. (Jérémie), 310-311.
Driesche (Jean van der), 312, 1475.
Drival, *voyez* Van Drival.
Dru (Léon), 1272.
Drusius *voyez* Driesche.
Du Blioul (Jean), *ou* Dubliulus, 1475.
Dubois Maisonneufve, 1734.
Du Cange, 527.
Duchesne (Abbé L.), 696, 946.
Duclos (Ad.), 501.

Duclos (Abbé H.), 756.
Dufour (A. H.), 1806.
Dufour (Julien Michel), 1029.
Dugdale (Sir Will.), 737.
Du Guet (J. J.), 313.
Dumas (Adolphe), 1681.
Dumas (Alexandre), 1681.
Dupanloup, 358.
Duparay (B.), 748.
Du Peyrat (G.), 215.
Duployé, 294.
Dupuis (Abbé André), 1681.
Durand (Abbé A.), 576.

Durand (Guillaume), 386.
Durand (Julien), 144, 1681.
Duro (Ces. Fer.), 1295.
Du Rozel du Gravier, 1546.
Dusaert (Le colonel), 1288.
Duthilleul (H. R.), 1490.
Dusevel (H.), 618.
Dutertre (Le P.), 1285.
Dutripon (F. P.), 104.
Dux (J. Mart.), 730.
Dykes (J. O.), 656.
Dyonisios, 1043.

E

Eberlé (L.), 175.
Ebers (Georg), 1690-91.
Ecchellensis (Abraham), 937.
Eck (Jean), 373.
Eckbert de Schonau, 374.
Ecklin (Jean), 1476.
Edelmann (Hirsch), 1392.
Egli (J. J.), 1045.
Egmond (J. Æ. van), 1603-1604.
Egron (A.), 1817.
Eguilles, *voyez* Boyer.
Ehingen (Georg von), 1432.
Eidous, 1612.
Einenkel (Eugen), 451.
Eiselin (Georges), 506.
Elgner (W.), 1712.
Elie de Pesaro, 1192.
Eliséef, 1347.
Ellis (Sir Henry), 1523.
Enault (Louis), 1681.
Encina *ou* Enzina (J. del *ou* de la), 1503.
Engel (Samuel), 1277-1278.
Engelbert d'Admond, 401.
Enger (Max.), 243.
Enoch de Jérusalem, 402-403.
Enzler (Leonh.), 1840.

Erhardus à Winheim, 624.
Ernouf (baron), 1250, 1539.
Erra (C. A.), 272.
Escobar (André de), *voyez* André.
Escobar, S. J. (Antonio de), 240.
Espada, *voyez* Jiménez.
Estancelin (L.), 1129.
Estevan, S. J. (Martin), 1756.
Esthori ben Mose ha-parach, 1392.
Etheridge (J. W.), 1719.
Ettmüller (Ludwig), 548.
Eucher (S¹), 1348.
Eufrasio di Dervio, 261.
Eurenius, 1297.
Eusèbe, 111.
Eusèbe de Césarée, 465, 1370.
Eutychius, 947.
Evelt (Jul.), 837.
Everhard (Nic.), 1023.
Evers (G. F. Car.), 795.
Evliyâ Effendi, 1547.
Ewald (P.), 679, 698.
Expilly (Claude), 1021.
Eyb (Albert de), 39.
Eyriès (J. B. B.), 1085, 1242.
Eytzing (Michel d'), 1477.

F

Faber (Jean), 983.
Faber (Pierre), 803.
Fabiani (Gius.), 607.
Fabianich (Donato), 797.
Fabre (Ad.), 186.
Fabri (Félix), 1433-34.
Fabricius (Jean Albert), 339.
Fagniez (Gust.), 618.

Faidherbe (Général), 1240.
Failoni (Giovanni), 1734.
Falconar (David), 1605.
Falcone (Giuseppe), 769.
Falconer (Will.), 553.
Falconi (N. Carm.), 544, 545.
Falk (Val. Al. Fr.), 624.
Fallmerayer (J. Ph.), 1692-93.

Fassbender (Peter), 1452.
Faucon (M.), 685.
Fauvel de Doudeauville, 1586.
Favilli (A.), 254.
Fazio (Gio. Bart.), 903.
Feddersen (C.), 1746.
Felibien (Dom Michel), 757.
Fénelon, 1318.
Féraud (J. J. M.), 618.
Fergusson (James), 1720-1721.
Fermanel, 1571, 1586.
Fernández-Guerra (Aureliano), 524.
Fernandez de Santaella (R.), 40.
Ferno (Michel), 21.
Ferrand, S. J. (Jean), 432.
Ferrari (Phil.), 466, 1046.
Ferrario (Giul.), 589, 1807.
Ferraro (Giuseppe), 1451.
Ferri (Ga.), 283.
Feyerabend, 1341-1342.
Fiacchi (Luigi), 1777.
Ficin (Marsile), 14.
Fick (E.), 425.
Ficker (Jul.), 825.
Filippini (Gio. Antonio), 404.
Filippo Maria di Napoli, 567.
Filvaate, voyez Aristea.
Fineschi (Vincenzio), 1409.
Fioravanti (Gius. Ant.), 602.
Fiorentini (Fr. M.), 474.
Fischer (Alb. Fr. Wilh.), 394.
Fisher (Th.), 1092, 1847.
Fisquet (H.), 842.
Fita (Fidel), 524, 702.
Flaminio (T.), 1735.
Flamure (H. de), 842.
Flandrin (Le P.), 105.
Flavigny (Comtesse de), 495.
Flavio (Biondo), 41.
Fleck (F. F.), 128.
Fleischer (H. L.), 1701.
Fleming (George), 1260.
Fleury (Éd.), 294.
Fleury (P. de), 848.
Fliedner (Th.), 1712.
Fliscus (Georges), 42.
Florez (Henrique), 620.
Florianus (M.), 523.
Fonblanque, voyez Barrington de F.
Fonclayer (De), 1681.
Fondeur (Fr.), 1047.
Fondra (Lorenzo), 569.

Font (François), 845.
Fontanini (J.), 193, 433.
Fontanus (Nic.), 166.
Foppens (J. J.), 865.
Forbin (Comte de), 1257.
Foresti de Bergame (Jacques-Philippe), 43.
Formaleoni (Vinc.), 1093.
Forot (Abbé), 1682.
Fortune (Rob.), 1261.
Fouard (C.), 123.
Fouque (V.), 848.
Foussé de Sacy (Mme), 1239.
Fraas (Oscar), 1712.
Frachebourg (Jean Joseph), 1682.
Francesco di Sicilia, 1524.
Franchetti (Gaet.), 590.
Franciotti (Cesare), 585, 1826.
Francisco Jesus Maria de S. Juan del Puerto, 1789.
Franciscus Bonæ Spei, 778.
Franck (J. A.), 128.
Franck (Séb.), 1333.
Franck (Wilh.), 1844.
François de Sales (S^t), 253.
François Régis (Le P.), 763.
Franz (Ed.), 703, 987.
Frassinetti (G.), 253.
Freher (Marquard), 1023.
Frescobaldi (Leonardo), 1394-95.
Fresnel (R. P.), 1289.
Friedberg (Aem.), 366.
Friedenfels (Am.), 812.
Friedrich Karl de Prusse (Prince) 169
Frilley (G.), 1180.
Fritsch (J. Gottl.), 1289.
Frizon (Pierre), 846.
Froes (Luis), 1262.
Fromond (Claude), 578.
Frosini (Fr.), 565.
Füesslin (Casimir), 467.
Fuhr (Max.), 1108.
Fuhrmann (R. P. Mat.), 555.
Fulda (Hermann), 208.
Fulin (Rinald), 1149.
Fuller (Thomas), 1548-49.
Fumagalli (Anselmo), 878.
Fürer (Christ.), 1478.
Furnival (Fr. J.), 448, 451.
Furno (Anast.), 1834.
Furrer (Konrad), 1713.
Füssly (Peter), 1524.
Fuxhoffer (Dam.), 738.

G

Gabourd (Amédée), 449.
Gabriel de Benoît, 1639.
Gabriel de Chinon, 948.
Gabriel de Flogny ou de Coigny, 1316.
Gabriel de Pécsvárad, 1479.
Gachet (Émile), 1438.
Gaeta (Catello), 1735.
Gaetani della Torre (Cesare), 531.
Gaetano da Sta Teresa (Le P.), 152.
Gaffarel (P.), 1300.
Gailliard (J.), 1414.
Galbert de Bruges, 501.
Galeani Napione di Cocconato (G. F.), 1292-1293.
Galeron (Fr.), 618.
Galibert (Léon), 1672.
Galitzin (Le prince A.), 547, 983, 987.
Galizia (C. M.), 277.
Galland (A.), 1174.
Gallucci, 511.
Gambacurta (Jac.), 139.
Gamerius (H.), 434-435.
Gams, 645.
Garcia (Manuel), 1788.
Garcia de Menezès, 44.
Gardane (Ange de), 1245.
Gargani (G.), 822.
Gargiolli (Carlo), 1395.
Garibaldi (Carlo), 163.
Garlande (Jean de), 45, 340.
Garnier (J.), 843.
Garnier (Fr. X. von), 1694.
Garofani (A. M.), 594.
Garruba (Mich.), 264, 885.
Gaspar de S. Bernardino, 1550.
Gasparrini (N.), 1735.
Gassendi (P.), 1229.
Gassius (Fr. Guill.), 986.
Gattico (J. B.), 361.
Gatt Said (Giovanni), 554.
Gaucheraud (H.), 1682.
Gaudenti (Ant.), 283.
Gaudry (Albert), 1197, 1682.
Gauthier (Jules), 175.
Gautier de Térouane, 497.
G. B. F., 276.
Gedde (W. Kleist), 1749.
Gedeón (M. I.), 949-950.
Geisheim (F.), 1452.
Gélase, pape, voyez Caietano.
Gelderman (Joan.), 444.
Gemelli Careri, voyez Careri.

Gemma Frisius, 1031.
Gent, voyez Van Gent.
Georg (Johann), 1774.
Georgel (L'abbé), 1162.
Georges (Étienne), 711.
Georges de Mitylène, 223.
Georgiewitz, 1480.
Georgirenes (J.), 1209.
Géramb (Marie Joseph de), 1682.
Gérard (R. P. Fr.), 821.
Gérardy Saintine (P.), 1850.
Gerberon (G.), 187, 188.
Gerbert, 697.
Gerdil, 576.
Gerhoh de Reichersberg, 989.
Germain (A.), 840.
Germann (D. W.), 951.
Gerson (Jean), 51, 327, 340, 727, 987.
Gervasi (F. A.), 261.
Geslin (P.), 646.
Gesualdo da Bronte, 298.
Geubels (Marinus), 1606.
Gewold (Chr.), 1365.
Giambattista di S. Alessio, 770.
Gibbon, S. J. (R), 181.
Gihan Numa, 1246.
Gildemeister (J.), 191, 192, 556, 1412, 1593.
Gilles (J.), 574.
Giorgi (Domen.), 715.
Giorgio (Ignazio), 549, 551-552.
Giovanni (V. di), 1524.
Giovardi (Vict.), 537.
Giraud (Franc.), 990.
Giraudet (Gabriel), 1481.
Giuseppe Arcangelo, 1794.
Giuseppe de Simone, voyez Simone.
Giustiniani (Bernardo), 46.
Giustiniani (Leonardo), 543.
Giustiniani (Michele), 952.
Glanius, 1161.
Glareanus (Henr.), 718.
Glasbergerus (Nic.), 795.
Glasenap (F. de), 132.
Glatz (E. J.), 1844.
Glazemaker (J. H.), 1088.
Glielmo (A.), 231.
Gloyer (J. N.), 1629.
Gobineau (Comte A. de), 1250.
Goblet d'Alviella, 1250.
Godefroy Menilglaise (Mis de), 1439.
Godran (Ch.), 227.
Goes (D. de Estrada de), 1084, 1089.

Goethals (Arn.), 145-146.
Gœzius (G. H.), 172.
Goldberg (B.), 1192.
Goldonowski (A.), 302.
Goldsmid (Edm.), 1087.
Göltnitz (Abr.), 1215.
Gomez (Vincente), 1459.
Gonnet (Philippe), 985.
Gonon (R. P. Benoist), 470.
Gonsales (Ant.), 1551.
Gonzati (Bern.), 611.
Gonzati (Lod.), 611.
Goodrich (Aaron), 1294.
Goodwin (Ch. W.), 1121.
Gooris (Jean), *voyez* Grégoire.
Goronne (J.), 864.
Görres (J. von), 192.
Gosselin (J. E. A.), 219.
Gottfried (Joh. Ludw.), 1048.
Gouilloud, S. J. (A.), 509.
Goujon (J. F.), 1552.
Gourgues (Vte de), 173.
Goy (Steph. de), 1413.
Gråberg de Hemsö (J.), 1230.
Gradenigo (Gio: Hieron.), 891.
Graesse (Théod.), 472, 1049.
Graf (Arturo), 231, 1308.
Grammatica (Gab.), 905.
Granata (Franc.), 896.
Grand (L'abbé), 1817.
Grandi (Carlo), 491.
Grandidier (Ernest), 1291.
Granjean, 684.
Grasset d'Orcet, 1682.
Grassi (Alf.), 1175.
Grassi (Luigi), 903, 1459.
Gratarola (G.), 1096, 1098.
Gratioli (P.), 591.
Gratz (Lorentz Clem.), 1695.
Gravier (Ch.), 1149.
Greban (Arnoul), 226.
Grégoire VII, 700.
Grégoire *ou* Gooris (Jean), 498-499.
Grégoire de Bayeux, 711.
Grégoire de Nysse, 442, 444, 446.
Gregorio Angelerio, 220.
Gregorio, sac. barese, 264.
Gréhan (A.), 1272.

Gretser (J.), 207, 223, 333, 387-388, 443, 832, 1365.
Grimot (L'abbé), 1817.
Gronovius (G.), 1119.
Groote (E. von), 1435.
Gros (L'abbé), 1817.
Grossez, S. J. (J. E.), 485.
Grosso (Stef.), 721.
Grotius (Hugo), 1022.
Grou (J. N.), 330.
Gruberus (Daniel), 1100.
Gruhenhagen (C.), 702.
Grundemann (R.), 1050.
Grundt (Fr.), 1372.
Grynæus (Simon), 1086.
Gualle (Giulio), 595.
Guarmani, 1667.
Guasti (Ces.), 132, 722.
Gubernatis (A. de), 1149.
Gucci (Giorgio), 1395.
Guelfone (D. M.), 267.
Guélon (Abbé), 618.
Guénebault (L. J.), 471.
Guérin (L. F.), 189.
Guérin (Victor), 663, 1209, 1655-1656, 1665, 1667, 1669-70.
Guerin (Yan), 536.
Guerra (Almerico), 159.
Guerra (Aloys.), 678.
Guerraz (Claude), 1668.
Guerrier, 731.
Guet, *voyez* Du Guet.
Guevara (Antonio de), 314-316.
Guidi (J.), 484.
Guidobaldi (Domen.de'), 759.
Guilhermy (E. de), 804.
Guillaume (Abbé Paul), 758, 759, 762.
Guillaume d'Auvergne *ou* de Paris, 47.
Guillaume de Nangis, 1353.
Guillot de Paris, 1216.
Guizot, 1266.
Gumppenberg, S. J. (G.), 241.
Gunther de Pairis, 341.
Guthe (Hermann), 1364, 1690.
Guylforde (Sir Richard), 1523.
Guyon (L'abbé), 1309-1311.
Guys (Henri), 1768.

H

Habib Risk Allah Effendi, 1767.
Hackett (H. B.), 1180.
Hackspan (Th.), 128.
Hagymasi (And.), 132.

Hahn (Heinr.), 1378.
Haid, 1844.
Haigneré (D.), 144, 289.
Haithon, *ou* Haython, 1081, 1086, 1088, 1328.

Hakluyt (Rich.), 1087.
Hall (Joseph), 1320.
Halliwell (J. O.), 1399.
Halma (François), 1608.
Hamilton (Sir W.), 1217.
Hamme (Liévin de), *voyez* Liévin.
Hammer (J. von), 191.
Hamy (E. T.), 1095, 1279.
Hannon, 1109.
Hansen (der Bruder), 242.
Hansiz (Marc.), 826.
Hanthaler (Chrys.), 760.
Harant de Polmzcz (Chr.), 1482-83.
Harder (J.), 1100.
Hardt (Ant. H. von der), 1609.
Hardy (Jules), 1149.
Harff (Arn. von), 1435.
Harster (Guil.), 485.
Hartinger (Lorenz.), 1696.
Hartmann (Hug.), 235.
Hase (J. M.), 1610.
Hasselquist (Fred.), 1611-1612.
Hassler (Cunr. Diet.), 1434, 1487.
Hauréau (B.), 709-710, 847.
Haussmann de Wandelburg (A.), 1657.
Heaphy (Th.), 154.
Heberer (J. Mich.), 1484-85.
Hedenborg (J.), 1175.
Heidmann (Chr.), 1553.
Heim (H. J.), 1350.
Heinsius (Daniel), 1018.
Helbig (Jules), 625.
Hélyot (Pierre), *voyez* Hippolyte (le père.)
Henichius (Ad. Wilh.), 1396.
Henri de Rimini, 48.
Henrici (Ernst), 1452.
Henricson (Jonas), 1001.
Henricus Pauper *voyez* Arrigo de Settimello.
Henschenius (Godef.), 457.
Hergenroether (Jos. card.), 675.
Hermann (E.), 1020.
Hermann (God.), 1103.
Héron de Villefose (A.), 1653.
Herrmann (J.), 1763.
Herrmenegildo de San Pablo, 813.
Herschell (Ridley H.), 1751.
Hervet (Gentianus), 479.
Hervey de Saint-Denis (M¹ˢ d'), 1279.
Hese (Jean de), 49.
Heunisch (Joh. Fr.), 406.
Heunisch (Gaspard), 406.
Heurlin (Sam.), 575.
Heusinger (C. F.), 822.

Heussen (van), *voyez* Van Heussen.
Heuzey (Léon), 1016.
Heyden (J.), 1502.
Heydenreich (E.), 1372.
Heyman, (Joh.), 1603-1604.
Heyman (J. W.), 1603-1604.
Hidelsheimer (Hirsch), 1713.
Hiéroclès, 647, 1367.
Hiérothée, arch. du Thabor, 1602.
Hilaire (Jacques d'), 317.
Hilaire de Paris, 304.
Hildesheim (J. de), *voyez* Jean de Hildesheim.
Hippolyte (le Père), 739.
Hirsche (Karl), 326-327.
Hirchsfeld (B. von), 1524.
Hoche (Jules), 1683.
Hochstetter (F. von), 1274.
Hoernes (M.), 1300.
Hoffmann (C.), 1359.
Hoffmann (W.), 1715.
Höfler (Const.), 672.
Holandre (J. B. A.), 1658.
Holland (H.), 1177.
Holman Hunt (Mrs.), 1725.
Holowinsky (Ignace), 1737.
Holstenius (Luc.), 937.
Holtzfuss (V. S. F.), 1763.
Holzer, 1842.
Hondius (Jud.), 1058.
Honorius IV, 686.
Honorius d'Autun, 50.
Hoof (Guil. van), 452.
Horn (George), 1265, 1280.
Horozco (Alonso de), 316.
Horst (Gregor), 1511.
Hospinianus (Rod.), 740.
Hottinger (H.), 937.
Houdoy (Jules), 1240.
Houze (Car.), 452.
Howitt (Mary), 1187, 1211.
Huart (Clément), 1683.
Hudry-Menos, 1000.
Huet (Pierre Dan.), 1306.
Huillard-Bréolles, 1667.
Hund (Hans), 1452.
Hurter (Fried.), 106-707.
Husz (Georges), 1486.
Hüther (Christian), 1713.
Huttich (J.), 1086.
Huydecoper (Th. C. R.), 128.
Hyde (Thomas), 1061.

I

Ianus (Dan. Fr.), 1763.
Ibach (J.), 703.
Ibn Haukal (Abu'l Kasim), 1373.
Ibn Schihne, 1148.
Ibo, *voyez* Alfaro.
Ideler, 1066.
Idrisî (al), 1412.
Ignace de Rheinfelden, *voyez* Rheinfelden.
Illyricus (M. Flacius), 395.
Innocent IV, 687.

Ioselian (P.), 954.
Isaac (Saint), 375.
Isaac hebreus, 167.
Isaacs (Alb. Aug.), 1675.
Isambert (E.), 1763, 1850.
Istahkri (Abu Ishak el), 1373.
Istrati, 984.
Iung (J. H.), 436.
Iversen (Volquard), 1527.

J

Jacksh (A.), 989.
Jackson (J. R.), 1100.
Jacob (J. N.), 1833.
Jacob de Saint-Charles (Louis), 673.
Jacob von Bern, 1413.
Jacobs (Fr. H.), 1100.
Jacquemoud (Joseph), 763.
Jacques de Vitry, *voyez* Vitry.
Jacques de Voragine, 472.
Jacquet (Claude), 761.
Jacutius (M.), 168.
Jadart (H.), 619, 702.
Jaffé (Philippe), 679-680.
Jager (Abbé), 707.
Jäger (Chr.), 1554.
James (Col. sir H.), 1095.
Jannelli (Gab.), 897.
János (Erdy), 523.
Janvier (Abbé), 160.
Jean Climaque (S^t), 318.
Jean de Calahorra, 1786.
Jean de Hildesheim, 134, 135, 136.
Jean de Salisbury, 697.
Jean de Trittenheim, 94-95.
Jean de Wurzbourg, 1349.
Jean d'Urbach, 68.
Jean l'Apostole, 243.

Jean Mauropus, 953.
Jean Poloner, 1349, 1453.
Jehuda Leon (Jacob), 1757.
Jenner (Thomas), 1683.
Jérôme (Saint), 111, 1339, 1348, 1377.
Jessen (H. C.), 1746.
Jiménez de la Espada (M.), 1055, 1446.
Jireček (C. J.), 1181.
Joachim de Flore, 407-411.
Joanne (Joannes de), 531.
Joannès (Théod.), 476.
Joannidès (Benjamin), 1738.
Joao Bautista de S. Antonio, 1790.
Jolibois (Abbé), 1301.
Jolyffe, 1683.
Jonas le petit, 1555.
Jones, *voyez* Winter Jones.
Jongelingx (Casp.), 750.
Jorio (Ant. M^a di), 557.
Jorry, 708.
Jouanneaux (Cl.), 1052.
Jourdain (Ch.), 1295.
Jouvin de Rochefort, 1556.
Jules III, 221.
Junckmann (Guil.), 1337.
Jurien de la Gravière, 1273
Jussieu (A. de), 186.

K

Kaid-Ba, 1441.
Kaltbrunner (D.), 1100.
Kaltenbrunner (F.), 674, 679.
Kaltner (J. A.), 1356.
Kamann (J.), 1356.
Karamianz, 703.
Karasch de Zalonkémény (Étienne), 1247.
Karczewski (L. F.), 1739.

Karr (Mme Alphonse), 1413.
Kaufmann (Alex.), 462.
Kautzsch (E.), 1709.
Keinz (Fr.), 797.
Keller (P.), 814.
Kemaloddin Muhammed ben abu Scherif, 1441.
Kemp (Chr.), 1441.

Kempis (Thomas à), 326-327.
Kerner (Heinr.), 703.
Kerval (J. de), 517.
Kervyn de Lettenhove (le B^{on}), 714.
Ketrzynski (von), 485.
Khamm (Corbinien), 827.
Khitrovo (Basile de), 1336, 1347, 1741.
Kiechel (Samuel), 1487.
Kiedrzynski (An.), 299-300.
Kinberg (Joh. Gust.), 731.
Kircher, S. J. (A.), 161.
Kisbergen, *voyez* Van Kisbergen.
Kitchener (H. H.), 1361.
Kittlitz (F. H. von), 1154.
Kitzscher (Jean de), 319.
Klein, 1053.
Klöden (E. F.), 1713.
Kœhler (Io. Bern.), 1380.
Koeler (Fr. Chr.), 1314.
Koenen (J. H.), 701.
Koetsveld, *voyez* Van Koetsveld.
Kögel (D^r), 1359.
Kohl (J. G.), 1290, 1453.
Kobler (Ch.), 203, 515, 1371.
Kolb, S. J. (Greg.), 829.

Köllner (Adolph), 828.
Kondakoff (N.), 1775.
Königsfeld (G. A.), 398.
Kootwyck (J. Van), 1488.
Köpke (E.), 135.
Köpken (Jon.), 1314.
Kordecki (Aug.), 301.
Korte (Jonas), 1613.
Korth (F.), 1452.
Kosegarten (J. G. L.), 1397.
Kowallek (H.), 379.
Kræmer (Rob. von), 1747.
Krafft (Hans Ulr.), 1487.
Krafft (W.), 1697.
Kraft (F. Car.), 839.
Kränzle (Job.), 1713.
Kraus (F. X.), 198, 581.
Kremer (Alf. von), 1148, 1413.
Krichenbauer (Ant.), 1110.
Krigel, 1020.
Kronecker (Franz.), 1713.
Kruse (D^r Fr.), 1701.
Kühn (J. M.), 1155.
Kunstmann (Fr.), 1149.
Küsel (Salomon), 1156.

L

Laasner (Félix), 1739.
Labat (Jean-Baptiste), 1530.
La Billardière (J. J.), 1614.
Laborde (De), 1183.
Laborde (Léon de), 1659.
Laborde (A. de), 1659.
La Borderie (Arthur de), 572.
Laboubnia, 130.
La Boullaye (F. Le Gouz de), 1557.
La Brocquière (B. de), 1343, 1436.
La Cavalleria (P. de), 342.
Lachaud (Le P. de), 105.
La Coste (E. de), 1414.
Lacour (Louis), 1168.
Lacroix (Louis), 1209.
La Croix (de), 955.
Ladislaus (Le P.), 1714.
Ladoire (Marcel), 1615.
Laelius (Laur. J.), 1488.
Laemmer (Hugo), 329, 634, 956.
Laet (Jean de), 1281.
La Faye (J. B. de), 1231.
Laffi (Domen.), 524, 1558.
Lafond de Lurcy (G.), 1157.
Lagai (H.), 1068.
Lagarde (P. de), 953, 1370.

Lagrange (Abbé Paul), 1377.
La Grange (Mis de), 1431.
La Guette (Bon André de Citri de), 1286.
La Guilletière, 1198.
Lalanne (Lud.), 1337, 1670.
Lalatta (Marquis A.), 198.
Lalore (Abbé Ch.), 616, 619.
La Loubère (Simon de), 1263.
Lamare (De), 1221.
Lambert (R.), 291.
Lambertus (Arcang.), 987.
Lambros (Sp. P.), 986.
Lami (Giovanni), 879.
La Morinière (De), 1088.
Lamothe (A. de), 1683.
La Mottraye (Aubry de), 1559.
Lampert (Fr.), 233.
Lamy (Bernard), 1616.
Lange (Ph.), 172.
Langénieux (le Cardinal), 702.
Langhen (R. de), 1437.
Langhorst, S. J. (A.), 987.
Langlois, 844.
Langlois (Ernest), 688.
Langlois (Victor), 986, 1778.
Lannes (Dom J. de), 703.

Lannoy (Guillebert de), 1438.
Lanoye (F. de), 1240.
Lanteri (Joseph), 814.
Lanzone (R. V.), 1441.
Laorty Hadji, 1627, 1683.
La Palu *voyez* Palu *ou* Paludanus.
Lapie (P.), 1640.
La Popelinière (de), 1058.
Lapôtre (A.), 696.
Lardizaval (Domenico di), 1791.
Laredo Salagar (A. de), 204.
Largeau (V.), 1240.
La Roque (de), 1617-1618.
Larsow (F.), 1370.
La Rue (Ph. de), 1810.
Lasausse (J.-B.), 1830.
Lasor a Varea, 1054.
Lasserre (H.), 297.
Laubert (C. G.), 702.
Laudinius *ou* Laudivius (Zachia), 59-61.
Laurent (Ch.), 1240.
Laurent (J. C. M.), 1340-1340 bis, 1388-89, 1413.
Laurent de Saint Aignan, 1653, 1684, 1732, 1763, 1778.
Lauria (G. A.), 1199.
Lauria (F. L. B. de), 627.
Lauro (J. B.), 257-258.
La Vausserie (Vicomte de), 1834.
Lavergne (Adrien), 524.
Lavigerie (Cardinal), 1780.
Lazari (Vincenzo), 1134.
Leandro di Santa Cecilia, 1619.
Le Barbier (Ed.), 987.
Leber (M. C.), 1030.
Lebeuf (Abbé), 849.
Le Blant (E.), 485.
Le Brun *ou* Le Bruyn, *voyez* De Bruyn.
Le Brun-Dalbanne, 616.
Lecanu (Abbé), 420.
Le Chartier (H.), 1274.
Leclercq (Jules), 1290.
L'Écluse (Ch. de), 1465.
Lecocq (Ad.), 473.
Lecocq (Georges), 619.
Lecoy de La Marche (A.), 535.
Lecomte (Abbé A.), 160.
Lee (Fr. George), 389.
Leeuwen, *voyez* Van Leeuwen.
Lefebvre (Le P. A.), 330.
Lefèvre (Denis), 713.
Lefèvre (Le cap^t), 1238.
Le Glay (Edw.), 501.
Leibniz (G.), 1264.
Lejean (G.), 1181.
Leland (Ch. G.), 1279.

Lelewel (J.), 1108, 1130, 1386, 1438.
Lellis (Carlo de), 912.
Le Mercier (Jacques), 1833.
Lemming (P.), 1441.
Le Moyne (Étienne), 957.
Le Moyne (Giov. B.), 657, 1284.
L'Empereur (Const.), 1385.
Lenæus (Canut Nic.), 1620.
Lengherand (Georges), 1439.
Lenzotti (Luigi), 796.
Léon (François), 600.
Léon (J. J.) *ou* Leonitius, *voyez* Jehuda Leon.
Léon X, 675.
Leone (Fr. M. di), 305(3).
Léonide (L'archimandrite), 1347.
Léopold de Bebenburg, 53.
Le Quien (Michel), 958.
Le Roux (Claude), 320.
Le Roy (Ant.), 289.
Leroy (G.), 574.
Le Saige (Jacques), 1490.
Lescarbot (Marc.), 983.
Lescouvel (Pierre de), 1322.
Lesmi (F. A.), 196.
Lesseps (M. de), 1154.
Lessons (R. P.), 1274.
Letremble, 1684.
Letronne (A.), 1044.
Leuckfeld (J. G.), 830.
Leunclavius, *voyez* Lœwenklau.
Levasseur, 1029.
Lévêque (P.), 1212.
Levi (Salomon), *voyez* Paul de Ste Marie.
Levi (Guido), 671.
Lévidis (Nicolas), 428.
Levis (E. de), 630.
Lewis (Hayter), 1339.
Liber, 574.
Liergues (Monconys de), 1569.
Liévin de Hamme, 1660-61.
Lilio (Zachar.), 55.
Linant de Bellefond, 1725.
Linda (Luc de), 1056.
Lindau (R.), 1273.
Lindberg (N.), 1747.
Lindner (Theod.), 838.
Lindovius (J.), 192.
Linné (Charles), 1611-1612.
Lionnet (Dr B.), 1714.
Lipenius (Mart.), 1111.
Lipsius (R. Ad.), 130.
Lipsius (Just.), 208, 292.
Lirutti (Inn.), 928.
L'Isle (J. Nicole de), 1640.
Listonai (De), 1321.

TABLE ALPHABÉTIQUE 381

Liverani (Fr.), 153.
Loarte (R. P. Casp.), 444.
Locher (Jacques), 56.
Lochner (Hans), 1356.
Lochner (L.), 1494.
Loewenfeld (S.), 367, 671, 679, 693, 703.
Lœwenklau (J.), 1023.
Loftie (W. J.), 1523.
Loir (O. S. du), 1560-61.
Lombard (Alex.), 991.
Loménie de Brienne (L. H. de), 1218.
Lomonaco (V.), 277.
Longnon (A.), 1383.
Lonicer (Adam), 732.
Loparev (K. M.), 1347.
Lopez de Zarate, *voyez* Zarate.
Lorenzen (F. N.), 1714.
Lorenzen (M.), 1401.
Lorich (G.), 222.
Lortet (Le Dʳ), 1662.
Loth (Arthur), 573.

Lotze (Hermann), 1513.
Louen (Ch. Ant. de), 815.
Lübben (Aug.), 136.
Lubin (Aug.), 741.
Lucas (Paul), 1621-1622.
Lucheschi (Domenico), 1736.
Lucius (Lud.), 631.
Lucot (L'abbé), 1845.
Lüdemann (J. H.), 1641.
Ludolphe de Suchen *ou* Sudheim, 58, 1397.
Ludwig (G.), 1714.
Lumbroso (Giac.), 1236.
Luncz (Abr. Mose), 1358.
Lund (Fr.), 1747.
Lundeberg (Am.), 1219.
Lusignan (Salvator), 1609.
Lussy (Melchior), 1491.
Luther, 992.
Luxardo (H. Karl), 693.
Lycklama a Nijeholt, 1663.

M

Maas (G. A.), 1595.
Mabille (Émile), 536.
Mabillon, 149, 751.
Mac Coll (M.), 234.
Macedo (A. de), 1684.
Mac Grigor (A. B.), 1338.
Mackensie (Murd.), 1212.
Maderi (Joach. J.), 1011.
Magalotti, 1395.
Magni (Cornelio), 1200, 1562.
Magnus (Matthias), 376.
Magri (Domenico), 1563.
Magrini (A.), 202.
Maillon (D.), 180, 181.
Maimbourg, S. J. (Louis), 676, 958-959, 993.
Majer (Fried.), 1006.
Major (Rich. H.), 1131.
Majus (G. E.), 172.
Makrizi (Ahmed Al), 961.
Malan (S. C.), 954.
Malauceune (E. J. de), 1564-66.
Maleo (Mariano da), 1567.
Malliaraki (Marc), 1185.
Malte-Brun, 1132.
Malvar (Eduardo), 1730.
Malvasia (Deodata), 303.
Mamachi (Th. M.), 632.
Mamet (H.), 1209.
Mancini (Domenico), 62.
Mandeville (J. de), 1081, 1343, 1398-1402.

Manescal (Honofre), 223.
Manin (Leon., conte), 533.
Manitius (Max.), 1044.
Manni (Dome. Maria), 380.
Manning (Samuel), 1749.
Manno (A.), 1095.
Mantegazza (S!.), 1568.
Manzi (Guglielmo), 1394.
Marangoni (Giov.), 162.
Marca (Pierre de), 369-370.
Marcello (And.), 1095.
Marchal (V.), 1000.
Marchetti (J.), 244.
Marcianus Capella, 1112.
Marcien d'Héraclée, 1113.
Marco Polo, 1081, 1088, 1132-1139, 1848.
Mareuse (Edg.), 1216.
Margry (Pierre), 1140.
Mariano da Siena, 1451.
Maricourt (Baron L. de), 1685.
Marini (Marino), 693.
Mariscotti (Agesilao), 728.
Mariti (Gio. Filippo), 1623-1627.
Markgraf (H.), 731.
Markham (Cl. R.), 1127.
Marmier (Xavier), 1685.
Marmont, duc de Raguse, 1664.
Marmor (J.), 1844.
Marotti (G. Fr. X. de), 287.
Marracci (Ipp.), 244.

Marracci (L.), 111, 272.
Marronus (Faust. Ant.), 914.
Marsberg (Al., b^{on} de), 1251.
Marsilii, (L. F.), 1181.
Marso (Paul), 63.
Marso (Pierre), 64.
Martelli (Giuseppe), 598.
Martelli (Nic.), 1362.
Martena, *voyez* Van Martena.
Martène (Dom), 751.
Martigny (L'abbé), 580.
Martin (F.), 806.
Martin von Bracara, 321.
Martineau (Harriet), 1726.
Martini (Jos.), 916.
Martini (Pietro), 880.
Martinov, S. J. (Jean), 453, 483, 625, 983, 1408.
Martorelli (Iginio), 1735.
Martorelli (P. V.), 384.
Martrin d'Esplas (Le P. de), *voyez* François Régis.
Martyr (Pierre), 1086, 1089.
Maruli (Silv.), 742.
Marx (J.), 192.
Mas Latrie (L. de), 663, 704.
Mas Latrie (René de), 1030.
Masson (Papirius), 697.
Massuet (René), 751.
Mastaï-Ferretti (André), 124.
Mastelloni (And.), 277.
Matignon (Le P.), 343.
Matkovich (P. P.), 1095, 1486.
Mattei (Ant. Fel.), 712, 881, 917.
Matthaejus (A. F.), *ou* Matthæus, *voyez* Mattei.
Matthes (K. C. A.), 130.
Maudrell, 1343.
Mauropus, *voyez* Jean.
Maurus (Fr.), 512.
Maury (Alfred), 1007.
Mauss, 1685.
Mauvillon, 1327.
Maximilianus a S. Maria, 778.
Mayer (Joseph), 1109.
Mayer (L.), 1811.
Mayerberg (A., baron de), 1163.
Mayr (J. H.), 1714.
Mazenod (Louis de), 574.
Mazzoconi (L. C.), 171.
Mazzuchelli (P.), 909.
Mecklenburg (F. A.), 1252.
Medina (Antonio), 1492.
Meelführer (R. M.), 128.
Meggen (Josse de), 1493.
Megiser (Jérôme), 1232.

Mehren (A. F.), 1229, 1412, 1747.
Mehus (Laur.), 1192.
Meignan (Victor), 1273.
Meisner (Dan.), 1057.
Meisner (Heinr.), 136, 1345, 1356, 1452-53.
Meisner (Jac.), 132.
Melanchton (Phil.), 426, 1388.
Melchisédech (L'abbé), 368.
Melga (Cesare), 1407.
Mellet (L. de), 844.
Mellier (Antoine), 509.
Melloni (Gio. Bat.), 558.
Mély (F. de), 262, 613.
Mencacci (P.), 162.
Mencius (Balth.), 1334.
Meola (G. Vinc.), 962.
Mercadus (Petrus), 963.
Mercator, 1058.
Mergenthal (Hans von), 1440.
Merlet (Lucien), 613.
Merula (P. G. F. P. N.), 1059.
Merula (Pelleg.), 900.
Merx (Adalb.), 994.
Meschinello, 608.
Messi (Abel), 415.
Messmer (J. A.), 212, 1715.
Métais (Ch.), 150, 702.
Meursius (Joan.), 480.
Meyer (Paul), 1668.
Meyer (Wilhelm), 231.
Michaël a SS. Trinitate, *voyez* Geubels.
Michaël Monacus, 898.
Michaëlis, 1248.
Michel (Francisque), 1305, 1343, 1379.
Michel (J.), 144.
Michon (L'abbé), 1685.
Miclescu (Calinic), 484.
Miklosich (Franz.), 929, 987.
Milchsack (G.), 236, 395.
Miller (E.), 1114.
Millet (Dom Germain), 503.
Milochau (A.), 304.
Minckwitz (A. von), 1524.
Minorbetti (Cosimo), 584.
Minzloff (R.), 242.
Miola (A.), 306, 330.
Miraeus (Aub.), 334, 633, 649, 733, 749, 771.
Mittarelli (J. Ben.), 752.
Modius (Franc.), 732.
Moges (Marquis de), 1266.
Mohamed ben Ibrahim, 1441.
Moigno (L'abbé), 344.
Molanus (Jean), 438, 477, 478.
Moleti (Joseph), 1118.
Molin (Ag.), 274.
Molina (Gonzalo Argote de), 1126.

Molineus (Petrus), 442.
Molini (A. M.), 106.
Molinier (Émile), 608, 619, 1779.
Moll (W.), 866.
Möller (H. Adolph.), 437.
Möller, 1035.
Mombrizio (Bonino), 69.
Mommsen (Aug.), 987.
Monastier, *voyez* Artur.
Monconys (B. de), 1569.
Mone (F. J.), 396.
Mone (Fridegar), 1844.
Mongitore (Ant.), 882.
Monsacrati (M. A.), 561.
Montaiglon (An. de), 327.
Montaigu (Rich. de), 972.
Montano (J.), 1274.
Montanus (Marcus), 70-71.
Montaut (De Voisins, s^r de), 1448.
Montefranco (B. de), 1794.
Montgomery (Gustaf), 1175.
Montor, *voyez* Artaud.
Montorio (Seraf), 270.
Mooyer (Ernst Fried.), 831.
Morales (A. de), 620.
Morand (François), 703.
Morand (S. J.), 216.
Morcaldi (Mich.), 702.
Morcelli (E. A.), 964.
Mordtmann (A. D.), 1314.
Moreau de Jonnès, 1301.
Morel (P. Gall.), 397.
Morel-Fatio (A.), 1210.
Moreni (Domen.), 1451.
Moréri (Louis), 948.
Moretta (G. B. di), 184.
Moretti (Pietro), 437.
Morfius (Joach.), 1001.

Morigi (P.) *ou* Morigia, 592, 743.
Morin (E.), 1439.
Morin (Jean), 937.
Morison (Antoine), 1570.
Moritz (M.), 191.
Morot (J. B.), 1685.
Morris (Rich.), 229, 345, 448.
Mortillet (G. de), 1229.
Mortinengo (F.), 420.
Moryson (Fynes), 1220.
Moschetti (G. A.), 1830.
Mosheim (J. L. de), 965.
Motta (Emilio), 1451.
Moudjir-ed-dyn el Hanbaly *ou* al-Ulaimi, 1442.
Moule (G. E.), 1139.
Moulis (X.), 287.
Mourawieff (André), 1740.
Movers (F. C.), 1008.
Mueller (Jul.), 1452.
Müller (J. A.), 235.
Müller (Joseph), 929.
Müller (Wilh.), 1164.
Muller (Joh. Bern.), 968.
Munk (S.), 1812.
Münter (Fried.), 661, 1009, 1747.
Müntzer von Babenberg, 1494.
Muratori (L. A.), 194, 195.
Murmelius (Jean), 543.
Murri (V.), 287.
Musart, S. J. (Ch.), 1830.
Mussafia (A.), 231.
Mutio, 611.
Mutius (Hieronym.), 246.
Myller (Ang. Maria), 1628.
Mylonius (N.), 643.
Myreen (C. J.), 696.
Myrike (Heinr.), 1593.

N

Nack (J. B.), 1319.
Nadaillac (Mis de), 1289.
Nakielski (Sam.), 784-785.
Nampon (Ad.), 254, 297.
Nanni (Jean), *voyez* Annius de Viterbe.
Napiersky (C. E.), 1164.
Napp (Ricardo), 1291.
Nardi (Francesco), 1735.
Nasmith (J.), 1410.
Nassiri Khosrau, 1403.
Natali (Pierre), 73.
Nau, S. J. (Michel), 1525.
Naudet, 171.

Nay (Carlo Maria), 721.
Neale (Rev. J. Mason), 966.
Neale (F. A.), 1726.
Neeffs (Emm.), 1140.
Neeman (Candidus), 1793.
Negelein (Gust-Phil.), 625.
Negri (Gio. Franc.), 559.
Negroni (Carlo), 721.
Neitzschitz (G. Chr. von), 1554.
Nelli (A.), 275.
Nep (Dom Jean), 772.
Nercès (Saint), 324.
Nettelbla (Baron de), 820.

Neubauer (A.), 1413, 1443, 1654.
Neumann (Karl Fr.), 1445.
Neumann (W. A.), 1379, 1715.
Newbery (John), 1495.
Neyrat (Abbé St.), 986.
Niavis (Paul), 74.
Nibelius (J.), 658.
Nicaise (A.), 1301.
Nicasius (Celidonius), 1592.
Nicéphore, 985.
Nicholls, 1282.
Nicolas IV, 688.
Nicolay (N. de), 1176.
Nicoletti (Paolo), 727.
Nicquet (H.), 166.
Nider (Jean), 75.
Niebuhr (Carsten), 1629.
Nieszporkowitz (Amb.), 302.
Nieuhoff (J.), 1265.

Nihusius (Bart.), 166, 933.
Nijeholt, *voyez* Lycklama.
Nil (Le patriarche), 647.
Nilles, S. J. (Nicolas), 967.
Nippold (F.), 1751.
N. N., 159.
Nobbe (Heinr. F. A), 989.
Nocelli (R.), 277.
Noé Bianco, *voyez* Bianco.
Nolhac (St. de), 1209.
Norberg (Math.), 1246.
Nordenskiöld (A. E.), 1137.
Noroff (A. S. de), 1301, 1390, 1741.
Norrenberg (P.), 136.
Noses (Jason de), 1060.
Nostradamus (Michel), 413.
Novolonus (Philippe), 76.
Numa, *voyez* Gihan Numa.

O

Obadia de Bertinoro, 1443.
Oberhausen (G.), 269.
Oberleuthner (Isid.), 445.
Obermüller (W.), 1314.
Odassi (L. degli), 14.
Oderic de Frioul *ou* de Pordenone, 1328, 1340-40 bis, 1405.
Odoardo a S. Fr. Xaverio, 528.
Odorici (Fed), 1005.
Ödmann (Samuel), 1625.
Œlschlæger, *voyez* Olearius.
Oesterley, 468.
Ohnesorge (Eduard), 1715.
Olearius (Adam), 1158, 1527.
Oliphant (Laurence), 1266, 1726.

Olivaint, S. J. (Le P.), 358.
Olmi (Gaspare), 1736, 1830.
Olshausen (J.), 1629.
Omont (H.), 108.
Ongaroni (Francesco), 1759.
Oppert (G.), 1665.
O'Reilly, *voyez* Bernal.
Orgis, *voyez* De Orgis.
Orose (Paul), 1051.
Osenbrüggen (F.), 1020.
Oster (J.), 660.
Osterstag (J. V.), 1453.
Ottenthal (E. von), 693.
Ouseley (Sir W.), 1373.
Ozanam (Dr), 1229.

P

Paciaudi (Paul M.), 530, 611.
Pacifico della Scala, 1787.
Pacifique de Provins (Le P.), 1572.
Pactis (Antonio de), 322.
Pagani (F. Antonio), 371.
Pagi (Fr.), 626, 635.
Palæphatus, 1010.
Palafox y Mendoza (Juan), 560.
Palamas (Greg.), 1738.
Paleonydore (J.), 77, 774.
Paleotti (A.), 179, 180, 181.
Palladius, 479-480.
Pallastrelli (Comte B.), 1295.

Palmblad (W. F.), 1748.
Palmer (C. F. R.), 821.
Palmerius (J.), 1119.
Palmieri (Gregorio), 693.
Palmieri (N.), 561.
Paludanus (Petrus), 78.
Pampichler (Norbert), 445.
Pandulphus Pisanus, 695.
Pannier (Léop.), 489.
Pansa (Paolo), 709.
Pantin (P.), 1018.
Panvinius (On.), 1011.
Paoli (Cesare), 696.

Paolini (A.), 253.
Papadopoli (N. Comnène), 969.
Papebrochus (D.), 457.
Pappenheim (Alex. von), 1524.
Paquier (J.-B.), 1147.
Paravey (Le chevalier de), 1288, 1314.
Pardiac (L'Abbé J. B.), 530.
Pardieu (Comte Ch. de), 1686.
Parghella (Greg.), 1791.
Paridant-van der Cammen, 1208.
Paris (Gaston), 226, 489, 1016.
Paris (Louis), 262.
Paris (Le comte de), 1769.
Partenico (Eus.), 277.
Parthey (Gustave), 647, 1124, 1368, 1370.
Parvilliers, S. J., 1827
Pasconi (Cl.), 248.
Pasini (Ant.), 608, 1837.
Pasini (Lod.), 1134.
Pasuello (Antonio), 1736.
Paté (Fl.), 305(15).
Patrem, 1686.
Patritius a S. Maria, 1796.
Paturet (G.), 1024.
Paul (Léon), 1850.
Paul III, 723.
Paul IV, 724.
Paul de Sainte-Marie, 312.
Pauli (R.), 1148, 1413.
Paulin de Nole (S¹), 194.
Paulli (Simon), 1061.
Paulus Telensis, 106.
Pauri (Luigi), 928.
Pausanias, 1115.
Pauthier (G.), 1135, 1267.
Pavirani (D. P.), 1371.
Pazzaglia (F. M.), 1535.
Pecci (Gio Ant.), 922.
Péchenard (P. L.), 702.
Pêcheur (Abbé), 851.
Pécsvárad, *voyez* Gabriel.
Peeters, 1813.
Peichich (Chr.), 970-971.
Pelazza (Marcolino), 903.
Pellé (Clément), 1671.
Pellegrini (C.), 186.
Peregrinius (Camill.), 762.
Pereira de Santa Anna, 505.
Perettus (Bapt.), 609.
Perez, *voyez* Reoyo.
Perin (René), 1650.
Peritsol (Ab.), 1061.
Perolari-Malmignati (Pietro), 1736.
Perrot (Nicolas), 1290.
Pertz (G. H.), 1149.
Perucci (Franc.), 1012.

Peruzzi (Agost.), 928.
Peschel (Oscar S.), 1095, 1847.
Pesenti (Gio : Paolo), 1573.
Petachia, 1404.
Petermann (H.), 1715.
Petersen (Th. H.), 1748.
Petit (Pierre), 1313.
Petit de Julleville (L.), 1290.
Petracchi (Celest.), 583, 888.
Pétrarque (Fr.), 1344.
Petrelli (Seb.), 928.
Petreus (Theod.), 995.
Petri (Franc.), 733.
Peucer (Gaspard), 1388.
Peyrat, *voyez* Du Peyrat.
Peyresc (Nic.), 937.
Pezius (B.), 636.
Pezzana (Ange), 1095.
Pfeffer, S. J., 458.
Pfeiffer (Ida), 1715.
Pfintzing (Georg.), 1356, 1452.
Pflugk-Harttung (J. von), 664, 693, 993.
Philalethes, 1096.
Philippe de la S¹ᵉ Trinité, *voyez* Malaucenne.
Philippon de la Madelaine (V.), 701.
Philipps (G.), 659.
Philippus, 1379.
Photius, 972.
Piacenza (Fr.), 1201.
Piano (L. G.), 182.
Pica (C. M.), 305(9).
Picard de S. Adon, 124.
Piccolomini, *voyez* Aeneas Sylvius.
Picconi (G.), 273.
Pic de la Mirandole (J. F.), 210.
Pichot (Amédée), 1284.
Piconius (Taddée), 323.
Pie II, *voyez* Aeneas Sylvius.
Pie X, 348.
Pieralisi (Sanctes), 106.
Pieri (M.), 1776.
Pierotti (Ermete), 1732.
Pierre (L'abbé), 1686.
Pierre Comestor, *voyez* Comestor.
Pierre de S¹ André, 1565.
Pierre de Vicence, 29.
Pietr'Antonio di Venetia, 1574.
Pigeory (Félix), 1686.
Pigeotte (L.), 616.
Pinder (M.), 1124, 1368.
Pinelli (Nic.), 1011.
Pingone (Ph.), 183.
Piolin (Dom P.), 1153.
Piper (F.), 213.
Piperno (Pietro), 1013.
Pipping (H.), 172.

Bibliothèque Riant. — II¹.

Pirro (Rocco), 305(15), 882.
Pithou (François), 714.
Pithou (P.), 1374.
Pitra (Cardinal), 677, 973.
Pitzipios (J.), 974.
Pizzicolli (Cyriaque), *voyez* Cyriaque.
Plan de Carpin (Fr. Jean du), 1080-1081, 1142, 1353.
Planck (Jean-Bapt.), 445.
Planck (Henr.), 449.
Plantier (A.), 517.
Plasse (F. X.), 852.
Pleschtschjeew (Serge), 1631.
Plique (L'abbé), 150.
Poeppelmann (Lud.), 1337.
Poggi (Francesco), 1777.
Poggibonsi (Fra Niccolo di), 1406-1407.
Poincy (Louis de), 1285.
Polivanov (P.), 1814.
Polo, *voyez* Marco Polo.
Polo (Antonio), 378.
Polo y Peyrolon (Manuel), 1730.
Pomponius Melas, 1116-1117.
Ponomarev, 1355.
Ponton d'Amécourt (Vte de), 1052.
Popradius (E.), 132.
Poquet (L'abbé), 763, 851.
Pora (P.), 159.

Porcacchi (Thomas), 1062.
Porphyre, év. de Tchirigine, 975.
Porro (Giulio), 1430.
Porto-Seguro (Le vicomte de), 1288.
Posse (Otto), 665.
Postel (Guillaume), 401, 1496-97.
Potthast (Aug.), 680.
Pouy (F.), 612.
Pradi (Hier.), 1760.
Prarond (Ernest), 1686.
Pray (Georg.), 521, 869.
Prescott (William H.), 1284.
Pressensé (E. de), 1687, 1749.
Priscianus, 1116.
Procope, 1339.
Prodrome (Théod.), 974, 1347.
Promis (Vinc.), 485, 611, 903, 1095.
Pron (Abbé), 298.
Prou (Maurice), 686.
Prytz, 983.
Przezdziecki (Cte A.), 247, 523.
Psellus (Mich.), 936.
Ptolémée, 1051.
Pullieni de Lupari (Donat.), 889.
Puoti (Basilio), 1777.
Putignano, 544-545.
Putte, *voyez* Van de Putte.
Pyrckmair (H.), 1096.

Q

Quaden (Mat.), 1063.
Quaranta (Steph.), 372.
Quaresmio (Franc.), 1575-76.
Quatremère, 1114.

Quintana (Manuel J.), 1730.
Quirino (A.), 727-728.
Quiroga, (E. Perez de), 140.
Quistorpius (J.), 1592.

R

Raban Maur, 211.
Raconis (Balarin de), *voyez* Balarin.
Radzivill (Nicolas Christ.), 1499.
Ragor (A. U.), 1476.
Raguenet (Abbé), 1316.
Raisse (Arnold de), 481.
Ram (Pierre-F.-X. de), 839, 867.
Ramboux (J. A.), 1815.
Rameau (Abbé B.), 568.
Rampalle (J. A.), *voyez* Pierre de S. André.
Ramusio (Gio. B.), 1064.
Rancoigne, 1177.
Rantzow (Heinr.), 1577.
Rappoport (Rub. Cohen), 1533.
Rathsamhausen (Ph. de), 832.

Rattinger, S. J., 984.
Raumer (Karl von), 1716.
Rauwolff (Leonh.), 1500.
Ravenstein (E. J.), 1268.
Ravignan (Le P. de), 343.
Raynaldi, 626.
Raynaud (Gaston), 226, 258.
Raze (Le P. de), 105.
Razy (Ernest), 530.
Rees (W. J.), 474.
Reginald (Guill.), 378.
Regnault (Antoine), 1501.
Reichmann (G. B.), 1396.
Reinach (Salomon), 1235.
Reinartz (J. L.), 203.

Reinaud, 1269, 1381.
Reiniger (A.), 1843.
Reischl (P. M.), 1065.
Reiskius (M. J.), 155.
Reisner (Adam), 1502.
Reland (Hadrian), 1632.
Rembry (Ernest), 516.
Renan, 1665.
Renaudot (Eusèbe), 978.
Renieris (Markos), 945.
Reoyo (Narciso Perez), 1728.
Reusner (Jérémie), 1344.
Reusner (Nic.), 1344.
Revilliod (G.), 425.
Révillout (Eug.), 729, 1024.
Rey (E. Guillaume), 1249, 1637, 1849.
Reynolds (James), 1755.
Rheinfelden (Ign. von), 1578.
Rhon (God.), 530.
Riancey (Ch. de), 1687.
Ribadeneyra (P. de), 576.
Ribera (Bern.), 983.
Ricci (A. M.), 296.
Riccoboni (Ant.), 726.
Richard (L'abbé), 763.
Richard (J. M.), 619.
Richeome, S. J. (Louis), 444, 446.
Richter (O. F. von), 1698.
Rickenbach (Heinr. von), 986.
Ricold de Monte Croce, 1328, 1340-40 bis, 1409.
Rienzo (G. de), 277.
Riess (Richard), 1816.
Rieter, 1356.
Riggenbach (Chr. J.), 1716.
Rignon, 1350.
Rigordi, S. J., 1538.
Rinaldi (Od.), 681.
Rinhuber (Laurent), 1168.
Rioja (F. de), 204.
Ritter (A. F. I.), 128.
Ritter (Carl), 1066-1067.
Rivera de Tarifa (F. E. de), 1503.
Rivière (Baron de), 517.
Rivoire (Maurice), 612.
Roberti (Bern.), 249.
Roberto a S. Gaspare, 552.
Robertus Monachus, 85-85, 1349.
Robin (Anatole), 1687.
Robinson (Edward), 1722.
Robinson (Phil.), 1208.
Robledo (Alvaro), 1730.
Rocca Camers (A.), 200.
Rocchetta (A.), 1504.
Roch (J.), 1802-1803.
Rochambeau (A. de), 150.

Rochas (de), 1000.
Rochefort (César de), 1285.
Rocher (Ch.), 856.
Rochette (Raoul), 1687.
Rocquain (Félix), 676.
Roderic de Atencia, 576.
Rodriguez-Villa (A.), 1210.
Roest (Pierre), 285.
Roger (Eugène), 1579.
Rohan (duc de), 1222.
Rohault de Fleury, 125, 169, 250, 597, 604, 619, 1836.
Röhr (J. Fr.), 1749.
Röhricht (R.), 136, 693, 981, 1345, 1356, 1434, 1452-53, 1716.
Roisel, 1302.
Roissard de Bellet, 1227.
Roman (J.), 822, 856.
Romanet du Caillaud, 1273.
Romani (Giuseppe), 1736.
Romano (L. A. de), 1167.
Romano (M.), 253.
Romberch (Jean de), 1387.
Romualdus a S. Maria, 596.
Ronzini (D. A.), 277.
Rosaccio (Giuseppe), 1505-1506.
Rosen (G.), 1666, 1716.
Rosenmüller (E. F. K.), 1811.
Röslin (Hel.), 1159.
Rosny (Léon de), 1272, 1288.
Ross (Lud.), 1209.
Rossi (Bonav. de'), 141, 715.
Rossi (Hieron.), 712.
Rossi (Commandeur J. B. de), 702, 1763.
Rostowski (Stan.), 805.
Rot (Hans und Peter), 1453.
Rota (S. A.), 143.
Rottengatter (A. Th. de), 708.
Rottier, 1202.
Rougemont (F. de), 1679.
Rouilliard (S.), 217.
Rouilliet (Ant.), 1666.
Roussel (Auguste), 573.
Roux, 1132.
Roux (Joseph), 1304.
Roy (E.), 1273.
Roy (Jules), 731.
Rozel, *voyez* Du Rozel.
Rozmital (Z. L. von), 1223.
Rubigallus (P.), 1178.
Rubruqvis, *voyez* Ruysbroeck.
Rudolf d'Autriche (Kronprinz), 1699.
Rudolph (H.), 1224.
Ruelens (Aug.), 1687.
Ruelens (Ch.), 326.
Ruggieri, *voyez* Serafino.

Russo, *voyez* Dello Russo.
Rusticien de Pise, 1134-1135.
Ruys (Pedro), 391.
Ruysbroeck (G. de), 1080-1081, 1143, 1343, 1353.
Ryan (Vincent W.), 1238.
Rybka (Heinr.), 797.

S

Sabas, év. de Mojaisk, 987.
Sabbas (S¹), 251.
Sabellicus (M. A. Coccus), 87.
Sachot (O.), 1273.
Sacy (Silvestre de), 103, 1122.
Sadolet, 722.
Sæwulf, 1343, 1411.
Sagittarius (C.), 172, 192.
Sagredo (Agostino), 1430.
Sainte Foi (Ch.), 124.
Sainte Marie (E. de), 663.
Sainte Marie Névil, 763, 822.
Sainte Marthe (Denis de), 847.
Sainte Maure (Ch. de), 1639.
Saint Genois des Mottes (J. de), 1346, 1389.
Saint Germain (Ch. de), 1580.
Saint Germain, *voyez* Tressan.
Saint Maurice (De), 1210.
Saint Paul (Ch. de), 109.
Sajanello (Jo. Bapt.), 817.
Sakkélion (Jean), 985.
Salagar, *voyez* Laredo.
Salamone (G. M.), 305(10).
Salies (Alexandre de), 1393.
Salignac (Barth. de), 1330-1331.
Salin (Patrice), 854.
Salino (F.), 1227.
Salisbury, *voyez* Jean de Salisbury.
Salmon (Charles), 530.
Salviati (Duca J.), 231.
Samson (Nic.), 109, 1218.
Samuel Ichudi, 341, 349.
Sanchez de Arevalo (Rod.), 88.
Sanchez d'Avila, *voyez* Avila.
Sanclementi (Henr.), 901.
Sanctorio (M. R.), 807.
Sandeberg (H.), 987.
Sanderson (Johan), 1352.
Sanderus (Anton.), 404.
Sandhoff (J. Itel.), 833.
Sangiovanni (Witt.), 276.
Sanguinetti (Angelo), 1295.
Sanminiatelli (G. M.), 566.
Sanna Solaro (Gianm.), 581.
Sanseverino (Jac. da), 1451.
San Stefano (Hier. da), 1089.
Santaella, *voyez* Fernandez de Santaella.

Saracenus (Th. P.), 775.
Sarrebruche (Simon de), 1382.
Sarti (Mauro), 904.
Sarti da Piano (Luigi), 890.
Sartorius (J.), 132.
Sassi *ou* Saxius (Jos. Ant.), 276, 910.
Saubert (J.), 1757.
Saulcy (E. de), 1667, 1673-1675, 1819.
Saussay (André du), 490.
Sauvage (Jean), 1168.
Sauvaire (Henry), 1442, 1685.
Savary, 1233.
Savine (A.), 1304.
Savinien d'Alquié (Fr.), 1525.
Savio (Fedele), 538, 577.
Savonarola (Raf.), 1054.
Savonarole (Jérôme), 89.
Savonarole, 350.
Sbaralea (J. H.), 794.
Scacchi (Fort.), 390.
Schachten (D. von), 1453.
Schade (O.), 132.
Schaffter (Albert), 1778.
Schannat (J. Fr.), 834-835.
Scharling (C. Henr.), 1748.
Scharpff (Fr. Ant.), 730.
Schedel (Hermann), 90.
Schedius (Elias), 1014.
Schefer (Ch.), 1174, 1247, 1403, 1450, 1516.
Scheffer (R.), 235.
Scheilberger (Fr.), 989.
Schelguig (Sam.), 660.
Schelhorn (J. G.), 637.
Schelstrate (E. de), 638, 662.
Schenz (Wilh), 660.
Scherer, S. J. (H.), 1069.
Schiara (Ant. Th.), 1025.
Schiferle (J.), 1700.
Schilling (A.), 1844.
Schiltberger (Jean), 1444-1445.
Schimmelpenninck, 1593.
Schioppalalba (J. B.), 606.
Schipa (Mich. Ang.), 928.
Schläfli (Al.), 1251.
Schlegel (A. W. von), 398.
Schlegel (Theobald), 1716.
Schlichter (Chr. L.), 304.

Schloezer (K. von), 1148.
Schlumberger (Gust.), 1182.
Schmid (Peter), 1517.
Schmidt-Reder (Bergrath), 327.
Schmychliev (D.), 1742.
Schnell (Eugen), 547.
Schnitzler (J. H.), 1167.
Scholtz (J. M. Aug.), 1778.
Schönborn (Carl), 1402.
Schönleben (J. L.), 1829.
Schoonebeek (Ad.), 744.
Schopp *ou* Scioppius (Caspar), 379.
Schott (André), 1366-67.
Schouteete de Tervarent (De), 1346.
Schreck (J. A.), 172.
Schröder (C.), 231.
Schrödl (K.), 836.
Schroeter (J. Chr.), 1100.
Schubert (H. von), 1802-1803.
Schultaiss (Chr.), 1844.
Schultz (Ernst Gust.), 1668, 1716.
Schürpff (Hans), 1453.
Schwab (Gust.), 135.
Schwab (Moïse), 1238, 1443.
Schwartz (G. L.), 1631.
Schwartz (Io. Conr.), 1039.
Schwarz (Israël), 1717.
Schwarz (Rabbi Jos.), 1717.
Schweiger-Lerchenfeld (A. von), 1203, 1749.
Schweigger (Salomo), 1507.
Schwemer (R.), 708.
Schysilevsky (S. M.), 1165.
Scognamiglio (Arcang.), 605.
Scortia, S. J. (J. B.) 1234.
Scoto (Francesco), 1581.
Scylax, 1119.
Sebastiani (G. M.), 1204.
Sebastianus a S. Paulo, 778.
Secchi, S. J. (Giampietro), 607.
Seelen (J. H. von), 172.
Seetzen (U. Jasper), 1701.
Segesser (Josse), 1493.
Segni (Gio Bat.), 439.
Seguin (L. G.), 232.
Ségur (Louis de), 1769.
Ségur (Marquis de), 859.
Seiff (J.), 1208.
Seldenus (J.), 947, 1026.
Semeria (G. Batt.), 883.
Semichon (Ernest), 1027.
Sénart (E.), 1015.
Senden, *voyez* Van Senden.
Senkel (Car. Fr.), 1114.
Sepp, 124.
Sepp (Dr Bernh.), 1703.
Sepp (J. Nepomuk), 1702-1704.

Serafino de' Ruggieri, 277.
Serantoni (G. Ma), 158.
Serrure (P. C.), 1438.
Servantio (Greg.), 728.
Sesse y Pinol (J. de), 1582.
Sestini (Domen.), 1181.
Settimello, *voyez* Arrigo.
Sévérac (G.), 203.
Sewerynowicz (J. Ch.), 776.
Sguropulus (Sylv.), 979.
Shaw (Dr Norton), 1100.
Shaw (Thomas), 1633.
Sherley, 1159.
Sicardi, S. J. (Claude), 555.
Sichem, *voyez* Christophorus.
Siemssycki (Th. A.), 301.
Sigismond de Saint Maurice, 568.
Sigoli (Simone), 1395, 1777.
Sigoni (Jac.), 262.
Sigurd, 1343.
Silvestre (Saint), 352.
Silvestre II, *voyez* Gerbert.
Silvestrutius (Lact.), 1308.
Simcha, 1634.
Siméon (Symon), 1410.
Simler (Jos.), 1366-1367.
Simon (H. Otto), 702.
Simon (Richard), 937, 1766.
Simone (G. de), 1794.
Simonides (Const.), 1109.
Simonnot (Hipp.), 996.
Simonnot (N. Z.), 996.
Sincerus (J.), 1023, 1225.
Sinner (Lud. de), 1188.
Sionnet (A.), 204.
Sirmond (Le P.), 497.
Sivry (Louis de), 447.
Sixtus Senensis, 351.
Skeat (Walter W.), 451.
Skinner (Major), 1726.
Slane (De), 1148.
Smedt (Carolus de), 452.
Smet (Le P. de), 1290.
Smith (James), 553.
Smith (S.), 1727.
Smith (W.), 110.
Smyth (W. H.), 1227.
Snikkers (P. M.), 1743.
Socin, 1350, 1361.
Socolovius (Stan.), 520, 980.
Soffietti (Ant.), 305(11).
Solaro (A.), 184.
Solassol (S.), 797.
Solik (J. C.), 1635.
Solis (Antonio de), 1286.

Solius (Julius), 1116.
Solre (André de), 116.
Sommer (Joh.), 1583.
Somosa Henriques (Ignacio Vasques de), 576.
Sophocle (Gabriel), 944.
Sophronius, 318.
Soresinus (Jos. Mar.), 162, 171, 562.
Sorio (B.), 213.
Sorio (Gius.), 1642.
Sosson (Alexandre), 1649.
Sourdeval (Ch. de), 474.
Soyez (Edm.), 843.
Spada, 1748.
Spada (G. Nic.), 267.
Sparks (Jared), 1160.
Spelta (A. M.), 915.
Spiegel (J.), 210.
Spol (E.), 111.
Spoll (E. A.), 1771.
Sprecher von Bernegg (J. A.), 1389.
Sprenger (A.), 1251.
Spruner (C. de), 1070.
Stadel (J. C. de), 655.
Staeglin (Elisabeth), 325.
Staffa (Giov. Lucca), 508.
Stahl (Arth.), 1237.
Staiger (Fr. X), 1844.
Stalenus (Joan.), 449.
Stammer (A. G. von), 1585.
Stangen (Carl), 1717.
Stanley (Arthur Penrhyn), 1727.
Stanton (Rich.), 482.
Staples (John), 474.
Stark (A.), 1067.
Stark (K. B.), 1717.
Statio (Achille), 346.
Stehle (Bruno), 838.
Steiner (Max), 1314.

Stendal (J. Pr.), 391.
Stender (Jul.), 1103.
Stengel (Ch.), 252, 733.
Stenon (Nicolas), 380.
Stephanis (Bonifacio de), 1508-1509.
Stephenson (Capt. J.), 1212.
Stern (M. Fr.), 702.
Stewart (Aubrey), 1339.
Stockbauer (J.), 212, 1840.
Stockove, 1571, 1586.
Stoffel (Georg), 575.
Stoianovich (S.), 1347.
Stolz (A.), 1749.
Strabon, 1071.
Strahlenberg, 1166.
Strand (B. Joh.), 1641.
Strange (Jos.), 462.
Straszéwicz (Jos.), 1108.
Strauss (Frid. Ant.), 1749.
Streznevski (L.), 1128.
Stridonio, S. J. (Martino), 419.
Strigl (Jos.), 1717.
Struys (Jean), 1161.
Stubbs (Will.), 861.
Stülz (Jodok), 836, 989.
Sturm (L. Chr.), 1761.
Sublivius, 1002.
Suckau (E. de), 621.
Suckau (W. de), 621.
Suicerus (J. C.), 639.
Sundström (C. R.), 1749.
Surita (Jérôme), 1366-67.
Surius (Bern.), 574, 1587, 1630.
Suso (Henri), 325.
Swift, 1325.
Sybel (H. von), 191, 192.
Sylburg (F.), 1115.
Szeredai de Szent-Háromsag (Antoine), 871.

T

Tachard (Guy), 1270.
Tafel (Th. L. F.), 1180, 1205.
Tafur (Pero), 1446.
Taglialatela (G.), 202.
Taillefer (Louis), 660.
Taine (H.), 1226.
Tamizey de Larroque, 1229, 1448.
Tanfani, 598.
Tapfrower (Jacob), 1533.
Tarifa (Le marquis de), *voyez* Rivera.
Tarnoczi, S. J. (Steph.), 521.
Tarvisio, *voyez* Cyprien.
Tassini (Giuseppe), 1779.
Tastu, 1091.

Tattone (Domenico), 325.
Tautain (L.), 1240.
Tavernier, 1546.
Taylor (Isaac), 1072, 1688.
Tchihatchef (P. de), 1182.
Tectander von der Jabel (Georges), 1247.
Tegleacio (Étienne), 92.
Teglia (Fr. del), 266.
Teissonier, 517.
Tenant de Latour (Ch.), 518.
Tennulius, 1119.
Ter Bruggen (Isaac), 1641.
Terninck (A.), 288.
Terris (Abbé), 198.

Terzi (Biagio), 981.
Textor, *voyez* Tzewers.
Theiner (Aug.), 682, 987.
Thelope, 412.
Themistius, 1018.
Theodericus *ou* Theodorus, 1347.
Theodoret, 479.
Theodoro di S. Maria, 272.
Theolosphore de Cusence, 407.
Theroude (Jean), 486-487.
Thevenot (Jean de), 1088, 1588.
Thevet (André), 1073, 1510-1511.
Thiele (And.), 670.
Thiele (Heinrich), 1717.
Thielmann (Baron de), 1250.
Thiepolo (Gio), 142.
Thierry (Amédée), 1377.
Thierry (J. B.), 148, 149.
Thierry de Vaucouleurs, 711.
Thietmar *ou* Thetmar, 1389.
Thomagnus (J. D.), 323.
Thomas (A.), 685.
Thomas (Georg. Mart.), 987, 1110,
Thomas à Kempis, *voyez* Kempis.
Thomas de Cantimpré, 328.
Thomasius (Hier.), 1307.
Thomassy (R.), 1289.
Thomé, 1053.
Thornton (H.), 355.
Thornton (Th.), 1177.
Thrupp (G. Fr.), 1727.
Tibus (H.), 837.
Tilley (H. A.), 1271.
Timberlake (H.), 1351-1352.
Tinseau (Abbé de), 547.
Tiraboschi (Girol.), 818.
Tischendorf (C. von), 131.
Tissot (Charles), 1235.
Tixeront (L. J.), 130.
Tobler (Titus), 1348, 1350, 1369, 1378-79, 1389, 1706-1719, 1819.
Tofanelli (Seb.), 157.
Tollius (Cornelius), 1010.
Tollot (J.-B.), 1639.

Tomasi (Thomaso), 1298.
Tomes (Rob.). 1271.
Tondini (Cesare), 982.
Tonini (Gabriel), 104, 928.
Tononi (Gaetano), 491, 701, 712.
Torkington(Sir R.), 1523.
Torre (Carlo), 593.
Torre (Michele della), 878.
Torrelli-Viollier (E.), 1236.
Torres, S. J. (Fr.), 381.
Tortora (A. And.), 894.
Toscani (Theod.), 987.
Tosti (Luigi), 987.
Totani (Guillaume), 356.
Tougard (A.), 483.
Toulouse-Lautrec (De), 1304.
Toupin (H. C.), 1372, 1688.
Tournefort, 1206.
Toytot (E. de), 298.
Tramontana (Fr.), 305(6).
Travers (Émile), 364, 1229, 1295, 1448.
Tressan (P. de la Vergne), 1589.
Treterus (Thomas), 1499.
Trichaud (Abbé J. M.), 517.
Tristram (H. B.), 1361, 1665.
Tritheme, 492, 771.
Trittenheim, *voyez* Jean de T.
Troche (N. M.), 219.
Trolliet (Marie), 1688.
Trombelli (G. Chr.), 440.
Trueba (Antonio de), 1730.
Tscheggey (S. G.), 355.
Tschudi (Louis), 1512.
Tschudi (Melchior), 1512.
Tuch (Fr.), 1369, 1593, 1717,
Tucher (Joh.), 1447.
Tudebode, 1413.
Turchius (Ottav.), 893.
Türk (Otto), 1718.
Turler (Gerôme), 1096.
Tursellinus (H.), 286.
Tyssot de Patot (Simon), 1327.
Tytler (P. Fraser), 1287.
Tzewers (Guillaume), 97.

U

Ubald (Le P.), *voyez* Letremble.
Ughelli (Ferd.), 667, 884.
Uglioa (Alfonso d'), 315.
Ugolini (Barth.), 728.
Ujfalvy (Ch. E. de), 1108.
Ulmo (Fortun.), 546.
Unge (André), 1100.

Unger (Fr. W.), 1302, 1778.
Urbani de Gheltof (G. M.), 1295.
Urbinus (Th.), 1179.
Urquhardt (David), 1770.
Usborn (T. H.), 1727.
Usener (Herm.), 556.
Usinger (K.), 420.

V

Vaccarone (Luigi), 1120.
Vadianus (J.), 1074, 1117.
Valentiner (Fr.), 1718.
Valentini (And.), 163.
Valentinus a S. Amando, 778.
Valerio (Ag.), 609.
Valette (Abbé de), 576.
Valle (Pot. a), 937.
Valle (Theod.), 819.
Valle, *voyez* Della Valle.
Valon (A. de), 1209.
Valous (Vital de), 614.
Van Bastelaër (D. A.), 203.
Van Botnia *ou* Botnya, 1513.
Vandel (Le R. P.), 298.
Van den Bergh (L. Ph. C.), 1289.
Van de Putte, 201, 625.
Vander Does (Joris), 1354.
Vander Linden (Jan), 1593.
Van der Straten Ponthoz (Cte F.), 500.
Van de Velde, 201.
Van de Velde (C. W. M.), 1819.
Van Drival, 619.
Van Egmond, *voyez* Egmond.
Van Gend, 1743.
Van Heussen (Hug. Fr.), 868.
Van Kisbergen, 1209.
Van Koetsveld (C. E.), 1751.
Van Leeuwen, 1743.
Van Martena (Hessel), 1513.
Van Monsiou (Hubert), 1641.
Van Nispen (Adrian), 1354.
Van Senden, 1744.
Varenius (Bern.), 1075.
Varennes (O. de), 1229.
Varillas, 999.
Vartema (L. di), 1514-1516.
Vasques de Somosa, *voyez* Somosa.
Vasquez y Lopez Amor, 1781.
Vassalli (Michelang.), 186.
Vassiliewski (V. G.), 1347.
Vast (Henri), 940.
Vater (Fr.), 1104.
Vaulchier (Abbé H. de), 1689.
Vaux (Bon L. de), 1689.
Velde, *voyez* Van de Velde.
Veludo (Gio.), 611.
Veneus (Jo.), 127.
Vénévitinov (V.), 1347, 1391
Venni (Giuseppe), 1405.
Ventimiglia (M.), 777.

Venutis (Ph. de), 200.
Verdaguer (Jacinto), 1304.
Verdale, *voyez* Arnaud.
Vergaro (G. C.), 143.
Verhaeghe (Léon), 1850.
Verpoorten (Abb.), 357.
Verrier (Abbé), 1689.
Verschuur (G.), 1751.
Vespasianus (Ph.), 383.
Veuillot (L.), 126, 573.
Vial (Th.), 707.
Vialart, *voyez* Charles de S. Paul
Vibius Sequester, 1116.
Victon (Le P. Fr.), 441.
Victor (P.), 1116.
Victorello (And.), 667.
Vidal (Pierre), 786.
Vigerius, 170, 181.
Vigna (Amedeo), 472.
Vignes, 1665.
Vignier (Jacques), 855.
Vigor (Simon), 714.
Vigus (J. B.), 185.
Villalpandus (J. B.), 1760.
Villaume, 1154.
Villette ,
Villinger (Pierre), 1517.
Vilmar (A. F. C.), 398.
Vimina (Alberto), 1168.
Vincent (J. Fr.), 660.
Vincent de Beauvais, 1353.
Vincenzo (A. di), 305(7 et 12).
Vintimille (Ch. de), 1793.
Viollet (Paul), 1028.
Virdung von Hassfurt (Hans), 414.
Viseur (R.), 529.
Vitale (Salvator), 796.
Vitry (Jacques de), 113, 114, 574.
Vivaldus (Mart. Alf.), 342.
Vlaming (Adrian de), 1354.
Vlassov, 1355.
Vögel (Im.), 172.
Vogt (Volrath), 1745.
Vogüé (Mis de), 1667, 1670, 1676, 1762
Vogüé (Vte E. M. de), 1689.
Voigt, 720.
Volney, 1637.
Vologer Fontenay, 122?.
Volpe (Carlo), 1407.
Volpe (Clelia), 1407.
Volpi (Gius.), 895.

Völter (Ludw.), 1718.
Vossius, 1119.
Vuillaume (J. B.), 287.

Vulcano (Luigi), 1518.
Vulcano (N.), 305(13).

W

Waël à Vroncystein, *voyez* De Waël.
Wagner (J. Chr.), 1076.
Waibel (A. A.), 708.
Wailly (N. de), 218.
Walckenaer (C. Ath.), 1044.
Waldbott de Bassenheim (Cte F. L.), 501.
Wallichius (J. U.), 1003.
Wallin (G.), 514.
Wallon (H.), 1668.
Walter von Walterswcil, 1519.
Wangnereck, S. J. (S.), 251.
Warburton (Bart. G. E.), 1727.
Warren (Sir Charles), 1361.
Wartensleben (A. graf), 1718.
Watson (John), 1723.
Wattenbach (Guil.), 679, 693, 1148.
Watterich (J. M.), 683.
Weale (W. H. James), 145, 625.
Wegeler (Jul.), 837.
Weiss (Hugo), 1718.
Weldige-Cremer (U. de), 427.
Weller (H.), 1440.
Wels (Edv.), 1043.
Welsch (Hier.), 1590.
Wendelinus (M. Fr.), 1234.
Wendt (Richard), 1763.
Wennerdahl (W. A.), 1147.
Wenzelay, 98.
Werlauff (E. Chr.), 1147.
Werner (Karl.), 698.
Wesseling (Pierre), 1367.
Wetzel (Aug.), 575.
Wetzer (H. J.), 961.
Wetzstein, 1718.
Wey (Will.), 1450.
Wheler (Geo.), 1179.

Wicquefort (de), 1158.
Wieser (Franz), 1095.
Wigger (Dr F.), 1398.
Wigström (Eva), 1747.
Wilbrand d'Oldenbourg, 1340, 1413.
Wilden (M. M.), 862.
Wilken (Ed. A.), 748.
Will (K. J. Corn.), 701, 930.
Wille (Maurice), 1643.
Willemsen, 622.
Williams (G.), 966, 1450, 1724.
Willibald (Saint), 1343, 1349, 1378.
Willis (Robert), 1724.
Wilmowsky (J. N. von), 192.
Wilson (Sir C. W.), 1339.
Wilson (James), 1287.
Wimpheling (J.), 99.
Winheim, *voyez* Erhardus.
Winter Jones, 1515.
Wion (Arn.), 522, 753.
Wispeck (Guillaume), 1520.
Witte (Ernst), 1718.
Wlahovitj (J.), 1180.
Woernhart (L. M.), 1718.
Woëwina (M. Francisca de), 1636.
Wolff (Odilo), 1763.
Wolff (Philipp), 1710.
Wolfsgruber (Cölest.), 327.
Wolowski, 1019.
Wolski (Th. Stan.), 1638.
Wonner (Abbé), 1689.
Wörgerus (Franc.), 1004, 1592.
Wright (Thomas), 1343.
Wüstenfeld (F.), 1412.
Wuttke (Heinr.), 1095.
Wyl (W.), 235.

X

Xénocrate, 14.

Xylander (Guil.), 1115.

Y

Yanoski (J.), 1689.
Ybero (Ignat. de), 749.

Yule (Col. Henry), 1136, 1139.

Z

Zacharia (F. Ant.), 918.
Zacher (Julius), 1016.
Zagarelli (Alex.), 1347.
Zambrini (Franc.), 1400.
Zamelius (G.), 1099.
Zanoni (Gio. Batt.), 1736.
Zapata (Fr.), 253.
Zarate (Fr. Lopez de), 230.
Zeiller (Martin), 1077-1078.
Zell (Karl), 1844.
Zendrini (Bern.), 808.
Zeno, 1145.
Zerbi (L.), 197.
Zettler (F. X.), 1840.

Ziegler (Jacques), 1083, 1521.
Zigler (Bern.), 382.
Zimpel (Ch. F.), 1665, 1669.
Zingerle (I. V.), 136, 548.
Zinzerling (Just), *voyez* Sincerus
Zocca (I. M.), 273.
Zöckler (O.), 212.
Zona (Mattia), 892.
Zuallart (Jean), 1522.
Zucchi (B.), 196.
Zuckermann (B.), 1666.
Zurla (Placido), 1094, 1146.
Zwinner (Electus), 1591.

MACON, PROTAT FRÈRES, IMPRIMEURS.

TABLE DES NOMS D'AUTEURS

CONTENUS DANS LES Nos 1-117 (MANUSCRITS) [1]

Amalthæus (J. B.), 41.
Andreæ (Johan.), 80.
Angeli (Marino), 52.
Aretinus (Bened.), 2.
Arnaldus de Villanova, 90.

Barth (Gaspard), 3.
Bartholomæus Anglicus, 89.
Bernard (Saint), 4, 88, 91.
Bertrand (H. Fr., ermite), 84.
Besold (Christian), 5.
Bevergern (Arnold de), 13.
Bianco (fra Noé), 6.
Bittelschies von Ebingen, 7.
Borrély (Dominique), 8.

Candia (Miscellanea di), 53.
Canut de Westerås, 93.
Capilupo (Mons.), 82.
Caravita (Gio. Bat.), 65-66.
Carmen de primo bello sacro, 10.
Caro (Gio. Bat.), 41.
Charcon (Antoine), 9.
Chronica venetiana, 12.
Chronicon Monasteriense, 13.
Colonna (Marcantonio), 82.
Constantinien de St-Georges (Ordre), 104.
Cuzoni, 41.

Doinel (J. S.), 17.

Évangiles (Les SS.), 20-21, 93.
Excitatoria, 7, 11, 39, 57, 81, 82.

Facius (Miracles de St), 22.
Forracina (Antonio da), 87.
François d'Assises, 57.

Gatto (Agnolo), 24.
Gebenon d'Eberbach, 90.
Georges le Syncelle, 25.
Gerson, 80.
Ghinucci (Jérôme), 27.
Giannotti (Gasp.), 28.
Giudice (Michele del), 29.
Godefroy (Pierre), 30.
Grégoire IX, 96.
Guérin (V.), 31.

Haga, 108.
Hagen (Jean de) ou Hayn, 90.
Hardenbeck (Dorothée), 110.
Hassia (Henri de), 32.
Hildesheim (Jean de), 88.
Humbert, dominicain (Frère), 80.

Ignace de Jesu Maria, 116.
Imitation de Jésus-Christ, 86.
Indagine (J. de), voir Hagen.
Isidore de Séville, 87.

Jacques de Vitry, 35, 86.
Jérôme (Saint), 20, 36, 89.
Jove (Paul), 37.

Köferl (Simon), 38.

La Cavalaria (Pierre de), 39.
Langenstein (H. de), voir Hassia (Henri de).
Langlois (V.), 40.
Le Mercier, 116.
Lescut, 42.
L'Espine (Hubert de), 43.
Libri (Ippolito), 45.
Lieutaud, 46.
Löwenstein (A. de), 48.

---

1. Les numéros des ouvrages mss., occupent les pp. XLVI-LXVIII

Malte (Ordre de), 27, 58-67.
Mandeville (J. de), 50.
Manolesso (Emilio), 97.
Marcaldi (Francesco), 51.
Marino Angeli, *voir* Angeli.
Martinus Minorita, 23.
Martinus Polonus, 87.
Maurice et Lazare (Ordre des SS.), 105-106.
Michallet, 64.
Mülich (Georges), 55.

Navagero (Bernard), 56.
Negrone (Troilo de), 78.

Oderic de Pordenone, 90.
O'Kelly de Galway, 58.
Otrante, 76.
Ortière (M. d'), 117.

Pallavicino (Sforza), 82.
Perusio (Theodoro da), 87.
Polonus (Martinus), 87.
Porta (Nicolas de), 78.
Postel (Guillaume), 79.
Prêtre-Jean (Le), 88, 90.

Richard de S. Victor, 98.
Richardson (J.), 99.
Robertus Monachus, 100.
Rocher, 101.

Savorgnano (Ascanio), 102.
Selvaggio (G.), 82.
Stella (Georges), 78.
Stingoli, S. J. (A. A.), 107.
Suarez, 109.

Tauwel (Jean), 91.
Tegleaccio (Étienne), 57.
Temple (Ordre du), 4, 68.
Temple moderne (Ordre du), 69-70.
Terre Sainte (Géographie de la), 6, 8, 16, 18, 26, 31, 40, 46, 48, 50, 55, 77, 84, 113, 114, 117.
Teutonique (Ordre), 71-75.
Theodericus, 113.
Tiepolo (Antonio), 97.
Töppen (Dr M.), 72.
Torkyngton (Sir Richard), 114.

Viazemski, 115.
Villa nova (Arnoldus de), 90.
Vilsnak, 75.
Viseur (R.), 116.

Willson (E. J.), 114.

Zane (Girolamo), 97.

MACON, PROTAT FRÈRES, IMPRIMEURS

www.ingramcontent.com/pod-product-compliance
Lightning Source LLC
Chambersburg PA
CBHW060513230426
43665CB00013B/1501